标准德语语法

—— 精解与练习

Dreyer Schmitt

Lehr- und Übungsbuch der deutschen Grammatik

Neubearbeitung

Hilke Dreyer (德)

Richard Schmitt (德)　　编著

王　芳　　　　译

外语教学与研究出版社

北 京

京权图字：01－2000－3099

Originalausgabe
© 1999 by Max Hueber Verlag, D-85737 Ismaning/München

图书在版编目(CIP)数据

标准德语语法:精解与练习／(德)德雷尔(Dreyer, H.)，(德)施密特(Schmitt, R.)编著；王芳译 . 一 北京：外语教学与研究出版社，2001 (2007.7 重印)
ISBN 978－7－5600－2163－8

Ⅰ. 标⋯　Ⅱ. ①德⋯ ②施⋯ ③王⋯　Ⅲ. 德语—语法　Ⅳ. H334

中国版本图书馆 CIP 数据核字 (2001) 第 11479 号

出　版　人：于春迟
责任编辑：崔　岚
出版发行：外语教学与研究出版社
社　　址：北京市西三环北路 19 号 (100089)
网　　址：http://www.fltrp.com
印　　刷：北京大学印刷厂
开　　本：787×1092　1/16
印　　张：25.875
版　　次：2001 年 8 月第 1 版　2010 年 1 月第 10 次印刷
书　　号：ISBN 978－7－5600－2163－8
定　　价：32.90 元
＊　　＊　　＊
如有印刷、装订质量问题,请与出版社联系
联系电话: (010)61207896　　电子邮箱: zhijian@fltrp.com
制售盗版必究 举报查实奖励
版权保护办公室举报电话: (010)88817519
物料号：121630001

出版说明

　　《标准德语语法——精解与练习》是畅销全球的 *Lehr- und Übungsbuch der deutschen Grammatik* 的中文翻译版。原版多年来在世界范围内的德语学习者中享有盛誉，是德语语法书中的佼佼者，多次再版。而这本《标准德语语法——精解与练习》是由它的最新版本翻译而成的。

　　学习德语的初学者一般都觉得德语难，且重点难在语法。而本书中对语法规则的讲解和剖析则徐徐揭开了德语语法的"面纱"。本书中语法的出现和讲解顺序是循序渐进式的，也就是说，先是初级阶段的语法，然后才是学习者在中级阶段会碰到的语法。由于德语的介词用法相对比较复杂，且和其他用法紧密相连，因此介词的用法在第五部分，它应跟前面的四个部分结合起来学习。全书的最后是练习答案。

　　本书全面、精确地介绍了德语语法规则，并配以大量的列表、表格以及练习。阅读本书中的语法规则，使人有"茅塞顿开"之感，仿佛一切语法难题都迎刃而解。当然，语法规则只是帮助学习者理解或理顺语法，更重要的是应用。因此在每个语法讲解之后都有大量相应的语法练习，大家可以通过这些语法练习巩固并熟练掌握相应的语法规则。在难度较高的练习前有一个底纹颜色稍深些的方框。

　　本书中的语法规则涉及到德语语法的方方面面，平时在一般语法书中无法求证的问题几乎都可以在本书中找到答案，而详细的目录则有助于您快速找到答案。

　　本书不仅对于德语学习者来说是一本不可多得的语法学习和练习手册，对广大德语教师来说也是一本案头必备的绝佳参考书。

外语教学与研究出版社

2001年3月

缩略语

Akk. (A) Akkusativ 第四格
bzw. beziehungsweise 或者
Dat. (D) Dativ 第三格
f feminin 阴性
Gen. (G) Genitiv 第二格
ggf. gegebenenfalls 可能，有时
Inf.-K. Infinitivkonstruktion 不定式结构
jd. jemand (Nominativ) 某人(第一格)
jdm. jemandem (Dativ) 某人(第三格)
jdn. jemanden (Akkusativ) 某人(第四格)
m maskulin 阳性
n neutral 中性
Nom. (N) Nominativ 第一格
n. Chr. nach Christus (=nach unserer Zeitrechnung) 公元
Nr. Nummer 第
Pers. Person 人称
Pl. Plural 复数
S. Seite 页
Sg. Singular 单数
u. a. und andere 以及其他
usw. und so weiter 等等
vgl. vergleiche 比较
z.B. zum Beispiel 例如

对于难度较大的练习，其序列号的底纹颜色稍深。

目录

第一部分

§1　名词的变格 I

I 带定冠词的单数名词的变格

Singular	maskulin 阳	feminin 阴	neutral 中	man fragt
Nominativ	der Vater	die Mutter	das Kind	Wer? / Was?
Akkusativ	den Vater	die Mutter	das Kind	Wen? / Was?
Dativ	dem Vater	der Mutter	dem Kind	Wem?
Genitiv	des Vaters	der Mutter	des Kindes	Wessen?

阳性和中性的单数名词的第二格结尾:

a) 多音节名词以-s 结尾:
des Lehrers, des Fensters, des Kaufmanns

b) 单音节名词多数以-es 结尾:
des Mannes, des Volkes, des Arztes

c) 以 -s, -ss, -ß, -x, -z, -tz 结尾的名词以-es 结尾:
das Glas – des Glases, der Fluss – des Flusses, der Fuß – des Fußes, der Komplex –
des Komplexes, der Schmerz – des Schmerzes, das Gesetz – des Gesetzes

1 哪个动词和哪个名词搭配? 请用单数名词的第四格造句。(有多种可能性)

Ich lese die Zeitung.

Ich	hören	der Hund (-e)	das Flugzeug (-e)
	sehen	das Kind (-er)	der Lastwagen (-) 载重汽车
	rufen	das Buch (¨er)	das Motorrad (¨er)
Wir	lesen	die Verkäuferin (-nen)	der Autobus (-se)
	fragen	die Nachricht (-en)	die Lehrerin (-nen)

2 注意名词的格。

Der Sekretär	bringt	der Ministerin	die Akte.
Wer? (Was?)		Wem?	(Wen?) Was?
Subjekt		*Objekt*	*Objekt*
Nominativ		*Dativ*	*Akkusativ*

1. Der Wirt serviert dem Gast die Suppe.
2. Der Ingenieur zeigt dem Arbeiter den Plan.
3. Der Briefträger bringt der Frau das Päckchen.

4. Der Chef diktiert der Sekretärin einen Brief.
5. Der Lehrer erklärt dem Schüler die Regel.

3 请用第三格和第四格造句。

der Besucher / der Weg   *Er zeigt dem Besucher den Weg.*

1. die Mutter (der) die Schule *die*   5. der Freund *dem* das Zimmer *das*
2. der Politiker (dem) der Stadtpark *den* 6. der Minister *dem* das Rathaus *das*
3. der Redakteur *dem* der Zeitungsartikel *den* 7. die Hausfrau *der* der Staubsauger *den*
4. das Mädchen *dem* die Hausaufgabe *die* 8. der Käufer *dem* der Computer *den*

4 请(先)用单数名词的第二格造句。

代理人 政府

der Vertreter / die Regierung   *Das ist der Vertreter der Regierung.*

der 1. das Fahrrad (¨er) / die Schülerin (-nen)   6. das Auto (-s) / der Lehrer (-) *des(s)*
der 2. der Motor (-en) / die Maschine (-n)   7. die Wohnung (-en) / die Dame (-n) *der*
der 3. das Ergebnis (-se) / die Prüfung (-en)   8. das Schulbuch (¨er) / das Kind (-er) *des(s)*
des(es) 4. die Tür (-en) / das Haus (¨er)   9. das Haus (¨er) / die Arbeiterfamilie (-n) *der*
des(s) 5. das Foto (-s) / die Schulklasse (-n)   10. das Instrument (-e) / der Musiker (-)

des (s)

II 带定冠词的复数名词的变格

冠词无阴
阳之区别

Plural	maskulin	feminin	neutral
Nominativ	die Väter	die Mütter	die Kinder
Akkusativ	die Väter	die Mütter	die Kinder
Dativ	den Vätern	den Müttern	den Kindern
Genitiv	der Väter	der Mütter	der Kinder

复数名词的第三格以 -n 结尾：
die Bäume – auf den Bäumen, die Frauen – mit den Frauen

有s不加n 例外：以 -s 结尾的复数名词：
das Auto – die Autos – in den Autos, das Büro – die Büros – in den Büros

名词复数构成的八种可能性：
1. -   der Bürger   –   die Bürger
2. ¨   der Garten   –   die Gärten
3. -e   der Film   –   die Filme
4. ¨e   die Stadt   –   die Städte
5. -er   das Bild   –   die Bilder
6. ¨er   das Amt   –   die Ämter
7. -(e)n   der Student   –   die Studenten
            die Akademie   –   die Akademien
8. -s   das Auto   –   die Autos

说明

1. 以 *-nis* 结尾的名词的复数以 *-nisse* 结尾:
   das Ergebnis – die Ergebnisse

   结果 = resultat.

2. 以 *-in* 结尾的阴性名词的复数以 *-innen* 结尾: 表示那些.

   die Freundin – die Freundinnen; die Französin – die Französinnen

正字法规则: ß 或 ss?

1. 长元音或双元音后用 ß: 处.
   die Straße, der Gruß, schließen ...

2. 短元音后用 ss :
   der Fluss, er musste, essen, gerissen

在瑞士不用 ß, 只用 ss。

5   请用练习 1 中单词的复数造句。其复数形式已在括号中标明。

Wir lesen die Zeitungen.   *Wir hören*

6   谁反对谁? 请正确辨认并分别使用名词的单数和复数形式。

widersprechen (不及物) 只能根第三格.

der Sohn – der Vater   *Der Sohn widerspricht dem Vater.*
             Die Söhne widersprechen den Vätern.

1. der Mieter (-) 房租客 die Mieter   a) die Mutter (-) N. den Mütter.
2. die Schülerin (-nen) 信   b) der Schiedsrichter (-) 裁判员. den
3. der Geselle (-n) 张工   c) der Arzt (-e) den Arzt
4. die Lehrerin (-nen)   d) der Großvater (-) den Großvater
5. der Fußballspieler (-)   e) der Schulleiter (-) den Schulleiter
6. der Sohn (-e)   f) der Meister (-) den Meister
7. der Enkel (-) 孙   g) der Hausbesitzer (-) den Hausbesitzer
8. die Krankenschwester (-n)   h) der Lehrer (-) den Lehrer

7   现在颠倒过来。

der Vater – der Sohn   *Der Vater widerspricht dem Sohn.*
             Die Väter widersprechen den Söhnen.

8   请用练习4中单词的复数造句。

der Vertreter (-) / die Regierung (-en)   *Das sind die Vertreter der Regierungen.*

9 请将第三格单数变成复数。

> Er hilft dem Kind (-er). *Er hilft den Kindern.*

1. Die Leute glauben dem Politiker (-) nicht. *Politikern*
2. Wir danken dem Helfer (-). *n*
3. Der Bauer droht dem Apfeldieb (-e). *ben*
4. Die Wirtin begegnet dem Mieter (-). *n*
5. Wir gratulieren dem Freund (-e). *den*
6. Der Rauch schadet der Pflanze (-n).
7. Das Streusalz schadet dem Baum (-e). *äen*
8. Das Pferd gehorcht dem Reiter (-) nicht immer. *Reitern*
9. Er widerspricht dem Lehrer (-) oft. *n*
10. Der Kuchen schmeckt dem Mädchen (-) nicht.
11. Die Polizisten nähern sich leise dem Einbrecher (-). *n*

III 带不定冠词的名词的变格

Singular	maskulin		feminin		neutral	
Nominativ	ein	Vater	eine	Mutter	ein	Kind
Akkusativ	einen	Vater	eine	Mutter	ein	Kind
Dativ	einem	Vater	einer	Mutter	einem	Kind
Genitiv	eines	Vaters	einer	Mutter	eines	Kindes
Plural						
Nominativ		Väter		Mütter		Kinder
Akkusativ		Väter		Mütter		Kinder
Dativ		Vätern		Müttern		Kindern
Genitiv*		(Väter)		(Mütter)		(Kinder)

des

*不带冠词的复数第二格基本不使用 (§3, II, c)。

阳性和中性名词的单数第二格的结尾规则和 I 中表格一样。

10 请用不定冠词代替练习 1 中的定冠词。

> Ich lese eine Zeitung.

11 什么是属于谁的？请练习第三格。

> eine Pistole / der Wachmann *awake.lively.*
> *Die Pistole gehört einem Wachmann.* (belong to)

1. ein Handball (m) / der Sportverein *dem*
2. ein Koffer (m) / der Kaufmann *dem*
3. ein Kinderwagen (m) / die Mutter *die*
4. ein Herrenfahrrad (n) / der Student *dem*
5. eine Landkarte / die Busfahrerin *die*
6. eine Puppe / das Mädchen *das*
7. eine Trompete / der Musiker *dem*
8. ein Schlüssel (m) / die Mieterin *die*
9. ein Kochbuch (n) / die Hausfrau *die*
10. eine Badehose / der Schwimmer *dem*

12 请练习带不定冠词的第二格。如何搭配?

der Schüler (-) / die Schule   *die Schüler einer Schule*
                                  Hier demonstrieren die Schüler einer Schule.

1. der Krankenpfleger (-)   a) die Universität *einer Universität*
2. der Arbeiter (-)   b) der Supermarkt *eines Supermarkts*
3. der Student (-en)   c) die Partei *einer Partei*
4. die Schülerin (-nen)   d) die Klinik *einer Klinik*
5. der Kassierer (-)   e) die Fabrik *einer Fabrik* (2T) = factory
6. das Mitglied (-er)   f) das Orchester *eines Orchesters*
7. der Musiker (-)   g) die Sparkasse *einer Sparkasse*
8. der Mitarbeiter (-)   h) das Gymnasium *eines Gymnasiums*

(handwritten annotations: 展示 = demonstrate)

§2   名词的变格 II（弱变化）

I   带定冠词和不定冠词的弱变化名词的变格

(handwritten: 表格不规律.   human beings)

Singular	Nominativ	der	Mensch	ein	Mensch
	Akkusativ	den	Menschen	einen	Menschen
	Dativ	dem	Menschen	einem	Menschen
	Genitiv	des	Menschen	eines	Menschen
Plural	Nominativ	die	Menschen		Menschen
	Akkusativ	die	Menschen		Menschen
	Dativ	den	Menschen		Menschen
	Genitiv	der	Menschen		(Menschen)

1. 所有弱变化的名词都是阳性名词。例外: *das Herz*

2. 除单数第一格外其它的格都以 *-(e)n* 结尾。其复数从不变音。

II 以 *-(e)n* 结尾的名词

以 *-(e)n* 结尾的名词数量较小。以下的列表包括了最重要的单词。

1. 所有以 -e 结尾的阳性名词:

der Affe, des Affen
der Bote, des Boten 信使
der Bube, des Buben 顽童
der Bulle, des Bullen 公牛
der Bursche, des Burschen 男孩
der Erbe, des Erben 遗产
der Experte, des Experten 专家
der Gefährte, des Gefährten 旅伴
der Genosse, des Genossen 同志
der Hase, des Hasen 野兔
der Heide, des Heiden
der Hirte, des Hirten 牧人
der Insasse, des Insassen 犯人
der Jude, des Juden 犹太人
der Junge, des Jungen 年轻人

der Knabe, des Knaben 男孩
der Kollege, des Kollegen 同事 同僚
der Komplize, des Komplizen 同谋
der Kunde, des Kunden 客户
der Laie, des Laien 门外汉
der Lotse, des Lotsen 讯息
der Löwe, des Löwen 狮子
der Mensch, des Menschen 群众
der Nachkomme, des Nachkommen 后裔
der Neffe, des Neffen 外甥
der Ochse, des Ochsen 牛
der Pate, des Paten 教父
der Rabe, des Raben 乌鸦
der Riese, des Riesen 巨人
der Sklave, des Sklaven 奴隶
der Zeuge, des Zeugen 证人

2. 所有以 -and, -ant, -ent 结尾的阳性名词:

der Doktorand, des Doktoranden 博士
der Elefant, des Elefanten 大象
der Demonstrant, des Demonstranten 抗议者
der Lieferant, des Lieferanten 供应商
der Musikant, des Musikanten 音乐家
der Präsident, des Präsidenten 总统
der Produzent, des Produzenten 生产者
der Student, des Studenten 学生

所有以 -ist 结尾的阳性名词:

der Idealist, des Idealisten 理想主义者
der Journalist, des Journalisten 记者
der Kapitalist, des Kapitalisten 资本家
der Kommunist, des Kommunisten 共产党
der Polizist, des Polizisten 警察
der Sozialist, des Sozialisten 社会主义人
der Terrorist, des Terroristen 恐怖分子
der Utopist, des Utopisten 乌托邦人
auch: der Christ, des Christen 基督徒

3. 阳性名词 —— 大多是职业名称 —— 来源于希腊语:

和英语相似度大

der Biologe, des Biologen 生物学家
der Soziologe, des Soziologen 社会学家
der Demokrat, des Demokraten 民主人士
der Bürokrat, des Bürokraten 官僚政
der Diplomat, des Diplomaten 政治家
der Automat, des Automaten 自动化
der Satellit, des Satelliten 卫星

der Fotograf, des Fotografen
der Seismograph, des Seismographen 屏障
der Architekt, des Architekten 建筑
der Philosoph, des Philosophen 哲学家
der Monarch, des Monarchen 君主
der Katholik, des Katholiken 天主教
der Soldat, des Soldaten 士兵

4. 另外:

der Bär, des Bären	der Bauer, des Bauern 农民
der Nachbar, des Nachbarn 邻居	der Fürst, des Fürsten 君主
der Narr, des Narren 傻瓜	der Graf, des Grafen 伯爵
der Prinz, des Prinzen 王子	der Held, des Helden 英雄
der Herr, des Herrn (Pl. die Herren) 男士	der Kamerad, des Kameraden 同志
der Rebell, des Rebellen 叛徒	

5. 例外: 有一些名词的单数第二格还额外加上 -s:

der Buchstabe, -ns; der Gedanke, -ns; der Name, -ns
das Herz - das Herz, dem Herzen, des Herzens, (Pl.) die Herzen

1 请用右栏名词的正确的格将左栏句子补充完整。

1. Der Wärter füttert (A) den Bären　der Neffe 外甥
2. Der Onkel antwortet (D) dem Neffen　der Zeuge Zeugen 证人
3. Die Polizisten verhaften (A) der Laie Laien 外行
4. Der Fachmann widerspricht (D) der Bär Bären
5. Der Wissenschaftler beobachtet (A) der Präsident Präsidenten
6. Das Parlament begrüßt (A) der Demonstrant den Demonstranten
7. Der Richter glaubt (D) 相信 der Satellit Satelliten
8. Der Professor berät (A) der Lotse Lotsen
9. Das Kind liebt (A) der Stoffhase Stoffhasen
10. Der Kapitän ruft (A) der Riese Goliath Riesen Goliath 巨人
11. Der Laie befragt (A) der Kunde Kunden 顾客
12. Der Fotohändler berät (A) der Doktorand Doktoranden
13. Der Kaufmann bedient (A) der Fotograf Fotografen
14. David besiegt (A) der Experte Experten

N ⟷ A.　N → D.

2 下列句子的主宾颠倒，请改正。

1. Der Automat konstruiert einen Ingenieur. den
2. Der Bundespräsident beschimpft den Demonstranten. ein
3. Der Bauer befiehlt dem Fürsten. dem der
4. Die Zeitung druckt den Drucker. die der
5. Der Zeuge befragt den Richter. der der
6. Der Hase frisst den Löwen. der den
7. Der Student verhaftet den Polizisten.
8. Der Gefängnisinsasse befreit den Aufseher.
9. Der Diplomat befragt den Reporter.
10. In dem Buchstaben fehlt ein Wort.
11. Der Hund füttert den Nachbarn.
12. Das Buch liest den Studenten.
13. Der Junge sticht die Mücke.
14. Der Patient tut dem Kopf weh.
15. Der Erbe schreibt sein Testament für einen Bauern.
16. Der Kuchen bäckt den Bäcker.
17. Der Sklave verkauft den Herrn.
18. Ein Narr streitet sich niemals mit einem Philosophen.
19. Der Kunde fragt den Verkäufer nach seinen Wünschen.
20. Die Einwohner bringen dem Briefträger die Post.

3　请选择右栏名词的正确形式填空。

1. Viele Hunde sind des … Tod. (Sprichwort)
2. Du, du liegst mir am …, du, du liegst mir im Sinn. (Anfang eines Liedes)
3. Fürchte den Bock von vorn, das Pferd von hinten und den … von allen Seiten. (Sprichwort)
4. sich (nicht) in die Höhle des … wagen (Redensart)
5. Liebe deinen …, aber reiße den Zaun nicht ab.
6. O, herrlich ist es, die Kraft eines … zu haben. (Shakespeare)
7. Mach dir doch darüber keine …! (Redensart)

a) der Gedanke
b) der Mensch
c) der Hase
d) das Herz
e) der Löwe
f) der Nächste
g) der Riese

世界各国国民表达法

弱变化名词	强变化名词
der Afghane – des Afghanen	der Ägypter – des Ägypters
der Brite – des Briten	der Algerier – des Algeriers
der Bulgare – des Bulgaren	der Araber – des Arabers
der Chilene – des Chilenen	der Argentinier – des Argentiniers
der Chinese – des Chinesen	der Belgier – des Belgiers
der Däne – des Dänen	der Brasilianer – des Brasilianers
der Finne – des Finnen	der Engländer – des Engländers
…	…
der Asiate – des Asiaten	der Afrikaner – des Afrikaners
	der Amerikaner – des Amerikaners
	der Australier – des Australiers
	der Europäer – des Europäers

例外

1. der Israeli – des Israelis – (Pl.) die Israelis
   der Saudi – des Saudis – (Pl.) die Saudis
   der Somali – des Somalis – (Pl.) die Somalis
   der Pakistani – des Pakistanis – (Pl.) die Pakistanis

2. der Deutsche 的变格如同形容词 (参见 § 41):
   mask.: der Deutsche / ein Deutscher;　　fem.: die Deutsche / eine Deutsche
   Pl.: die Deutschen / Deutsche

说明

除了上述的特例以外，其它各国的<u>女性</u>称呼均以 *-in* 结尾，例如：

die Polin, die Russin, die Französin (!) etc.
die Spanierin, die Iranerin etc.
die Asiatin, die Europäerin etc.

4 请按下列模式练习。

I	II	III	IV	V
Polen	*der Pole*	*des Polen*	*die Polen*	*die Polin*
Spanien	*der Spanier*	*des Spaniers*	*die Spanier*	*die Spanierin*
Afrika		…	…	…
Asien	der Asie	des Asie	…	…
…	…	…	…	…

5 请按下列模式造十个句子。

der Griechе   *Kennst du einen Griechen?*
                   Nein, einen Griechen kenne ich leider nicht.

6 请练习第三格。

A: Der Ire singt gern.   B: *Ja, man sagt vom Iren, dass er gern*
                             singt.

可以强调肯定：
Ja, das stimmt, man sagt vom Iren, …
或：
Ja, richtig, …; Ja, da haben Sie / hast du Recht, …

1. Der Grieche handelt gern.
2. Der Deutsche trinkt gern Bier.
3. Der Holländer ist sparsam.
4. Der Japaner ist besonders höflich.
5. Der Türke ist besonders tapfer.
6. Der Italiener liebt die Musik.
7. Der Chinese ist besonders fleißig.
8. Der Araber ist ein guter Reiter.
9. Der Pole tanzt gern und gut.
10. Der Spanier ist stolz.
11. Der Engländer isst morgens gern gut und kräftig.
12. Der Ungar ist sehr musikalisch.
13. Der Franzose kocht gern und gut.
14. Der Österreicher liebt Mehlspeisen.
15. Der Schweizer wandert gern.

名词变格总练习 （§ 1 和 § 2）

7 请说出下面用斜体印刷的名词的格。

Höflicher Pistolenmann
(Frankfurt) Eine 51 Jahre alte *Hausfrau* des *Stadtteils Born-*
heim machte am *Montag Bekanntschaft* mit einem höfli-
chen *Räuber*.
Die *Frau* verkaufte gebrauchte *Elektrogeräte* aus dem
5 *Haushalt* ihrer *Mutter*. Deshalb hatte sie eine *Annonce* in
die *Zeitung* gesetzt. Am gleichen *Tag* meldete ein „*Herr*
Schäfer" seinen *Besuch* telefonisch an.
Kurz darauf kam der *Herr* und besichtigte die *Sachen*: verschiedene *Küchengeräte* der *Firma Moulinex*, ein altes *Radio*,
10 einen *Staubsauger* der *Marke Siemens* usw. Plötzlich zog er
eine kleine *Pistole* aus der *Tasche* seines *Mantels* und ver-
langte *Bargeld*. Die mutige *Frau* sagte mit fester *Stimme*:
„Ich habe kein *Geld!* Verlassen Sie sofort die *Wohnung!*"
„*Herr Schäfer*" gehorchte und – so der *Polizeibericht* – „ver-
15 gaß nicht sich für sein *Benehmen* zu entschuldigen."

§3　冠词的用法

I　定冠词

a) 定冠词用来表达已知的或前面已经提到过的人或事物，或者人们已熟知的人、事物或概念。
Der Lehrer schreibt das Wort an die Tafel.
Das Parlament hat die Gesetze über den Export geändert.

b) 形容词最高级前必须用定冠词 (参见 § 40, I, 2)。
Der Mount Everest ist der höchste Berg der Erde.

c) 有些介词和定冠词合写。
Die Sonne geht im Osten auf und im Westen unter.
Wir gehen am Freitag ins Kino.

介词 + *dem* (Dat. Sg. m und n): *am*, *beim*, *im*, *vom*, *zum*

介词 + *der* (Dat. Sg. f): *zur*

介词 + *das* (Akk. Sg. n): *ans*, *ins*

II 不定冠词

a) 不定冠词用来表达未知的人或事物或随意所指的人或事物。
   Ein Fahrrad kostet etwa 1000 Mark.
   Sie nahm **eine** Tasse aus dem Schrank.

   在叙述中一般用不定冠词引出所要讲述的人或事物，这些人或事物再次出现时则用定冠词。
   Ein König hatte *eine* schöne Tochter. *Der* König lebte in *einem* Schloss in *einem* wilden Wald. *Eines* Tages kam *ein* Prinz zu *dem* Schloss. *Der* Prinz wollte *die* Tochter *des* Königs gewinnen.

b) 不确指的人或事物的复数不用冠词。
   Kinder fragen viel.
   Er raucht nur Zigarren.

c) 不存在带不定冠词的复数名词的第二格，需表达此种形式时用 *von* 加第三格。
   Genitiv Singular:　　Man hört das Geräusch eines Zuges.
   Genitiv Plural:　　　Man hört das Geräusch von Zügen.

   复数名词前若有形容词则可以用第二格：
   Der Professor liebt die Bücher *junger Schriftsteller.*
   Der Bau *neuer Industrieanlagen* zerstört die Landschaft.

d) 用 *kein* 表示否定：表示该事物不存在。
   Im Hotel war kein Zimmer frei.
   Wir haben keine Kinder.

Singular	maskulin		feminin		neutral	
Nominativ	kein	Mann	keine	Frau	kein	Kind
Akkusativ	keinen	Mann	keine	Frau	kein	Kind
Dativ	keinem	Mann	keiner	Frau	keinem	Kind
Genitiv	keines	Mannes	keiner	Frau	keines	Kindes

Plural	m + f + n
Nominativ	keine Männer / Frauen / Kinder
Akkusativ	keine Männer / Frauen / Kinder
Dativ	keinen Männern / Frauen / Kindern
Genitiv	keiner Männer / Frauen / Kinder

1 请按照例句做以下练习：

(n) Fahrrad / 1200,–
Hier haben wir ein Fahrrad für 1200 Mark. – Nein, das Fahrrad ist mir zu teuer!

[手写: einen das der] [手写: das ein das]

1. (m) Gebrauchtwagen / 8900,–   4. (n) Motorrad / 6000,–
2. (f) Lederjacke / 580,–   *[手写: eine, die]*   5. (f) Kaffeemaschine / 180,–
3. (m) Elektroherd / 820,–   6. (f) Waschmaschine / 1200,–

[手写: einen das der]   *[手写: eine, die]*

2 同上。

(m) Dosenöffner / im Küchenschrank
Ich brauche einen Dosenöffner. – Der Dosenöffner ist im Küchenschrank!

(Pl.) Nadeln / im Nähkasten
Ich brauche Nadeln. – Die Nadeln sind im Nähkasten!

可加入小品词表示必要性：*Ich brauche unbedingt …* 在回答时加入小品词表达出不耐烦的情绪： *Der Dosenöffner ist doch im Küchenschrank, das weißt du doch!*

1. (Pl.) Briefumschläge / im Schreib-   5. (n) Feuerzeug / im Wohnzimmer
   tisch   6. (Pl.) Kopfschmerztabletten / in der
2. (Pl.) Briefmarken / in der Schublade   Hausapotheke
3. (m) Hammer / im Werkzeugkasten   7. (n) Wörterbuch / im Bücherschrank
4. (m) Kugelschreiber / auf dem   8. (m) Flaschenöffner / in der Küche
   Schreibtisch

3 请将下列句中的名词变成复数。

Er schenkte mir ein Buch.   Ich habe das Buch noch nicht gelesen.
Er schenkte mir Bücher.   *Ich habe die Bücher noch nicht gelesen.*

1. Ich schreibe gerade einen Brief. Ich   5. Sie hat ein Pferd. Sie füttert das
   bringe den Brief noch zur Post.   Pferd jeden Tag.
2. Morgens esse ich ein Brötchen. Das   6. Ich suche einen Sessel. Der Sessel
   Brötchen ist immer frisch.   soll billig sein.
3. Ich kaufe eine Zeitung. Ich lese die   7. Die Firma sucht eine Wohnung. Sie
   Zeitung immer abends.   vermietet die Wohnung an Auslän-
4. Ich brauche eine Kopfschmerzta-   der.
   blette. Wo habe ich die Tablette   8. Er kaufte ihr einen Brillanten. Er hat
   hingelegt?   den Brillanten noch nicht bezahlt.

4 请将下列句中的名词变成单数。

Die Mücken haben mich gestochen.   *Die Mücke hat mich gestochen.*
Die Firma sucht Ingenieure.   *Die Firma sucht einen Ingenieur.*

1. Ich helfe den Schülern.   3. Er liest Liebesromane.
2. Sie hat Kinder.   4. Sie gibt mir die Bücher.

[手写: ein Kind.]

5. Er hat Katzen im Haus.
6. Sie füttert die Tiere.
7. Wir leihen uns Fahrräder.
8. Er besitzt Häuser.
9. Er vermietet Wohnungen.
10. Er sucht noch Mieter.
11. Aber die Wohnungen sind zu teuer.
12. Vermieten Sie Zimmer?
13. Sind die Zimmer nicht zu teuer?
14. Hunde bellen, Katzen miauen.

5 请造句。

(Briefmarken / sammeln) ist ein beliebtes Hobby.
Das Sammeln von Briefmarken ist ein beliebtes Hobby.

1. (Bäume / fällen) ist nicht ungefährlich.
2. (Militäranlagen / fotografieren) ist oft nicht erlaubt.
3. (Fernseher / reparieren) muss gelernt sein.
4. (Kraftwerkanlagen / betreten) ist verboten.
5. (Hunde / mitbringen) ist untersagt.
6. (Rechnungen / schreiben) ist nicht meine Aufgabe.
7. (Schnecken / essen) überlasse ich lieber anderen.
8. (Landschaften / malen) kann man erlernen.
9. (Fotokopien / anfertigen) kostet hier zwanzig Pfennig pro Blatt.
10. (Pilze / sammeln) ist in manchen Gebieten nicht immer erlaubt.

6 请用定冠词或不定冠词的正确的格填空。

In … (f) Seeschlacht fand … (m) Matrose Zeit sich am Kopf zu kratzen, wo ihn … (n) Tierlein belästigte. … Matrose nahm … (n) Tierchen und warf es zu Boden. Als er sich bückte um … (n) Tier zu töten, flog … (f) Kanonenkugel über seinen Rücken. … Kugel hätte ihn getötet, wenn er sich nicht gerade gebückt hätte. „Lass dich nicht noch einmal bei mir sehen!", meinte … Matrose und schenkte … Tier das Leben.

7 请用不定冠词的单数第二格和复数第三格练习。

der Lärm / ein Motorrad / (⁼er)   *Man hört den Lärm eines Motorrads.*
Man hört den Lärm von Motorrädern.

1. Das Singen / ein Kind (-er)
2. das Sprechen / eine Person (-en)
3. das Laufen / ein Pferd (-e)
4. das Pfeifen / ein Vogel (⁼)
5. das Hupen / ein Autobus (-se)
6. das Bellen / ein Hund (-e)
7. das Miauen / eine Katze (-n)
8. das Brummen / ein Motor (-en)
9. das Ticken / eine Uhr (-en)
10. das Klatschen / ein Zuschauer (-)

8 请用练习 2 中的单词造句。

Hier hast du den Dosenöffner.
Hier hast du die Nadeln.
Danke, aber ich brauche keinen Dosenöffner mehr.
Danke, aber ich brauche keine Nadeln mehr.

9 请用练习1中的单词造句。

Hier haben wir ein Fahrrad für 1200 Mark.
Sehr schön, aber ich brauche kein Fahrrad.

III 不带冠词的单数名词

不带冠词的情况如下：

1. 人名、城市名、国家名和洲名：
Goethe wurde 82 Jahre alt.
Dr. Meyer ist als Forscher bekannt.
Berlin ist eine große Stadt.

Deutschland ist ein Industrieland.
Afrika und Asien sind Kontinente.
auch: Gott ist groß.

不带冠词的单数名词的第二格常用 *von* 加第三格来代替，尤其当该名词以 *s* 或 *z* 结尾时。
Gerhard ist der Bruder von Klaus.
Einige Schriften von Aristoteles sind verloren.
Die Autobahnen von Los Angeles sind berühmt.

此外，城市名等专有名词通常也可用于第二格：
Die Straßen Venedigs sind eng.
Wir fliegen jetzt über die Wälder Kanadas.

请注意：当名词有形容词或第二格定语时，该名词前用定冠词：
der alte Goethe, der Goethe der Weimarer Zeit
das große Berlin, das Berlin der Zwanzigerjahre
im Polen der Nachkriegszeit
der liebe Gott

例外：有几个国家名必须用定冠词：

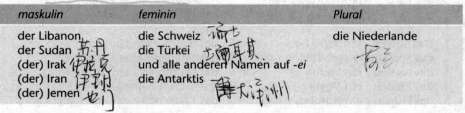

maskulin	feminin	Plural
der Libanon	die Schweiz	die Niederlande
der Sudan	die Türkei	
(der) Irak	und alle anderen Namen auf *-ei*	
(der) Iran	die Antarktis	
(der) Jemen		

当国家名中有政治概念时，其定冠词的性随该政治概念的词性而变化：
die Bundes*republik* Deutschland
das Vereinigte König*reich*
die Vereinigten *Staaten* von Amerika (= Pl.)

2. a) 不可数名词，如 *Brot* (n.), *Geld* (n.), *Energie* (f.), *Elektrizität* (f.), *Wasserkraft* (f.),
Luft (f.), *Wärme* (f.):
Hast du *Geld* bei dir?
Die Hungernden schreien nach *Brot*.
Eisbären fühlen sich bei *Kälte* wohl.
Aus *Wasserkraft* wird *Energie* gewonnen.

请注意: 如果该名词有形容词或状语做限定语，则需用定冠词，如 *die verseuchte Luft, die Wärme in diesem Raum*

b) 液体或物质名词，如 *Wasser* (n.), *Milch* (f.), *Bier* (n.), *Wein* (m.), *Öl* (n.), *Benzin* (n.), *Alkohol* (m.), *Holz* (n.), *Glas* (n.), *Kohle* (f.), *Stahl* (m.), *Beton* (m.), *Kupfer* (n.), *Kalk* (m.):
Zum Frühstück trinkt man *Tee*, *Kaffee* oder *Milch*.
Zum Bau von Hochhäusern braucht man *Beton*, *Stahl* und *Glas*.

请注意: das schmutzige Meerwasser, das Gold der Münze

c) 人的特质或感情，如: *Mut* (m.), *Kraft* (f.), *Freundlichkeit* (f.), *Intelligenz* (f.), *Ehrgeiz* (m.), *Nachsicht* (f.), *Angst* (f.), *Freude* (f.), *Liebe* (f.), *Trauer* (f.), *Hoffnung* (f.), *Verzweiflung* (f.):

用作第四格:
Sie hatten Hunger und Durst.
Er fühlte wieder Mut und Hoffnung.

和介词连用:
Mit Freundlichkeit kann man viel erreichen.
Sie war sprachlos *vor Freude*.
Aus Angst reagierte er völlig falsch.

请注意: die Freude des Siegers, die Verzweiflung nach der Tat

3. 和动词 *sein* 和 *werden* 连用的表示国籍和职业的名词，以及用在 *als* 之后的名词及表示学习专业的名词:
Ich bin *Arzt*. Mein Sohn wird *Ingenieur*.
Er ist *Türke*. Er arbeitet als *Lehrer*.
Er studiert *Chemie*; seine Schwester studiert *Germanistik*.

请注意: 如果名词有形容词定语，则必须有冠词:
Er ist ein guter Verkäufer.
Das ist der bekannte Architekt Dr. Meyer.

4. 在表示尺寸、重量和数量的名词后:
Ich kaufe ein Pfund *Butter*.   Er trinkt ein Glas *Milch*.
Wir besitzen eine große Fläche *Wald*.   Wir hatten 20 Grad *Kälte*.

5. 在很多习惯用语和固定用法中:
   a) *Ende* gut, alles gut.   Kommt *Zeit,* kommt *Rat.*
   b) *Pech* haben, *Farbe* bekennen, *Frieden* schließen, *Widerstand* leisten, *Atem* holen usw. (参见 § 62)
   c) Er arbeitet *Tag* und *Nacht; Jahr* für *Jahr.* (参见 § 58及以下几页)

6. 当该名词前有第二格定语时:
   Alle waren gespannt auf *die Antwort* des Ministers. –
   Alle waren gespannt auf des Ministers *Antwort.*
   Wir haben gestern *den Bruder* von Eva getroffen. –
   Wir haben gestern Evas *Bruder* getroffen.

说明

在介词 *ohne, zu, nach, vor* 等后通常不用冠词 (参见 § 58–60):
ohne Arbeit, ohne Zukunft, ohne Hoffnung etc.
zu Weihnachten, zu Ostern, zu Silvester etc.
zu Fuß gehen; zu Besuch kommen; zu Boden fallen; zu Mittag essen etc.
nach / vor Feierabend; nach / vor Beginn; nach / vor Ende; 带有介词的月份名词:
vor Ende April, seit Januar; 但是: seit dem 1. Januar.

10 请在必要的地方用定冠词或不定冠词填空。

1. Morgens trinke ich … Tee, nach-mittags … Kaffee.
2. Schmeckt dir denn … kalte Kaffee?
3. Er ist … Engländer und sie ist Japanerin.
4. Siehst du … Japaner dort? Er arbeitet in unserer Firma.
5. Ich glaube an … Gott.
6. Allah ist … Gott des Islam.
7. … Arbeit meines Freundes ist hart.
8. Ich möchte ohne … Arbeit nicht leben.
9. Du hast doch … Geld! Kannst du mir nicht 100 Mark leihen?
10. Die Fabrik ist … Tag und … Nacht in Betrieb.

11. Wollen Sie in eine Stadt ohne … Motorenlärm? Dann gehen Sie nach Zermatt in … Schweiz; dort sind … Autos und Motorräder für Privatpersonen nicht erlaubt.
12. Zu … Ostern besuche ich meine Eltern, in … Ferien fahre ich in … Alpen.
13. Wenn du … Hunger hast, mach dir ein Brot.
14. Mein Bruder will … Ingenieur werden; ich studiere … Germanistik.
15. Sie als … Mediziner haben natürlich bessere Berufsaussichten!

11 请在必要的地方用定冠词的正确的格填空。

1. … Rom ist die Hauptstadt von … Italien.
2. Er liebt … Deutschland und kommt jedes Jahr einmal in … Bundesrepublik.

3. … Dresden, … Stadt des Barocks, liegt in … Sachsen.
4. … schöne Wien ist … Österreichs Hauptstadt.

5. ...Bern ist die Hauptstadt *der* Schweiz, aber ... Zürich ist die größte Stadt des Landes.
6. Die Staatssprache in *der* Tschechischen Republik ist Tschechisch.
7. ...Ankara ist die Hauptstadt *der* Türkei; *d..* schöne Istanbul ist die größte Stadt des Landes.
8. ... GUS (= Gemeinschaft Unabhängiger Staaten) ist ungefähr 62-mal größer als ... Deutschland.
9. ... Mongolei, genauer ... Mongolische Volksrepublik, liegt zwischen ... Russland und ... China.
10. In ... Nordamerika spricht man Englisch, in ... Kanada auch Französisch, in ... Mittel- und Südamerika spricht man hauptsächlich Spanisch, außer in ... Brasilien; dort spricht man Portugiesisch.
11. In ... Vereinigten Staaten leben 250 Millionen Menschen.
12. In ... Nordafrika liegen die arabischen Staaten, das Gebiet südlich davon ist ... sogenannte Schwarzafrika.
13. ... Arktis ist im Gegensatz zu ... Antarktis kein Erdteil.
14. Der offizielle Name von ... Holland ist „... Niederlande".

12 用定冠词、不定冠词还是不用冠词？请解释您的选择。

... kalifornische Filmgesellschaft wollte ... spannenden Goldgräberfilm drehen, der zu ... großen Teil in ... Wäldern ... Kanadas spielen sollte. Man hätte natürlich ... winterliche Goldgräberdorf in ... Filmstudios nachbauen können und ... Holzhäuser und ... Straßen mit ... weißem, glitzerndem Salz bestreuen können,
5 aber ... Regisseur wünschte ... echten Schnee, ... wirkliche Kälte und ... natürliches Licht. Deshalb brachte man alles Notwendige in ... schweren Lastwagen in ... einsames Dorf an ... kanadischen Grenze. Etwas Besseres hätten sich ... Schauspieler nicht vorstellen können, denn es bedeutete für sie ... herrliche Tage in ... ruhigen Wäldern von ... Kanada. Dort war noch kein Schnee gefallen
10 und ... Schauspieler lagen in ... warmen Oktobersonne, fingen ... Fische in ... Seen und genossen ... freie Zeit. Nach ... drei langen Wochen verlor ... Filmgesellschaft endlich ... Geduld, denn jeder Tag kostete ... Menge Geld. So ließ sie ... zwanzig Lastwagen voll ... Salz nach ... Kanada fahren, was wieder ... Geld kostete. ... Salz wurde von ... kanadischen Sportfliegern über ... ganze Dorf ver-
15 streut und es war, als es fertig war, ... wunderschöne Winterlandschaft. In ... nächsten Nacht begann es zu schneien, a... frühen Morgen lag in ... Wäldern ringsum ... dicker Schnee, nur in ... Goldgräberdorf war nichts anderes zu sehen als ... hässlicher, brauner Matsch.

13 请在必要的地方用定冠词或不定冠词填空。

1. Seit ... Anfang ... April arbeitet ... Martin in ... Österreich als ... Krankenpfleger.
2. Seine Freundin ... Inge, geboren in ... Deutschland, studiert jetzt in ... Schweiz ... Medizin.
3. Sie will später ... Ärztin für ... Lungenheilkunde und ... Allergie werden.
4. Sie hat leider noch ... Probleme mit ... Sprache.
5. Sie studiert nämlich in ... Genf.
6. ... Sprache an ... Universität ist ... Französisch.

7. Sie hatte wohl ... Französisch in ... Schule gelernt, aber das ist nicht
   genug für ... Studium.
8. ... Martin arbeitet in ... Graz.
9. ... Martin und ... Inge treffen sich immer zu ... Ostern, ... Pfingsten
   und an ... Weihnachtsfeiertagen.
10. Manchmal hat ... Martin ... Urlaub und ... Inge hat ... Semesterferien.
11. Dann reisen sie mit ... Flugzeug nach ... Ägypten.
12. Er ist nämlich ... Hobby-Archäologe.
13. Oft ist ... Inge auch bei ... Martin in ... Graz.
14. Dann besuchen sie zusammen ... Theater, ... Oper oder auch ... Disko.
15. Auch ... Martins ... Schwester ... Angela in ... Wien besuchen sie manchmal.
16. Letztes Jahr konnte ... Inge nicht kommen; sie hatte ... Fieber
    und ... Bronchitis.
17. ... Bronchitis hatte sie schon als ... Kind oft gehabt.
18. Inge fliegt auch manchmal auf ... Insel Helgoland.
19. Inges ... Mutter lebt nämlich auf ... Helgoland.
20. Sie ist ... Künstlerin; sie malt gern ... Bilder von ... See.
21. Auf ... meisten Bildern sieht man nur ... Wellen, manchmal auch ... Schiffe.
22. ... Künstlerin ist nicht sehr bekannt.
23. „... Mutti, komm doch mal zu mir nach ... Genf!", sagt ... Inge,
    aber ... Mutter hat ... Angst vorm Fliegen und langen Reisen.
24. Auf ... Helgoland holt sich ... Inge immer ... Kraft und ... Ausdauer
    für ... Studium.

14 请解释冠词的用法。

Immer wieder gibt es Brände. Mal brennt ein Haus, mal eine Scheune oder ein
Stall. Auch Waldbrände gibt es von März bis Oktober immer wieder.
Die Feuerwehr rät:
1. Benzin, Heizöl oder Spiritus nicht in der Wohnung lagern.
2. Gardinen brennen leicht. Deshalb Vorsicht mit Kerzen oder Zigaretten!
3. Nie im Bett rauchen! Dabei sind schon oft Brände entstanden.
4. Für Bauern gilt die Regel: Heu nur trocken in der Scheune lagern! Wenn das
   Heu feucht und das Wetter warm ist, kann ein Brand entstehen.
5. Rauchen in Wäldern ist von März bis Oktober sehr gefährlich.
   Leicht entsteht ein Waldbrand.

Ich mag dich.

§4　人称代词的变格

Singular	Person:	1.	2.	3.		
Nom.		ich	du	er	sie	es
Akk.		mich	dich	ihn	sie	es
Dat.		mir	dir	ihm	ihr	ihm
Gen.*		(meiner)	(deiner)	(seiner)	(ihrer)	(seiner)
Plural		**1.**	**2.**	**3.**		
Nom.		wir	ihr	sie/Sie (您)		
Akk.		uns	euch	sie/Sie		
Dat.		uns	euch	ihnen/Ihnen		
Gen.*		(unser)	(euer)	(ihrer)/(Ihrer)		

* 人称代词的第二格如今已不再使用，人们只在过去
的文学作品和宗教仪式中才可以见到它。

1. 人称代词 *ich, du, wir, ihr, Sie* 的第一、四、三格指代人：
   Ich habe dich gestern gesehen. – Wir haben euch gut verstanden.
   Ich habe Ihnen geschrieben. – Wir rufen Sie wieder an.

2. 人称代词 *er, sie, es, sie (Pl.)* 用第一、三、四格来指代前面已提过的人或事：
   Der Professor ist verreist. Er kommt heute nicht.
   Die Verkäuferin bedient mich oft. Ich kenne sie schon lange.
   Die Blumen sind vertrocknet. Ich habe ihnen zu wenig Wasser gegeben.
   Das Ergebnis ist jetzt bekannt. Es ist negativ ausgefallen.

说明

1. a) 称呼语 *du* 和 *ihr* 用在对孩子、年轻人、亲戚和朋友的称呼中，也经常用在工人
   之间和学生之间，有时也用于一个机构（例如办公室）内部。
   b) 用于成年人之间（除了上面 a) 中提到）的称呼是 *Sie*。*Sie* 可指单个人或多个人。

2. a) 根据新正字法，人们在书写 *du, dich, ihr, euch* 等时——即使在书信或通告
   中——首字母均小写。
   b) 在正式称呼中，*Sie, Ihnen, Ihren Brief* 等的首字母均应大写。

1 请将下面用斜体印刷的名词用相应的代词代替。

Einem alten Herrn war sein Hündchen entlaufen, das er sehr liebte. *Der alte Herr* suchte *das Hündchen* in allen Straßen und Gärten, aber *der alte Herr* konnte *das Hündchen* nirgendwo finden. Darum ließ *der alte Herr* in der Zeitung eine Belohnung ausschreiben. Wer *dem alten Herrn* das Hündchen wiederbringt, bekommt 500 Mark Belohnung. Als *das Hündchen* nach drei Tagen noch nicht zurückgebracht war, rief der alte Herr wütend bei der Zeitung an.

5

10

Aber der Pförtner konnte *den alten Herrn* nicht beruhigen und konnte *dem alten Herrn* auch keine genaue Auskunft geben, weil niemand von den Angestellten der Zeitung anwesend war. „Wo sind *die Angestellten* denn", schrie der alte Herr aufgeregt, „warum kann ich mit keinem von *den Angestellten* sprechen?" „*Die Angestellten* suchen alle nach Ihrem Hündchen", antwortete der Pförtner.

15

20

2 请用恰当的人称代词代替下面用斜体印刷的名词及空格。

Die Maus und der Stier

Ein Stier war auf einer Wiese und fraß Gras. Wie *der Stier* so den Kopf zur Erde senkte, sprang eine Maus herbei und biss *den Stier* in die Nase.
… werde *die Maus* umbringen, dachte der Stier böse. Da hörte *der Stier die Maus* rufen: „Fang … doch! … kriegst … ja doch nicht." „Das ist eine Frechheit!", dachte *der Stier*, senkte die Hörner und wühlte mit *den Hörnern* in der Erde, bis *der Stier* müde war. Dann legte *der Stier* sich auf den Boden.
Darauf hatte die Maus nur gewartet. Hupp, da kam *die Maus* aus der Erde und biss den Stier noch schlimmer als das erste Mal.
„Jetzt reicht es … aber!", schrie *der Stier*. Wütend sprang *der Stier* auf die Beine und wühlte mit den Hörnern wieder und wieder in der Er-de. Aber es half *dem Stier* nichts. Die Maus war schon an einer ganz anderen Stelle. „Holla!" piepste *die Maus*. „Streng … nicht so an, mein Dicker! Es nützt … nichts. … will … etwas sagen: … großen Kerle könnt nicht immer erreichen, was … wollt. Manchmal sind … Kleinen stärker, verstehst … …?"

5

10

15

Nach einer Fabel von Äsop

3 同上。

– Hallo Fritz, wie geht es …?
– Danke, … geht es gut. Und wie geht's … und deiner Frau?
– Bei … ist alles in Ordnung. Übrigens, … habe ein Buch für ….
   Das Buch ist sehr interessant.
– … danke …!

– Gib … *das Buch* zurück, wenn du … gelesen hast. … gehört meiner Schwester; *meine Schwester* hat das Buch auch noch nicht gelesen. Sag *meiner Schwester*, wie *das Buch* … gefallen hat. Das wird *meine Schwester* interessieren.

– … komme nächste Woche … und deine Eltern besuchen. Sag *deinen Eltern* schöne Grüße. Ruft … an und sagt …, wann es … passt. Es gibt viel zu besprechen.

4 请填上空缺的人称代词。做练习时请注意大小写。

1. Kommst du morgen? Dann gebe ich … das Buch. … ist sehr interessant.
   Gib … … zurück, wenn du … gelesen hast.
2. Besuchst … deinen Bruder? Gib … bitte dieses Geschenk. … ist von meiner Schwester. Ich glaube, sie mag … .
3. Du hast noch meine Schreibmaschine. Gib … … bitte zurück; ich brauche … dringend.
4. Hört mal, ihr zwei, ich habe so viele Blumen im Garten; … könnt euch ruhig ein paar mitnehmen. … verwelken sonst doch nur.
5. Hier sind herrliche Äpfel aus Tirol, meine Dame. Ich gebe … … für drei Mark das Kilo. … sind sehr aromatisch!
6. „Kommst du morgen mit in die Disko?" „… weiß noch nicht. … rufe … heute Abend an und sage … Bescheid."
7. Wenn du das Paket bekommst, mach … gleich auf. Es sind Lebensmittel drin. Leg … gleich in den Kühlschrank, sonst werden … schlecht.
8. Geh zu den alten Leuten und gib … die Einladung. … freuen sich bestimmt, wenn … … bekommen.
9. „Also, Herr Maier, ich sage … jetzt noch einmal: Drehen … das Radio etwas leiser!" „Aber ich bitte …, Herr Müller, stört … das denn?"
10. „Schickst … den Eltern eine Karte?" „Ich schicke … keine Karte, … schreibe … einen Brief."

§5 物主代词

I 第一、第二和第三人称单数和复数的物主代词的第一格

Singular	*maskulin*	*feminin*	*neutral*	Plural	*m + f + n*
1.	mein	meine	mein		meine
2.	dein	deine	dein		deine
3.	sein	seine	sein		seine
	ihr	ihre	ihr		ihre
	sein	seine	sein		seine
1.	unser	uns(e)re	unser		uns(e)re
2.	euer	eure	euer		eure
3.	ihr	ihre	ihr		ihre
	Ihr	Ihre	Ihr		Ihre

1. 物主代词表示人或物的归属者，即谁是所有者:

Das ist meine Tasche.	=	Sie gehört mir.
Das ist seine Tasche.	=	Sie gehört dem Chef.
Das ist ihre Tasche.	=	Sie gehört der Kollegin.
Das ist unsere Tasche.	=	Sie gehört uns.
Das ist ihre Tasche.	=	Sie gehört den beiden Kindern.

2. 用在正式称呼中的 *Ihr*，*Ihre*，*Ihr* 可以指一个或多个所有者:

Ist das Ihre Tasche? – Ja, sie gehört mir.
Ist das Ihre Tasche? – Ja, sie gehört uns.

II 物主代词的变格

Singular	*maskulin*		*feminin*		*neutral*	
Nom.	mein	Freund	meine	Freundin	mein	Haus
Akk.	meinen	Freund	meine	Freundin	mein	Haus
Dat.	meinem	Freund	meiner	Freundin	meinem	Haus
Gen.	meines	Freundes	meiner	Freundin	meines	Hauses

Plural	*maskulin / feminin / neutral*
Nom.	meine Freunde / Freundinnen / Häuser
Akk.	meine Freunde / Freundinnen / Häuser
Dat.	meinen Freunden / Freundinnen / Häusern
Gen.	meiner Freunde / Freundinnen / Häuser

1. 物主代词的结尾随其后名词的性数格而变化：
   a) 根据格（第一格，第二格，第三格，第四格）
   b) 根据性（阳性，阴性，中性）
   c) 根据数（单数或复数）
      Das ist meine Tasche. (Nom. Sg. f)
      Ich kenne ihren Sohn. (Akk. Sg. m)
      aber: Ich kenne ihre Söhne. (Akk. Pl. m)

2. 总之：使用物主代词时您必须始终关注两个问题：
   a) 谁是"所有者"？
   b) 正确的结尾
      Ich hole *den* Mantel **der Kollegin**. = 3. Person Sg. f
      Ich hole **ihr**en Mantel.   = Akk. Sg. m

1a 请按下列模式做练习：物主代词的第一格。

    Wo ist dein Lexikon?   *Mein Lexikon ist hier!*

    Wo ist deine Tasche? Meine   Wo sind deine Arbeiten?
    Wo ist dein Kugelschreiber? Mein   Wo sind deine Aufgaben?
    Wo ist dein Deutschbuch? Mein   Wo sind deine Hefte?
    Wo ist …?   Wo sind …?

b   Wo ist mein Mantel?   *Dein Mantel ist hier!*

    Sie können Ihre Ungeduld – etwa nach längerem Suchen – äußern:
    Wo ist denn nur mein Mantel?

    Wo ist mein Hut?   Wo ist mein Portmonee?
    Wo ist meine Tasche?   Wo ist meine Brieftasche?
    Wo sind meine Handschuhe?   Wo sind meine Zigaretten?
    Wo ist …?   Wo sind …?

2 请回答上面练习 1 中的问题。

    Wo ist Ihr Lexikon?   *Mein Lexikon ist hier!*
    Wo ist mein Mantel?   *Ihr Mantel ist hier!*

3 请用物主代词的第三格填空。

Das ist Herr Müller mit …   seinen
seiner Familie (f).   ... Töchtern (Pl.).
… Frau. seiner   … Kind. seinem
… Sohn. seinem   … Nichte. 侄女 seiner
Das ist Frau Schulze mit…
… Freundinnen (Pl.).   … Söhnen.
~~seinen~~
ihren   ihren

… Schwester.　　　　　　　　… Mann.
… Tochter.　　　　　　　　　… Enkelkindern.
Das sind Thomas und Irene mit…
… Spielsachen (Pl.).　　　　　… Fußball (m).
… Eltern (Pl.).　　　　　　　… Freunden (Pl.).
… Lehrer (m).　　　　　　　… Mutter.

4　请按下列模式练习:

      Haus (n) / Tante　　　　　*Das Haus gehört meiner Tante.*

1. Wagen (m) / Schwiegersohn　　　5. Bücher (Pl.) / Tochter
2. Garten (m) / Eltern　　　　　　6. Teppich (m) / Schwägerin
3. Möbel (Pl.) / Großeltern　　　　7. Schmuck (m) / Frau
4. Fernseher (m) / Untermieterin　　8. Schallplatten (Pl.) / Sohn

5　请按下列模式练习: 物主代词的第四格。

    Wo hab' ich nur meinen Kugelschreiber hingelegt? (… auf den Tisch gelegt.)
    Deinen Kugelschreiber? Den hast du auf den Tisch gelegt.

您可以在回答中表示出轻微的惊讶或不耐烦:
Den hast du doch auf den Tisch gelegt! („doch" bleibt unbetont.)

Wo hab' ich nur …
1. … Brille (f) hingelegt? (… auf den Schreibtisch gelegt.)
2. … Jacke (f) hingehängt? (… an die Garderobe gehängt.)
3. … Handschuhe (Pl.) gelassen? (… in die Schublade gelegt.)
4. … Schirm (m) hingestellt? (… da in die Ecke gestellt.)
5. … Bleistift (m) gelassen? (… in die Jackentasche gesteckt.)
6. … Briefmarken (Pl.) gelassen? (… in die Brieftasche gesteckt.)
7. … Brief (m) hingetan? (… in den Briefkasten geworfen.)

6　请用上面练习 5 的问题参照下面的例子练习:

    Wo hab' ich nur meinen Kugelschreiber hingelegt?
    Ihren Kugelschreiber? Den haben Sie auf den Tisch gelegt.

7　请用物主代词的正确形式填空。

1. Wir sind in ein anderes Hotel gezogen. … altes Hotel (n) war zu laut.
2. … Eltern haben … Schlafzimmer gegenüber von … Zimmer.
3. … Schlafzimmer ist aber kleiner.
4. … Bruder Alex hat … Bett (n) an der Tür, … Bett steht am Fenster.
5. Die Mutter fragt: „Habt ihr … Sachen (Pl.) schon ausgepackt?"
6. „… Seife (f) und … Waschlappen (Pl.) legt bitte ins Bad!"
7. „… Anzüge (Pl.) hängt ihr in den Schrank, … Hemden legt ihr hierhin und … Schuhe (Pl.) stellt ihr unters Bett."

8. Alex ruft plötzlich: „Wo ist ... Mantel (m)? Hast du ... Mantel gesehen?“

9. „Alex,“ sage ich, „da kommt Vater mit ... Mantel und ... Schuhen.“

10. „Ihr habt die Hälfte ... Sachen (Gen.) im Auto gelassen!“ sagt Vater.

11. Mutter sucht ... Portmonee (n). „...Portmonee ist weg! Und ... Handtasche (f) auch!“ ruft sie aufgeregt.

12. „Hier ist ... Handtasche und auch ... Portmonee“, sagt der Vater.

13. „Wenn sich ... Aufregung (f) gelegt hat,“ meint Vater, „dann gehen wir jetzt essen. ... Freunde warten schon auf uns.“

8　请在必要的地方给物主代词加上合适的词尾。

Frankfurt, den 30. Mai

Lieber Hans,

dein*e* Antwort (f) auf mein*en* Brief (m) hat mich sehr gefreut.
So werden wir also unser*e* Ferien (Pl.) gemeinsam auf dem
Bauernhof mein*es* Onkels verbringen.
Sein*e* Einladung (f) habe ich gestern bekommen. Er lädt
5 dich, dein*en* Bruder und mich auf sein__ Bauernhof (m) ein.
Mein__ Freude (f) kannst du dir vorstellen. Es war ja schon
lange unser__ Plan (m), zusammen zu verreisen.
Mein__ Verwandten (Pl.) haben auf ihr__ Bauernhof (m) allerdings ihr__ eigene Methode (f): Mein__ Onkel verwendet kei-
10 nen chemischen Dünger, er düngt sein__ Boden (m) nur mit
dem Mist sein__ Schafe und Kühe (Pl.). Ebenso macht es
sein__ Frau: Ihr__ Gemüsegarten (m) düngt sie nur mit natür-
lichem Dünger. Ihr__ Gemüse (n) und ihr__ Obst (n) wachsen
völlig natürlich! Sie braucht keine gefährlichen Gifte gegen
15 Unkraut oder Insekten und ihr__ Obstbäume (Pl.) wachsen
und gedeihen trotzdem. Deshalb schmecken ihr__ Äpfel und
Birnen (Pl.) auch besser als unser__ gekauften Früchte (Pl.).
Ihr__ Hühner und Gänse (Pl.) laufen frei herum; nur abends
treibt sie mein__ Onkel in ihr__ Ställe (Pl.). Dort legen sie Eier
20 und brüten ihr__ Küken (Pl.) aus; das wird dein__ kleinen Bruder interessieren!
Die Landwirtschaft mein__ Verwandten (Pl.) ist übrigens sehr
modern. Ihr__ Haushalt (m) versorgen sie mit Warmwasser
aus Sonnenenergie; sogar die Wärme der Milch ihr__ Kühe
25 (Pl.) verwenden sie zum Heizen! Die Maschinen sind die mo-
dernsten ihr__ Dorfes (n).
Mein__ Verwandten sind noch jung: Mein__ Onkel ist 30,
mein__ Tante 25 Jahre alt. Ich finde ihr__ Leben (n) und ihr__
Arbeit (f) sehr richtig und sehr gesund. Aber du wirst dir
30 dein__ Meinung (f) selbst bilden.

Herzliche Grüße, dein__ Klaus

§6 动词的变位

I 前言

1. 动词一般由词根和词尾两部分组成:
   lach-en, folg-en, trag-en, geh-en

2. 动词分强变化、弱变化及混合变化动词。

3. 弱变化动词为规则变位，大部分德语动词为弱变化动词。
   强变化动词和混合变化动词为不规则变位，这部分德语动词数量较少，但必须背下来(见附录)。

4. 我们借助于动词的基本形式来学习动词。从基本形式可以导出其它的形式。
   基本形式为:

       a) Infinitiv   lachen, tragen

       b) Präteritum   er lachte, er trug

       c) Partizip Perfekt   gelacht, getragen

5. 动词的过去分词的构成为前面加 *ge-*，后面加 *-t*（弱变化动词）或后面加 *-en*（强变化动词）。
   lachen – *ge*lach*t*, einkaufen – ein*ge*kauf*t*
   tragen – *ge*trag*en*, anfangen – an*ge*fang*en*

   以 *-ieren* 结尾的动词的过去分词前面不加 *ge-*（见 §8）。

6. 大部分动词用助动词 *haben* 构成现成完成时和过去完成时，少数用助动词 *sein* 构成（见 §12）。

7. 德语中，过去时一般用在书面语里。当口头表述过去发生的事情时一般用现在完成时。而当表述的事件发生在现在完成时或过去时之前则用过去完成时。

   Präteritum (im Roman): Ein junger Mann *kam* in eine fremde Stadt und *sah* ein hübsches Mädchen. Er *verliebte* sich sofort …

   Perfekt (im Gespräch): „*Hast* du deinem Freund endlich die Wahrheit *gesagt*?" – „Ich *habe* ihm vor zwei Wochen einen langen Brief *geschrieben*, aber er *hat* noch nicht *geantwortet*."

   Plusquamperfekt (meistens schriftlich): Ein junger Mann liebte ein Mädchen und stand jeden Abend vor ihrem Fenster, aber er *hatte* noch nie vorher mit ihr *gesprochen*.

II 弱变化动词的变位 *规则变化. lachen*

| mit **haben** | | *过去时* | *完成时.* | |
Singular	*Präsens*	*Präteritum*	*Perfekt*	*Plusquamperfekt*
Singular	ich lache	ich lachte	ich habe gelacht	ich hatte gelacht
	du lachst	du lachtest	du hast gelacht	du hattest gelacht
	er	er	er	er
	sie lacht	sie lachte	sie hat gelacht	sie hatte gelacht
	es	es	es	es
Plural	wir lachen	wir lachten	wir haben gelacht	wir hatten gelacht
	ihr lacht	ihr lachtet	ihr habt gelacht	ihr hattet gelacht
	sie lachen	sie lachten	sie haben gelacht	sie hatten gelacht

	Futur I *= will*		*Futur II*	
Singular	ich werde lachen		ich werde gelacht haben	
	du wirst lachen		du wirst gelacht haben	
	er		er	
	sie wird lachen		sie wird gelacht haben	
	es		es	
Plural	wir werden lachen		wir werden gelacht haben	
	ihr werdet lachen		ihr werdet gelacht haben	
	sie werden lachen		sie werden gelacht haben	

| mit **sein** | *folgen = follow.* | | | |
	Präsens	*Präteritum*	*Perfekt*	*Plusquamperfekt*
Singular	ich folge	ich folgte	ich bin gefolgt	ich war gefolgt
	du folgst	du folgtest	du bist gefolgt	du warst gefolgt
	er	er	er	er
	sie folgt	sie folgte	sie ist gefolgt	sie war gefolgt
	es	es	es	es
Plural	wir folgen	wir folgten	wir sind gefolgt	wir waren gefolgt
	ihr folgt	ihr folgtet	ihr seid gefolgt	ihr wart gefolgt
	sie folgen	sie folgten	sie sind gefolgt	sie waren gefolgt

	Futur I		*Futur II*	
Singular	ich werde folgen		ich werde gefolgt sein	
	du wirst folgen		du wirst gefolgt sein	
	er		er	
	sie wird folgen		sie wird gefolgt sein	
	es		es	
Plural	wir werden folgen		wir werden gefolgt sein	
	ihr werdet folgen		ihr werdet gefolgt sein	
	sie werden folgen		sie werden gefolgt sein	

1. 弱变化动词变位时它的元音不变。

2. 规则变化的过去时的结尾以 -te- 构成。

3. 弱变化动词的过去分词的结尾是 -t。

4. 第一将来时用 werden + 不定式构成，第二将来时用 werden + 完成时不定式 (即 haben 或 sein + 过去分词) 构成(用法见 §21)。

说明

1. 疑问句形式 (Lachst du? Lacht ihr? Lachen Sie?) 见 §17。
2. 命令式 (Lach! Lacht! Lachen Sie!) 见 §11。

1 请将下列动词在现在时 (ich schicke，du heilst，usw.)、过去时和现在完成时中变位。

			1	2	3
Sg.	1.	Person	schicken	glauben	zählen
	2.		heilen	kaufen	spielen
	3.		fragen	machen	kochen
Pl.	1.		legen	weinen	drehen
	2.		führen	lachen	stecken
	3.		stellen	bellen	leben

2 请分别按照 a) 左边，b) 右边的模式练习。

Brauchst du ein Wörterbuch?   Braucht ihr ein Wörterbuch?
Ja, ich brauche ein Wörterbuch.   Ja, wir brauchen ein Wörterbuch.
Er braucht ein Wörterbuch!   Sie brauchen ein Wörterbuch!

您可以强调您的想法：Brauchst du eigentlich ein Wörterbuch?
您可以在回答时表现得理所当然：
Ja, natürlich brauche ich ein Wörterbuch.
或者更进一步强调：Ja, selbstverständlich brauche ich ein Wörterbuch.

1. Hörst du morgens die Vögel?   5. Lernst du die Verben?
2. Holst du den Koffer mit dem Taxi?   6. Übst du immer laut?
3. Machst du den Kaffee immer so?   7. Kletterst du über die Mauer?
4. Brauchst du heute das Auto?   8. Sagst du es dem Kellner?

3 请将上面的练习 2 再用现在完成时练习一遍。

III 强变化动词的变位

mit **haben**	Präsens	Präteritum	Perfekt	Plusquamperfekt
Singular	ich trage	ich trug	ich habe getragen	ich hatte getragen
	du trägst	du trugst	du hast getragen	du hattest getragen
	er	er	er	er
	sie trägt	sie trug	sie hat getragen	sie hatte getragen
	es	es	es	es
Plural	wir tragen	wir trugen	wir haben getragen	wir hatten getragen
	ihr tragt	ihr trugt	ihr habt getragen	ihr hattet getragen
	sie tragen	sie trugen	sie haben getragen	sie hatten getragen

mit **sein**	Präsens	Präteritum	Perfekt	Plusquamperfekt
Singular	ich gehe	ich ging	ich bin gegangen	ich war gegangen
	du gehst	du gingst	du bist gegangen	du warst gegangen
	er	er	er	er
	sie geht	sie ging	sie ist gegangen	sie war gegangen
	es	es	es	es
Plural	wir gehen	wir gingen	wir sind gegangen	wir waren gegangen
	ihr geht	ihr gingt	ihr seid gegangen	ihr wart gegangen
	sie gehen	sie gingen	sie sind gegangen	sie waren gegangen

1. 强变化动词的过去式一般会有元音的变化，其过去分词大部分会有元音的变化：
   finden, fand, gefunden   tragen, trug, getragen

   有些动词变位时它们的基本形式甚至都会发生变化：
   gehen, ging, gegangen   sein, war, gewesen

2. 强变化动词的第一和第三人称单数的过去时没有词尾：
   ich / er trug; ich / er ging

3. 有一些强变化动词变位时，它们的第二和第三人称单数的现在时有独特的形式，这是
   需要特别记住的，例如：
   ich gebe – du gibst, er gibt   ich lasse – du lässt, er lässt
   ich nehme – du nimmst, er nimmt   ich stoße – du stößt, er stößt
   ich lese – du liest, er liest   ich laufe – du läufst, er läuft
   ich schlafe – du schläfst, er schläft

4. 强变化动词的过去分词以 -en 结尾。但凡弱言化词 ren 活尾.

5. 第一将来时用 werden＋不定式构成 (ich werde tragen / gehen)，第二将来时用
   werden ＋完成时不定式构成 (ich werde getragen haben / gegangen sein)。

* 按字母顺序的列表见附录 P395.

4 请用第二人称单数的现在时填空，注意元音的变化。

Ich esse Fisch. *Was isst du?*

1. Ich brate mir ein Kotelett. Was … du dir? *bratest*
2. Ich empfehle den Gästen immer das „Hotel Europa". Was … du ihnen? *empfehlst*
3. Ich fange jetzt mit der Arbeit an. Wann … du an? *fangest*
4. Ich gebe dem Jungen eine Mark. Was … du ihm? *gibst*
5. Ich halte mir einen Hund. … du dir auch einen? *hältest*
6. Ich helfe ihr immer montags. Wann … du ihr? *helfest*
7. Ich verlasse mich nicht gern auf ihn. … du dich denn auf ihn?
8. Ich laufe hundert Meter in 14 Sekunden. Wie schnell … du?
9. Ich lese gern Krimis. Was … du gern?
10. Ich nehme ein Stück Kirschtorte. Was … du?
11. Ich rate ihm zu fliegen. Was … du ihm?
12. Ich schlafe immer bis sieben. Wie lange … du?
13. Ich spreche sofort mit dem Chef. Wann … du mit ihm?
14. Ich sehe das Schiff nicht. … du es?
15. Ich trage den Koffer. … du die Tasche?
16. Ich treffe sie heute nicht. … du sie?
17. Ich vergesse die Namen so leicht. … du sie auch so leicht?
18. Ich wasche die Wäsche nicht selbst. … du sie selbst?
19. Ich werde im Mai 25. Wann … du 25?
20. Ich werfe alte Flaschen nicht in den Mülleimer. … du sie in den Mülleimer?

5 请将下列各句的主语换为单数表述。

1. Die Köchinnen eines Restaurants haben viel Arbeit.
2. Schon früh kommen die Boten und bringen Obst und Gemüse, Fleisch und Kartoffeln.
3. Die Köchinnen waschen das Gemüse, schälen die Kartoffeln und schneiden das Fleisch.
4. Sie kochen die Milch, bereiten die Suppen und backen die Süßspeisen für den Mittagstisch.
5. Später kommen die Kellner.
6. Sie stellen die Teller und Gläser auf den Tisch.
7. Dann legen sie Messer, Gabel und Löffel daneben.
8. Auch die Servietten vergessen sie nicht.
9. Sie füllen die Kannen mit Wasser und holen den Wein aus dem Keller.
10. Die Kellner geben den Gästen die Speisekarten.
11. Die Gäste studieren die Karte und bestellen.
12. Nun haben die Köchinnen viel Arbeit.
13. Sie braten das Fleisch, kochen das Gemüse und bereiten den Salat.
14. Sie bringen die Speisen zum Speisesaal und die Kellner servieren sie.
15. Nach dem Essen bezahlen die Gäste und verlassen das Restaurant.

6 请将练习4的陈述句部分改为现在完成时，将练习5的各句改为过去时。

7 请将下列各句中的名词换为单数。

1. a) Die Münzen (f) fallen in den Spielautomaten.
   b) Meistens gewinnen die Spieler nichts.
2. a) Die Fischer geraten in einen Sturm.
   b) Sie fahren zum nächsten Hafen.
3. a) Die Gärtner graben ein Loch.
   b) Dann setzen sie einen Baum in das Loch und geben Erde auf die Stelle.
4. a) Die Schüler messen die Temperatur der Flüssigkeiten.
   b) Dann schreiben sie die Messdaten an die Tafel.
5. a) Die Diebe stehlen ein Auto.
   b) Dann verbergen sie es in einer Scheune.
6. a) Die Gäste betreten die Wohnung.
   b) Die Gastgeber empfangen die Gäste.
7. a) Die Pflanzen (f) wachsen bei der Kälte nicht.
   b) Sie müssen in einem mäßig warmen Raum stehen.
8. a) Die Firmen (die Firma) werben für ihre Produkte.
   b) Sie geben dafür viel Geld aus.

8 请将上面练习 7 的各句改为过去时和现在完成时。

IV 用 -e 构成的动词的变位

Schwache Verben			
	Präsens	*Präteritum*	*Perfekt*
Singular	ich antworte	ich antwortete	ich habe geantwortet
	du antwortest	du antwortetest	du hast geantwortet
	er antwortet	er antwortete	er hat geantwortet
Plural	wir antworten	wir antworteten	wir haben geantwortet
	ihr antwortet	ihr antwortetet	ihr habt geantwortet
	sie antworten	sie antworteten	sie haben geantwortet
Starke Verben			
	Präsens	*Präteritum*	*Perfekt*
Singular	ich biete	ich bot	ich habe geboten
	du bietest	du botest	du hast geboten
	er bietet	er bot	er hat geboten
Plural	wir bieten	wir boten	wir haben geboten
	ihr bietet	ihr botet	ihr habt geboten
	sie bieten	sie boten	sie haben geboten

1. 当动词的词根以 -d- 或 -t- 结尾时，它们变位后需在 -st, -te, -t 等结尾前加上 -e- 。

2. 这一规则也适用于词根以 -m- 或 -n- 结尾的动词，但是，只有当 -m- 或 -n- 前有另外一个辅音 (不是 r) 时：
   atm-en: er atmet, du atmetest, er hat geatmet
   rechn-en: du rechnest, wir rechneten, ihr rechnetet

9 请仿例造句。

   Die Bauern reiten ins Dorf.   *Wer reitet ins Dorf?*

1. Die Verkäufer bieten einen günstigen Preis. *bietet*
2. Einige Parteimitglieder schaden der Partei. *schadet*
3. Die Kinder baden schon im See. *badet*
4. Die Frauen öffnen die Fenster. *öffnet*
5. Die Angestellten rechnen mit Computern. *rechnet*
6. Die Sportler reden mit dem Trainer. *redet*
7. Die Schauspieler verabschieden sich von den Gästen. *verabschiedet*
8. Die Fußballspieler gründen einen Verein. *gründet*
9. Die Politiker fürchten eine Demonstration. *fürchtet*
10. Die Sanitäter retten die Verletzten. *rettet*
11. Die Fachleute testen das Auto. *testet*
12. Die Schüler warten auf die Straßenbahn. *wartet*
13. Die Techniker zeichnen die Maschinenteile. *zeichnet*
14. Die Jungen streiten mit den Mädchen. *streitet*

10 请将上面练习 9 的各句改为过去时和现在完成时。

V 混合动词的变位

Präsens	Präteritum	Perfekt
ich denke	ich dachte	ich habe gedacht
du denkst	du dachtest	du hast gedacht
er denkt	er dachte	er hat gedacht
wir denken	wir dachten	wir haben gedacht
ihr denkt	ihr dachtet	ihr habt gedacht
sie denken	sie dachten	sie haben gedacht

1. 混合动词变位后的词尾和弱变化动词变位后的词尾一样。

2. 但是混合动词变位时，其元音发生变化，因此它的变位形式和强变化动词的变位形式一样需要特别记住。

3. 混合动词还包括：*brennen*，*bringen*，*kennen*，*nennen*，*rennen*，*senden*，*wenden*，*wissen* 和情态动词 (见附录中的列表)。

11 请将下列各句改为过去时和现在完成时。

1. Die Abiturienten bringen die Bücher
   zur Bibliothek. *brachten*
2. Meine Schwestern denken gern an
   den Urlaub im letzten Jahr. *dachten*
3. Die Kinder wissen den Weg nicht.
4. Ihr kennt die Aufgabe. *wussten*

5. Die Mieter senden dem Hausbesitzer
   einen Brief. *sandten*
6. Ihr wisst seit langem Bescheid. *wusstet*
7. Die Teilnehmer denken an den Termin. *dachten*
8. Die Lampen im Wohnzimmer brennen.
   brannten.

12 请将上面练习11中各句的名词改为单数，然后再改为过去时和现在完成时。

13 请将下列一般疑问句改成现在时和现在完成时。

1. (bringen) ihr ihm die Post nicht?
2. (wissen) Sie nichts von dem Vorfall?
3. (denken) du an die Verabredung?

4. (nennen) er die Namen der Mitarbeiter nicht?
5. (senden) ihr den Brief mit Luftpost?
6. (brennen) die Heizung im Keller
   nicht?

14 请用现在时、过去时和现在完成时造句。

1. du / denken / ja nie / an mich   *Du dachtest ja nie an mich.*
2. das Haus / brennen / jetzt schon / zum zweiten Mal
3. wieder / bringen / der Briefträger / mir / keine Nachricht
4. du / kennen / deine Nachbarn / nicht / ?
5. immer / rennen / der Hund / wie verrückt / durch den Garten
6. ich / senden / ihr / herzliche Grüße
7. bei Problemen / ich / sich wenden / immer / an meinen Vater
8. warum / wissen / du / seine Telefonnummer / nicht / ?

VI 变位的特殊规则

1. 如果动词的词根以 -s-, -ss-, -ß- 或 -z- 结尾，那么其第二人称单数的现在时的结尾为-t:

   les-en: du lies*t*   ras-en: du ras*t*   lass-en: du läss*t*
   stoß-en: du stöß*t*   heiz-en: du heiz*t*   schütz-en: du schütz*t*

2. 以 -eln 和 -ern 结尾的弱变化动词变位时，其第一和第三人称复数的结尾为 -n。该形
   式和动词不定式一样：

klingeln:	wir kling*eln*, sie kling*eln*	Imperativ: *Klingle!*
lächeln:	wir läch*eln*, sie läch*eln*	Imperativ: *Lächle!*
streicheln:	wir streich*eln*, sie streich*eln*	Imperativ: *Streichle!*
ändern:	wir änd*ern*, sie änd*ern*	Imperativ: *Ändre!*
fördern:	wir förd*ern*, sie förd*ern*	Imperativ: *Fördre!*
rudern:	wir rud*ern*, sie rud*ern*	Imperativ: *Rudre!*

在以 -eln 结尾的动词的第一人称单数现在时中，-e- 去掉：
ich läch*le*, ich kling*le*

3. 动词 *wissen* 的单数现在时的变化较特殊：
ich *weiß*, du *weißt*, er *weiß*, wir wissen, ihr wisst, sie wissen

15 请将下列动词进行第二人称单数现在时变位：

gießen, messen, schließen, sitzen, stoßen, vergessen, wissen, lassen,
beißen, fließen, schmelzen, heizen

16 请将下列动词进行第一人称现在时的单复数变位：

angeln, wechseln, bügeln, sich ekeln, handeln, klingeln,
schaukeln, stempeln, zweifeln, ändern, liefern, wandern, bedauern,
hindern, erwidern, flüstern, verhungern, zerkleinern

17 请按下列模式做练习：

Wechselst du dein Geld denn nicht?   *Doch, natürlich wechsle ich es!*

1. Bügelst du denn nicht alle Hemden?
2. Ekelst du dich denn nicht vor Schlangen? (vor ihnen)
3. Handelst du denn nicht mit den Verkäufern?
4. Zweifelst du denn nicht an der Wahrheit seiner Aussage? (daran)
5. Regelst du denn deine Steuerangelegenheiten nicht selbst?
6. Klingelst du denn nicht immer zweimal, wenn du kommst?
7. Plauderst du denn nicht gern mit deinen Nachbarn?
8. Änderst du denn nicht deine Reisepläne?
9. Lieferst du denn deine Arbeit nicht ab?
10. Wanderst du denn nicht gern?
11. Bedauerst du denn seine Absage nicht?
12. Förderst du denn nicht unsere Interessengemeinschaft?

18 请将上面练习17中的各句改成复数并给出否定回答。

Wechselt ihr euer Geld denn nicht?   *Nein, wir wechseln es nicht.*

您也可以把问句中的"denn"换成"eigentlich"；回答中的"natürlich"也可以
用"selbstverständlich"代替。

19 请将下列各句改为过去时。

1. Werner Stubinreith erhält seine Entlassung.
2. Das erscheint ihm ungerecht.
3. Er arbeitet schon viele Jahre dort und kennt den Leiter gut.
4. Er kennt auch alle Kollegen und nennt sie beim Vornamen.
5. Er denkt an Rache, weiß aber noch nicht wie.
6. Im Traum sieht er den Betrieb.
7. Es ist dunkel.
8. Er nimmt ein paar Lappen, tränkt sie mit Öl und legt damit im Betrieb an drei Stellen Feuer.

9. Dann rennt er schnell weg.
10. Dabei verliert er seinen Hausschlüssel.
11. Ab und zu wendet er sich um.
12. Tatsächlich! Der Betrieb brennt!
13. Alles steht in Flammen.
14. Die Feuerwehr schickt drei Löschfahrzeuge.
15. Der Betriebsleiter nennt der Polizei die Namen der Entlassenen.
16. Werner Stubinreith ist auch dabei.
17. An der Brandstelle findet man einen Schlüssel.
18. Der Schlüssel passt zu Stubinreiths Haustüre.
19. Werner gesteht die Tat.
20. Er kommt für drei Jahre ins Gefängnis.
21. Werner wacht auf und findet seine Rachepläne nicht mehr so gut.

§ 7   可分动词

Infinitiv: zuhören, weglaufen		
Präsens	*Präteritum*	*Perfekt*
ich höre … zu	ich hörte … zu	ich habe … zugehört
ich laufe … weg	ich lief … weg	ich bin … weggelaufen

1. 可分动词在大多数情况下由介词和动词词干一起构成，因此它们的意义也比较容易理解：例如 *ab-*, *an-*, *auf-*, *aus-*, *bei-*, *ein-*, *fest-*, *her-*, *hin-*, *los-*, *mit-*, *nach-*, *vor-*, *weg-*, *wieder-*, *zu-*, *zurück-*, *zusammen-* u.a.。可分动词的重音落在这些介词上。

    例外：由介词 *hinter-* 构成的动词不可分（见 § 8, 1）。

2. 在现在时或过去时主句中，该介词和动词词干分开并被置于句末：
    Er *hörte* gestern Abend dem Redner eine halbe Stunde lang *zu*.

3. 在现在完成时和过去完成时中，该介词又和动词的过去分词合在一起：
    Er hat dem Redner eine halbe Stunde lang *zugehört*.

4. 还有其它一些词可以和动词词干一起构成可分动词：
    Er hat sein Auto *kaputt*gefahren.
    Sie hat das Insekt *tot*getreten.
    Er hat den ganzen Abend *fern*gesehen.
    Haben Sie an der Versammlung *teil*genommen?

说明

1. 根据新的正字法，由两个动词一起构成的可分动词要分写: *spazieren gehen*
2. 疑问句: *Hörst du zu? Hast du zugehört?*
3. 祈使句: *Hör zu! Hört zu! Hören Sie zu!*
4. 带 *zu* 的不定式: *aufzuhören, anzufangen*

1a 请用可分动词的现在时做练习。

Von der Arbeit einer Sekretärin
Telefonate weiterleiten　*Sie leitet Telefonate weiter.*

1. Besucher anmelden　meldt an　　　5. die Post abholen
2. Aufträge durchführen　führt durch　6. Besprechungen vorbereiten
3. Gäste einladen　ladet ein.　　　　7. wichtige Papiere bereithalten
4. Termine absprechen　sprecht ab　8. Geschäftsfreunde anschreiben

b Was hat die Sekretärin alles gemacht?

Sie hat Telefonate weitergeleitet. Sie hat …

c Von der Arbeit einer Hausfrau

einkaufen　*Sie kauft ein.*

1. das Essen vorbereiten
2. das Geschirr abwaschen und abtrocknen
3. alles in den Schrank zurückstellen
4. Möbel abstauben
5. die Wäsche aus der Waschmaschine herausnehmen und aufhängen
6. die Wäsche abnehmen, zusammenlegen und wegräumen
7. die Kinder an- und ausziehen
8. die Kinder zum Kindergarten bringen und sie von dort wieder abholen
9. Geld von der Bank abheben

d Abends fragt sie sich:

Was habe ich eigentlich alles gemacht? Ich *habe eingekauft, ich habe* das … usw.

e 请用过去时完成书面作业:

Sie kaufte ein, sie bereitete das … usw.

2a 请用可分动词完成句子。

Bei einer Flugreise:　Was macht der Passagier?
Wir landen in wenigen Minuten!

Bitte
1. aufhören zu rauchen!   Er hört auf zu rauchen.
2. anschnallen!   Er ... sich ...
3. vorn aussteigen!   Er ...
4. die Flugtickets vorzeigen!   Er ... die Flugtickets ...
5. den Koffer aufmachen!   Er ...
6. das Gepäck mitnehmen!   Er ...
7. die Zollerklärung ausfüllen!   Er ...
8. den Pass abgeben!   Er ...

b 请向同伴讲述:

Ich *habe aufgehört* zu rauchen. Ich *habe mich* ... Ich *bin* ... usw.

c 现在请写下来:

Er *hörte auf* zu rauchen. Er ... usw.

3 Ein Abteilungsleiter hat seine Augen überall· ——请按下列模式练习:

  Hat Inge die Pakete schon weggebracht?   *Nein, sie bringt sie gerade weg.*

  1. Hat Udo die Flaschen schon aufgestellt? – Nein, er ...
  2. Hat Frau Schneider die Waren schon ausgezeichnet?
  3. Hat Fritz den Abfall schon rausgebracht?
  4. Hat Reimar schon abgerechnet?
  5. Hat die Firma Most das Waschpulver schon angeliefert?
  6. Hat Frau Holzinger die Preistafeln schon aufgehängt?
  7. Hat Uta den Keller schon aufgeräumt?
  8. Hat die Glasfirma die leeren Flaschen schon abgeholt?
  9. Hat Frau Vandenberg die neue Lieferung schon ausgepackt?
  10. Hat Herr Kluge die Bestelllisten schon ausgeschrieben?
  11. Hat Gerda die Lagerhalle schon aufgeräumt?

4a Hier gibt's Ärger!

  Sie zieht den Vorhang auf. (zu-)   *Er zieht ihn wieder zu.*

  1. Sie schließt die Tür auf. (zu-)   4. Sie packt die Geschenke ein. (aus-)
  2. Sie dreht den Wasserhahn auf. (zu-)   5. Sie macht die Fenster auf. (zu-)
  3. Sie schaltet das Radio an. (ab-)   6. Sie hängt die Bilder auf. (ab-)

b Wie war das bei den beiden? ——请将上面练习4a中的各句改为现在完成时。

  Sie hat den Vorhang aufgezogen; er hat ihn wieder zugezogen.

5　请将下列各句改为现在完成时。

1. Mein Hund läuft weg. Ich laufe hinterher.
2. Er rechnet ihr ihre Dummheiten vor. Sie leiht ihm einen Taschenrechner aus.
3. Der Lehrling sagt etwas und der Chef stimmt zu. Der Chef sagt etwas und der Lehrling hört nicht zu.
4. Der Arzt steht dem Kranken bei, aber der Kranke wirft seine Tabletten weg.
5. Ich gebe meine Fehler zu, aber sie sieht ihre Fehler nicht ein.
6. Sie schaltet das Radio ein; aber er schaltet es wieder aus.
7. Sie macht das Licht an und er schaltet es wieder aus.
8. Meine Schwiegermutter kommt heute früh an; sie fährt zum Glück gegen Mittag wieder weiter.
9. Der Junge stößt den Nachbarn weg. Der Nachbar stürzt die Treppe hinunter.
10. Unsere Freunde führen uns einen Film vor. Ich schlafe beinahe ein.
11. Ich rufe ihn immer wieder an, aber er nimmt den Hörer nicht ab.
12. Die Kühe reißen sich los. Der Bauer bindet sie wieder an.

6　请将下列各句改为现在时和过去时。

1. Der Chef hat die Schreibtischschublade zugeschlossen. Die Sekretärin hat sie am anderen Morgen wieder aufgeschlossen.
2. Die Kinder sind vorangelaufen und die Großeltern sind langsam hinterhergegangen.
3. Er hat mir einige Teegläser aus der Türkei mitgebracht. Ich habe sie gleich ausgepackt.
4. Sie hat ihr Wörterbuch ausgeliehen, aber sie hat es leider nicht zurückbekommen.
5. Er hat sich alle grauen Haare ausgerissen. Es sind leider nicht viele Haare auf seinem Kopf zurückgeblieben.
6. Der Dieb hat die Tasche hingestellt und ist fortgerannt. Ich bin hinterhergelaufen.
7. Den Dieb habe ich festgehalten. Die Tasche hat inzwischen ein anderer Dieb mitgenommen.
8. Der Beamte hat mir endlich die Genehmigung ausgestellt. Ich bin sofort losgefahren.
9. Das Töchterchen hat die Milch ausgetrunken und ihr Brot aufgegessen. Der Hund hat die Tasse und den Teller ausgeleckt.
10. Die beiden jungen Leute sind endlich zusammengezogen. Der Hausbesitzer hat ihnen aber den Strom abgestellt.

§8   不可分动词

Präsens	Präteritum	Perfekt
ich erzähle	ich erzählte	ich habe … erzählt
ich verstehe	ich verstand	ich habe … verstanden

1. 不可分动词的前缀一般较短，这些前缀也没有一个独立的意义，例如: *be-*, *emp-*,
   ent-, *er-*, *ge-*, *miss-*, *ver-*, *zer-* 等。这些前缀不重读。

   虽然 *hinter-* 有单独的意义，但是它所构成的动词为不可分动词:
   Er hinterlässt seinem Sohn einen Bauernhof.

2. 由这些前缀构成的动词的意义往往和动词词干的意义相去甚远:
   Ich suche den Schlüssel.   Aber: Ich besuche meinen Onkel.
   Sie zählt das Geld.   Aber: Sie erzählt ein Märchen.
   Wir stehen im Flur.   Aber: Wir verstehen den Text.

3. 这些前缀在任何情况下都和动词词干连写:
   ich versuche, ich versuchte; ich bekomme, ich bekam

4. 在构成过去分词时没有通常情况下的 *ge-* (以 *-ieren* 结尾的动词也一样):
   er hat berichtet, er hat erklärt, er hat verstanden

说明

1. 有些带有不可分前缀的动词已经不再有自己的词干，如: *gelingen*, *verlieren* 等等。
2. 疑问句: *Versteht ihr das? Habt ihr das verstanden?*
3. 祈使句: *Erzähl! Erzählt! Erzählen Sie!*
4. 带 *zu* 的不定式: *zu verstehen*, *zu erzählen*

1 请用下列动词的现在时和现在完成时的正确形式完成各句。(这里的现在完成时都是用
   "haben" 构成。)

1. Der Arzt (verbieten) meinem Vater   *verboten*
   das Rauchen.
2. Die Kinder (empfinden) die Kälte
   nicht. *empfunden*
3. Der Student (beenden) seine
   Doktorarbeit. *beending*
4. Auch der Wirtschaftsminister (errei- *erreicht*
   chen) keine Wunder.
5. Seine Freundin (gefallen) mir gut. *gefallen*
6. Heute (bezahlen) Gustl die Runde.
7. Wer (empfangen) die Gäste? *bezahlt*

8. Die Schauspielerin (erobern) die Herzen ihrer Zuschauer.
9. Franz und Sigrun (erreichen) den Zug nicht mehr.
10. Warum (versprechen) er sich eigentlich dauernd?
11. Heinz (beachten) die Ampel nicht und (verursachen) leider einen Unfall.

12. Die Stadtverordneten (beschließen) den Bau des Schwimmbades.
13. Der Vater (versprechen) der Tochter eine Belohnung.
14. Du (zerstören) unsere Freundschaft!
15. Paul (vergessen) bestimmt wieder seine Schlüssel!
16. Der Architekt (entwerfen) einen Bauplan.

2 请将下列含不可分动词的各句改为现在时和过去时。

1. Die Eltern haben das Geschenk versteckt.
2. Er hat mir alles genau erklärt.
3. Der Hausherr hat unseren Mietvertrag zerrissen.
4. Die Kinder haben die Aufgaben vergessen.
5. Die Fußballmannschaft hat das Spiel verloren.
6. Der Medizinstudent hat die erste Prüfung bestanden.
7. Ich habe ihm vertraut.
8. Der Ingenieur hat einen neuen Lichtschalter erfunden.

9. In der Vorstadt ist eine neue Wohnsiedlung entstanden.
10. Das Kind hat die chinesische Vase zerbrochen.
11. Der alte Professor hat die Frage des Studenten gar nicht begriffen.
12. Er hat mich immer mit seiner Freundin verglichen.
13. Wir haben den Bahnhof rechtzeitig erreicht.
14. Er hat seine Gäste freundlich empfangen.
15. Auf dem langen Transport ist das Fleisch verdorben.

3 请练习下面可分动词和不可分动词的现在完成时。

Vorschläge der Bevölkerung:

1. den Park erweitern
2. Sträucher anpflanzen
3. Straßen verbreitern
4. einen Busbahnhof anlegen
5. neue Buslinien einrichten
6. den Sportplatz vergrößern
7. das Klubhaus ausbauen
8. das Gasleitungsnetz erweitern
9. die alte Schule abreißen
10. eine neue Schule errichten
11. das hässliche Amtsgebäude abbrechen
12. den Verkehrslärm einschränken
13. neue Busse anschaffen
14. die Straßen der Innenstadt entlasten
15. Fußgängerzonen einrichten
16. ein Denkmal errichten
17. Luftverschmutzer feststellen

Durchführung:

Man hat den Park erweitert.
Man hat Sträucher angepflanzt.
…

18. den Fremdenverkehr ankurbeln
19. leer stehende Häuser enteignen
20. historische Feste veranstalten
21. einen Stadtplan herausgeben
22. die Durchfahrt des Fernverkehrs durch die Stadt verhindern
23. die Rathausfenster anstreichen
24. Radfahrwege anlegen
25. Grünflächen einplanen

Worterklärungen:

erweitern, vergrößern, ausbauen: größer machen
abreißen, abbrechen: zerstören, wegnehmen
anschaffen: kaufen
einschränken: (hier) weniger/geringer machen
einrichten: (hier) schaffen
errichten: bauen
feststellen: (hier) finden
ankurbeln: stärker/schneller machen
veranstalten: organisieren, machen
verhindern: machen, dass etwas nicht geschieht
enteignen: einem Besitzer (zugunsten der Allgemeinheit) etwas wegnehmen

4 请将下列各句改为现在完成时。

1. Kirstin besuchte das Museum.
2. Sie besorgte sich eine Eintrittskarte für Studenten und bezahlte fünf Mark dafür.
3. Sie betrat den ersten Saal.
4. Dort betrachtete sie die Bilder der Künstler des 17. Jahrhunderts.
5. Kirstin blieb hier nicht so lange.
6. Sie verließ den Saal und gelangte in den nächsten Raum zu den Bildern der Maler des 19. Jahrhunderts.
7. Hier verbrachte sie viel Zeit.
8. Sie studierte beinah jedes Bild ganz genau.
9. Manchmal erkannte sie den Maler schon an der Art der Technik.
10. So verging die Zeit sehr schnell.

5 请练习下面不可分动词的现在完成时。

Man versteht dich ja!   *Bis jetzt hat mich noch niemand verstanden!*

1. Man enteignet die Leute! – Bis jetzt hat man noch niemand(en) … !
2. Man entlässt die Arbeiter! – … hat man noch niemand(en) … !
3. Man verklagt die Anführer! – … hat man sie noch nicht … !
4. Man verbietet ihnen alles! – … hat man ihnen noch nichts … !
5. Man bedroht die Leute! – … hat man noch niemand(en) … !
6. Begreifen die Leute endlich? – … hat noch niemand etwas … !
7. Verhungern die Leute nicht? – … ist noch niemand … !
8. Verlangen sie nicht Unmögliches? – … haben sie nichts Unmögliches … !
9. Der Versuch misslingt! – … ist er noch nicht … !

10. Das Fleisch verdirbt bestimmt!   – ... ist es jedenfalls nicht ... !
11. Das Glas zerspringt bestimmt!   – ... ist es jedenfalls noch nicht ... !
12. Bekämpft man den Lärm nicht?   – ... hat ihn noch niemand ... !
13. Du vergisst deine Freunde.   – ... habe ich sie noch nicht ... !
14. Vermisst du die Zigaretten nicht? – ... habe ich sie noch nicht ... !

§9   既是可分动词又是不可分动词的动词

Ⅰ 规则

	Präsens	Perfekt
trennbar	Das Schiff *geht* im Sturm *unter*.	Das Schiff *ist* im Sturm *untergegangen*.
untrennbar	Er *unterschreibt* den Brief.	Er *hat* den Brief *unterschrieben*.

1. 以 *durch-*、*über-*、*um-*、*unter-*、*wider-*、*wieder-* 构成的动词，有些是可分动词，有些是不可分动词。

2. 可分动词的重音在前缀上（如 *úmkehren*），而不可分动词的重音在动词词干的元音上（如 *umgében*）。

3. 可分动词的意义一般随着所构成的介词的意义发生变化，而不可分动词的意义则往往和其附加前缀的意义相去甚远。这种情况下，大部分不可分动词都要求一个第四格宾语。

	trennbar	untrennbar
durch	Er *bricht* den Stock *durch*.	Der Richter *durchschaut* den Zeugen.
über	Er *läuft* zum Feind *über*.	Der Lehrer *übersieht* den Fehler.
um	Er *fuhr* den Baum *um*.	Das Kind *umarmt* die Mutter.
unter	Die Insel *geht* im Meer *unter*.	Der Präsident *hat* das Gesetz *unterschrieben*.
wider	Das *spiegelt* die Lage *wider*.	Warum *widersprichst* du mir?
wieder	Er *bringt* mir die Zeitung *wieder*.	Ich *wiederhole* den Satz.

4. 有些动词既是可分动词，又是不可分动词，它们的意义也各不相同，如:

wiéderholen (= etwas zurückholen)   *wiederhólen* (= etwas noch einmal sagen / lernen)

Das Kind holt den Ball wieder.   Er wiederholt die Verben.

get back.

knock down

úmfahren (= etwas mit einem Fahrzeug zu Fall bringen)
Ein Autofahrer hat den kleinen Baum umgefahren.

dúrchbrechen (= etwas in zwei Teile teilen) *break into two*
Die Holzbrücke über den Bach ist durchgebrochen.

überziehen (= etwas zusätzlich anziehen) *put on*
Zieh dir etwas über, es ist kalt.

go around

umfáhren (= außen um etwas herumfahren)
Auf der neuen Straße umfährt man das Dorf in wenigen Minuten.

durchbréchen (= durch etwas hindurchgehen) *break through*
Die Sonne durchbricht die Wolken.

überzíehen (= das Bett mit frischer Wäsche versehen; vom Konto mehr Geld abheben, als drauf ist)
Sie hat die Betten frisch überzogen.
Ich überziehe mein Konto nur ungern.
cover with

II 列表

由于很难从语法上或意义上去区别以 durch-、über-、um-、unter- 等带起的动词是可分动词还是不可分动词，下面只给出一个简短的列表。

1. **durch-** 大部分以 durch- 带起的动词是可分动词，只有少数是不可分动词。

trennbar
er reißt ... durch　　Sie riss den Brief durch und warf ihn weg.
er fällt ... durch　　Er ist bei der Prüfung durchgefallen.
er schläft ... durch　　Der Kranke hat bis zum Morgen durchgeschlafen.
er streicht ... durch　　Der Lehrer streicht das falsche Wort durch.
er liest ... durch　　In einer Woche hat er das dicke Buch durchgelesen.

untrennbar
durchqueren *travel across*　　Die Flüchtlinge durchquerten den Wald in einer halben Stunde.
durchschauen *see thing*　　Der Junge hatte eine schlechte Note bekommen. Er wollte es zu Hause nicht sagen, aber die Mutter durchschaute ihn sofort und fragte ...
durchsuchen *search through*　　Drei Polizisten durchsuchten die Wohnung des angeklagten Betrügers.

2. **über-** 大部分以 über-带起的动词是不可分动词，只有少数是可分动词。

trennbar
er läuft ... über　　Der Verräter ist zum Feind übergelaufen.
er tritt ... über　　Der Parlamentarier hat seine Partei verlassen. Er ist zu einer anderen Partei übergetreten.
etwas kocht ... über　　Der Topf ist zu klein. Der Reis kocht über.

untrennbar
überfallen *attack*　　Die Räuber haben ein kleines Dorf überfallen.
überfahren *ferry*　　Der Autofahrer überfuhr eine Katze.
überleben *survive*　　Die meisten Einwohner der Stadt überlebten das Erdbeben.

überraschen *surprise*   Dein Bericht hat mich überrascht.
sich überlegen *put - over 考*   Ich weiß jetzt, was ich tun will. Ich habe mir alles
think over   genau überlegt.
übersetzen   Er übersetzte den Roman aus dem Russischen
ferry over   ins Deutsche.
überweisen   Ich habe 200 Mark von meinem Konto auf dein
transfer   Konto überwiesen.
übertreiben   Wenn er von seinen Abenteuern erzählt, übertreibt
exaggerate   er immer.

3. *um-* 大部分以 *um-* 带起的动词是可分动词，只有少数是不可分动词。

trennbar

er bindet … um   Weil es kalt ist, bindet sie (sich) ein Tuch um.
er wirft … um   Als er betrunken war, hat er sein Glas umgeworfen.
er stellt … um   Sie hat alle Möbel in ihrer Wohnung umgestellt.
er zieht … um   Die Familie ist umgezogen, sie wohnt jetzt in einer
                      anderen Stadt.
er steigt … um   Der Reisende ist in einen anderen Zug um-
                      gestiegen.
er kehrt … um   Weil das Wetter so schlecht war, sind wir umge-
                      kehrt und wieder ins Hotel gegangen.
er fällt … um   Bei dem Sturm letzte Nacht sind im Park sieben
                      Bäume umgefallen.
er bringt … um   Der Mörder hat vier Frauen umgebracht.
er kommt … um   Bei der Flugzeugkatastrophe ist der Pilot
                      umgekommen.

untrennbar

umarmen   Die Mutter umarmt den Sohn, der aus einem
embrace   fremden Land zurückgekommen ist.
umgeben   Ein Wald umgibt das kleine Dorf. Die Umgebung
surround   des Dorfes ist sehr schön.
umringen   Zum Abschied umringen die Kinder die Kinder-
surround   gärtnerin.
umkreisen   Satelliten umkreisen die Erde.
orbit

4. *unter-* 大部分 *unter-* 带起的动词是不可分动词，只有少数是可分动词。

trennbar

er geht … unter   Bei der Sturmflut 1348 gingen viele Inseln
                      im Meer unter.
er bringt … unter   Weil das Hotel schon geschlossen war, hat ihn sein
                      Freund bei Bekannten untergebracht.

untrennbar

unterbrechen   *interrupt*   Er redete eine Stunde lang. Dann haben wir
ihn schließlich unterbrochen.

unterhalten   *maintain*   1. Ich habe mich mit meinem Nachbarn
unterhalten. (= reden)

enjoy oneself   2. Im Theater haben wir uns gut unterhalten.
(= sich amüsieren)

support   3. Während des Studiums hat ihn sein Vater
unterhalten. (= finanziell unterstützen)

unterstützen   *support*   Ich spende monatlich 100 Mark. Damit unterstütze
ich behinderte Kinder.

unterrichten   *teach*   Er unterrichtet Chemie an einem Frankfurter
Gymnasium.

unterscheiden   Bitte unterscheiden Sie die schwachen und
distinguish   starken Verben.

untersuchen   1. Der Arzt untersucht einen Patienten. *test*
test   2. Die Polizei untersucht einen Kriminalfall.

unterlassen   Unterlassen Sie es, im Unterricht zu rauchen.
omit   (= etwas nicht tun)

unterdrücken   Der Tyrann unterdrückt sein Volk.
suppress 镇压.

5. *wieder-* 大部分以 *wieder-* 带起的动词是可分动词；而最重要的不可分动词是
wiederholen。

trennbar

er bringt ... wieder   Der Hund bringt den Stock wieder.

er holt ... wieder   Was? Du hast das Messer in den Müll geworfen?
Hol es sofort wieder.

er findet ... wieder   Nach langem Suchen fand er seinen Schlüssel
wieder.

er kommt ... wieder   Nach zwei Monaten kam er wieder.

er sieht ... wieder   Später sah ich ihn wieder.

untrennbar

wiederholen   *repeat* .   Er wiederholte den Satz zweimal.

6. *wider-* 以 *wider-* 带起的动词只有 *widerspiegeln* 是可分动词，其它都是不可分动词。

er spiegelt ... wider   Die Bäume spiegeln sich im See wider.

untrennbar

widersprechen   *contradict*   Der Lehrling widersprach dem Meister.

sich widersetzen   *oppose*   Er sollte seinen Kollegen denunzieren, aber
er widersetzte sich.

widerrufen   Was er gesagt hat, hat er später widerrufen.
retract . cancel .

说明

所有以 *hinter-* 为前缀的动词都是不可分动词（见 §8，1）。

> Nach seinem Tod hat mir mein Onkel sein Ferienhaus in den Alpen hinterlassen. (= vererbt)
> Sie hat mir ein Geheimnis hinterbracht. (= verraten)

1 是可分动词还是不可分动词？请用现在时和现在完成时造句。动词的重音部分为斜体。

1. Ernst / die starken Verben / wieder*holen*.
2. die Fischer / die Leine / *durch*schneiden
3. der Direktor / den Brief / unter*schreiben*
4. ich / mich / mit den Ausländern / unter*halten*
5. wir / die Großstadt / auf der Autobahn / um*fahren*
6. der Betrunkene / die Laterne / *um*fahren
7. er / zum katholischen Glauben / *über*treten
8. ich / die Pläne meines Geschäftspartners / durch*schauen*
9. die Milch / *über*laufen
10. der Einbrecher / den Hausbesitzer / *um*bringen
11. warum / du / schon wieder alle Möbel / *um*stellen?
12. warum Sie / den Sprecher / dauernd unter*brechen*?
13. der Assistent / den Professor mit seinen guten Kenntnissen über*raschen*
14. das Schiff / im Sturm *unter*gehen
15. der Politiker / seinen Austritt aus der Partei sehr genau über*legen*
16. die Soldaten / in Scharen zum Feind *über*laufen
17. der Redner / den Vortrag unter*brechen*

2 请用下列动词的正确形式填空。

1. Du (übernehmen/Präsens) also tatsächlich am 1. Januar das Geschäft deines Vaters? Das (überraschen/Präsens) mich, denn ich habe (annehmen), dein Vater (weiterführen/Präsens) das Geschäft, bis er die Siebzig (überschreiten) hat.
2. Man (annehmen/Präsens), dass der Buchhalter mehrere zehntausend Mark (unterschlagen) hat. Lange Zeit hatte es die Firma (unterlassen), die Bücher zu (überprüfen). Dann aber (auffallen/Präteritum) der Buchhalter durch den Kauf einer sehr großen Villa. Nun (untersuchen/Präteritum) man den Fall. Dann (durchgreifen/Präteritum) die Firma schnell. Sie (einschalten/Präteritum) sofort die Polizei. Der Mann war aber (dahinterkommen) und war schnell in der Großstadt (untertauchen). Nach zwei Wochen fand man ihn im Haus seiner Schwester; dort war er nämlich (unterkommen). Aber im letzten Moment (durchkreuzen/Präteritum) der Buchhalter die Absicht der Polizei: Er nahm seine Pistole und (sich umbringen/Präteritum).

3 可分动词还是不可分动词？请根据括号内给出的时态造句。

1. er / durchfallen / bei / letztes Examen (n) (Perfekt)
2. ich / durchschauen / Ausrede (f) / sofort (Perfekt)
3. Lehrer / durchstreichen / ganzer Satz (m) (Perfekt)

4. Verkäufer / durchschneiden / Brot (n) (Perfekt)
5. zum Glück / durchschlafen / krankes Kind / bis zum Morgen (Perfekt)
6. Bauern (Pl.) / durchqueren / mit / ihre Wagen (Pl.) / ganze Stadt (Präteritum)
7. er / überweisen / Betrag (m) / an / Versicherung (f) (Präteritum)
8. in / seine Tasche / wiederfinden / er / sein Pass (m) (Präteritum)
9. an / nächster Tag / widerrufen / Politiker / seine Äußerung (m) (Perfekt)
10. Lehrling / sich widersetzen / Anordnung (f) / des Chefs (Präteritum)
11. warum / unterlassen / ihr / Besuch (m) / bei / euer Onkel / ? (Perfekt)

§ 10 反身动词

	Akkusativ	Dativ
ich	mich	mir
du	dich	dir
er, sie, es	sich	
wir	uns	
ihr	euch	
sie, Sie	sich	

1. 反身代词的变格和人称代词的变格一样（见 §4）；只是在第三人称单复数时总是用 *sich*。

2. 反身代词表明某项行为或某种情感可以追溯到句子的主语。
   Ich habe mich in der Stadt verlaufen. (= mich selbst)
   Die Geschwister haben sich wieder vertragen. (= sich miteinander)
   Die Gleise haben sich verbogen. (= sich selbstständig)

   和其它语言一样，德语中也没有明确的规则来确定一个动词是不是反身动词。因此学习者在学习动词时应同时记住它是不是反身动词。

3. 有些动词必须带有第四格反身代词，如：
   sich ausruhen   Das war ein langer Weg!
                              Wir ruhen *uns* erst einmal aus.
   sich bedanken   Der Busfahrer war sehr freundlich. Ich
                              bedankte mich und stieg aus.
   sich beeilen   Wir kommen zu spät! – Ja, ich beeile
                              mich schon.
   sich befinden   Neben dem Hotel befindet *sich* eine
                              kleine Bar.

sich beschweren *使...抱怨 complain.*
Die Heizung funktionierte nicht.
Die Mieter beschwerten *sich* beim Hausmeister.

sich einigen *使...agree.*
Nicht jeder kann Recht haben.
Wir müssen *uns* einigen.

sich entschließen *make up one's mind*
Er hat *sich* entschlossen, Chemie zu studieren.

sich ereignen *使...happen*
Bei Nebel und glatten Straßen ereignen *sich* viele Unfälle.

sich erkälten *使...catch cold.*
Hast du *dich* schon wieder erkältet?

sich erkundigen *enquire oneself*
Ich erkundige *mich* bei meinem Nachbarn, ob er meine Katze gesehen hat.

sich freuen *please.-使...开心*
Er freut *sich* sehr, weil er im Lotto gewonnen hat.

sich irren *使...犯错.*
Ich habe *mich* geirrt. Der Zug fährt erst um 9 Uhr ab.

sich verabreden *使...arrange*
Sie hat *sich* mit ihrem neuen Freund im Restaurant verabredet.

sich verlieben *使...fall in love.*
Er hat *sich* in seine neue Mitschülerin verliebt.

sich wundern *surprise.*
Du bist ja ganz verändert. Ich wundere *mich*.

4. 有些动词可以用作反身动词，但是——在另外的意义下——也可以有任意的第四格宾语，如：

sich ändern *(双反行为)变化*
Er ist nicht mehr so unzuverlässig, er hat *sich* wirklich geändert.

aber: Er ändert seine Pläne. *改变*

sich anmelden *→挂号 登记*
Ich möchte den Direktor sprechen. – Haben Sie *sich* angemeldet?

aber: Habt ihr euer Kind schon im Kindergarten angemeldet?

sich anziehen *→陪...穿衣 穿上*
Er hatte verschlafen. Er zog *sich* schnell an und …

aber: Heute ziehe ich das rote Kleid an.

sich ärgern *发恼(无对象) 发恼(有对象)*
Ich ärgere *mich*, weil die Haustür wieder offen ist.

aber: Warum bellt der Hund? – Der Junge hat ihn wieder geärgert.

sich aufregen *紧张(无对象) 发恼(有对象)*
Warum hast du *dich* so aufgeregt?
Meine Lügen regen meine Frau auf.

sich beherrschen *克制 控制*
Sei ruhig, du musst *dich* beherrschen.
Er beherrscht die englische Sprache.

sich beruhigen *→使己镇静 使别人镇静*
calm down / calm sb down.
Er war sehr aufgeregt. Erst nach einer Stunde hat er *sich* beruhigt.

aber: Die Mutter beruhigt das weinende Kind.

sich beschäftigen *→使忙碌 雇佣*
Der Professor beschäftigt *sich* mit russischer Literatur.

aber: Die Firma beschäftigt 200 Angestellte.

sich bewegen 	Wenn du *dich* mehr bewegst, wirst du gesund.
aber:	Der Wind bewegt die Zweige.
sich entschuldigen	Er hat *sich* bei mir entschuldigt.
aber:	Ich kann zu der Party nicht mitkommen. Entschuldigst du mich bitte?
sich fürchten	Abends geht sie nicht mehr aus dem Haus. Sie fürchtet *sich*.
aber:	Er fürchtet eine Katastrophe.
sich hinlegen	Du siehst schlecht aus. Du musst *dich* hinlegen (= ins Bett gehen).
aber:	Die Mutter legt das Kind hin (= ins Bett).
sich langweilen	Ich habe mich bei dem Vortrag schrecklich gelangweilt.
aber:	Der Lehrer langweilt die Schüler mit den reflexiven Verben.
sich treffen	Morgen treffe ich *mich* mit ihm am Hauptbahnhof.
aber:	Er traf zufällig seinen Schulfreund.
sich unterhalten	Morgens unterhält *sich* die Hausfrau gern mit ihrer Nachbarin.
aber:	Der Gastgeber unterhält seine Gäste.
sich verabschieden	Ich möchte *mich* jetzt verabschieden. Auf Wiedersehen.
aber:	Gestern hat das Parlament das Gesetz verabschiedet. (= Die Mehrheit hat zugestimmt, es ist angenommen.)
sich verletzen	Ich habe *mich* beim Sport verletzt.
aber:	Er verletzte ihn an der Hand.
sich verstehen	Ich habe in der letzten Zeit immer mehr Ärger mit meiner Schwester. Wir verstehen *uns* nicht mehr.
aber:	Er spricht sehr leise. Ich verstehe kein Wort. *understand*
sich verteidigen	Was du über mich sagst, ist falsch. Jetzt muss ich *mich* verteidigen.
aber:	Als die Soldaten kamen, verteidigten die Bauern ihr Dorf.

5. 如果反身动词还额外要求一个第四格宾语的话，那么它的反身代词为第三格。第四格和第三格的不同形式只出现在第一人称单数和第二人称单数时：

sich etwas ansehen	Hast du *dir* den Film schon angesehen?
sich etwas ausdenken	Ich denke *mir* eine Geschichte aus.
sich etwas rasieren	Als Radprofi muss ich *mir* die Beine rasieren.
sich etwas vorstellen	Du stellst *dir* die Sache zu einfach vor.
sich etwas waschen	Vor dem Essen wasche ich *mir* noch die Hände.
sich etwas merken	Ich habe *mir* seine Autonummer gemerkt.

anything (something

说明

1. *lassen* + 反身代词 (见 § 19，III，说明/ § 48)：
   Man kann etwas leicht ändern. = Das lässt sich leicht ändern.
   Man kann das nicht beschreiben. = Das lässt sich nicht beschreiben.

2. 疑问句：*Freust du dich? Habt ihr euch gefreut? Haben Sie sich gefreut?*

3. 祈使句：*Fürchte dich nicht! Fürchtet euch nicht! Fürchten Sie sich nicht!*

4. 带 *zu* 的不定式：*sich zu fürchten, sich vorzustellen*

1 请分别用现在时，过去时和现在完成时变位。

ich	sie / Sie	sich anziehen	sich die Aufregung vorstellen
du	ihr	sich umziehen	sich eine Entschuldigung ausdenken
er / sie	wir	sich entfernen	sich die Ausstellung ansehen
wir	er / sie	sich beschweren	sich ein Moped kaufen
ihr	du	sich erinnern	sich ein Bier bestellen
sie / Sie	ich	sich freuen	sich die Adresse merken

2 请分别用现在时、过去时和现在完成时完成下面的句子。

> *Das Wetter ändert sich in diesem Winter dauernd.*
> *Das Wetter änderte sich in diesem Winter dauernd.*
> *Das Wetter hat sich in diesem Winter dauernd geändert.*

1. Wir (sich ausruhen) nach der Wanderung erst einmal.
2. Der Student (sich bemühen) um ein Stipendium.
3. Der Geschäftsmann (sich befinden) in finanziellen Schwierigkeiten.
4. Die Kinder (sich beschäftigen) mit einer Spielzeugeisenbahn.
5. Der Junge (sich fürchten) vor der Dunkelheit.
6. Die Autonummer (sich merken) wir jedenfalls.
7. (sich treffen) ihr jede Woche im Café?
8. Wann (sich trennen) du von deiner Freundin?
9. Ich (sich rasieren) immer mit einem Elektrorasierer.
10. Wir (sich unterhalten) gern mit dem Bürgermeister.
11. Wir (sich verstehen) immer gut.
12. Sie (sich waschen) vor dem Essen die Hände.
13. Die Eltern (sich wundern) über die Zeugnisnoten ihrer Tochter.

3 请用反身代词练习。

> Bückt er sich nicht nach dem Geld?　　*Doch, er bückt sich nach dem Geld.*

1. Fürchtet ihr euch nicht vor der Dunkelheit?
2. Ruht ihr euch nach dem Fußmarsch nicht aus?
3. Erholst du dich nicht bei dieser Tätigkeit?
4. Duscht ihr euch nicht nach dem Sport?
5. Zieht ihr euch zum Skifahren nicht wärmer an?
6. Legen Sie sich nach dem Essen nicht etwas hin?

7. Setzen Sie sich nicht bei dieser Arbeit?
8. Erkundigt sich der Arzt nicht regelmäßig nach dem Zustand des Kranken?
9. Überzeugt sich Vater nicht vorher von der Sicherheit des Autos?
10. Erinnert ihr euch nicht an das Fußballspiel?
11. Wunderst du dich nicht über meine Geduld?
12. Unterhaltet ihr euch nicht oft mit euren Freunden über eure Pläne?
13. Rasierst du dich nicht mit dem Elektrorasierer?
14. Bewerben Sie sich nicht um diese Stelle?
15. Besinnst du dich nicht auf den Namen meiner Freundin?
16. Freuen Sie sich nicht auf die Urlaubsreise?
17. Schämst du dich nicht?
18. Entschuldigst du dich nicht bei den Nachbarn?
19. Ziehst du dich fürs Theater nicht um?
20. Ärgerst du dich nicht über seine Antwort?

4 请将上面练习 3 的各句及其回答均改为现在完成时。

Hat er sich nicht nach dem Geld gebückt?
Doch, er hat sich nach dem Geld gebückt.

5 请连线: 注意反身动词的用法。

1. Das Huhn setzt   a) im Sanatorium.
2. Erholen Sie   b) nicht für ihr Benehmen.
3. Müllers schämen   c) um diese Stelle?
4. Ruth interessiert   d) für Hans.
5. Erkundigst du   Reflexiv-   e) nicht an Sie.
6. Albert beschäftigt   pronomen   f) mit Spanisch.
7. Ich erinnere   g) ins Nest.
8. Wir bemühen   h) um einen Studienplatz.
9. Bewerbt ihr   i) nach dem Zug?

6 请连线: 注意反身动词的用法。

1. Wir leisten   a) ein Haus.
2. Helen leiht   b) eine Weltreise.
3. Die Geschwister kaufen   Reflexiv-   c) die Haare?
4. Erlaubt ihr   pronomen   d) diesen Lärm!
5. Färben Sie   e) einen Scherz?
6. Ich verbitte   f) einen Kugelschreiber.
7. Du wäschst   g) die Hände.

7 请用反身代词填空。

Sie trafen … am Rathaus, begrüßten … mit einem Kuss und begaben … in ein Café. „Komm, wir setzen … hier ans Fenster, da können wir … den Verkehr draußen anschauen", meinte er. Sie bestellte … einen Tee, er … eine Tasse Kaffee. „Wie habe ich … auf diesen Moment gefreut! Endlich können wir … mal in Ruhe unterhalten!" – „Ja, ich habe … sehr beeilt; beinahe hätte ich … verspätet." –

„Wir müssen … von jetzt ab öfter sehen!" – „Ja, da hast du recht. Sag mal, was hast du … denn da gekauft? Einen Pelzmantel? Kannst du … denn so etwas Teures kaufen?" – „Kaufen kann ich … den natürlich nicht; aber ich kann ihn … schenken lassen." – „Du hast ihn … schenken lassen??" – „Ja, von einem sehr guten Freund." – „Ha! Schau an! Sie lässt … Pelzmäntel schenken! Von ‚guten' Freunden!" – „Reg … doch nicht so auf!" – „Du begnügst … also nicht mit einem Freund? Mit wie vielen Freunden amüsierst du … denn? Du bildest … wohl ein, ich lasse … das gefallen?" – „Beruhige … doch! Sprich nicht so laut! Die Leute schauen … schon nach uns um. Benimm … bitte, ja? Schau, der ‚sehr gute Freund' ist doch mein Vater; wir verstehen … wirklich gut, aber zur Eifersucht gibt es keinen Grund! Da hast du … jetzt ganz umsonst geärgert."

§ 11   祈使句

请求或命令

a) 某一个人:

Anrede mit *du*	*Gib* mir das Lexikon!
Anrede mit *Sie*	*Geben Sie* mir das Lexikon!

b) 多个人:

Anrede mit *ihr*	*Macht* die Tür *zu!*
Anrede mit *Sie*	*Machen Sie* die Tür *zu!*

当请求某人时，往往在祈使句中加上"bitte"。但是有时候这种"bitte"听起来太直接而显得不礼貌，这时往往使用第二虚拟式(见 § 54，VI)。

1. 以"你"称呼对方

a) 祈使句中动词的形式源于第二人称单数现在时，将其结尾的-st去掉即可:

du fragst	Imperativ: Frag!
du kommst	Imperativ: Komm!
du nimmst	Imperativ: Nimm!
du arbeitest	Imperativ: Arbeite!

b) 而强变化动词的第二人称单数的变音要去掉:

du läufst	Imperativ: Lauf!
du schläfst	Imperativ: Schlaf!

c) 助动词的特殊形式:

haben: du hast	Imperativ: Hab keine Angst!
sein: du bist	Imperativ: Sei ganz ruhig!
werden: du wirst	Imperativ: Werd(e) nur nicht böse!

2. 以 "你们" 称呼对方
祈使句中动词的形式和第二人称复数现在时相同： *去掉 ihr 即可*

ihr fragt	Imperativ: Fragt!
ihr kommt	Imperativ: Kommt!
ihr nehmt	Imperativ: Nehmt!

3. 以 "您 (们)" 称呼对方
祈使句中动词的形式和第三人称复数现在时相同。
而人称代词 *Sie* 紧随其后：

sie fragen	Imperativ: Fragen Sie!
sie kommen	Imperativ: Kommen Sie!
sie nehmen	Imperativ: Nehmen Sie!
sie sind	Imperativ: Seien Sie so freundlich! (Ausnahme)

4. 过去第二人称单数的祈使句中动词有 *-e* 作为结尾： *Komme bald! Lache nicht!* 现在这
种形式在口语中已不再使用，在书面语中也很少使用。只有当动词的词干以 -d、-t、
-ig 结尾时和动词 rech*nen*、öff*nen* 要加上 e，否则不太好发音(也见 § 6，VI，2)：

leiden:	du leidest	Imperativ: Leide, ohne zu klagen!
bitten:	du bittest	Imperativ: Bitte ihn doch zu kommen!
entschuldigen:	du entschuldigst	Imperativ: Entschuldige mich!
rechnen:	du rechnest	Imperativ: Rechne alles zusammen!

说明

1. 向公众提出要求时不用祈使句，而用不定式：
Nicht aus dem Fenster lehnen!
Nicht öffnen, bevor der Zug hält!

2. 对于必须立即执行的命令，经常用过去分词：
Aufgepasst! Hiergeblieben!

---

1 Der Hotelportier hat viel zu tun

Was er tut:　　　　　　　　　　　Die Bitte des Gastes:
Er bestellt dem Gast ein Taxi.　　　*Bestellen Sie mir bitte ein Taxi!*

Wecken Sie mir bitter um Sieben Uhr.

1. Er weckt den Gast um sieben Uhr.
2. Er schickt dem Gast das Frühstück aufs Zimmer.
3. Er besorgt dem Gast eine Tageszeitung.
4. Er bringt den Anzug des Gastes zur Reinigung.
5. Er verbindet den Gast mit der Telefonauskunft.
6. Er lässt den Gast mittags schlafen und stört ihn nicht durch Telefonanrufe.
7. Er besorgt dem Gast ein paar Kopfschmerztabletten.
8. Er läßt die Koffer zum Auto bringen.
9. Er schreibt die Rechnung.

2. Schicken Sie mir das Frühstück aus Zimmer.
3. Besorgen sie mir bitter eine Tageszeitung

2 a Schüler haben's manchmal schwer!

Was sie tun: Was sie tun sollen:
Hans spricht *zu laut*. *Sprich nicht so laut!*

可以用 *doch* 来强调您的要求: *Sprich doch nicht so laut!*
(*doch* 不重读)

Schreib nicht so undeutlich

1. Günther schreibt zu undeutlich.
2. Heidi isst zu langsam.
3. Fritz raucht zu viel.
4. Otto fehlt zu oft.
5. Edgar macht zu viele Fehler.
6. Angelika spricht zu leise.
7. Else kommt immer zu spät.
8. Ruth ist zu unkonzentriert.
9. Maria ist zu nervös.
10. Willi macht zu viel Unsinn.

mach nicht so viel Unsinn

b Was sie nicht getan haben:

Udo hat seine Schultasche nicht mitgenommen.

Was sie tun sollen:

Nimm bitte deine Schultasche mit!

Gibt bitte deine Arbeit ab.

1. Gisela hat ihre Arbeit nicht abgegeben.
2. Heinz hat sein Busgeld nicht bezahlt.

Bzahlt deine Busgeld.

3. Irmgard hat ihren Antrag nicht ausgefüllt. *Füll*
4. Alex hat seine Hausaufgaben nicht gemacht. *mach*

5. Monika hat das Theatergeld nicht eingesammelt. *sammel*
6. Didi hat seine Vokabeln nicht gelernt. *lern*
7. Uschi hat die Unterschrift des Vaters nicht mitgebracht. *brach·mt*
8. Wolfgang ist nicht zum Direktor gegangen. *geh*

3 Die Bevölkerung fordert … ——请将§8 Nr. 3 中的各句改为祈使句。

Erweitert den Park! *Pflanzt Sträucher an!*

4 请将 §7 Nr. 1a 和 1c 中的各句改为祈使句。

Telefonate weiterleiten *Leiten Sie die Telefonate bitte weiter!*

5 Einige Fluggäste werden aufgefordert ——请将§7 Nr. 2 中的各句改成祈使句。

Bitte aufhören zu rauchen! *Hören Sie bitte auf zu rauchen!*
Bitte anschnallen! *Schnallen Sie sich bitte an!*

6 请将 §7 Nr. 4a 中的各句按下列模式练习:

Sie zieht den Vorhang auf. (zu-) *Zieh den Vorhang bitte wieder zu!*

§12 用 "haben" 或 "sein" 构成现在完成时

前言

现在完成时和过去完成时都是由助动词加过去分词构成。
问题是：什么时候用助动词 *sein*，什么时候用助动词 *haben*？

I 用 "sein" 的动词

用 *sein* 构成完成时的动词包括

1. 所有不能带第四格宾语的动词（即不及物动词），同时又表示运动、移动等：
   aufstehen，*fahren*，*fallen*，*fliegen*，*gehen*，*kommen*，*reisen* 等，也包括 *begegnen*。

2. 所有表示状态变化的不及物动词。
   a) 表示新的开始或发展：*aufblühen*，*aufwachen*，*einschlafen*，*entstehen*，*werden*，*wachsen* 等。
   b) 表示结束或终止发展：*sterben*，*ertrinken*，*ersticken*，*umkommen*，*vergehen* 等。

3. 动词 *sein* 和 *bleiben*。

说明

1. 动词 *fahren* 和 *fliegen* 也可以带第四格宾语，这时用 *haben* 构成完成时：
   Ich habe *das Auto* selbst in die Garage gefahren.
   Der Pilot hat *das Flugzeug* nach New York geflogen.

2. 动词 *schwimmen*：
   Er ist *über den Kanal* geschwommen. (= 有明确目的的运动)
   Er hat zehn Minuten *im Fluss* geschwommen. (= 没有明确目的的运动，在固定地点的运动)

II 用 "haben" 的动词

所有其它的动词用 "*haben*" 构成完成时，它们包括：

1. 所有带第四格宾语的动词 (即及物动词)：*bauen*，*fragen*，*essen*，*hören*，*lieben*，*machen*，*öffnen* 等。

2. 所有的反身动词：*sich beschäftigen*，*sich bemühen*，*sich rasieren* 等。

3. 所有的情态动词 (见 §18，II)：*dürfen*，*können*，*mögen*，*müssen*，*sollen*，*wollen*。

4. 不可带第四格宾语的动词 (即不及物动词)，但它们又不表示运动，而表示行为的延续或状态。这些动词包括

　　a) 带有地点状语或时间状语的动词，但却不表示运动或状态变化: *hängen* (强变化动词)，*liegen*，*sitzen*，*stehen*，*stecken*，*arbeiten*，*leben*，*schlafen*，*wachen* 等。在南德，动词如 *liegen*，*sitzen*，*stehen* 大多用 *sein* 构成完成时。

　　b) 带第三格宾语又不表示运动的动词: *antworten*，*danken*，*drohen*，*gefallen*，*glauben*，*nützen*，*schaden*，*vertrauen* 等。

　　c) 表示一个固定的起始点和结束点的动词: *anfangen*，*aufhören*，*beginnen*。

1 用 "haben" 还是 "sein" 构成现在完成时?

Wann beginnt das Konzert?　　*Es hat schon begonnen.*
Wann reist euer Besuch ab?　　*Er ist schon abgereist.*

haben 1. Wann esst ihr zu Mittag? – Wir …
haben 2. Wann rufst du ihn an? – Ich …
haben 3. Wann kaufst du die Fernsehzeit-schrift?
sein 4. Wann kommt die Reisegruppe an?
sein 5. Wann fährt der Zug ab?
haben 6. Wann schreibst du den Kündigungsbrief?
7. Wann ziehen eure Nachbarn aus der Wohnung aus? *haben*
8. Wann ziehen die neuen Mieter ein?
9. Wann schafft ihr euch einen Fernseher an? *haben*

2 用 "haben" 还是 "sein"? 请用其正确形式填空。

1. „*Hast* du geschlafen?" „Ja, ich ~~hast~~ *bin* plötzlich eingeschlafen; aber ich … noch nicht ausgeschlafen." „Ich *habe* ~~habe~~ dich geweckt, entschuldige bitte!"
2. Die Rosen *haben* wunderbar geblüht! Aber jetzt *sind* sie leider verblüht.
3. Heute Morgen waren alle Blüten geschlossen; jetzt … sie alle aufgegangen; heute Abend … sie alle verblüht, denn sie blühen nur einen Tag. Aber morgen früh … wieder neue erblüht.
4. Wir … lange auf die Gäste gewartet, aber jetzt … sie endlich eingetroffen.
5. Um 12.15 Uhr … der Zug angekommen; er … nur drei Minuten gehalten, dann … er weitergefahren.
6. Die Kinder … am Fluss gespielt; dabei … ein Kind in den Fluss gefallen. Es … um Hilfe geschrien. Ein Mann … das gehört, er … in den Fluss gesprungen und er … das Kind gerettet.
7. Gas … in die Wohnung gedrungen. Die Familie … beinahe erstickt. Das Rote Kreuz … gekommen und … die Leute ins Krankenhaus gebracht. Dort … sie sich schnell erholt.

3 Christof kommt nach Hause und erzählt: „Heute ist eine Unterrichtsstunde ausge-fallen und wir haben gemacht, was wir wollten."

Hans (zum Fenster rausschauen)　　*Hans hat zum Fenster rausgeschaut.*

1. Ulla (ihre Hausaufgaben machen)
2. Jens (sich mit Hans-Günther unterhalten)
3. Gilla (die Zeitung lesen)
4. Ulrich (mit Carlo Karten spielen)
5. Karin (Männchen malen)
6. Ulrike (Rüdiger lateinische Vokabeln abhören)
7. Christiane (sich mit Markus streiten)
8. Katja (ein Gedicht auswendig lernen)
9. Heike (mit Stefan eine Mathematikaufgabe ausrechnen)
10. Iris (etwas an die Tafel schreiben)
11. Claudia und Joachim (sich Witze erzählen)
12. Wolfgang und Markus (ihre Radtour besprechen)
13. Ich (in der Ecke sitzen und alles beobachten)

4 Eine Woche Urlaub —— 请将下列各句改为现在完成时。

Zuerst fahren wir nach Bayreuth. Dort gehen wir am Samstag in die Oper.
An diesem Tag steht der „Tannhäuser" von Wagner auf dem Programm. Auch
am Sonntag bleiben wir in Bayreuth und schauen uns die Stadt und die
Umgebung an.
Am Sonntagabend treffen wir uns mit Freunden und fahren ins Fichtelgebirge.
Da bleiben wir eine Woche. Wir wandern jeden Tag zu einem anderen Ziel.
Abends sitzen wir dann noch zusammen und unterhalten uns, sehen fern
oder gehen tanzen. Kaum liegt man dann im Bett, schläft man auch schon ein.
Am Sonntag darauf fahren wir dann wieder nach Hause.

5 请练习现在完成时。在 "und" 后面不可以重复主语（见 § 23，IV）。

Herr Traut im Garten // Beete umgraben / Salatpflanzen setzen
Was hat Herr Traut im Garten gemacht?
Er hat Beete umgegraben und er hat Salatpflanzen gesetzt.
besser: *Er hat Beete umgegraben und Salatpflanzen gesetzt.*

Lieschen Müller gestern // in die Schule gehen / eine Arbeit schreiben
Was hat Lieschen Müller gestern gemacht?
Sie ist in die Schule gegangen und sie hat eine Arbeit geschrieben.
besser: *Sie ist in die Schule gegangen und hat eine Arbeit geschrieben.*

1. Frau Traut im Garten // Unkraut vernichten / Blumen pflücken
2. Inge gestern in der Stadt // ein Kleid kaufen / Schuhe anprobieren
3. Herr Kunze gestern // in die Stadt fahren / Geld von der Bank abheben
4. Frau Goldmann gestern // zur Post fahren / ein Paket aufgeben
5. Herr Lange gestern // den Fotoapparat zur Reparatur bringen / die Wäsche aus der Wäscherei abholen
6. Herr Kollmann gestern // Unterricht halten / Hefte korrigieren
7. Frau Feldmann gestern im Büro // Rechnungen bezahlen / Telexe schreiben
8. Professor Keller gestern // Vorlesungen halten / Versuche durchführen
9. Fritzchen Hase gestern // in den Kindergarten gehen / Blumen und Schmetterlinge malen
10. Frau Doktor Landers gestern // Patienten untersuchen / Rezepte ausschreiben

6 请将下列各句改为现在完成时。

Der Mieter kündigte und zog aus.
Der Mieter hat gekündigt und ist ausgezogen.

Maiers besichtigten die Wohnung und unterschrieben den Mietvertrag.
Maiers haben die Wohnung besichtigt und den Mietvertrag unterschrieben.

1. Herr Maier besorgte sich Kartons und verpackte darin die Bücher.
2. Er lieh sich einen Lieferwagen und fuhr damit zu seiner alten Wohnung.
3. Die Freunde trugen die Möbel hinunter und verstauten sie im Auto. (verstauen = auf engem Raum unterbringen, verpacken)
4. Dann fuhren die Männer zu der neuen Wohnung und luden dort die Möbel aus.
5. Sie brachten sie mit dem Aufzug in die neue Wohnung und stellten sie dort auf.
6. Frau Maier verpackte das Porzellan sorgfältig in Kartons und fuhr es mit dem Auto zu der neuen Wohnung.
7. Dort packte sie es wieder aus und stellte es in den Schrank.
8. Maiers fuhren mit dem Lieferwagen fünfmal hin und her, dann brachten sie ihn der Firma zurück.

7 同上。

1. Ein Mann überfiel eine alte Frau im Park und raubte ihr die Handtasche.
2. Ein Motorradfahrer fuhr mit hoher Geschwindigkeit durch eine Kurve und kam von der Straße ab. Dabei raste er gegen einen Baum und verlor das Bewusstsein.
3. Ein betrunkener Soldat fuhr mit einem Militärfahrzeug durch die Straßen und beschädigte dabei fünfzehn Personenwagen.
4. Auf einem Bauernhof spielten Kinder mit Feuer und steckten dabei die Stallungen in Brand. Die Feuerwehrleute banden die Tiere los und jagten sie aus den Ställen.
5. Zwei Räuber überfielen eine Bank und nahmen eine halbe Million Mark mit.

8 请将下面的叙述时态改为现在完成时，并用第一人称单数 (ich) 叙述。

Er wachte zu spät auf, sprang sofort aus dem Bett, zerriss dabei die Bettdecke und warf das Wasserglas vom Nachttisch. Das machte ihn schon sehr ärgerlich. Er wusch sich nicht, zog sich in aller Eile an, verwechselte die Strümpfe und band sich eine falsche Krawatte um. Er steckte nur schnell einen Apfel ein, verließ die Wohnung und rannte die Treppe hinunter. Die Straßenbahn fuhr ihm gerade vor der Nase weg. Er lief ungeduldig zehn Minuten lang an der Haltestelle hin und her. Er stieg eilig in die nächste Bahn, verlor aber dabei die Fahrkarte aus der Hand. Er drehte sich um, hob die Fahrkarte vom Boden auf, aber der Fahrer machte im selben Augenblick die automatischen Türen zu. Er hielt ein Taxi an, aber der Taxifahrer verstand die Adresse falsch und lenkte den Wagen zunächst in die falsche Richtung. So verging wieder viel Zeit. Er kam 45 Minuten zu spät in der Firma an, entschuldigte sich beim Chef und beruhigte die Sekretärin. Er schlief dann noch eine halbe Stunde am Schreibtisch.

§13 不易区分的及物动词和不及物动词

[手写: lay lie put stand.]

I legen / liegen, stellen / stehen 等

弱变化的及物动词	强变化的不及物动词
[手写: -hang sth over sth] hängen, hängte, hat gehängt Ich *habe* den Mantel in die Garderobe *gehängt*.	*[手写: hang (挂着)]* hängen, hing, hat gehangen Der Mantel *hat* in der Garderobe *gehangen*.
[手写: Wohin haben Sie den Mantel gehängt]	*[手写: Wo hat der Mantel gehangen.]*
legen, legte, hat gelegt Ich *habe* das Buch auf den Schreibtisch *gelegt*. *[手写: lay (放置)]*	liegen, lag, hat gelegen Das Buch *hat* auf dem Schreibtisch *gelegen*. *[手写: lie (躺着)]*
stellen, stellte, hat gestellt Ich *habe* das Buch ins Regal *gestellt*. *[手写: 放]*	stehen, stand, hat gestanden Das Buch *hat* im Regal *gestanden*. *[手写: 信寸]*
setzen, setzte, hat gesetzt Sie *hat* das Kind auf den Stuhl *gesetzt*. *[手写: set]*	sitzen, saß, hat gesessen Das Kind *hat* auf dem Stuhl *gesessen*. *[手写: sit.]*
stecken, steckte, hat gesteckt *[手写: put]* Er *hat* den Brief in die Tasche *gesteckt*.	stecken, steckte (stak), hat gesteckt Der Brief *hat* in der Tasche *gesteckt*.

[手写: 投入(自己进去).]

1. 及物动词（带第四格宾语的动词）表示某一行为：某人（主语）做某事（第四格宾语）。
   地点状语由带第四格宾语的介词短语构成。对地点状语提问用 *wohin*（见 §57）。

2. 不及物动词（不带第四格宾语的动词）表示某一行为的结果。
   地点状语由带第三格宾语的介词短语构成。对地点状语的提问用 *wo*（见 §57）。

3. 一般情况下，及物动词的第四格宾语成为不及物动词的主语。

1 请选择合适的动词并将其变成过去分词。

1. Die Bilder haben lange Zeit im Keller (liegen / legen). *[手写: gelegen]*
2. Jetzt habe ich sie in mein Zimmer (hängen st. / schw.). *[手写: gehängt.]*
3. Früher haben sie in der Wohnung meiner Eltern (hängen st. / schw.). *[手写: gehängt]*
4. Das Buch hat auf dem Schreibtisch (liegen / legen). *[手写: gelegen]*
5. Hast du es auf den Schreibtisch (liegen / legen)? *[手写: gelegt]*
6. Ich habe die Gläser in den Schrank (stehen / stellen). *[手写: gestellt]*

7. Die Gläser haben in der Küche (stehen / stellen). *gestanden*

8. Der Pfleger hat den Kranken auf einen Stuhl (sitzen / setzen).

9. Der Kranke hat ein wenig in der Sonne (setzen / sitzen). *gesessen*

10. Die Bücher haben im Bücherschrank (stehen / stellen). *gestanden*

11. Hast du sie in den Bücherschrank (stehen / stellen)? *gestellt*

12. Die Henne hat ein Ei (legen / liegen). *gelegt*

13. Hast du den Jungen schon ins Bett (legen / liegen)? *gelegt*

14. Die Familie hat sich vor den Fernseher (setzen / sitzen). *gesetzt*

15. Dort hat sie den ganzen Abend (setzen / sitzen). *gesetzt*

16. Im Zug hat er sich in ein Abteil 2. Klasse (setzen / sitzen).

17. Er hat den Mantel an den Haken (hängen st./schw.).

18. Vorhin hat der Mantel noch an dem Haken (hängen st./schw.).

2 Herr Müller macht die Hausarbeit —— 用第三格还是第四格？请用正确形式完成下列各句。

1. Er stellt das Geschirr in (Schrank [m]) zurück.
2. Die Gläser stehen immer in (Wohnzimmerschrank [m]).
3. Die Tassen und Teller stellt er in (Küchenschrank [m]).
4. Die Tischtücher legt er in (Schränkchen [n]) in (Esszimmer [n]).
5. In (Schränkchen [n]) liegen auch die Servietten.

6. Ein Geschirrtuch hängt in (Badezimmer [n]).
7. Die Wäsche hängt noch auf (Wäscheleine [f]) hinter (Haus [n]).
8. Er nimmt sie ab und legt sie in (Wäscheschrank [m]).
9. Die schmutzige Wäsche steckt er in (Waschmaschine [f]).
10. Später hängt er sie auf (Wäscheleine [f]).

3 请将上面练习 2 中的各句改成现在完成时。

II 其他的及物动词和不及物动词

弱变化的及物动词	强变化的不及物动词
erschrecken (erschreckt), erschreckte, hat erschreckt Der Hund *hat* das Kind *erschreckt*.	erschrecken (erschrickt), erschrak, ist erschrocken Das Kind *ist* vor dem Hund *erschrocken*.
löschen, löschte, hat gelöscht Die Männer *haben* das Feuer *gelöscht*.	erlöschen (erlischt), erlosch, ist erloschen Das Feuer *ist erloschen*.
senken, senkte, hat gesenkt Der Händler *hat* die Preise *gesenkt*.	sinken, sank, ist gesunken Die Preise *sind gesunken*.
sprengen, sprengte, hat gesprengt Die Soldaten *haben* die Brücke *gesprengt*.	springen, sprang, ist gesprungen Das Glas *ist gesprungen*.

Handwritten notes at top:
英语中也存在弱变化及物动词及强变化个及物
hang → hanged 吊着
hang → hung 挂

弱变化的及物动词	强变化的不及物动词
versenken, versenkte, hat versenkt Das U-Boot *hat* das Schiff *versenkt*.	versinken, versank, ist versunken Die Insel *ist* im Meer *versunken*.
verschwenden, verschwendete, hat verschwendet Der Sohn *hat* das Geld *verschwendet*.	verschwinden, verschwand, ist verschwunden Das Geld *ist verschwunden*.

Handwritten: 击没; waste; sink; disappear

1. 及物动词表示某一行为。

2. 不及物动词表示某一行为的结果，或人/事物所处的状态:
Die Kinder versteckten sich hinter der Kellertür und erschrecken die alte Dame. – Die alte Dame erschrickt.
Wütend griff er nach seinem Weinglas. Das Glas zersprang.

4 请选择恰当的动词并用其正确形式填空。

1. „löschen" oder „erlöschen"?
   a) Sie … das Licht und ging schlafen. (Prät.) *L*
   b) Meine Liebe zu Gisela … (Perf.) *E*
   c) Nach dem langen Marsch mussten alle ihren Durst … *L*
   d) Die Pfadfinder … das Feuer, bevor sie das Lager verließen. (Prät.) *L*
   e) Siehst du das Licht dort? Es geht immer an und … wieder. (Präs.) *E*
   f) Der Vulkan …, jedenfalls ist er seit 200 Jahren nicht mehr tätig. (Perf.) *E*

2. „(ver)senken" oder „(ver)sinken"?
   a) Der Angeklagte … den Blick bei den strengen Fragen des Richters. (Prät.) *senken*
   b) Der Wert des Autos … von Jahr zu Jahr. (Präs.) *sinken*
   c) Schon nach dem dritten Jahr … der Wert des Wagens auf die Hälfte … (Perf.) *senken*
   d) Der Fallschirmspringer … langsam zu Boden. (Präs.) *sinken*
   e) Die Steuern werden hoffentlich bald … *sinken*
   f) Während der letzten 24 Stunden … die Temperatur um 12 Grad … (Perf.) *senken*
   g) Die „Titanic" stieß auf ihrer ersten Fahrt mit einem Eisberg zusammen und … innerhalb von drei Stunden. (Prät.)
   h) Die Kinder … bis zu den Knien im Schnee. (Prät.)
   i) 1960 … die Stadt Agadir bei einem Erdbeben in Schutt und Asche … (Perf.)
   j) Der Feind … das Schiff mit einer Rakete. (Prät.)

3. „sprengen" oder „springen"?
   a) Man … die alten Burgmauern … (Perf.)
   b) Das Wasser gefriert und … das Glas. (Präs.)
   c) Der Polizeihund … über den Zaun … (Perf.)
   d) Man muss die baufällige Brücke …
   e) Die Feder der Uhr …; sie muss repariert werden. (Perf.)
   f) Jede Minute … der Zeiger der Uhr ein Stück vor. (Präs.)
   g) Der Sportler … 7,10 Meter weit … (Perf.)

4. „verschwenden" oder „verschwinden"?
   a) ..., und lass dich hier nicht mehr sehen! (Imperativ)
   b) Die Donau ... in ihrem Oberlauf plötzlich im Boden und kommt erst viele Kilometer weiter wieder aus der Erde. (Präs.)
   c) Die Sonne ... hinter den Wolken. (Prät.)
   d) „Tu das Geld in die Sparbüchse und ... es nicht wieder für Süßigkeiten!" (Imperativ)
   e) Mit diesem Mittel ... jeder Fleck sofort. (Präs.)
   f) Er ... sein ganzes Vermögen. (Prät.)
   g) Der Bankräuber ... spurlos ... (Perf.)

5. „erschrecken, erschreckt" oder „erschrecken, erschrickt"?
   a) ... er dich mit seiner Maske sehr ...? (Perf.)
   b) Ja, ich ... furchtbar ... (Perf.)
   c) Bei dem Unfall ist nichts passiert, aber alle ... sehr ... (Perf.)
   d) ... bitte nicht! Gleich knallt es. (Imperativ)
   e) Der Schüler ... den Lehrer mit seiner Spielzeugpistole. (Prät.)
   f) Sie ... bei jedem Geräusch. (Präs.)
   g) „Wenn du mich nochmal so ..., werde ich böse!" (Präs.)
   h) „Ich ... dich bestimmt nicht mehr!" (Präs.)

§ 14   动词所要求的格

前言

动词所要求的格的意思是，一定的动词要求一定的格。

在德语中，对于什么样的动词要求什么样的格并没有固定的规则，尤其难以区分的是什么样的动词要求第四格宾语，什么样的动词要求第三格宾语。

Ich frage *ihn*.   Er trifft *ihn*.
Ich antworte *ihm*.   Er begegnet *ihm*.

I 要求第四格宾语的动词

1. 在德语中，大部分动词要求第四格宾语：
   Er baut *ein Haus*.   Wir bitten *unseren Nachbarn*.
   Er pflanzt *einen Baum*.   Ich liebe *meine Geschwister*.
   Der Bauer pflügt *den Acker*.   Der Professor lobt *den Studenten*.
   Ich erreiche *mein Ziel*.   Sie kennen *die Probleme*.

2. 一些无人称动词往往用 *es* 作主语，同时要求一个第四格宾语，这个第四格宾语往往是第四格人称代词，随后跟 *dass* 从句或不定式 (见 § 16, II, 4)：
   Es ärgert *mich*, dass ...   Es langweilt *den Schüler*, dass ...
   Es beleidigt *uns*, dass ...   Es macht *mich* froh (traurig, fertig), dass ...

Es beunruhigt *ihn*, dass … *worry*   Es stößt *mich* ab, dass … *push away*
Es erschreckt *mich*, dass … *surprise*   Es wundert *mich*, dass … *surprise*
Es freut *den Kunden*, dass …   usw.

3. 大多数不可分动词，尤其是带前缀 *be-*, *ver-*, *zer-* 的动词要求第四格宾语： *enlighten*

Er bekommt *die Stellung* nicht. *receive 获得*   Wir verstehen *dich* nicht. *make out, distinguish*
Wir besuchen *unsere Freunde*.   Er zerreißt *die Rechnung*. *tear up*
Er bereiste *viele Länder*. *travel*   Der Sturm zerbrach *die Fenster*. *break into pieces*
Sie verließ *das Zimmer*.   usw.

4. 固定结构 *es gibt* 以及作为实义动词的 *haben* 要求第四格宾语：

Es gibt *keinen Beweis* dafür.   Wir haben *einen Garten*.
Es gibt heute *nichts* zu essen.   Er hatte *das beste Zeugnis*.

= There is 句型

1 请说出下列第四格宾语的单数形式。

1. Auf einer Busreise besichtigen die Touristen Burgen (f), Schlösser (n), Dome (m), Klöster (n) und Denkmäler (n).
2. Die Ballonfahrer sehen von oben Wälder (m), Wiesen (f), Äcker (m), Dörfer (n), Städte (f) und Stauseen (m).
3. Der Student befragt nicht nur die Professoren und Kommilitonen, sondern auch die Professorinnen und Kommilitoninnen.
4. Neben Arbeitern braucht die Firma Fachleute für Computertechnik, Schreiner, Schlosser und LKW-Fahrer oder -Fahrerinnen.
5. Der Bastler bastelt nicht nur Drachen (m) und Flugzeuge (n), sondern auch Lampenschirme (m) und Möbelstücke (n).

II 要求第三格宾语的动词

要求第三格宾语的动词往往表示一种人称关系，这类动词的数量有限。

下面的列表包含了最常用的要求第三格宾语的动词。

ähneln *相似*   Sie ähnelt *ihrer Mutter* sehr. *resemble*
antworten *answer*   Antworte *mir* schnell!
befehlen *order*   Der Zöllner befiehlt *dem Reisenden* den Koffer zu öffnen.
begegnen *meet*   Ich bin *ihm* zufällig begegnet. *meet by chance*
beistehen *assist*   Meine Freunde stehen *mir* bestimmt bei.
danken *thank*   Ich danke *Ihnen* herzlich für die Einladung.
einfallen *occur to*   Der Name fällt *mir* nicht ein.
entgegnen *reply*   Der Minister entgegnete *den Journalisten*, dass …
erwidern *reply*   Er erwiderte *dem Richter*, dass …
fehlen *miss*   Meine Geschwister fehlen *mir*.
folgen *follow*   Der Jäger folgt *dem Wildschwein*.
gefallen *please*   Die Sache gefällt *mir* nicht. *便.. 喜欢. = I don't like the Sache.*
gehören *belong to*   Dieses Haus gehört *meinem Vater*.
gehorchen *obey*   Der Junge gehorcht *mir* nicht.
gelingen *succeed*   Das Experiment ist *ihm* gelungen.

genügen *be enough* Zwei Wochen Urlaub genügen *mir* nicht.
glauben *believe* Du kannst *ihm* glauben.
congratulate = gratulieren Ich gratuliere *Ihnen* herzlich zum Geburtstag.
helfen *= help.* Könnten Sie *mir* helfen?
missfallen *dislike* Der neue Film hat *den Kritikern* missfallen.
misslingen *fail* Der Versuch ist *dem Chemiker* misslungen.
sich nähern *approach* Der Wagen näherte sich *der Unfallstelle.*
nützen *work (助)* Der Rat nützt *ihm* nicht viel.
raten *advise* Ich habe *ihm* geraten gesünder zu essen.
schaden *damage* Lärm schadet *dem Menschen.*
schmecken *taste* Schokoladeneis schmeckt *allen Kindern.*
vertrauen *trust* Der Chef vertraut *seiner Sekretärin.*
verzeihen *forgive* Ich verzeihe *dir.*
ausweichen *make way* Der Radfahrer ist *dem Auto* ausgewichen.
contradict widersprechen Ich habe *ihm* sofort widersprochen.
zuhören *listen* Bitte hör *mir* zu!
zureden *persue* Wir haben *ihm* zugeredet die Arbeit anzunehmen.
zusehen *watch* Wir haben *dem Meister* bei der Reparatur zugesehen.
zustimmen *agree* Die Abgeordneten stimmten *dem neuen Gesetz* zu.
zuwenden *devote.* Der Verkäufer wendet sich *dem neuen Kunden* zu.

2 请找出对应的名词并将其变成第三格。

1. Das Gras schmeckt
2. Das Medikament nützt
3. Die Kinder vertrauen
4. Der Sportplatz gehört
5. Wir gratulieren
6. Die Gäste danken
7. Der Jäger befiehlt
8. Der Hund gehorcht
9. Die Trockenheit schadet
10. Der Detektiv folgt

a) der Jäger
b) die Blumen
c) der Hund
d) das Geburtstagskind
e) der Gastgeber
f) die Patientin
g) die Eltern
h) der Ladendieb
i) die Gemeinde
j) die Kühe

3 请练习带第三格的动词，注意将主语置于句首。

1. er / sein Vater / immer mehr ähneln (Präs.)
2. der Angeklgte / der Richter / nicht antworten (Prät.)
3. ich / gestern / mein Freund / begegnen (Perf.)
4. sein Vater / er / finanziell beistehen (Fut.)
5. meine Telefonnummer / mein Nachbar / nicht einfallen (Perf.)
6. das Geld für das Schwimmbad / die Gemeinde / leider fehlen (Präs.)
7. mein Hund / ich / aufs Wort folgen (= gehorchen) (Präs.)
8. das Wetter / die Wanderer / gar nicht gefallen (Prät.)
9. die Villa / ein Bankdirektor / gehören (Präs.)
10. die Lösung der Aufgabe / die Schüler / nicht gelingen (Perf.)

III　同时要求第三格宾语和第四格宾语的动词

通常情况下，第三格宾语是人，第四格宾语是物（即"人三物四"）。下列动词可同时要求第三格和第四格宾语，但是往往只带第四格宾语。

Er beantwortet dem Sohn die Frage.
Er beantwortet die Frage.

下面的列表包含了最常用的可同时要求第三格宾语和第四格宾语的动词。

anvertrauen *entrust* Er hat dem Lehrling die Werkstattschlüssel anvertraut.
beantworten Ich beantworte dir gern die Frage.
beweisen *prove* Er bewies dem Schüler den mathematischen Lehrsatz.
borgen *lend* Ich habe ihm das Buch nur geborgt, nicht geschenkt.
bringen Er brachte mir einen Korb mit Äpfeln.
empfehlen *recommand* Ich habe dem Reisenden ein gutes Hotel empfohlen.
entwenden *purloin* Ein Unbekannter hat dem Gast die Brieftasche entwendet. *偷*
entziehen *take away* Der Polizist entzog dem Fahrer den Führerschein.
erlauben *allow* Wir erlauben den Schülern das Rauchen in den Pausen.
erzählen *tell* Ich erzähle dir jetzt die ganze Geschichte.
geben Er gab mir die Hand.
leihen *lend* Er hat mir den Plattenspieler geliehen.
liefern *deliver, supply* Die Fabrik liefert der Firma die Ware.
mitteilen *inform* Er teilt mir die Geburt seines Sohnes mit.
rauben *rob* Die Räuber raubten dem Boten das Geld.
reichen *reach* Er reichte den Gästen die Hand.
sagen Ich sagte ihm deutlich meine Meinung.
schenken *give* Ich schenke ihr ein paar Blumen.
schicken *send* Meine Eltern haben mir ein Paket geschickt.
schreiben Er schrieb dem Chef einen unfreundlichen Brief.
senden Wir senden Ihnen anliegend die Antragsformulare.
stehlen *steal* Unbekannte Täter haben dem Bauern zwölf Schafe gestohlen.
überlassen *give* Er überließ mir während der Ferien seine Wohnung.
verbieten *forbid* Er hat seinem Sohn das Motorradfahren verboten.
verschweigen *conceal* Der Angeklagte verschwieg dem Verteidiger die Wahrheit.
versprechen *promise* Ich habe ihm 200 Mark versprochen.
verweigern *refuse* Die Firma verweigert den Angestellten das Urlaubsgeld.
wegnehmen *remove* Er hat mir die Schreibmaschine wieder weggenommen.
zeigen *point* Er zeigte dem Besucher seine Bildersammlung.

4 请按下列模式练习：

Hast du deinem (*dem*) Freund das Auto geliehen?
Ja, ich hab' ihm das Auto geliehen.

Hast du
1. ... dem Chef die Frage beantwortet? *ihm*
2. ... deinen Eltern deinen Entschluss mitgeteilt? *ihnen*
3. ... den Kindern das Fußballspielen verboten? ~~den~~ *ihnen*
4. ... deiner Wirtin die Kündigung geschickt? *ihr*
5. ... deinem Sohn das Rauchen gestattet? *ihr.*

6. *mein sich ihr* ... deiner Freundin den Fernseher überlassen?

7. ... deinem Bruder die Wahrheit gesagt? *ihm*

8. ... deinem Vater deine Schulden verschwiegen? *ihm*

9. ... den Kindern den Ball weggenommen?

10. ... deinen Freunden die Urlaubsbilder schon gezeigt?

11. ... deiner Familie einen Ausflug versprochen?

12. ... deinen Eltern einen Gruß geschickt?

5 请用过去时和现在完成时造句，注意各句中名词的格的变化。

der Arzt / der Mann / das Medikament / verschreiben
Der Arzt verschrieb dem Mann das Medikament.
Der Arzt hat dem Mann das Medikament verschrieben.

1. die Hausfrau / der Nachbar / die Pflege der Blumen / anvertrauen
2. die Tochter / der Vater / die Frage / beantworten
3. der Angeklagte / der Richter / seine Unschuld / beweisen
4. Udo / mein Freund / das Moped / borgen
5. der Briefträger / die Einwohner / die Post / jeden Morgen gegen 9 Uhr / bringen
6. er / die Kinder / Märchen / erzählen
7. der Bürgermeister / das Brautpaar / die Urkunden / geben
8. Gisela / der Nachbar / das Fahrrad / gern leihen
9. das Versandhaus / die Kunden / die Ware / ins Haus liefern
10. sie / die Tante / das Geburtstagsgeschenk / schicken
11. Hans / der Chef / die Kündigung / aus Frankreich / schicken
12. das Warenhaus / der Kunde / der Kühlschrank / ins Haus senden
13. der Angestellte / der Chef / seine Kündigungsabsicht / verschweigen
14. die Zollbehörde / der Ausländer / die Einreise / verweigern
15. eine Diebesbande / die Fahrgäste im Schlafwagen / das Geld / entwenden
16. die Polizei / der Busfahrer / der Führerschein / entziehen
17. der Motorradfahrer / die Dame / die Tasche / im Vorbeifahren rauben
18. meine Freundin / die Eltern / dieses Teeservice / zu Weihnachten / schenken
19. ein Dieb / der Junggeselle / die ganze Wohnungseinrichtung / stehlen
20. der Vater / der Sohn / zum Abitur / das Geld für eine Italienreise / versprechen

6 用第四格，第三格还是两者都用？请用过去时造句。

1. der Pfleger / die Kranke / das Medikament / reichen
2. er / ihre Angehörigen / ein Brief / schreiben
3. die Verwandten / die Kranke / besuchen
4. die Angehörigen / die Patientin / bald wieder / verlassen müssen
5. der Arzt / die Dame / nicht erlauben aufzustehen
6. der Chefarzt / die Kranke / noch nicht entlassen wollen
7. die Frau / der Arzt / nicht widersprechen wollen
8. die Pfleger / die Frau / beistehen müssen
9. mein Bruder / die Touristen / in der Stadt / treffen

10. die Touristen / der Bus / verlassen
11. ich / die Touristen / begegnen
12. das Informationsbüro / die Touristen / das „Hotel Ritter" / empfehlen
13. die Touristen / der Vorschlag / zustimmen
14. die Leute / das Hotel / suchen
15. ein Fußgänger / die Reisenden / der Weg / zeigen
16. der Bus / das Hotel / sich nähern
17. das Musikstück / die Besucher / missfallen
18. der Vater / der Junge / eine Belohnung / versprechen
19. die Lügen / die Politiker / nicht helfen
20. das Parlament / ein Gesetz / beschließen

7 请按下列模式完成上面练习 5 中的第 1 至 14 句：

Der Arzt hat dem Mann das Medikament verschrieben.
Nein, das stimmt nicht, er hat ihm das Medikament nicht verschrieben!

您也可以用以下的说法代替 „Nein, das stimmt nicht": Nein, ganz im Gegenteil, … ;
Nein, das ist nicht wahr, … ; Nein, da irren Sie sich, … ; Nein, da sind Sie im
Irrtum, …

IV 要求两个第四格宾语的动词

只有少量的动词要求两个第四格宾语，最重要的是: *kosten, lehren, nennen, schelten, schimpfen.*
Ich nenne ihn Fritz.
Das Essen kostet mich 100 Mark.
Er lehrt mich das Lesen.

V 同时要求第四格和第二格的动词

这类动词往往用于法庭上:
anklagen   Man klagt *ihn des Meineids* an.
bezichtigen   Er bezichtigt *ihn der Unehrlichkeit.*
überführen   Die Polizei überführte *den Autofahrer der Trunkenheit* am Steuer.
verdächtigen   Man verdächtigte *den Zeugen der Lüge.*

VI 要求第二格的动词

这类动词如今已很少使用:
sich erfreuen   Sie erfreute sich *bester Gesundheit.*
bedürfen   Der Krankenbesuch bedurfte *der Genehmigung* des Chefarztes.

VII 要求第一格表语的动词

系动词

动词 *sein*、*werden*、*bleiben*、*heißen*、*scheinen* 可以要求除主语之外的第二个主格名词，即
表语。   shine.

Die Biene ist ein Insekt.

Mein Sohn wird später *Arzt*.

Er blieb zeit seines Lebens *ein armer Schlucker*.

Der Händler scheint *ein Betrüger* zu sein.

说明

动词 *sein* 和 *werden* 不能单独使用，而是需要一个补足语，例如：

Bienen sind *fleißig*. Du bist *tapfer*. Der Musiker wurde *berühmt*. Er blieb immer *freundlich*.

Er scheint *geizig* zu sein. (= Adverb，见 § 42)

Sein Geburtstag ist am 29. Februar. Wir bleiben in der Stadt. Er scheint zu Hause
zu sein. (= Orts- und Zeitangabe)

Das sind meine Haustiere. Das wird eine schöne Party. Das bleibt Wiese,
das wird kein Bauland. (见 § 36，III，4 b)

VIII 功能动词

在德语中，固定的动宾结构使用得非常普遍。这种结构里的动词往往没有自身的意义，
它们和第四格宾语一起构成一个表达宾语意义的单位，这类动词被称为功能动词。

die Flucht ergreifen

eine Erklärung abgeben

eine Entscheidung treffen

范例和练习见 § 62。

§15 要求介词宾语的动词

前言

1. 很多动词要求一个固定的介词搭配，而这个介词又往往要求第三格或第四格宾语。它
   们共同组成介词宾语。

2. 对于什么动词要求什么介词以及该介词又要求什么样的格的宾语没有确定的规则，学
   习者必须边学边记（见 III 中的列表）。

I 用法

Die Nachtschwester sorgt für den Schwerkranken.
nightnurse 关心
Wir haben an dem Ausflug nicht teilgenommen.
以上动词都要求介词宾语。

Sie erinnert sich gern an die Schulzeit.
Wir beschäftigen uns schon lange mit der Grammatik.
很多反身动词有介词宾语 (见 §10)。

Der Reisende dankt dem Schaffner für seine Hilfe.
Der Einheimische warnt den Bergsteiger vor dem Unwetter.
有些动词除要求介词宾语外，还同时要求另一个宾语（第三格或第四格），该宾语位于介词宾语前。

Er beschwert sich bei den Nachbarn über den Lärm.
Wir haben uns bei dem Beamten nach der Ankunft des Zuges erkundigt.
有些动词甚至要求两个介词宾语。通常情况下，第三格介词宾语位于第四格介词宾语前。

II 在疑问句中、*dass* 从句中以及不定式结构中的用法
that

要求介词宾语的动词，介词和动词及宾语紧挨在一起，其中的介词在对介词宾语进行提问的疑问句中不可被忽略 (如 a + b)，当宾语是代词时 (如 c + d) 或在 *dass* 从句和不定式结构中 (如 e + f) 也不可缺少。

a) Er denkt *an seine Freundin*.　　　Frage: *An wen* denkt er? (= Person)
b) Er denkt *an seine Arbeit*.　　　Frage: *Woran* denkt er? (= Sache)

对介词宾语提问时，该宾语是人还是物决定着提问的方式：
当宾语是人时，介词位于疑问词前，如 *bei wem?, an wen?* 等。
当宾语是物时，介词和 *wo* 连写，如 *wofür?, wonach?* 　 *Woran = Wo + an.*
如果介词的首字母是元音，则需在 *wo* 和介词间加上 r，如 *woran?*

c) Denkst du *an deine Freundin*?　　　Antwort: Ich denke immer *an sie*.
d) Denkst du *an deine Arbeit*?　　　Antwort: Ich denke immer *daran*.

当宾语是代词时，该宾语是人还是物也决定着介宾结构的形式：
当宾语是人时，介词位于人称代词前，如 *vor ihm*, *an ihn* 等。
当宾语是物时，介词和 *da* 连写，如 *damit*, *davon* 等。
如果介词的首字母是元音，则需在 *da* 和介词间加上 r，如 *daran*, *darauf* 等。

e) Er denkt *daran*, dass seine Eltern bald zu Besuch kommen.
f) Er denkt *daran*, sich eine neue Stellung zu suchen.

介词宾语可以扩展成 *dass* 从句或不定式结构（见 §16，II，2）。这样在主句的句末或关系从句的句末往往会有带 *da-* 或 *dar-* 的介词。

1 请按下列模式提问：

Ich freue mich auf die Ferien.   *Worauf freust du dich?*
Ich freue mich auf Tante Vera.   *Auf wen freust du dich?*

1. Der Diktator herrschte grausam über sein Volk.
2. Ich habe auf meinen Freund gewartet.
3. Er bereitet sich auf sein Examen vor.
4. Wir sprachen lange über die Politik des Landes.
5. Er schimpfte laut über den Finanz-minister.
6. Alle beklagten sich über die hohen Steuern.
7. Bei dem Betrug geht es um 12 Millionen Dollar.
8. Er unterhielt sich lange mit seinem Professor.
9. Sie schützten sich mit einer Gasmaske vor dem Rauch. (2 Fragen)
10. Heute sammeln sie wieder fürs Rote Kreuz.

III 最常用的要求介词宾语的动词

abhängen	von + D	den Eltern	
es hängt ab	von + D	den Umständen	davon, dass… / ob… / wie… / wann…
achten	auf + A	die Fehler	darauf, dass… / ob… / Inf.-K.
anfangen	mit + D	dem Essen	(damit), Inf.-K.
sich anpassen	an + A	die anderen	
sich ärgern	über + A	den Nachbarn	(darüber), dass… / Inf.-K.
jdn. ärgern	mit + D	dem Krach	damit, dass…
aufhören	mit + D	dem Unsinn	(damit), Inf.-K.
sich bedanken	für + A	das Geschenk	dafür, dass …
	bei + D	den Eltern	
sich / jdn. befreien	von + D	den Fesseln	
	aus + D	der Gefahr	
beginnen	mit + D	der Begrüßung	(damit), Inf.-K.
sich beklagen	bei + D	dem Chef	
	über + A	die Mitarbeiter	(darüber), dass… / Inf.-K.
sich bemühen	um + A	die Zulassung	(darum), dass… / Inf.-K.
sich / jdn. beschäftigen	mit + D	dem Problem	(damit), dass… / Inf.-K.
sich beschweren	bei + D	dem Direktor	
	über + A	den Kollegen	(darüber), dass… / Inf.-K.
sich bewerben	um + A	ein Stipendium	darum, dass… / Inf.-K.

jdn. bitten 请求	um + A	einen Rat	(darum), dass… / Inf.-K.
bürgen *vouch for*	für + A	den Freund	dafür, dass…
		die Qualität	
jdm. danken	für + A	die Blumen	(dafür), dass…
denken *think about*	an + A	die Schulzeit	(daran), dass… / Inf.-K.
sich entschuldigen	bei + D	dem Kollegen	
apologizes to	für + A	den Irrtum	(dafür), dass…
sich / jdn. erinnern	an + A	die Reise *remember*	(daran), dass… / Inf.-K.
jdn. erkennen *make out*	an + D	der Stimme	daran, dass…
sich erkundigen	bei + D	dem Beamten	
了解 *enquire*	nach + D	dem Pass	(danach), ob… / wann… / wie … / wo …
jdn. fragen	nach + D	dem Weg	(danach), ob… / wann… / wo…
sich freuen *be happy with*	auf + A	die Ferien	(darauf), dass… / Inf.-K.
	über + A	das Geschenk	(darüber), dass… / Inf.-K.
sich fürchten *be afraid of*	vor + D	der Auseinander-setzung	(davor), dass… / Inf.-K.
jdm. garantieren *guarantee*	für + A	den Wert der Sache	(dafür), dass…
gehören *belong to*	zu + D	einer Gruppe	es gehört dazu, dass…
es geht	um +A	die Sache	darum, dass …
geraten *be getting in*	in + A	eine schwierige Lage; Wut	
be used to	unter + A	die Räuber	
sich / jdn. gewöhnen	an + A	das Klima	daran, dass… / Inf.-K.
glauben *believe in*	an + A	Gott; die Zukunft	daran, dass …
jdn. halten 当作	für + A	einen Betrüger	
etwas / nichts halten	von + D	dem Mann; dem Plan	davon, dass… / Inf.-K.
es handelt sich 涉及	um + A	das Kind; das Geld	darum, dass… / Inf.-K.
herrschen *reign*	über + A	ein Land	
hoffen *hope for*	auf + A	die Geldsendung	(darauf), dass… / Inf.-K.
sich interessieren	für + A	das Buch	dafür, dass… / Inf.-K.
sich irren *mistake*	in + D	dem Datum; dem Glauben, dass…	
kämpfen *fight with*	mit + D	den Freunden	
against	gegen + A	die Feinde	dagegen, dass…
~ *for*	für + A 人	den Freund	dafür, dass… / Inf.-K.
~ *for*	um + A 物	die Freiheit	darum, dass… / Inf.-K.
es kommt an *arrive*	auf + A	die Entscheidung	darauf, dass… / ob… / wann… / Inf.-K.
es kommt jdm. an	auf + A	diesen Termin	
sich konzentrieren *concentrate on*	auf + A	den Vortrag *talk*	darauf, dass… / Inf.-K.
sich kümmern *take care of*	um + A	den Gast	darum, dass…
lachen *laugh*	über + A	den Komiker	(darüber), dass…
leiden *suffer from*	an + D	einer Krankheit	daran, dass…
	unter + D	dem Lärm	darunter, dass… / Inf.-K.
jdm. liegt *lie to sb*	an + D	seiner Familie	daran, dass… / Inf.-K.
es liegt *lie to sei*	an + D	der Leitung	daran, dass…

nachdenken	über + A	den Plan	darüber, dass… / wie… / wann…
sich rächen	an + D	den Feinden	
	für + A	das Unrecht	dafür, dass…
jdm. raten	zu + D	diesem Studium	(dazu), dass… / Inf.-K.
rechnen	auf + A	dich	darauf, dass…
	mit + D	deiner Hilfe	damit, dass… / Inf.-K.
schreiben	an + A	den Vater	
	an + D	einem Roman	
	über + A	ein Thema	darüber, wie… / wann…
sich / jdn. schützen	vor + D	der Gefahr	davor, dass… / Inf.-K.
sich sehnen	nach + D	der Heimat	danach, dass… / Inf.-K.
sorgen	für + A	die Kinder	dafür, dass…
sich sorgen	um + A	die Familie	
sprechen	mit + D	der Freundin	
	über + A	ein Thema	darüber, dass… / ob… / wie… / was…
	von + D	einem Erlebnis	davon, dass… / wie… / was…
staunen	über + A	die Leistung	(darüber), dass… / wie… / was…
sterben	an + D	einer Krankheit	
	für + A	eine Idee	
sich streiten	mit + D	den Erben	
	um + A	das Vermögen	darum, wer… / wann… / ob…
teilnehmen	an + D	der Versammlung	
etwas zu tun haben	mit + D	dem Mann; dem Beruf	damit, dass… / wer… / was… / wann…
sich unterhalten	mit + D	dem Freund	
	über + A	ein Thema	darüber, dass… / ob… / wie … / was…
sich verlassen	auf + A	dich; deine Zusage	darauf, dass… / Inf.-K.
sich verlieben	in + A	ein Mädchen	
sich vertiefen	in + A	ein Buch	
vertrauen	auf + A	die Freunde; die Zukunft	darauf, dass… / Inf.-K.
verzichten	auf + A	das Geld	darauf, dass… / Inf.-K.
sich / jdn. vorbereiten	auf + A	die Prüfung	darauf, dass… / Inf.-K.
jdn. warnen	vor + D	der Gefahr	(davor), dass… / Inf.-K.
warten	auf + A	den Brief	(darauf), dass… / Inf.-K.
sich wundern	über + A	die Technik	(darüber), dass… / Inf.-K.
zweifeln	an + D	der Aussage des Zeugen	(daran), dass… / Inf.-K.

[handwritten annotations:]
think about (under nachdenken)
take revenge for (under sich rächen)
advise (next to jdm. raten)
estimate (next to rechnen)

说明

jd. = jemand (第一格); jdm. = jemandem (第三格); jdn. = jemanden (第四格)
Inf.-K. = 不定式结构

右栏中是用法说明，如 sich ärgern (darüber), dass… / Inf.-K.:
Ich ärgere mich darüber, dass ich nicht protestiert habe.
                          nicht protestiert zu haben.
Ich ärgere mich, dass ich nicht protestiert habe.
                          nicht protestiert zu haben.

如果一个代副词（如 *darüber*）没有在括号中，则表示其不可缺少。

sich erkundigen (danach), ob … / wie … / wann … 表示随后的从句以 *ob* 或其它的疑问
词带起。
Ich erkundige mich (danach), ob sie noch im Krankenhaus ist.
                          wann sie entlassen wird.
                          wer sie operiert hat.
                          wie es ihr geht.

2 请填入恰当的介词或代副词（*darauf*，*davon* 等）。

Gespräch zwischen einem Chef (C) und seiner Sekretärin (S)

S: Abteilungsleiter Müller möchte … Ihnen sprechen; es geht … seine Gehaltser-
   höhung.
C: Im Augenblick habe ich keine Zeit mich … diese Sorgen zu kümmern.
S: Wollen Sie … dem Kongress der Textilfabrikanten teilnehmen?
C: Schreiben Sie, dass ich … die Einladung danke, meine Teilnahme hängt aber
   d… ab, wie ich mich gesundheitlich fühle.
S: Hier ist eine Dame, die sich … die Stelle als Büroangestellte bewirbt.
C: Sagen Sie ihr, sie möchte sich schriftlich … die Stelle bewerben. Ich kann ja
   nicht … alle Zeugnisse verzichten.
S: Vorhin hat sich Frau Lahner … ihre Arbeitsbedingungen beklagt. Sie kann sich
   nicht d… gewöhnen in einem Zimmer voller Zigarettenqualm zu arbeiten.
C: Sagen Sie ihr, sie kann sich d… verlassen, dass in den nächsten Tagen ein
   Rauchverbot ausgesprochen wird.
S: Der Betriebsleiter hält nichts d…, dass die Arbeitszeiten geändert werden.
C: O.k.
S: Ich soll Sie d… erinnern, dass Sie Ihre Medizin einnehmen.
C: Ja, danke; man kann sich doch … Sie verlassen.
S: Unsere Abteilungsleiterin entschuldigt sich … Ihnen; sie kann … der Bespre-
   chung nicht teilnehmen, sie leidet … starken Kopfschmerzen.
C: Ich hoffe … baldige Besserung!
S: Sie hatten die Auskunftei Detex … Informationen über die Firma Schüssler
   gebeten. Die Auskunftei warnt Sie d…, mit dieser fast bankrotten Firma Ge-
   schäfte zu machen.

C: Man muss sich doch d... wundern, wie gut die Auskunftei ... die Firmen Bescheid weiß!

S: Die Frauen unseres Betriebes beschweren sich d..., dass die Gemeinde keinen
Kindergarten einrichtet. Sie bitten Sie d..., einen betriebseigenen Kindergarten
aufzumachen.

C: Das hängt natürlich d... ab, wie viele Kinder dafür in Frage kommen.

S: Ich habe mich d... erkundigt; es handelt sich ... 26 Kinder.

C: D... muss ich noch nachdenken.

S: Ich möchte jetzt d... bitten, mich zu entschuldigen. Um 14 Uhr schließt die
Kantine und ich möchte nicht gern ... mein Mittagessen verzichten.

3 请填入恰当的介词、代副词 (*darum* 等) 和恰当的词尾。

1. Du kannst dich d... verlassen, dass ich ... dies__ Kurs teilnehme,
denn ich interessiere mich ... dies__ Thema.

2. Wie kannst du dich nur ... d__ Direktor fürchten? Ich halte ihn ...
ein__ sehr freundlichen Menschen.

3. Wenn ich mich d... erinnere, wie sehr er sich ... meine Fehler (m)
gefreut hat, gerate ich immer ... Wut.

4. Hast du dich ... __ Professor erkundigt, ob er ... dir ... dein__ Doktorarbeit sprechen will?

5. Er hatte d... gerechnet, dass sich seine Verwandten ... d__ Kinder
kümmern, weil er sich d... konzentrieren wollte, eine Rede zum Geburtstag
seines Chefs zu schreiben.

6. Er kann sich nicht ... unser__ Gewohnheiten anpassen; er gehört ... d__
Menschen, die sich nie d... gewöhnen können, dass andere Menschen
anders sind.

7. Seit Jahren beschäftigen sich die Wissenschaftler ... dies__ Problem (n)
und streiten sich d..., welches die richtige Lösung ist. Man kann ihnen
nur d... raten, endlich ... dies__ Diskussion (f) aufzuhören.

8. Die Angestellte beklagte sich ... __ Personalchef d..., dass sie noch
immer keine Lohnerhöhung bekommen hat.

4 请填入恰当的介词或代副词 (*darüber*，*darauf* 等)。

Eine Hausfrau redet ... ihre Nachbarin:
„Das ist eine schreckliche Person! Sie
gehört ... den Frauen, die erst sauber-
machen, wenn der Staub schon meter-
5 hoch liegt. Man kann sich ... verlassen,
dass sie den Keller noch nie geputzt hat,
und dann wundert sie sich ..., dass sie
böse Briefe vom Hauswirt bekommt. Ich
kann mich nicht ... besinnen, dass sie
10 ihre Kinder jemals rechtzeitig zur Schule
geschickt hat. Jeden Abend zankt sie
sich ... ihrem Mann ... das Wirt-
schaftsgeld. Sie denkt gar nicht ..., sparsam zu sein. Ihre Kinder warten ... eine
Ferienreise und freuen sich ..., aber sie
hat ja immer alles Geld verschwendet.
Sie sorgt nur ... sich selbst und kümmert sich den ganzen Tag nur ... ihre
Schönheit. Ich habe meinen Sohn ...
ihr gewarnt. Er hatte sich auch schon ...
sie verliebt, aber jetzt ärgert er sich nur
noch ... ihren Hochmut. Neulich hat

sie mich doch tatsächlich … etwas Zucker gebeten. Ich werde mich mal …
25 der Polizei erkundigen, ob das nicht Bet-

telei ist. – Die dumme Gans leidet ja … Größenwahn!" – Gott schütze uns … solchen Nachbarinnen!

IV　固定的动宾介结构

Bezug nehmen auf
sich Hoffnung machen auf
Bescheid wissen über

动词和它的第四格宾语构成一个整体 (见 § 62，I)。
这种固定的表达还包含一个介词宾语。
对于短语中是否有介词也是固定不变的。

其它的情况适用前面所提到的规则 (见 § 15，II)。

范例和练习见 § 62。

§ 16　　要求 *dass* 从句或不定式结构的动词

I　一般规则

有些动词要求 *dass* 从句或不定式结构。这些动词既可以用在主句中，也可以用在从句中。

Er glaubt, dass *er* sich richtig verhält.
Ich hoffe, dass *ich* dich bald wiedersehe.
Weil *wir* befürchten, dass *wir* Ärger bekommen, stellen wir das Radio leiser.

dass 从句 (见 § 25)中的变位动词位于句末，该从句有自己的主语，连词 *dass* 也不可缺少。

Er glaubt sich richtig zu verhalten.
Ich hoffe dich bald wiederzusehen
Weil *wir* befürchten Ärger zu bekommen, stellen wir das Radio leiser.

不定式结构没有自己的主语，它们指向主句中的主语。

由于不定式结构没有主语，它的动词也就不可以变位，而是以动词原形位于句末，在动词原形前用 *zu*。当动词是可分动词时，*zu* 位于中间。

Ich beabsichtige das Haus *zu kaufen.*

Ich beabsichtige das Haus *zu verkaufen.* (= untrennbares Verb)

Ich beabsichtige ihm das Haus *abzukaufen.* (= trennbares Verb)

当有多个不定式时，*zu* 必须重复出现。

Ich hoffe ihn *zu* sehen, *zu* sprechen und mit ihm *zu* verhandeln.

II　要求 *dass* 从句或不定式结构的动词

第一组

dass 从句和不定式结构源于第四格宾语的扩展。

Ich erwarte die Zusage. (= Akkusativobjekt)

Ich erwarte, dass *mein Bruder* die Zusage erhält.

当主从句中的主语不一致时，用*dass* 从句。

Ich erwarte, dass *ich* die Zusage erhalte.

Ich erwarte, die Zusage zu erhalten.

当主从句中的主语一致时，往往用不定式结构。

　　本组包括以下动词:

1. 表示态度的动词，如表达愿望、感情或意图:

ablehnen (es)	hoffen	verlangen
annehmen = vermuten	meinen	versprechen (+D)
erwarten	unterlassen (es)	versuchen
befürchten	vergessen	sich weigern
glauben = annehmen	vermeiden (es)	wünschen u.a.

2. 表示有可能持续的某一行为的动词要求不定式结构:

anfangen	beabsichtigen	versäumen (es)
sich anstrengen	beginnen	wagen (es)
aufhören	fortfahren	u.a.

说明

1. 有些动词可在从句中用 *es* 。

2. 在动词 *annehmen*、*fürchten*、*glauben*、*hoffen*、*meinen*、*wünschen* 等后也可以有一个主句来代替 *dass* 从句。
   Ich nehme an, es gibt morgen Regen.
   Ich befürchte, er kommt nicht rechtzeitig.

3. 一些表示说话的动词如 *sagen*、*antworten*、*berichten* 等可以要求 *dass* 从句，也可以用一个主句代替（见间接引语，§ 56，I）。
   Er berichtete, dass die Straße gesperrt sei.
   Er berichtete, die Straße sei gesperrt.

4. 动词 *brauchen*、*drohen*、*pflegen*、*scheinen* 可以单独使用（即不要求从句）。
   Ich *brauche* einen neuen Anzug.
   Er *drohte* seinem Nachbarn.
   Sie *pflegte* die kranken Kinder.
   Die Sonne *scheint*.

   如果这些动词跟带 *zu* 的不定式连用，则意义发生变化。
   Er *braucht* nicht / nur wenig / kaum *zu arbeiten*.
   (= er muss nicht … ; immer negativ oder mit Einschränkung)
   Die schwefelhaltigen Abgase *drohen* die Steinfiguren an der alten Kirche *zu zerstören*. (= es besteht die Gefahr)
   Er *pflegt* jeden Tag einen Spaziergang *zu machen*. (= er hat die Gewohnheit)
   Der Kellner *scheint* uns nicht *zu sehen*. (= vielleicht ist es so; es sieht so aus)

1 *dass* 从句或不定式结构?

Haustiere müssen artgerecht gehalten werden. (Das Tierschutzgesetz verlangt,)
Das Tierschutzgesetz verlangt, dass Haustiere artgerecht gehalten werden.

Sie ziehen die Kälber *nicht* in dunklen Ställen groß. (Manche Bauern lehnen es ab,)
Manche Bauern lehnen es ab, die Kälber in dunklen Ställen großzuziehen.

Von der Tierhaltung

1. Die Kälber werden nicht von ihren Muttertieren getrennt.
   (Viele Menschen nehmen an,)
2. Die meisten Eier auf dem Markt stammen von Hühnern in Käfigen.
   (Ich befürchte,)
3. Die Hühner laufen wie früher auf Äckern und Wiesen frei herum.
   (Viele Menschen nehmen an,)
4. Die Eier von Hühnern in Käfighaltung werden *nicht* gekauft. (Immer mehr Menschen weigern sich,)
5. Fleisch von Tieren aus der Massentierhaltung esse ich *nicht*.
   (Ich vermeide es,)
6. Sie können langsam immer mehr landwirtschaftliche Erzeugnisse verkaufen. (Die Biobauern erwarten,)

7. Die Tierschutzgesetze sollen strenger angewendet werden. (Ich
   meine,)

8. Rindern werden Injektionen gegeben, damit sie schneller wachsen.
   (Es ist abzulehnen,)

2 请按下列模式练习。

ich / annehmen / morgen / regnen
Ich nehme an, dass es morgen regnet.
Ich nehme an, es regnet morgen.

1. ich / fürchten / unsere Wanderung / ausfallen / dann
2. a) wir / glauben / die Theateraufführung / ein großer Erfolg werden
   b) wir / annehmen / nicht alle Besucher / eine Karte / bekommen
3. a) ich / befürchten / der Bäcker an der Ecke / seinen Laden / bald aufgeben
   b) ich / glauben / wir / unser Brot dann / wohl oder übel im Supermarkt /
      kaufen müssen
4. a) wir fürchten / wir / nächste Woche / viel Arbeit / haben
   b) wir / annehmen / wir / zu nichts anderem / Zeit haben
5. a) ich / annehmen / das hier / ein sehr fruchtbarer Boden / sein
   b) ich / glauben / verschiedene Arten Gemüse / hier / gut / wachsen
6. a) du / glauben / der FC Bayern / das Fußballspiel / gewinnen
   b) ich / annehmen / die Chancen / eins zu eins / stehen
7. a) ihr / auch meinen / wir / den 30-Kilometer-Fußmarsch / an einem Tag /
      schaffen
   b) wir / fürchten / einige / dazu / nicht in der Lage sein

第二组

dass 从句和不定式结构可以源于介宾结构的扩展。
Der Kollege hat nicht *an die Besprechung* gedacht. (= präpositionales Objekt)
Der Kollege hat nicht *daran* gedacht, dass *wir* eine Besprechung haben.
(*Der Kollege* hat nicht *daran* gedacht, dass *er* zur Besprechung kommt.)
Der Kollege hat nicht *daran* gedacht zur Besprechung zu kommen.

da(r) + 介词位于主句中，其它的情况适用第一组动词的规则。

第二组包括以下动词：

sich bemühen um + A	sich gewöhnen an + A
denken an + A	sich verlassen auf + A
sich fürchten vor + D	verzichten auf + A u.a. (见 § 15, III)

3 请将下列各句改为带 dass 从句或不定式结构的句子。

Von der Arbeit einer Chefdolmetscherin

1. Die Chefdolmetscherin bemüht sich um eine möglichst genaue Wiedergabe der Rede des Außenministers. (die Rede … wiedergeben)
2. Die anwesenden Politiker müssen sich auf die Zuverlässigkeit und Vollständigkeit der Übersetzung verlassen können. (zuverlässig und vollständig sein)
3. Die Dolmetscherin denkt an die schlimmen Folgen eines Übersetzungsfehlers. (Folgen haben können)
4. Sie gewöhnt sich an das gleichzeitige Hören und Übersetzen einer Rede.
5. Der Politiker kann während seiner Rede auf Übersetzungspausen verzichten. (Übersetzungspausen machen)
6. Viele Zuhörer wundern sich über die Fähigkeit der Dolmetscherin, gleichzeitig zu hören und zu übersetzen. (hören und übersetzen können)
7. Niemand wundert sich über die notwendige Ablösung einer Dolmetscherin nach ein bis zwei Stunden. (abgelöst werden müssen)
8. Auch eine gute Dolmetscherin kann sich nie ganz an die ständige hohe Konzentration gewöhnen. (ständig hoch konzentriert sein müssen)
9. Sie fürchtet sich vor einer frühzeitigen Ablösung als Chefdolmetscherin. (abgelöst werden)
10. Wer wundert sich über das gute Gehalt einer Chefdolmetscherin? (ein gutes Gehalt bekommen)

第三组

Er bat *die Sekretärin*, dass *der Chef* ihn rechtzeitig anruft.
当主句中的宾语和从句中的主语不一致时，往往用 *dass* 从句。

Er bat *die Sekretärin*, dass *sie* ihn rechtzeitig anruft.
Er bat *die Sekretärin*　　　ihn rechtzeitig anzurufen.
当主句中的宾语和从句中的主语一致时，往往用不定式结构。

本组包括以下动词：

ich befehle ihm (D)	ich fordere ihn (A) … auf
ich bitte ihn (A)	ich rate ihm (D)
ich empfehle ihm (D)	ich überzeuge ihn (A)
ich erlaube ihm (D)	ich verbiete ihm (D)
ich ermahne ihn (A)	ich warne ihn (A)
ich ersuche ihn (A)	ich zwinge ihn (A) u.a.

第四组

dass 从句和不定式结构可以源于主语的扩展，这时主句中的动词为无人称动词，*es* 为其占位主语。

Die Zusammenarbeit freut mich. (= Subjekt)
Es freut *mich*, dass *du* mit mir zusammenarbeitest.
Es freut *mich*, dass *ich* mit dir zusammenarbeite.
Es freut *mich*,　　　mit dir zusammenzuarbeiten.

当无人称动词的宾语和 *dass* 从句的主语不一致时，用 *dass* 从句，一致时则用不定式结构。

本组包括以下动词：

es ärgert mich (A)	es gelingt mir (D)
es ekelt mich (A)	es genügt mir (D)
es freut mich (A)	es scheint mir (D), dass …
es gefällt mir (D)	es wundert mich (A) u.a.

Entwicklungshilfe ist notwendig. (= Subjekt)
Es ist notwendig, dass *wir*   Ländern der Dritten Welt helfen.
Es ist notwendig, dass *man* Ländern der Dritten Welt hilft.
Es ist notwendig,   Ländern der Dritten Welt zu helfen.

当从句中有人称主语时，用 *dass* 从句；当从句中有带有 *man* 的非人称陈述时，一般用
不定式结构。

本组包括如下带有 *sein* 的副词：

es ist angenehm	es ist unangenehm
es ist erfreulich	es ist unerfreulich
es ist erlaubt	es ist verboten
es ist möglich	es ist unmöglich
es ist nötig / notwendig	es ist unnötig / nicht notwendig
es ist verständlich	es ist unverständlich u.a.

说明

1. 不定式结构或 *dass* 从句可以位于主句前，表示强调：
   Dass du den Brief geöffnet hast, hoffe ich.
   Deinen Pass rechtzeitig abzuholen verspreche ich dir.

2. 在无人称动词或第四组的副词结构中，*dass* 从句或不定式结构可以前置，这时省去 *es*，
   文体上也更通畅：
   Dass er mich nicht erkannt hat, ärgert mich.
   Den Abgeordneten anzurufen war leider unmöglich.

3. 但如果位于第一位的是另外的从句（见 §25），则后面必须是包含 *es* 的完整的主句：
   Weil das Telefon des Abgeordneten immer besetzt war, war es
   unmöglich ihn anzurufen.

4 请用不定式结构组句。

   Kauf dir bitte endlich einen neuen Anzug. (Frau Kunz bat ihren Mann sich …)
   Frau Kunz bat ihren Mann sich endlich einen neuen Anzug zu kaufen.

1. Geh zum Bekleidungsgeschäft Müller und Co. (Sie empfahl ihm …)
2. Schauen Sie sich die Anzüge in Ruhe an. (Der Verkäufer schlug ihm vor sich …)
3. Probieren Sie an, was Ihnen gefällt. (Er riet ihm …)
4. Nehmen Sie keins der Billigangebote dort drüben. (Der Verkäufer warnte ihn davor … [ohne Negation])
5. Kaufen Sie den Anzug mit dem Streifenmuster. (Er überzeugte den Käufer …)
6. Du musst dir auch bald ein Paar neue Schuhe kaufen. (Frau Kunz ermahnte ihren Mann sich … [ohne *müssen*])

III　不定式结构中时态的用法

1. 不定式结构的主动态只有两种时态
(被动态见 §19，IV)：
a) 不定式现在时: *zu machen*, *zu tragen*, *zu wachsen*
b) 不定式现在完成时: *gemacht zu haben*, *getragen zu haben*, *gewachsen zu sein*

Gleichzeitigkeit　Der Schwimmer *versucht* das Ufer *zu erreichen*.
Der Schwimmer *versuchte* das Ufer *zu erreichen*.
Der Schwimmer *hat versucht* das Ufer *zu erreichen*.

如果主句和不定式的行为同时发生，则用不定式现在时，由主句来表示行为发生的时态 (现在时、现在完成时等)。

Vorzeitigkeit　Der Angeklagte *leugnet* das Auto *gestohlen zu haben*.
Der Angeklagte *leugnete* das Auto *gestohlen zu haben*.
Der Angeklagte *hat geleugnet* das Auto *gestohlen zu haben*.

如果不定式中的行为在主句的行为前发生，则用不定式现在完成时。主句的时态不为之所限。

2. 下列动词后常跟不定式现在完成时，如 *Er behauptet das Geld verloren zu haben.*

bedauern	bekennen	sich erinnern	gestehen	versichern
behaupten	bereuen	erklären	leugnen	u.a.

5　请练习 *dass* 从句。用 "Wussten Sie schon …?" 开头。

Die am häufigsten gesprochene Sprache der Welt ist Chinesisch.
Wussten Sie schon, dass die am häufigsten gesprochene Sprache der Welt Chinesisch ist?

1. Über 90 Millionen Menschen auf der Welt sprechen Deutsch als Muttersprache.
2. Die deutsche Sprache steht an neunter Stelle in der Liste der am meisten gesprochenen Sprachen auf der Welt.

3. Saudi-Arabien, die Vereinigten Staaten und Russland zusammen fördern mehr als ein Drittel der gesamten Weltförderung an Erdöl.

4. Die größten Erdöllieferanten der Bundesrepublik Deutschland sind Russland (31,5 %), Norwegen (18,4 %), Großbritannien (15,6 %) und Libyen (11,1 %).

5. Der längste Eisenbahntunnel Europas ist der rund 50 Kilometer lange Eurotunnel unter dem Kanal zwischen Frankreich und Großbritannien.

6. Österreich ist seit Jahren das bevorzugte Reiseziel der deutschen Auslandsurlauber.

7. Nach Österreich sind Italien, die Schweiz, Spanien und Frankreich die beliebtesten Urlaubsländer der Deutschen.

8. Die meisten ausländischen Besucher der Bundesrepublik kommen aus den Niederlanden.

9. 65 Prozent der Schweizer sprechen Deutsch als Muttersprache.

10. Nur 18,4 Prozent der Schweizer sprechen Französisch und 9,8 Prozent Italienisch als Muttersprache.

6 请练习不定式结构。

Warum übernachtest du im „Hotel Stern"?
(meine Bekannten / jdm. empfehlen)
Meine Bekannten haben mir empfohlen im „Hotel Stern" zu übernachten.

您可以用更友好亲切的方式来提问:
Sag mal, warum übernachtest du eigentlich im „Hotel Stern"?

1. Warum fährst du nach London? (mein Geschäftsfreund / jdn. bitten)
2. Warum fährst du mit seinem Wagen? (mein Freund / es jdm. erlauben)
3. Warum besuchst du ihn? (er / jdn. dazu auffordern)
4. Warum fährst du im Urlaub an die Nordsee? (das Reisebüro / jdm. dazu raten)
5. Warum zahlst du so viel Steuern? (das Finanzamt / jdn. dazu zwingen)
6. Warum stellst du das Radio leiser? (mein Nachbar / jdn. dazu auffordern)
7. Warum gehst du abends nicht durch den Park? (ein Bekannter / jdn. davor warnen) [ohne „nicht"!]
8. Warum fährst du nicht in die Berge? (meine Bekannten / jdm. davon abraten) [ohne „nicht"!]

7 请连线，并请说出下面哪四句可以改为不定式结构。

1. Ich kann mich nicht daran gewöhnen, ...
2. Warum kümmert sich der Hausbesitzer nicht darum, ...
3. Wie soll der Briefträger sich denn davor schützen, ...
4. Kann ich mich auf Sie verlassen, ...
5. Wie sehne ich mich danach, ...

a) dass Sie mir den Teppich heute noch bringen?
b) dass ich jeden Morgen um fünf Uhr aufstehen muss.
c) dass ich euch eure Ferienreise finanzieren kann.
d) dass wir immer noch auf einen Telefonanschluss warten.
e) dass die Mieter das Treppenhaus reinigen?

6. Du musst bei der Telekom Bescheid geben, …

f) dass ihr euch eine Quittung über die Getränke geben lasst!

7. Denkt bitte im Lebensmittelgeschäft daran, …

g) dass ich dich endlich wiedersehe!

8. Ich habe leider nicht so viel Geld, …

h) dass ihn immer wieder Hunde der Hausbewohner anfallen?

8 请自由造句。

1. Ich habe mich darüber geärgert, dass …
2. Meine Eltern fürchten, dass …
3. Wir alle hoffen, dass …
4. Meine Schwester glaubt, dass …
5. Ich kann nicht leugnen, dass …
6. Mein Bruder freut sich darüber, dass …
7. Ich freue mich darauf, dass …
8. Ich danke meiner Freundin dafür, dass …

9 Ein Interview mit dem Bürgermeister

Sprechen Sie auf der Versammlung über das geplante Gemeindehaus?
(Ja, ich habe vor / Inf.-K.)
Ja, ich habe vor auf der Versammlung über das geplante Gemeindehaus zu sprechen.

Treten bei dem Bau finanzielle Schwierigkeiten auf?
(Nein, ich glaube nicht, dass …)
Nein, ich glaube nicht, dass bei dem Bau finanzielle Schwierigkeiten auftreten.

1. Kommen Sie heute Abend zu der Versammlung? (Ja, ich habe vor / Inf.-K.)
2. Sprechen Sie auch über den neuen Müllskandal?
   (Nein, vor Abschluss der Untersuchungen beabsichtige ich nicht / Inf.-K.)
3. Kommen weitere Firmen in das neue Industriegebiet?
   (Ja, ich habe Nachricht, dass …)
4. Hat sich die Stadt im vergangenen Jahr noch weiter verschuldet?
   (Nein, ich freue mich Ihnen mitteilen zu können, dass …)
5. Setzen Sie sich für den Bau eines Flughafens in Stadtnähe ein?
   (Nein, ich bin wegen des Lärms nicht bereit / Inf.-K.)
6. Berichten Sie heute Abend auch über Ihr Gespräch mit der Landesregierung?
   (Ja, ich habe die Absicht / Inf.-K.)
7. Bekommen die Stadtverordneten regelmäßig freie Eintrittskarten fürs Theater?
   (Es ist mir nichts davon bekannt, dass …)
8. Muss man die Eintrittspreise für das Hallenbad unbedingt erhöhen?
   (Ja, ich fürchte, dass …)

10 请将括号中的句子改为不定式结构，如果不能用不定式结构，则用 *dass* 从句。

Er unterließ es ... (Er sollte den Antrag rechtzeitig abgeben.)
Er unterließ es, den Antrag rechtzeitig abzugeben.

Das Kind hofft ... (Vielleicht bemerkt die Mutter den Fleck auf
der Decke nicht.)
Das Kind hofft, dass die Mutter den Fleck auf der Decke vielleicht nicht bemerkt.

Ich warne dich ... (Du sollst dich nicht unnötig aufregen.)
Ich warne dich, dich unnötig aufzuregen.

1. Er vergaß ... (Er sollte den Schlüssel mitnehmen.)
2. Wir lehnen es ab ... (Man soll Singvögel nicht fangen und essen.)
3. Ich habe ihn gebeten ... (Er soll uns sofort eine Antwort geben.)
4. Die Behörde ersucht die Antragsteller ...
   (Sie sollen die Formulare vollständig ausfüllen.)
5. Der Geschäftsmann befürchtet ... (Vielleicht betrügt ihn sein Partner.)
6. Jeder warnt die Autofahrer ... (Sie sollen nicht zu schnell fahren.)
7. Ich habe ihm versprochen ... (Ich will seine Doktorarbeit korrigieren.)
8. Er hat mich ermahnt ...
   (Ich soll Flaschen und Papier nicht in den Mülleimer werfen.)
9. Meinst du ... (Hat er wirklich im vorigen Jahr wieder geheiratet?)
10. Wir haben ihn überzeugt ... (Er soll sich einen kleinen Hund kaufen.)

11 请用不定式的现在完成时造句。

nicht früher heiraten (Ich bedaure es ...)
Ich bedaure es, nicht früher geheiratet zu haben.

aus dem Haus ausziehen (Fritz ist froh ...)
Fritz ist froh aus dem Haus ausgezogen zu sein.

1. von dir vorige Woche einen Brief erhalten (Ich habe mich gefreut ...)
2. dir nicht früher schreiben (Ich bedaure es, ...)
3. noch nie zu spät kommen (Ulrike behauptet ...)
4. dich nicht früher informieren (Es tut mir Leid, ...)
5. nicht früher zu einem Architekten gehen (Herr Häberle bereut ...)
6. mit diesem Brief endlich eine Anstellung finden (Es beruhigt mich, ...)
7. Sie mit meinem Vortrag gestern Abend nicht langweilen (Ich hoffe sehr ...)
8. Sie nicht vorher warnen (Es ist meine Schuld, ...)
9. aus dem Gefängnis entfliehen (Er gibt zu ...)
10. gestern verschlafen und zu spät kommen
    (Ich ärgere mich ... zu ... und ... zu ...)

§ 17   疑问句

前言

疑问句有两种形式

a) 一般疑问句

b) 特殊疑问句

I   一般疑问句

简单的一般疑问句

a) *Kennst* du den Mann?   Ja, ich kenne ihn.
                                             Nein, ich kenne ihn nicht.

b) *Habt* ihr mich *nicht* verstanden?   *Doch,* wir haben dich verstanden.
                                             Nein, wir haben dich nicht verstanden.

   Hast du *keine* Zeit?   *Doch,* ich habe Zeit.
                                             Nein, ich habe keine Zeit.

在一般疑问句中，变位动词位于句首。对含否定意义的一般疑问句(见 b)，用 *doch* 来引
导表示肯定的回答。

1   A liest den Aussagesatz für sich und bildet eine Frage hierzu. B antwortet ihm.

   A: *Seid ihr heute abend zu Hause?*
   B: Nein, wir sind heute abend nicht zu Hause; wir sind im Garten.

   A: *Geht ihr gern in den Garten?*
   B: Ja, wir gehen gern in den Garten.

1. Nein, wir haben den Garten nicht gekauft; wir haben ihn geerbt.
2. Nein, die Obstbäume haben wir nicht gepflanzt; sie waren schon da.
3. Ja, die Beete haben wir selbst angelegt.
4. Nein, die Beerensträucher waren noch nicht im Garten; die haben wir gesetzt.
5. Ja, das Gartenhaus ist ganz neu.
6. Ja, das haben wir selbst gebaut.
7. Nein, einen Bauplan haben wir nicht gehabt. (Habt ihr keinen Bauplan … ?)
8. Nein, so ein Gartenhäuschen ist nicht schwer zu bauen.
9. Nein, das Material dazu ist nicht billig.
10. Ja, so ein Garten macht viel Arbeit!

2 请根据回答完成相应的一般疑问句。

> *Haben Sie dem Finanzamt denn nicht geschrieben?*
> *Doch,* ich habe dem Finanzamt geschrieben.

1. Doch, ich habe mich beschwert.
2. Doch, ich habe meine Beschwerde schriftlich eingereicht.
3. Doch, ich habe meinen Brief sofort abgeschickt.
4. Doch, ich bin sofort zum Finanzamt gegangen.
5. Doch, ich habe Steuergeld zurückbekommen.
6. Doch, ich bin zufrieden.
7. Doch, ich bin etwas traurig über den Verlust.
8. Doch, ich baue weiter.

3 请给出下列一般疑问句的否定回答和肯定回答。如果可能的话，三个人一组来练习。

> Backt dieser Bäcker auch Kuchen?　　*Nein, er backt keinen Kuchen.*
> 　　　　　　　　　　　　　　　　　　*Doch, er backt auch Kuchen.*

1. Verkauft der Metzger auch Hammelfleisch?
2. Macht dieser Schuster auch Spezialschuhe?
3. Ist Herr Hase auch Damenfrisör?
4. Arbeitet Frau Klein als Sekretärin?
5. Holt man sich in der Kantine das Essen selbst?
6. Bedient der Ober auch draußen im Garten?
7. Bringt der Briefträger auch am Samstag Post?
8. Ist die Bank am Freitag auch bis 17 Uhr geöffnet?
9. Hat der Busfahrer der Frau eine Fahrkarte gegeben?
10. Hat die Hauptpost auch einen Sonntagsdienst eingerichtet?
11. Ist der Kindergarten am Nachmittag geschlossen?
12. Gibt es in der Schule auch am Samstag Unterricht?

复杂的一般疑问句

a) Sind Sie *erst* heute angekommen?　Ja, wir sind *erst* heute angekommen.
　　　　　　　　　　　　　　　　　　Nein, wir sind *schon* gestern angekommen.

b) Hat er den Brief *schon* beantwortet?　Ja, er hat den Brief *schon* beantwortet.
　　　　　　　　　　　　　　　　　　Nein, er hat den Brief *noch nicht* beantwortet.

c) Hat er *schon* 3000 Briefmarken?　Ja, er hat *schon* 3000 Briefmarken.
　　　　　　　　　　　　　　　　　　Nein, er hat *erst* etwa 2500 Briefmarken.

d) Hat er *noch nichts* erzählt?　Doch, aber er hat *noch nicht alles* erzählt.
　　　　　　　　　　　　　　　　　　Nein, er hat *noch nichts* erzählt.

e) Lebt er *noch*?　Ja, er lebt *noch*.
　　　　　　　　　　　　　　　　　　Nein, er lebt *nicht mehr*.

f) Bleibst du *nur* drei Tage hier?　Ja, ich bleibe *nur* drei Tage hier.
　　　　　　　　　　　　　　　　　　Nein, ich bleibe *noch länger* hier.

g) Liebt er dich etwa *nicht mehr*?　Doch, er liebt mich *noch*.
　　　　　　　　　　　　　　　　　　Nein, er liebt mich *nicht mehr*.

问句或答句中加上 *schon*, *erst*, *noch* 等后其意义更为明确和富于变化。

4 A 提问，B 根据括号中的提示语回答。

1. Geht Gustav noch in den Kindergarten? (nicht mehr)
2. Hat Dagmar schon eine Stelle? (noch kein_)
3. Hat Waltraut schon ihr Examen gemacht? (noch nicht)
4. Arbeitet Hilde noch in dem Anwaltsbüro? (nicht mehr)
5. Bleibt Ulli noch länger bei der Firma? (nicht mehr lange)
6. Hat er schon gekündigt? (noch nicht)
7. Hat Andreas immer noch keine Anstellung gefunden? (noch kein_)
8. Kommt dein Bruder denn nicht mehr von Amerika zurück? (nur noch im Urlaub)
9. Hat er dort eine gut bezahlte Stelle gefunden? (noch keine)
10. Bekommt er denn keine Aufenthaltsgenehmigung? (erst in vier Wochen)
11. Hat Ulrich noch keinen Bescheid über das Ergebnis seiner Bewerbung?
    (... kommt erst im nächsten Monat ...)
12. Hat sich Gisela denn noch nicht um die Stelle beworben? (schon seit langem)
13. Musst du schon wieder nach China reisen? (erst in zwei Wochen ...)
14. Sind wir bald in Hamburg? (erst in drei Stunden ...)
15. Ist Herr Müller schon gegangen? (schon vor zehn Minuten...)

5 ... schon ...? – ... erst ... / ... erst ...? – ... schon ... —— 请根据下面的例句
a 或 b 练习。

a) Habt ihr die Wohnung schon renoviert? (anfangen)
   Nein, wir haben erst angefangen.

b) Habt ihr erst ein Zimmer tapeziert? (zwei Zimmer)
   Nein, wir haben schon zwei Zimmer tapeziert.

1. Habt ihr schon alle Fenster geputzt? (die Fenster im Wohnzimmer)
2. Habt ihr das Treppenhaus schon renoviert? (den Hausflur)
3. Habt ihr erst eine Tür gestrichen? (fast alle Türen)
4. Habt ihr die neuen Waschbecken schon installiert? (die Spüle in der Küche)
5. Habt ihr erst den Fußboden im Wohnzimmer erneuert? (alle Fußböden)
6. Habt ihr schon alle Lampen aufgehängt? (die Lampe im Treppenhaus)

6 ... schon ...? – noch nicht / noch nichts / noch kein ...
请根据下面的例句 a, b 或 c 练习。

a) Waren Sie *schon* mal in Hamburg? *Nein, ich war noch nicht dort.*
b) Haben Sie *schon etwas* von ihrem Freund gehört? *Nein, ich habe noch nichts*
                                                      von ihm gehört.
c) Haben Sie *schon eine* Fahrkarte? *Nein, ich habe noch keine.*

1. Haben Sie schon eine Einladung?
2. Hat Horst das Fahrrad schon bezahlt?
3. Hast du ihm schon geschrieben?
4. Hast du schon eine Nachricht von ihm?

5. Hat er dir schon gedankt?
6. Bist du schon müde?

7. Habt ihr schon Hunger?
8. Hast du deinem Vater etwas von dem Unfall erzählt?

7 ... noch ... ? – nicht mehr / nichts mehr / kein ... mehr —— 请根据下面的例句 a、b 或 c 来练习。

a) Erinnerst du dich *noch* an seinen Namen?   *Nein, ich erinnere mich nicht mehr daran.*
b) Hat Gisela *noch etwas* gesagt?   *Nein, sie hat nichts mehr gesagt.*
c) Haben Sie *noch* Zeit?   *Nein, ich habe keine Zeit mehr.*

1. Hast du noch Geld?
2. Hast du noch einen Bruder?
3. Hast du vom Nachtisch noch etwas übrig?
4. Habt ihr noch Fotos von euren Klassenkameraden?

5. Hast du heute noch Unterricht?
6. Haben Sie noch besondere Wünsche?
7. Bleiben Sie noch lange hier?
8. Möchten Sie noch etwas Wein?

II 特殊疑问句

简单的特殊疑问句

temporal	*Wann* kommt ihr aus Kenia zurück?	Im November.
kausal	*Warum* schreibt ihr so selten?	Weil wir so wenig Zeit haben.
modal	*Wie* fühlt ihr euch dort?	Ausgezeichnet.
lokal	*Wo* habt ihr die Elefanten gesehen?	Im Nationalpark.
	Wohin reist ihr anschließend?	Nach Ägypten.
Subjekt	*Wer* hat euch das Hotel empfohlen?	Der Reiseleiter. (= Person)
	Was hat euch am besten gefallen?	Die Landschaft. (= Sache)
Akk.-Objekt	*Wen* habt ihr um Rat gebeten?	Einen Arzt. (= Person)
	Was hat er euch gegeben?	Tabletten. (= Sache)
Dat.-Objekt	*Wem* habt ihr 200 Mark borgen müssen?	Einer Zoologiestudentin.
Gen.-Attribut	*Wessen* Pass ist verloren gegangen?	Der Pass der Studentin.

特殊疑问句先出现疑问代词 (第一位)，然后出现变位动词(第二位) 和主语 (第三或四位)；见 § 22 及以下几页。

和名词连用的疑问代词

Wie viele Stunden seid ihr gewandert?   Sieben Stunden.
Wie viel Geld habt ihr schon ausgegeben?   Erst 80 Dollar.

wie viele 或 *wie viel* 用来对数量提问。在 *wie viele* 后通常跟不带冠词的复数名词，在 *wie viel* 后跟不带冠词的单数名词 (见 § 3, III, 2 和 § 39, IV)。

Welches Hotel hat euch am besten gefallen? Das „Hotel zum Stern".

当我们在不同的人或物中进行选择的时候，用 *welcher*，*-e*，*-es*，Pl. *-e* 来提问。

Was für ein Zimmer habt ihr genommen? Ein Doppelzimmer mit Bad.

was für ein，*-e*，*-*；Pl. *was für* (不带冠词的名词) 用来对人或物的特性进行提问。

"wie" + 副词

Wie lange seid ihr schon in Nairobi? Einen Monat. (Akk.)
Wie oft hört ihr Vorträge? Dreimal in der Woche.

wie lange 用来对持续的时间进行提问，*wie oft* 用来对行为或状态发生的频率进行提问。

Wie lang war die Schlange? Einen Meter. (Akk.)
Wie hoch war das Gebäude? Fünf Stockwerke hoch. (Akk.)

在 *wie* 后面可以加上 *alt*，*dick*，*groß*，*hoch*，*lang*，*schwer*，*tief*，*weit* 等，用来对尺寸、重量、年龄等进行提问。答句中的数据用第四格 (见 §43，II)。

和介词连用的疑问代词

Mit wem habt ihr euch angefreundet? Mit einer dänischen Familie.
An wen erinnert ihr euch am liebsten? An den witzigen Fremdenführer.
Womit habt ihr euch beschäftigt? Mit Landeskunde.
Worüber habt ihr euch gewundert? Über die Fortschritte des Landes.

对介宾结构提问时我们要注意人和物的区别 (见 §15，II)。对人提问时介词位于疑问代词前，对物等提问时用 *wo(r)* + 介词。

In welche Länder fahrt ihr noch? Nach Ägypten und Tunesien.
Bis wann wollt ihr dort bleiben? Bis Ende März.

在时间疑问代词或地点疑问代词前也可以有介词。

8 问和答

　　Wie… ; – Ich heiße Franz Wehner.
　　Wie heißen Sie? – Ich heiße Franz Wehner.

1. Wo … ? Ich wohne in Kassel, Reuterweg 17.
2. Wann … ? Ich bin am 13. 12. 1962 geboren.
3. Um wie viel Uhr … ? Gegen 20 Uhr bin ich durch den Park gegangen.
4. Wer … ? Ein junger Mann hat mich angefallen.
5. Was … ? Er hat mir die Brieftasche abgenommen.

6. Woher ... ?   Er kam aus einem Gebüsch rechts von mir.

7. Wohin ... ?   Er ist tiefer in den Park hineingelaufen.

8. Weshalb ... ?   Ich war so erschrocken; deshalb habe ich nicht um Hilfe gerufen.

9. Wie groß ... ?   Der Mann war ungefähr 1,80 Meter groß.

10. Wie ... ?   Er sah schlank aus, hatte dunkle Haare, aber keinen Bart.

11. Was ... ?   Er hatte eine blaue Hose und ein blaues Hemd an.

12. Was für ... ?   Er trug ein Paar alte Tennisschuhe.

13. Wie viel Geld ... ?   Ich hatte einen Hundertmarkschein in der Brieftasche.

14. Was ... ?   Außerdem hatte ich meinen Personalausweis, meinen Führerschein und ein paar Notizzettel in der Brieftasche.

15. Wie viele ... ?   Zwei Personen haben den Überfall gesehen.

16. Was für ... ?   Ich habe keine Verletzungen erlitten.

9 同上。

1. An wen ... ?   Ich habe an meine Schwester geschrieben.

2. Von wem ... ?   Den Ring habe ich von meinem Freund.

3. Hinter welchem Baum ... ?   Der Junge hat sich hinter dem dritten Baum versteckt.

4. Was für ein ... ?   Mein Freund hat sich ein Fahrrad mit Dreigangschaltung gekauft.

5. Wo ... ?   Der Radiergummi liegt in der zweiten Schublade.

6. Zum wievielten Mal ... ?   Ich fahre dieses Jahr zum siebten Mal nach Österreich in Urlaub.

7. Wessen ... ?   Das ist das Motorrad meines Freundes.

8. In welchem Teil ... ?   Meine Großeltern liegen im unteren Teil des Friedhofs begraben.

9. Von welcher Seite ... ?   Die Bergsteiger haben den Mont Blanc von der Südseite bestiegen.

10. Am wie vielten April ... ?   Mutter hat am 17. April ihren sechzigsten Geburtstag.

11. Um wieviel Uhr ... ?   Der Schnellzug kommt um 17.19 Uhr hier an.

12. Wie viele ... ?   Wir sind vier Geschwister.

13. Welches Bein ... ?   Mir tut das linke Bein weh.

14. Von wem ... ?   Den Teppich habe ich von meinen Eltern.

15. Wie oft ... ?   Ich fahre dreimal in der Woche nach Marburg in die Klinik.

10 请对斜体部分提问。

Meine Schwester wohnt im *Stadtteil Bornheim*.
In welchem Stadtteil wohnt Ihre Schwester?

1. Sie wohnt *im 5. Stockwerk*.
2. Sie hat eine *Drei-Zimmer*-Wohnung mit *Balkon*.

3. Die Wohnung kostet *520 Mark*.
4. Die Wohnung darunter gehört *mir*.
5. Sie ist *genauso* groß.
6. Ich wohne hier schon *seit drei Jahren*.
7. Wir wohnen *mit drei Personen* in der Wohnung.
8. Unser Vorort hat *3000 Einwohner*.
9. Er ist *nur 5 Kilometer* von der Großstadt entfernt.
10. Ich brauche *eine halbe Stunde* bis zu meinem Dienstort.
11. Ich fahre *mit der Linie 7*.
12. *Um fünf Uhr abends* bin ich wieder zu Hause.

11 请对下列各句提出尽可能多的问题，并由你的学习伙伴来回答它们。

In den Sommerferien fährt Familie Bug mit ihren zwei Söhnen und einer Tochter für zwei Wochen zum Wandern und Bergsteigen in die Alpen.

Wer fährt in die Berge?	*Eine Familie.*
Wie heißt die Familie?	*Sie heißt Bug.*
Wann fährt die Familie in die Berge?	*In den Sommerferien.*
Fährt die Familie nicht in die Alpen?	*Doch, sie fährt in die Alpen.*
Aus wie viel Personen besteht die Familie?	*Aus den Eltern, zwei Söhnen und einer Tochter.*
Wie lange machen sie dort Urlaub?	*Zwei Wochen.*
Wollen die Bugs dort Städte besichtigen?	*Nein, sie wollen wandern und bergsteigen.*
Fährt die Familie nach Österreich?	*Das weiß ich nicht, auf jeden Fall in die Alpen.*

1. Die Familie fährt schon seit sieben Jahren jeden Sommer zur Familie Moosbichl in dieselbe Pension, wo sie schon so herzlich wie Familienmitglieder begrüßt wird.
2. Manchmal machen sie gemeinsam eine Wanderung von zwanzig bis dreißig Kilometern, manchmal geht Vater Bug mit den Kindern zum Bergsteigen in den Fels, während Frau Bug in der nahen Stadt Einkäufe tätigt oder sich in der Sonne ausruht.
3. Mutter Bug freut sich, wenn alle wieder heil nach Hause gekommen sind, denn Bergsteigen ist bekanntlich nicht ungefährlich.

§ 18 情态动词

前言

用情态动词来表明某人对某一行为的态度，如：
某人是否愿意做某事
某人是否能做某事
某人是否必须做某事等

因此除情态动词外句中还需要一个实义动词，该实义动词为原形动词：
Er *muss* heute länger *arbeiten*.

I 情态动词的意义

dürfen

a) 许可或权利
In diesem Park dürfen Kinder spielen.

b) 禁令 (总是否定句)
Bei Rot darf man die Straße nicht überqueren.

c) 否定的指令
Man darf Blumen in der Mittagshitze nicht gießen.

können

a) 可能性或机会
In einem Jahr können wir das Haus bestimmt teurer verkaufen.

b) 能力
Er kann gut Tennis spielen.

mögen

a) 喜欢或不喜欢
Ich mag mit dem neuen Kollegen nicht zusammenarbeiten.

b) 意义同上但作为实义动词
Ich mag keine Schlagsahne!

ich möchte, du möchtest usw.

c) 愿望
Wir möchten ihn gern kennen lernen.

d) 礼貌的请求
Sie möchten nach fünf bitte noch einmal anrufen.

müssen

a) 外因
Mein Vater ist krank, ich muss nach Hause fahren.

b) 必要性
Nach dem Unfall mussten wir zu Fuß nach Hause gehen.

c) 对必要性的事后确认
Das musste ja so kommen, wir haben es geahnt.

d) 不需要，即 müssen 的否定 = nicht brauchen + zu + 不定式：
Mein Vater ist wieder gesund, ich brauche nicht nach Hause zu fahren.

sollen
a) 规定，法律
Du sollst nicht töten.
b) 义务，道德方面的要求
Jeder soll die Lebensart des anderen anerkennen.
c) 命令，他人的指令
Ich soll nüchtern zur Untersuchung kommen. Das hat der Arzt gesagt.

wollen
a) 愿望，意愿
Ich will dir die Wahrheit sagen.
b) 意图，计划 (针对人)
Im Dezember wollen wir in das neue Haus einziehen.

情态动词的进一步的意义见 § 20 和 § 54，VI。

说明

1. 个别情况下实义动词可以省略：
Ich muss nach Hause (gehen). Sie kann gut Englisch (sprechen).
Er will in die Stadt (fahren).   Ich mag keine Schlagsahne (essen).

2. 在上下文意义明确时，情态动词也可以独立使用：
Ich *kann* nicht gut *kochen*.
Meine Mutter *konnte* es auch nicht.
Wir haben es beide nicht gut *gekonnt*.

II 形式和用法

现在时 (单数的不规则形式)

dürfen	*können*	*mögen*	*müssen*	*sollen*	*wollen*
ich **darf**	ich **kann**	ich **mag**	ich **muss**	ich **soll**	ich **will**
du **darfst**	du **kannst**	du **magst**	du **musst**	du **sollst**	du **willst**
er **darf**	er **kann**	er **mag**	er **muss**	er **soll**	er **will**
wir dürfen	wir können	wir mögen	wir müssen	wir sollen	wir wollen
ihr dürft	ihr könnt	ihr mögt	ihr müsst	ihr sollt	ihr wollt
sie dürfen	sie können	sie mögen	sie müssen	sie sollen	sie wollen

情态动词在主句中的位置

Präsens	Der Arbeiter *will*	den Meister *sprechen*.
Präteritum	Der Arbeiter *wollte*	den Meister *sprechen*.
Perfekt	Der Arbeiter *hat*	den Meister *sprechen wollen*.
Plusquamperfekt	Der Arbeiter *hatte*	den Meister *sprechen wollen*.

1. 在现在时和过去时中，变位情态动词位于第二位。

2. 在现在完成时和过去完成时中，变位助动词位于第二位，该助动词为 *haben*。情态动词以不定式形式位于句末，即实义动词后。

情态动词在从句中的位置

Präsens	Es ist schade, dass er uns nicht	*besuchen kann.*
Präteritum	Es ist schade, dass er uns nicht	*besuchen konnte.*
Perfekt	Es ist schade, dass er uns nicht *hat*	*besuchen können.*
Plusquamperfekt	Es ist schade, dass er uns nicht *hatte*	*besuchen können.*

1. 在现在时和过去时中，变位情态动词位于从句的句末。

2. 在现在完成时和过去完成时中，情态动词以不定式形式位于从句的句末。变位助动词位于两个动词不定式之前。(情态动词的被动态见 §19，III)

1 用正确的情态动词填空。

> A   *In diese Straße dürfen keine Fahrzeuge hineinfahren.*
>
> B   *Hier müssen Sie halten.*
>
> C   *Achtung! Hier können Tiere über die Straße laufen.*

1. Hier ... man auf Kinder aufpassen.

2. Hier ... Sie den Verkehr auf der Hauptstraße vorlassen.

3. Hier ... Wild (= Rehe, Wildschweine etc.) die Straße überqueren.

4. Diese Straße ... man nur in eine Richtung befahren.

5. In diese Straße ... keine Kraftfahrzeuge hineinfahren.

6. Von dieser Seite ... man nicht in die Straße hineinfahren.

7. Hier ... Sie links abbiegen.

8. In diese Straße ... keine Lastwagen hineinfahren.

9. Hier ... Sie geradeaus oder rechts fahren. Sie ... nicht links fahren.

10. In dieser Straße ... man nicht schneller als 30 km/h fahren.

11. Hier ... man nicht überholen.

2 请用恰当的情态动词的正确形式填空。

1. Leider … ich nicht länger bei dir bleiben, denn ich … um 17 Uhr mit dem Zug nach München fahren.
2. Eis oder Kaffee? Was … du?
3. Ich … keinen Kaffee trinken; der Arzt hat's mir verboten.
4. Ich … täglich dreimal eine von diesen Tabletten nehmen.
5. Wo … du denn hin? … du nicht einen Moment warten, dann gehe ich gleich mit dir?
6. „Guten Tag! Wir … ein Doppelzimmer mit Bad; aber nicht eins zur Straße. Es … also ein ruhiges Zimmer sein." – „Ich … Ihnen ein Zimmer zum Innenhof geben. … Sie es sehen?" – „Ja, sehr gern." – „… wir Sie morgen früh wecken?" – „Nein, danke, wir … ausschlafen."

3 请将下列课文改为过去时。

Herr Müller will ein Haus bauen. Er muss lange sparen. Auf den Kauf eines Grundstücks kann er verzichten, denn das hat er schon.
Er muss laut Vorschrift einstöckig bauen. Den Bauplan kann er nicht selbst machen. Deshalb beauftragt er einen Architekten; dieser soll ihm einen Plan für einen Bungalow machen. Der Architekt will nur 1500 Mark dafür haben; ein „Freundschaftspreis", sagt er.
Einen Teil der Baukosten kann der Vater finanzieren. Trotzdem muss sich Herr Müller noch einen Kredit besorgen. Er muss zu den Banken, zu den Ämtern und zum Notar laufen. – Endlich kann er anfangen.

4 请将上文改为现在完成时，并这样开始:

Mein Freund erzählte mir: „Herr Müller hat ein Haus bauen wollen. Er hat … "

5 a 用情态动词练习。

Gehst du morgen in deinen Sportklub?
Nein, morgen kann ich nicht in meinen Sportklub gehen.

1. Bezahlst du die Rechnung sofort?
2. Kommst du morgen Abend zu unserer Party?
3. Reparierst du dein Motorrad selbst?
4. Fährst du im Urlaub ins Ausland?
5. Kaufen Sie sich diesen Ledermantel?
6. Sprechen Sie Türkisch?

b Kannst du mich morgen besuchen? (in die Bibliothek gehen)
Nein, morgen muss ich in die Bibliothek gehen.

1. Hast du morgen Zeit für mich? (Wäsche waschen)
2. Fährst du nächste Woche nach Hamburg? (nach München fahren)
3. Machst du nächstes Jahr die Amerikareise? (mein Examen machen)
4. Kommst du heute Abend in die Disko? (meine Mutter besuchen)
5. Gehst du jetzt mit zum Sportplatz? (nach Hause gehen)
6. Machst du am Sonntag die Wanderung mit? (zu Hause bleiben und lernen)

c　　　Lösen Sie diese mathematische Aufgabe!
Ich soll diese mathematische Aufgabe lösen? Aber ich kann sie nicht lösen.

1. Schreiben Sie einen Aufsatz über die Lage der Behinderten in der Bundesrepublik!
2. Machen Sie eine Reise durch die griechische Inselwelt!
3. Verklagen Sie Ihren Nachbarn wegen nächtlicher Ruhestörung!
4. Geben Sie Ihre Reisepläne auf!
5. Lassen Sie Ihren Hund für die Dauer der Reise bei Ihrem Nachbarn!
6. Kaufen Sie sich einen schnellen Sportwagen!

6 Gartenarbeit

Wollten Sie nicht Rasen (m) säen?
Doch, aber ich konnte ihn noch nicht säen.

Wollten Sie nicht …

1. Unkraut (n) ausreißen?
2. Salat (m) pflanzen?
3. Blumen (Pl.) gießen?
4. ein Beet umgraben?
5. ein Blumenbeet anlegen?
6. die Obstbäume beschneiden?
7. neue Beerensträucher setzen?
8. Kunstdünger (m) streuen?

7 请按下列模式用上面练习 6 中的各句练习:

Wollten Sie nicht Rasen (m) säen?
Ja schon, aber ich habe ihn noch nicht säen können.

8 "müssen – nicht brauchen" —— 用 "nicht brauchen" 来进行否定练习。

Musst du heute ins Büro *gehen*?　*Nein, ich brauche heute nicht ins Büro zu gehen.*

Musst du …

1. … aus der Wohnung ausziehen?
2. … die Wohnung gleich räumen?
3. … die Möbel verkaufen?
4. … eine neue Wohnung suchen? (keine neue Wohnung)
5. … die Wohnungseinrichtung bar bezahlen?
6. … den Elektriker bestellen?
7. … ein neues Schloss in die Tür einbauen lassen (kein)
8. … einen Wohnungsmakler einschalten? (keinen)
9. … eine Garage mieten? (keine)
10. … den Hausbesitzer informieren?

III 用法如情态动词的动词

hören, lassen, sehen, helfen

a) im Hauptsatz　Präsens　　Er *hört* mich Klavier *spielen*.
　　　　　　　　　Präteritum　Er *ließ* den Taxifahrer *warten*.
　　　　　　　　　Perfekt　　 Du *hast* die Gefahr *kommen sehen*.

b)　im Nebensatz　　Präsens　　　Ich weiß, dass er mich Klavier *spielen hört*.
　　　　　　　　　　 Präteritum　　 Ich weiß, dass er den Taxifahrer *warten ließ*.
　　　　　　　　　　 Perfekt　　　　Ich weiß, dass du die Gefahr *hast kommen sehen*.

当动词 *hören*，*lassen*，*sehen*，*helfen* 和一个实义动词连用时，其在主从句中的用法和情态动词一样（见本章 II）。

bleiben, gehen, lehren, lernen

a)　im Hauptsatz　　Präsens　　　Er bleibt bei der Begrüßung sitzen.
　　　　　　　　　　 Perfekt　　　　Er ist bei der Begrüßung sitzen geblieben.
　　　　　　　　　　 Präsens　　　　Sie geht jeden Abend tanzen.
　　　　　　　　　　 Perfekt　　　　Sie ist jeden Abend tanzen gegangen.
　　　　　　　　　　 Präsens　　　　Er lehrt seinen Sohn lesen und schreiben.
　　　　　　　　　　 Perfekt　　　　Er hat seinen Sohn lesen und schreiben gelehrt.

b)　im Nebensatz　　Präsens　　　Ich weiß, dass sie nicht gern einkaufen geht.
　　　　　　　　　　 Präteritum　　 Ich weiß, dass er noch mit 80 Rad fahren lernte.
　　　　　　　　　　 Perfekt　　　　Ich weiß, dass dein Mantel im Restaurant
　　　　　　　　　　　　　　　　　 hängen geblieben ist.

当动词 *bleiben*，*gehen*，*lehren*，*lernen* 和一个实义动词连用时，其现在时和过去时在主从句中的用法和情态动词一样（见本章 II）。 在现在完成时和过去完成时中其语序为正常语序，且有助动词和第二分词的变化。

说明

动词 *bleiben* 只和少数几个动词连用：
jemand / etwas bleibt … liegen / hängen / sitzen / stehen / stecken /
haften / kleben / wohnen

IV　带两个动词不定式的情态动词

a)　im Hauptsatz　　Präsens　　　Ich kann dich nicht weinen sehen.
　　　　　　　　　　　　　　　　　 Du musst jetzt telefonieren gehen.
　　　　　　　　　　 Präteritum　　 Er musste nach seinem Unfall wieder laufen lernen.
　　　　　　　　　　　　　　　　　 Er konnte den Verletzten nicht rufen hören.
　　　　　　　　　　 Perfekt*　　　Sie hat ihn nicht weggehen lassen wollen.
　　　　　　　　　　　　　　　　　 Der Wagen hat dort nicht stehen bleiben dürfen.

b)　Nebensatz　　　 Präsens　　　Ich weiß, dass er sich scheiden lassen will.
　　　　　　　　　　 Präteritum　　 Ich weiß, dass er das Tier nicht leiden sehen konnte.
　　　　　　　　　　 Perfekt*　　　Ich weiß, dass er mit uns hat essen gehen wollen.

---

　*　有三个或更多动词出现在句末的现在完成时比较复杂，且在文体上比较麻烦。在这种情况下多用过去时。

1. 当情态动词和一个用法如情态动词的动词同时在句中出现时，情态动词的地位不可动摇，且适用一切有关情态动词用法的规则。构成现在完成时和过去完成时的助动词为 *haben*。

2. 用法如情态动词的动词，位于实义动词之后，两者均用不定式。

说明

1. 动词 *helfen*、*lehren* 和 *lernen* 的后面只有动词不定式本身或很短的补充语时才可作为情态动词使用：
   Wir helfen euch die Koffer packen.
   Er lehrte seinen Enkel schwimmen.

2. 如果不定式被扩展成一个较长的句子，则要用带 *zu* 的不定式结构。
   Ich *habe* ihm *geholfen* ein Haus für seine fünfköpfige Familie und seine Anwaltspraxis zu finden.
   Endlich *haben* wir es *gelernt*, die Erläuterungen zur Lohnsteuer *zu verstehen*.

3. 动词 *fühlen* 和 *spüren* 也可以和实义动词的不定式形式连用：
   Ich spüre den Schmerz wiederkommen.
   Er fühlt das Gift wirken.

   但是，人们常常这样表述：
   Ich spüre, wie der Schmerz wiederkommt.
   Er fühlt, wie das Gift wirkt.

4. 动词 *brauchen* 和带 *zu* 的不定式连用。 *müssen* 的否定形式为 *nicht brauchen* (见 §16，II，说明 4)：
   Musst du heute kochen? – Nein, heute brauche ich nicht zu kochen.

9 句中有两个情态动词 —— 请按下列模式练习：

Der Hausbesitzer lässt das Dach nicht reparieren. (müssen)
A: *Muss der Hausbesitzer das Dach nicht reparieren lassen?*
B: *Doch, er muss es reparieren lassen.*

1. Die Autofahrer sehen die Kinder dort nicht spielen. (können)
2. Müllers gehen heute nicht auswärts essen. (wollen)
3. Der kleine Junge lernt jetzt nicht lesen. (wollen)
4. Herr Gruber lässt sich keinen neuen Anzug machen. (wollen)
5. Man hört die Kinder auf dem Hof nicht rufen und schreien. (können)
6. Die Studenten bleiben in dem Haus nicht länger wohnen. (dürfen)
7. Sie lässt sich nach 35-jähriger Ehe nicht plötzlich scheiden. (wollen) (Nein, …)
8. Die Krankenschwestern lassen die Patienten nicht gern warten. (wollen) (Nein, …)
9. Der Autofahrer bleibt nicht am Straßenrand stehen. (dürfen)
10. Er hilft ihm nicht suchen. (wollen)

10 请将上面练习 9 中的问和答都改成现在完成时。

> A: *Hat der Hausbesitzer das Dach nicht reparieren lassen müssen?*
> B: *Nein, er hat es nicht reparieren lassen müssen.*

11 请将上面练习10中的回答改成从句，即在前面加上如下主句: *Es ist (mir) klar,*
dass ...; Ich weiß, dass...; Es ist verständlich, dass...; Es ist (mir) bekannt, dass ...

> *Ich weiß, dass er es nicht hat reparieren lassen müssen.*

12 Feuer! – hören / sehen. 请按下列模式练习:

> Die Sirenen heulen. *Hörst du die Sirenen heulen?*
> Die Feuerwehrleute springen zu den Wagen. *Siehst du die Feuerwehrleute zu*
> *den Wagen springen?*

1. Das Haus brennt.
2. Rauch quillt aus dem Dach.
3. Die Feuerwehr eilt herbei.
4. Die Leute rufen um Hilfe.

5. Das Vieh brüllt in den Ställen.
6. Ein Mann steigt auf die Leiter.
7. Die Kinder springen aus dem Fenster.

13 In der Jugendherberge helfen.

> *Ich* packe jetzt den Rucksack! *Ich helfe dir den Rucksack packen.*
> *Wir* tragen die Rucksäcke jetzt zum Bus! *Wir helfen euch die Rucksäcke*
> *zum Bus tragen.*

1. Wir machen jetzt die Betten!
2. Wir decken jetzt den Tisch!
3. Wir kochen jetzt den Kaffee!

4. Ich teile jetzt das Essen aus!
5. Ich spüle jetzt das Geschirr!
6. Wir räumen jetzt das Zimmer auf!

14 Beim Hausbau – lassen

> das Dach decken *Deckst du das Dach selbst?*
> *Nein, ich lasse es decken.*

1. die Elektroleitungen verlegen
2. die Heizung installieren
3. die Fenster streichen
4. die Schränke einbauen

5. die Wohnung mit Teppichen auslegen
6. die Möbel aufstellen

15 请按下列模式将练习12中的各句改为现在完成时。

> *Ich habe die Sirenen heulen hören.*
> *Ich habe die Feuerwehrleute zu den Wagen springen sehen.*

16 请按下列模式将练习13中的各句改为现在完成时。

> *Ich habe den Rucksack packen helfen.*

17 请按下列模式将练习14中的各句改成现在完成时。

Ich habe das Dach decken lassen.

18 bleiben, gehen, lehren, lernen

schwimmen gehen *Gehst du schwimmen?*
Nein, aber die anderen sind schwimmen gegangen.

1. Maschine schreiben lernen
2. hier wohnen bleiben
3. Tennis spielen gehen
4. Gitarre spielen lernen
5. tanzen gehen
6. hier sitzen bleiben

§ 19 被动态

I 变位

	Präsens			*Präteritum*	
Singular	ich	werde	gefragt	ich	wurde	gefragt
	du	wirst	gefragt	du	wurdest	gefragt
	er	wird	gefragt	er	wurde	gefragt
Plural	wir	werden	gefragt	wir	wurden	gefragt
	ihr	werdet	gefragt	ihr	wurdet	gefragt
	sie	werden	gefragt	sie	wurden	gefragt

	Perfekt			*Plusquamperfekt*	
Singular	ich	bin	gefragt worden	ich	war	gefragt worden
	du	bist	gefragt worden	du	warst	gefragt worden
	er	ist	gefragt worden	er	war	gefragt worden
Plural	wir	sind	gefragt worden	wir	waren	gefragt worden
	ihr	seid	gefragt worden	ihr	wart	gefragt worden
	sie	sind	gefragt worden	sie	waren	gefragt worden

1. 助动词 *werden* 和实义动词的过去分词一起构成被动态。
2. 在现在完成时和过去完成时中，被动态由助动词 *sein* 构成，在实义动词的过去分词后为 *worden*。

说明

werden 的变位形式为： *werden – wurde – geworden*。只有在现在完成时和过去完成时中用的是它的缩略形式 *worden*。

1a 请用下列短语完成现在时被动态。

Von den Aufgaben des Kochs: Was ist los in der Küche?
Kartoffeln schälen   *Kartoffeln werden geschält.*

1. Kartoffeln reiben   8. Milch, Mehl und Eier mischen
2. Salz hinzufügen   9. Teig rühren
3. Fleisch braten   10. Kuchen backen
4. Reis kochen   11. Sahne schlagen
5. Salat waschen   12. Brötchen (Pl.) streichen und
6. Gemüse schneiden   belegen
7. Würstchen (Pl.) grillen

b Die Küchenarbeit ist beendet. Was wurde gemacht? 请用上面的短语练习。

Kartoffeln schälen   *Kartoffeln wurden geschält.*

2a Was ist alles im Büro los? 请将§7中的练习1改成现在时被动态。

Telefonate weiterleiten *Telefonate werden weitergeleitet.*

b Was war los im Büro? 请将§7中的练习1改成过去时被动态。

Telefonate weiterleiten *Telefonate wurden weitergeleitet.*

3 请用被动态造句。练习后的动词是给您的提示。

In der Fabrik wird gearbeitet.

Was geschieht …
1. in der Kirche?   6. in der Küche?   11. auf dem Feld?
2. in der Schule?   7. in der Bäckerei?   12. beim Schuster?
3. an der Kasse?   8. auf der Jagd?   13. auf dem Eis?
4. auf dem Sportplatz?   9. beim Frisör?   14. in der Wäscherei?
5. im Gesangverein?   10. im Schwimmbad?

Verben hierzu: schießen, säen und ernten, Haare schneiden, kochen, schwimmen, singen,
Fußball spielen, lernen, beten, zahlen, Schuhe reparieren, Wäsche waschen,
Schlittschuh laufen, Brot backen.

II 用法

前言

1. 主动句一般强调主语，即施动的人的重要性：
   Der Hausmeister schließt abends um 9 Uhr die Tür ab.

   被动句中强调行为的重要性；实施行为的人 (主动句中的主语) 往往不重要，常被省略。
   Abends um 9 Uhr wird die Tür abgeschlossen.

2. 当实施行为者不明确时，在主动句中的主语用 *man*，被动句中的 *man* 常被省略。
   Man baut hier eine neue Straße.
   Hier *wird* eine neue Straße *gebaut*.

带主语的被动句

Präsens Aktiv	Die Ärztin untersucht *den Patienten* vor der Operation.
Präsens Passiv	*Der Patient* wird vor der Operation untersucht.
Perfekt Aktiv	Die Ärztin hat *den Patienten* vor der Operation untersucht.
Perfekt Passiv	*Der Patient* ist vor der Operation untersucht worden.

主动句中的第四格宾语成为被动句中的主语。主动句中的主语——除了*man*——可以在被动句中以 *von* + 第三格的形式体现。
Die Ärztin untersucht den Patienten vor der Operation.

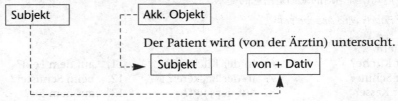

但是，这往往是不必要的，因为如果实施行为者重要的话，人们常用主动句来表达：
Die berühmte Ärztin Frau Professor Müller untersuchte den
Patienten vor der Operation.

Aktiv	Man renoviert jetzt endlich die alten Häuser am Marktplatz.
Passiv	Die alten Häuser am Marktplatz werden jetzt endlich renoviert.

请注意：主动句中的第四格宾语的所有说明语 (如第二格定语，时间或地点说明语)都属于被动句中的主语。

无主语的被动句（主句）

Aktiv	Man arbeitet sonntags nicht.
Passiv	*Es wird* sonntags nicht *gearbeitet.*
Aktiv	Man half den Verunglückten erst nach zwei Tagen.
Passiv	*Es wurde* den Verunglückten erst nach zwei Tagen *geholfen.*

如果主动句中没有第四格宾语，那么与之对应的被动句中也没有主语。这时人们用 *es* 作为占位主语，即 *es* 只能位于第一位。

Sonntags *wird* nicht *gearbeitet.*
Den Verunglückten *wurde* erst nach zwei Tagen *geholfen.*
Erst nach zwei Tagen *wurde* den Verunglückten *geholfen.*

如果有其它的句子成份位于第一位 ——从文体上来讲更好的话 ——es 被省略掉。
即使 es 被省略掉，同时其它的句子成份是复数，无主语的被动句的谓语仍为单数。

说明

1. 在德语中，即使被动句有主语，也可以用 *es* 开头带起被动句：
   Es wurden in diesem Jahr viele Äpfel geerntet.
   einfacher: In diesem Jahr wurden viele Äpfel geerntet.

2. 从文体上来讲，被动句的主语如果是不确指的事物，那么常用 *es* 作占位主语：
   Warum sind Sie so aufgeregt? Es wird ein neues Atomkraftwerk gebaut!
   Es wurde ein anderer Termin für die Abstimmung festgelegt!
   Es sind Geheimdokumente veröffentlicht worden!

无主语的被动句（从句）

Aktiv	Er wird immer böse, wenn man ihm sagt, dass er unordentlich ist.
Passiv	Er wird immer böse, *wenn ihm gesagt wird*, dass er unordentlich ist.
Aktiv	Ich war ratlos, als mir der Arzt von einer Impfung abriet.
Passiv	Ich war ratlos, *als mir von einer Impfung abgeraten wurde.*

在作为从句的被动句中，无人称主语es 总是被省略掉，因为连词 (*weil*、*als*、*nachdem*、*wenn*、*dass* 等) 占据了从句的首位。

4 请练习被动态。

Beim Fernsehhändler
Wir beraten die Kunden　　　　　　　*Die Kunden werden beraten.*

1. Wir holen den Fernseher ab und reparieren ihn.
2. Wir bringen die Geräte ins Haus.
3. Wir installieren Antennen.
4. Wir führen die neuesten Apparate vor.
5. Wir bedienen die Kunden höflich.
6. Wir machen günstige Angebote.

5 Was in einem Unrechtsstaat geschieht.

Man belügt das Volk.　*Das Volk wird belogen.*

1. Man bedroht Parteigegner.
2. Man enteignet Leute.
3. Man verurteilt Unschuldige.
4. Man verteufelt die Anders-
denkenden.
5. Man schreibt alles vor.
6. Man zensiert die Zeitungen.
7. Man beherrscht Rundfunk und
Fernsehen.
8. Man steckt Unschuldige ins
Gefängnis.
9. Man misshandelt die Gefangenen.
10. Man unterdrückt die freie
Meinung.

6a Was war in letzter Zeit los in der Stadt?

Wiedereröffnung des Opernhauses　*Das Opernhaus wurde wiedereröffnet.*

1. Ausstellung von Gemälden von Picasso
2. Aufführung zweier Mozartopern
3. Eröffnung der Landesgartenschau
4. Ehrung eines Komponisten und
zweier Dichter
5. Ernennung des Altbürgermeisters
zum Ehrenbürger der Stadt
6. Errichtung eines Denkmals zur Erinnerung an einen Erfinder
7. Einweihung des neuen Hallenbades
8. Veranstaltung eines Sängerwett-
streits
9. Vorführung von Kulturfilmen
10. Start eines Rennens über 50 Jahre
alter Automobile

b 请将上面练习 6a 中的各句改为现在完成时。

Wiedereröffnung des Opernhauses　*Das Opernhaus ist wiedereröffnet worden.*

7 Was stand gestern in der Zeitung? —— 请按例句自由造句。

Man gab bekannt, …
Es wurde bekannt gegeben, dass die Tiefgarage nun doch gebaut wird.

1. Man berichtete, …
2. Man gab bekannt, …
3. Man behauptete, …
4. Man befürchtete, …
5. Man stellte die Theorie auf, …
6. Man nahm an, …
7. Man äußerte die Absicht, …
8. Man stellte die Behauptung auf, …

8 请按下列例句完成练习 5中的各句。

Man belügt das Volk.
Warum ist das Volk belogen worden?

9 请按下列模式练习:

Warum sagst du nichts? (fragen) *Ich bin nicht gefragt worden.*

1. Warum gehst du nicht mit? (bitten)
2. Warum singst du nicht mit? (auffordern)
3. Warum wehrst du dich nicht? (bedrohen)
4. Warum kommst du nicht zur Party? (einladen)
5. Warum verklagst du ihn nicht vor Gericht? (schädigen)
6. Warum gehst du nicht zu dem Vortrag? (informieren)
7. Warum sitzt du immer noch hier? (abholen)
8. Wie kommst du denn hier herein? (kontrollieren)
9. Warum hast du das kaputte Auto gekauft? (warnen)
10. Warum bist du so enttäuscht? (befördern)

10 Backen Sie Ihren Obstkuchen selbst! 请将下面的段落改成被动态。

Mehl mit Backpulver mischen und auf ein Brett legen.
Mehl wird mit Backpulver gemischt und auf ein Brett gelegt.

Mehl mit Backpulver mischen und auf ein Brett legen. In der Mitte des Mehls eine Vertiefung machen. Zucker und Eier mit einem Teil des Mehls schnell zu einem Brei verarbeiten. Auf diesen Brei die kalte Butter in kleinen Stücken geben und etwas Mehl darüber streuen. Alles mit der Hand zusammendrücken und möglichst schnell zu einem glatten Teig verarbeiten. Den Teig vorläufig kalt stellen. Dann etwas Mehl auf das Brett geben, den Teig ausrollen und in die Form legen.

Auf dem Teigboden viel Semmelmehl ausstreuen und das Obst darauf legen. Im Backofen bei 175–200 Grad den Kuchen etwa 30 bis 35 Minuten backen.

III 情态动词的被动态

在主句中

Präsens	Aktiv	Man muss den Verletzten sofort operieren.
	Passiv	Der Verletzte *muss* sofort *operiert werden.*
Präteritum	Aktiv	Man musste den Verletzten sofort operieren.
	Passiv	Der Verletzte *musste* sofort *operiert werden.*
Perfekt	Aktiv	Man hat den Verletzten sofort operieren müssen.
	Passiv	Der Verletzte *hat* sofort *operiert werden müssen.*

在从句中

Präsens	Passiv	Es ist klar, dass der Verletzte sofort *operiert werden muss.*
Präteritum	Passiv	Es ist klar, dass der Verletzte sofort *operiert werden musste.*
Perfekt	Passiv	Es ist klar, dass der Verletzte sofort *hat operiert werden müssen.*

1. 关于情态动词用法的一般规则也适用于被动态 (见 §18, II)。

2. 在被动句中，由不定式被动态 (过去分词 + *werden*) 来代替不定式主动态，如：
   Infinitiv Aktiv: operieren   anklagen   zerstören
   Infinitiv Passiv: operiert werden   angeklagt werden   zerstört werden

说明

1. 被动替代句:
   Die Schuld des Angeklagten *kann* nicht *bestritten werden*.
   a) Die Schuld des Angeklagten *ist* nicht *zu bestreiten*. (见 § 48)
   b) Die Schuld des Angeklagten *ist unbestreitbar*.
   c) Die Schuld des Angeklagten *lässt sich* nicht *bestreiten*. (见 § 10, § 48)

2. 主动句中的情态动词 *wollen* 在被动句中改成 *sollen*。
   Man *will* am Stadtrand eine neue Siedlung errichten.
   Am Stadtrand *soll* eine neue Siedlung errichtet werden.

11a 情态动词的被动态

Umweltschützer stellen fest: Umweltschützer fordern:
Die Menschen verschmutzen die Flüsse.   *Die Flüsse dürfen nicht länger ver-
                                          schmutzt werden!*

如果您想表达某事很长时间以来或者一直不断地发生，请使用 *nach wie vor* 或 *immer noch*。
Die Menschen verschmutzen nach wie vor die Flüsse. 如果您想强调您的要求，请用
auf keinen Fall 或 *unter (gar) keinen Umständen* 来代替 *nicht*。*Die Flüsse dürfen auf keinen Fall
länger verschmutzt werden!*

1. Sie verunreinigen die Seen.   6. Sie werfen Atommüll ins Meer.
2. Sie verpesten die Luft.   7. Sie vergraben radioaktiven Müll in
3. Sie verseuchen die Erde.   der Erde.
4. Sie vergiften Pflanzen und Tiere.   8. Sie ruinieren die Gesundheit der
5. Sie vernichten bestimmte Vogel-   Mitmenschen durch Lärm.
   arten.

b   Der Landwirt berichtet von der   Von der Tagesarbeit auf
             Tagesarbeit: dem Bauernhof:
             Ich muss das Vieh füttern.   *Das Vieh muss gefüttert werden.*

             Ich muss
1. die Felder pflügen   5. die Melkmaschine reinigen
2. die Saat aussäen   6. Bäume fällen
3. die Äcker düngen   7. Holz sägen
4. die Ställe säubern   8. ein Schwein schlachten

9. Gras schneiden   11. Äpfel und Birnen pflücken
10. Heu wenden

c   Eine Krankenschwester erzählt   Von den Aufgaben einer
      von ihren Aufgaben: Krankenschwester:
      Ich muss einige Patienten waschen   *Einige Patienten müssen gewaschen und*
        und füttern.   *gefüttert werden.*

1. Ich muss die Patienten wiegen.
2. Ich muss die Größe der Patienten feststellen.
3. Ich muss den Puls der Kranken zählen und das Fieber messen.
4. Ich muss beides auf einer Karte einzeichnen.
5. Ich muss Spritzen geben und Medikamente austeilen.
6. Ich muss Blut abnehmen und ins Labor schicken.
7. Ich muss Karteikarten ausfüllen.
8. Ich muss die Kranken trösten und beruhigen.

12 Von den Plänen der Stadtverwaltung. 请用 §8 的练习 3 中的短语练习。

      Man will den Park erweitern.   *Der Park soll erweitert werden.*

IV 不定式结构中的被动态

只有当主从句中的主语一致时，才可以用不定式被动态。

Ich fürchte, dass ich bald entlassen werde.
Ich fürchte,   bald *entlassen zu werden.*
Sie hofft, dass sie   vom Bahnhof abgeholt wird.
Sie hofft   vom Bahnhof *abgeholt zu werden.*

当主从句中的行为同时发生时，用带 *zu* 的不定式的现在时被动态: *gezwungen zu werden*、*erkannt zu werden*、*angestellt zu werden*。

Er behauptet, dass er niemals vorher gefragt worden ist.
Er behauptet,   niemals vorher *gefragt worden zu sein.*

当不定式结构中的行为明显地早于主句中的行为发生时，用带 *zu* 的不定式的现在完成时被动态: *gelobt worden zu sein*、*verstanden worden zu sein*、*überzeugt worden zu sein*。

说明

根据正字法改革，不定式前的逗号不再是必须的。当它有助于句子结构的划分或消除误解时可以存在。可是当不定式结构插在句子中或通过关系词在前面的句子中被通告出来时则必须有逗号。

总练习

13 Brand in der Großmarkthalle —— 请将下面的课文改为被动态。改动时请不要提及斜体部分。注意时态!

Gestern Abend meldete man der Feuerwehr einen leichten Brandgeruch in der Nähe der Großmarkthalle. Sofort schickte man drei Feuerwehrwagen an den Ort, aber man konnte zunächst den Brandherd nicht feststellen, weil *die Geschäftsleute* den Eingang zur Großmarkthalle mit zahllosen Kisten und Handwagen versperrt hatten. Als man die Sachen endlich weggeräumt hatte, musste man noch das eiserne Gitter vor dem Hallentor aufsägen, denn man hatte in der Eile vergessen die Schlüssel rechtzeitig zu besorgen. Immer wieder mussten *die Polizeibeamten* die neugierigen Zuschauer zurückdrängen. Nachdem man endlich die Türen aufgebrochen hatte, richteten *die Feuerwehrleute* die Löschschläuche in das Innere der Halle. Erst nach etwa zwei Stunden konnten *die Männer* das Feuer unter Kontrolle bringen. *Die Polizei* gab bekannt, dass *das Feuer* etwa die Hälfte aller Waren in der Markthalle vernichtet hat. Erst spät in der Nacht rief man die letzten Brandwachen vom Unglücksort ab.

14 Jugendliche aus Seenot gerettet —— 请将下面的课文改为被动态。

Gestern Morgen alarmierte man den Seenotrettungsdienst in Cuxhaven, weil man ein steuerlos treibendes Boot in der Nähe des Leuchtturms Elbe I gesehen hatte. Wegen des heftigen Sturms konnte man die Rettungsboote nur unter großen Schwierigkeiten zu Wasser bringen. Über Funk gab man den Männern vom Rettungsdienst den genauen Kurs bekannt. Mit Hilfe von starken Seilen konnte man die drei Jugendlichen aus dem treibenden Boot an Bord ziehen, wo man sie sofort in warme Decken wickelte und mit heißem Tee stärkte. Vorgestern Nachmittag hatte der scharfe Ostwind die drei Jungen in ihrem Segelboot auf die Elbe hinausgetrieben, wo sie bald die Kontrolle über ihr Fahrzeug verloren (Aktiv). Erst bei Anbruch der Dämmerung konnte man sie sichten. Niemand hatte ihre Hilferufe gehört. Wegen Verdachts einer Lungenentzündung musste man den Jüngsten der drei in ein Krankenhaus einliefern; die anderen beiden brachte man auf einem Polizeischnellboot nach Hamburg zurück, wo ihre Eltern sie schon erwarteten.

§20　表达主观意愿的情态动词

前言

1. 情态动词 (见 §18) 表示对某一行为的客观评价:
   „Wie geht es dem alten Herrn?" – „Er war schwerkrank, aber er *kann* sich wieder erholen."
   > = Er ist dazu fähig, er ist kräftig genug, die Krankheit zu überstehen.

   Ein Professor *soll* alles verständlich *erklären*.
   > = Das ist seine Pflicht.

2. 同样的意思也可以有主观的表达方式:
   Der alte Herr ist schwerkrank, aber er kann sich (vermutlich) wieder erholen.
   > = Das hoffe / vermute ich.

   „Zu welchem Professor gehst du?" – „Zu Professor M., er *soll* alles verständlich *erklären*."
   > = Das haben mir andere Studenten gesagt, das habe ich gehört.

3. 在现代的表达中，人们只有通过上下文或说话时的语调来区别情态动词的客观意义和主观表达。

4. 在对过去的某一行为的表述中，人们可以看到主客观表述在形式上的区别。

I　形式和用法

1. a) 表示主观意见的情态动词用现在时。只有在小说或报告中才用过去时。情态动词在主句中位于第二位，在从句中位于句末:
   Er *kann* mich gesehen haben.
   Ich bin beunruhigt, weil er mich gesehen haben *kann*.

   b) 主观地描述过去发生的事情用不定式现在完成时。
   不定式现在完成时主动态: *gemacht haben、gekommen sein*
   不定式现在完成时被动态: *gemacht worden sein*
   Vor 300 Jahren *sollen* Soldaten das Schloss völlig *zerstört haben*.
   Vor 300 Jahren *soll* das Schloss völlig *zerstört worden sein*.

   Eine Freundin fragt: „Warum ist deine Schwiegermutter nicht zu deinem Geburtstag gekommen?" 可以有以下几种回答:
   a) Du weißt doch, wie beschäftigt sie ist. Sie *muss* einen dringenden Termin in ihrem Betrieb *gehabt haben*. = 很可能是这样。

Du weißt doch, dass sie kein Zeitgefühl hat. Sie *kann* wieder mal den Zug *verpasst haben.* = 有可能是这样。

Du weißt doch, dass sie Familienfeiern nicht schätzt. Wir verstehen uns gut, aber sie *mag* einfach keine Lust *gehabt haben.* = 也许是这样，但这并不重要。

b)　Du weißt doch, dass jetzt weniger gebaut wird, aber sie *soll* einen wichtigen Auftrag *bekommen haben.* = 我听说是这样，但我不确切知道。

c)　Du weißt doch, wie empfindlich sie ist. Ich habe ihr die Einladung ein bisschen zu spät geschickt, aber sie *will* sie erst nach meinem Geburtstag *erhalten haben.* = 她声称是这样，可我不信。

2. zu a) *müssen*、*können*、*mögen* 表达一种主观的猜测。

学习提示:　表达主观意见的情态动词 *müssen* 表示很大的可能性 (约 90 %)。
表达主观意见的情态动词 *können* 表示一半的可能性。
表达主观意见的情态动词 *mögen* 也表示一半的可能性，同时表示对哪种可能性都无所谓。

zu b) *sollen* 指某一表述是传言: 没有确切的消息。在报章的报导中经常使用:
In Italien *sollen* die Temperaturen auf minus 20 Grad *gesunken sein.*

zu c) *wollen* 指某一表述未经证实: 某人说他自己的事情，没人知道是真还是假。常用于法庭上。
Der Angeklagte *will* die Zeugin nie *gesehen haben.*

II　表达主观意愿的情态动词的虚拟式用法

为了更好地区分情态动词在现在时中的主观表述 (见前言 3)，人们常用情态动词的第二虚拟式 (见 § 54，VI)。

Jemand fragt: „Wo ist Frau M.? In ihrem Büro ist sie nicht." 可以有以下几种回答:
a) Sie *müsste* beim Chef sein, denn dort ist eine wichtige Besprechung.
= 很可能是这样。
Sie *könnte* auch in der Kantine sein, denn dort ist sie meistens um die Mittagszeit.
= 有可能是这样。
b) Sie *sollte* (eigentlich) an ihrem Arbeitsplatz sein, denn die Mittagszeit ist schon vorbei.
= 应该是这样，但看上去她没有这么做。
c) Sie arbeitet nicht mehr bei uns; sie *dürfte* schon über 65 sein.

zu a) *können* 和 *müssen* 的第二虚拟式主观用法适用 § 20，I，a)的规则。

zu b) *sollte* / *sollen* 常和 eigentlich 连用，表示说话者认为另一种行为更好。

zu c) *dürfte* 常用来表示不能肯定的数字或数据。但是也表示下面的意思：
Das *dürfte* ihn interessieren. = Wahrscheinlich interessiert es ihn.
Der Witz *dürfte* schon bekannt sein. = Wahrscheinlich ist er schon bekannt.

1 请用括号内的情态动词改写下列各句，并使得改写后的句子可以省去 "wohl"，
"sicherlich"，"angeblich"，"er behauptet"，"so wird gesagt" 等词。

Ich habe gehört, dass der Schriftsteller sich zur Zeit in Südamerika aufhält. (sollen)
Der Schriftsteller soll sich zur Zeit in Südamerika aufhalten.

1. Man hat den Mann verurteilt; aber er war unschuldig, so wird gesagt. (sollen)
2. Sie hat vielleicht Recht. (mögen)
3. Er hat angeblich sein ganzes Vermögen an eine Hilfsorganisation verschenkt. (sollen)
4. Der Zeuge behauptet, dass er den Unfall genau gesehen hat. (wollen)
5. Wie war das nur möglich? Es war doch 22 Uhr und wahrscheinlich stockdunkel. (müssen)
6. Er behauptet, dass er die 20 Kilometer lange Strecke in zweieinhalb Stunden gelaufen ist. (wollen)
7. Der Angeklagte behauptet, von zwei betrunkenen Gästen in der Wirtschaft angegriffen worden zu sein. (wollen)
8. Man ist überzeugt, dass der Angeklagte sich in großer Angst und Aufregung befunden hat. (müssen)
9. Ich frage mich, wie dem Angeklagten wohl zumute war. (mögen)
10. Sicherlich hat der Angeklagte die Tat nur im ersten Schrecken begangen. (können)

2 Aus der Zeitung – 请解释下面用斜体印刷的情态动词的意义。

Wieder ist der Polizei ein Raubüberfall gemeldet worden. Drei Unbekannte *sollen* in der Zuckschwerdtstraße einen 26 Jahre alten Brückenbauer aus Frankfurt überfallen und niedergeschlagen haben. Nach Angaben der Polizei *soll* einer der Täter dem Brückenbauer in die Jackentasche gegriffen und Ausweispapiere sowie Schlüssel entwendet haben. Vorher *will* der Überfallene in einer Gaststätte in der Bolongarostraße gewesen sein, in der sich auch die Täter befunden haben *sollen*. Beim Bezahlen *können* die Täter gesehen haben, dass er einen größeren Geldbetrag – es *soll* sich um etwa 500 Mark gehandelt haben – bei sich führte. „Das *muss* der Anlass gewesen sein, dass die Kerle mir folgten und mich dann überfielen", meinte der Brückenbauer.

3 请用恰当的情态动词的正确形式填空，并说出原因。

1. Der Mann hat doch eine Verletzung! Wer das nicht sieht, … blind sein.
2. Du … Recht haben; aber es klingt sehr merkwürdig.
3. Diese Schauspielerin … 80 Jahre alt sein, so steht es in der Zeitung. Sie sieht doch aus wie fünfzig!
4. Der Junge … die Geldbörse gefunden haben; dabei habe ich gesehen, wie er sie einer Frau aus der Einkaufstasche nahm.
5. „Er … ein Vermögen von zwei bis drei Millionen besitzen, glaubst du das?" – „Also das … übertrieben sein. Es … sein, dass er sehr reich ist, aber so reich sicher nicht!"
6. In Griechenland … gestern wieder ein starkes Erdbeben gewesen sein.
7. Es ist schon zehn Uhr. Der Briefträger … eigentlich schon da gewesen sein.

8. Eben haben sie einen Fernsehbericht über Persien angekündigt, jetzt zeigen sie Bilder über Polen. Da … doch wieder ein Irrtum passiert sein!
9. Wir haben dein Portmonee in der Wohnung nicht gefunden. Du … es nur unterwegs verloren haben. Wenn du es nicht verloren hast, … es dir gestohlen worden sein.
10. Den Ring … sie geschenkt bekommen haben, aber das glaube ich nicht.
11. Er ist erst vor zehn Minuten weggegangen. Er … eigentlich noch nicht im Büro sein.
12. Es … heute Nacht sehr kalt gewesen sein, die Straßen sind ganz vereist.

4 请用括号内的词替换情态动词。

1. Der Vater mag 72 Jahre alt gewesen sein, als er starb. (vielleicht)
2. Der Sohn soll das Millionenerbe seines Vaters, Häuser und Grundstücke, verkauft haben. (wie man sich erzählt)
3. Sein Onkel will davon nichts gewusst haben. (sagt er selbst)
4. Es mag sein, dass der Sohn alles verkauft hat; aber warum bezieht er jetzt Sozialhilfe? (möglicherweise)

5. Er soll Spieler gewesen sein. (habe ich gehört)
6. Er muss das ganze Geld in der Spielbank verjubelt (= leichtsinnig ausgegeben) haben. (mit großer Wahrscheinlichkeit)
7. Ein Bekannter will ihn als Straßenmusikanten gesehen haben. (Ein Bekannter glaubt …)
8. Er soll ungepflegt ausgesehen haben. (angeblich)

5 用情态动词来表述下列各句。

1. Man sagt, dass im Krankenhaus der Stadt B. im letzten Jahr viele Millionen Mark veruntreut worden sind.

2. Ein junger Arzt sagt, dass er gehört habe, dass die Medikamente für das Krankenhaus gleich wieder verkauft worden seien.

3. Die Krankenschwestern und Pfleger haben davon vielleicht gar nichts gewusst.

4. Die Leute erzählen, dass der Chefarzt vor kurzem die hässliche Tochter des Gesundheitsministers geheiratet hat.

5. Sehr wahrscheinlich waren die Beamten des Gesundheitsministeriums über die Unterschlagungen im Krankenhaus schon seit langem informiert.

6. Vielleicht sind einige Beamte sogar bestochen worden.

7. Außerdem wird berichtet, dass alle Akten aus den Geschäftsräumen des Krankenhauses verschwunden sind.

8. Vielleicht waren unter den verschwundenen Medikamenten auch Drogen.

9. Ein verhafteter Drogenhändler sagt, dass er seinen „Stoff" immer an der Hintertür des Krankenhauses abgeholt habe.

10. Möglicherweise sind auch Verbandszeug und Kopfschmerztabletten verschoben worden.

11. In einem Zeitungsartikel wird berichtet, dass der Chefarzt in der vorigen Woche 900 000 Mark von seinem Konto abgehoben hat.

12. Sehr wahrscheinlich haben die Patienten unter den ungeordneten Zuständen in diesem Krankenhaus sehr gelitten.

13. Vielleicht wird der Prozess gegen den Chefarzt und den Gesundheitsminister noch in diesem Jahr eröffnet.

6 请用表达怀疑、猜测、相信等含义的词来代替情态动词。

1. a) Äsop, bekannt durch seine Fabeln, *soll* ein Sklave gewesen sein.
   b) Er *dürfte* im 6. Jahrhundert vor unserer Zeitrechnung in Kleinasien gelebt haben.

2. a) Der Graf von Sandwich *soll* das nach ihm benannte Sandwich 1762 erfunden haben.
   b) Er *soll* auf die Idee gekommen sein, weil er wegen des Essens nicht vom Spieltisch aufstehen wollte.

3. Der Hund *kann* schon vor 10 000 Jahren dem Menschen zur Jagd gedient haben.

4. Die fruchtbare Lösserde in Norddeutschland *kann* vom Wind von China nach Europa herübergetragen worden sein, sagen Wissenschaftler.

5. a) Der Vogel Strauß *soll* in Angstsituationen seinen Kopf in den Sand stecken
   b) Das *muss* aber ein Märchen sein.

6. Um ein Straußenei essen zu können, *soll* man es 40 Minuten kochen müssen.

7. a) Der Wanderfalke, ein Raubvogel, *soll* etwa 320 km/h schnell fliegen können.
   b) Das *mag* stimmen, aber sicher nur über sehr kurze Zeit.

8. Die Seeschwalbe, ein Meeresvogel, *soll* jahrelang pausenlos übers Meer fliegen.

9. a) Über Robin Hood, den Helfer der Armen, gibt es viele Geschichten.
   b) Es *kann* ihn tatsächlich gegeben haben; bewiesen ist es nicht.

§21　表示推测的第一将来时和第二将来时

前言

1. 在其它欧洲语言中，必须用动词的将来时形式来表示将要发生的事，但德语却用现在时 + 表示将来的时间状语来表示将来肯定要发生的事情：
   Ich *komme morgen früh* zu dir und *bringe* dir die Fotos *mit*.
   Heute Abend gibt es bestimmt noch ein Gewitter.

2. 如果某行为在将来的某个时间已经结束，则用现在完成时 + 时间状语：
   Wenn ihr morgen erst um 10 Uhr kommt, *haben* wir schon *gefrühstückt*.

3. 如果在句中用将来时来表示未来的事情，则表明：作者/说话人确信某事一定会发生。因此我们常把这种用法称作"可预见的将来时"。
   Ist es schon entschieden, dass man alle Bäume dieser Allee fällt? –
   Ja, kein einziger Baum *wird stehen bleiben*.

4. 如果未来的或现在的某一行为或状态是不确定的，用 werden +不定式的形式。此时 werden 不表示时间，而是像情态动词一样表示主观的看法。人们可以通过副词 *wohl*、*vielleicht*、*wahrscheinlich* 等来加强表推测的语气。在第一将来时中人们只能通过这些词或上下文来确定是否表示推测。第二将来时表示对过去的行为或状态的不确定。

I　主句

Futur I Aktiv	Er *wird* die neue Stellung wahrscheinlich *annehmen*.
Futur II Aktiv	Er *wird* bei seiner Suche nach einer besseren Stellung (wohl) keinen Erfolg *gehabt haben*.
Futur I Passiv	Das Gesetz *wird* wohl bald *geändert werden*.
Futur II Passiv	Das Gesetz *wird* (wohl) inzwischen *geändert worden sein*.

werden 在主动句或被动句中像情态动词一样被用来表示主观意见。

Futur I Aktiv mit Modalverb	Meine Freunde *werden* das Auto wohl *reparieren können*.
Futur II Aktiv mit Modalverb	In der kurzen Zeit *werden* die Gäste (wohl) nicht alles *gesehen haben können*.

| Futur I Passiv mit Modalverb | Das Auto *wird* (wohl) nicht mehr *repariert werden können.* |

如果加上情态动词，那么该情态动词位于句末。在第二将来时被动态中不再使用这一复杂的形式。

II 从句

Futur I Aktiv	Es ist ärgerlich, dass das Flugzeug wohl nicht planmäßig *landen wird.*
Futur II Aktiv	Ich mache mir Sorgen, obwohl das Flugzeug inzwischen in Rom *gelandet sein wird.* (oder: ... inzwischen wahrscheinlich in Rom gelandet ist.)
Futur I Aktiv mit Modalverb	Der Geschäftsmann regt sich auf, weil er sein Reiseziel wohl nicht rechtzeitig *wird erreichen können.* (oder: ... rechtzeitig erreichen kann.)

1. 在从句中，表示推测的动词 *werden* 的变位形式位于句末。

2. 如果加上情态动词，那么该情态动词以不定式形式位于句末。*werden* 的变位形式则位于实义动词前（见 §18，II）。

3. 如果从句是表示推测的被动态，那么最好用现在时或现在完成时。句中加上说明词 *wohl* 或 *wahrscheinlich* 即可。

现在时被动态：
Die alten Formulare gelten noch, obwohl das Gesetz wohl bald *geändert wird.* (statt: ..., obwohl das Gesetz wohl bald *geändert werden wird.*)

现在完成时被动态：
Die alten Formulare gelten noch bis zum 1. Januar, obwohl das Gesetz wohl inzwischen schon *geändert worden ist.* (statt: ..., obwohl das Gesetz wohl inzwischen schon *geändert worden sein wird.*)

4. 即使表示推测的从句中有情态动词，最好也用现在时或现在完成时。

带情态动词的现在时主动态：
Es ist beruhigend, dass der Meister das Auto vielleicht schon bis übermorgen *reparieren kann.* (statt: ..., dass der Meister das Auto vielleicht schon bis übermorgen *wird reparieren können.*)

带情态动词的现在完成时主动态：
Am 1. Mai wollen wir nach Spanien fahren. Es ist beruhigend, dass der Meister das Auto wohl schon vorher *hat reparieren können.* (statt: ..., dass der Meister das Auto wohl schon vorher *wird repariert haben können.*)

带情态动词的现在时被动态:
Es ist beruhigend, dass unser Auto vielleicht schon übermorgen *repariert werden kann.* (statt: …, dass unser Auto vielleicht schon übermorgen *wird repariert werden können.*)

带情态动词的现在完成时被动态:
Am 1. Mai wollen wir nach Spanien fahren. Es ist beruhigend, dass unser Auto schon vorher *hat repariert werden können.* (Eine Konstruktion mit *werden* ist nicht mehr gebräuchlich.)

说明

werden + 不定式可用来表示威胁或警告(含在疑问句中):
Du *wirst* jetzt zu Hause *bleiben* und nicht in den Club *gehen.*
Wirst du endlich deine Hausaufgaben *machen?*

1 请在回答时表达出不确定性。

Kommt Ludwig auch zu der Besprechung?
Ja, er wird wahrscheinlich auch zu der Besprechung kommen.

除了 *wahrscheinlich* 外，还可以用 *wohl* 或 *vielleicht* 。
1. Gibt Hans seine Stellung als

Ingenieur auf?
2. Geht er ins Ausland?
3. Will er in Brasilien bleiben?
4. Fliegt er noch in diesem Jahr rüber?
5. Nimmt er seine Familie gleich mit?
6. Besorgt ihm seine Firma dort eine Wohnung?

2 Hans und Inge haben einen langen Weg von Andreas Party nach Hause. Bis sie zu Hause sind, wird Andrea schon viel erledigt haben.

schon alle Gläser in die Küche bringen
Sie wird schon alle Gläser in die Küche gebracht haben.

1. die Schallplatten wieder einordnen
2. die Wohnung aufräumen
3. die Möbel an den alten Platz stellen
4. das Geschirr spülen und in den Schrank räumen
5. den Teppich absaugen
6. sich ins Bett legen
7. einschlafen

3 Müllers waren lange von zu Hause weg. Wie wird es wohl aussehen, wenn sie zurückkommen?

der Gummibaum / vertrocknen   *Wird der Gummibaum vertrocknet sein?*

1. die Zimmerpflanzen / eingehen (= sterben)
2. die Möbel / sehr verstauben
3. die Teppiche / nicht gestohlen werden
4. die Blumen im Garten / verblühen
5. die Pflanzen auf dem Balkon / vertrocknen
6. die Nachbarin / die Post aufheben

4 请在回答时表达出推测的意思，请用第二将来时。

Hat er noch Geld? (sicher alles ausgeben) *Er wird sicher alles ausgegeben haben.*

1. Sind die Gäste noch da? (wahrscheinlich schon nach Hause gehen)
2. Geht es ihm noch schlecht? (sich sicher inzwischen erholen)
3. Hat sie ihre Bücher mitgenommen? (ganz sicher mitnehmen)
4. Haben sie den letzten Bus noch gekriegt? (wahrscheinlich noch bekommen)
5. Ist Heinrich noch zum Zug gekommen? (sich bestimmt ein Taxi zum Bahnhof nehmen)

5 请用第二将来时表示推测。

Ich vermute, dass der Weg inzwischen gesperrt worden ist.
Der Weg wird inzwischen gesperrt worden sein.

1. Ich nehme an, dass der Lastwagen inzwischen aus dem Graben gezogen worden ist.
2. Ich vermute, dass die Polizei sofort benachrichtigt worden ist.
3. Ich glaube, dass niemand ernstlich verletzt worden ist.
4. Es ist anzunehmen, dass dem betrunkenen Fahrer der Führerschein entzogen worden ist.
5. Ich nehme an, dass die Ladung inzwischen von einem anderen Lastwagen übernommen worden ist.

第二部分

§22　主句中的词序

I 一般规则

1. 句子由一定的句子成分构成：主语，谓语，宾语，状语等。

2. 在所有的语言中，句子成份的排列都有一定的顺序。

3. 在德语中，变位动词的位置相当重要：变位动词是带有人称词尾的动词形式，如 ich geh*e*，du geh*st*。

4. 变位动词在主从句中的位置原则上是不同的。

5. 在一个完整的主句中，变位动词永远位于第二位。

6. 主句中的主语可以在第一位，也可以在第三位(第四位)，也就是说，它以变位动词 (第二位)为轴心。

说明

1. 在此我们用第一、二、三、(四)位来表述主句中的词序。

2. 我们将主语从第一位到第三位的变化称为变换。

3. 句中其它成份的顺序随着其意义等的不同而变化，因此无法定位。

4. 表否定：如果是对整个句子的否定，那么否定词*nicht*尽量靠近句末，但须位于动词的第二部分前。如果是对某个句子成份的否定，那么否定词 *nicht* 位于该句子成份前。
Der Postbote kommt heute *nicht*. (= Satznegation)
Der Postbote ist heute *nicht* gekommen. (= Satznegation)
Der Postbote kommt *nicht* heute, sondern morgen.
　　(= Negation der adverbialen Angabe)
Nicht der Postbote kommt heute, sondern die Postbotin.
　　(= Negation des Subjekts)

II 宾语的排列顺序

	I	II		Dativ-objekt	Akkusativ-objekt		Partizip
a)	Die Firma	liefert	heute			nicht.	
b)	Die Firma	lieferte	gestern			nicht.	
c)	Die Firma	liefert	morgen			nicht.	
d)	Die Firma	hat	gestern			nicht	geliefert.
e)	Die Firma	liefert		dem Kunden	die Ware	nicht.	
f)	Die Firma	hat		dem Kunden	die Ware	nicht	geliefert.

主语位于第一位(时)，紧随第二位的是变位动词。

zu a + b + c) 在现在时，过去时和表示将来的形式 (= 现在时 + 时间状语，见 §21，前言) 中，变位的实义动词位于第二位。

zu d) 在现在完成时和过去完成时中，变位的助动词位于第二位，实义动词的第二分词形式位于句末。

zu e) 有些动词要求第三格宾语或/和第四格宾语 (见 §14，I–III)。
　　　如果句中有两个宾语，那么一般情况下第三格宾语位于第四格宾语前 (见 III)。

III 变换

	I	II	III	Dativ-objekt	Akkusativ-objekt		Partizip
a)	*Der Postbote*	kommt	*heute*			nicht.	
	Heute	kommt	*der Postbote*			nicht.	
b)	*Der Postbote*	ist	*heute*			nicht	ge-kommen.
	Heute	ist	*der Postbote*			nicht	ge-kommen.
c)	*Die Firma*	liefert	*wahr-scheinlich*	dem Kunden	die Ware	nicht.	
	Wahr-scheinlich	liefert	*die Firma*	dem Kunden	die Ware	nicht.	
	Die Firma	hat	*wahr-scheinlich*	dem Kunden	die Ware	nicht	geliefert.
	Wahr-scheinlich	hat	*die Firma*	dem Kunden	die Ware	nicht	geliefert.

1. 变换时其它的句子成份位于第一位，变位动词位于第二位，主语位于第三位。这时占第一位的可以是其它任何成份。

2. 变换时句子的意义基本不变，占第一位的通常是前面已经提到的某个成份，以此来强调行为的延续。

   Wir frühstücken immer um 8 Uhr. Heute haben wir verschlafen.
   Einstein emigrierte nach Amerika. Dort konnte er weiterarbeiten.
   Man stellte den Zeugen einige Männer vor. Den Täter erkannte niemand.
   Mein Fotoapparat ist nicht in Ordnung. Damit kannst du nichts anfangen.

zu a + b + c)　变换时只是第一位和第三位互换，其它不变。

IV 第四格和第三格代词的顺序

	I		II
a)	Der Lehrer	gab	*dem Schüler* das Buch vor dem Unterricht.
b)	Der Lehrer	gab	*ihm* das Buch vor dem Unterricht.
	Der Lehrer	gab	*es* dem Schüler vor dem Unterricht.
	Der Lehrer	gab	*es* ihm vor dem Unterricht.

zu a)　第三格宾语位于第四格宾语前 (见 II)。

zu b)　代词紧跟在变位动词后，第四格代词位于第三格代词前。

V 变换

a)		Pronomen (III)	Subjekt (Substantiv) IV	
I	II			
Um 7 Uhr	bringt	*mir*	*der Briefträger*	die Post.
Aus Kairo	ruft	*mich*	*der Chef*	bestimmt nicht an.
Zum Glück	hat	*es ihm*	*der Professor*	noch mal erklärt.

b)		Subjekt (Pron.)	Akk./Dat.-Pronomen	
I	II	III		
Vorgestern	hat	*er*	mir	das Buch geliehen.
Vorgestern	hat	*er*	es	dem Schüler geliehen.
Vorgestern	hat	*er*	es ihm	geliehen.

zu a)　即使在变换时一般也适用以下规则，即第四格代词和第三格代词紧随变位动词。
　　　　此时如果主语是名词，则被移至第四位。

zu b)　但是如果主语是代词，则还是位于第三位。

VI 反身代词的位置

I	II			
Ich	habe	mich		gewaschen.
Ich	habe	*mir*	*die Hände*	gewaschen.
Ich	habe	*sie*	*mir*	gewaschen.

变换

I	II	III	Pronomen	
Sofort	hat	*er*	sich	die Hände	gewaschen.
Sofort	hat	*er*	sie sich		gewaschen.

反身代词的顺序适用IV中的规则。

1　练习词序。

Hat der Hotelgast der Schauspielerin den Pelzmantel gestohlen?
Ja, er hat ihn ihr gestohlen.

1. Hast du deiner Freundin dein Geheimnis verraten? (Ja, ich ...).
2. Hat Maria dir deine Frage beantwortet?
3. Hat der Reiseleiter Ihnen das Hotel Ritter empfohlen?
4. Hat die Gemeindeverwaltung deinen Freundinnen die Pensionsadressen zugeschickt?
5. Hat der Chef den Bewerbern schon eine Nachricht zugesandt?
6. Hat Ursula der Hauswirtin einen Blumenstock zum Geburtstag geschenkt?
7. Hat der Verlag dem Verfasser das Manuskript zurückgesandt?
8. Hat Angela dir ihre Ankunft verschwiegen?
9. Hat dir der Kaufmann die Lieferung versprochen?
10. Liefert diese Firma den Kunden die Ware kostenlos ins Haus?
11. Leihst du deinem Freund dein Auto?
12. Hat der Postbeamte dem Kunden den Scheck zurückgegeben?
13. Haben die Jungen den Eltern das Abenteuer erzählt?
14. Borgst du der Familie Schulz das Auto?
15. Hat der Taxifahrer den Beamten seine Unschuld bewiesen?
16. Teilst du deinen Verwandten deine Ankunft mit?
17. Hat der Mann den Kindern den Fußball weggenommen?
18. Verbietet der Landtag den Studenten die Demonstration?

2 请用§ 14 Nr. 5 练习。

> der Arzt / der Mann / das Medikament / verschreiben
> *Hat der Arzt dem Mann das Medikament verschrieben?*
> *Ja, er hat es ihm verschrieben.*

3 请用 § 14 Nr. 4 练习。

> Hast du deinem Freund das Auto geliehen?
> *Ja, ich hab' es ihm geliehen.*

4 请将下列句中斜体印刷的句子成份移至第一位，注意代词的位置。

1. Er hat mich *heute* wieder furchtbar geärgert.
2. Dein Vater hat es dir *gestern* doch ganz anders dargestellt.
3. Wir haben ihn *zufällig* auf dem Weg nach Hause getroffen.
4. Er hat mir *die Frage* leider immer noch nicht beantwortet.
5. Der Koffer steht *seit zehn Jahren* bei uns im Keller.
6. Ihr habt *mich* überhaupt nicht beachtet.
7. Der Zeuge hat ihn *trotz der Sonnenbrille* sofort erkannt.
8. Sie hat ihm *wütend* die Tür vor der Nase zugeschlagen.
9. Es hat *in der Nacht* stark geregnet.
10. Sie hat es mir *bis heute* verschwiegen.
11. Er hat *den Jugendlichen* mit seinem Zeitungsartikel nur geschadet.
12. Der Bäcker bringt mir *seit drei Monaten* die Brötchen ins Haus.
13. Sie ist *natürlich* immer vorsichtig gefahren.
14. Der Bauer schlug *vor Ärger* mit der Faust auf den Tisch.
15. Er gibt mir die Papiere *übermorgen* zurück.
16. Sie erklärte uns *vorsichtshalber* die ganze Sache noch einmal.
17. Der Nachbar hat ihnen *schon seit langem* misstraut.
18. Es geht *mir* eigentlich gut.
19. Das Gold liegt *aus Sicherheitsgründen* im Keller der Bank.
20. Der Beamte hat es euch *bestimmt* gesagt.

5 用代词填空。

1. Der Museumsdirektor zeigte den Gästen die Ausstellung. In einem zweistündigen Vortrag führte … … jedes einzelne Bild vor.
2. Der Vater hatte dem Sohn nach dem Abitur eine Skandinavienreise versprochen. … wollte … … voll finanzieren.
3. Der Landwirt musste das Gebäude wieder abreißen. Das Bauamt hatte … … nicht genehmigt.
4. Die Studentin hatte sich von ihrem Freund ein Armband gewünscht. … schenkte … … zu ihrem Geburtstag.
5. Der Gefangene bat um seine Uhr, aber man gab … … nicht.
6. Ein Dieb hatte einer Rentnerin die Handtasche gestohlen. Nach einer Stunde konnte man … …, allerdings ohne Geld und Papiere, zurückgeben.
7. Ein Bauer hatte den Wanderern den Weg zur Berghütte erklärt. Sie fanden ihr Ziel leicht, denn … hatte … … sehr gut beschrieben.
8. In ihrem Testament vermachte (= schenkte) die alte Dame ihren Nichten und Neffen ihr ganzes

Vermögen. Der Notar ließ … … durch die Bank überweisen.

9. Die Polizei hatte dem Kaufmann den Führerschein entzogen. Nach einem Jahr gab … … … zurück.

10. Der Gast hatte bei der Kellnerin noch ein Bier bestellt, aber … brachte … … nicht.

11. Alle Kinder hören gern Märchen und Großmütter erzählen … … gern.

12. Sie bat die Ärztin um den Termin für die Operation, aber … teilte … … nicht mit.

VII 副词说明语和介词说明语的顺序

Subjekt	II	wann? (temporal)	warum? (kausal)	wie? (modal)	wo? wohin? (lokal)
Ich	komme	morgen		mit Vergnügen	zu eurer Party.
Sie	schlief	gestern	vor Ärger	sehr schlecht.	
Sie	ging	heute früh	wegen der Prüfung	voller Furcht	zur Schule.

对于副词说明语的顺序虽然没有固定的规则，但是一般来说是按下列顺序 **T K M L** (= temporal(时间), kausal(原因), modal(情态), lokal(地点))排列。

VIII 宾语和副词说明语的顺序

I	II	Spalte A wann?	Dat.-objekt	Spalte B warum?	wie?	Spalte C Akk.-obj.	wo? wohin?
Er	hilft	abends	seinem Vater		gerne		im Büro.
Ich	schreibe	morgen	meinem Mann	wegen der Sache		einen Brief	nach Italien.
Sie	riss		dem Kind		voller Angst	das Messer	aus der Hand.

关于句子成分的位置没有固定的规定。一般适用下列规则：

a) 在变位动词后 (Spalte A) 先是时间状语，然后是第三格宾语或相反。
b) 句子的中间是原因说明语和情态说明语。
c) 句子的后面部分 (Spalte C) 是第四格宾语和地点说明语，尤其是 wohin 说明语。

IX 变换

	I	II	III	
a) temporale Angabe	*Heute*	fährt	mein Vetter	nach Köln.
b) kausale Angabe	*Wegen der Hitze*	arbeiteten	die Angestellten	nur bis 14 Uhr.
c) konzessive Angabe	*Trotz des Verbots*	rauchte	der Kranke	zwanzig Zigaretten pro Tag.
d) modale Angabe	*Höflich*	öffnete	der Herr	der Dame die Tür.
e) lokale Angabe (wo?)	*Im Garten*	fand	der Junge	sein Taschenmesser wieder.
f) Akkusativobjekt	*Den Lehrer*	kennen	alle Bauern	seit ihrer Kindheit.
g) Dativobjekt	*Dem Gast*	hat	das Essen	leider nicht geschmeckt.
h) Akkusativpronomen	*Mich*	sieht	die Schwiegermutter	niemals wieder.
i) Dativpronomen	*Mir*	tut	das Missverständnis	noch immer Leid.

zu a–e)　　1. 时间、原因、让步或情态说明语均可位于第一位，但要注意说明语的一致性。

　　　　　　　Wann? Am Sonntag, dem 22. Juli, einem Sommertag, verließ er sein Elternhaus.

　　　　　　　Wo?　　Auf dem Busbahnhof, direkt vor der Sparkasse, treffen wir uns morgen um 7 Uhr.

　　　　　　　（Falsch ist: Auf dem Busbahnhof, um 7 Uhr treffen wir uns.）

　　　　　　2. 表示静态的地点状语常位于第一位，而表示动态的地点状语常位于句末。

zu f–i)　　作为第四格或第三格宾语的名词和代词可以位于第一位，在说话时要重读。这种前置一般跟上下文有关。只有第四格代词 *es* 不可位于第一位。

说明

1. 时间、地点说明语: 表示某一行为发生的时间和地点。
　　例: 在新闻报道中，经常将这两个说明语前置。
　　Im Frankfurter Hauptbahnhof fuhr *gestern Nachmittag* eine Lokomotive auf einen voll besetzten Zug.
　　Am Ostersonntag fand *in Rom* ein feierlicher Gottesdienst statt.

2. 回答 woher 疑问句的地点说明语同 wohin 说明语一样一般都位于句子的后面部分。如果同时出现这两个说明语，表示 woher 的说明语一般位于 wohin 说明语前：

Er kam gestern mit einer Reisegesellschaft *aus Polen* zurück.
Die Angestellten strömten *aus den Büros* (woher?) *auf die Straße* (wohin?).

X 介宾结构的顺序

Er schrieb seit Jahren zum ersten Mal wieder einen Brief *an seinen Vater*.
Die alte Dame dachte später oft mit freundlichen Gefühlen *an ihn*.
Natürlich ärgert er sich schon lange *darüber*.
Der Wissenschaftler beschäftigt sich seit langem intensiv *mit diesem Problem*.

1. 介宾结构一般位于句子的后面部分，即位于宾语和其它说明语之后。

2. 介代结构 *da(r)-* 根据上下文和受强调程度一般位于第一位。
Darüber haben wir uns schon lange gewundert.
Damit habe ich mich leider niemals beschäftigt.

6 请用已给出的句子成分造句。

　　　Sie teilte … mit. (ihre Kündigung / zum 31. Mai / ihrem Arbeitgeber)
　　　Sie teilte ihrem Arbeitgeber ihre Kündigung zum 31. Mai mit.

1. Ich habe … geliehen. (leider / mein neues Auto / meinem Freund)
2. Der Unglückliche hat … gefahren. (gestern / gegen einen Baum / es)
3. Er teilte … mit. (seine Ankunft / mir / in New York / mit einem Fax / gestern)
4. Die Firma wird … liefern. (den neuen Kühlschrank / mir / erst am kommenden Montag / wahrscheinlich)
5. Die Lehrer sprachen … (über die neuen Bestimmungen / heute / mit den Schülern)
6. Der Hausherr hat … gekündigt. (die Wohnung / zum 31.12. / mir)
7. Die Eltern bezahlten … (in England / einen Studienaufenthalt / ihrer Tochter)
8. Die Firma hat … geschenkt. (zum 70. Geburtstag / ihrem Angestellten / eine Kiste Sekt)
9. Er hat … mitgegeben. (mir / für seine Schwester / ein Paket)
10. Meine Kollegen haben … geschickt. (aus Rom / eine Ansichtskarte / dem Chef)

7 请将上面练习 6 中的各句分别以下列成份开头造句：

1. Leider
2. Gestern
3. Mit einem Fax
4. Den neuen Kühlschrank
5. Heute
6. Die Wohnung
7. Ihrer Tochter
8. Zum 70. Geburtstag
9. Für seine Schwester
10. Aus Rom

总练习

8 请排序。

1. Er kam …
   a) ins Büro
   b) aufgeregt
   c) gegen 9 Uhr
2. Sie hat … geantwortet.
   a) wegen ihrer Krankheit
   b) bis jetzt noch nicht
   c) uns
3. Er teilt … mit.
   a) das Ergebnis der Be-
      sprechung
   b) erst morgen
   c) mir
4. Sie steigt … ein.
   a) jetzt immer langsam
      und vorsichtig
   b) wegen ihrer Verletzung
   c) in die Straßenbahn
5. Der Bus fährt … vorbei.
   a) an unserem Haus
   b) ab heute
   c) wegen der Umleitung
6. Er hat … gelegt.
   a) voller Wut
   b) den Brief
   c) auf den Schreibtisch
   d) ihr

7. Sie hat … vergessen.
   a) im Zug   c) ihre Tasche
   b) gestern   d) dummerweise
8. Er hat … vorgestellt.
   a) immer   c) es
   b) genau so   d) sich
9. Er gab … zurück.
   a) das falsche Buch
   b) mit Absicht
   c) dem Professor
   d) nach dem Examen
10. Sie hat … verlassen.
    a) die Wohnung
    b) wegen der bösen Bemerkungen
       ihres Mannes
    c) heute Morgen
    d) wütend
11. Er brachte …
    a) mit einer Entschuldigung
    b) ins Hotel
    c) mir
    d) den geliehenen Mantel
    e) erst gegen Mitternacht

9 同上。

1. Ein Bauer hat … getreten.
   a) bei einer Jagdgesellschaft
   b) aus Versehen
   c) auf den Fuß
   d) seinem Fürsten
2. Der Gast überreichte …
   a) einen Blumenstrauß
   b) an der Wohnungstür
   c) mit freundlichen Worten
   d) der Dame des Hauses
   e) zu ihrem 75. Geburtstag
3. Die junge Frau gab …
   a) zum Abschied
   b) an der Autotür

   c) einen Kuss
   d) ihrem Mann
4. Der Arzt legte …
   a) prüfend
   b) auf die Stirn
   c) dem Fieberkranken
   d) vor der Untersuchung
   e) die Hand
5. Die Versammelten verurteilten …
   a) in ein unabhängiges Land
   b) einstimmig
   c) den Einmarsch fremder Truppen
   d) Anfang Februar

6. Der Verfolgte sprang …
   a) mit letzter Kraft
   b) über den Gebirgsbach
   c) kurz vor seiner Verhaftung
7. Der Motorradfahrer riss …
   a) die Einkaufstasche
   b) aus der Hand
   c) einer alten Dame
   d) gestern gegen 17 Uhr
8. Der Vater zog … weg.
   a) die Bettdecke
   b) wütend
   c) um 11 Uhr
   d) dem schlafenden Sohn

9. Du hast … erzählt.
   a) schon gestern
   b) mir
   c) in der Mensa
   d) diese Geschichte
10. Er bot … an.
    a) mit freundlichen Worten
    b) ihm
    c) es
    d) zum zweiten Mal
11. Ich habe … vorgestellt.
    a) auf der Party
    b) ihm
    c) selbstverständlich
    d) mich

10 练习变换。

Nehmen Sie die Übung 8 und beginnen Sie Satz 1 mit b; 2 mit a;
3 mit a; 4 mit b; 5 mit c; 6 mit a; 7 mit d; 8 mit b; 9 mit d; 10 mit b; 11 mit e.

§ 23   并列复合句: 不占位的连接词

Hauptsatz			Konjunktion	Hauptsatz	
I	II	III	0	I	II
…	Verb	…	…	…	Verb …

I 句序

	0	I	II
Die Eltern fahren nach Italien	und	die Tante	sorgt für die Kinder.
Die Eltern fahren nach Italien,	aber	die Kinder	bleiben zu Hause.
Die Eltern fahren unbeschwert ab,	denn	die Tante	sorgt für die Kinder.
Entweder fahren die Eltern allein	oder	sie	nehmen die Kinder mit.
Die Eltern fahren nicht weg,	sondern	sie	bleiben bei den Kindern.

连词 *und*, *aber*, *denn*, *oder*, *sondern* 不占位。
其后主句的顺序正常: 主语第一位, 变位动词第二位 (*aber* 也可见 V)。
根据新的正字法, *und* 和 *oder* 前不再有逗号。

II 变换

	0	I	II	III	
Ich habe heute die Prüfung bestanden	und	morgen	bekom-me	ich	das Zeugnis.
Ich habe das Zeugnis abgeholt,	aber	*leider*	war	*mein Name*	falsch ge-schrieben.
Ich habe das Zeugnis zurückgegeben,	denn	*so*	ist	*es*	nicht brauch-bar.
Entweder hat sich die Sekretärin verschrie-ben	oder	*in mei-nem Pass*	steht	*der Name*	falsch.
So habe ich nicht nur Ärger,	sondern	*bestimmt*	gibt	*es*	auch Streit mit der Sekretärin.

在 *und*, *aber*, *oder*, *denn*, *sondern* 之后也可以出现变换的形式: 即其它的句子成份位于第一位, 第二位是变位动词, 然后第三位是主语。

III 代词的变换

	0	I	II	III Prono-men	IV Subjekt (Substantiv)
Er hatte gut ge-schlafen	und	am Mor-gen	weck-ten	ihn	die Vögel.
Er wollte aus dem Zug springen,	aber	im letzten Augen-blick	hielt	ihn	ein Reisender zurück.

作宾语的代词一般位于变位动词之后, 主语相应地被推至第四位。

IV 在 "und" 后省略主语

	0	I	II
Ich ließ ihn stehen　und	ich	rannte	davon.
besser:			
Ich ließ ihn stehen　und		rannte	davon.
Der Verkäufer irrte sich　und	er	schrieb	eine zu hohe Rechnung aus.
besser:			
Der Verkäufer irrte sich　und		schrieb	eine zu hohe Rechnung aus.

1. 如果以 *und* 相连的两个主句的主语相同，那么从文体上来说最好将 *und* 后面的主语省略。这样就形成有两个谓语成份的主句。

2. 一个主句可以有多个谓语成份。如果主语相同，则不必重复主语。
   Er kam nach Hause, *sagte* kein Wort, *holte* eine Flasche Bier aus dem Kühlschrank und *setzte sich* vor den Fernsehapparat.

3. 如果 *und* 后面的主语不是位于第一位，而是变换形式，则必须重复主语：

	0	I	II	III
Er hörte nur kurz zu	und	sofort	war	*er*	dagegen.
Heute packe ich	und	morgen	fahre	*ich*	fort.

4. 即使是有相同的主语，在 *aber*, *oder*, *sondern* 之后的主语也必须重复：
   Er verlor sein Vermögen, aber *er* war nicht unglücklich.
   Entweder helft *ihr* ihm oder *ihr* lasst ihn in Ruhe.
   Sie beklagten sich nicht, sondern *sie* begannen von vorn.

5. 在 *denn* 之后必须有主语：
   Er ist nicht mehr ausgegangen, denn *er* war müde.

1 请用 "und" 连接句子。在不必要的时候可以省略主语。

Ich bleibe hier. *Du* gehst fort. *Ich bleibe hier und du gehst fort.*
Ich bleibe hier. *Ich* erledige meine Arbeit. *Ich bleibe hier und erledige meine Arbeit.*
Wir bleiben hier. Abends machen *wir* noch einen Besuch.
Wir bleiben hier und abends machen wir noch einen Besuch.
Wir bleiben hier und machen abends noch einen Besuch.

Aus der Zeitung

a) *Nachtwächter zerstört drei Wohnungen*

1. Ein Nachtwächter übte Pistolenschießen. Er zerstörte mit einem Schuss drei Wohnungen.
2. Der Mann hatte Dosen auf die Gasuhr seiner Wohnung gestellt. Er versuchte sie zu treffen.

3. Dabei traf er die Gasuhr. Gas strömte in großen Mengen aus.
4. Das Gas entzündete sich an einer Zigarette. Es entstand eine furchtbare Explosion.
5. Drei Wohnungen wurden zerstört. Der Nachtwächter musste mit schweren Verbrennungen ins Krankenhaus gebracht werden.

b) *Frau jagt Haus in die Luft*

1. Eine Frau wollte ihre Kleidung in der Waschmaschine reinigen. Sie zerstörte dabei ihr Haus.
2. Sie war sehr sparsam. Sie wollte das Geld für die Reinigung sparen.
3. Sie schüttete Benzin in die Waschmaschine. Sie stellte den Schalter auf 60 Grad.
4. Schließlich schaltete sie die Maschine an. Dann ging sie aus dem Zimmer.

5. Plötzlich gab es eine starke Explosion. Ein Teil des Hauses brach zusammen und brannte.
6. Die Feuerwehr wurde gerufen. Die Löscharbeiten begannen.
7. Die Frau war gerade in den Keller gegangen. Dort wurde sie von der Explosion überrascht.
8. Sie erlitt einen schweren Schock. Deshalb musste sie sofort ins Krankenhaus gebracht werden.

c) *Hund erschießt Hund*

1. Die Jäger hatten ihre Jagd beendet. Nun saßen sie an einer Waldecke am Feuer.
2. Es war schon kalt. Die Jäger waren halb erfroren.
3. Jetzt freuten sie sich über die Wärme. Sie legten immer wieder Holz auf das Feuer.
4. Natürlich erzählten sie ganz unglaubliche Jagdgeschichten. Niemand achtete auf die Hunde.

5. Die Gewehre hatten sie an einen Baum gestellt. Die Hunde waren angebunden.
6. Aber plötzlich kamen die Tiere in Streit. Ein Gewehr fiel um.
7. Dabei löste sich ein Schuss. Er traf einen der Hunde tödlich.
8. Nun standen die Jäger um den toten Hund. Sie waren sehr erschrocken.
9. Nachdenklich packten sie zusammen. Sie fuhren nach Hause.

d) *Dackel frisst Haschisch*
(der Dackel = kleine Hunderasse)

1. Spaziergänger gingen durch einen Frankfurter Park. Sie beobachteten einen lustigen, kleinen Dackel, der auf einer Wiese herumsprang.
2. Der Hund hatte die Nase immer dicht am Boden. Er schnüffelte. Er suchte anscheinend etwas. Er begann plötzlich zu graben.
3. Auf einmal hatte der Dackel ein weißes Päckchen zwischen den

Zähnen. Er spielte damit. Er biss darauf herum.
4. Da kam ein Mann angelaufen. Er jagte den Hund. Er packte und schüttelte ihn. Er riss ihm das Päckchen aus den Zähnen.
5. Die Besitzerin des Dackels, eine ältere Dame, lief sofort aufgeregt auf die Wiese. Die Spaziergänger folgten ihr.
6. Der Mann ließ den Dackel los. Er lief mit dem Päckchen ins Gebüsch.

7. Die Dame nahm den Hund auf den Arm. Sie tröstete und beruhigte ihn. Sie brachte ihn nach Hause.

8. Dort benahm sich der Dackel wie ein Betrunkener. Er lief von einer Ecke des Zimmers zur anderen. Er schlief plötzlich mitten im Zimmer auf dem Teppich ein.

9. Die Dame war beunruhigt. Sie telefonierte nach einem Taxi. Sie fuhr mit dem Hund zum Tierarzt.

10. Der Tierarzt untersuchte das kranke Tier. Er stellte eine Haschischvergif- tung fest. Er gab der Dame den Rat, den Dackel ausschlafen zu lassen.

11. Die Dame rief bei der Polizei an. Sie erzählte ihr Erlebnis. Sie erhielt die Auskunft, dass man schon lange einen Haschischhändler in dem Park vermutete.

12. Die Dame beschrieb den Mann. Sie gab den Ort und die Uhrzeit genau an. Vier Polizisten machten sich auf die Suche nach dem Rauschgift- händler.

V 关于连接词 "aber，oder，denn，sondern"

1. *aber* 连接两个相对立的句子成份或句子，*aber erst*，*aber doch* 也可表达某种限制 (见 §24，II，3c):
   Er bot mir Kekse und Schokolade an, *aber* keinen Kaffee.
   Sie kamen endlich an, *aber erst* nach langem Suchen.
   Gewiss, er hat sein Ziel erreicht, *aber doch* nicht ohne unsere Hilfe.

   aber 不一定非处于句子的开头，它可以根据重音位于句子的任何位置。

	0	I	II	III	
Du kannst zu uns kommen,	*aber*	du	kannst	hier	nicht übernachten.
Du kannst zu uns kommen,		du	kannst	*aber* hier	nicht übernachten.
Du kannst zu uns kommen,		hier *aber*	kannst	du	nicht übernachten.
Du kannst zu uns kommen,		du	kannst	hier *aber*	nicht übernachten.

2. 和 *aber* 有相同意义的还有 *allein*，*doch* 和 *jedoch*。*allein* 总是位于句子开头，但不占位，*doch* 和 *jedoch* 也位于句子的开头，可占第一位或不占位:
   Er versuchte, den Gipfel des Berges zu erreichen, *allein* er schaffte es nicht. (veraltet, literarisch)
   Er beeilte sich sehr, *doch* er kam trotzdem zu spät.
   Er beeilte sich sehr, *doch* kam er trotzdem zu spät.
   Er wollte gern Maler werden, *jedoch* er hatte zu wenig Talent.
   Er wollte gern Maler werden, *jedoch* hatte er zu wenig Talent.

3. *oder* 连接可供选择的两个句子成份或句子，表示或者这样，或者那样:
   Er bringt immer Blumen *oder* Süßigkeiten mit.
   Ist er wirklich krank *oder* tut er nur so?

4. *denn* 是原因连词，解释它的前一句:
   Ich konnte nicht mit ihm sprechen, *denn* er war verreist.

5. *sondern* 是对前面的相反说法的纠正，常用 *nicht nur ...*, *sondern auch*:
   Ich habe *nicht* dich gefragt, *sondern* ihn.
   Sein Verhalten ist *keine* Hilfe, *sondern* es bringt nur zusätzlichen Ärger.
   Er war *nicht nur* arm, *sondern* (er war) *auch* krank und einsam.

2 "aber" 位于句首或句中。

Seine Frau hatte zu ihm gesagt:
Fahr nicht so schnell! 　　*Aber er ist doch zu schnell gefahren.*
　　　　　　　　　　　　Er ist aber doch zu schnell gefahren.

1. Gib nicht so viel Geld aus!	5. Lass dir nicht so viel gefallen!
2. Schreib nicht so undeutlich!	6. Iss nicht so hastig!
3. Komm nicht zu spät!	7. Zieh dich nicht zu leicht an!
4. Lauf nicht so schnell!	8. Fotografier nicht so viel!

3 请按下列模式练习:

(n) Stahlmesser / Brotmesser (zum B.)
Das Stahlmesser ist ein Messer aus Stahl, das Brotmesser aber
ist ein Messer zum Brotschneiden.

1. (m) Eisenofen / Holzofen (für H.)
2. (m) Porzellanteller / Suppenteller (für S.)
3. (m) Holzkasten / Kohlenkasten (für K.)
4. (f) Ledertasche / Schultasche (für die S.)
5. (n) Papiertaschentuch / Herrentaschentuch (für H.)
6. (n) Baumwollhemd / Sporthemd (für den S.)
7. (Pl.) Lederschuhe / Wanderschuhe (zum W.)
8. (m) Plastikbeutel / Einkaufsbeutel (zum E.)

4 请从 "denn", "aber" 或 "sondern" 中选择正确的连接词连句。

In einer Großgärtnerei können die Kunden ihre Erdbeeren selber pflücken.
Folgende Anzeige steht in der Zeitung:

Erdbeeren vom Feld!
1. Sie kaufen die Erdbeeren nicht fertig im Korb. Sie pflücken sie selbst!
2. Sie haben nur erstklassige Beeren. Was Ihnen nicht gefällt, pflücken Sie nicht.
3. Wir können Sie billig bedienen. Wir zahlen keine Ladenmiete!

4. Besuchen Sie uns bald! Wir sind am Ende der Saison.
5. Viele kommen nicht allein. Sie bringen ihre Familie mit.
6. Bringen Sie auch die Kleinen mit. Sie sind in unserem Kindergarten gut aufgehoben.
7. Sie sparen nicht nur Geld. Sie machen beim Sammeln gleich ein bisschen Gymnastik.
8. Sie sind nicht einsam. Die Sammler haben sich immer etwas zu erzählen.
9. Erdbeermarmelade kann man jeden Tag essen. Auch Erdbeersaft ist erfrischend zu jeder Jahreszeit!
10. Essen Sie mal ein paar Tage nur Erdbeeren! Das ist gesund.

5 Urlaubssorgen – 请从 "denn", "aber", "oder", "sondern", "und" 中选择正确的连接词连句。

1. Ilse möchte im Urlaub in den Süden fahren. Sie liebt die Sonne und das Meer.
2. Willi und Helga möchten auch in Urlaub fahren. Sie müssen dieses Jahr zu Hause bleiben. Ihr Junge ist krank.
3. Ich verbringe dieses Jahr meinen Urlaub nicht auf einem Bauernhof. Ich bleibe zu Hause. Ich muss sparen.
4. Fritz macht keinen Urlaub auf dem Bauernhof. Er arbeitet lieber in seinem eigenen Garten.
5. Ruth bleibt dieses Jahr zu Hause. Sie will im nächsten Jahr zu ihrer Schwester nach Kanada fliegen. Dafür muss sie fleißig sparen.
6. Wolfgang und Heidi fliegen nicht nach Spanien. Sie fahren mit ihren Kindern an die Nordsee. Für die Kinder ist ein raues Klima besser, sagt der Arzt.
7. Eberhard will ins Hochgebirge. Er klettert gern. Seine Mutter ist davon nicht begeistert.
8. Rosemarie fährt zu ihrem Bruder nach Wien. Sie besucht ihre Verwandten in Leipzig.

§24　并列复合句：占第一位的连接词

前言

除了在§23中所讲述的连接词外，其它连接词都属于占第一位的连接词，这些连接词引导出另一个主句，并说明该主句的意义走向。

I 句序

占第一位的连接句 (= a) 和变换 (= b)

	I	II	III	IV	
Er will abrei-sen,	a) *darum*	hat	er		sein Zimmer gekündigt.
	b) er	hat	*darum*		
Er hatte sich sehr beeilt,	a) *trotzdem*	kam	er		zu spät.
	b) er	kam	*trotzdem*		
Du schuldest mir noch 20 Mark,	a) *folglich*	gebe	ich	dir	nur 10 Mark zurück.
	b) ich	gebe	dir	*folglich*	
Wir mussten ihn anrufen,	a) *dann*	kam	er		endlich.
	b) er	kam	*dann*		
Einerseits wollte er mit-kommen,	a) *anderer-seits*	fürchtete	er	sich	vor den Unkos-ten.
	b) er	fürchtete	sich	*andererseits*	
Er hat be-stimmt viel Arbeit,	a) *sonst*	wäre	er		gekommen.
	b) er	wäre	*sonst*		

zu a) 这些连接词常位于两句之间，即位于第二句的句首，占第一位，随后是占第二位的变位动词，然后是占第三位的主语。

zu b) 如果该句要求代词的话，大部分占第一位的连接词也可根据变换的规则位于第三或第四位。

II 关于连接词

1. *darum，deshalb，deswegen，daher* 等是原因连接词，它们所引导的句子一般表示发生某事的原因:

   Warum ging er zur Polizei? *Er hatte seinen Pass verloren, darum ging er zur Polizei.*
   Weshalb musst du jetzt gehen? *Wir erwarten Gäste, deshalb muss ich jetzt gehen.*
   Weswegen zog er sich zurück? *Man hatte ihn belogen, deswegen zog er sich zurück.*
   Aus welchem Grund interessiert er sich für griechische Kultur? *Seine Mutter stammt aus Griechenland, daher interessiert er sich für griechische Kultur.*

2. *also*，*so*，*folglich*，*infolgedessen*，*demnach*，*insofern* 等为结果连接词，表示行为的结果。

Die alte Dame war erblindet, *also (so)* war sie gezwungen in ein Heim zu gehen.

In dem Geschäft hat man mich betrogen, *folglich* kaufe ich dort nicht mehr.

Der Kassierer hatte Geld aus der Kasse genommen, *infolgedessen* wurde er entlassen.

Er fuhr bei Rot über die Kreuzung, *demnach* handelte er verkehrswidrig.

Er war immer pünktlich und fleißig, *insofern* ist die Kündigung nicht gerechtfertigt.

3. a) *trotzdem*，*dennoch*，*allerdings*，*indessen* 等为让步连接词，表示对前述行为的限制或其对立面。

Sie war ein freundliches und hübsches Mädchen, *trotzdem* liebte er sie nicht.

Er hatte die besten Zeugnisse, *dennoch* bekam er die Stelle nicht.

Er ist ein großartiger Mathematiker, *allerdings* verrechnet er sich immer wieder.

Er spielte leidenschaftlich gern, er hatte *indessen* nur selten Glück.

b) *zwar* 可以位于句首来表示突出强调，当然 *zwar* 也可以位于第三位（或第四位）：

Zwar war das Zimmer ungeheizt, *trotzdem* liefen die Kinder barfuß umher.

Er kennt mich *zwar* vom Sehen, *allerdings* grüßt er mich nicht.

c) *aber doch* 也属于让步连接词，使用时可将 *aber* 置于句首但不占位，或和 *doch* 一起位于第三位（或第四位）：

Zwar hatte er seit langem Kopfschmerzen, *aber* er wollte *doch* keinen Arzt aufsuchen.

Er hatte *zwar* seit langem Kopfschmerzen, er wollte *aber doch* keinen Arzt aufsuchen.

4. *dann*，*da*，*danach*，*daraufhin*，*inzwischen* 等为时间连接词，表示某行为在一段时间内的走向：

Er begrüßte sie zuerst sehr feierlich, *dann* lachte er und umarmte sie.

Ich kam zuerst an, *danach* kam mein Bruder.

Wir waren kaum zehn Schritte aus dem Haus, *da* begann es plötzlich heftig zu regnen.

Sie hatte nur eine unbedeutende Bemerkung gemacht, *daraufhin* rannte er aus dem Zimmer.

Die Touristen füllten die Formulare aus, *inzwischen* brachte der Hoteldiener die Koffer in die Zimmer.

说明

时间连接词的意义不尽相同：

1. *danach* 和 *dann* 表示接下去要发生的行为。
2. *da* 表示突然出现的行为。

3. *daraufhin* 表示某行为所产生的结果。
4. *inzwischen* 或 *unterdessen* 表示在某段时间内正在发生或已经发生的事情。
5. 由两部分组成的选择性的连接词有：*entweder – oder*，*nicht nur – sondern …*
   auch，*weder – noch*，*einerseits – andererseits*，*mal – mal*，*bald – bald* 等，它们表
   示两种可能性。

a) entweder – oder

I	II	III		0	I	II	
Entweder	kommt	er	noch heute	*oder*	er	kommt	überhaupt nicht mehr.

entweder 位于第一位或第三位，*oder* 不占位。

b) nicht nur – sondern … auch

I	II	III		0	I	II	
Er	hatte	*nicht nur* private Sorgen,		*sondern*	er	war	*auch* finanziell am Ende.

nicht nur 几乎总是位于第三位，*sondern* 总是不占位。*auch* 往往位于变位动词后。

c) weder – noch

I	II	III		I	II	III	
Er	war	*weder*	zu Hause	*noch*	konnten	wir	ihn in seinem Büro erreichen.

weder – noch 表示两个否定：既不也不。*weder* 大多位于第三位，很少位于第一位；
noch 位于第二句的第一位。

d) einerseits – andererseits, mal – mal, bald – bald
   Einerseits ist er geizig und rechnet mit jedem Pfennig, *andererseits* gibt er
      das Geld mit vollen Händen aus.
   Mal putzt sie das Treppenhaus, *mal* tut er es.
   Bald ist die Patientin optimistisch, *bald* ist sie verzweifelt.

1 darum，deshalb，deswegen，daher – trotzdem，dennoch，allerdings: 请选择恰当的
连接词填空。

1. Mein Bruder hat tausend Hobbys,
   … hat er nur selten Zeit dafür.

2. Herr M. geht nicht gern ins Theater,
   … tut er es seiner Frau zuliebe.

3. Herr K. macht nicht gern große Reisen, … hat er sich jetzt einen Garten gekauft.

4. Ich habe ihm erst kürzlich wieder 100 Mark gegeben, … soll er mich jetzt mal in Ruhe lassen.

5. Frau H. hat sich so viel Mühe mit dem Essen gegeben, es schmeckte … nicht besonders gut.

6. Gisela hat heute Nacht bis drei Uhr gearbeitet, … braucht sie jetzt Zeit zum Schlafen.

7. Die Ärzte haben alles versucht, … konnten sie den Patienten nicht retten.

8. Dem Professor hört kein Mensch mehr zu, er spricht … ruhig weiter.

9. Der Vortrag war schrecklich langweilig, … schliefen die Zuhörer langsam ein.

10. Mein Freund hatte sich das Bein gebrochen, … hat ihm der Arzt das Tennisspielen verboten, … spielt er natürlich längst wieder mit.

11. Herr Z. ist Diabetiker, … darf er bestimmte Speisen nicht essen.

12. Die Kinder sollen nicht an dem gefährlichen Fluss spielen, sie tun es … immer wieder.

13. Das ganze Haus schläft, … stellt Herr N. das Radio auf volle Lautstärke.

14. Mein Schreibpapier ist zu Ende, … höre ich jetzt auf zu schreiben.

2 请根据句子意思选择练习 1 中合适的连接词连接下列各句。

Er läuft gern Ski.   a) Er fährt diesen Winter nicht in Urlaub.
                 b) Er legt seinen Urlaub in den Winter.
Er läuft gern Ski, allerdings fährt er diesen Winter nicht in Urlaub.
Er läuft gern Ski, darum legt er seinen Urlaub in den Winter.

1. Die Kartoffeln sind noch nicht gar. a) Wir essen sie jetzt. b) Sie müssen noch fünf Minuten kochen.

2. Das Eis auf dem See ist noch nicht fest. a) Der Junge läuft darauf Schlittschuh. b) Das Betreten der Eisfläche ist gefährlich.

3. Die Familie kennt die Pilze nicht. a) Sie lässt sie stehen. b) Sie nimmt sie mit nach Hause.

4. Der kleine Kerl friert sehr. a) Er geht jetzt raus aus dem Wasser. b) Er bleibt stundenlang im Wasser.

5. Die Wanderer sind längst müde vom Laufen. a) Sie wollen die restliche Strecke noch schaffen. b) Sie machen erst einmal Pause.

6. Rauchen ist in diesem Gebäude verboten. a) Einige Leute rauchen ruhig weiter. b) Die meisten Leute machen ihre Zigarette aus.

7. Benzin wird immer teurer. a) Die meisten Autobesitzer wollen nicht auf ihr Fahrzeug verzichten. b) Immer mehr Personen fahren mit dem Zug.

8. Sie hat hohes Fieber. a) Sie bleibt im Bett liegen. b) Sie geht in den Dienst.

9. Er kann nicht schwimmen. a) Er geht gern segeln. b) Er hat immer Angst auf dem Wasser.

10. Er verdient sehr viel. a) Er kann sich die Villa kaufen. b) Er ist immer unzufrieden.

11. Kein Mensch will dick sein. a) Viele Menschen essen zu viel. b) Viele Leute sind vorsichtig mit dem Essen.

12. Sie isst sehr wenig. a) Sie wiegt noch zu viel. b) Sie ist immer müde.

3 请将下列各句补充完整。

1. Die Kellner in dem Restaurant waren recht unhöflich; infolgedessen …
2. Die Kinder bekamen auf der Geburtstagsfeier von jedem Kuchen ein Stück; so …
3. Die Autobahn war zwischen Kassel und Göttingen gesperrt; folglich …
4. In der Studentengruppe waren Anhänger der verschiedensten politischen Parteien; infolgedessen …
5. Der Redner beschimpfte die Anwesenden immer von neuem; insofern …
6. Nach kurzer Zeit sahen die Wanderer wieder ein Wanderzeichen; also …
7. Das Wasser war eiskalt; insofern …
8. Die Zahl der Brände in Hochhäusern nimmt zu; infolgedessen …
9. Die Kinokarten waren ausverkauft; folglich …
10. Die Strecke a ist so lang wie die Strecke c, die Strecke b ist ebenfalls so lang wie c; demnach …

4 请用 "zwar … aber (doch)" 连句。

Das Heizen mit Strom ist bequem. Es ist teuer.
Zwar ist das Heizen mit Strom bequem, aber es ist (doch) teuer.
Das Heizen mit Strom ist zwar bequem, es ist aber (doch) teuer.

1. Das Wasser ist kalt. Wir gehen schwimmen.
2. Das Bild ist teuer. Das Museum kauft es.
3. Ich wollte jetzt schlafen. Ich helfe dir erst.
4. Genf ist 600 Kilometer von Frankfurt entfernt. Wir schaffen die Strecke in fünf bis sechs Stunden.
5. Der Patient ist sehr schwach. Er muss sofort operiert werden.
6. Ich habe dir meinen Plan neulich erklärt. Ich erkläre dir jetzt alles noch einmal.
7. Du bist ein kluger Kopf. Alles verstehst du auch nicht.
8. Meine Eltern tun alles für mich. Meinen Studienaufenthalt können sie nicht bezahlen.
9. Deutschland gefällt mir ganz gut. Die Schweiz gefällt mir besser.
10. Die Schweiz ist schön. In Österreich lebt man billiger.

5 "da", "dann" 或者 "daraufhin" ?

1. Zunächst gab es eine Wirtschaftskrise, … kam die Geldentwertung; … verlor die Regierungspartei die nächste Wahl.
2. Ich beende erst mein Studium, … muss ich zum Militärdienst.
3. Wir waren gerade beim Essen, … klingelte das Telefon.
4. Die Vorstellung war zu Ende, … schrie plötzlich jemand „Feuer!"
5. Er wollte bezahlen, … merkte er, dass er sein Geld vergessen hatte.
6. Er musste sich nun erst Geld besorgen, … konnte er weiterreisen.
7. Alles war still, … fiel plötzlich ein Schuss.
8. Erst waren alle ganz erschrocken, … redeten alle durcheinander.
9. Die beiden Alten gingen durch den Wald, … trat plötzlich ein Mann mit einer Pistole in der Hand hinter einem Baum hervor und sagte: „Erst das Geld, … können Sie weitergehen." … gaben ihm die beiden ihr gesamtes Geld. … zog der Alte, ein pensionierter Polizeibeamter, seine Pistole und sagte: „Erst die Pistole und … kommen Sie mit!"

6 请用下列各词填空：“da”，“dann”，“daraufhin”，“also”，“darum”，“trotzdem”。

Es war nachts gegen halb vier. Der Wächter im Kaufhaus war beinah eingeschlafen, ... hörte er ein verdächtiges Geräusch. Er lauschte einige Zeit, ...
5 schlich er sich vorsichtig in die Lebensmittelabteilung hinunter. Die Nachtbeleuchtung war merkwürdigerweise ausgeschaltet, ... knipste er seine Taschenlampe an und bemerkte sofort, dass die
10 Bürotür nicht geschlossen war. Er wusste genau, dass die Tür vorher verschlossen war, ... war ein Fremder in das Haus eingedrungen. Der Wächter zog seinen Revolver und atmete einmal tief durch, ... riss er die Tür auf und schrie: „Hände hoch!" Die beiden Männer im Büro 15 waren schwer bewaffnet, ... verlor der Wächter keinen Augenblick die Ruhe und es gelang ihm, den Alarmknopf neben dem Schreibtisch zu erreichen. 20 Seine Tat wurde in der Presse groß herausgebracht, ... erhöhte die Geschäftsleitung sein Gehalt.

7 Ausbildungs- und Berufsfragen —— 请用 “entweder ... oder” 和下列各词连句。

der Student / jetzt / die Prüfung / bestehen // er / in sein Heimatland / zurückkehren müssen
Entweder besteht der Student jetzt die Prüfung oder er muss in sein Heimatland zurückkehren.

1. Helga / Medizin / studieren // sie / die Musikhochschule / besuchen
2. er / jetzt / die Stelle als Ingenieur in Stuttgart / erhalten // er / eine Stelle in der Schweiz / annehmen
3. mein Bruder / den Facharzt / machen // er / praktischer Arzt / werden
4. der Arbeitslose / die angebotene Stelle / annehmen // er / die Arbeitslosenunterstützung / verlieren
5. Fritz / jetzt / das Abitur / bestehen // er / die Schule / verlassen müssen
6. meine Mutter / jetzt / eine Stelle als Sekretärin / erhalten // sie / eine neue Stellenanzeige in der Zeitung / aufgeben
7. ich / ab Januar / eine Gehaltserhöhung / bekommen // ich / meine Stellung kündigen
8. der Schüler / einen Notendurchschnitt von 1,7 / erhalten // er / keine Zulassung zur Universität / bekommen

8 “Jedes Ding hat seine zwei Seiten" —— 请用 “einerseits ... andererseits” 和下列各词连句。

Felix / ein sehr guter Schüler / sein // er / überhaupt kein Selbstvertrauen / besitzen
Felix ist einerseits (oder: Einerseits ist Felix) ein sehr guter Schüler, andererseits besitzt er (oder: ..., er besitzt andererseits) überhaupt kein Selbstvertrauen.

1. Klaus / ein sehr langsamer Schüler / sein // er / immer / gute Noten / nach Hause bringen
2. das Institut / genug Lehrer für 200 Schüler / haben // nicht genügend Räume / für den Unterricht / vorhanden sein

3. der Mann / ein Vermögen / verdienen // er / keine Zeit haben / das Leben zu genießen
4. das Land / sehr gute Möglichkeiten zur Förderung des Tourismus / haben // dazu / das Geld / fehlen
5. man / immer mehr elektrischen Strom / benötigen // die Leute / keine Kraftwerke / in ihrer Nähe / haben wollen
6. jeder / mehr Geld / haben wollen // alle / weniger arbeiten wollen
7. er möchte ein Haus bauen // er / Angst vor den hohen Kosten / haben
8. sie / möchten / heiraten und Kinder haben // sie / ihre Freiheit / nicht verlieren wollen

9 Beim Radiohändler —— 请用 "nicht nur …, sondern … auch" 和下列各词连句。

an diesem Fernseher / der Lautsprecher / kaputt sein // er / schwer zu bedienen sein
An diesem Fernseher ist nicht nur der Lautsprecher kaputt, sondern er ist auch schwer zu bedienen.

1. diese Musik / viel zu laut sein // sie / ganz verzerrt / klingen
2. mit diesem Radiogerät / Sie / Mittelwelle und UKW / empfangen können // Sie / die Kurzwellensender im 41- und 49-Meter-Band hören können
3. dieser Apparat / Ihnen / Stereoempfang / bieten // er / einen eingebauten Kassettenrekorder / enthalten
4. wir / Ihnen / ein Fernsehgerät / zu einem günstigen Preis / verkaufen // wir / es / ins Haus bringen und / es einstellen
5. dieser Videorekorder / jedes Fernsehprogramm / aufzeichnen // er / in Ihrer Abwesenheit / sich automatisch an- und abstellen
6. der Kassettenrekorder / viel zu teuer sein // er / einen schlechten Klang / haben
7. der Apparat / mit 220 Volt arbeiten // er / mit eingebauter Batterie oder mit den 12 Volt aus dem Auto / funktionieren
8. ich / einen Fernseher / kaufen // ich / eine neue Dachantenne / brauchen

10 Gesundheit und Krankheit – "entweder … oder", "nicht nur … , sondern … auch" oder "einerseits … , andererseits"? 请用合适的连接词连句 (有时有两种可能性)。

1. Ich muss ständig Tabletten nehmen. Ich muss mich operieren lassen.
2. Ich fühle mich müde. Ich kann nicht schlafen.
3. Sie brauchen viel Schlaf. Sie müssen viel an die frische Luft.
4. Sie nehmen Ihre Medizin jetzt regelmäßig. Ich kann Ihnen auch nicht helfen.
5. Sie haben Übergewicht. Sie sind zuckerkrank.
6. Sie wollen gesund werden. Sie leben sehr ungesund.
7. Sie sind stark erkältet. Sie haben hohes Fieber.
8. Dieses Medikament gibt es in Tropfenform. Sie können es auch als Tabletten bekommen.
9. Es wird Ihnen Ihre Schmerzen nehmen. Sie werden auch wieder Appetit bekommen.

10. Ihnen fehlt der Schlaf. Sie brauchen unbedingt Erholung.
11. Sie hören sofort auf zu rauchen. Ich behandle Sie nicht mehr.
12. Ihr Kind leidet an Blutarmut. Es ist sehr nervös.
13. Sie müssen sich natürlich viel bewegen. Sie dürfen den Sport
    nicht übertreiben.
14. Sie trinken keinen Alkohol mehr. Sie werden nie gesund.

§ 25　从句

一般规则

1. 从句是内容上不完整的句子。它们是对主句的补充，通常不可以单独存在。

2. 但从语法上讲从句是完整的句子，也就是说，它们需要主语和变位动词。即使主从句
   的主语相同，主语也必须重复：
   Er sprang in den Fluss, als *er* Hilferufe hörte.

3. 从句由从句连词引导，从句连词确定该句的意义走向：
   … , *als* er nach Hause kam.
   … , *obwohl* er nicht schwimmen konnte.

4. 在从句中，主语大多位于连词后，变位动词位于从句句末。

5. 从句可位于主句或关系句之前或之后。
   a) 从句位于主句之后：
      Er schrieb an seine Tante, *als er Geld brauchte.*

   b) 如果从句位于主句之前，则相当于占第一位。主句中的变位动词占第二位，即直
      接位于逗号后；然后是占第三（四）位的主语：

I	II	III
Als er Geld brauchte,	schrieb	er　an seine Tante.

6. 在从句中，代词的位置要尽量靠前，大多直接位于连词之后：
   Nachdem *sich* meine Freundin die Wohnung angesehen hatte, machte
      sie ein unzufriedenes Gesicht.
   „Wenn *dir* die Wohnung nicht gefällt, brauchst du sie nicht zu nehmen."

如果主语本身就是代词，则其它的第三、第四格代词位于主语之后：

„Wenn *du dich* für eine andere Wohnung entscheidest, bin ich dir nicht böse."
„Bevor *ich es dir* endgültig sage, muss ich es mir genau überlegen."

7. 从句后还可以和从句，不定式结构或关系从句连用。
Er ärgerte sich, *weil sie ihn nicht begrüßte, als er ankam.*
Der Besucher fürchtet, *die Gastgeber zu kränken, wenn er das Hammelfleisch zurückweist.*
Es gibt Medikamente, *die frei verkäuflich sind, obwohl sie schädliche*
Stoffe enthalten.
请注意：为简单起见，下面所讲解的从句均只与一个主句有联系。

§ 26   时间从句

I   wenn, als

Wenn der Wecker klingelt, stehe ich sofort auf.

在现在时和一般将来时中用 *wenn* 表示一次性的行为（见条件从句，§ 28）。

Jedesmal (Immer) wenn es an der Tür läutete, erschrak er furchtbar.

wenn 用在现在时和所有过去时形式中表示重复性的行为。
如果从句位于主句前，可在从句中加上 *jedesmal* 或 *immer* 来表示强调。
在表示重复性的行为时可使用从句连词*sooft: Sooft* es an der Tür läutete...

Als er das Feuer bemerkte, rannte er sofort zur Tür.
Als ich jung war, gab es noch keine Videogeräte.

als 用在过去时中表示一次性的行为。

	Gegenwart	Vergangenheit
einmalige Handlung	wenn	als
wiederholte Handlung	wenn	wenn

1 An der Grenze – "wenn" oder "als"？请选择正确的连词。

1. Haben dich die Zollbeamten auch so gründlich untersucht, … du nach Tirol gefahren bist?
2. Ja, sie sind immer besonders genau, … junge Leute im Auto sitzen.
3. … ich neulich über den Brenner-Pass fuhr, musste ich jeden Koffer aufmachen.
4. … ich früher nach Tirol fuhr, habe ich nie ein Gepäckstück öffnen müssen.
5. Ja, … du damals nach Italien gefahren bist, gab's noch keine Terroristen!
6. … ich neulich in Basel über die Grenze fuhr, haben sie einem Studenten das halbe Auto auseinander genommen!
7. Im vorigen Jahr haben sie immer besonders genau geprüft, … ein Auto aus dem Orient kam.
8. Ich glaube, sie haben immer nach Rauschgift gesucht, … sie diese Wagen so genau untersucht haben.
9. Hast du auch jedesmal ein bisschen Angst, … du an die Grenze kommst?
10. Ja, … mich neulich der deutsche Zollbeamte nach Zigaretten fragte, fing ich gleich an zu stottern.
11. Aber jetzt nehme ich keine Zigaretten mehr mit, … ich über die Grenze fahre.
12. Und ich habe es den Zollbeamten immer lieber gleich gesagt, … ich etwas zu verzollen hatte.

2 请将下面每段中的第一句改成用 "wenn" 或 "als" 引导的从句。

1. Ich war im vorigen Sommer in Wien. Ich besuchte meine Schwester.
2. Der Junge war sechs Jahre alt. Da starben seine Eltern.
3. Die Menschen waren früher unterwegs. Sie reisten immer mit einem Pferdewagen.
4. Man senkte den Vorhang. Ich verließ das Theater.
5. Ich hatte in den Semesterferien Zeit. Ich ging immer Geld verdienen.
6. Er hatte ein paar Glas Bier getrunken. Er wurde immer sehr laut.
7. Sie dachte an ihre Seereise. Es wurde ihr jedes Mal beinahe schlecht.
8. Ich traf gestern meinen Freund auf der Straße. Ich freute mich sehr.
9. Der Redner schlug mit der Faust auf den Tisch. Alle Zuhörer wachten wieder auf.
10. Er kam aus dem Urlaub zurück. Er brachte immer Räucherfisch mit.

3 "wenn" oder "als"？请按下列模式回答问题：

Wann wurde J.F. Kennedy ermordet? (1963 / im offenen Auto durch die Stadt Dallas fahren)
J.F. Kennedy wurde ermordet, als er 1963 im offenen Auto durch die Stadt Dallas fuhr.

1. Wann verschloss man früher die Stadttore? (es / abends dunkel werden)
2. Wann brachen früher oft furchtbare Seuchen aus? (Krieg / herrschen und Dörfer und Städte / zerstört sein)

3. Wann mussten sogar Kinder 10 bis 15 Stunden täglich arbeiten? (in Deutschland / die Industrialisierung beginnen)

4. Wann fand Robert Koch den Tuberkulosebazillus? (er / 39 Jahre alt sein)

5. Wann wurden früher oft Soldaten in fremde Länder verkauft? (die Fürsten / Geld brauchen)

6. Wann mussten die Kaufleute jedesmal unzählige Zollgrenzen passieren? (sie / vor 200 Jahren z.B. von Hamburg nach München fahren)

7. Wann wanderten früher oft viele Menschen nach Amerika aus? (sie / in Europa / aus religiösen oder politischen Gründen / verfolgt werden)

8. Wann kam es zum Zweiten Weltkrieg? (die deutschen Truppen unter Hitler im August 1939 in Polen einmarschieren)

II   während, solange, bevor

Während er am Schreibtisch arbeitete, sah sie fern.
Solange er studierte, war sie berufstätig.

用 *während* 和 *solange* 表示两个（或多个）同时发生的行为。主从句中的时态总是一样的。

Bevor er studieren konnte, musste er eine Prüfung machen.

用 *bevor* 引导的行为往往发生在主句的行为之后。但在德语中一般情况下主从句的时态是一样的。
在意义相同时可用*ehe* 代替*bevor*:
Ehe er studieren konnte…

说明

1. *während* 可引导出相反意义的句子:
   Ich habe mich sehr gut unterhalten, *während* er sich gelangweilt hat.
   Sie schickte ihm seine Briefe zurück, *während* sie die Geschenke behielt.

2. 用*solange* 带起的句子一般表示行为或状态的终结或从上下文可推断出其终结:
   Solange er studierte, war sie berufstätig. (Aber nur bis er fertig war, dann gab sie ihren Beruf auf.)
   Solange der Schriftsteller in Brasilien lebte, war er unglücklich. (Aber nur bis er wieder nach Frankreich übersiedelte.)

4 Im Restaurant —— 请用 "während" 或 "bevor" 连句。

Ich betrete das Lokal. Ich schaue mir die Preise auf der Speisekarte vor der Tür an.
Bevor ich das Lokal betrete, schaue ich mir die Preise auf der Speisekarte vor der Tür an.

1. Ich bestelle mein Essen. Ich studiere die Speisekarte.

2. Ich warte auf das Essen. Ich lese die Zeitung.

3. Ich esse. Ich wasche mir die Hände.
4. Ich warte auf den zweiten Gang. Ich betrachte die Gäste und suche nach alten Bekannten.
5. Ich esse. Ich unterhalte mich mit den Gästen an meinem Tisch.
6. Ich bezahle. Ich bestelle mir noch einen Kaffee.
7. Ich trinke meinen Kaffee. Ich werfe noch einen Blick in die Tageszeitung.
8. Ich gehe. Ich zahle.

5 请将下列各句的斜体部分改成用 "bevor" 或 "während" 引导的从句，参见练习 4 的模式。

Vor den Semesterferien muss sie eine Klausur schreiben.
Bevor die Semesterferien beginnen, muss sie eine Klausur schreiben.

1. *Während des Studiums* arbeitet sie bereits an ihrer Doktorarbeit.
2. Sie hatte *vor dem Studium* eine Krankenschwesternausbildung mitgemacht.
3. *Vor ihrem Examen* will sie ein Semester in die USA gehen. (Examen machen)
4. *Während ihres Aufenthalts in den USA* kann sie bei ihrer Schwester wohnen. (sich aufhalten)
5. Ihren Mann kannte sie schon *vor dem Studium*.
6. *Vor ihrer Heirat* wohnte sie in einem möblierten Zimmer.
7. *Vor Verlassen der Universität* will sie promovieren.
8. *Während ihrer Arbeit fürs Examen* findet sie wenig Zeit für ihre Familie.
9. *Während ihrer Hausarbeit* denkt sie immer an ihre wissenschaftliche Tätigkeit. (Hausarbeit machen)
10. *Vor Sonnenaufgang* steht sie schon auf und setzt sich an ihren Schreibtisch.
11. *Während ihres Examens* muss ihr Mann für die Kinder sorgen.
12. *Vor Eintritt in die Firma ihres Mannes* will sie ein Jahr Pause machen.

6 下列各句中的 "während" 表示什么意义：时间性还是对立性？请用 "dagegen" 或 "aber" 改写下列各句。

Während er sich über die Einladung nach Australien freute, brach sie in Tränen aus.
Er freute sich über die Einladung nach Australien, dagegen brach sie in Tränen aus.

1. Während die öffentlichen Verkehrsmittel, Busse und Bahnen oft nur zu zwei Dritteln besetzt sind, staut sich der private Verkehr auf Straßen und Autobahnen.
2. Der Forscher entdeckte, während er sein letztes Experiment prüfte, dass seine gesamte Versuchsreihe auf einem Irrtum beruhte.
3. Obwohl er sich sehr anstrengte, schaffte er es kaum, 20 Kilometer pro Tag zu wandern, während trainierte Sportler mühelos 60 bis 80 Kilometer täglich laufen.
4. Die Mieter der Häuser in der Altstadt hoffen immer noch auf eine gründliche Renovierung, während der Abriss des gesamten Stadtviertels schon längst beschlossen ist.

5. Während ich anerkennen muss, dass deine Argumente richtig sind, ärgere ich mich darüber, dass du mich immerzu persönlich beleidigst.
6. Während er in seine Arbeit vertieft ist, hört er weder die Klingel noch das Telefon.
7. In dem Scheidungsurteil bestimmte der Richter, dass die Frau das Haus und das Grundstück behalten sollte, während der Ehemann leer ausging.
8. Während früher die Post zweimal am Tag ausgetragen wurde, kommt der Briefträger jetzt nur noch einmal und samstags bald überhaupt nicht mehr.
9. Ich habe genau gesehen, dass er, während wir spielten, eine Karte in seinen Ärmel gesteckt hat.

III nachdem, sobald

Nachdem er gefrühstückt hat, beginnt er zu arbeiten.
Nachdem er gefrühstückt hatte, begann er zu arbeiten.
Sobald er eine Flasche ausgetrunken hat, öffnet er gleich eine neue.
Sobald er eine Flasche ausgetrunken hatte, öffnete er gleich eine neue.

用 *nachdem* 和 *sobald* 引导的从句的行为发生在主句的行为之前；有 *nachdem* 的主从复合句的时态是不一样的。

Nebensatz	Hauptsatz
Perfekt	→ Präsens
Plusquamperfekt	→ Präteritum

用 *nachdem* 一般表示两种行为之间有一定的时间间隔；用 *sobald* 则表示后一行为紧接着前一行为。用 *sobald* 时主从句的时态可以一致：
Sobald ein Streit *ausbricht, zieht* er sich *zurück.*
Sobald ein Streit *ausbrach, zog* er sich *zurück.*

7 Auf dem Kongress —— 请用下列括号中动词的正确时态完成各句。

1. Nachdem der Präsident die Gäste (begrüßen), begeben sich alle in den Speiseraum.
2. Alle Teilnehmer der Konferenz begaben sich in den Versammlungsraum, nachdem sie (essen).
3. Nachdem alle Gäste Platz genommen haben, (beginnen) der erste Redner seinen Vortrag.
4. Nachdem der Redner seinen Vortrag (beenden), setzte eine lebhafte Diskussion ein.
5. Nachdem man dann eine kurze Pause gemacht hatte, (halten) ein Teilnehmer einen Lichtbildervortrag.
6. Nachdem alle Gäste zu Abend gegessen hatten, (sitzen) sie noch eine Zeit lang zusammen und (sich unterhalten).
7. Nachdem man so drei Tage (zuhören, lernen und diskutieren), fuhren alle Teilnehmer wieder nach Hause.

8 Der Briefmarkensammler —— 请将下列各句的斜体部分改成用 "nachdem" 引导的从句。

> Nach dem Kauf der Briefmarken beim Briefmarkenhändler steckt sie der Sammler in sein Album.
> *Nachdem der Sammler die Briefmarken beim Briefmarkenhändler gekauft hat, steckt er sie in sein Album.*

1. *Nach einer halben Stunde in einem Wasserbad* kann man die Briefmarken leicht vom Papier ablösen. (in einem Wasserbad liegen)
2. *Nach dem Ablösen der Briefmarken von dem Brief* legt sie der Sammler auf ein Tuch und lässt sie trocknen.
3. *Nach dem Trocknen der Briefmarken* prüft er jede Marke genau auf Beschädigungen.
4. *Nach dem Aussortieren der schon vorhandenen Briefmarken* steckt er die anderen in sein Briefmarkenalbum.
5. *Nach dem Einsortieren jeder einzelnen Briefmarke* stellt er ihren Wert in einem Katalog fest.
6. *Nach der Beendigung dieser Arbeit* sortiert er die doppelten in Tüten, die nach Ländern geordnet sind, um sie mit seinen Freunden zu tauschen.

9 同上。请注意时态!

1. *Nach dem Ende der Demonstration* wurde es still in den Straßen.
2. *Nach der gründlichen Untersuchung des Patienten* schickte der Arzt ihn ins Krankenhaus.
3. *Nach einem dreistündigen Aufenthalt in Zürich* reisten die Touristen nach Genua weiter. (sich aufhalten)
4. *Nach der Lösung aller Probleme* konnten die Architekten mit dem Bau des Hochhauses beginnen.
5. *Nach dem Bestehen des Staatsexamens* tritt Herr M. eine Stelle als Assistenzarzt in einem Krankenhaus an.
6. *Nach der Auflösung der verschiedenen Mineralien* wurde die Säure auf ihre Bestandteile untersucht. (sich auflösen)
7. *Nach dem Ende des Unterrichts* geht er in die Mensa.
8. *Nach dem Beginn der Vorstellung* wird kein Besucher mehr eingelassen.
9. *Nach der Entdeckung Amerikas* kehrte Columbus nach Europa zurück.
10. *Nach dem Regen* steigt Nebel aus dem Wald. (… es geregnet …)

IV bis, seit, seitdem

Bis er aus Amsterdam anruft, bleibe ich im Büro.
Er *war* immer vergnügt und lustig, *bis er heiratete.*

连词 *bis* 常表示行为的未来走向。主句行为结束的时间正是从句行为开始的时间。

Bis unsere Tochter heiratet, haben wir etwa 10 000 Mark gespart.

当主句的行为明确地发生于从句的行为之前时，可在主句中用现在完成时（第二将来时），从句中用一般现在时（第一将来时）。

Seitdem ich in Hamburg bin, habe ich eine Erkältung.

连词*seit* 或 *seitdem* 用来表示同时发生的行为，这些行为从过去开始一直延续到现在。这时主从句中的时态一致。

Seit man das Verkehrsschild hier aufgestellt hat, passieren weniger Unfälle.

如果发生在过去的行为是一次性的，只是它的效力延续到现在，则主从句中的时态不一致。

10 "bis" oder "seit"？用正确的连词填空。

… seine Eltern gestorben waren, lebte der Junge bei seiner Tante. Dort blieb er, … er 14 Jahre alt war. … er die Hauptschule verlassen hatte, trieb er sich in verschiedenen Städten herum. Er lebte von Gelegenheitsarbeiten, … er in die Hände einiger Gangster fiel. … er bei diesen Leuten lebte, verübte er nur noch Einbrüche, überfiel Banken und stahl Autos, … er dann schließlich von der Polizei festgenommen wurde. … er nun im Gefängnis sitzt, schreibt er an seiner Lebensgeschichte. … er in drei Jahren entlassen wird, will er damit fertig sein.

11 请将下列各句的斜体部分改成用 "seit"（或 "seitdem"）或 "bis" 引导的从句。

Seit der Fertigstellung der Bahnstrecke zwischen Stuttgart und Mannheim können die Züge hier viel schneller fahren.
Seitdem die Bahnstrecke zwischen Stuttgart und Mannheim fertig gestellt (worden) ist, können die Züge hier viel schneller fahren.

1. *Seit der Einführung der 5-Tage-Woche* ist die Freizeitindustrie stark angewachsen.
2. *Seit der Erfindung des Buchdrucks* sind über 500 Jahre vergangen.
3. *Seit dem Bau des Panamakanals* brauchen die Schiffe nicht mehr um Kap Horn zu fahren.
4. *Seit der Verlegung des ersten Telefonkabels von Europa nach Nordamerika im Jahr 1956* ist der Telefonverkehr sicherer und störungsfreier geworden.
5. *Bis zum Bau des Tunnels* ging der ganze Verkehr über den 2500 m hohen Pass.
6. *Bis zur Entdeckung des ersten Betäubungsmittels* mussten die Menschen bei Operationen große Schmerzen aushalten.
7. *Bis zur Einrichtung von sogenannten Frauenhäusern* wussten manche Frauen nicht, wo sie Schutz vor ihren aggressiven Männern finden konnten.
8. *Bis zur Einführung der 25-Stunden-Woche* werden wohl noch viele Jahre vergehen.

12 Nach einem Unfall —— 请将下列各句的介词短语改为从句。

Vor dem Eintreffen des Krankenwagens ...
Bevor der Krankenwagen eintraf, ...

Während des Transports des Patienten ins Krankenhaus ...
Während der Patient ins Krankenhaus transportiert wurde, ...

Nach der Ankunft des Verletzten im Krankenhaus ...
Nachdem der Verletzte im Krankenhaus angekommen war, ...

Sofort nach der Untersuchung ...
Sobald man den Patienten untersucht hatte, ...

Bei der Untersuchung des Patienten ...
Als der Patient untersucht wurde, ...

Seit der Operation des Patienten ...
Seitdem man den Patienten operiert hat, ...

1. Vor der Ankunft des Krankenwagens an der Unfallstelle wurde der Verletzte von einem Medizinstudenten versorgt.
2. Während des Transports des Verletzten in ein Krankenhaus wurde er bereits von einem Notarzt behandelt.
3. Sofort nach der Ankunft des Verletzten im Krankenhaus haben Fachärzte ihn untersucht.
4. Bei der Untersuchung des Verletzten stellte man innere Verletzungen fest.
5. Vor der Operation des Patienten gab man ihm eine Bluttransfusion.
6. Vor dem Beginn der Operation legte man alle Instrumente bereit.
7. Nach der Operation brachte man den Patienten auf die Intensivstation. (die Operation beenden)
8. Nach einigen Tagen brachte man den Patienten in ein gewöhnliches Krankenzimmer. (Tage vergehen)
9. Vor seiner Entlassung hat man ihn noch einmal gründlich untersucht.
10. Nach seiner Rückkehr in seine Wohnung musste der Patient noch vierzehn Tage im Bett liegen bleiben.
11. Seit seinem Unfall kann der Verletzte nicht mehr Tennis spielen. (einen Unfall haben)

13 同上。

Ein Fußballspiel

1. *Vor dem Beginn des Fußballspiels* loste der Schiedsrichter die Spielfeldseiten aus.
2. *Während des Spiels* feuerten die Zuschauer die Spieler durch laute Rufe an.
3. *Bei einem Tor* gab es jedesmal großen Jubel.
4. *Sofort nach einem Foul* zeigte der Schiedsrichter einem Spieler die gelbe Karte.
5. *Seit dem Austausch eines verletzten Spielers* wurde das Spiel deutlich schneller.
6. *Nach der Beendigung des Spiels* tauschten die Spieler ihre Trikots.

§ 27　因果从句（原因从句）

weil, da, zumal

Weil man starke Schneefälle vorausgesagt hatte, mussten wir unseren Ausflug verschieben.
Da eine Bergwanderung im Schnee gefährlich ist, hat man uns geraten darauf zu verzichten.

1. 原因连词 *weil* 和 *da* 常常可以互换。但在回答直接疑问句时则必须用 *weil*：
Warum fährst du nicht mit uns? – Weil ich keine Zeit habe.

2. 关于主从复合句的时态，*weil* 和 *da* 引导的从句的时态完全根据实际需要而定，也就是说，主从句的时态既可以是一致的，也可以是不一致的。

Bei solchem Wetter bleiben wir lieber im Hotel, *zumal* unsere Ausrüstung nicht gut ist.
zumal 引导的从句追加表述一个原因，*zumal* 要重读。

1 Die Gruppe feiert abends. Alle sind froh, aber jeder hat einen anderen Grund. —— 用 "weil" 造句。

A.: Ich habe eine gute Arbeit geschrieben; deshalb bin ich froh.
A. ist froh, *weil er eine gute Arbeit geschrieben hat.*

B.: Ich habe eine nette Freundin gefunden. (B. ist froh, weil...)
C.: Hier kann ich mal richtig tanzen.
D.: Ich kann mich mal mit meinen Freunden aussprechen.
E.: Ich kann mich hier mal in meiner Muttersprache unterhalten.
F.: Ich brauche mal keine Rücksicht zu nehmen.
G.: Ich habe mal Gelegenheit meine Sorgen zu vergessen.
H.: Ich bin so verliebt.

2 Am nächsten Tag ist die Gruppe nicht rechtzeitig zum Unterricht gekommen. Jeder hatte eine andere Ausrede. —— 用 "weil" 造句。

A. ist nicht gekommen, *weil er Kopfschmerzen hat.*

B.: Der Autobus hatte eine Panne.
C.: Der Wecker hat nicht geklingelt.
D.: Die Straßenbahn war stehen geblieben.
E.: Der Zug hatte Verspätung.
F.: Die Mutter hat verschlafen.
G.: Das Motorrad ist nicht angesprungen.
H.: Die Straße war wegen eines Verkehrsunfalls gesperrt.
I.: Er musste seinen Bruder ins Krankenhaus fahren.
J.: Sie ist in den falschen Bus gestiegen.

3 Einige konnten beim Fußballspiel nicht mitspielen.

Ich konnte nicht mitspielen, weil...
- A.: Ich hatte keine Zeit.
- B.: Ich habe mir den Fuß verletzt.
- C.: Ich habe zum Arzt gehen müssen.
- D.: Ich habe mir einen Zahn ziehen lassen müssen.
- E.: Ich habe das Auto in die Werkstatt bringen müssen.
- F.: Ich bin entlassen worden und habe mir einen neuen Job suchen müssen.
- G.: Ich habe mich bei meiner neuen Firma vorstellen müssen.
- H.: Ich habe zu einer Geburtstagsparty gehen müssen.
- I.: Ich habe auf die Kinder meiner Wirtin aufpassen müssen.

4 请将第二句改成weil从句。

Frau Müller hat wieder als Sekretärin gearbeitet. Die Familie hat mehr Geld für den Hausbau sparen wollen.
Frau Müller hat wieder als Sekretärin gearbeitet, weil die Familie mehr Geld für den Hausbau hat sparen wollen.

1. Herr Müller hat mit dem Bauen lange warten müssen. Er hat das notwendige Geld nicht so schnell zusammensparen können.
2. Er und seine Familie haben fünf Jahre auf alle Urlaubsreisen verzichtet. Sie haben mit dem Bau nicht so lange warten wollen.
3. Herr Müller hatte das Haus zweistöckig geplant. Er hat durch Vermietung einer Wohnung schneller von seinen Schulden herunterkommen wollen.
4. Er hat dann aber doch einstöckig gebaut. Das Bauamt hat ihm eine andere Bauart nicht erlauben wollen.
5. Herr Müller war zunächst ziemlich verärgert. Er hat einstöckig bauen müssen.
6. Später war er sehr froh. Sie haben alle Kellerräume für sich benutzen können.

5 In einem Möbelhaus —— 请按下列模式练习：

einen Schrank zum Kunden bringen
Unser Kundendienst ist nicht da, weil ein Schrank zu einem Kunden gebracht werden muss.

Unser Kundendienst ist nicht da, weil...

1. neue Möbel abholen
2. bei einem Kunden einen Schrank aufbauen
3. bei einer Kundin die Esszimmermöbel austauschen
4. in einem Vorort ein komplettes Schlafzimmer ausliefern
5. in der Innenstadt eine Küche einrichten
6. einer Firma sechs Ledersessel liefern
7. in einem Hotel einen Elektroherd installieren
8. in einer Neubauwohnung Teppiche verlegen

6 Arbeit bei der Stadtverwaltung —— 请用§ 19 Nr. 6 的练习中的短语按下列模式造句。

> Wiedereröffnung des Opernhauses
> Ich habe noch viel zu tun, *weil das Opernhaus wieder eröffnet wird.*
> Ich habe noch viel zu tun, *weil das Opernhaus wieder eröffnet werden soll.*

7 请用§ 19 Nr. 9 的练习中的短语按下列模式造句:

> Sagst du nichts, *weil du nicht gefragt worden bist?*

§ 28 条件从句

I wenn, falls

Wenn ich das Stipendium bekomme, kaufe ich mir als Erstes ein Fahrrad.

1. 以 wenn 引导的条件句表示: 只有先实现一个条件, 主句的说法才有可能成为现实。

2. 条件句的时态为一般现在时或一般将来时。在德语中对 wenn 引导的从句是条件从句还是时间从句没有严格的区分。

Bekomme ich das Stipendium, kaufe ich mir als Erstes ein Fahrrad.

条件从句也可以省略引导词*wenn*, 这时变位动词位于句首。

Falls ich ihn noch treffe, was ich aber nicht glaube, will ich ihm
das Päckchen gern geben.
Treffe ich ihn noch, was ich aber nicht glaube, will ich ihm das
Päckchen gern geben.

在明确的条件从句中可以用连词*falls*。*Falls*也可以被省略, 这时变位动词位于句首。

Du kannst dir eine Decke aus dem Schrank nehmen, *wenn* du frierst.

如果 wenn 或 falls 引导的从句位于主句后, 则从句中一般不省略连词。

说明

1. 表示过去的条件从句是非现实的，这时用第二虚拟式(见§ 54，II)。

2. 跟一般的词序有所不同的是，当条件从句位于主句前时，可在主句前加上 *dann* 或
   so。*dann* 或 *so* 只可位于主句的第一位，表示强调。
   Wenn deine Katze Junge kriegt, *dann* ertränke ich sie im Teich.
   Wenn du meine Kätzchen ertränkst, *dann* verlasse ich dich.

II 其他条件从句

表示条件还有以下表达方法：

angenommen

    a) *Angenommen, dass* der Angeklagte die Wahrheit sagt, *so* muss er
       freigesprochen werden.

    b) *Angenommen*, der Angeklagte sagt die Wahrheit, *so* muss er
       freigesprochen werden.

vorausgesetzt

    a) *Vorausgesetzt, dass* ich den Zug erreiche, *(so)* komme ich morgen.

    b) *Vorausgesetzt*, ich erreiche den Zug, *so* komme ich morgen.

gesetzt den Fall

    a) *Gesetzt den Fall, dass* Herr H. unser Chef wird, *so / dann* gibt es viel
       Ärger im Büro.

    b) *Gesetzt den Fall*, Herr H. wird unser Chef, *so / dann* gibt es viel Ärger im Büro.

es sei denn

    a) Ich gehe nicht zu ihm, *es sei denn, dass* er mich um Verzeihung bittet.

    b) Ich gehe nicht zu ihm, *es sei denn*, er bittet mich um Verzeihung.

unter der Bedingung

    a) *Unter der Bedingung, dass* dein Onkel für den Kredit bürgt, können wir bauen,
       sonst nicht.

    b) (ein Hauptsatz ist hier selten)

im Fall

    a) *Im Fall, dass* die elektrischen Leitungen nicht erneuert werden, miete
       ich diese Wohnung nicht.

    b) (ein Hauptsatz ist hier ungebräuchlich)

使用这些表达在词序上有较多变化。*dass* 从句可以由一个主句替代，而且一般情况下用
so ，极少用 *dann*。

1 Postangelegenheiten —— 连接句子，即将两个独立句改成主从复合句。

Der Brief ist unterfrankiert. Der Empfänger zahlt eine „Einziehungsgebühr".
Wenn der Brief unterfrankiert ist, zahlt der Empfänger eine Einziehungsgebühr.
Der Empfänger zahlt eine Einziehungsgebühr, wenn der Brief unterfrankiert ist.

1. Der Empfänger nimmt den Brief nicht an. Der Brief geht an den Absender zurück.
2. Der Brief soll den Empfänger möglichst schnell erreichen. Man kann ihn als Eilbrief schicken.
3. Es handelt sich um sehr wichtige Mitteilungen oder Dokumente. Sie schicken den Brief am besten per Einschreiben.
4. Ein Brief oder eine Postkarte ist größer oder kleiner als das Normalformat. Die Sendung kostet mehr Porto.
5. Eine Warensendung ist über zwei Kilogramm schwer. Man kann sie nicht als Päckchen verschicken.
6. Nützen Sie die verkehrsschwachen Stunden im Postamt. Sie sparen Zeit.
7. Sie telefonieren in der Zeit von 18 Uhr bis 8 Uhr. Sie zahlen wesentlich weniger für das Gespräch.
8. Sie wollen die Uhrzeit, das Neueste vom Sport oder etwas über das Wetter vom nächsten Tag erfahren. Sie können den Telefonansagedienst benützen.
9. Sie wollen ein Glückwunschtelegramm versenden. Die Postämter halten besondere Schmuckblätter für Sie bereit.
10. Sie haben ein Postsparbuch. Sie können in verschiedenen europäischen Ländern Geld davon abheben.

2 请将上面练习 1 中的各句改成不带 "wenn" 的条件句。

Ist der Brief unterfrankiert, so zahlt der Empfänger eine „Einziehungsgebühr".

Statt „so" kann man auch „dann" setzen; der Satz kann auch ohne „so", bzw. „dann" stehen.

3 请将下列各句的斜体部分改成*wenn*从句。

Bei der Reparatur einer Waschmaschine muss man vorsichtig sein.
Wenn man eine Waschmaschine repariert, muss man vorsichtig sein.

1. *Beim Motorradfahren* muss man einen Sturzhelm aufsetzen. (Wenn man …)
2. *Bei Einnahme des Medikaments* muss man sich genau an die Vorschriften halten.
3. *Beim Besuch des Parks* muss man ein Eintrittsgeld bezahlen. (… besuchen will …)
4. *Bei großer Hitze* fällt der Unterricht in der 5. und 6. Stunde aus. (es / sehr heiß sein)
5. *Bei einigen Französischkenntnissen* kann man an dem Sprachkurs teilnehmen. (Wenn man … hat)
6. *Bei achtstündigem Schlaf* ist ein Erwachsener im Allgemeinen ausgeschlafen.
7. *Bei entsprechender Eile* kannst du den Zug noch bekommen. (sich entsprechend beeilen)
8. *Bei Nichtgefallen* kann die Ware innerhalb von drei Tagen zurückgegeben werden. (Wenn … einem nicht gefällt)

9. *Bei unvorsichtigem Umgang mit dem Pulver* kann es explodieren.

10. *Bei sorgfältiger Pflege* werden Ihnen die Pflanzen jahrelang Freude bereiten. (Wenn Sie ... pflegen)

11. *Bei unerlaubtem Betreten des Geländes* erfolgt Strafanzeige. (Passiv)

12. *Beim Ertönen der Feuerglocke* müssen alle Personen sofort das Gebäude verlassen.

4 请构成条件句。

(Sie / die Reise nicht antreten können) ... , so müssen Sie 80 Prozent der Fahrt- und Hotelkosten bezahlen. (gesetzt den Fall)
Gesetzt den Fall, Sie können die Reise nicht antreten, so müssen Sie 80 Prozent der Fahrt- und Hotelkosten bezahlen.

1. (ich / krank werden) ... , so muss ich von der Reise zurücktreten. (angenommen)

2. (der Hausbesitzer / mir die Wohnung kündigen) ... , so habe ich immer noch ein Jahr Zeit um mir eine andere Wohnung zu suchen. (angenommen)

3. Ich gehe nicht zu ihm, ... (er mich rufen) (es sei denn)

4. (ihr alle / den Protestbrief auch unterschreiben) ... , so bin ich bereit ebenfalls zu unterschreiben. (vorausgesetzt)

5. (das Telefon / klingeln) ... , so bin ich jetzt nicht zu sprechen. (gesetzt den Fall)

6. (er / den Unfall verursacht haben) ... , so wird man ihm eine Blutprobe entnehmen. (gesetzt den Fall)

7. (Sie / den Leihwagen eine Woche vorher bestellen) ... , so können Sie sicher sein, dass Sie einen bekommen. (unter der Voraussetzung)

8. (Sie / den Leihwagen zu Bruch fahren) ... , so zahlt die Versicherung den Schaden. (gesetzt den Fall)

9. Wir fahren auf jeden Fall in die Berge, ... (es / in Strömen regnen) (es sei denn)

10. (ich / gleich im Krankenhaus bleiben sollen) ... , so muss ich dich bitten, mir Verschiedenes herzubringen. (angenommen)

5 请将上面练习 4 中的各句改为带 "dass" 的条件句。

Gesetzt den Fall, dass Sie die Reise nicht antreten können, so müssen Sie 80 Prozent der Fahrt- und Hotelkosten bezahlen.

6 请自由补充，完成句子。

1. Angenommen, dass er mir das Geld nicht zurückgibt, ...
2. Gesetzt den Fall, dass ich das gesamte Erbe meiner Tante bekomme, ...
3. Im Fall, dass es Krieg gibt, ...
4. Unter der Bedingung, dass du mich begleitest, ...
5. Vorausgesetzt, dass ich bald eine Anstellung erhalte, ...
6. ... , es sei denn, dass ich wieder diese starken Rückenschmerzen bekomme.

§ 29   结果从句

so dass; so …, dass

Der Gast stieß die Kellnerin an, *so dass* sie die Suppe verschüttete.

so dass 引导的从句表示前一行为的结果。*so dass* 从句总是位于主句后。

Er fuhr *so* rücksichtslos durch die Pfütze, *dass* er alle Umstehenden bespritzte.

1. 如果主句中有副词，则一般情况下将 *so* 置于该副词前。*so* 和该副词都重读。另外还可以用 *derart/dermaßen* 代替 *so*，这时表示更进一步强调。
    Sie war *derart* aufgeregt, dass sie nicht mehr wusste, was sie tat.
    Die Maus hat sie *dermaßen* erschreckt, dass sie in Ohnmacht fiel.

2. 如果想强调结果的话，也可以作如下表达：
    Er fuhr rücksichtslos durch die Pfütze, *so dass* er alle Umstehenden bespritzte.

3. 有时 *so* 也可以不带副词单独位于主句中，因为此时被省略掉的副词是显而易见的：
    Sein Bart wächst *so, dass* er sich zweimal am Tag rasieren muss.
    Sein Bart wächst *so* (schnell), *dass* …

Er war ein *so erfolgreicher* Geschäftsmann, *dass* er in kurzer Zeit ein internationales Unternehmen aufbaute.

1. 如果主句中有形容词定语，则一般将 *so* 直接置于该定语前，由此来强调该形容词定语。
    Er war ein *so erfolgreicher* Geschäftsmann, dass… (= Singular)
    Sie waren *so erfolgreiche* Geschäftsleute, dass… (= Plural)

2. 如果想强调结果，也可以作如下表达：
    Er war ein erfolgreicher Geschäftsmann, *so dass* er in kurzer Zeit …

说明

1. *solch-* 见 § 39, I 和 V
    Es herrschte *solche* Kälte / *solch eine* Kälte, dass die Tiere im Wald erfroren.

2. 带 *zu* … , *als dass* 的结果从句用非现实的虚拟式（见 § 54，V）。

1 请用 "so dass" 或 "so ..., dass" 来连接下列句子。

Das Haus fiel zusammen. Die Familie war plötzlich ohne Unterkunft.
Das Haus fiel zusammen, so dass die Familie plötzlich ohne Unterkunft war.

Das Erdbeben war stark. Es wurde noch in 300 Kilometer Entfernung registriert.
Das Erdbeben war so stark, dass es noch in 300 Kilometer Entfernung registriert wurde.

Erdbeben

1. Die Erde bebte plötzlich stark. Die Menschen erschraken zu Tode und rannten aus ihren Häusern.
2. Immer wieder kamen neue Erdbebenwellen. Die Menschen wollten nicht in ihre Häuser zurückkehren.
3. Viele Häuser wurden durch das Erdbeben zerstört. Die Familien mussten bei Freunden und Bekannten Unterkunft suchen.
4. Die Zerstörungen waren groß. Das Land bat andere Nationen um Hilfe.
5. Das Militär brachte Zelte und Decken. Die Menschen konnten notdürftig untergebracht werden.
6. Es wurden auch Feldküchen vom Roten Kreuz aufgestellt. Die Menschen konnten mit Essen versorgt werden.
7. Die Menschen in den benachbarten Ländern waren von den Bildern erschüttert. Sie halfen mit Geld, Kleidung und Decken.
8. Bald war genug Geld zusammen. Es konnten zahlreiche Holzhäuser gebaut werden.

2 请用 "so ..., dass" 来连接下列句子。

1. Der Clown machte komische Bewegungen. Wir mussten alle lachen.
2. Die Seiltänzerin machte einen gefährlichen Sprung. Die Zuschauer hielten den Atem an.
3. Der Jongleur zeigte schwierige Kunststücke. Die Zuschauer klatschten begeistert Beifall.
4. Ein Löwe brüllte laut und böse. Einige Kinder fingen an zu weinen.
5. Ein Zauberkünstler zog viele Blumen aus seinem Mantel. Die Manege (= der Platz in der Mitte des Zirkus) sah aus wie eine Blumenwiese.
6. Die Musikkapelle spielte laut. Einige Leute hielten sich die Ohren zu.
7. Man hatte viele Scheinwerfer installiert. Die Manege war taghell beleuchtet.
8. Einige Hunde spielten geschickt Fußball. Die Zuschauer waren ganz erstaunt.

3 用 "so ... dass" 表示夸张。

Das Schiff war sehr lang. Der Kapitän fuhr mit dem Motorrad darauf herum.
Das Schiff war so lang, dass der Kapitän mit dem Motorrad darauf herumfuhr.

1. Der Tisch war sehr breit. Man konnte die Gegenübersitzenden kaum erkennen.
2. Er war sehr groß. Man musste eine Leiter anstellen, wenn man seine Nasenspitze sehen wollte.

3. Er war sehr fett. Man brauchte einen Schnaps, wenn man ihn gesehen hatte.
4. Sie war sehr hässlich. Das Feuer im Ofen ging aus, wenn sie hineinsah.
5. Es war sehr heiß und trocken. Die Bäume liefen den Hunden nach.
6. Das Schiff war riesig. Der Koch musste zum Umrühren mit einem Motorboot durch den Suppenkessel fahren.
7. Die Gassen in Venedig sind sehr eng. Die Hunde können nur senkrecht mit dem Schwanz wedeln.

试用 *so … dass* 的夸张表述造句。

§30　让步从句

I obwohl, obgleich, obschon

Obwohl wir uns ständig streiten, sind wir doch gute Freunde.
Obgleich wir uns schon seit zwanzig Jahren kennen, hast du mich noch niemals besucht.
Obschon der Professor nur Altgriechisch gelernt hatte, verstanden ihn die griechischen Bauern.

1. *obwohl*、*obgleich*、*obschon* 意义相同，可以互换 (*obschon*已很少使用)。

2. 这三个连词表明，从句的行为是主句行为的对立面或是对主句行为在一定程度上的限制。

3. 让步从句的时态随相关表述的意义而变化。

说明

obwohl 引导从句，*trotzdem* 引导主句。两个连词不可混用(有时在过去的文学作品里可看到该用 *obwohl* 的地方用的是 *trotzdem*)：
Obwohl wir uns ständig *streiten,* sind wir doch gute Freunde.
Wir sind gute Freunde; *trotzdem streiten wir uns* ständig.

1 请用"obwohl"，"obgleich"或"obschon"连接下列各句。

1. Er ist nicht gekommen, …
   a) Ich hatte ihn eingeladen.
   b) Er hatte fest zugesagt.
   c) Er wollte kommen.
   d) Ich benötige seine Hilfe.
   e) Er wollte uns schon seit langem besuchen.
   f) Er wusste, dass ich auf ihn warte.

2. Sie kam zu spät, ...
   a) Sie hatte ein Taxi genommen.
   b) Sie hatte sich drei Wecker ans Bett gestellt.
   c) Sie hatte sich übers Telefon wecken lassen.
   d) Die Straße war frei.
   e) Sie hatte pünktlich kommen wollen.
   f) Sie hatte einen wichtigen Termin.
   g) Sie hatte mir versprochen rechtzeitig zu kommen.

3. Ich konnte nicht schlafen, ...
   a) Ich hatte ein Schlafmittel genommen.
   b) Ich war nicht aufgeregt.
   c) Niemand hatte mich geärgert.
   d) Ich hatte bis spät abends gearbeitet.
   e) Ich war sehr müde.

   f) Das Hotelzimmer hatte eine ruhige Lage.
   g) Kein Verkehrslärm war zu hören.
   h) Ich hatte eigentlich gar keine Sorgen.

4. Das Hallenbad wurde nicht gebaut, ...
   a) Es war für dieses Jahr geplant.
   b) Die Finanzierung war gesichert.
   c) Der Bauplatz war vorhanden.
   d) Der Bauauftrag war bereits vergeben worden.
   e) Die Bürger der Stadt hatten es seit Jahren gefordert.
   f) Auch die Schulen benötigen es dringend.
   g) Auch die Randgemeinden waren daran interessiert.
   h) Man hatte es schon längst bauen wollen.

2 请用 "zwar ..., aber", "zwar ..., aber doch", "zwar ... allerdings", "(aber) dennoch" 或 "(aber) trotzdem" 连接上面练习 1 中的各句 (见§ 24，3)。

3 让步从句和原因从句——请将 § 24 Nr. 2 中的各句按下列模式组成主从复合句(见§ 24，3):

Obwohl er gern Ski läuft, fährt er diesen Winter nicht in Urlaub.
Weil er gern Ski läuft, legt er seinen Urlaub in den Winter.

4 请用括号里给出的连词连接句子。

1. Er war unschuldig. Er wurde bestraft. (dennoch; obwohl)
2. Die Familie wohnte weit von uns entfernt. Wir besuchten uns häufig. (zwar..., aber doch; obgleich)
3. Wir mussten beide am nächsten Tag früh zur Arbeit. Wir unterhielten uns bis spät in die Nacht. (trotzdem; dennoch; obwohl)
4. Wir stritten uns häufig. Wir verstanden uns sehr gut. (allerdings; obschon)
5. Die Gastgeber waren sehr freundlich. Die Gäste brachen frühzeitig auf und gingen nach Hause. (zwar..., dennoch; obwohl)
6. Die Arbeiter streikten lange Zeit. Sie konnten die geforderte Lohnerhöhung nicht durchsetzen. (obwohl; trotzdem)
7. Er hatte anfangs überhaupt kein Geld. Er brachte es durch seine kaufmännische Geschicklichkeit zu einem großen Vermögen. (indessen; obgleich)
8. Die Jungen waren von allen Seiten gewarnt worden. Sie badeten im stürmischen Meer. (dennoch; obwohl)

II wenn ... auch noch so

Wenn er *auch noch so* schlecht schlief, so weigerte er sich eine Tablette zu nehmen.

1. 这种复杂的句式比 *obwohl* 从句更强调对立面。

2. 从句虽然以 *wenn* 开头，但主语之后是 *auch noch so*，这样该句就有了一种让步的意思。这时主句往往以 *so* 开头，指向前面的从句。

Wenn er *auch noch so* schlecht schlief, *er weigerte sich* eine Tablette zu nehmen.

主句位于从句之后时，主句可以是正常的词序 (= 主语占第一位，变位动词占第二位)；这种顺序不适用于其它的主从句中。

Schlief er *auch noch so* schlecht, *er weigerte sich* eine Tablette zu nehmen.

在这样的让步从句中也可以省略 wenn。这时变位动词位于第一位。

5 请用连词 "wenn ... auch noch so" 连接下列各句。

Die Bergsteiger strengten sich an. Sie konnten den Gipfel nicht erreichen.
Wenn die Bergsteiger sich auch noch so anstrengten, sie konnten den Gipfel nicht erreichen. oder: *Die Bergsteiger strengten sich noch so an, sie ...*

1. Der Junge bat seine Eltern darum. Er bekam das Fahrrad doch nicht.
2. Der Student wurde von allen Seiten gewarnt. Er reiste doch in das Krisengebiet.
3. Die Eltern sparten eisern. Das Geld reichte hinten und vorne nicht.
4. Der Reisende hatte das Haschisch gut versteckt. Die Spürhunde fanden es aber sofort.
5. Du kannst dich beeilen. Du wirst den Zug nicht mehr erreichen. (können entfällt)

§31 情况从句

I wie, als (比较从句)

在以 *wie* 或 *als* 引导的比较从句中常有时态的转换，因为一般来说是将过去的某种期待或推测与现实作比较。

Er ist *so reich, wie* ich vermutet habe.
Er machte *einen so hohen Gewinn* bei seinen Geschäften, *wie* er gehofft hatte.

如果现实和想像一致，则用 *wie* 引导的从句。在主句中将 *so (genauso, ebenso, geradeso)* 置于副词或形容词原形之前。

Er verhielt sich *(genau)so, wie* wir gedacht hatten.

有时 *so (genauso、ebenso、geradeso)* 也可单独位于主句中，即不带副词。这时需重读 *so*。

Er ist noch *reicher, als* ich erwartet habe.
Er machte *einen höheren Gewinn, als* er angenommen hatte.

如果现实和想像不一致，则用 *als* 引导的从句。主句中用比较级。

Er verhielt sich ganz *anders, als* wir uns vorgestellt hatten.

在 *anders、ander-* 后用 *als* 带起比较句（例如: *Er hat gewiss andere Pläne, als* ...）。

1 "als" oder "wie" ? 请连线!

I	II	III
1. Es bleibt uns nichts anderes übrig		a) im Allgemeinen angenommen wird.
2. Der Bauer erntete mehr,		b) der Busfahrer geplant hatte.
3. Er erntete so dicke Äpfel,		c) wieder von vorn anzufangen.
4. Der Patient erholte sich schneller,		d) die Ärzte angenommen hatten.
5. Die Steuernachzahlung war nicht so hoch,	als	e) er sie in den Wintern zuvor gehabt hatte.
6. Im letzten Jahr hatte er eine höhere Heizölrechnung,	wie	f) er sie noch nie geerntet hatte.
7. Das Haus ist nicht so alt,		g) der Kaufmann befürchtet hatte.
8. Die Reise verlief anders,		h) er je zuvor geerntet hatte.

2 请练习比较从句。

> War das Konzert gut?
> *Ja, es war besser, als ich erwartet hatte.*
> *Es war nicht so gut, wie ich angenommen hatte.*

请按意义将回答补充完整: als ich gedacht / erwartet / angenommen / gehofft / befürchtet / vermutet / geglaubt hatte.

1. Waren die Eintrittskarten teuer?
2. War der Andrang groß?
3. Waren die Karten schnell verkauft?
4. Spielten die Künstler gut?
5. Dauerte das Konzert lange?
6. War der Beifall groß?
7. Hast du viele Bekannte getroffen?
8. Bist du spät nach Hause gekommen?

3 同上:

1. War die Tagung lohnend?
2. War das Hotel gut eingerichtet?
3. War euer Zimmer ruhig?
4. War das Essen reichhaltig?

5. Waren die Vorträge interessant?
6. Wurde lebhaft diskutiert?
7. Habt ihr viel gestritten?
8. Habt ihr viele Kollegen getroffen?

II   je …, desto (比较从句)

Nebensatz	Hauptsatz		
	I	II	III
a) Je schlechter die Wirtschaftslage ist,	desto schneller	steigen	die Preise.
b)	umso schneller	steigen	die Preise.
	desto höhere Steuern	müssen	gezahlt werden.
c)	desto mehr Geld	fließt	ins Ausland.
	desto mehr Menschen	werden	arbeitslos.
d)	eine desto höhere Inflationsrate	ist	die Folge.

1. *Je* …, *desto* 或者 *je* …, *umso* 引导的两个句子表示比较，这两个句子互相关联，但同时两句在意义上又是独立的。

2. 词序: 首先是 *je* 引导的从句，从句的句首是 *je*，随后是比较级，变位动词位于从句句末。然后是 *desto* 引导的主句，*desto* 和比较级位于主句的第一位，变位动词位于第二位，主语位于第三位（第四位）。

   zu a) 这是最常用的形式。其中的比较级一般为副词比较级。
   zu b) 也可以用形容词定语的比较级，一般用在无冠词的名词前。
   zu c) 如果句中没有定语，则用 *mehr* 或者 *weniger*。
   zu d) 这是较少使用的一种形式: 对于需要冠词的单数名词作主语，一般在 *je* 或者 *desto* 前有一个不定冠词。

3. 所有这些形式在 *je-* 或 *desto-* 句中都是可变化的。其中的名词既可以作为主语使用，也可以作为宾语使用，有时甚至作为介宾结构使用:
   Je schlechter die Wirtschaftslage ist, *mit desto höheren Steuern* muss man rechnen.

4 请用 "je ..., desto" 组合句子。

Wir stiegen hoch; wir kamen langsam vorwärts.
Je höher wir stiegen, desto langsamer kamen wir vorwärts.

1. Er trank viel; er wurde laut.
2. Er isst wenig; er ist schlecht ge-launt.
3. Du arbeitest gründlich; dein Erfolg wird groß sein.
4. Das Hotel ist teuer; der Komfort ist zufriedenstellend.
5. Der Ausländer sprach schnell; wir konnten wenig verstehen.
6. Die Sekretärin spricht viele Fremd-sprachen; sie findet leicht eine gute Stellung.
7. Das Herz ist schwach; eine Operation ist schwierig.
8. Du sprichst deutlich; ich kann dich gut verstehen.
9. Es ist dunkel; die Angst der Kleinen ist groß.
10. Das Essen ist gut gewürzt; es schmeckt gut.

5 同上。

1. Es wurde spät; die Gäste wurden fröhlich.
2. Du arbeitest sorgfältig; du be-kommst viele Aufträge.
3. Die Musik ist traurig; ich werde melancholisch.
4. Ich bekomme wenig Geld; ich muss sparsam sein.
5. Der Vertreter muss beruflich weit fahren; er kann viel von der Steuer absetzen.
6. Ihre Schüler waren klug und fleißig; die Arbeit machte ihr viel Spaß.
7. Hans wurde wütend; Gisela musste laut lachen.
8. Die Künstler, die im Theater auftra-ten, waren berühmt; viele Zuschau-er kamen, aber die Plätze wurden teuer. (desto... , aber desto)
9. Er hält sich lange in Italien auf; er spricht gut Italienisch.
10. Du fährst schnell; die Unfallgefahr ist groß.

6 请自由造句。

1. Je leiser du sprichst,...
2. Je stärker der Kaffee ist,...
3. Je schlechter die Wirtschafts-lage des Landes wird,...
4. Je größer ein Krankenhaus ist,...
5. Je mehr sie über ihn lachten,...
6. Je länger ich sie kannte,...
7. Je öfter wir uns schrieben,...
8. Je frecher du wirst, ...
9. Je mehr du angibst, ...
10. Je strenger die Grenzkontrollen werden, ...

7 请按下列模式连接句子:

Seine Ausbildung ist *gut;* er bekommt ein hohes Gehalt.
Je besser seine Ausbildung ist, ein desto höheres Gehalt bekommt er.

1. Du schreibst höflich; du erhältst ei-ne höfliche Antwort.
2. Du triffst ihn oft; du wirst mit ihm ein gutes Verhältnis haben.
3. Du willst schnell fahren; du musst einen teuren Wagen kaufen.
4. Das Geld ist knapp; du musst einen hohen Zinssatz zahlen.
5. Wir kamen dem Ziel nah; ein star-kes Hungergefühl quälte mich.

III wie (情况状语从句)

Wie es mir geht, weißt du ja.
Du weißt ja, *wie* es mir geht.
Wie ich ihn kennen gelernt habe, habe ich dir schon geschrieben.
Ich habe dir schon geschrieben, *wie* ich ihn kennen gelernt habe.

情况从句形成于对情况的提问:
Wie geht es dir? Wie es mir geht, weißt du ja.

Wie gut er sich verteidigt hat, haben wir alle gehört.
Wir haben alle gehört, *wie gut* er sich verteidigt hat.

情况连词 *wie* 可有副词补充。

Wie ich annehme, wird er trotzdem verurteilt.
Wie ich gehört habe, hat er sein gesamtes Vermögen verloren.

wie 引导的从句可表示某人对某行为的期待和倾向:
Wie ich annehme, kommt er morgen.
Wie ich glaube, …
Wie er sagte,…
Wie ich erfahren habe,…

情况从句位于主句之后的情形较少见:
Meine Verwandten sind schon lange umgezogen, *wie ich annehme.*

8 请按下列模式练习*wie*从句:

Ich werde morgen nach München fahren.
Wie ich Ihnen schon sagte, werde ich morgen nach München fahren.

请根据不同的情况选用: Wie ich schon erwähnte…; Wie ich hoffe / geplant habe;
Wie Sie wissen…

1. Ich werde dort mit Geschäftsfreun-den zusammentreffen.
2. Wir werden uns sicher einig werden.
3. Ich werde interessante Aufträge für die Firma erhalten.
4. Von München aus werde ich meinen Urlaub antreten.
5. Ich werde zwei Wochen wegbleiben.
6. Die Ruhe wird mir gut tun.

IV indem (情况状语从句)

Sie gewöhnte ihm das Rauchen ab, *indem* sie seine Zigaretten versteckte.
Er kann den Motor leicht reparieren, *indem* er die Zündkerzen auswechselt.

indem 引导的情况从句表示某人做某事的方式或方法。问题是: 如何实施某一行为?

9 请按下列模式用 "indem" 连接句子:

> Wie kann man Heizkosten sparen? – Man ersetzt die alten Fenster durch Doppelglasfenster.
>
> *Man kann Heizkosten sparen, indem man die alten Fenster durch Doppelglasfenster ersetzt.*

1. Wie kann man die Heizkosten auch noch senken? – Man lässt die Temperaturen abends nicht über 20 Grad steigen und senkt die Zimmertemperatur in der Nacht auf etwa 15 Grad.
2. Wie kann man ferner die Wohnung vor Kälte schützen? – Man bringt Isoliermaterial an Decke, Fußboden und Wänden an.
3. Wie können wir Rohstoffe sparen? – Im sogenannten Recycling verwendet man bereits gebrauchte Materialien wieder.
4. Wie kann man Benzin sparen? – Man fährt kleinere, sparsamere Autos und geht öfter mal zu Fuß.
5. Wie kann die Regierung die Luft vor industrieller Verschmutzung schützen? – Sie schreibt Rauch- und Abgasfilter gesetzlich vor.
6. Wie kann man die Stadtbewohner vor Lärm schützen? – Man richtet mehr Fußgängerzonen ein und baut leisere Motorräder und Autos.

10 请将下列各句中的斜体部分,即 "durch" 短语用 "indem" 从句替代。

> Die Bauern zeigten *durch Demonstrationen mit Traktoren und schwarzen Fahnen* ihren Protest gegen die neuen Gesetze.
>
> *Die Bauern zeigten ihren Protest gegen die neuen Gesetze, indem sie mit Traktoren und schwarzen Fahnen demonstrierten.*

1. Die ständigen Überschwemmungen an der Küste können *durch den Bau eines Deiches* verhindert werden. (indem man…)
2. Die Ärzte konnten das Leben des Politikers *durch eine sofortige Operation nach dem Attentat* retten. (indem sie ihn…)
3. Als ich meinen Schlüssel verloren hatte, half mir ein junger Mann, *durch die Verwendung eines gebogenen Drahts* die Wohnungstür zu öffnen.
4. Manche Wissenschaftler werden *durch die Veröffentlichung falscher oder ungenauer Forschungsergebnisse* berühmt.
5. Der Chef einer Rauschgiftbande konnte *durch die rechtzeitige Information aller Zollstellen* an der Grenze verhaftet werden.
6. *Durch die Weitergabe wichtiger Informationen an das feindliche Ausland* hat der Spion seinem Land sehr geschadet. (Indem der Spion…)
7. Als die Räuber mit Masken und Waffen in die Bank eindrangen, konnte der Kassierer *durch den Druck auf den Alarmknopf* die Polizei alarmieren.
8. Kopernikus hat *durch die Beobachtung der Sterne* erkannt, dass die Erde eine Kugel ist, die sich um die Sonne dreht.

9. Es hat sich gezeigt, dass man *durch das Verbot der Werbung für Zigaretten im Fernsehen* den Tabakkonsum tatsächlich verringern kann.
10. Viele Menschen können *durch den Verzicht auf Bier und fette Speisen* sehr schnell abnehmen.

11. Die Menschen in den Industrieländern schaden der Umwelt *durch den Kauf von modischen, aber unbrauchbaren Dingen*, die bald wieder weggeworfen werden.

§ 32　目的从句

damit; um ... zu (见 § 33)

Damit der Arzt nichts merkte, versteckte *der Kranke* die Zigaretten.

damit 引导的从句表示行为的目的。当主从句的主语不一致时用 *damit* 从句。
在 *damit* 从句中不可以用情态动词 *sollen* 和 *wollen*，因为连词 *damit* 本身就表示目的、愿望等。

Er nahm eine Schlaftablette, *damit er* leichter einschlafen kann.
Er nahm eine Schlaftablette *um* leichter einschlafen *zu* können.
Er nahm eine Schlaftablette *um* leichter einzuschlafen.

如果主从句的主语一致，则最好用不定式结构 *um ... zu*。可以用情态动词 *können*，但不是必须。

1 请连句—— 如果可能的话，用 "um ... zu"，否则用 "damit"。请注意，要省略占第二位的情态动词。

Ich habe sofort telefoniert. Ich wollte die Wohnung bekommen.
Ich habe sofort telefoniert um die Wohnung zu bekommen.

Ich habe sofort telefoniert. Mein Bruder soll die Wohnung bekommen.
Ich habe sofort telefoniert, damit mein Bruder die Wohnung bekommt.

1. Ich habe die Anzeigen in der Zeitung studiert. Ich wollte eine schöne Wohnung finden.
2. Ich bin in die Stadt gefahren. Ich wollte eine Adresse erfragen.
3. Ich beeilte mich. Niemand sollte mir zuvorkommen.
4. Viele Vermieter geben aber eine Anzeige unter Chiffre auf. Die Leute sollen ihnen nicht das Haus einrennen.
5. Wir haben die Wohnung genau vermessen. Die Möbel sollen später auch hineinpassen.

6. Ich habe viele kleine Sachen mit dem eigenen Wagen transportiert. Ich wollte Umzugskosten sparen.

7. Wir haben das Geschirr von der Transportfirma packen lassen. Die Versicherung bezahlt dann auch, wenn ein Bruchschaden entsteht.

8. Wir haben den Umzug an den Anfang des Urlaubs gelegt. Wir wollen die neue Wohnung in aller Ruhe einrichten (... zu können).

9. Schließlich haben wir noch eine Woche Urlaub gemacht. Wir wollten uns ein bisschen erholen.

2 请将斜体部分改成 *um ... zu* 从句，如果不行，则改成 *damit* 从句。请注意，要省略占第二位的情态动词。

1. Franz Häuser war von Wien nach Steyr gezogen. *Er sollte dort eine Stelle in einer Papierfabrik annehmen.*

2. Eines Tages beschloss Franz, im alten Fabrikschornstein hochzusteigen. *Er wollte sich seine neue Heimat einmal von oben anschauen.* Natürlich war der Schornstein schon lange außer Betrieb.

3. Franz nahm eine Leiter. *Er wollte den Einstieg im Schornstein erreichen.* Dann kroch er hindurch und stieg langsam hinauf.

4. Das war nicht schwer, denn innen hatte man eiserne Bügel angebracht; *die Schornsteinfeger sollten daran hochklettern können.*

5. Fast oben angekommen, brach ein Bügel aus der Mauer. Schnell ergriff er den nächsten Bügel. *Er wollte nicht in die Tiefe stürzen.*

6. Aber auch dieser brach aus und Franz fiel plötzlich mit dem Eisen in seiner Hand 35 Meter tief hinunter. Dennoch geschah ihm nichts weiter, nur der Ruß, der sich unten im Schornstein etwa einen Meter hoch angesammelt hatte, drang ihm in Mund, Nase und Augen. Er schrie und brüllte, so laut er konnte. *Seine Kameraden sollten ihn hören.*

7. Aber es war erfolglos, er musste einen anderen Ausweg finden. *Er wollte nicht verhungern.*

8. Er begann, mit der Spitze des Eisenbügels, den er immer noch in der Hand hielt, den Zement aus den Fugen zwischen den Backsteinen herauszukratzen. *Er wollte die Steine herauslösen.*

9. In der Zwischenzeit hatten seine Kameraden sich aufgemacht. *Sie wollten ihn suchen.*

10. Aber sie fanden ihn nicht. Nach ein paar Stunden hatte Franz eine Öffnung geschaffen, die groß genug war. *Er konnte hindurchkriechen.*

11. Man brachte ihn in ein Krankenhaus. *Er sollte sich von dem Schock und den Anstrengungen erholen.*

12. Dort steckte man ihn zuerst in eine Badewanne. *Man wollte ihn dort vom Ruß befreien.*

der Bügel = u-förmig gebogenes Eisen
die Fuge = schmaler Raum, z.B. zwischen zwei Backsteinen
der Ruß = schwarzes Zeug, das sich bei der Verbrennung niederschlägt

3 如果可能的话，用 *um ... zu* 从句回答，否则用 *damit* 从句回答。

Wozu braucht der Bauer einen Traktor? – Zur Bearbeitung der Felder.
Der Bauer braucht einen Traktor um die Felder bearbeiten zu können.

1. Wozu düngt er im Frühjahr die Felder? – Zum besseren Wachstum der Pflanzen.
2. Wozu hält er Kühe? – Zur Gewinnung von Milch.
3. Wozu braucht er eine Leiter? – Zum Ernten der Äpfel und Birnen.
4. Wozu nimmt er einen Kredit von der Bank auf? – Zur Einrichtung einer Hühnerfarm.
5. Wozu annonciert er in der Zeitung? – Zur Vermietung der Fremdenzimmer in seinem Haus.
6. Wozu kauft er eine Kutsche und zwei Pferde? – Zur Freude der Gäste. (sich daran freuen)
7. Wozu richtet er unter dem Dach noch Zimmer ein? – Zur Unterbringung der Gäste. (dort unterbringen)
8. Wozu baut er ein kleines Schwimmbecken? – Zur Erfrischung der Gäste und zu ihrem Wohlbefinden. (sich erfrischen, sich wohl fühlen)

§ 33 用 "um … zu, ohne … zu, anstatt … zu" 引导的表示不同意义的不定式结构

与依赖于某个特定动词的动词不定式结构不同，用 *um … zu*, *ohne … zu*, *anstatt (statt) … zu* 引导的不定式结构有各自不同的意义。

a) 用 *um … zu* 表示愿望或意图 (见 § 32):
Ich gehe zum Meldeamt *um* meinen Pass ab*zu*holen.

b) 用 *ohne … zu* 表示期望的东西没有出现:
Er ging einfach weg *ohne* meine Frage *zu* beantworten.

c) 用 *anstatt … zu* 表示某人的表现使人意外:
Die Gastgeberin unterhielt sich weiter mit ihrer Freundin *anstatt* die Gäste *zu* begrüßen.

Er ging ins Ausland *um* dort *zu* studieren.
                    ohne lange *zu* überlegen.
                    anstatt das Geschäft des Vaters weiter*zu*führen.

用 *um … zu*, *ohne … zu*, *anstatt … zu* 引导的不定式结构没有自己的主语，它们的主语是主句中的主语。用 *um … zu*, *ohne … zu*, *anstatt … zu* 引导的不定式结构可以位于主句前:
Um im Ausland zu studieren verließ er seine Heimat.
Ohne lange zu überlegen begann er sein Studium.
Anstatt das Geschäft seines Vaters weiterzuführen ging er ins Ausland.

如果主从句的主语不一致，则用 *damit*，*ohne dass* 或 *anstatt dass* 引导一个完整的从句。

说明

在 *nichts/etwas anderes* 或 *alles andere* 之后常有一个用 *als* 引导的表示比较的不定式结构：

Der Junge hatte *nichts anderes* im Kopf *als* mit dem Motorrad *herumzufahren*.
Er tut alles andere als sich auf die Prüfung vorzubereiten.

1 请将斜体部分改成用 "um ... zu", "ohne ... zu" 或 "(an)statt ... zu" 引导的不定式结构。

> Sie haben den Wagen heimlich geöffnet. *Sie wollten ihn stehlen.*
> *Sie haben den Wagen heimlich geöffnet um ihn zu stehlen.*
>
> Er hat den Wagen gefahren. *Er besaß keinen Führerschein.*
> *Er hat den Wagen gefahren ohne einen Führerschein zu besitzen.*
>
> *Sie hat den Unfall nicht gemeldet.* Sie ist einfach weitergefahren.
> *Anstatt den Unfall zu melden ist sie einfach weitergefahren.*

1. Drei Bankräuber überfielen eine Bank. *Sie wollten schnell reich werden.*
2. *Sie zählten das Geld nicht.* Sie packten es in zwei Aktentaschen.
3. Die Bankräuber wechselten zweimal das Auto. *Sie wollten schnell unerkannt verschwinden.*
4. *Sie nahmen nicht die beiden Taschen mit.* Sie ließen eine Tasche im ersten Wagen liegen.
5. *Sie kamen nicht noch einmal zurück.* Die vergesslichen Gangster rasten mit dem zweiten Auto davon.
6. Sie fuhren zum Flughafen. *Sie wollten nach Amerika entkommen.*
7. *Sie zahlten nicht mit einem Scheck.* Sie kauften die Flugtickets mit dem gestohlenen Geld.
8. *Sie wollten in der Großstadt untertauchen.* Sie verließen in Buenos Aires das Flugzeug, wurden aber sofort verhaftet.
9. Sie ließen sich festnehmen. *Sie leisteten keinen Widerstand.*
10. Sie wurden nach Deutschland zurückgeflogen. *Sie sollten vor Gericht gestellt werden.*
11. Sie nahmen das Urteil entgegen. *Sie zeigten keinerlei Gemütsbewegung.* (ohne irgendeine...)

2 请将斜体部分改成用 "um ... zu", "ohne ... zu" 或 "anstatt ... zu" 引导的不定式结构，如果不行，则改成用 "damit", "ohne dass" 或 "anstatt dass" 引导的从句。

1. Herr Huber hatte in einem Versandhaus ein Armband bestellt. *Er wollte es seiner Frau zum Geburtstag schenken.*
2. Er schickte die Bestellung ab. *Er schrieb aber den Absender nicht darauf.*
3. Er wartete vier Wochen. *Das Armband kam nicht.*
4. *Er rief nicht an.* Er schimpfte auf die langsame Firma.
5. Dann feierte Frau Huber Geburtstag. *Ihr Mann konnte ihr das Armband nicht schenken.*

6. Schließlich schrieb er an das Versandhaus. *Sie sollten ihm das Armband endlich zuschicken.*

7. Herr Huber erhielt das erwartete Päckchen wenige Tage später. *Das Versandhaus gab keine Erklärung für die Verspätung ab.*

8. *Frau Huber wusste nichts von dem Geschenk ihres Mannes.* Am Tag der Zustellung des Päckchens kam Frau Huber aus der Stadt zurück: Sie hatte sich das gleiche Armband gekauft! (Ohne etwas ... kam Frau Huber ...)

3 请将主句分别和 a)、b)连句，分别用不定式结构和 *dass* 从句及 *damit* 从句。

1. Der Schriftsteller schrieb seinen Roman, ohne ...
a) Er gönnte sich keine Pause.
b) Kein Verlag hatte ihm die Abnahme garantiert.

2. An der Grenze zeigte der Reisende seinen Pass, ohne ...
a) Der Beamte warf keinen Blick hinein.
b) Er war gar nicht darum gebeten worden.

3. Er machte die Taschenlampe an, *(damit oder um ... zu)* ...
a) Sein Freund konnte ihn sehen.
b) Er konnte von seinem Freund gesehen werden.

4. Er trug das gesamte Gepäck fünf Stockwerke hoch, statt ...
a) Seine Kinder halfen ihm nicht dabei.
b) Er benutzte den Aufzug nicht.

5. Die beiden hatten sich etliche Bücher mit auf die Reise genommen, *(damit oder um ... zu)* ...
a) Die Bahnfahrt sollte nicht zu langweilig werden. (langweilig würde)
b) Sie wollten sich damit die Langeweile vertreiben.

6. Die Arbeiter forderten mehr Lohn, *(damit oder um ... zu)* ...
a) Sie wollten bei sinkender Kaufkraft der Mark wenigstens keinen Einkommensverlust haben.

b) Ihr Einkommen sollte wenigstens die alte Kaufkraft behalten.

7. Eine Gruppe Arbeiter streikte, ohne ...
a) Sie hatte sich nicht mit der Gewerkschaftsleitung abgesprochen.
b) Die Gewerkschaftsleitung war davon nicht informiert worden.

8. Die Unternehmensleitung erlaubte sich teure private Ausgaben, anstatt ...
a) Sie dachte nicht an das Wohl der Firma.
b) Wichtige Investitionen wurden nicht gemacht. (worden wären)

9. Die Eigentümer verkauften die Firma, ohne ...
a) Der Betriebsrat wurde nicht informiert.
b) Sie informierten den Betriebsrat nicht davon.

10. Die Arbeiter besetzten ihre bankrotte Firma, *(damit oder um ... zu)* ...
a) Die Maschinen sollten nicht heimlich verkauft werden können.
b) Sie wollten vom Verkauf der Maschinen den Arbeitslohn finanzieren, den sie noch zu bekommen hatten.

§ 34 疑问句作为从句

如果疑问句作为从句，则必须有连词引导。

Niemand weiß, *ob* wir sie jemals wiedersehen.

当一般疑问句作为从句时，用 *ob* 引导。

temporal	..., *wann* sie weggegangen ist.
kausal	..., *warum* sie sich verstecken muss.
	..., *weswegen* sie uns verlassen hat.
modal	..., *wie* es ihr geht.
	..., *wie* einsam sie jetzt ist.
lokal	..., *wo* sie jetzt ist.
	..., *wohin* sie geflohen ist.

..., *wer* ihr bei der Flucht geholfen hat.
..., *was* sie denkt und macht.
..., *wessen Befehle* sie ausführt.
..., *wem* sie gehorcht.
..., *wen* sie kennt.

..., *an wen* sie sich gewendet hat.
..., *vor wem* sie sich fürchtet.

..., *worauf* sie wartet.
..., *womit* sie sich beschäftigt.
..., *worunter* sie leidet.

当特殊疑问句作为从句时，用该特殊疑问词或介词加特殊疑问词作为连词。

1 请将 § 17 Nr. 3 中的疑问句改为从句，其主句可选用如下说法："Wissen Sie vielleicht，...?" "Können Sie mir sagen，...?" "Ist Ihnen vielleicht bekannt，...?" 等。

Backt dieser Bäcker auch Kuchen?
Haben Sie eine Ahnung, ob dieser Bäcker auch Kuchen backt?

2 请用 § 17 Nr. 9 中的各句仿例练习：

A: *Sag mir bitte, an wen du geschrieben hast!*
B: An wen...? Ich habe an meine Schwester geschrieben.

请两人一组练习。A向B提出要求；如：他这样开始：*Verrat mir doch*，...；
Erzähl mir mal，...；*Ich möchte wirklich gern wissen*，... 等。B回答。

3 请按下列模式练习。请选用下列说法作为主句："Ich weiß leider auch nicht, …;" "Ich kann Ihnen auch nicht sagen, …;" "Mir ist leider auch nicht bekannt, …"

Wo kann ich hier eine Auskunft bekommen?
Ich kann Ihnen auch nicht sagen, wo Sie hier eine Auskunft bekommen können.

1. Wo kann ich hier ein Flugticket bekommen?
2. Warum können die Flugzeuge heute von hier nicht starten?
3. Wann soll das Flugzeug aus Kairo ankommen?
4. Um wie viel Uhr muss ich wieder hier sein?
5. Wo kann ich mein Gepäck abgeben?
6. Wieviel türkische Pfund darf ich in die Türkei mitnehmen?

4 请按下列模式练习:

Mietest du ein Zimmer oder eine Wohnung?
Die Frage ❯ ist noch nicht geklärt.
Die Frage, ob ich ein Zimmer oder eine Wohnung miete, ist noch nicht geklärt.

1. Ist der Fahrer unaufmerksam gewesen und deshalb gegen einen Baum gefahren? – Das Rätsel ❯ ist noch nicht aufgeklärt.
2. Ist er zu schnell gefahren? – Die Frage ❯ wollte er nicht beantworten.
3. Hat der Verletzte etwas gebrochen? – Von der Feststellung ❯ hängt seine weitere Behandlung ab.
4. Hat der Fahrer Alkohol im Blut gehabt? – Die Frage ❯ wird die Blutuntersuchung beantworten.
5. Verliert der Autofahrer seinen Führerschein? – Die Entscheidung ❯ muss der Richter treffen.
6. Bekommt der Fahrer eine Gefängnisstrafe? – Die Ungewissheit ❯ macht ihn ganz krank.
7. Hat der Angeklagte sich verfolgt gefühlt? – Von der Feststellung des Richters ❯ hängt sehr viel ab.
8. Wird der Mann seine Stelle als Fernfahrer behalten? – Die Entscheidung ❯ hängt ganz vom Ergebnis der Blutuntersuchung ab.

5 请按下列模式练习:

Kommt er mit uns? – Er hat sich noch nicht geäußert.
Er hat sich noch nicht geäußert, ob er mitkommt.

Wohin fahren wir? – Ich erzähle (es) dir nachher.
Ich erzähle dir nachher, wohin wir fahren.

1. Wer fährt sonst noch mit? – Wir werden (es) sehen.
2. Wann kommen wir zurück? – Ich weiß (es) selbst nicht.
3. Müssen wir einen Pass mitnehmen? – Kannst du mir (das) sagen?
4. Was kostet die Fahrt? – Ich möchte (es) gern wissen.
5. Kann ich vorne beim Fahrer sitzen? – Sag mir (das) bitte.
6. Fahren die Frauen auch mit? – Hans möchte (es) gern wissen.

7. Gehen wir zum Mittagessen in ein Restaurant oder müssen wir das Essen mitnehmen? – Es muss uns doch gesagt werden. (... oder ob)

8. Soll ich mein Fernglas mitnehmen? – Ich weiß (es) nicht.

9. Warum soll er seine Kamera nicht mitnehmen? – Hans will (es) wissen.

10. Hat der Bus eine Klimaanlage? – Kannst du mal nachfragen?

§ 35   关系从句

前言

1. 关系从句是修饰某一名词的从句，它们是对该名词的补充说明，如果没有这些说明，则难以理解该句。
   Jugendliche, *die einen guten Schulabschluss haben,* finden leichter eine Lehrstelle.

2. 一般情况下，关系从句直接位于它所修饰的名词之后，即它被放在既定的句子中，而不改变该句的词序。关系从句可以被置于主句、从句、不定式结构或另外的关系从句中。
   a) 主句: Der Polizist fragt den Passanten, *der den Unfall gesehen hat,* nach seiner Meinung.
   b) 从句: Der Polizist vermutet, dass der Passant, *der den Unfall gesehen hat,* vor Gericht nicht aussagen will.
   c) 不定式结构: Der Polizist hofft den Passanten, *der den Unfall gesehen hat,* wiederzuerkennen.
   d) 关系从句: Der Polizist verfolgt den Mann, *der* den Unfall, *bei dem ein Kind verletzt worden ist, gesehen hat.*
   Oder einfacher: Der Polizist verfolgt den Mann, *der* den Unfall *gesehen hat, bei dem* ein Kind *verletzt worden ist.*

说明

1. 在名词和关系从句间也可以有动词，动词成份、副词等存在。
   Wir müssen noch den Artikel *durchlesen,* der heute gedruckt werden soll.
   Sie rannte dem Kind *hinterher,* das auf die Straße laufen wollte.

2. 关系代词 *welcher*, *welche*, *welches* 是过时的用法，如今已很少使用。

I 关系从句中关系代词的第一格、第四格、第三格

Nom.	Sg.	m	Der Mann,	*der* dort steht,	kennt den Weg nicht.
		f	Die Frau,	*die* dort steht,	
		n	Das Kind,	*das* dort steht,	
	Pl.		Die Leute,	*die* dort stehen,	kennen den Weg nicht.
Akk.	Sg.	m	Der Mann,	*den* ich gefragt habe,	ist nicht von hier.
		f	Die Frau,	*die* ich gefragt habe,	
		n	Das Kind,	*das* ich gefragt habe,	
	Pl.		Die Leute,	*die* ich gefragt habe,	sind nicht von hier.
Dat.	Sg.	m	Der Mann,	*dem* ich geantwortet habe,	versteht mich nicht.
		f	Die Frau,	*der* ich geantwortet habe,	
		n	Das Kind,	*dem* ich geantwortet habe,	
	Pl.		Die Leute,	*denen* ich geantwortet habe,	verstehen mich nicht.

1. 关系代词的性和数随它所修饰的名词而变化。

2. 关系代词的格随它所在的关系从句的结构而变化。

                         Akk. Sg. m.   *Nom.* Sg. m

Die Anwohner können *den Verkehrslärm,* *der* ihren Schlaf stört, kaum noch aushalten.

                  Nom. Sg. f   *Akk.* Sg. f

Heute hat *die alte Hausmeisterin,* *die* alle sehr schätzen, gekündigt.

Nom. Sg. m   *Dat.* Sg. m

Der Verteidiger, *dem* das Urteil ungerecht schien, protestierte heftig.

Nom. Pl.   *Dat.* Pl.

Die Zuschauer, *denen* die Aufführung nicht gefiel, verließen das Theater.

1 **Kunden im Warenhaus** – 请用关系代词的第一格和第四格连句。

1. Ist das der Taschenrechner, ... Sie in der Zeitung annonciert haben?
2. Was kosten die Hosen, ... hier hängen?
3. Haben Sie auch Wanduhren, ... mit einer Batterie betrieben werden?

4. Kann ich das Kleid, ... im Schaufenster ausgestellt ist, mal anprobieren?

5. Ich suche einen Elektrokocher, ... man auf verschiedene Temperaturen einstellen kann.

6. Haben Sie Bürolampen, ... man am Schreibtisch anschrauben kann?

7. Wo haben Sie die Kaffeemaschine, ... kürzlich im Test so gut beurteilt wurde?

8. Was kostet der Lautsprecher, ... hier in der Ecke steht?

9. Ich suche ein Kofferradio, ... man sowohl mit Batterie als auch mit Netzstrom betreiben kann.

10. Haben Sie auch Armbanduhren, ... sich automatisch durch die Armbewegung aufziehen?

11. Das ist das Kästchen mit Spieluhr, ... ein Lied spielt, wenn man den Deckel öffnet.

12. Hier sind die Kerzen, ... nicht nur leuchten, sondern auch Insekten vertreiben.

13. Haben Sie auch einen Kühlschrank, ... man im Campingwagen mitnehmen kann?

14. Haben Sie Batterien, ... wieder aufgeladen werden können?

2 请用关系从句解释下列名词。

ein Segelflugzeug (ohne Motor durch die Luft fliegen)
Ein Segelflugzeug ist ein Flugzeug, das ohne Motor durch die Luft fliegt.

1. ein Flussschiff (auf Flüssen verkehren)
2. ein Holzhaus (aus Holz gebaut sein)
3. eine Wochenzeitung (jede Woche einmal erscheinen)
4. eine Monatszeitschrift (?)
5. ein Elektromotor (von elektrischem Strom getrieben werden)
6. ein Motorboot (?)
7. eine Mehlspeise (aus Mehl zubereitet werden)
8. ein Kartoffelsalat (?)
9. eine Orgelmusik (mit einer Orgel ausgeführt werden)
10. eine Blasmusik (mit Blasinstrumenten...)
11. ein Holzwurm (im Holz leben)
12. ein Süßwasserfisch (?)

3 关系代词的第一格或第四格——请对下列斜体印刷的名词提问，并这样开始："Was machst du mit ...?"

Mein Onkel hat mir ein *Haus* vererbt.
Was machst du mit dem Haus, das dir dein Onkel vererbt hat?

1. Ich habe *1000 Mark* im Lotto gewonnen.
2. Mein *Hund* bellt von morgens bis abends.
3. Meine Freundin hat das *Bügeleisen* kaputtgemacht.
4. Meine Eltern haben mir eine *Kiste Wein* zum Examen geschickt.
5. Meine Freunde haben mir eine *Palme* gekauft.
6. Mein *Papagei* (m) ruft immer „Faulpelz".
7. Meine Verwandten haben mir ein *Klavier* geschenkt.
8. Meine *Katze* stiehlt mir das Fleisch aus der Küche.

4 同上。请这样开始："Was hat er denn mit ... gemacht?"

Er hat sich *Nägel* gekauft.
Was hat er denn mit den Nägeln gemacht, die er sich gekauft hat?

1. Er hat sich *Farbe* (f) gekauft.
2. Sie hat sich *Topfpflanzen* besorgt.
3. Der Schriftsteller hat einen *Roman* geschrieben.
4. Die Kinder haben *Kreide* (f) aus der Schule mitgenommen.
5. Die Katze hat eine *Maus* gefangen.
6. Der junge Mann hat das *Auto* kaputtgefahren.
7. Die Nachbarin hat sich *Kleiderstoffe* (Pl.) gekauft.
8. Fritz hat eine *Brieftasche* gefunden.

5 请自由造句并按练习3、4 的模式对所造的句子提问。

6 请用关系代词的第一格、第三格或第四格填空。

1. Wer ist die Frau, … ?
   a) … immer so laut lacht
   b) … du eben begrüßt hast
   c) … du gestern angerufen hast
2. Kennst du die Leute, … ?
   a) … diese Autos gehören
   b) … da vor der Tür stehen
   c) … der Bürgermeister so freundlich begrüßt
3. Frau Huber, … , ist unsere Nachbarin.
   a) … du ja kennst
   b) … auch dieses Haus gehört
   c) … schon fünfzehn Jahre Witwe ist

4. Ich fahre morgen zu meinem Bruder, … .
   a) … schon seit zehn Jahren in Stuttgart wohnt
   b) … ich beim Hausbau helfen will
   c) … ich schon lange nicht mehr gesehen habe
5. Die Fußballspieler, … , gaben ihr Letztes.
   a) … ein Tor nicht genügte
   b) … von der Menge angefeuert wurden
   c) … aus Belgien kamen

II 关系从句中关系代词的第二格

Sg.	m	Der Turm, *dessen* Fundamente morsch sind, soll abgerissen werden.
	f	Die Bibliothek, *deren* Räume renoviert werden, ist zur Zeit geschlossen.
	n	Das Gebäude, *dessen* Dach schadhaft ist, soll renoviert werden.
Pl.		Die Busse, *deren* Motoren zu alt sind, müssen verkauft werden.

1. 关系代词的第二格代替第二格定语：
Die Fundamente des Turmes	=	dessen Fundamente
die Räume der Bibliothek	=	deren Räume
die Motoren der Busse	=	deren Motoren

2. 关系代词的第二格之后的名词在用法上类似于不带冠词的名词；也就是说，以下形容词的变格也类似于没有冠词时的变格：
   Der Turm, dessen feucht*es* Fundament …
   Die Busse, deren alt*e* Motoren …

3. 关系代词第二格的性和数随它所修饰的名词而变化。下面没有冠词的名词和格取决于关系从句的结构。

Nom. Sg. n | Akk. Sg. m

Das Gebäude, dessen Keller man renovieren will, ...
(= Man will *den Keller des Gebäudes* renovieren.)

Akk. Sg. n | Dat. Pl.

Wir lieben *das alte Haus, dessen Bewohnern* eine Räumungsklage droht.
(= *Den Bewohnern des alten Hauses* droht eine Räumungsklage.)

7 请用关系代词的第二格填空。

1. a) Der Baum b) Die Pflanze c) Die Sträucher (Pl.)
   ..., ... Wurzeln krank waren, musste(n) ersetzt werden.
2. a) Der Reisende b) Die Touristin c) Das Kind
   ..., ... Ausweis nicht zu finden war, konnte die Grenze nicht passieren.
3. a) Der Student b) Die Studentin c) Die Studenten
   ..., ... Doktorarbeit in der Fachwelt großes Interesse fand, wurde(n) von der Universität ausgezeichnet.
4. a) Der Architekt b) Die Architektin c) Das Architektenteam
   ..., ... Brückenkonstruktion plötzlich zusammengebrochen war, wurde vor Gericht gestellt.
5. a) Der Junge b) Das Mädchen c) Die Kinder
   ..., ... Mutter im Krankenhaus lag, wurde(n) von einer Verwandten versorgt.
6. a) Der Arbeiter b) Die Arbeiterin c) Die Arbeiter
   ..., ... Betrieb schließen musste, war(en) plötzlich arbeitslos.
7. a) Die jungen Leute b) Die Dame c) Der Herr
   ..., ... Auto in einen Graben geraten war, bat(en) den Automobilclub telefonisch um Hilfe.
8. a) Der Sportverein b) Die Kleingärtner (Pl.) c) Der Tennisclub
   ..., ... Gemeinschaftsräume zu klein geworden waren, beschloss(en) den Bau eines neuen Hauses.

8 请连句。请用关系代词的第二格。

Wir beruhigten die Ausländerin. Ihr Sohn war bei einem Unfall leicht verletzt worden.
Wir beruhigten die Ausländerin, deren Sohn bei einem Unfall leicht verletzt worden war.

1. Der Geiger musste das Konzert absagen. Sein Instrument war gestohlen worden.
2. Der Dichter lebt jetzt in der Schweiz. Seine Romane waren immer große Erfolge.
3. Man hat das Rathaus abreißen wollen. Seine Räume sind dunkel und schlecht zu heizen.
4. Die Bürger jubelten. Ihre Proteste hatten schließlich zum Erfolg geführt.

5. Der Chirurg wurde von Patienten aus aller Welt angeschrieben. Seine Herzoperationen waren fast immer erfolgreich verlaufen.

6. Der Pilot hatte sich mit dem Fallschirm gerettet. Sein Flugzeug hatte zu brennen begonnen.

7. Der Autofahrer hatte sich verfahren. Seine Straßenkarten waren zu ungenau.

8. Die Reisenden wollten mit dem Bus nicht weiterfahren. Sein Fahrer war betrunken.

9. Wir konnten das Auto nicht selbst reparieren. Sein Motor war defekt.

10. Sie versuchten die arme Frau zu beruhigen. Ihr Sohn war mit dem Motorrad verunglückt.

11. Kurz nach 17 Uhr kam ich zur Post. Ihre Schalter waren aber inzwischen geschlossen.

12. Der Richter ließ sich von den Zeugen nicht täuschen. Ihre Aussagen waren widersprüchlich.

13. Die Angeklagte wurde zu zwei Jahren Gefängnis verurteilt. Ihre Schuld war erwiesen.

14. Verärgert stand er vor den verschlossenen Türen der Bank. Ihre Öffnungszeiten hatten sich geändert.

15. Für den Deutschen war es schwer, sich in dem fremden Land zurechtzufinden. Seine Fremdsprachenkenntnisse waren sehr gering.

III 由介词引导的关系从句

Einige Häuser, *für die* die Nachbarn gekämpft haben, sollen erhalten bleiben. (Die Nachbarn haben für die Häuser gekämpft.)

Man will das Schloss, *in dessen* Park jetzt Festspiele stattfinden, renovieren. (In dem Park des Schlosses finden jetzt Festspiele statt.)

当介词和关系代词共同引导句子时，介词位于关系代词前。

IV 由 "wo(-)" 引导的关系从句

Man hat das Haus, *in dem* wir zwanzig Jahre gewohnt haben, jetzt abgerissen.
Man hat das Haus, *wo* wir zwanzig Jahre gewohnt haben, jetzt abgerissen.
Die Kleinstadt, *in die* ich umgezogen bin, gefällt mir sehr gut.
Die Kleinstadt, *wohin* ich umgezogen bin, gefällt mir sehr gut.

介词 *in* + 关系代词表示地点时可由 *wo* (= *in* + 三格) 或 *wohin* (= *in* + 四格) 代替。

In der Innenstadt von Hamburg, *wo* der Lärm unerträglich ist, möchte ich nicht wohnen.

在城市名或国家名之后常用 *wo* 或 *wohin* (见说明)。

Man hat den alten Marktplatz umgebaut, *worüber* sich die Bürger sehr aufgeregt haben.
In der Stadt bleibt nur noch wenig übrig, *woran* sich die Bürger erinnern.

如果关系代词前必须有介词，同时该关系从句说明的是整个主句，则用 *wo(r)* + 介词。

说明

1. 在没有冠词的城市名或国家名（见 §3，III）之后，关系代词的第一格、第四格或第三格为中性：
   Hamburg, *das* 100 Kilometer entfernt liegt, ist meine Heimatstadt.
   Russland, *das* er über 50 Jahre nicht mehr gesehen hatte, blieb ihm unvergesslich.

2. 关系代词 *wo* 也可以指代时间：
   In den letzten Jahren, *wo* es der Wirtschaft gut ging, hat man die Renten weiter erhöht. (stilistisch besser: … , *als* es der Wirtschaft gut ging, …)

V　由 "wer，wen，wem，wessen" 引导的关系从句

Wer die Ehrlichkeit des Kaufmanns kennt, (der) wird ihm auch glauben.
Wen die Götter verderben wollen, (den) schlagen sie mit Blindheit.
Wessen Herz für die Freiheit schlägt, den nenne ich einen edlen Mann.
Wem die Bergwanderung zu anstrengend wird, der soll jetzt zurückbleiben.

1. 以 *wer*，*wessen*，*wem*，*wen* 引导的关系从句表示不确定的人：
   Jeder, der die Ehrlichkeit des Kaufmanns kennt, wird ihm auch glauben.
   Denjenigen, den die Götter verderben wollen, schlagen sie mit Blindheit.
   Alle, denen die Bergwanderung zu anstrengend ist, sollen jetzt zurückbleiben.

2. 在主句前常有指示代词 *der*，*den*，*die* 等等，尤其是主从句中的格不一致时
   (*wessen* …，*den* …; *wem* …，*der* …)。

VI　由 "was" 引导的关系从句

Alles, was du mir erzählt hast, habe ich schon gehört.
Nichts, was du mir mitgeteilt hast, ist mir neu.
Das, was mich ärgert, ist der Inhalt deines letzten Briefes.
Das Schönste, was du geschrieben hast, ist die Nachricht von deiner Verlobung.

在指示代词 *das* 之后，在 *alles*，*nichts*，*etwas*，*einiges* 等之后，以及在中性最高级如 *das Schönste*，*das Letzte* 等之后用 *was* 引导关系从句。

Er rief gestern plötzlich an, *was* wir nicht erwartet hatten.
Er sagt, dass er Geldschwierigkeiten habe, *was* ich nicht glauben kann.

如果关系从句说明的是整个主句时，用 *was* 来引导。

Er hat niemals *davon* gesprochen, *was* bei dem Unfall geschehen ist.
Er kann sich nicht mehr *daran* erinnern, *was* er alles erlebt hat.

如果 *was* 引导的关系从句说明的是一个介宾结构，则 *da(r)* + 介词必须位于主句中（见 §
15，II 和 § 16，II，2）。

Was sich damals ereignet hat, (das) bleibt unerklärlich.
Was wir an diesem Tag erlebt haben, (das) können wir nie vergessen.
Was die Ursache des Unglücks war, *darüber* wollen wir schweigen.

如果 *was* 句被前置，则它可替代主语，四格宾语或介宾结构：

Das damalige Ereignis bleibt unerklärlich. (Subjekt)
Das Erlebnis an diesem Tag können wir nie vergessen. (Akkusativobjekt)
Über die Ursache des Unglücks wollen wir schweigen. (präpositionales Objekt)

指示代词 *das* 可位于主句首位以示强调；如果 *was* 句说明的是介宾结构时，则 *da(r)* + 介
词必须位于主句首位（*was* 句位于主句前时）。

由于关系代词 *was* 总是表示单数，我们必须从上下文来判断，*was* 句所说明的到底是单
数还是复数。上面所举的例子也有可能指代下列复数表述：

Die damaligen Ereignisse bleiben unerklärlich. – *Unsere Erlebnisse* können wir nie
vergessen.

9 Einige Fragen über die deutschsprachigen Länder —— 用介词加关系代词或 "wo"。
答案见本章结尾。

> In welcher Stadt ist Wolfgang Amadeus Mozart geboren?
> *Salzburg ist die Stadt, in der Wolfgang Amadeus Mozart geboren ist. (… , wo …)*

1. In welcher Gegend gibt es die meisten Industrieanlagen?
2. An welchem Fluss steht der Lorelei-Felsen?
3. In welchem Wald steht das Hermanns-Denkmal?
4. In welchem Gebirge gibt es die höchsten Berge?
5. Auf welchem Berg wurde der Segelflug zum ersten Mal erprobt?
6. In welcher Stadt ist Ludwig van Beethoven geboren und in welcher Stadt ist er gestorben?
7. In welchem Staat gibt es drei Amtssprachen, aber vier Landessprachen?
8. An welchem See haben drei Staaten einen Anteil?
9. Über welche Leute werden die meisten Witze erzählt?
10. In welcher Stadt standen früher die schönsten Barockbauten Europas?
11. Vor den Mündungen welcher großen Flüsse liegt die Insel Helgoland? (Es sind die Mündungen der … und der …)
12. In welchen zwei Städten am Rhein liegen viele deutsche Kaiser und Könige begraben?
13. In der Nähe welcher Stadt wurden die olympischen Winterspiele 1976

ausgetragen? (… ist die Stadt, in + Genitiv)

14. Durch welchen Berg führt die Straße von Basel nach Mailand?

15. Nach welchem Berg ist die Hochalpenstraße in Österreich benannt?

10 请按下列模式造句。介词位于关系代词前。

Was ist ein Pass? (Ausweis (m) / mit / in andere Staaten reisen können)
Ein Pass ist ein Ausweis, mit dem man in andere Staaten reisen kann.

1. Was ist ein Holzfass? (Behälter (m) / in / z.B. Wein lagern können)
2. Was ist ein Fahrrad? (Verkehrsmittel (n) / mit / sich mit eigener Kraft fortbewegen können)
3. Was ist eine Dachrinne? (Rohr (n) / durch / das Regenwasser vom Dach leiten)
4. Was ist ein Staubsauger? (Maschine (f) / mit / Teppiche säubern)
5. Was ist ein Videorecorder? (Gerät (n) / mit / Fernsehsendungen aufnehmen und wiedergeben können)
6. Was ist eine Lupe? (Glas (n) / mit / kleine Dinge groß sehen können)
7. Was ist ein Tresor? (Schrank (m) aus Stahl / in / das Geld vor Dieben oder Feuer schützen können)
8. Was ist ein Herd? (Kücheneinrichtung (f) / auf / warme Speisen zubereiten können)

11 请按下列模式造句。从句由 "wer"，"wen"，"wem" 或 "wessen" 引导。

Hat noch jemand etwas zu diesem Thema zu sagen? – Melden Sie sich bitte!
Wer noch etwas zu diesem Thema zu sagen hat, (der) soll sich bitte melden!

1. Gefällt jemandem die Lösung nicht? – Sagen Sie es bitte!
2. Steht jemandem noch Geld zu? – Stellen Sie schnell einen Antrag!
3. Ist jemandes Antrag noch nicht abgegeben? – Geben Sie ihn jetzt gleich im Sekretariat ab! (Wessen Antrag …)
4. Interessiert das jemanden nicht? – Gehen Sie ruhig schon weg!
5. Ist jemand an der Bildung einer Fußballmannschaft interessiert? – Kommen Sie bitte um 17 Uhr hierher!
6. Hat jemand noch Fragen? – Bringen Sie sie jetzt vor!
7. Versteht jemand die Aufgabe nicht? – Kommen Sie bitte zu mir!
8. Ist jemandem noch etwas Wichtiges eingefallen? – Schreiben Sie es auf einen Zettel und geben Sie ihn mir!
9. Ist jemandes Arbeit noch nicht fertig? – Geben Sie sie nächste Woche ab!
10. Braucht jemand noch Hilfe? – Wenden Sie sich bitte an den Assistenten!

12 请填空。除了 "was" 和 "wo" 之外下列各词只允许使用一次: was，wo，wobei，wodurch，wofür，wogegen，womit，woraus，worüber，worunter，wovon，wovor，wozu。

1. Tu das, ... der Arzt gesagt hat! Schlafen ist das Beste, ... du jetzt machen kannst.
2. Der Schlosser öffnete die Tür mit einem Dietrich, ... man einen hakenförmig gebogenen Draht versteht. Die Frau gab dem Schlosser zwanzig Mark, ... dieser sich sehr freute.
3. Die Jungen gingen auf eine zweiwöchige Wanderung, ... sie sich ein Zelt ausgeliehen hatten. Sie kamen in schlechtes Wetter, ... sie schon gewarnt worden waren. So saßen sie mit ihrem Zelt eine Woche im Regen, ... natürlich nicht so angenehm war.
4. Frau Krüger sammelte Erdbeeren, ... ihr Mann einen sehr guten Wein bereitete. Aber im letzten Jahr hatte er etwas falsch gemacht, ... der Wein zu Essig geworden war.
5. Die Regierung hatte die BAFöG-Gelder heruntergesetzt, ... Studenten und Schüler protestierten. Sie veranstalteten einen Demonstrationsmarsch, ... sie große Protestschilder vor sich hertrugen.
6. Er bastelte ein Bücherregal, ... er Holz im Wert von 250 Mark kaufte. Es war eine Menge Material, ... aber zum Schluss nichts übrig blieb.
7. Herr Spätle hatte eine Alarmanlage gekauft, ... er sein Haus gegen Einbrecher schützen wollte.
8. Bei den Erdbeben verloren die Menschen fast alles, ... sie besaßen. Sie zogen mit dem, ... sie noch retten konnten, zu Verwandten.
9. Rothenburg ob der Tauber, das war das Schönste, ... ich an alten Städten je gesehen habe!
10. ... wir als Kinder Fußball gespielt haben, da steht jetzt ein Hochhaus.

13 Zum Thema Umweltschutz—— 请用括号中的名词连句。

Die Autoabgase enthalten Giftstoffe. Das ist schon lange bekannt. (was)
Die Autoabgase enthalten Giftstoffe, was schon lange bekannt ist.

1. Tanker (= Ölschiffe) lassen jährlich mehrere Millionen Liter Ölreste ins Meer ab. Dort bilden sich riesige Ölfelder. (wo)
2. Auch mit den Flüssen wird sehr viel Öl ins Meer transportiert. Darauf machen Umweltschützer immer wieder warnend aufmerksam. (worauf)
3. Die Umweltverschmutzung verursacht immer größere Schäden. Darüber machen sich Fachleute große Sorgen. (worüber)
4. Es müssen strenge Gesetze zum Schutz der Umwelt aufgestellt werden. Darüber müssen die Fachleute aller Länder beraten. (worüber)
5. Das Plankton (= Kleinstlebewesen im Meer) wird mit Krebs erregenden Stoffen angereichert. Dies bedeutet indirekt eine Gefahr für die Ernährung der Menschen. (was)
6. Jährlich verschwindet ein gewisser Prozentsatz Wälder des tropischen Urwaldgürtels. Dadurch wird möglicherweise der Sauerstoffgehalt unserer Luft abnehmen. (wodurch)
7. Immer wieder werden schöne alte Häuser in den Zentren unserer Städte abgerissen. Dagegen protestieren die Bürger der Städte oft heftig. Das hat aber leider nicht immer den gewünschten Erfolg. (wogegen / was)
8. Naturschützer versuchen auch Wale und Robben vor der Ausrottung (= Vernichtung der Art) zu retten. Dabei setzen sie oft ihr Leben aufs Spiel. (wobei)

14 Ein Brief ——请按下列模式构成 *was* 句:

Ich muss dir etwas Wichtiges mitteilen. – Das ist eine schlimme Nachricht für dich.
Was ich dir jetzt mitteilen muss, ist eine schlimme Nachricht für dich.

Vorgestern ist etwas passiert. – Und zwar Folgendes: Unser Vater hat einen Schlaganfall gehabt.
Was vorgestern passiert ist, ist, dass unser Vater einen Schlaganfall gehabt hat.

1. Etwas macht mir Hoffnung. – Und zwar Folgendes: Er steht auf und läuft schon wieder normal.
2. Nach dem Schlaganfall ist leider etwas zurückgeblieben. – Das ist ein leichtes Zittern seiner linken Hand.
3. Sein Arzt hat ihm etwas geraten. – Und zwar Folgendes: Er soll das Rauchen aufgeben.
4. Etwas beunruhigt mich. – Das sind seine kleinen Gedächtnislücken.
5. Während seiner Krankheit muss er etwas vergessen haben. – Und zwar, dass er einige Jahre in Berlin gelebt hat.
6. Mir fiel etwas auf. – Und zwar Folgendes: Er konnte auf alten Fotos seine ehemaligen Nachbarn nicht wiedererkennen.
7. Etwas tröstet mich. – Und zwar, dass er diesen Gedächtnisverlust gar nicht bemerkt.
8. Trotz seiner 89 Jahre hat er etwas behalten. – Das ist seine positive Lebenseinstellung.

关系从句总练习

15 a 请按下列模式造句:

Ist das der Herr, … ? (*Er wollte mich sprechen.*)
Ist das der Herr, der mich sprechen wollte?

1. Du hast gestern *mit ihm* gesprochen.
2. Du hast *ihn* eben gegrüßt.
3. *Seine* Tochter ist eine Freundin von dir.
4. *Er* ist Journalist bei der Norddeutschen Zeitung.
5. *Seine* Bücher habe ich auf deinem Schreibtisch liegen sehen.
6. Du hast mir neulich schon mal *von ihm* erzählt.

b Hier ist die Uhr, … !

1. Ich habe *sie* so lange gesucht.
2. Du hast *sie* mir geschenkt.
3. Ich bin *damit* versehentlich ins Wasser gegangen.
4. Ich habe das Glas *der Uhr* verloren.
5. Du hast so *davon* geschwärmt.
6. Ich bin *damit* beim Uhrmacher gewesen.

c Das Buch, ... , gehört mir!

1. *Es* hat einen blauen Einband.
2. Du liest *darin*.
3. Du hast *davon* gesprochen.
4. Du hast *es* in deine Mappe gesteckt.

5. Ich habe *es* dir vor einem Jahr geliehen.
6. Du kannst die betreffenden Seiten *daraus* fotokopieren.

d Das Stipendium, ... , ist nicht leicht zu bekommen.

1. Man muss *es* bis Ende dieses Monats beantragen.
2. Man muss bestimmte Voraussetzungen *dafür* mitbringen.
3. Ich habe mich *darum* beworben.

4. *Um seinen* Erwerb bemühen sich viele Studenten.
5. *Es* wird von einer privaten Gesellschaft vergeben.
6. Du hast *davon* gehört.

e Den Test, ... , habe ich sicher ganz gut bestanden.

1. *Dabei* können auch mehrere Lösungen richtig sein.
2. Einige Assistenten haben *ihn* zusammengestellt.
3. *Er* prüft ein sehr weites Wissensgebiet.

4. Ich habe *ihn* gestern machen müssen.
5. Ich war *von seinem* Schwierigkeitsgrad überrascht.
6. *Von seinem* Ergebnis hängt für mich eine ganze Menge ab.

复合句总练习

16 请将以下用斜线隔开的各部分用原因从句、让步从句或关系从句构成复合句。

Ein alter Mann konnte nicht einschlafen. Sein Haus lag in der Nähe einer Eisenbahnstrecke. Das Geräusch des vorbeifahrenden Zuges klang anders als gewöhnlich. / Er stand auf und zog seinen Wintermantel über seinen Schlafanzug. Er wollte nachsehen. Was hatte dieses seltsame Geräusch hervorgerufen? / Er nahm einen Stock. Sein rechtes Bein war im Krieg verletzt worden und es war Winter. / Der Schnee lag hoch und sein Bein begann schon nach wenigen Schritten zu schmerzen. Er kehrte nicht um, sondern kletterte mit vielen Mühen auf den Eisenbahndamm. / Seine kleine Taschenlampe war gut zu gebrauchen. Er hatte sie vorsichtshalber mitgenommen. Das Licht der Laternen reichte nicht weit. / Nach längerem Suchen fand er endlich die Stelle. Dort war die Schiene gerissen. / Es war spät in der Nacht und der Wind pfiff. Er gab nicht auf und lief den langen Weg bis zur nächsten Bahnstation. Er wollte unbedingt die Menschen retten. Sie saßen ahnungslos im nächsten Schnellzug. Der Schnellzug kam aus München. / Der Bahnhofsvorsteher hielt den alten Mann zunächst für verrückt. Der alte Mann brachte ihm die Nachricht von einer zerrissenen Schiene. Der Beamte kam endlich mit um den Schaden selbst anzusehen. / Der Schnellzug näherte sich mit großer Geschwindigkeit der gefährlichen Stelle. Es gelang dem Beamten im letzten Augenblick dem Zugführer ein Zeichen zu geben. Der Beamte schwenkte eine weithin sichtbare rote Lampe.

17 同上。

Ein junger Mann stand vor Gericht. Er hatte einige Zeit in einer Druckerei gearbeitet. Dort hatte er sich seine Kenntnisse angeeignet. Er hatte falsche Fünfzigmarkscheine hergestellt. / Er war sehr vorsichtig gewesen und hatte nur nachts gearbeitet. Man hatte ihn erwischt. / Der Hausmeister war aufmerksam geworden und hatte ihn bei der Polizei angezeigt. Er hatte ihn einige Male nachts in den Keller schleichen sehen. / Der Richter war dem Angeklagten freundlich gesinnt. Der junge Mann war arbeitslos und hatte sofort alles gestanden. Eine Gefängnisstrafe von zwei bis drei Jahren war ihm sicher. Geldfälschen muss hart bestraft werden. / Zu Beginn der Verhandlung las der Richter die Anklageschrift vor. Darin waren alle Beweisstücke aufgezählt: Der nachgemachte Kellerschlüssel, die Druckplatten und die falschen Fünfzigmarkscheine. / Der Gerichtsdiener war gebeten worden diese Sachen auf den Richtertisch zu legen. Der Gerichtsdiener war ein ordentlicher Mensch. Man musste den Geschworenen* die Sachen einzeln zeigen. Zum großen Erstaunen des Richters fehlte das Falschgeld. / Man konnte das fehlende Beweisstück nicht finden. Es wurde bei der Polizei angerufen. Die Polizei hatte den Fall bearbeitet und das Beweismaterial gesammelt. / Die Antwort war kurz: „Die Fünfzigmarkscheine haben wir Ihnen am 3. dieses Monats durch die Post überweisen lassen."

* der Geschworene = Hilfsrichter, Laienrichter

练习9的答案:

1. das Ruhrgebiet
2. der Rhein
3. der Teutoburger Wald
4. die Alpen (Pl.)
5. die Wasserkuppe
6. Bonn, Wien
7. die Schweiz
8. der Bodensee
9. die Ostfriesen
10. Dresden
11. die Elbe, die Weser
12. Worms und Speyer
13. Innsbruck
14. der St. Gotthard
15. der Großglockner

第三部分

§36　指示代词

指示代词确指某人或某事并被重读。它处于定冠词的位置。

I　"dieser, -e, -es"；"jener, -e, -es"；"solcher, -e, -es" 的变格

	Singular maskulin	feminin	neutral	Plural m + f + n
Nom.	dieser Mann	diese Frau	dieses Kind	diese Männer/ Frauen /Kinder
Akk.	diesen Mann	diese Frau	dieses Kind	diese Männer / Frauen/Kinder
Dat.	diesem Mann	dieser Frau	diesem Kind	diesen Männern / Frauen /Kindern
Gen.	dieses Mannes	dieser Frau	dieses Kindes	dieser Männer / Frauen /Kinder

1. 以上指示代词的词尾变化和定冠词相同。

2. dieser, -e, -es 表示确定的或已知的人或事；jener, -e, -es 表示区别或对比：
   Ich habe *diesen* Roman noch nicht gelesen.
   Wir haben von *diesem und jenem* Problem gesprochen.
   Diesen Herrn kenne ich nicht, aber *jenem* (Herrn) bin ich schon oft begegnet.

3. solcher, -e, -es 表示程度：如此，这样：
   Er hatte *solchen* Hunger, dass ihm fast schlecht wurde.

说明

1. solch (不变格) 常位于不定冠词前，这时的 solch 可用 so 代替：
   solch ein Mann (= so ein Mann)　　　　solch eine Frau (= so eine Frau)

2. 当 solch 作为形容词定语位于不定冠词之后时，则和形容词一样变格 (见 §39，II)：
   ein solch*er* Mann　　　　　　　　　　eine solch*e* Frau

II "derselbe，dieselbe，dasselbe"；"derjenige，diejenige，dasjenige" 的变格

	Singular			Plural
	maskulin	feminin	neutral	m + f + n
Nom.	derselbe Mann	dieselbe Frau	dasselbe Kind	dieselben Männer...
Akk.	denselben Mann	dieselbe Frau	dasselbe Kind	dieselben Männer...
Dat.	demselben Mann	derselben Frau	demselben Kind	denselben Männern...
Gen.	desselben Mannes	derselben Frau	desselben Kindes	derselben Männer...

1. 以上指示代词的第一部分 (der-，die-，das-) 的变格和定冠词一样；词尾的变化则和形容词相同 (见 § 39，I)。

2. *derselbe*，*dieselbe*，*dasselbe* 表示前面所指的人或事:
   Heute hast du schon wieder *dasselbe* Kleid an wie gestern und vorgestern.

3. *derjenige*，*diejenige*，*dasjenige* 指的是在后面的关系从句中还要详述的人或事。当从句只是表明补充信息时，指示代词后没有名词。
   Man hatte *denjenigen* Bewerber ausgewählt, der ausreichend Fremdsprachen-kenntnisse besaß. – *Diejenigen, die* zuviel rauchen und trinken, schaden sich selbst.

说明

   der gleiche，*die gleiche*，*das gleiche* (分开写) 表示和前述人或事物的特征完全一样，只是并非同一个人或事物:
   Meine Freundin hat sich zufällig *das gleiche* Kleid gekauft wie ich.

III "der，die，das" (作为指示代词)的变格

	Singular			Plural
	maskulin	feminin	neutral	m + f + n
Nom.	der	die	das	die
Akk.	den	die	das	die
Dat.	dem	der	dem	denen
Gen.	dessen	deren	dessen	deren (derer)

1. 指示代词 der，die，das 在作为第一格、第三格和第四格时和独立的主语或宾语的用法相同。它指前面的句子成分或后面的关系从句:
   Sind Ihre Fenster bei der Explosion kaputtgegangen?
   Ja, *die* müssen erneuert werden.
   Haben Ihre Nachbarn wieder so viel Krach gemacht?

Ja, *denen* werde ich bald mal meine Meinung sagen.
Den, der mich gerade so beschimpft hat, kenne ich gar nicht.
Mit *denen,* die Physik studieren wollen, muss ich noch sprechen.

2. 指示代词 *der*，*die*，*das* 和关系代词的形式一样，但不可混淆：
Kennst du den Film? – Nein, *den kenne* ich nicht.
Über einen Film, *den* ich nicht *kenne,* kann ich nichts sagen.

3. 在没有必要重复一个名词时，用 *der*、*die*、*das* 来表示。这种情况多为后面的名词的定语有变化时。
Die Sprechweise des jungen Schauspielers ähnelt *der* seines Lehrers.
Die Treppe in eurem Haus erinnert mich an *die* in Goethes Geburtshaus.

4. a) *das*，有时加上 *alles* 或 *all*，表示前面的句子或词组。
Habt ihr von seinem Erfolg gehört? – Ja, *das* hat uns sehr erstaunt.
Er hat zwei Stunden lang geredet, aber *all das* wissen wir doch längst.
Sieh dir das dicke Buch an. Als Pharmaziestudent muss ich *das alles*
(oder: *alles das*) auswendig lernen.

b) 在由动词 *sein* 和 *werden* 构成的句子中，即使动词后的名词是阳性或阴性，甚至名词为复数时，也是用指示代词 *das*。（动词 *sein* 和 *werden* 后的名词是表语，如果表语是复数，那么变位动词也是复数。）(见 §14，VII，说明)
Da geht eine Dame in einem blauen Pelzmantel. *Das* ist meine Chefin.
Öffentliche Telefonzellen werden häufig demoliert. *Das* ist eine Schande.
Hier darf man nicht nach links abbiegen, dort nicht nach rechts.
Das sind unnötige Vorschriften.
Es regnet schon seit drei Wochen. *Das* wird ein nasser Urlaub.

c) *das* 和 *es* 的区别：*das* 指的是前面所说的事情，*es* 指的是随后的解释或说明。
Kannst du diese acht Kisten allein in den 5. Stock hochtragen? – Nein, *das*
　　ist unmöglich.
Es ist unmöglich, dass ich diese acht Kisten allein in den 5. Stock hochtrage.

5. a) 指示代词的第二格 *dessen* 和 *deren* 很少使用；多用物主代词来代替：
Hast du mit dem Professor selbst gesprochen? –
Nein, nur mit *dessen (seinem)* Assistenten.
Kommen Herr und Frau Sommer heute Abend auch? –
Ja, und *deren (ihre)* älteste Tochter.

b) 当用物主代词不能清楚地表达所属关系时或出现混淆时，必须用指示代词 *dessen* 和 *deren*。
Heute besuchte uns der Direktor mit seinem Sohn und *dessen* Freund.
(= der Freund des Sohnes; „… und *seinem* Freund" könnte heißen: der Freund des Direktors)

c) 指示代词的复数第二格形式 *derer* 指代随后的关系从句，*derer* 相当于指示代词 *derjenigen* (= 第二格复数):

Die Kenntnisse *derer (derjenigen),* die Physik studieren wollen, sind ausreichend.

说明

1. *selbst* 指代前面的句子成分并确认其一致性。*selbst* 不变格。

2. *selbst* (或口语中用 *selber*)

   a) 直接位于相关词之后表示强调:

   Ich selbst habe keine weiteren Fragen.

   Die Sache selbst interessiert mich.

   In der Stadt selbst hat sich wenig verändert.

   b) 位于句中的任意位置:

   Die Arbeiter können *selbst* entscheiden.

   Er kam dann endlich *selbst* um nachzusehen.

3. 如果 *selbst* 前置，它的意义相当于 "sogar" (见 § 51):

   Selbst der Dümmste muss das doch einsehen.

   Er war *selbst* dann vergnügt, wenn es ihm schlecht ging.

   Sie hat immer gearbeitet, *selbst* wenn sie sich krank fühlte.

1 请说出下列各短语的阴性形式及其中的名词的复数形式。

> *dieser* Student: *diese Studentin, diese Studenten, diese Studentinnen*

1. derjenige Schüler
2. mit diesem Schweizer
3. von jenem Österreicher
4. wegen jenes Zollbeamten

5. durch denjenigen Polen
6. ein solcher Student
7. trotz dieses Richters
8. solch ein Schauspieler
   (Pl.: solche Schauspieler)

2a Im Warenhaus

> Kühlschrank (m) / klein
> *Was halten Sie von diesem Kühlschrank hier?*
> *Also diesen Kühlschrank nehme ich nicht, der ist mir zu klein.*

1. Waschmaschine (f) / teuer
2. Küchenmöbel (Pl.) / bunt
3. Nähmaschine (f) / unpraktisch

4. Elektroherd (m) / unmodern
5. Dampfbügeleisen (n) / kompliziert
6. Spülbecken (Pl.) / empfindlich

b Schrank (m) / neben / Bett (n) / Bruder

> *Wie gefällt Ihnen der Schrank neben diesem Bett?*
> *Der gefällt mir recht gut; denselben hat mein Bruder.*

1. Einrichtung (f) / in / Küche (f) / Schwester
2. Sessel (m) / an / Kamin (m) / Eltern

3. Bücherregal (n) / in / Flur (m) / Freundin
4. Stehlampe (f) / neben / Sitzecke (f) / Freund
5. Stuhl (m) / vor / Schreibtisch (m) / Nachbar
6. Rauchtischchen (n) / in / Ecke (f) / Untermieter

c Fernseher (m) / sehr zuverlässig
Welchen Fernseher können Sie mir empfehlen?
Ich empfehle Ihnen diesen Fernseher, der ist sehr zuverlässig.

1. Kofferradio (n) / angenehm leicht
2. Cassettenrecorder (m) / sehr gut
3. Lautsprecher (Pl.) / sehr preiswert
4. Videorecorder (m) / wirklich sehr zuverlässig
5. Taschenrechner (m) / unglaublich preiswert
6. Schreibmaschine (f) / zur Zeit im Sonderangebot

3 请在必要的地方填空。

1. Kauf dir doch auch solch_ ein_ Schal (m)! Dann haben wir beide d_ gleich_ Schals.
2. Bist du auch mit dies_ Zug (m) gekommen? Dann haben wir ja in d_selb_ Zug gesessen!
3. Was machst du eigentlich zur Zeit? – D_ möchtest du wohl gern wissen? Ich treibe mal dies_, mal jen_, mal lebe ich in dies_ Stadt, mal in jen_.
4. Sie sprachen von dies_ und jen_, aber d_ hat mich alles nicht interessiert.
5. Wird Ladendiebstahl schwer bestraft? – D_ weiß ich nicht; frag doch mal Gisela, d_ Mutter (Giselas Mutter!) ist doch Rechtsanwältin, d_ muss es wissen.
6. Niemand kennt die Namen d_ (Gen.), die hier begraben liegen.
7. Die Angst d_jenig_ (Gen.), die auf dem brennenden Schiff waren, war unbeschreiblich.
8. Von dies_ Bekannten habe ich noch d_ 100 Mark zurückzubekommen, die ich ihm Ostern geliehen habe.
9. Ich spreche von d_jenig_, die immer das letzte Wort haben. Dies_ Leute sind mir nicht sympathisch.
10. D_jenig_, der meine Brieftasche findet, wird gebeten, dies_ gegen Belohnung bei mir abzugeben.
11. Wir sind beide in d_selb_ Ort (m) geboren und auf d_selb_ Schule gegangen.
12. Solch_ ein_ Teppich (m) möchte ich haben! Ein_ solch_ Stück (n) besitzt meine Schwiegermutter; d_ ist ganz stolz darauf.
13. Ich wundere mich, dass er von solch_ ein_ Hungerlohn (m) leben kann und dass er dann ein_ solch_ Wagen fährt.
14. Dies_ Zug fährt abends wieder zurück; wir treffen uns dann wieder in d_selb_ Abteil (n).
15. Es herrscht wieder dies_ Novemberstimmung (f); d_ macht mich ganz krank. An ein_ solch_ Tag möchte ich am liebsten im Bett liegen bleiben.

4 请用 "das" 或 "es" 填空。

1. Ein betrunkener Autofahrer ist direkt auf mich zugefahren. … ist der Grund, weswegen ich jetzt im Krankenhaus liege.

2. Wenn Kinder krank sind, soll man ihnen spannende Geschichten erzählen, … hilft oft mehr als die beste Medizin.

3. Natürlich war … traurig, dass der begabte Künstler nie Erfolg gehabt hatte.

4. Ich war gestern im Moskauer Staatszirkus. … war erstaunlich zu sehen, wie exakt die Artisten arbeiten.

5. Glaubt ihr, dass ihr in München so einfach eine Wohnung bekommen könnt? … müsste schon ein Glücksfall sein.

6. Du musst endlich deine Steuererklärung machen. … ist unverantwortlich, dass du die Sache noch weiter hinausschiebst.

7. Dass ein 18-jähriger Schüler den Nobelpreis bekommen hat, kann ich nicht glauben. … ist doch unmöglich.

8. Ich habe viermal angerufen, aber die alte Dame hat sich nicht gemeldet. … hat mich misstrauisch gemacht und ich bin zur Polizei gegangen.

9. Bitte schreib mir öfters. … macht mich froh, wenn ich von dir höre.

10. Aber ein Glas Rotwein wirst du doch trinken dürfen. … macht doch nichts. Du fährst doch erst in zwei Stunden nach Hause.

11. Er war bereits morgens betrunken, wenn er zur Arbeit kam. Deshalb war … nicht verwunderlich, dass er entlassen wurde.

§ 37　不定代词

前言

不定代词表示不确定的、未知的或不确切知道的人或事，此时不定代词小写。

I　不定代词单独作主语或宾语

Nom.	man	jemand	einer, -e, -(e)s	irgendwer	etwas / nichts
Akk.	einen	jemand(en)	einen, -e, -(e)s	irgendwen	etwas / nichts
Dat.	einem	jemand(em)	einem, -er, -em	irgendwem	–
Gen.	–	jemandes	–	–	–

1. *man* 表示多个未知的人或不确定的公众，*man* 是单数。
   In der Tagesschau kann *man* sich über die Ereignisse des Tages informieren.
   Die Tagesschau gibt *einem* nicht genügend Informationen.
   Das Fernsehprogramm kann *einen* schon manchmal ärgern!

2. *jemand* 和 *niemand* 表示一个或多个未知的人，既可以是褒义也可以是贬义，作为代词时两者只用作单数，其第三格和第四格的词尾可以省略。
   Zum Glück hat mir *jemand* beim Einsteigen geholfen.
   Ich wollte, ich wäre auf *niemandes* Hilfe angewiesen.
   Während der Fahrt habe ich mit *niemand(em)* gesprochen.
   Beim Aussteigen habe ich *jemand(en)* um Hilfe gebeten.

3. *einer*、*eine*、*eines* 表示多个人或事物 (复数 *welche*)中的一个; 否定形式: *keiner*, *keine*, *keines* (复数 *keine*):
   Zehn Leute haben am Seminar teilgenommen, *einer* hat Protokoll geführt.
   Hier soll es günstige Anzüge geben, aber ich habe noch *keinen* gesehen. Hast du *welche* entdeckt?

   einander 为第三格和第四格形式:
   Zu Neujahr wünscht man *einander* viel Glück. (= einer *dem* anderen)
   Sie kannten *einander* gut. (= einer *den* anderen)

   einander 也可与介词连用并和介词连写:
   Wir haben *beieinander* gesessen, *miteinander* gesprochen und *voneinander* gelernt.

4. *irgendwer* 和 *irgendjemand* 表示任意的一个或多个人:
   Hast du noch *irgendwen* in der Firma erreichen können?
   Das hat *irgendjemand* erzählt, ich weiß nicht mehr, wer.

5. *etwas* 和 *nichts* 用来表示事物、概念和普遍的联系等:
   Ich habe dich *etwas* gefragt!
   Er hat bei dem Geschäft *nichts* verdient.

1 请用 "jemand" 或 "niemand" 填空，注意变格。

1. Er war enttäuscht, denn seine Arbeit wurde von … anerkannt.
2. Ich kenne …, der die Reparatur ausführen kann; aber er ist ziemlich teuer!
3. Wenn du …(Gen.) Rat annehmen willst, ist dir nicht zu helfen.
4. Er langweilte sich auf der Party, denn er kannte …
5. Wenn ich … wirklich gern helfen würde, dann bist du es.
6. Ich musste alles allein machen; … hat mir geholfen.
7. Alte Leute sind oft allein stehend und haben …, der sich um sie kümmert.

2 请练习 "einer" – "keiner"。

Hat jemand ein Taschenmesser?

Ja, ich habe eins.
Nein, ich habe keins.

1. Möchte jemand ein Butterbrot?
2. Möchte jemand einen Aperitif?
3. Hat jemand ein Lexikon?
4. Hat jemand vielleicht ein Fünf-markstück?

5. Backt jemand wieder einen Kuchen?
6. Braucht jemand einen Kalender?
7. Hat jemand einen Fahrplan?

II 带名词或不带名词的不定代词

"jeder, -e, -es", Pl.: "alle"; "sämtliche" – "mancher, -e, -es", Pl.: "manche" 的变格

	Singular			Plural
	maskulin	feminin	neutral	m + f + n
Nom.	jeder Mann	jede Frau	jedes Kind	alle Männer…
Akk.	jeden Mann	jede Frau	jedes Kind	alle Männer…
Dat.	jedem Mann	jeder Frau	jedem Kind	allen Männern…
Gen.	jedes Mannes	jeder Frau	jedes Kindes	aller Männer …

以上不定代词的词尾和定冠词的词尾相同，其所处位置也和定冠词相同。

1. *jeder*, *-e*, *-es* 只用于单数；相应的复数为 *alle* 或 *sämtliche*，后者表示强调：
   Zu dem Gartenfest soll *jeder Hausbewohner* etwas mitbringen.
   Jeder muss helfen.
   Alle Hausbewohner feierten bis zum späten Abend. *Alle* waren sehr vergnügt.
   Ich habe bei dieser Gelegenheit *sämtliche Hausbewohner* kennen gelernt.

2. *mancher*, *-e*, *-es*，以及复数 *manche* 表示多个不确定的人或事物。
   Die Sozialhelferin hat schon *manchem einsamen Menschen* geholfen.
   Manche (Menschen) wollen sich nicht helfen lassen.
   Wir haben schon so *manches* erlebt.

3. a) 单数的中性形式 *alles* (一格，四格)和 *allem* (三格) 表示概述：
   Jetzt war *alles* wieder genauso wie vorher.
   Man kann mit *allem* fertig werden, wenn man Mut hat.

b) 单数形式 *all-* 位于名词化的形容词 (大写!) 前和没有冠词的名词前(见 §39，说明)。它和定冠词一样变格。

Ich wünsche Ihnen *alles Gute*. (Akk. Sg. n)

Zu *allem Unglück* ist er auch noch krank geworden. (Dat. Sg. n)

Sie trennten sich in *aller Freundschaft*. (Dat. Sg. f)

Sie hat sich *alle Mühe* gegeben. (Akk. Sg. f)

c) 缩写的复数形式 *all* 位于定冠词前，指示代词前或物主代词前。

Die Kinder freuten sich über *all die vielen Geschenke*.

Wer kann sich schon *all diese Sachen* leisten?

Er hat *all seine Kinder und Enkelkinder* um sich versammelt.

3 用 "jed-" 或 "all-" 的正确词尾填空。

… Gäste waren pünktlich eingetroffen. Fast … Gast hatte einen Blumenstrauß mitgebracht. … einzelne wurde gebeten sich in das Gästebuch einzutragen, aber
5 nicht … taten es. Das Büfett war schon vorbereitet und … nahm sich, was er wollte. … mussten sich selbst bedienen, aber bei … den guten Sachen wusste mancher nicht, was er zuerst nehmen sollte. Natürlich gab es für … 10 Geschmack etwas zu trinken: Sekt, Wein, Bier, aber auch verschiedene Säfte, denn nicht … mochte oder durfte Alkohol trinken. Die Hausfrau hatte sich wirklich … Mühe gegeben. … 15 schmeckte es offenbar großartig, denn nach zwei Stunden war so gut wie … aufgegessen.

"andere"，"einige"，"einzelne"，"mehrere"，"viele"，"wenige" 的变格

	Plural
Nom.	viele Leute
Akk.	viele Leute
Dat.	vielen Leuten
Gen.	vieler Leute

1. 以上所说的不定代词的词尾和不带冠词的形容词修饰复数时的词尾相同 (见 §39，II)。
通常用来修饰复数：

Es gibt *viele Probleme* in der Landwirtschaft.

Vor *einigen chemischen Substanzen* muss gewarnt werden.

Andere Mittel können ohne Schaden für die menschliche Gesundheit verwendet werden.

Nach dem Streit verließen *einige* den Raum, *andere* diskutierten weiter.

Einzelne teilten die Ansicht des Redners, *mehrere* waren dagegen.

Das Urteil *einiger* wiegt oft schwerer als die Einwände *vieler*.

2. a) *ander-*、*einzeln-* und *folgend-* 可以用作形容词修饰单数名词。
    Ich habe einen *anderen* Film gesehen.
    Er erzählte den *folgenden* Witz.
    Wir müssen jeden *einzelnen* Fall diskutieren.

   b) 单数的中性形式 *anderes*（一格，四格），*anderem*（三格），*einiges*、*einigem*、*vieles*、*vielem*、*weniges*、*wenigem* 用于相关的上下文中：
    Vieles war noch zu besprechen.
    Sie war nur mit *wenigem* einverstanden.

3. 不加任何词尾的 *mehr*，*viel*，*wenig* 和无冠词的名词连用（见 § 3，III 和 § 39，IV）：
    Er hatte nur sehr *wenig Geld*.
    Kinder sollten *mehr Obst* essen.

4. 不加词尾的 *mehr* 也可位于复数名词之前，多表示比较（见 § 31，II 和 § 40，III）：
    Es werden *mehr Ärzte* ausgebildet, als gebraucht werden.

说明

1. *anders*（副词）是对 *wie* 问句的回答：
    Sie kleidet sich jetzt *anders* als früher.

2. 请区别 *anders* 和 *anderes*:
    Was meinst du eigentlich? Neulich hast du die Sache *anders* erklärt. (= Wie?)
    Tatsächlich ist aber etwas *anderes* geschehen. (= Was?)

4 请将括号内的代词加上正确的词尾填空。

1. a) Er hatte sich mit … … zusammengetan und Lotto gespielt. (einige andere)   b) Die Gruppe hat gewonnen; was machen sie jetzt mit dem … Geld? (viel)
2. a) Er hat eine Briefmarkensammlung mit sehr … Marken. (viel)
    b) … Stücke sind … als 1000 Mark wert. (einige / mehr)
3. a) Sie hat … exotische Pflanzen in ihren Garten eingepflanzt. (viel)
    b) Mit … hat sie Glück gehabt, sie sind gut angewachsen; mit … … hat sie weniger Glück, sie wollen nicht recht wachsen. (einige / einige andere)
4. a) Die Zollbeamten untersuchten jeden … Koffer der Schauspielerin. (einzeln) b) Bei … Leuten waren sie wieder nicht so genau. (andere)
5. a) Die Einwohnerzahlen … Bundesländer in Deutschland sind in letzter Zeit gestiegen. (viel) b) Die Einwohnerzahlen … … Länder sind jedoch gefallen. (einige wenige)

§ 38   数词

I 基数词

1. 不定冠词 *ein*、*-e*、*ein* 可作为数字使用，在句中重读:
   Hinter dem Sportplatz steht nur noch *ein* Haus.
   Ich habe *einen* Zentner Kartoffeln gekauft, nicht zwei.

2. 基数词 *eins* 作为独立的数词使用时，其词尾变化和定冠词一样:
   Nur *einer* von zehn Schülern war anwesend.
   Mit nur *einem* allein kann man keinen Unterricht machen.

3. 数词 *eins* 和定冠词连用时，其词尾变化和定冠词后的形容词词尾一样:
   Nach dem Streit sprach *der eine* nicht mehr mit *dem anderen.*
   Im Gegensatz zu *dem einen* wird oft *der andere* genannt. (Kleinschreibung!)

4. a) 基数词 *zwei* 和 *drei* 只有在第二格和第三格时变格:
      Wir begrüßen die Anwesenheit *zweier / dreier* Präsidenten.
      Sie hatte viele Enkel: mit *zweien / dreien* hatte sie ständig Kontakt.

   b) 其他一直到 999 999 的基数词不变格。

5. 基数词也可作为名词使用，这时需将首字母大写:
   Eine Null hinter einer Ziffer bedeutet einen Zehnerabstand.
   Der Schüler bekam *eine Eins* für seine Arbeit.
   Die Zehn hält da hinten. (Straßenbahn)

6. 还有要大写的是 *eine Million*、*zwei Millionen*；*eine Milliarde*、*-n*；*eine Billion*、*-en*:
   Bei dem Geschäft hat er *eine Million* verdient.

说明

1. *beide*，*beides* 相当于数词 *zwei*，但前者指的是已经提到过的人或事物，其词尾变化和定冠词一样，beides 则指上下文有关联:
   Ich habe mit dem Personalchef und dem Abteilungsleiter gesprochen; *beide*
      haben mir die Stellung zugesagt.
   Die Politik unserer Partei war schwankend, das Wahlergebnis war schlecht;
      beides enttäuschte mich sehr.

2. *ein Paar* (大写) 表示属于一个整体的两个人或事物:
   Die beiden heiraten heute; sie sind *ein hübsches Paar.*

   ein paar (小写) 表示几个人或事:
   Ich habe für den Balkon *ein paar* Blumen gekauft.

3. 12个同类的人或物用 *ein Dutzend* (一打) 来表示:
   Ein Dutzend Eier sind zwölf Eier.

4. *Hunderte*，*Tausende* 等 (= 超过100或1000) 可用作主语或宾语并且变格。
   Seit dem Erdbeben leben noch *Hunderte* in Baracken.
   Zum Oktoberfest kommen *Tausende* nach München.
   Bei der nächsten Demonstration rechnet die Polizei mit *Zehntausenden.*

5. 有固定词尾 *-er* 的数词作为名词使用时要变格:
   Für den Automaten fehlt mir *ein Zehner.* (= 10 Pfennig oder 10 Mark)
   Man spricht oft von dem raschen Wirtschaftswachstum *in den Fünfzigern.*
     (作形容词用时不变格: in den fünfziger / 50er Jahren / Fünfzigerjahren)
   Bewundernswert war die sportliche Leistung eines *Achtzigers.* (= eines Mannes
      zwischen 80 und 90 Jahren)

6. 人数也可用 *zu -t* 的结构来表示:
   Gestern waren wir *zu viert* im Kino.
   Meiers fahren dieses Jahr nicht mit der ganzen Familie, sondern nur *zu zweit*
   in Urlaub.

基数词的口头表达例解

1. 时间

9.00	口头表达:	neun Uhr
8.45		acht Uhr fünfundvierzig
		oder: Viertel vor neun
13.30		dreizehn Uhr dreißig
		oder: halb zwei (= nachmittags)
14.50		vierzehn Uhr fünfzig
		oder: zehn (Minuten) vor drei (= nachmittags)

2. 德语国家的货币

德国	die Deutsche Mark (DM) der Pfennig, -e
	17,11 DM = siebzehn Mark elf
奥地利	der österreichische Schilling, -e (öS) der Groschen, -
	12,06 öS = zwölf Schilling sechs
瑞士	der Schweizer Franken, - (SF) der Rappen, -
	6,10 SF = sechs Franken zehn

再例如:

200,— DM	口头表达:	zweihundert Mark
2,98 DM		zwei Mark achtundneunzig
—,55 DM		fünfundfünfzig Pfennig(e)

3. 气温

14°C	口头表达:	vierzehn Grad Celsius
0°		null Grad
2°−		zwei Grad minus
2°+		zwei Grad plus
29,9°C		neunundzwanzig Komma neun
		Grad Celsius

4. 算术

2 + 2 = 4	口头表达:	zwei plus / und zwei ist / gleich vier
3 − 2 = 1		drei minus / weniger zwei ist / gleich eins
3 x 3 = 9		drei mal drei ist / gleich neun
21 : 7 = 3		einundzwanzig dividiert / geteilt durch sieben
		ist / gleich drei

5. 年代

im Jahr(e) 33 v. Chr.	口头表达:	dreiunddreißig vor Christus
im Jahr 1024 n. Chr.		(ein)tausendvierundzwanzig nach Christus
1492		vierzehnhundertzweiundneunzig
1800		achtzehnhundert
1984		neunzehnhundertvierundachtzig
2000		zweitausend

说明

在德语中年代的表达法有两种：单纯的数字表达或在数字前加上 *im Jahr(e)*。旧式第三格词尾 *-e* 也可以省去。

II 序数词

1. 序数词可以写成数字加点（如 der 2.）或拼写出来（如 *der zweite*）。在说或者读时都必须加上相应的形容词词尾（见 §39, I）。

2. 对序数词的提问用 *der、die、das wievielte*。

3. 从2到19的序数词（也包括从102到119和从1002到1019等）用 *-t* 形式构成；其它的用 *-st* 形式。*der/ die/ das erste, der/ die/ das dritte* 和 *der/ die/ das achte* 是特殊形式：

der, die, das	*erste*	der, die, das	zwanzigste
	zweite		einundzwanzigste
	dritte		…
	vierte		hundertste
	…		hunder*terste*
	siebente (oder: siebte)		hundert*zweite*
	achte (nur ein *t*)		…
	…		hundertdreißigste
	neunzehnte		tausendste
			tausend*erste*
			…
			tausenddreißigste

4. 序数词和形容词一样变格 (见 § 39)。

a) 和名词连用:
Ich habe heute *mein zweites Examen* bestanden.
Sie arbeitet mit *ihrem dritten Chef* genauso gut zusammen wie mit
　ihrem ersten und *zweiten* (Chef).

b) 不带冠词和名词:
Beim Pferderennen wurde er *Erster.*
Sein Konkurrent kam erst als *Dritter* durchs Ziel.

c) 日期:
Der 2. Mai (= der zweite Mai) ist kein Feiertag.
Er kommt *am Freitag, dem 13.* (= dem Dreizehnten)
Wir haben heute *den 7. Juli* (= den siebten Juli)
Briefkopf: Frankfurt am Main, den 20.8.1984 (= den Zwanzigsten Achten…)
Heute habe ich Ihren Brief vom 28.8. (= vom Achtundzwanzigsten Achten)
　dankend erhalten.

d) 大写的罗马数字:
Karl I. (= Karl der Erste) wurde im Jahr 800 zum Kaiser gekrönt.
Unter Kaiser *Karl V.* (= Karl dem Fünften) waren Deutschland und
　Spanien vereint.

5. 用 *zu* 加不带词尾的序数词表示人数 (见 I 中的说明 6):
Zu meinem Geburtstag waren wir nur *zu dritt.*
Er brachte seine gesamte Familie mit; sie waren *zu sechst.*

6. 序数词和最高级连用:
Der *zweitschnellste* Läufer kam aus Argentinien.
Die besten Skiläufer kamen aus Österreich, die *drittbesten* aus Schweden.

说明

1. *der erste* 位于一序列的开头，*der letzte* 位于末尾:
Die ersten Besucher bekamen gute Plätze, *die letzten* mussten stehen.

2. 如果在前面的上下文中已提到两个人或事，那么为了更好地区分这两个人或事就用
der/die/das erstere 和 *der/die/das letztere* (也用复数):
Der Geselle und der Meister stritten sich. *Der erstere* fühlte sich unterdrückt,
der letztere (fühlte sich) ausgenutzt.

III 其他数词

1. **分数词**表示整体的一部分。

a) 整体的一半是 *ein halb*:
$\frac{1}{2} \cdot \frac{1}{2} = \frac{1}{4}$ (ein halb mal ein halb ist ein viertel)
als Adjektiv:　　　　Ein *halbes* Kilo Kirschen, bitte.
Zahl + Bruchzahl:　　Wir müssen noch ca. *viereinhalb* Kilometer laufen.

Er war *anderthalb* Jahre in Persien.
(= *ein und ein halbes Jahr*)

b) 其他的分数词由序数词加 *-el* 构成，它们不变格。

作名词： Ich gebe *ein Drittel* meines Gehalts für Miete aus.
Ein Fünftel der Einwohner sind Bauern.

分数词+名词： Sie bearbeitet ein Maschinenteil in einer *achtel* Minute.
Die letzte *viertel* Stunde (oder: Viertelstunde) war quälend.

基数词+分数词： Er lernte die Sprache in einem *dreiviertel* Jahr.
Er siegte mit einem Vorsprung von *fünf achtel* Sekunden.

2. **序列词**表示列举时的顺序，由序数词加 *-ens* 构成，不变格。

Aufzählung in Ziffern:　　Bei uns herrscht Chaos:
1. Die Waschmaschine ist ausgelaufen.
2. Ich habe meinen Autoschlüssel verloren.
3. Morgen kommt Tante Emma!

Im fortlaufenden Text:　Bei uns herrscht Chaos. Erstens ist die Waschmaschine ausgelaufen, zweitens habe ich meine Autoschlüssel verloren und zu allem Unglück kommt drittens morgen Tante Emma!

词序： 数字1. 2. 3. 等等一般位于一句话之前，而单词 *erstens*，*zweitens* 等一般作为句子成分位于第一位。

3. 对**表示次数的词**提问用 *wie oft* 和 *wievielmal*，由数字加 *-mal* 构成的副词不变格。由数字加 *-malig* 及形容词词尾构成形容词。

als Adverb:　　Ich bin ihm nur *einmal* begegnet.
Wir haben bei euch schon *fünfmal* angerufen.

als Adjektiv:　　Das war eine *einmalige* Gelegenheit.
Nach *viermaliger* Behandlung war der Patient geheilt.

说明

a) 多于 *einmal* 的常用序数词加 *-mal* 或 *Mal* 来表示：
Wir klingelten einmal, dann zum zweiten Mal, aber erst beim dritten Mal machte jemand die Tür auf.

b) 表示不确定的次数的词是 *vielmals*，*mehrmals* 和 *oftmals*：
Ich bitte *vielmals* um Entschuldigung.
Im Kaufhof ist schon *mehrmals* eingebrochen worden.

4. 倍数词表示某事(物)以同样的方式多次出现，其构成形式为基数词加 -fach，可以作为副词(不变格)或作为形容词(变格)使用。

als Adverb: Die Tür ist *dreifach* gesichert.
als Adjektiv: Man muss den Antrag in *fünffacher* Ausfertigung vorlegen.

说明

a) 对于两次出现的事物用 *doppelt* 表示:
Wir müssen *doppelt* so viel arbeiten wie die anderen.
Das nützt nichts, das bringt nur *doppelten* Ärger.

b) 不确定的倍数词用 *mehrfach*, *vielfach*:
Man kann Kohlepapier *mehrfach* benutzen.

c) 如果强调某事物的方式则用 *vielfältig*:
Er erhielt eine *vielfältige* Ausbildung.

5. **表示种类或可能性的数字**由基数词加 -erlei 构成，不变格:
Der Schrank ist aus *zweierlei* Holz gebaut.
Es gibt *hunderterlei* Möglichkeiten eine Lösung zu finden.

说明

einerlei 有两个意思:
Das ist mir *einerlei*. (= egal, gleichgültig)
Hier gilt *einerlei* Recht. (= das gleiche, nur eins)

1   数字比较

D 表示德国，A 表示奥地利，CH 表示瑞士。所有数字均为约数。(km² = 平方公里)

	D	A	CH
Fläche in 1000 km²	357	84	39,9
Einwohner in Mill.	81	8	6,9
Einwohner pro km²	228	95	174
Ausländer in Mill.	6,9	0,7	1,3
Ausländer im Verhältnis zur Gesamtbevölkerung	8,5 %	8,9%	18,8 %

请将上面的表格以下列方式朗读出来:

Deutschland hat eine Fläche von dreihundertsiebenundfünfzigtausend Quadratkilometern und … Millionen Einwohner, das sind … pro …; es leben sechs Komma neun Millionen Ausländer in Deutschland, d.h. auf hundert Einwohner kommen mehr als acht Ausländer.

2 Flächen

(D) ist fast (9) ... wie die Schweiz.
Deutschland ist fast neunmal so groß wie die Schweiz.

1. (CH) ist rund (1/9) ... (D).
2. (A) ist rund (1/4) ... (D).
3. (A) ist mehr als (2) ... (CH).
4. (CH) ist weniger als (1/2) ... (A).
5. (D) ist etwa (4) wie (A).

3 Einwohnerzahlen

Verglichen mit (CH) hat (D) fast die (12) ... Einwohnerzahl.
Verglichen mit der Schweiz hat Deutschland fast die zwölffache Einwohnerzahl.

1. ... (A) ... (D) ... (10). 2. ... (A) ... (CH) ... (1) (fast die gleiche).

4 Bevölkerungsdichte

Die Bevölkerungsdichte in (D) ist etwa (2,5) ... (A).
Die Bevölkerungsdichte in Deutschland ist etwa zwei Komma fünf mal so groß wie in Österreich.

1. ... (CH) ... (1,8) ... (A). 2. ... (D) ... (über 1,3) ... (CH).

5 Zahl der Ausländer im Verhältnis zur Gesamteinwohnerzahl

In (D) ist jeder (11) ein Ausländer.
In Deutschland ist jeder Elfte ein Ausländer.

1. (A) (11)   2. (CH) (5)

6 Zahl der Ausländer im Vergleich

Wie viel mehr Ausländer gibt es in Deutschland,
a) verglichen mit Österreich, b) verglichen mit der Schweiz?

7 Große Städte im deutschsprachigen Raum (in Tausend)

Bundesrepublik Deutschland		Schweiz	
Berlin	3475	Zürich	343
Hamburg	1702	Basel	175
München	1255	(Genf*)	173
Köln	962	Bern	128
Frankfurt am Main	660		
Essen	622		
Dortmund	602	Österreich	
Stuttgart	594	Wien	1539
Düsseldorf	575	Graz	238
Bremen	552	Linz	203

Duisburg	537	Salzburg	144
Hannover	525	Innsbruck	118
Nürnberg	499		
Leipzig	491		
Dresden	479		

(* im französischen Sprachgebiet)

请大声朗读上面的表格。请注意：数字的单位是千。

Zürich hat dreihundertdreiundvierzigtausend Einwohner.

8 Wie heißen die drei größten Städte der angeführten drei Staaten?

Die größte Stadt Österreichs ist Wien, die zweitgrößte ist …,

9 An wievielter Stelle der Städte des Landes stehen:

München und Köln?
München und Köln stehen an der dritten und vierten Stelle der Städte in der Bundesrepublik.

1. Dortmund und Düsseldorf?
2. Bern?
3. Salzburg und Innsbruck?
4. Wien und Graz?
5. Leipzig und Dresden?

10 Basel ist die zweitgrößte Stadt der Schweiz.

Und Bern? Stuttgart? Leipzig? Salzburg? Innsbruck? Dresden? Essen? Graz?

11 请比较下列城市的大小。

Hamburg – Stuttgart
Hamburg ist ungefähr dreimal so groß wie Stuttgart.

1. Zürich – Basel
2. Köln – Nürnberg
3. Frankfurt – Zürich
4. Berlin – Dortmund
5. Köln – Graz
6. Wien – Innsbruck

12 填空。

Die Einwohnerzahlen (2) … Städte in der Bundesrepublik sind ungefähr gleich groß: Frankfurt und Essen. Erst_ hat …, Letzt_ … Einwohner.
Nennen Sie die Einwohnerzahlen (3) … Städte in Österreich. Stuttgart und München sind Großstädte in Süddeutschland; Erst_ ist die Hauptstadt des Landes Baden-Württemberg, Letzt_ ist die Hauptstadt des Landes Bayern.

13 请按下列例子练习。将斜体印刷的单词去掉。

eine Briefmarke *für* 80 *Pfennig*
eine *Frau von* neunzig *Jahren*

eine achtziger Briefmarke
eine Neunzigerin

1. eine 40-*Watt*-Birne
2. eine 100-*Watt*-Birne
3. ein Wein *aus dem Jahr* 82
4. ein rüstiger *Mann von* 80 *Jahren*
5. eine freundliche *Dame von* 70 *Jahren*
6. eine Buskarte, *mit der man* sechs*mal fahren kann*
7. ein Fünf-*Pfennig-Stück*
8. ein Zwanzig-*Mark-Schein*
9. die Jahre *von 70 bis 79*
10. ein *Tennisspiel zu* viert
11. ein *Kanu für* zwei *Personen*

14 请将 -erlei (z.B. dreierlei)，-fach (z.B. sechsfach)，-mal (z.B. zigmal)按意义填空。

1. Bei Ihrer Reise gibt es (viel) ... zu bedenken: Sie benötigen einen Impfschein in (3) ... Ausfertigung. (3) ... müssen Sie bedenken: 1. Die Reise birgt (1000) ... Gefahren. 2. Das Benzin ist dort (1 ½) ... so teuer wie bei uns. 3. Sie bekommen (kein) ... Ersatzteile.
2. In diesem vornehmen Hotel zahlst du bestimmt das (3) ... für die Übernachtung. (10) ... Menüs stehen auf der Speisekarte.
3. Wenn du mich besuchen willst, musst du (2) ... an der Haustür klingeln. Das erzähle ich dir jetzt schon zum (3) ... .

4. Der Trapezkünstler im Zirkus machte einen (3) ... Salto. Nach (all-) ... Kunststücken ließ er sich ins Netz fallen.
5. Auf (viel) ... Wunsch wiederholen wir heute das Konzert vom Sonntag.
6. Ich habe nun schon (zig) ... versucht dich zu erreichen; wo warst du bloß so lange?
7. Wenn du so umständlich arbeitest, brauchst du die (3) ... Zeit.
8. Die Bluse gibt es in (2) ... Ausführung: mit kurzem und mit langem Arm.

15 请大声朗读下列各句，注意将空缺的词尾填上。

1. Bitte schicken Sie mir die Unterlagen bis spätestens Donnerstag, d_ 8.4.
2. Ostern ist ein beweglicher Feiertag. 1983 fiel Ostern auf d_ 11./12.4.
3. Weihnachten hingegen ist immer a_ 25./26.12.
4. Hamburg, d_ 28.2.1996

5. Vielen Dank für Ihren Brief v_ 28.2.!
6. Heute ist d_ 1. Mai!
7. Auf d_ 1. Mai haben wir uns schon gefreut.
8. In der Zeit v_ 27.12. bis 2.1. bleibt unser Geschäft geschlossen.

16 请大声朗读。

1. Karl V., ein Enkel Maximilians I., wurde 1520 in Aachen zum Kaiser gekrönt.
2. Ludwig XIV. ließ das Schloss von Versailles bauen. Viele deutsche Fürsten richteten sich in ihrem verschwenderischen Lebensstil nach Ludwig XIV.

3. Der Preußenkönig Friedrich II., ein Sohn Friedrich Wilhelms I. und Enkel Friedrichs I., erhielt später den Beinamen „der Große".
4. Mit 361 gegen 360 Stimmen des Konvents verurteilte man Ludwig XVI. 1793 zum Tode.

17 请用两种方式朗读:

17.30	12.20	9.15	11.50	23.57	19.45	14.40

0.03   0.45

18 请朗读下列以马克为单位的数字:

17,20	9,75	376,88	1 022,07	536 307,–	1 054 940,–

19 请将下列算术题做好并朗读。

$4 + 7 = \ldots$	$17 - 8 = \ldots$	$9 \times 17 = \ldots$	$67 \cdot 44 = \ldots$
$9 - 5 = \ldots$	$86 + 14 = \ldots$	$84 : 12 = \ldots$	$99 : 11 = \ldots$

20 请朗读下列文章，并根据 III/2 中的例子将序列词加到句中。

> *… entzogen, weil er erstens zu …, (er) zweitens …*

Ihm wurde der Führerschein entzogen.
    Gründe:

1. Er war zu schnell gefahren.
2. Er hatte 0,4 Promille
   Alkohol im Blut.
3. Er hatte die Kreuzung bei Rot
   überfahren.
4. Er hatte sechs andere Fahrzeuge
   beschädigt.

§ 39   形容词的变格

I   和定冠词连用的形容词的变格

	maskulin	*feminin*	*neutral*
Sg. Nom.	der ***junge*** Mann	die ***junge*** Frau	das ***kleine*** Kind
Akk.	den jungen Mann	die ***junge*** Frau	das ***kleine*** Kind
Dat.	dem jungen Mann	der jungen Frau	dem kleinen Kind
Gen.	des jungen Mannes	der jungen Frau	des kleinen Kindes
Pl. Nom.	die jungen Männer	die jungen Frauen	die kleinen Kinder
Akk.	die jungen Männer	die jungen Frauen	die kleinen Kinder
Dat.	den jungen Männern	den jungen Frauen	den kleinen Kindern
Gen.	der jungen Männer	der jungen Frauen	der kleinen Kinder

1. 单数时，以上5个用黑体印刷的形容词的词尾为 *-e*，其他则为 *-en*。
   复数时，所有的词尾都是 *-en*。

2. 在定冠词的位置上可以是下列各词 (见 § 36 和 37):

dieser, diese, dieses; Plural: diese
Die*ses* schön*e* Haus wurde um 1900 gebaut.

jener, jene, jenes; Plural: jene
Jen*e* wirtschaftlich*en* Probleme, die wir diskutiert haben, sind noch ungelöst.

jeder, jede, jedes; Plural: alle
Jed*er* dritt*e* Teilnehmer musste wegen Grippe zu Hause bleiben.
All*e* abwesend*en* Teilnehmer erhalten das Protokoll per Post.

mancher, manche, manches; Plural: manche
Manch*er* alt*e* Rentner bekommt zu wenig Geld.

solcher, solche, solches; Plural: solche
Mit solch*em* alt*en* Werkzeug kann man nicht arbeiten.

welcher, welche, welches; Plural: welche
Welch*es* englisch*e* Wörterbuch möchtest du dir kaufen?

derjenige, diejenige, dasjenige; Plural: diejenigen
Diejenig*en* ausländisch*en* Studenten, die eingeschrieben sind, möchten sich
bitte im Zimmer 6 melden.

derselbe, dieselbe, dasselbe; Plural: dieselben
Jeden Morgen steht derselb*e* rothaarig*e* Polizist an der Ecke.

beide 可以位于定冠词的位置上，也可以作为独立的形容词和定冠词连用：
Beid*e* alt*en* Leute sind am gleichen Tag gestorben.
Die beid*en* alt*en* Leute waren fünfzig Jahre verheiratet.

sämtliche (= *alle*)、*irgendwelche* 用来表示复数：
Wir haben sämtlich*e* undicht*en* Fenster erneuert.
Hast du noch irgendwelch*e* alt*en* Sachen für das Rote Kreuz?

说明

1. *All-*、*sämtlich-*、*irgendwelch-* 位于单数的名词化的形容词前或者位于不带冠词的名词前(见 § 37，II，3)：
   all*es* Gut*e*, all*er* graue Beton, mit sämtlich*em* schwer*en* Gepäck, irgendwelch*es* unbrauchbar*e* Zeug

2. *einig-* 和上述用法相同，但是只修饰单数 (复数见 § 37，II)：
   einig*es* Wesentlich*e*, nach einig*er* großen Anstrengung

3. 形容词的一些特殊变化：

   a) 以 *-el* 结尾的形容词：

dunkel	aber:	die dun*kle* Straße
edel		ein e*dler* Wein
eitel		ein ei*tles* Mädchen
nobel		ein no*bles* Geschäft

b) 以 -er 结尾的形容词:

sauer   aber: der saure Apfel
teuer   ein teures Auto
dagegen:
bitter   ein bitterer Geschmack
finster   ein finsterer Tunnel

c) hoch   aber: ein hohes Gebäude

d) 以 -a 结尾的形容词不变格:

eine rosa Blume, ein lila Kleid
eine prima Idee

e) 由城市名派生的形容词的结尾为 -er，它不变格并且首字母总是大写。

der Hamburger Hafen, in der Berliner S-Bahn, zum New Yorker Flughafen
außerdem: der Schweizer Käse, die Schweizer Banken

---

1 请填空。

1. der freundlich_ Herr; die alt_ Dame; das klein_ Mädchen
2. wegen des freundlich_ Herrn; wegen der alt_ Dame; wegen des klein_ Mädchens
3. mit dem freundlich_ Herrn; mit der alt_ Dame; mit dem klein_ Mädchen
4. ohne den freundlich_ Herrn; ohne die alt_ Dame; ohne das klein_ Mädchen
5. dieser alt_ Esel; jene klein_ Hexe; manches groß_ Kamel; wegen …; von …; für …
6. dieser dunkl_ Wald; jene nass_ Wiese; das tief_ Tal; oberhalb …; gegenüber …; durch …
7. der teur_ Mantel; die golden_ Halskette; das wertvoll_ Schmuckstück; statt …; mit …; ohne …
8. derselbe frech_ Junge; dieselbe mutig_ Frau; dasselbe vergesslich_ Mädchen; wegen …; bei …; für …

2 请填空。

1. die link_ Politiker; trotz der …; von den …; über die …
2. die recht_ Parteien; wegen der …; mit den …; ohne die …
3. die schwer_ Lastwagen; infolge der …; zwischen den …; durch die …
4. die zu eng_ Schuhe; trotz der …; mit den …; ohne die …
5. sämtliche jung_ Männer; trotz …; von …; gegen …
6. beide alt_ Freunde; von …; mit …; für …

3 请将练习1改为复数，练习2改为单数。

II 和不定冠词连用的形容词的变格

	maskulin	feminin	neutral
Sg. Nom.	ein *junger* Mann	eine *junge* Frau	ein *kleines* Kind
Akk.	einen jungen Mann	eine *junge* Frau	ein *kleines* Kind
Dat.	einem jungen Mann	einer jungen Frau	einem kleinen Kind
Gen.	eines jungen Mannes	einer jungen Frau	eines kleinen Kindes
Pl. Nom.	junge Männer	junge Frauen	kleine Kinder
Akk.	junge Männer	junge Frauen	kleine Kinder
Dat.	jungen Männern	jungen Frauen	kleinen Kindern
Gen.	junger Männer	junger Frauen	kleiner Kinder

1. 单数时，要注意以上5个黑体印刷的形容词的词尾形式，其他的词尾为 -en。
   复数时，不用冠词，形容词词尾变化和定冠词一样：

   Nom.: -e (di*e*) Akk.: -e (di*e*) Dat.: -en (d*en*) Gen.: -er (d*er*)

2. 不带冠词的变格形容词修饰复数时也可位于基数词后：
   Zwei klein*e* Kinder spielen im Hof.
   Ich habe dir *drei* neu*e* Zeitschriften mitgebracht.

3. 下列表示概数的数词的变格形式和不带冠词的形容词修饰复数时一样: *andere*、*einige*、
   etliche，*folgende*，*mehrere*，*verschiedene*，*viele*，*wenige*:

   Singular:
   mit *einem* nett*en* Freund
   das Ergebnis *einer* lang*en*
     Besprechung
   ein alt*er* Baum

   Plural:
   mit *anderen* nett*en* Freunden
   das Ergebnis *einiger* lang*er*
     Besprechungen
   viele alt*e* Bäume

4 请将下列短语和适当的介词连用。

   wegen ...; außer ...; durch ...

   1. ein treu_ Hund;   4. eine gefährlich_ Kurve (f);   7. ein wichtig_ Brief
   2. ein tief_ Tal (n);   5. ein zerbrochen_ Glas;
   3. ein falsch_ Pass;   6. eine gut_ Freundin;

5 请按下列模式练习:

   A: *Ein zerbrochener Spiegel!*
   B: *Was soll ich denn mit einem zerbrochenen Spiegel?*
      Einen zerbrochenen Spiegel kann ich doch nicht gebrauchen!

   1. ein zerrissen_ Tischtuch   3. ein defekt_ Fernseher
   2. ein kaputt_ Auto   4. ein wacklig_ Stuhl

5. ein abgetreten_ Teppich (m)
6. eine durchgebrannt_ Birne (f)
7. eine ungenau gehend_ Uhr
8. ein verbogen_ Fahrrad

9. ein uralt_ Kinderwagen
10. ein stumpf_ Messer (n)
11. ein alt_ Wecker (m)
12. ein veraltet_ Lexikon (n)

6 请填空。

1. mit ein_ interessant_ Bericht (m)
2. für ein schön_ Erlebnis
3. ohne ein_ freundlich_ Gruß (m)
4. außer ein_ klein_ Kind
5. während ein_ gefährlich_ Fahrt
6. mit ein_ tüchtig_ Angestellten (f)
7. gegen ein_ stärker_ Gegner
8. durch ein_ älter_ Arbeiter
9. mit ein_ zuverlässig_ Freund
10. außer ein_ alt_ Regenschirm (m)
11. statt ein_ freundlich_ Wortes

12. ein höflich_ Mensch
13. wegen ein_ schwer_ Unfalls
14. infolge ein_ leicht_ Verletzung
15. mit ein_ hilfsbereit_ Schüler
16. ohne ein_ schwer_ Fehler
17. mit ein_ klein_ Pause (f)
18. durch ein_ stark_ Schlag (m)
19. für ein_ gut_ Zweck (m)
20. infolge ein_ stark_ Sturms (m)
21. ein intelligent_ Junge
22. ein klug_ Mädchen

7 请将练习5和6变成复数。

8 请练习单复数。B给出一个合适的回答，例如: *in der Campingabteilung / im 3. Stock* 等。

> elektrisch / Kaffeemaschine (f)
> A: *Ich möchte bitte eine elektrische Kaffeemaschine.*
> B: *Elektrische Kaffeemaschinen gibt es in der Haushaltsabteilung.*

1. tragbar / Fernseher (m)
2. vollautomatisch / Waschmaschine (f)
3. unzerbrechlich / Milchflasche (f)
4. waschbar / Schaffell (n)
5. einbändig / Wörterbuch (n)
6. rund / Tischtuch (n)

7. wasserdicht / Taschenlampe (f)
8. lila (!) / Möbelstoff (m)
9. rosa (!) / Handtuch (n)
10. bunt / Kopftuch (n)
11. echt / Perlenkette (f)
12. dreiflammig / Gasherd (m)

III 和物主代词连用的形容词的变格

	maskulin		feminin		neutral	
Sg. Nom.	mein	*alter* Freund	meine	*alte* Freundin	mein	*altes* Auto
Akk.	meinen	alten Freund	meine	*alte* Freundin	mein	*altes* Auto
Dat.	meinem	alten Freund	meiner	alten Freundin	meinem	alten Auto
Gen.	meines	alten Freundes	meiner	alten Freundin	meines	alten Autos
Pl. Nom.	meine	alten Freunde	meine	alten Freundinnen	meine	alten Autos
Akk.	meine	alten Freunde	meine	alten Freundinnen	meine	alten Autos
Dat.	meinen	alten Freunden	meinen	alten Freundinnen	meinen	alten Autos
Gen.	meiner	alten Freunde	meiner	alten Freundinnen	meiner	alten Autos

1. 单数时，形容词词尾变化和不定冠词词尾变化相同，复数时，词尾是 *-en*。

2. *kein*，*keine*，*kein* 和复数的 *keine* 同物主代词一样变格：

Das ist keine besondere Neuigkeit.   Das sind keine besonderen Neuig-
     keiten.

Wir brauchen kein neues Fahrrad.   Wir brauchen keine neuen Fahrräder.

9 请仿例提问，并给出相应的回答，注意词尾的变化。

Wo ist denn dein_ alt_ Fernseher?
A: Wo ist denn dein alter Fernseher?
B: Meinen alten Fernseher habe ich verschenkt.

Die Frage klingt verbindlicher, wenn Sie so fragen: *Wo ist eigentlich dein alter Fernseher geblieben?*

Wo ist... / Wo sind...

1. mein_ alt_ Fahrrad?   6. eur_ gestrig_ Zeitung?
2. dein_ gestreift_ Kleid?   7. Ihr_ herrlich_ Bilder?
3. euer_ wertvoll_ Teppich?   8. dein zweit_ Auto?
4. eur_ chinesisch_ Vase (f)?   9. Ihr_ antik_ Tischlampe?
5. Ihr krank_ Hund?

10 请按下列模式提问并给出相应的回答。

			elegant_ Wagen (m)	
Was hast du		mein_	schnell_ Motorrad (n)	
		dein_	alt_ Wohnung (f)	
Was habt ihr	mit	sein_	viel_ Geld (n)	
		ihr_	früher_ Vertrag (m)	gemacht?
Was haben sie		unser_	schwarz_ Katze (f)	
	ohne	euer_	alt_ Möbel (Pl.)	
Was haben Sie		Ihr_	selten_ Briefmarken (Pl.)	
			hübsch_ Garten (m)	
			zweit_ Garage (f)	

11 请在必要的地方填上第二格词尾。

1. wegen ihr_ frech_ Bemerkung_   5. wegen ihr_ krank_ Kind_
2. trotz unser_ wiederholt_ Anfrag_   6. während unser_ lang_ Reise_
3. wegen sein_ interessant_ Bericht_   7. wegen sein_ ungenau_ Aussage_ (f)
4. trotz sein_ unfreundlich_ Brief_   8. trotz ihr_ hoh_ Rechnung_

IV 不带冠词且修饰不可数名词的形容词的变格

	maskulin	feminin	neutral
Nom.	guter Wein	klare Luft	reines Wasser
Akk.	guten Wein	klare Luft	reines Wasser
Dat.	gutem Wein	klarer Luft	reinem Wasser
Gen.	guten Weines	klarer Luft	reinen Wassers

1. 不带冠词且修饰单数名词的形容词的词尾变格和定冠词的词尾变格基本相同，只是修饰阳性和中性名词的第二格例外 (结尾是 -en)。

2. 不可数名词一般不带冠词，也没有复数形式，它们包括：

   a) 物质名词和液体，如 Holz，Eisen，Beton，Wasser，Öl，Benzin 等
   (见 §3，III，2)：
   Der Teller ist aus reinem Gold.
   Auf dem Bauernhof gibt's frische Milch.
   Schon der Geruch starken Kaffees belebt mich.

   b) 特征和情感 (常和介词连用)，如 Mut，Ehrgeiz，Angst 等
   (见 §3，III，2)：
   Alte Liebe rostet nicht.
   Er kämpfte mit großem Mut und zäher Ausdauer für seine Überzeugung.
   Rastloser Ehrgeiz trieb ihn vorwärts.

3. allerlei，etwas，genug，mancherlei，mehr，viel，wenig 等没有词尾变化的数词通常修饰不可数名词：
   Im Keller liegt allerlei unbrauchbares Zeug.
   Heute trinkt man mehr schwarzen Tee als früher.
   Ich habe nur noch etwas trockenes Brot.

4. 上述 allerlei 等数词和 nichts 通常修饰名词化的形容词，该名词化的形容词要变格且首字母要大写：
   Bei meiner Ankunft habe ich etwas Unangenehmes erlebt.
   Dabei hatte ich mit nichts Bösem gerechnet.

说明

有些集合名词的复数表示 "不同的种类"，例如：
Fette = verschiedene von Tieren oder Pflanzen stammende Fettarten,
　　　z. B. Butter, Schmalz
Hölzer = verschiedene Holzarten
Weine = Weinsorten

有些集合名词的复数则有固定的意义，例如：
Papiere = Dokumente (Führerschein, Pass etc.)
Gelder = öffentliche Geldzahlungen

Abwässer = schmutziges, verbrauchtes Wasser
Abgase = Rauch oder schädliches Gas

12 请以"Hier steht bzw. liegt ..."开头来造句。

Hier steht kühles Bier.

1. kühl_ Saft
2. rot_ Wein
3. kalt_ Sekt (m)
4. eisgekühlt_ Wasser
5. echt_ Obstsaft (m)
6. warm_ Milch
7. erfrischend_ Limonade
8. schwarz_ Tee
9. stark_ Kaffee
10. frisch_ Brot
11. lecker_ Kuchen
12. gesalzen_ Butter
13. geräuchert_ Speck (m)
14. kalt_ Braten (m)
15. heiß_ Suppe

13 请在练习12中的短语前加上 mit 或 nicht mit ，注意词尾的变化，如：

... mit kühl_ Bier, nicht mit warm_ Milch.

14 请用 Bitte nehmen Sie noch ein Glas (eine Tasse / einen Teller / ein Stück / eine Scheibe) 等等造句：

...ein Glas kühles Bier!

Höflicher klingt eine Frage in dieser Form: *Möchten Sie nicht noch ein Glas kühles Bier?*

V 不带冠词的形容词的变格（修饰可数名词单复数）

	maskulin			feminin			neutral		
Sg. Nom.	Evas	alter	Lehrer	Evas	alte	Lehrerin	Evas	altes	Heft
Akk.	Evas	alten	Lehrer	Evas	alte	Lehrerin	Evas	altes	Heft
Dat.	Evas	altem	Lehrer	Evas	alter	Lehrerin	Evas	altem	Heft
Gen.	–			–			–		
Pl. Nom.	Evas	alte	Lehrer	Evas	alte	Lehrerinnen	Evas	alte	Hefte
Akk.	Evas	alte	Lehrer	Evas	alte	Lehrerinnen	Evas	alte	Hefte
Dat.	Evas	alten	Lehrern	Evas	alten	Lehrerinnen	Evas	alten	Heften
Gen.	–			–			–		

不带冠词的形容词修饰可数名词单复数的情况比较少见。修饰复数时形容词词尾和定冠词词尾相同。不带冠词的形容词的变格一般指
a) 位于前置的二格之后：
Ich habe mir Roberts neues Haus angesehen.
In unserer Bibliothek stehen Goethes gesammelte Werke.

b) 位于疑问代词 *wessen* 之后：
Mit *wessen altem Auto* wollt ihr diesmal nach Spanien fahren?
Wessen klugen Ratschlägen bist du gefolgt?

c) 位于第二格关系代词 *dessen*、*deren*、*dessen* 和复数 *deren*（见 §35，II，2）之后：
Die Freundin, *in deren gemütlicher Wohnung* ich in den Ferien gewohnt habe, ...
Der Nachbar, *dessen reicher Onkel* aus Amerika gekommen ist, ...

d) 位于较少使用的几个无词尾变化的代词 *manch*、*solch*、*welch* 之后：
manch gut*er* Freund　　　　　manch gut*e* Freunde
auf solch fruchtbar*em* Feld　　auf solch fruchtbar*en* Feldern

e) 位于人称代词之后作为称呼，修饰单数名词时，形容词的变格和不带冠词的形容词的变格相同：
Du arm*es* Kind!
Mir ehrlich*em* Steuerzahler bleibt nichts erspart.

修饰复数名词时，形容词的词尾总是 *-en*:
wir klein*en* Rentner; mit uns schlecht bezahlt*en* Hilfsarbeitern

15 An der Garderobe ist einiges hängen bzw. liegen geblieben.

rot_ Halstuch (n) ... Ulla
A: *Wessen rotes Halstuch ist das?*
B: *Das ist Ullas rotes Halstuch.*

1. hübsch_ Tasche ... Ilse
2. alt_ Hut ... Albert
3. warm_ Mantel ... Uta
4. gelb_ Mütze (f) ... Ruth
5. hölzern_ Armband (n) ... Gisela
6. wollen_ Schal ... Richard
7. weiß_ Handschuhe (Pl.) ... Ingeborg
8. blau_ Jacke ... Hans
9. braun_ Kamm (m) ... Inge
10. klein_ Kalender (m) ... Michael

16a 请用练习15中的短语按下列模式练习：

Gib mir Ullas rotes Halstuch! Ich bring' es ihr.

b A: *Was machst du denn mit Ullas rotem Halstuch?*
B: *Ich will es ihr bringen.*

形容词变格总练习

17 请填上正确的词尾并在右栏中找出与左栏相对应的释义。

1. ein salomonisch_ Urteil (n)
a) ein bestimmt_ Geschehen (n) überall weitererzählen

2. in den saur_ Apfel beißen
b) jdm. einen freundlich_ Empfang bereiten

3. jdn. mit offen_ Armen empfangen
4. mit einem blau_ Auge davonkommen
5. jdm. golden_ Berge versprechen
6. wie ein Blitz aus heiter_ Himmel
7. jdm. golden_ Brücken bauen
8. etw. geht nicht mit recht_ Dingen zu
9. dunk_ Geschäfte machen
10. jdn. wie ein roh_ Ei behandeln
11. die erst_ Geige spielen
12. jdm. mit gleich_ Münze (f) heim-
zahlen
13. etwas an die groß_ Glocke hängen
14. sich keine grau_ Haare wachsen
lassen
15. auf keinen grün_ Zweig kommen

c) die wichtigst_ Person in einer
Gruppe sein
d) unrechtmäßig_, betrügerisch_ Handel (m) treiben
e) jdm. groß_ Versprechungen
machen, aber das gegeben_ Wort
nicht halten
f) jdm. großzüg_ Hilfe anbieten
g) eine klug_ Entscheidung
h) sich keine unnötig_ Sorgen
machen
i) nur leicht_ Schaden (m) erleiden,
obwohl beinah etwas Schlimm_
passiert wäre
j) ein ganz unerwartet_ Ereignis (n)
k) zu einer unangenehm_ Handlung
gezwungen sein
l) im Leben keinen recht_ Erfolg
haben
m) Gleich_ mit Gleich_ vergelten oder:
jdm. etw. mit der gleich_ Härte
zurückgeben
n) ein unerklärlich_ Geschehen / eine
ungesetzlich_ Handlung
o) mit jdm. mit groß_ Vorsicht (f)
umgehen

18 请填上正确的词尾并解释其意义:

1. Er wirkt wie ein rot_ Tuch auf mich.
2. vor sein_ eigen_ Tür kehren
3. Er ist ein Schuft reinst_ Wassers.
(Schuft = böser Mensch)
4. etw. ist für den hohl_ Zahn
5. sauer verdient_ Geld
6. alles in rosig_ Licht sehen
7. am gleich_ Strang (m) ziehen
(Strang = dickes Seil)
8. leer_ Stroh (n) dreschen
9. taub_ Ohren predigen (Dat.)
10. rein_ Tisch machen
11. hinter schwedisch_ Gardinen sitzen

12. mit offen_ Augen ins Unglück rennen
13. etw. beim richtig_ Namen nennen
14. auf dem letzt_ Loch pfeifen
15. Er ist mit dem link_ Bein zuerst
aufgestanden.
16. wie auf glühend_ Kohlen sitzen
17. jdm. klar_ Wein einschenken
18. Er ist ein schwer_ Junge.
19. im siebent_ Himmel sein
20. frei_ Hand haben
21. nur mit halb_ Ohr zuhören
22. nur ein halb_ Mensch sein

19a 请填上正确的词尾。

Eine kalifornisch_ Filmgesellschaft wollte einen spannend_ Goldgräberfilm drehen, der zum groß_ Teil in den Wäldern
des nördlich_ Kanada spielen sollte.
Man hätte natürlich das winterlich_
Goldgräberdorf in den Filmstudios   5

nachbauen können und die nachge-
macht_ Holzhäuser, die krumm_
Straßen mit weiß_, glitzernd_ Salz be-
10 streuen können, aber der Regisseur
wünschte echt_ Schnee, wirklich_ Kälte
und natürlich_ Licht; deshalb brachte
man alles Notwendig_ in mehrer_
schwer_ Lastwagen in ein einsam_ Dorf
15 an der kanadisch_ Grenze. Etwas Besser_
hätten sich die Schauspieler nicht vorstellen können, denn es bedeutete für
sie einige herrlich_ Tage in den ruhig_
Wäldern Kanadas. Dort war noch kein
20 richtig_ Schnee gefallen und die Schauspieler faulenzten in der warm_ Oktobersonne, angelten in den nah_ Seen
und genossen ihre frei_ Zeit. Nach drei

lang_ Wochen verlor die Filmgesellschaft endlich die Geduld, denn jeder   25
nutzlos_ Tag kostete eine Menge hart_
Dollars (Gen.); so ließ sie zwanzig groß_
Lastwagen voll von teur_ Salz nach Kanada kommen, was wieder einiges gut_
Geld kostete. Das Salz wurde von kana-   30
disch_ Sportfliegern über das ganz_ Dorf
verstreut und es war, als es fertig war, eine wunderschön_ Winterlandschaft. In
der nächst_ Nacht begann es zu schnei-
en, am früh_ Morgen lag in den   35
schwarz_ Wäldern ringsum dick_
Schnee, nur in dem Goldgräberdorf war
nichts ander_ zu sehen als hässlich_
braun_ Matsch (m).

b Urlaub machen – aber richtig!

Drei lang_ Wochen richtig faul sein,
lang_ schlafen und gut_ Essen genießen,
an ein_ schön_ Strand in d_ warm_ Sonne liegen und gelegentlich ein erfri-
5 schend_ Bad in sauber_ Meerwasser
nehmen, das ist d_ ersehnt_ Urlaubs-
traum viel beschäftigt_ Menschen
(Gen.), die d_ ganz_ Jahr nie Zeit für
sich haben.
10 Doch gerade dies_ viel geplagt_ Menschen will das plötzlich_ Faulenzen
nicht bekommen. Mit d_ gut_ Schlaf ist
es nichts. Man fühlt sich zerschlagen
und müde. Für solch_ Urlaub suchend_
15 Menschen, die ein ganz_ Jahr lang unter
stark_ Stress standen, ist das „süß_
Nichtstun" nicht erholsam. Und für
d_jenig_, die ohnehin ein geruhsam_

Leben führen, ist das Faulenzen in d_
dreiwöchig_ Ferien in der Regel langwei-   20
lig. Kein Wunder, dass sich der Hobby-
urlaub immer größer_ Beliebtheit erfreut;
Ferien mit interessant_, abwechslungs-
reich_ Programm.
Im Aktiv-Urlaub bleibt der Erholung su-   25
chend_ Mensch tätig. Aktiv-Urlaub, das
kann mit ein_ vormittäglich_ Sprachkurs, tätig_ Mithilfe bei archäologisch_
Ausgrabungen, sportlich_ Segeln, an-
strengend_ Bergtouren, konzentriert_   30
Schachspielen usw. verbunden sein.
Körperlich_ und geistig_ Tätigkeit mil-
dert die ungewohnt_ Belastung durch
die plötzlich_ Umstellung im Urlaub. –
Maßvoll_ Stress, das ist wichtig!   35

c Wer hat Schuld?

In den südamerikanisch_ und afrika-
nisch_ Urwäldern hat in den letzt_ Jahren eine ökologisch_ Tragödie begonnen. Die Zerstörung des brasilianisch_
5 Urwalds soll hier als warnend_ Beispiel
stehen: Brasilien, ein Land mit stark zu-
nehmend_ Bevölkerung, braucht für
viel_ Millionen unterernährt_ Menschen neu_ Landwirtschaftsgebiete. Nun
10 gibt es am Amazonas riesig_ Urwälder

und es ist verständlich, dass man diese
unbewohnt_ Gebiete nutzbar machen
wollte.
Auf einer Fläche von mehrer_ 10 000
Quadratkilometern wurden sämtliche   15
uralt_ Bäume abgeholzt oder abgebrannt und die neu_ Siedler, arm_ Leute
aus den unter_ Schichten der Bevölkerung, begannen mit ihrer schwer_ Arbeit. Im erst_ Jahr bekamen sie reich_   20

Ernten, das zweit_ Jahr brachte schon geringer_ Erträge und im darauf folgend_ Jahr zeigte sich eine schrecklich_ Katastrophe. Auf dem Boden, der mit so
25 groß_ Mühe bearbeitet worden war, wuchs nichts mehr. Alle jung_ Pflanzen verwelkten, die neugesät_ Saat vertrocknete im unfruchtbar_ Boden. Etwas Unerwartet_ war geschehen? Nein! Der
30 schön_ Plan der brasilianisch_ Regierung war ein schwer_ Irrtum! Erst jetzt begann man mit geologisch_ Untersuchungen des Urwaldbodens und musste feststellen, es ist Sand, locker_, trocken_
35 Sand!
Die Frage ist nun, wie solche riesig_ Bäume auf diesem sandig_ Boden überhaupt wachsen konnten. Nach unseren neuest_ Erkenntnissen geschieht das so:
40 In dem feucht_ und heiß_ Klima vermodern (= verwesen, verfaulen) herabfallend_ Blätter und Äste sehr schnell und

bilden ausreichend_ Dünger für die Bäume, deren weit ausgebreitet_ Wurzeln flach unter dem Sandboden liegen. 45
Nun hatte man aber alle jahrhundertalt_ Bäume abgeholzt; im weit_ Umkreis von viel_ Kilometern war kein einzig_ Baum stehen geblieben, so dass die täglich_ Sonnenhitze und schwer_ Regen- 50 fälle den schutzlos_ Boden zerstörten.
Nachdem die Siedler nach Ablauf des dritt_ Jahres ihr unfruchtbar_ Land wieder verlassen hatten, blieb nichts zurück als eine tot_ Wüste. 55
Etwas ander_ wäre es gewesen, wenn die Experten einig_ Jahre früher genauer_ Bodenuntersuchungen gemacht hätten. Dann hätten sie rechtzeitig festgestellt, dass im Urwaldgebiet groß_ Flächen un- 60 brauchbar sind, dass man aber auf kleiner_ Plätzen, die vom schützend_ Wald umgeben sind, viel_ Menschen ein sinnvoll_ Leben ermöglichen kann.

§ 40　　形容词的比较级

前言

1. 形容词和副词可以构成比较级和最高级。

2. 形容词修饰名词时位于名词前:
   der sonnige Tag; ein regnerischer Sonntag.

3. 副词一般修饰谓语，对其提问时用 Wie:
   Der letzte Sommer war heiß.

I　一般规则

	Adjektivattribut	Adverb
	das kalte Wetter im Oktober	Im Oktober ist es oft schon kalt.
Komparativ	das kältere Wetter im November	Im November ist es meistens kälter.
Superlativ	der kälteste Januar seit zehn Jahren	Im Durchschnitt ist es im Januar am kältesten.

1. 比较级的构成一般是词尾加上 *-er*，比较级后用 *als* (绝不可用 *wie!*)。

   a) 定语的比较级除了有词尾 *-er* 外还有相应的变格词尾:
   der *stärkere* Wind; ein *leichteres* Gewitter

   b) 状语的比较级的词尾为 *-er*.
   In Hamburg regnete es *stärker* als in Hannover.

2. 最高级必须和定冠词连用，其构成形式为词尾加上 *-st*。

   a) 定语的最高级除了有词尾 *-st* 外还有相应的变格词尾:
   der *längste* Tag des Jahres

   b) 状语的最高级的构成为 *am ... -sten*：
   Am 22. Juli war die Sicht auf die Alpen *am klarsten*.

II 最高级的使用

1. 最高级是比较的最高形式:
   Der Äquator ist der *längste* Breitengrad.

2. 一般要通过地点或时间状语等补充结构来限制最高级。
   Der Mount Everest ist der *höchste* Berg *der Erde*.
   Das war der *wärmste* Maitag *seit zehn Jahren*.
   Wir wohnen in der *hässlichsten* Stadt, *die ich kenne*.

3. 还可通过划定人群或事物范围来限制最高级（见 § 37, I, 3）。划定的人群或事物范围用复数第二格（或偶尔也用 *von* 加第三格），其名词的性决定前面是用 *einer*，*eine*，还是*eines*。
   Der Rhein ist *einer der verkehrsreichsten Ströme* (m).
   Die Heuschrecke ist *eines der schädlichsten Insekten* (n).
   Die Königin lebt in *einem der schönsten Schlösser* (n) von England.
   Zum Glück ist meine Wohnung *eine der billigsten* (Wohnungen) in Frankfurt.

III 特殊形式

1. 一些单元音形容词在构成比较级和最高级时其元音要变音:
   arm, *ärmer*, am *ärmsten*
   Ebenso: alt, dumm, grob, hart, jung, kalt, klug, kurz, lang, scharf, stark, schwach, warm; *auch:* gesund.

2. a) 比较级不规则变化的形容词:

hoch	*attributiv*	das hohe Haus	das höhere Haus	das höchste Haus
	adverbial	es ist hoch	es ist höher	es ist am höchsten
nah	*attributiv*	das nahe Ziel	das nähere Ziel	das nächste Ziel
	adverbial	es ist nah	es ist näher	es ist am nächsten
gut	*attributiv*	die gute Art	die *bessere* Art	die *beste* Art
	adverbial	es ist gut	es ist *besser*	es ist am *besten*
viel	*attributiv*	viele Angebote	*mehr* (undeklinierbar) Angebote	die *meisten* Angebote
	adverbial	es gibt viel	es gibt *mehr*	es gibt am *meisten*
gern	*adverbial*	das tue ich gern	das tue ich *lieber*	das tue ich am *liebsten*

说明

1. *mehr* (不变格) 表示不确定的数量，它位于无冠词的单复数名词前 (见 §37，II，4 和 §39，III，3)。

2. *mehrere* (变格) 表示不确定的数目 (= 几个；两个以上):
   Ich musste mehrere Stunden beim Zahnarzt warten.

b) 不规则的特殊形式的词尾为 *-stens*，它只能作为状语，且大多转义:

höchstens	Kleine Kinder sollten *höchstens* drei Wochen von ihren Eltern getrennt sein.
nächstens	Wir werden Sie *nächstens* genauer informieren.
bestens	Er war *bestens* auf sein Examen vorbereitet.
meistens	Für seine Verspätung hatte er *meistens* eine Ausrede.
wenigstens	Schick ihm *wenigstens* hundert Mark.
mindestens	Das Schwein wiegt *mindestens* vier Zentner.
zumind*est*	Du hättest *zumindest* anrufen können.

3. a) 以 *-d*、*-t*、*-tz*、*-z*、*-sch*、*-ss* 和 *-ß* 结尾的形容词构成最高级时要加上 *-e*:

wild	wilder	am wildesten
breit	breiter	am breitesten
stolz	stolzer	am stolzesten
spitz	spitzer	am spitzesten
heiß	heißer	am heißesten
krass	krasser	am krassesten
hübsch	hübscher	am hübschesten

b) 由弱变化动词的第二分词构成的形容词在构成最高级时也需要加上 *-e*:

vertraut	vertrauter	am vertrautesten
beliebt	beliebter	am beliebtesten

以下几种情况不加 *-e*:

a) groß, größer, am größten

b) 以 *-isch* 结尾的形容词: am neid*isch*sten, am heim*isch*sten

c) 由第一分词构成的形容词：
bedeutend, bedeutender, am bedeuten*d*sten
zutreffend, zutreffender, am zutreffen*d*sten

d) 由弱变化动词的第二分词构成的形容词，且以 -*ert*，*elt* 或 *tet* 结尾：
begeistert, begeisterter, am begeister*t*sten
bekümmert, bekümmerter, am bekümmer*t*sten
verzweifelt, verzweifelter, am verzweifel*t*sten
gefürchtet, gefürchteter, am gefürchte*t*sten

4. 以 -*el* 或 -*er* 结尾的形容词有特殊的构成形式：

dunk*el*	der dunk*le* Keller	es wird dunk*ler*	es ist am dunk*elsten*
ed*el*	der ed*le* Wein	er ist ed*ler*	er ist am ed*elsten*
teu*er*	der teu*re* Mantel	er ist teu*rer*	er ist am teu*ersten*

1a 请练习比较级。

Sprich bitte laut!
Gut, ich werde jetzt lauter sprechen als bisher.

Statt *gut* kann man seine Bereitschaft freundlicher durch *(ja) gern* ausdrücken.
Ein klein wenig Ungeduld zeigen Sie, wenn Sie sagen: *Also schön, ich werde ...,*
besonders wenn Sie *schön* betonen.

1. Schreib bitte schnell!
2. Sprich bitte deutlich!
3. Rechne bitte genau!
4. Hör bitte gut zu!
5. Sei bitte leise!
6. Lauf bitte langsam!
7. Bediene bitte freundlich!
8. Arbeite bitte sorgfältig!
9. Fahr bitte vorsichtig!
10. Sei bitte ordentlich!
11. Üb bitte viel!

b Der Bus fährt aber nicht sehr schnell!
Das stimmt, er könnte schneller fahren.

Andere Möglichkeiten der Zustimmung: *Da haben Sie Recht, ... ; Ja, wirklich,
... ; Da bin ich ganz Ihrer Meinung, ...* (Betonung auf „wirklich" oder „ganz".)

1. Der Radfahrer fährt aber nicht sehr vorsichtig!
2. Der Motorradfahrer ist aber nicht sehr rücksichtsvoll!
3. Die Fußgänger gehen aber nicht sehr schnell über die Straße!
4. Der Autofahrer ist aber nicht sehr höflich!
5. Die Straßenlaternen sind aber nicht sehr hell!
6. Die Straße ist aber nicht sehr gut!
7. Der Bus ist aber nicht sehr billig!
8. Die Haltestelle ist aber nicht sehr nah!

c Essen (n) / billig. Dieses Essen ist aber nicht billig!
Stimmt, es könnte billiger sein.

1. Kellner (m) / höflich
2. Kaffee (m) / stark
3. Brötchen (Pl.) / frisch
4. Suppe (f) / warm
5. Kartoffeln (Pl.) / weich
6. Bier (n) / kalt
7. Pudding (m) / süß
8. Äpfel (Pl.) / saftig

d Schuhe (Pl.) / bequem. Sind die Schuhe nicht bequem?
Sie könnten bequemer sein.

Umgangssprachlich setzt man gern *na ja* vor die Antwort: *Na ja, sie könnten. . .*

1. Jacke (f) / warm
2. Einkaufstasche (f) / fest
3. Mantel (m) / leicht
4. Kleid (n) / modern
5. Anzug (m) / billig
6. Socken (Pl.) / lang
7. Wolle (f) / grob
8. Fell (n) / dick
9. Leder (n) / gut
10. Gürtel (m) / breit

2 请练习比较级和最高级。

Fritz springt … als Emil. (hoch / Hans)
Fritz springt höher als Emil.
Aber Hans springt am höchsten.

1. Stella spricht … Deutsch als Michaela. (gut / Angela)
2. Müller arbeitet … als Maier. (zuverlässig / Schulze)
3. Wein trinkt er … als Bier. (gern / Sekt)
4. Seine Kusinen stehen ihm … als seine Tante. (nah / Geschwister)
5. Das Radio war … als der Plattenspieler. (teuer / der Fernseher)
6. Ein Skorpionstich ist … als ein Wespenstich. (gefährlich / ein Schlangenbiss)
7. Mein Schäferhund ist … als euer Dackel. (wild / der Jagdhund des Nachbarn)
8. Sie isst Rindfleisch … als Schweinefleisch. (gern / Hammelfleisch)
9. Im Einzelhandelsgeschäft ist die Bedienung … als im Warenhaus. (freundlich / im Tante-Emma-Laden)
10. Im Zug reist man … als im Bus. (schnell / im Flugzeug)
11. In der Sahara ist es … als in Israel. (heiß / am Äquator)
12. In Grönland ist es … als in Schweden. (kalt / im Nordosten von Russland)
13. Der Amazonas ist … als der Mississippi. (lang / der Nil)
14. In Asien sind Dialekte … als in Südamerika. (verbreitet / in Afrika)
15. In Europa ist die Zahl der Deutschsprechenden … als die Zahl der Menschen, die Englisch als Muttersprache sprechen. (hoch / die Zahl der Russischsprechenden)

3 请练习比较级和最高级。

Ich möchte ein Paar warme Handschuhe.
Haben Sie keine wärmeren? – Nein, das sind die wärmsten, die wir haben.

如下回答听起来会更客气些：*Nein, leider … ; Nein, es tut mir Leid, … ; oder: Ich bedaure, aber das …*

Ich möchte …
1. … einen guten Tennisschläger.
2. … eine große Einkaufstasche.
3. … einen kleinen Fotoapparat.
4. … festes Packpapier.
5. … ein Paar schwere Wanderschuhe.
6. … ein Paar leichte Sommerschuhe.
7. … einen warmen Wintermantel.
8. … einen billigen Wecker.
9. … einen bequemen Sessel.
10. … einen preiswerten Kalender.

4 Herr Neureich ist mit nichts zufrieden.

Die Wohnung ist nicht groß genug.
Er möchte eine größere Wohnung.

1. Die Lampen sind nicht hell genug.
2. Die Möbel sind nicht elegant genug.
3. Das Porzellan ist nicht wertvoll genug.
4. Der Schrank ist nicht breit genug.
5. Der Orientteppich ist nicht alt genug.
6. Das Fernsehbild ist nicht groß genug.

5 Im Antiquitätenladen findet man …

interessante Dinge.
die interessantesten Dinge.

1. elegante Vasen
2. merkwürdige Bilder
3. alte Spielsachen
4. wertvolle Gläser
5. verrückte Bierkrüge
6. teure Möbel
7. hübsche Bilderrahmen
8. altmodische Stehlampen

6 请将括号内的形容词改为最高级并给出答案（答案见 **323** 页）。

1. Wie heißt das (groß) Säugetier der Erde?
2. Wie heißt das (klein) Säugetier der Erde?
3. Wie heißt das Tier mit dem (hoch) Wuchs?
4. Welches Tier kann am (schnell) laufen?
5. Welche Schlange ist am (giftig)?
6. Wie heißt der (groß) Ozean?
7. Wie tief ist die (tief) Stelle des Meeres?
8. Welches ist der (klein) Erdteil?
9. Wo ist es am (kalt)?
10. Wo regnet es am (viel)?
11. In welcher Gegend der Erde ist es am (stürmisch)?
12. Wann ist auf der Nordhalbkugel der (kurz) Tag?
13. Wann ist auf der Nordhalbkugel der (lang) Tag?
14. Wie heißt das (leicht) Gas?
15. Wann sind wir von der Sonne am (weit) entfernt?
16. Wann ist die Sonne der Erde am (nah)?

7 请按下列模式练习:

A: (behauptet) Der alte Turm ist *das schönste Gebäude* dieser Stadt.
B: (protestiert) *Es gibt aber noch andere schöne Gebäude in dieser Stadt.*
A: (muss zugeben) *Der alte Turm ist eines der schönsten Gebäude in dieser Stadt.*

1. Das Herz ist das empfindlichste Organ in unserem Körper.
2. Homer war der größte Dichter im Altertum.
3. Diese chinesische Vase ist das kostbarste Gefäß in diesem Museum.
4. Das Fahrrad ist die nützlichste Erfindung seit 200 Jahren.
5. Das Grippevirus ist wahrscheinlich das gefährlichste (Virus). (Pl.: *Viren*)
6. Der Zug von Paris nach Marseille ist der schnellste (Zug) in Frankreich.
7. Als wir den Professor kennen lernten, wussten wir nicht, dass er der bekannteste (Professor) für afrikanische Literaturgeschichte ist.
8. Der französische Regisseur hat den besten Film in dieser Saison gedreht.
9. Wir haben an der tollsten Party in diesem Winter teilgenommen.
10. In Köln wurde das hässlichste Museum (Pl. Museen) gebaut.
11. Seit der Renovierung gilt unser Haus als das schönste (Haus) im Viertel.
12. Wissen Sie, dass Sie mit dem einflussreichsten Mann in dieser Stadt gesprochen haben?

§41　形容词和分词作为名词

a) In unserem Abteil saßen einige *Jugendliche*.
b) Die jungen Leute diskutierten mit den *Reisenden*.
c) Ein alter *Gelehrter* wollte die Argumente der *Behinderten* nicht anerkennen.

作为独立名词的形容词和分词按形容词变格。

zu a) 以下经常使用的名词是由形容词转换而来:

der Adlige, ein -er	der Jugendliche, ein - er
der Arbeitslose, ein - er	der Kranke, ein - er
der Bekannte, ein - er	der Lahme, ein - er
der Blinde, ein - er	der Rothaarige, ein - er
der Blonde, ein - er	der Schuldige, ein - er
der Deutsche, ein - er	der Staatenlose, ein - er
der Farbige, ein - er	der Taubstumme, ein - er
der Fremde, ein - er	der Tote, ein - er
der Geizige, ein - er	der Verwandte, ein - er
der Gesunde, ein - er	der Weise, ein - er
der Heilige, ein - er	der Weiße, ein - er

zu b) 以下经常使用的名词是由第一分词转换而来 (第一分词由动词原形加 -d 构成: fragend，laufend。见 §46，I):

der Abwesende, ein - er	der Leidtragende, ein - er
der Anwesende, ein - er	der Reisende, ein - er

der Auszubildende, ein - er   der Überlebende, ein - er
der Heranwachsende, ein - er   der Vorsitzende, ein - er

zu c) 以下经常使用的名词是由第二分词转换而来 (完成式的构成见 §6，I，5；§7；§8；§46):

der Angeklagte, ein - er   der Gelehrte, ein - er
der Angestellte, ein - er   der Geschiedene, ein - er
der Beamte, ein - er   der Verheiratete, ein - er
aber: die / eine Beamtin   der Verletzte, ein - er
der Behinderte, ein - er   der Verliebte, ein - er
der Betrogene, ein - er   der Verlobte, ein - er
der Betrunkene, ein - er   der Verstorbene, ein - er
der Gefangene, ein - er   der Vorgesetzte, ein - er

1 请仿例练习。

der Geizige / möglichst nichts von seinem Besitz abgeben wollen
Ein Geiziger ist ein Mensch, der möglichst nichts von seinem Besitz abgeben will.

1. der Betrunkene / zu viel Alkohol trinken (Perf.)
2. der Geschiedene / seine Ehe gesetzlich auflösen lassen (Perf.)
3. der Staatenlose / keine Staatszugehörigkeit besitzen
4. der Taubstumme / nicht hören und nicht sprechen können
5. der Weise / klug, vernünftig und lebenserfahren sein
6. der Überlebende / bei einer Katastrophe mit dem Leben davonkommen (Perf.)
7. der Vorsitzende / eine Partei, einen Verein o.Ä. leiten
8. der Lahme / sich nicht bewegen können
9. der Auszubildende / eine Lehre machen
10. der Vorgesetzte / anderen in seiner beruflichen Stellung übergeordnet sein

2 请按上面练习1的格式解释下列各词。

1. der Weiße
2. der Farbige
3. der Verstorbene
4. der Gefangene
5. der Reisende
6. der Abwesende
7. der Anwesende
8. der Arbeitslose
9. der Einäugige
10. der Schuldige

3 请将上面练习2中的名词改为复数后再进行定义。

der Weiße
Weiße sind Menschen mit heller Hautfarbe.

4 请填上词尾。

Ein Betrunken_ fuhr gestern auf der Autobahn als sogenannter Geisterfahrer in der falschen Richtung. Dabei rammte er einen Bus. Trotzdem fuhr der Betrunken_ weiter. Die Leidtragend_ waren die Reisend_ in dem Bus, meist Jugendlich_, die zu einem Fußballspiel fahren wollten. Der Bus kam von der Fahrbahn ab und überschlug sich. Das Ergebnis: ein Tot_ und 15 Verletzt_. Ein Schwerverletzt_ wurde mit dem Hubschrauber ins Krankenhaus gebracht. Der Busfahrer, ein Angestellt_ der hiesigen Stadtverwaltung, blieb unverletzt; der Tot_ jedoch ist ein naher Verwandt_ des Fahrers. Dem Schuldig_, den man kurz nach dem Unfall stoppen konnte, wurde eine Blutprobe entnommen. Der Führerschein des Betrunken_ wurde sichergestellt.

§ 42　副词

I　一般规则

a) Ich sehe ihn *bald*.
Er arbeitet *sorgfältig*.
Dein Auto steht *da hinten*.

b) Das Wetter war *ungewöhnlich* gut.
Sie ist *ziemlich* ungeschickt.

c) Er hat ein *bewundernswert* gutes Gedächtnis.

副词不变格，它修饰动词且在句中占位 (见 § 22 VII-IX)。

zu a) 提问: *Warum，wie，wo ist oder geschieht etwas*?

zu b) 副词可以修饰副词。提问: *Wie ungeschickt war sie*? – 回答: *Ziemlich ungeschickt.*

zu c) 副词可以修饰形容词定语。提问: *Was für ein Gedächtnis*? – 回答: *Ein bewundernswert gutes Gedächtnis.*

II　时间副词

时间副词表示 wann，bis wann，seit wann，wie lange，wie oft 发生某事。

以下是按时间副词的意义来划分的，而不是根据时态:

1. Gegenwart:　heute, jetzt, nun, gerade; sofort, augenblicklich; gegenwärtig, heutzutage

2. Vergangenheit:　gestern, vorgestern; bereits, eben, soeben, vorhin, früher, neulich, kürzlich; inzwischen, unterdessen; einst, einmal, ehemals, jemals; seither, vorher, damals, anfangs

3. Zukunft:　morgen, übermorgen; bald, demnächst, nächstens, künftig; nachher, danach, später

4. Allgemein:　wieder, oft, oftmals, häufig, mehrmals, stets, immer, immerzu, ewig; erst, zuerst, zuletzt, endlich; nie, niemals, morgens, mittags, abends, nachts, vormittags usw.

说明

时间名词的第四格也用作状语，如：*alle Tage*, *nächste Woche*, *jeden Monat*, *voriges Jahr*
等。

III 情态副词

情态副词表示 *wie*, *auf welche Art*, *mit welcher Intensität* 发生某事。

1. 形容词可以作为情态副词：
   Er fragte mich *freundlich*.
   Es geht mir *schlecht*.
   在这种情况下情态副词不变格，但可以有比较级。

2. 以下情态副词主要修饰副词，并表示

加强：	sehr, besonders, außerordentlich, ungewöhnlich
减弱：	fast, kaum, beinahe; ganz, recht, einigermaßen, ziemlich
不确定：	wohl, vielleicht, versehentlich, vermutlich, möglicher-weise, wahrscheinlich
肯定：	sicher, bestimmt, allerdings, natürlich, gewiss, folgender-maßen, tatsächlich, absichtlich, unbedingt
否定：	gar nicht, überhaupt nicht, keineswegs, keinesfalls; vergebens, umsonst

3. 由 *-er* + *-weise* 构成的情态副词：
   Er steht *normalerweise* um 7 Uhr auf.
   Er hat *dummerweise* den Vertrag schon unterschrieben.
   Sie haben *glücklicherweise* die Prüfung bestanden.
   Er hat ihm *verständlicherweise* nicht mehr als hundert Mark geliehen.

4. 由 *-halber* 以及 *-falls* 构成的情态副词一般表示原因或条件：
   Wir haben *vorsichtshalber* einen Rechtsanwalt genommen. (= weil wir vorsichtig sein wollten)
   Das Haus ist *umständehalber* zu verkaufen. (= weil die Umstände so sind)
   Er wird *schlimmstenfalls* eine Geldstrafe zahlen müssen. (= wenn es schlimm kommt)
   ***Bestenfalls* wird er freigesprochen.** (= wenn der beste Fall eintritt)

IV 地点副词

地点副词表示事情发生的地点、或事物运动的方向或出发点：

wo? da, dort, hier; außen, draußen, drinnen, drüben, innen; oben, unten, mitten,
vorn, hinten, links, rechts

wohin? dahin, dorthin, hierhin; hinaus, heraus, hinein, herein, hinauf, herauf, hinunter, herunter, hinüber, herüber; aufwärts, abwärts, vorwärts, rückwärts, seitwärts – oder mit Präposition: nach unten / oben usw.

woher? daher, dorther – oder mit Präposition: von unten / draußen usw.

说明

1. 副词加上词尾 *-ig* 之后可以构成定语性形容词:
   der *heutige* Tag, im *vorigen* Monat:
   heutig-, gestrig-, morgig-, hiesig-, dortig-, obig-, vorig-

2. 副词 *außen*、*innen*、*oben*、*unten*、*vorn*、*hinten* 等也可以构成定语形容词:
   äußere Probleme, innere Krankheiten, das untere oder unterste Stockwerk, die hintere oder hinterste Reihe, die vorderen oder vordersten Stühle

1   请将下面的副词改为定语性形容词。

     die Zeitung von gestern   *die gestrige Zeitung*

     1. die Nachricht von gestern   5. die Jugend von heute
     2. das Wetter von morgen   6. die Zeilen von oben
     3. die Stadtverwaltung von hier   7. das Wissen von jetzt
     4. die Beamten von dort   8. die Versuche bisher

2   请用给出的副词按其意义填空。

     a) bestenfalls b) dummerweise c) folgendermaßen d) normalerweise e) oftmals
     f) verständlicherweise g) vorsichtshalber

     Wir sind diesen Weg … gegangen. Dennoch habe ich … die Wanderkarte mitgenommen. Ich denke, wir laufen am besten … : von hier über den Blocksberg nach Ixdorf. … kann man den Weg in einer Stunde zurücklegen. Wegen des Schnees braucht man heute … etwas länger. Jetzt habe ich doch … meine Brieftasche zu Hause gelassen! In meinem Portmonee habe ich nur noch fünf Mark; das reicht … für ein Bier für jeden.

3   请仿例造句。

     Wie ist die Wohnung eingerichtet? / schön
     Es handelt sich um eine schön eingerichtete Wohnung.

     1. Wie groß sind die Hochhäuser? / erstaunlich
     2. Wie hoch ist die Miete für die Büroräume? / unglaublich
     3. Wie bekannt ist der Schauspieler? / allgemein
     4. Wie ist mein neues Auto lackiert? / rot
     5. Wie ist das Kind erzogen worden? / gut
     6. Wie ist das Haus renoviert worden? / unvollständig und nicht sachgerecht
     7. Wie ist die Einigung zwischen den Partnern entstanden? / mühsam
     8. Wie wurde die Maschine konstruiert? / fehlerhaft

9. Wie wurden die Vorschriften zum Umweltschutz in der Chemiefabrik behandelt? / allzu oberflächlich
10. Wie zahlen die Mieter (Aktiv) / im Allgemeinen regelmäßig
11. Wie wachsen einige Bäume? / schnell
12. Wie wurde das Spiel unserer Fußballmannschaft verloren? / haushoch
13. Wie hat die Fußballmannschaft verloren? / haushoch
14. Wie argumentiert die Zigarettenindustrie im Streit mit dem Fernsehen? / ungeschickt
15. Wie wurde der Angeklagte verurteilt? / von dem Richter ungerecht
16. Wie hat man das Unfallopfer ins Krankenhaus gebracht? / schwer verletzt
17. Wie ist diese Suppe zu kochen? / besonders leicht
18. Wie sind diese Probleme zu lösen? / überhaupt nicht oder nur schwer

§ 43　要求第三格或第四格的情态副词

I　最常用的要求第三格的副词

abträglich	Das Rauchen ist *seiner Gesundheit* abträglich.
ähnlich	Das Kind ist *der Mutter* ähnlich.
angeboren	Der Herzfehler ist *ihm* angeboren.
angemessen	Ein Studium an einer Fachhochschule ist *ihm* angemessen.
behilflich	Der Gepäckträger war *der Dame* behilflich.
beschwerlich	Lange Zugreisen sind *mir* zu beschwerlich.
bekannt	Seine Aussage ist *mir* seit langem bekannt.
bewusst	Das ist *mir* noch niemals bewusst geworden.
böse	Er ist *seiner Freundin* böse.
entsprechend	Unser Verhalten war *dem seinen* entsprechend.
fremd	Er ist *mir* immer fremd geblieben.
gegenwärtig	Der Name war *dem Professor* im Augenblick nicht gegenwärtig.
geläufig	Das Wort ist *dem Ausländer* nicht geläufig.
gelegen	Die Nachzahlung kommt *mir* sehr gelegen.
gewachsen	Er ist *den Problemen* nicht gewachsen.
gleichgültig	Die Politik ist *mir* im Allgemeinen nicht gleichgültig.
nahe	Wir waren *dem Ziel* schon nahe.

peinlich	Sein Lob war *mir* peinlich.
recht	Sein Aufenthalt war *den Verwandten* nicht recht.
sympathisch	Die Zeugin war *dem Richter* sympathisch.
treu	Er ist *ihr* treu geblieben.
überlegen	Die bayerische Fußballmannschaft war *den Hamburgern* überlegen.
unterlegen	Er war *seinen Konkurrenten* unterlegen.
vergleichbar	Dein Lebensweg ist *meinem* vergleichbar.
verhasst	Dieser Mensch ist *mir* verhasst.
zugetan	Er ist *den Kindern* sehr zugetan.
zuwider	Deine Lügen sind *mir* zuwider.

II 要求第四格时间说明语或计量单位的情态副词

alt	Der Säugling ist erst *einen Monat* alt.
breit	Das Regal ist *einen Meter* breit.
dick	Das Brett ist *20 mm* dick.
hoch	Der Mont Blanc ist fast *5000 m* hoch.
tief	Die Baugrube ist etwa *zehn Meter* tief.
lang	Moderne Betten sind *2,30 m* lang.
schwer	Das kaiserlicher Silberbesteck war *einen Zentner* schwer.
weit	Vögel können über *10 000 Kilometer* weit fliegen.
wert	Die Aktien sind nur noch *die Hälfte* wert.

1 请用适当的代词或冠词填空。

1. Ich habe sie offenbar verärgert; nun ist sie … böse.
2. Der Arzt sagte zu mir: Möglichst keine Aufregung! Das ist … Gesundheit abträglich.
3. Er hat sich nicht mal bedankt. Das sieht … ähnlich!
4. Sie ist unglaublich gelenkig; das ist … angeboren.
5. Ich verstehe mich nicht gut mit ihnen; sie sind … fremd.
6. Du musst … Gesundheitszustand entsprechend leben!
7. Der ältere Herr mag die jungen Leute von nebenan. Sie sind … sympathisch und er ist … sehr zugetan; umgekehrt sind sie … beim Einkaufen und Tragen der Sachen gefällig.

8. Es ist … Menschen (Pl.) nicht gleichgültig, ob ihr Lebensgefährte … treu ist oder nicht.

9. Es ist … nicht bewusst, wann ich die Leute verärgert habe; aber ich weiß, ich bin … verhasst.

10. Sie ist … in Mathematik, aber ich bin … dafür in Sprachen überlegen. … Anforderungen in den anderen Fächern sind wir beide gewachsen.

11. Das kommt … gerade gelegen, dass du vorbeikommst! Kannst du … beim Umräumen mal behilflich sein?

§ 44　和介词连用的副词

Worauf seid ihr stolz?
Wir sind stolz *auf* sein ausgezeichnetes Examen.
Wir sind stolz *darauf*, dass er ein ausgezeichnetes Examen gemacht hat.

最常用的和介词连用的副词

arm an + D　　　　　　　　　Phantasie
angesehen bei + D　　　　　　seinen Kollegen
ärgerlich über + A　　　　　　die Verspätung
aufmerksam auf + A　　　　　die Verkehrsregeln
begeistert von + D　　　　　　dem neuen Backrezept
bekannt mit + D　　　　　　　seinen Nachbarn
　　　　bei + D　　　　　　　seinem Vorgesetzten
　　　　für + A　　　　　　　seine Unpünktlichkeit
bekümmert über + A　　　　　seinen Misserfolg
beliebt bei + D　　　　　　　seinen Kommilitonen
blass vor + D　　　　　　　　Neid
böse auf + A　　　　　　　　seinen Hund
betroffen von + D　　　　　　der Gehaltskürzung
　　　　über + A　　　　　　den plötzlichen Tod seines Vetters
besessen von + D　　　　　　den neuen Ideen
beunruhigt über + A　　　　　die Wirtschaftslage
eifersüchtig auf + A　　　　　seine Schwester
entsetzt über + A　　　　　　den Mord im Nachbarhaus
erfreut über + A　　　　　　die rasche Genesung
erkrankt an + D　　　　　　　Kinderlähmung
fähig zu + D　　　　　　　　dieser Tat
fertig mit + D　　　　　　　dem Kofferpacken
　　　　zu(r) + D　　　　　　Abfahrt
frei von + D　　　　　　　　Gewissensbissen
freundlich zu + D　　　　　　allen Menschen

froh über + A	die neue Stellung
glücklich über + A	die billige Wohnung
interessiert an + D	den Forschungsergebnissen
nachlässig in + D	seiner Kleidung
neidisch auf + A	den Erfolg seines Kollegen
nützlich für + A	den Haushalt
rot vor + D	Wut
reich an + D	Talenten
stolz auf + A	sein gutes Ergebnis
schädlich für + A	die Bäume
überzeugt von + D	der Richtigkeit seiner Theorie
verbittert über + A	den langen Verwaltungsweg
verliebt in + A	die Frau seines Freundes
voll von + D	Begeisterung
verrückt nach + D	einem schnellen Sportwagen
verschieden von + D	seinen Geschwistern
verständnisvoll gegenüber + D	der Jugend
verwandt mit + D	der Frau des Ministers
verwundert über + A	seine Geschicklichkeit
voreingenommen gegenüber + D	berufstätigen Frauen
zufrieden mit + D	der guten Ernte
zurückhaltend gegenüber + D	seinen Mitmenschen

1 请用适当的介词填空。

1. Der Bauer ist … seiner Ernte sehr zufrieden; aber er ist verbittert dar_, dass durch die reiche Getreideernte die Preise fallen.

2. Der gute Junge ist ganz verrückt … meiner Schwester, aber die ist … ihm überhaupt nicht interessiert. Sie hat einen anderen Freund. Er ist nun … ihre Gleichgültigkeit recht bekümmert und … den Freund natürlich furchtbar eifersüchtig.

3. Der Stadtverordnete ist … seinen Kollegen sehr angesehen, denn er ist bekannt … seine gerade, mutige Haltung. Er ist freundlich … jedermann und verständnisvoll … den Anliegen der Bürger.

4. Viele Menschen sind beunruhigt … die politische Entwicklung. Sie sind entsetzt … die furchtbaren modernen Waffen und überzeugt … der Notwendigkeit, den Frieden zu bewahren.

5. Schon lange war mein Bruder … deine Schwester verliebt. Ich bin sehr froh und glücklich dar_, dass die beiden heiraten wollen und stolz … eine so hübsche und kluge Schwägerin. Die Eltern sind ihr … noch etwas voreingenommen; aber sie wird schon fertig … ihnen, da_ bin ich überzeugt.

6. Mein Bruder ist … Tuberkulose erkrankt. Als er es erfuhr, wurde er blass … Schreck. Nun ist er in einer Klinik, die bekannt … ihre Heilerfolge ist. Er ist ganz begeistert … der freundlichen Atmosphäre dort. Der Chefarzt ist beliebt … Personal und Patienten.

7. Ständig hat der Junge den Kopf voll … dummen Gedanken! Er ist besessen … schweren Motorrädern, aber nachlässig … seiner Arbeit, begeistert … Motorradrennen und fähig … den verrücktesten Wettfahrten!

8. Jetzt ist er beleidigt, weil du ihm mal die Meinung gesagt hast. Er wurde ganz rot ... Zorn und nun ist er böse ... dich. Aber es war notwendig, dass du es ihm mal gesagt hast, du kannst ganz frei ... Schuldgefühlen sein.

§45   状态被动态

| aktive Handlung | Kurz vor 8 Uhr *hat* der Kaufmann seinen Laden *geöffnet*. |
| passive Handlung | Kurz vor 8 Uhr *ist* der Laden *geöffnet worden*. |

主动态和被动态同样都表示某人做某事。即使在被动态中不指出某人是谁，其被动态形式 *worden* 也指向某一个可能的行为人。

| Zustandspassiv Präsens | Jetzt ist es 10 Uhr; seit zwei Stunden *ist* der Laden *geöffnet*. |
| Zustandspassiv Vergangenheit | Als ich kam, *war* der Laden schon *geöffnet*. |

状态被动态由 *sein* 加第二分词构成

1. 状态被动态中的第二分词有状语或定语的功能，它表示已经发生的某行为的状态，而不强调行为人。人们关心的是：现在是什么样的状态。

状语：
Der Teller ist zerbrochen.
Das Tor war verschlossen.

定语：
der zerbrochene Teller
das verschlossene Tor

2. 状态被动态只有两种时态，*sein* 的现在时和过去时：
Heute *sind* die Kriegsschäden in Frankfurt fast völlig *beseitigt*.
1945 *war* die Altstadt Frankfurts gänzlich *zerstört*.

1 Frau Luther kommt spät nach Hause; ihr Mann war schon früher da.

Wäsche waschen
Ich wollte die Wäsche waschen, aber sie war schon gewaschen.

1. Teller (Pl.) spülen
2. Geschirr (n) wegräumen
3. die Schuhe putzen
4. die Betten machen
5. die Hemden bügeln
6. die Kleider zur Reinigung bringen
7. den Teppich saugen
8. die Blumen gießen
9. die Treppe wischen
10. das Abendessen zubereiten

2 Vor der Reise

Fenster schließen
Vergiss nicht die Fenster zu schließen!
Sie sind schon geschlossen.

Sie wollen ausdrücken, dass diese Erinnerung ganz unnötig ist, es ist längst alles getan: *Die sind schon längst geschlossen!*

1. die Fahrkarten kaufen
2. die Zeitung abbestellen
3. die Turnschuhe einpacken
4. die Wasserleitung abstellen
5. die Sicherungen abschalten
6. den Nachbarn informieren
7. die Tür verschließen
8. die Schlüssel beim Hausverwalter abgeben
9. ein Taxi rufen

3 Beim Arzt

Frau Kapp den Verband anlegen
Arzt: Haben Sie Frau Kapp schon den Verband angelegt?
Sprechstundenhilfe: Ja, er ist schon angelegt.

Die Antwort klingt umgangssprachlich ein klein wenig beruhigend, wenn die Sprechstundenhilfe sagt: *Ja, ja, der ist schon angelegt.* (Bei Personen aber „er" bzw. „sie"!)

1. Herrn Müller den Arm röntgen
2. dem Jungen einen Krankenschein schreiben
3. diesem Herrn den Blutdruck messen
4. Frau Neumann wiegen
5. Frau Kübler Blut abnehmen
6. dem Verletzten die Wunde reinigen
7. den Krankenwagen benachrichtigen
8. das Rezept für Frau Klein ausschreiben

§ 46　分词结构

前言

1. 现在分词 (第一分词) 和过去分词 (第二分词) 可以作为形容词定语使用。

2. 现在分词由动词原形加 *d* 构成，例如：*liebend, reißend* 等等。现在分词作为形容词定语时必须有相应的词尾变化，例如：die *liebende* Mutter，der *reißende* Strom。

3. 过去分词的构成也有一定的规则 (见 §6，I，5，§7 和 §8)。过去分词作为形容词定语时必须有相应的词尾变化，例如：die *gekauften* Sachen，die *unterlassene* Hilfe。

4. 反身动词作为形容词定语时，用反身动词的现在分词形式加上反身代词 (*sich nähern* – das *sich nähernde* Schiff)，或者直接用反身动词的过去分词形式 (*sich beschäftigen* – der *beschäftigte* Rentner)。

I 一般规则

a) | | Das | | *schreiende* Kind konnte rasch gerettet werden.
Erweiterung: Das *laut schreiende* Kind konnte rasch gerettet werden.
Erweiterung: Das *laut um Hilfe schreiende* Kind konnte rasch gerettet werden.

b) Die *zerstörte* Stadt war ein schrecklicher Anblick.
Erweiterung: Die *durch Bomben zerstörte* Stadt war ein schrecklicher Anblick.
Erweiterung: Die *im Krieg durch Bomben zerstörte* Stadt war ein schrecklicher Anblick.

1. 当分词作为形容词定语修饰名词时，它直接位于该名词前。

2. 分词前还可以有其他的修饰成分，它们和分词一起构成分词结构。

3. 分词结构一般位于冠词和它所修饰的名词之间，即如果没有冠词，它直接位于名词前：
Am Arbeitsplatz verletzte Personen sind voll versichert.

4. 在分词结构前或后还可以有一个形容词定语：
Unser *altes*, schon ein wenig *verfallenes* Fachwekhaus muss renoviert werden.

II 由及物动词构成的分词结构(及物动词指可以带第四格宾语的动词)

a)		
P. Präs.	gl.*	Der meinen Antrag *bearbeitende* Beamte *nimmt* sich viel Zeit.
(Aktiv)	gl.	*nahm* sich viel Zeit.
		hat sich viel Zeit *genommen.*
Rel.-S.	gl.	Der Beamte, der meinen Antrag *bearbeitet, nimmt* sich viel Zeit.
(Aktiv)	gl.	*bearbeitete, nahm* sich viel Zeit.
	gl.	*bearbeitet hat, hat* sich viel Zeit *genommen.*

* gl. = gleichzeitig

b)

P. Perf.	gl.*	*Nicht mehr beachtete* Vorschriften *müssen* geändert werden.
(Passiv)	gl.	Vorschriften, die nicht mehr *beachtet werden, müssen* geändert werden.

P. Perf.	v.*	Der gut versteckte Schatz	*wird*	gefunden.
(Passiv)	v.		*wurde*	gefunden.
			ist	gefunden *worden.*
Rel.-S.	v.	Der Schatz, der gut *versteckt worden ist,*	*wird*	gefunden.
(Passiv)	v.		*worden war, wurde*	gefunden.
	v.		*worden war, ist*	gefunden *worden.*

gl. = gleichzeitig　　v. = vorzeitig

zu a) 现在分词构成的分词结构表示主动态，它表示的行为和主句的行为同时发生，但是从属于主句的行为。这点可以从主动态的关系从句中看出，而关系从句的时态取决于主句的时态。

zu b) 过去分词构成的分词结构表示被动态，这点可以从被动态的关系从句中看出。如果讲述的是条令或法则，关系从句的时态和主句的时态具有同时性。但是在大多数情况下，过去分词构成的分词结构中的行为先于主句发生，因此，从句的时态一般为现在完成时或过去完成时。

III 由不及物动词构成的分词结构，其现在完成时形式的助动词为 "sein"（不及物动词指不可以带第四格宾语的动词）

Gegenwärtiger Vorgang	*Beendeter Vorgang*
a) Verben der Bewegung mit *sein*:	
der *ankommende* Zug	der *angekommene* Zug
= der Zug, der gerade *ankommt*	= der Zug, der gerade *angekommen ist*
die *an die Unfallstelle eilenden* Passanten	die *an die Unfallstelle geeilten* Passanten
= die Passanten, die gerade an die Unfallstelle *eilen*	= die Passanten, die schon an die Unfallstelle *geeilt sind*
b) Verben der Zustandsänderung mit *sein*:	
die rasch *vergehende* Zeit	die *vergangene* Zeit
= die Zeit, die rasch *vergeht*	= die Zeit, die schon *vergangen ist*

1. 现在分词构成的分词结构一般表示"平行"的行为，当它转换成从句时，从句为主动态，且和主句的时态具有同时性。
   Der *in Bonn ankommende* französische Außenminister begrüßte die Journalisten.
   Der französische Außenminister, *der in Bonn ankam*, begrüßte die Journalisten.

2. 过去分词构成的分词结构表示已经结束或完成的行为，当它转换成从句时，从句的时态先于主句，从句一般由过去分词加 *sein* 构成。

Der *verspätet angekommene* französische Außenminister wurde besonders herzlich begrüßt.

Der französische Außenminister, *der verspätet angekommen war*, wurde besonders herzlich begrüßt.

说明

用 *haben* 构成完成时的不及物动词（见 §12，II，4 和 §13，I）只能构成现在分词。

Ein *tief schlafendes* Kind sollte man nicht wecken.

Nach 30 Jahren fuhr der *in Paris lebende* Maler wieder nach Spanien.

IV 由状态被动态构成的分词结构

Der *seit Jahren verschlossene* Schrank wird (wurde) endlich geöffnet.
= Der Schrank, der *seit Jahren verschlossen ist (war)*, wird (wurde) endlich geöffnet.

Erst nach Jahren holen (holten) die Bankräuber ihre *gut versteckte* Beute.
= Erst nach Jahren holen (holten) die Bankräuber ihre Beute, die *gut versteckt ist (war)*.

1. 及物动词可以构成状态被动态，它表示先前发生的某一行为的状态如何（见 §45）。

2. 符合这种分词结构的关系从句，其构成形式为过去分词加 *sein*。

说明

形容词也可以像分词结构一样有其他的说明语，其所在从句的时态由 *sein* 的变化来体现。

der beim Publikum *beliebte* Schauspieler
= der Schauspieler, der beim Publikum *beliebt ist*

die seit 40 Jahren *notwendige* Änderung des Gesetzes
= die Änderung des Gesetzes, die seit 40 Jahren *notwendig ist*

1 请将下列关系从句改为由第一分词构成的分词结构。

die Banditen, die auf die Polizei schießen
die auf die Polizei schießenden Banditen

Was es in diesem Film alles zu sehen gibt! Da sind:

1. die Gangster, die eine Bank ausräumen
2. die Polizisten, die die Banditen jagen
3. die Häftlinge, die durch ein Kellerfenster aus der Haftanstalt ausbrechen
4. die Wächter, die überall nach den Entflohenen suchen

5. die Gefangenen, die über die Dächer der Häuser fliehen
6. die Hubschrauber, die das Gangsterauto verfolgen
7. die Verfolgten, die rücksichtslos über die Kreuzungen fahren
8. die Entflohenen, die unter einer Brücke übernachten
9. die Spürhunde, die die Spuren der Gangster verfolgen
10. die Gangster, die mit einem Flugzeug nach Südamerika entfliehen

2　请将下列关系从句改为由第二分词构成的分词结构。

die • alte Vase, die in einem Keller gefunden worden ist
die in einem Keller gefundene alte Vase

Was da in einem Heimatmuseum alles zu finden ist:

1. eine • drei Meter hohe Figur, die aus einem einzigen Stein herausgearbeitet worden ist
2. ein • 5000 Jahre altes Skelett, das in einem Moor gefunden worden ist
3. eine • zehn Zentner schwere Glocke, die bei einem Brand aus dem Kirchturm der Stadt gestürzt ist
4. ein Bild der • Stadt, die 1944 durch einen Bombenangriff zu 80 % zerstört worden ist
5. eine • Bibel, die von dem Begründer der Stadt vor 1200 Jahren mitgebracht worden ist
6. eine • wertvolle Porzellansammlung, die der Stadt von einem reichen Kunstfreund geschenkt worden ist
7. • Geräte und Maschinen, die im vorigen Jahrhundert zur Herstellung von Textilien verwendet worden sind
8. ein • Telegraphenapparat, der von einem Bürger der Stadt 1909 erfunden worden ist
9. eine • genaue Nachbildung des alten Rathauses, die aus 100 000 Streichhölzern zusammengebastelt worden ist
10. ein großes • Mosaik, das von einem Künstler der Stadt aus farbigen Glasstückchen zusammengesetzt worden ist

3　请将下列关系从句改为分词结构。

1. Die Ergebnisse, die in langjährigen Wetterbeobachtungsreihen festgestellt worden sind, reichen nicht aus, sichere Prognosen zu stellen.
2. Im Gegensatz zu dem sonnigen und trockenen Klima, das südlich der Alpen vorherrscht, ist es bei uns relativ niederschlagsreich.
3. In den Vorhersagen, die vom Wetterdienst in Offenbach ausgegeben werden, hieß es in diesem Sommer meistens: unbeständig und für die Jahreszeit zu kühl.
4. Ein Tiefdruckgebiet, das von den Küsten Südenglands nach Südosten
zieht, wird morgen Norddeutschland erreichen.
5. Die Niederschlagsmenge, die am 8. August in Berlin registriert wurde, betrug 51 Liter auf den Quadratmeter.
6. Das ist ein einsamer Rekord, der seit 100 Jahren nicht mehr erreicht worden ist.
7. Dagegen gab es in Spanien eine Schönwetterperiode, die über fünf Wochen mit Höchsttemperaturen von 30 bis 40 Grad anhielt.

8. Die allgemeine Wetterlage dieses Sommers zeigte Temperaturen, die von Süden nach Norden um 25 Grad voneinander abwichen.

4　请将下列分词结构改为关系从句。

1. Über die Kosten des durch die Beschädigung einer Gasleitung entstandenen Schadens können noch keine genaueren Angaben gemacht werden.
2. Der bei seiner Firma wegen seiner Sorgfalt und Vorsicht bekannte Baggerführer Anton F. streifte bei Ausgrabungsarbeiten eine in den offiziellen Plänen nicht eingezeichnete Gasleitung.
3. Das sofort ausströmende Gas entzündete sich an einem von einem Fußgänger weggeworfenen und noch brennenden Zigarettenstummel.
4. Bei der Explosion wurden drei in der Nähe spielende Kinder von herumfliegenden Steinen und Erdbrocken getroffen.
5. Der telefonisch herbeigerufene Krankenwagen musste aber nicht die Kinder, sondern eine zufällig vorübergehende alte Dame ins Krankenhaus bringen, wo sie wegen eines Nervenschocks behandelt werden musste.

5　请构成分词结构。

1. Im Zoo von San Francisco lebte ein Löwe, der mit beiden Augen in jeweils verschiedene Richtungen schielte.
2. Er bot einen Anblick, der derart zum Lachen reizte, dass es nicht lange dauerte, bis er entdeckt und zu einem Star gemacht wurde, der beim Fernsehpublikum von ganz Amerika beliebt war.
3. Der Löwe, der von Dompteuren und Tierpflegern für seine Auftritte vorbereitet wurde, stellte sich allerdings so dämlich an, dass man ihm nur leichtere Aufgaben, die sein Fassungsvermögen nicht überschritten, zumuten konnte,
4. was aber dem Publikum, das wie närrisch in den unmäßig blöden Ausdruck des Löwen verliebt war, nichts auszumachen schien.
5. Damit die Sendung nicht langweilig wurde, engagierte man kleinere Zirkusunternehmen, die um ihre Existenz kämpften.
6. Sie nahmen natürlich die Gelegenheit, die sich ihnen bot, mit Freuden an,
7. aber alle ihre Darbietungen, die sorgfältig eingeübt worden waren, wurden von dem Publikum, das allein auf den schielenden Löwen konzentriert war, glatt übersehen.
8. Auch die Kritiken, die regelmäßig am Morgen nach der Sendung erschienen, erwähnten nur beiläufig die Akrobaten und Clowns, die bis heute unbekannt geblieben sind.

§ 47 分词短语

II		
a) Sich auf seine Verantwortung besinnend,*	übernahm	der Politiker das schwere Amt.
Der Politiker	übernahm,*	sich auf seine Verantwortung besinnend*, das schwere Amt.
b) Napoleon, auf die Insel St. Helena verbannt,	schrieb	seine Memoiren.
c) Den Verfolgern entkommen,*	versteckte	sich der Einbrecher in einer Scheune.
Der Einbrecher	versteckte	sich, den Verfolgern entkommen, in einer Scheune.

> * 根据新正字法这些逗号不再是必需的，但是在为了避免歧义的情况下仍可以
> 使用。句子结构被中断时则必须使用逗号（如 b 和 a、c的第二个例句）。

1. 分词短语一般是对句子主语的补充。

2. 分词短语由不加词尾的分词和分词的其他说明语一起构成。

3. 分词短语在主句中可以位于第一位或第三位(第四位)。

4. 在从句中分词短语位于主语之后:
    Der Kranke war tief beunruhigt, nachdem *die Ärzte, laut über seinen Fall diskutierend*, das Krankenzimmer verlassen hatten.

5. 现在分词表示主动的、同时进行的行为，过去分词表示被动的、先行发生的行为:
    zu a) Der Politiker, der sich auf seine Verantwortung *besann*, übernahm das schwere Amt. (Aktiv = Partizip Präsens)
    zu b) Napoleon, der auf die Insel St. Helena *verbannt worden war*, schrieb seine Memoiren. (Passiv = Partizip Perfekt)
    zu c) Der Einbrecher, der den Verfolgern *entkommen war*, versteckte sich in einer Scheune. (vorzeitig = Partizip Perfekt)

说明

sein 和 *haben* 的现在分词 *(seiend, habend)* 不在分词短语中出现，它们一般被省略掉:
Der Besucher, *den Hut in der Hand*, plauderte noch eine Weile mit der Hausfrau.
Die Geschwister, *ein Herz und eine Seele*, besuchten dieselbe Universität.

1 请构成分词短语。

Der Sprecher forderte schärfere Kontrollen zum Schutz der Natur.
(Er kam auf den Ausgangspunkt seines Vortrags zurück.)
Auf den Ausgangspunkt seines Vortrags zurückkommend forderte der Sprecher schärfere Kontrollen zum Schutz der Natur.

1. Der Politiker bahnte sich den Weg zum Rednerpult. (Er wurde von Fotografen umringt.)
2. Der Redner begann zu sprechen. (Er war von den Blitzlichtern der Kameraleute unbeeindruckt.)
3. Der Redner begründete die Notwendigkeit härterer Gesetze. (Er wies auf eine Statistik der zunehmenden Luftverschmutzung hin.)
4. Der Politiker sprach zwei Stunden lang. (Er wurde immer wieder von Beifall unterbrochen.)
5. Die Besucher verließen den Saal. (Sie diskutierten lebhaft.)
6. Der Redner gab noch weitere Auskünfte. (Er wurde von zahlreichen Zuhörern umlagert.)

2 请将上面练习1中的分词短语放到第三位（第四位）。

Der Sprecher forderte, auf den Ausgangspunkt seines Vortrags zurückkommend, schärfere Kontrollen zum Schutz der Natur.

3 请按照练习1和2的模式构成分词短语。

1. Lawinen entstehen vorwiegend um die Mittagszeit. (Sie werden meist durch Erwärmung hervorgerufen.)
2. Lawinen begraben Jahr für Jahr zahlreiche Menschen unter dem Schnee. (Sie stürzen von den Bergen herunter.)
3. Suchhunde haben schon manchen unter dem Schnee Verschütteten gefunden. (Sie wurden für diese Aufgabe speziell ausgebildet.)
4. Die Bora fegt Dächer von den Häusern, Autos von den Straßen und bringt Schiffe in Seenot. (Sie weht eiskalt von den Bergen des Balkans zur Adria herab.)
5. Der Föhn fällt als warmer, trockener Wind in die nördlichen Alpentäler. (Er kommt von Süden.)
6. Ärzte vermeiden bei Föhnwetter schwierigere Operationen. (Sie wurden durch negative Erfahrungen gewarnt.)

4 请将下列左栏中的分词短语改为从句，并将这些从句和右栏中的主句一起连成完整的句子。

Nach seiner Meinung gefragt ... (als)
Als man den Politiker nach seiner Meinung fragte, antwortete er nicht.

1. Seinem Prokuristen das Papier über den Schreibtisch reichend ... (indem)
2. Im Gras liegend und mit den Augen den Wolken folgend ... (während)
3. Mit seinen Fäusten laut auf das Rednerpult trommelnd ... (indem)
4. Sich in dem eleganten, teuren Mantel vor dem Spiegel drehend ... (während)
5. Nach ihrer Meinung befragt ... (als)

a) erklärte der Gewerkschaftsführer erregt, so könne es keinesfalls weitergehen.
b) dachte sie besorgt an ihr Konto.
c) dachte er über den Sinn des Lebens nach.
d) erklärte die bekannte Journalistin, auch das gegenwärtige Wirtschaftssystem werde einmal seinem Ende entgegengehen.
e) meinte der Chef: „Wir rationalisieren oder wir müssen zumachen!"

§ 48 "haben" 和 "sein" 加 "zu"

a) 表示必要、必须、法律:

Aktiv   Die Reisenden müssen (sollen) an der Grenze ihre Pässe vorzeigen.
         Die Reisenden *haben* an der Grenze ihre Pässe vorzuzeigen.
Passiv   An der Grenze müssen die Pässe vorgezeigt werden.
         An der Grenze *sind* die Pässe vorzuzeigen.

(由情态动词 *müssen、sollen、nicht dürfen* 构成的) 表示必须、必要的主动句可以由 *haben* + *zu* 构成，相应的被动句可以由 *sein* + *zu* 构成。两种表达法在意义上是一样的。它们表示命令并且在语气上不那么客气。如果动词是可分动词，那么 *zu* 位于可分前缀和词根之间。

b) 表示可能性或不可能性:

Passiv   Die alte Maschine kann nicht mehr repariert werden.
         Die alte Maschine *ist* nicht mehr *zu* reparieren.

(由情态动词 *müssen* 或 *können* 构成的) 表示可能性或不可能性的被动态大多由 *sein* + *zu* 构成。

说明

1. 作为被动句使用的句型 (见 §19，III，说明):

    1. *sein* + *zu*: Das *ist* weder *zu* verstehen noch *zu* beweisen.
    2. 由 *-bar, -lich* 构成的副词: Das ist weder verständ*lich* noch beweis*bar*.
    3. *lassen* + 反身代词: Das *lässt sich* weder *verstehen* noch *beweisen*.

2. 在被动句中，作为形式主语的 es (见 §19，II 无主语的被动句) 只能位于第一位，否则就要省略 *es*。

    Es lässt sich nicht erklären, warum er nicht gekommen ist.
    aber: Warum er nicht gekommen ist, lässt sich nicht erklären.
    Es ist nicht zu erklären, warum er nicht gekommen ist.
    aber: Sein Verhalten ist nicht zu erklären.

1 请用 "haben" 或 "sein" 加 "zu" 加不定式完成句子。

   Der Autofahrer muss regelmäßig die Beleuchtung seines Wagens prüfen.
   Der Autofahrer hat regelmäßig die Beleuchtung seines Wagens zu prüfen.

   Die Bremsen müssen auf Verkehrssicherheit geprüft werden.
   Die Bremsen sind auf Verkehrssicherheit zu prüfen.

   Vorschriften:

1. Der Sportler muss auf sein Gewicht achten. Er muss viel trainieren. Er muss gesund leben und auf manchen Genuss verzichten.

2. Der Nachtwächter muss in der Nacht seinen Bezirk abgehen. Er muss die Türen kontrollieren. Unverschlossene Türen müssen zugeschlossen werden. Besondere

Vorkommnisse müssen sofort gemeldet werden.

3. Der Zollbeamte muss unter bestimmten Umständen das Gepäck der Reisenden untersuchen. Das Gepäck verdächtiger Personen muss ggf. auf Rauschgift untersucht werden. Dabei können u.U. Spürhunde zu Hilfe genommen werden.

4. Der Autofahrer muss die Verkehrsregeln kennen und beachten. Er muss in den Ortschaften die vorgeschriebene Geschwindigkeit einhalten. Er muss Rücksicht auf die anderen Verkehrsteilnehmer nehmen. Der Polizei, der Feuerwehr und dem Krankenwagen muss auf jeden Fall Vorfahrt gewährt werden. Er muss seinen Führerschein immer mitführen. Das Motoröl muss nach einer bestimmten Anzahl von Kilometern erneuert werden.

2 请按下列模式练习：

A: Ist dieser Schrank verschließbar?
B: Wie bitte?
A: Ich meine: Kann man diesen Schrank verschließen?
B: Ja (Nein), dieser Schrank ist (nicht) zu verschließen.

除了 *Wie bitte?* B 还可以说： *Was meinten Sie, bitte? Was sagten Sie, bitte?*

1. Ist die Helligkeit der Birnen verstellbar?
2. Ist diese Handtasche verschließbar?
3. Ist dieses Puppentheater zerlegbar?
4. Ist diese Uhr noch reparierbar? (nicht mehr)
5. Sind die Teile des Motors austauschbar?
6. Sind diese Batterien wiederaufladbar?
7. Ist dieser Videorecorder programmierbar?
8. Ist dieser Ball aufblasbar?

3 请按下列模式练习：

A: Wussten Sie, dass man Altpapier leicht wiederverwerten kann?
B: Natürlich, Altpapier ist leicht wiederzuverwerten.
C: Ja, dass sich Altpapier leicht wiederverwerten lässt, ist mir bekannt.

Wussten Sie, . . .

1. dass man viel mehr Energie aus Wind erzeugen kann?
2. dass man Textilreste zu hochwertigem Papier verarbeiten kann?
3. dass es Motoren gibt, die man mit Pflanzenöl betreiben kann?
4. dass es bei uns Häuser gibt, die man fast ausschließlich mit Sonnenwärme beheizen kann?
5. dass man große Mengen von Kupfer (Cu) und Blei (Pb) aus Schrott gewinnt? (*der Schrott* = Metallabfall)
6. dass man Autoabgase durch einen Katalysator entgiften kann?
7. dass man aus Müll Heizgas gewinnen kann?
8. dass man nicht einmal in der Schweiz mit Hilfe des Wassers den Strombedarf decken kann?
9. dass man, wenn man ein Haus bauen will, in einigen Bundesländern Zuschüsse für eine Solaranlage bekommen kann?

10. dass man den Spritverbrauch der Autos durch langsameres Fahren stark herabsetzen kann? (*der Sprit* = Kraftstoff, z.B. Benzin)

4 请按下列模式组织对话。方括号中的词不出现在 B 和 C 中。

A: Man kann die Wahrheit seiner Aussage bestreiten.
B: Du irrst! Die Wahrheit seiner Aussage kann nicht bestritten werden.
C: So ist es! Die Wahrheit seiner Aussage ist nicht zu bestreiten.

1. Man kann Lebensmittel nach dem Ablauf des Verfallsdatums [noch] verkaufen.
2. Man kann dein altes Fahrrad [doch nicht mehr] verwenden. (mein / noch gut)
3. Man kann die genaue Zahl der Weltbevölkerung [leicht] feststellen.
4. Man konnte den Fehler in der Kühltechnik des Raumfahrzeugs finden.
5. Man kann Lebensmittel [auch] in Kühlhäusern nicht über längere Zeit frisch halten. (auch über längere Zeit)
6. Man kann Salz nicht in Wasser lösen. (problemlos)
7. [Auch] wenn wir unsere Einstellung ändern, können wir die finanziellen Probleme nicht lösen. (mit Sicherheit)
8. Mit dem Öl von Pflanzen kann man [auch] besonders konstruierte Motoren nicht betreiben. (ohne weiteres)
9. Ob die Nachrichten im Fernsehen oder in den Zeitungen wirklich zutreffen, kann der einfache Bürger [ohne weiteres] nachprüfen. (von dem einfachen ... nicht)
10. Man kann die Anlage einer Mülldeponie in einem wasserreichen Gebiet [ohne weiteres] verantworten.

5 Zwei „Oberschlaue" müssen natürlich auch ihre Meinung abgeben. 请用上面练习4 中的各句按下列模式练习:

D: Also, das steht fest: Die Wahrheit seiner Aussage lässt sich nicht bestreiten!
E: Ja, ja, ganz recht! Die Wahrheit seiner Aussage ist unbestreitbar!

Hilfen für „E" zu den Sätzen:

1. nicht mehr verkäuflich
2. verwendbar
3. nicht feststellbar
4. nicht auffindbar
5. haltbar (ohne „frisch")
6. löslich
7. lösbar
8. betreibbar
9. nicht nachprüfbar
10. unverantwortlich

§ 49 带 zu 的现在分词结构

Aktiv		eine Aufgabe, die man nicht lösen kann.
Passiv	Die Quadratur	eine Aufgabe, die nicht gelöst werden kann.
sein + zu	des Kreises ist	eine Aufgabe, die nicht zu lösen ist.
Gerundivum		eine nicht zu lösende Aufgabe.

1. 带 *zu* 的现在分词结构由现在分词加 *zu* 构成，该结构由 *sein+zu* 的关系从句 (见 § 48) 演变而来。该结构表示可能性或不可能性或必要性。

2. 带 *zu* 的现在分词结构也是被动式的替代形式: die *zu lösende* Aufgabe = die Aufgabe,die *gelöst werden kann* oder *muss*; 但是该结构都是由现在分词 (第一分词) 构成:
   die *zu lösende* Aufgabe = die Aufgabe, die *zu lösen* ist (= Infinitiv Aktiv)

3. *zu* 位于现在分词前，当动词为可分动词时，*zu* 位于可分前缀和词根之间 (见 § 16，I):
   die einzusetzenden Beträge

1 请练习带 zu 的现在分词结构。

> *Ein Fehler in der Planung, den man nicht wiedergutmachen kann, ist ein nicht wiedergutzumachender Fehler in der Planung.*

1. Ein Gerät, das man nicht mehr reparieren kann, ist ...
2. Eine Krankheit, die man nicht heilen kann, ist ...
3. Ein Auftrag, der sofort erledigt werden muss, ist ...
4. Seine Bemühungen, die man anerkennen muss, sind ...
5. Die negative Entwicklung, die man befürchten muss, ist ...
6. Die Besserung der wirtschaftlichen Lage, die man erwarten kann, ist ...
7. Die Invasion von Insekten, die man nicht aufhalten kann, ist ...
8. Der Schaden, den man nicht beseitigen kann, ist ...
9. Eine Entscheidung, die nicht verantwortet werden kann, ist ...
10. Das Komitee, das sofort gebildet werden muss, ist ...

2 请用练习1中的表达造句。

> *Ein nicht wiedergutzumachender Fehler in der Planung führte zum Zusammenbruch der Firma.*

3 请将下列关系从句改为: a) 被动句，b) 用 "sein" + "zu" 的句子，c) 带 "zu" 的分词结构。

Die Zahl Pi, die man nie vollständig berechnen kann, beweist die Unmöglichkeit der Quadratur des Kreises.

a) *Die Zahl Pi, die nie vollständig berechnet werden kann, beweist die Unmöglichkeit der Quadratur des Kreises.*

b) *Die Zahl Pi, die nie vollständig zu berechnen ist, beweist die Unmöglichkeit der Quadratur des Kreises.*

c) *Die nie vollständig zu berechnende Zahl Pi beweist die Unmöglichkeit der Quadratur des Kreises.*

1. Infolge der Erhöhung des Meeresspiegels, die man in den nächsten Jahrzehnten erwarten muss, werden viele Inseln im Meer versinken.

2. Immer wieder werden die gleichen ökologischen Fehler gemacht, die man nach den neuesten Erkenntnissen leicht vermeiden kann.

3. Die Mediziner müssen sich ständig mit neuen Grippeviren beschäftigen, die sie mit den vorhandenen Mitteln nicht identifizieren können.

4. Bei sogenannten Preisrätseln zu Werbezwecken werden oft Aufgaben gestellt, die man allzu schnell erraten kann,

5. denn meistens handelt es sich nur um den Firmennamen, den man an einer bestimmten Stelle ankreuzen muss.

6. Unkomplizierte Steuererklärungen, die man leicht bearbeiten kann, werden von den Finanzbeamten bevorzugt.

7. Die Verantwortlichen haben sich um die Akten, die man vernichten musste, persönlich gekümmert.

8. Für die einzige vom Orkan in Honduras verschonte kleine Stadt M. war der Strom der Flüchtlinge aus anderen Landesteilen ein Problem, das sie beim besten Willen nicht bewältigen konnte.

9. Der wissenschaftliche Wert von Erkenntnissen, die man nur im Labor erreichen kann, ist gering.

10. Bei einem Überschuss von Agrarprodukten werden zum Beispiel viele Tonnen von Tomaten und Gurken, die man weder verkaufen noch exportieren kann, vernichtet.

11. Das Gemüse, das man in kürzester Zeit vernichten muss, wird auf eine Deponie gebracht und verbrannt.

12. Diese Verschwendung von Lebensmitteln, die man nicht leugnen kann, ist eine aus der Agrarpreispolitik der Europäischen Wirtschaftsgemeinschaft resultierende Tatsache.

4 请将带 "zu" 的分词结构改为关系从句：a) 带情态动词的被动态，b) 用 "sein" + "zu"。

1. Wenn die Ölquellen in Brand geraten, können *kaum jemals wiedergutzumachende* ökologische Schäden entstehen.

2. Die meisten als „Krebs" angesehenen Tumore sind zum Glück nur *ohne Schwierigkeiten operativ zu entfernende* Verdickungen des Zellgewebes.

3. Nach der Explosion in dem Chemiewerk hat man an einigen *besonders zu kennzeichnenden* Stellen auf dem Fabrikgelände rote Warnlichter aufgestellt.

4. *Von unparteiischen Kollegen nicht zu wiederholende* chemische oder medizinische Experimente haben keinen wissenschaftlichen Wert.

5. Um einige Schäden am Dach des alten Rathauses zu beheben schlug eine Firma vor, ein 25 Meter hohes, *an der Rückwand des Gebäudes aufzustellendes* Gerüst zu liefern.

6. Wegen eines *nicht restlos aufzu-klärenden* Fehlers eines Chirurgen litt der Patient jahrelang an Rückenschmerzen.
7. Die einfachen, *leicht zu beweisenden* Ergebnisse des Chemikers

überzeugten auch seine Kollegen.
8. Aufgrund von *nicht zu widerlegen-den* Tatsachen bewies der Verteidi-ger die Unschuld des Angeklagten.

§ 50   同位语

Nominativ	Nominativ
Friedrich Ebert,	*der erste Präsident der Weimarer Republik,* war ein überzeugter Sozialdemokrat.

	Genitiv	Genitiv
Der erste Präsident	der Weimarer Republik,	*des ersten demokratisch regierten Staates in der deutschen Geschichte,* war Friedrich Ebert.

Dativ	Dativ
In der Bundesrepublik Deutschland,	*dem zweiten demokratisch regierten Staat in der deutschen Geschichte,* gelten die im Grundgesetz festgelegten Rechte der Bürger.

Akkusativ	Akkusativ
Für den Bundestag,	*die gesetzgebende Versammlung der Bundesrepublik,* sind die Artikel des Grundgesetzes bindend.

1. 同位语是名词的补足说明语，它一般情况下位于名词之后，同位语前后都有逗号。

2. 同位语的格和它所修饰的名词的格一样，并且可以同时有多个同位语。
   Karl V., deutscher Kaiser, König von Spanien, Herrscher über die amerikanischen Kolonien, teilte vor seiner Abdankung sein Weltreich.

3. 同位语常和 *als* (表示职业、级别、宗教、国籍等) 或 *wie* (通过举例来解释)连用，*als* 前通常没有逗号，而 *wie* 前通常有逗号：
   Der Papst *als Oberhaupt der katholischen Kirche* wandte sich mahnend an alle Regierenden.
   In der Steuergesetzgebung werden Abhängige, *wie zum Beispiel Kinder, Alte und Behinderte,* besonders berücksichtigt.

4. 时间说明语：
   Heute ist Freitag, *der* 13. Oktober.
   Wir haben heute Freitag, *den* 13. Oktober.
   Ich komme *am* Freitag, *dem* 13. Oktober.

1 请练习同位语。

Das Geburtshaus Goethes • steht in Frankfurt. (der größte deutsche Dichter)
Das Geburtshaus Goethes, des größten deutschen Dichters, steht in Frankfurt.

1. Mit Eckermann • führte der Dichter zahlreiche lange Gespräche. (sein bewährter Mitarbeiter)

2. Goethe schrieb „Die Leiden des jungen Werthers" • nach einem bitter enttäuschenden Liebeserlebnis. (ein Roman in Briefen)

3. Die ersten Alphabete • kamen vor ungefähr 3500 Jahren auf. (vielleicht die größten Erfindungen der Menschheit)

4. Deutsch • wird in der Welt von etwa 110 Millionen Menschen gesprochen. (eine der germanischen Sprachgruppe zugehörige Sprache)

5. Innerhalb der germanischen Sprachen • finden sich große Ähnlichkeiten. (eine Sprachgruppe in der Familie der indogermanischen Sprachen)

6. „Alles Leben ist Leiden" ist ein Wort Arthur Schopenhauers •. (ein bekannter deutscher Philosoph des vorigen Jahrhunderts)

7. Von Ortega y Gasset • stammt das Wort: „Verliebtheit ist ein Zustand geistiger Verengung." (ein spanischer Philosoph)

8. Robert Koch • wurde 1905 der Nobelpreis verliehen. (der Begründer der bakteriologischen Forschung)

9. Der Dieselmotor • setzte sich erst nach dem Tod des Erfinders in aller Welt durch. (eine nach seinem Erfinder Rudolf Diesel benannte Verbrennungskraftmaschine)

10. Am 28. Februar 1925 begrub man den erst 54-jährigen Friedrich Ebert • (der erste Präsident der Weimarer Republik)

11. Die Tier- und Pflanzenbilder Albrecht Dürers • zeichnen sich durch sehr genaue Detailarbeit aus. (der berühmte Nürnberger Maler und Graphiker)

12. Am Samstag • jährte sich zum zehnten Mal der Tag, an dem Großbritannien, Dänemark und Irland der EG beigetreten sind. (der 1. Januar 1983)

§ 51   "级别定语"

Ich muss deine Aussagen berichtigen: ...
Nicht im November, sondern im Oktober ist das Haus nebenan abgebrannt.
Schon mein erster Anruf hat die Feuerwehr alarmiert.
Auch die anderen Bewohner unseres Hauses haben geholfen.
Selbst die alte Dame aus dem dritten Stock hat einige Sachen gerettet.
Gerade du solltest die Nachbarschaftshilfe anerkennen.
Nur die ausgebildeten Männer von der Feuerwehr konnten wirksam eingreifen.
Allein dem Mut der Feuerwehrleute ist es zu verdanken, dass niemand
    verletzt wurde.
Besonders der Arzt im Parterre hat Glück gehabt.
Sogar seine wertvollen Apparate konnten gerettet werden.
Erst spät in der Nacht wurden die letzten Brandwachen vom Unglücksort
    abgerufen.

1. "级别定语"直接修饰一个句子成分并和该句子成分一起占句中的一个位置，需重
   读。
   Auch seinem eigenen Bruder hat er nicht mehr trauen können.
   Er hat *auch seinem eigenen Bruder* nicht mehr trauen können.

2. "级别定语"一般位于它所修饰的句子成分前。

说明

请注意句意的区别:
1. Er kam *auch* zu spät, genauso wie ich.
   Auch er kam zu spät, obwohl er sonst immer pünktlich ist.
2. Er hat seinen Wagen *selbst* repariert, denn er ist sehr geschickt.
   Selbst er (= Sogar er) hat seinen Wagen repariert, obwohl er doch so
   ungeschickt ist. (Siehe § 36, III)
3. Ich saß eine halbe Stunde *allein* im Wartezimmer, später kamen
   noch andere Patienten.
   Bei dem Sturm in Norddeutschland stürzten *allein in Hamburg*
   mehr als zwanzig Bäume um. (= auch anderswo sind Bäume umgestürzt,
   hier wird aber nur von denen in Hamburg berichtet)

1   请用合适的 "级别定语" 填空。

1. Nun brechen die Gangster ... am helllichten Tag in Banken und Privatwohnungen ein! (erst / schon / nicht)
2. ... die kleinsten Filialen auf dem Land verschonen sie nicht. (nicht / gerade / sogar)
3. Im Gegenteil, ... die kleinen Banken sind oft das Ziel von Raubüberfällen. (erst / überhaupt / besonders)
4. Neulich haben Gangster ... einen unterirdischen Gang zu einer Bank gegraben. (sogar / ganz / gerade)
5. Den Gang zu graben war wahrscheinlich ... schön mühsam. (ganz / so / gar)
6. Dafür haben sie dann ... eine Riesensumme „mitgenommen". (nur / eben / aber)

7. Das war … eine … raffinierte Idee. (überhaupt, ganz / allein, erst / ja, besonders)

8. … die Kriminalbeamten wunderten sich über so viel Raffinesse (selbst / allein / schon)

9. Dennoch, … kurze Zeit später hatte man die Burschen erwischt. (ganz / so / schon)

10. Die Kerle werden … schöne Strafen bekommen! (erste / ganz / so)

第四部分

§52 虚拟式

前言

1. 我们在 §6 里讲到过直陈式 —— 例如：*er geht*，*er lernte*，*er hat gesagt*。直陈式表示某事是真实可信的。

2. 另外还有虚拟式 —— 例如：*er gehe / er ginge*，*er lerne*，*er habe / er hätte gesagt*。虚拟式包括：

   a) 第一虚拟式，也叫做"间接虚拟式"或"表示他人意见的虚拟式"：

      a) Indikativ   Der Richter sagte: „Das glaube ich nicht.“

      b) Konjunktiv I   Der Richter sagte, *er glaube das nicht.*

     例句 a) 用直接引语转述了原话，原话用双引号标出。

     例句 b) "间接"转述了别人的话，这样的转述不需要和原话的用词完全一样。

   b) 第二虚拟式，也叫做"非现实虚拟式"：

      a) Indikativ   Er ist krank, er kann dir nicht helfen.

      b) Konjunktiv II   *Wenn er gesund wäre, könnte er dir helfen.*

     例句 a) 讲述了一个事实，例句 b) 则表示一个愿望、想像，或简言之是一件非现实的事情。

3. 由于我们常常用第二虚拟式代替第一虚拟式，下面我们先讲讲第二虚拟式。

§53 第二虚拟式

构成形式

Indikativ	Konjunktiv II
a) er fährt	er *führe*
b) er fuhr	
er ist (war) gefahren }	er *wäre gefahren*
er las	
er hat (hatte) gelesen }	er *hätte gelesen*

第二虚拟式有两种时态：a) 现在时，b) 过去时。直陈式的过去时有三种时态，第二虚拟式只有一种。

| 现在时的构成形式

1. 强变化动词

动词过去式的词根加上以下词尾：

	Singular	Plural
1. Person	-e	-en
2. Person	-est	-et
3. Person	-e	-en

当词干元音为 a, o, u 时，要变为变元音 ä, ö, ü：

Infinitiv	Indikativ Präteritum	Konjunktiv II Gegenwartsform
sein	war	ich wäre, du wär(e)st, er wäre …
bleiben	blieb	ich bliebe, du bliebest, er bliebe …
fahren	fuhr	ich führe, du führest, er führe …
kommen	kam	ich käme, du kämest, er käme …
ziehen	zog	ich zöge, du zögest, er zöge …

2. 弱变化动词

第二虚拟式的现在时形式和直陈式的过去时形式相类似，动词没有变元音。

Infinitiv	Indikativ Präteritum	Konjunktiv II Gegenwartsform
fragen	fragte	ich fragte, du fragtest, er fragte …
sagen	sagte	ich sagte, du sagtest, er sagte …

3. 例外

a) 情态动词 *dürfen*、*können*、*mögen*、*müssen*，混合动词 *denken*、*bringen*、以及助动词 *haben* 和 *werden* 在构成第二虚拟式时有变元音：

Infinitiv	Indikativ Präteritum	Konjunktiv II Gegenwartsform
bringen	brachte	ich brächte, du brächtest, er brächte …
haben	hatte	ich hätte, du hättest, er hätte …
können	konnte	ich könnte, du könntest, er könnte …
werden	wurde	ich würde, du würdest, er würde …

b) 有一些强变化动词和混合动词在构成第二虚拟式时其元音和构成直陈式过去式时的元音不一样。但是这种形式现在用得很少，人们更多地使用 *würde* +不定式(见 §54 III)：

Infinitiv	Indikativ Präteritum	Konjunktiv II Gegenwartsform
helfen	half	hülfe
werfen	warf	würfe
verderben	verdarb	verdürbe
stehen	stand	stünde
sterben	starb	stürbe
nennen	nannte	nennte u.a.

说明

混合动词 *senden – sandte / sendete* 和 *wenden – wandte / wendete* 在第二虚拟式中总是用弱变化形式。

在口语中 (有时也用在书面语中) 通常用 *würde* + 动词不定式。情态动词和助动词则用其第二虚拟式形式 (见 §54, III)。

II 过去时的构成形式

1. 过去时形式由助动词 *haben* 或 *sein* 的第二虚拟式形式 (*hätte，wäre*) 加上过去分词构成：

Infinitiv	Vergangenheit im Konjunktiv II
haben	ich hätte gehabt, du hättest gehabt …
sein	ich wäre gewesen, du wär(e)st gewesen …
arbeiten	ich hätte gearbeitet, du hättest gearbeitet …
bleiben	ich wäre geblieben, du wär(e)st geblieben …
kommen	ich wäre gekommen, du wär(e)st gekommen …
ziehen	ich hätte gezogen, du hättest gezogen …

2. 直陈式的过去时有三种时态，第二虚拟式只有一种。

Indikativ	Konjunktiv II
Hans kam.	Hans *wäre gekommen.*
Hans ist gekommen.	
Hans war gekommen.	

III 第二虚拟式的被动态

	Indikativ	Konjunktiv II
Gegenwart	ihm wird geholfen	ihm *würde geholfen*
Vergangenheit	ihm wurde geholfen	
	ihm ist geholfen worden	ihm *wäre geholfen worden*
	ihm war geholfen worden	

1 请写出下列动词的第二虚拟式现在时和过去时形式。

1. rechnen	3. abreisen	5. ausschalten	7. lernen
2. arbeiten	4. sollen	6. telefonieren	8. klettern

2 同上。

1. nehmen	3. schlagen	5. fliegen	7. frieren	9. rufen
2. essen	4. schließen	6. abfahren	8. erfahren	10. weggehen

3 同上。

1. dürfen　　2. denken　　3. wissen　　4. umbringen　　5. absenden

4 请写出下列句中动词的第二虚拟式形式。

1. du stehst
   du hast gestanden
2. es verdirbt
   es verdarb
3. sie widerstehen
   sie widerstanden
4. wir grüßten
   wir hatten gegrüßt
5. sie wird verhaftet
   sie wurde verhaftet
6. du erwiderst
   du hattest erwidert

7. sie redeten
   sie hatten geredet
8. er freute sich
   er hat sich gefreut
9. sie wollen reden
   sie wollten reden
10. ich will
    ich habe gewollt
11. er schneidet
    er hat geschnitten
12. sie klingeln
    sie klingelten

13. er handelt
    er handelte
14. ihr wandert
    ihr seid gewandert
15. ich fasse zusammen
    ich fasste zusammen
16. du reist ab
    du bist abgereist
17. ich musste abreisen
    ich habe abreisen müssen
18. sie wurden geschlagen
    sie sind geschlagen worden

§ 54 　第二虚拟式的用法

I 非现实愿望句

a) Er ist nicht gesund. Er wünscht sich:
   Wenn ich doch gesund *wäre*!
   Wäre ich doch gesund!
b) Die Freunde sind nicht mitgefahren. Wir wünschen:
   Wenn sie nur (oder: doch nur) *mitgefahren wären*!
   Wären sie nur (oder: doch nur) *mitgefahren*!
c) Hans belügt mich immer. Ich wünsche mir:
   Wenn er mir doch die Wahrheit *sagte* (oder: *sagen würde*)!
d) Ich habe Evas Adresse vergessen und wünsche mir:
   Wüsste ich doch (oder: bloß) ihre Adresse!

1. 非现实愿望句可由 *wenn* 引导，这时动词位于句尾。如果省去 *wenn*，则动词位于句首。

2. 非现实愿望句一般要加上 *doch*, *bloß*，*nur* 或者 *doch nur* 等词。

3. 非现实愿望句一般以感叹号结尾（！）。

1 请构成现在时愿望句。

Sie kommt nicht zurück.　*Wenn sie doch zurückkäme!*
Es ist so heiß.　*Wenn es doch nicht so heiß wäre!*

1. Der Bus kommt nicht.
2. Es ist hier so dunkel.
3. Ich habe Angst. (nicht solche Angst)
4. Ich muss lange warten. (so lange)
5. Ich habe nicht viel Zeit. (etwas mehr)
6. Der Zug fährt noch nicht ab. (doch schon)

2 请构成过去时愿望句。

> Du hast mir nicht geschrieben, wann du kommst.
> *Wenn du mir doch nur geschrieben hättest, wann du kommst!*

1. Du hast mir nicht gesagt, dass du Urlaub bekommst.
2. Ich habe nicht gewusst, dass du nach Spanien fahren willst.
3. Ich habe keine Zeit gehabt, Spanisch zu lernen.
4. Du hast mir nicht geschrieben, was du vorhast.
5. Ich habe nicht genug Geld gespart um mitzufahren.

3 请将上述练习 1 和 2 中的各句改成不用"wenn"的愿望句。

4 请构成用或者不用"wenn"的愿望句，注意时态！

1. Ich kann nicht zu der Ausstellung fahren.
2. Du hast mich nicht besucht, als du hier warst.
3. Er ist bei diesem schlechten Wetter auf eine Bergtour gegangen.
4. Er ist nicht hier geblieben.
5. Ich bin nicht informiert worden.
6. Ich darf nicht schneller fahren.
7. Ich werde von der Polizei angehalten.
8. Wir müssen noch weit fahren. (nicht mehr so weit)
9. Wir sind noch lange nicht da. (bald da)
10. Er schenkte der Stadt sein ganzes Vermögen.
11. Mein Bruder war nicht auf der Party.
12. Er hatte keine Zeit zu kommen.

5 请构成愿望句。

> Er arbeitet langsam. (schneller)
> *a) Wenn er doch schneller arbeitete!*
> *b) Wenn er doch nicht so langsam arbeitete!*

1. Sie spricht undeutlich. (deutlicher)
2. Die Fernsehsendung kommt spät. (früher)
3. Der Busfahrer fährt schnell. (langsamer)
4. Ich verdiene wenig Geld. (mehr)
5. Er stellt das Radio laut. (leiser)
6. Das Zimmer ist teuer. (billiger)

II 非现实条件句

1. Wenn ich genug Geld habe, baue ich mir ein Haus.

   这是一个现实的条件从句：*Ich spare und eines Tages werde ich bauen.* 表示现实的计划。

   Wenn ich genug Geld hätte, baute ich mir ein Haus (oder: würde ... bauen).

这是一个非现实的条件从句: *Ich habe nicht genug Geld, ich kann nicht bauen; aber wenn …* – 表示非现实的计划、理想和渴望。这时主从句中都用第二虚拟式。

2. Wenn ich Zeit hätte, käme ich zu dir.
   Ich käme zu dir, wenn ich Zeit hätte.
   Wenn ich gestern Zeit gehabt hätte, wäre ich zu dir gekommen.

用 *wenn* 引导的从句既可以位于主句前也可以位于主句后。

Hätte ich Zeit, (so) käme ich zu dir.

条件句也可以不用 *wenn* 引导，即省去 *wenn*，这时句中动词移至第一位，而主句可由 *so* 或者 *dann* 引导。在这种情况下，主句总是位于从句之后。

Was machtet ihr, wenn jetzt ein Feuer ausbräche?
Hättest du mich gestern besucht, wenn du Zeit gehabt hättest?

如果条件句中包含一个提问，则 *wenn* 从句位于主句后。

Er musste ein Taxi nehmen, sonst wäre er zu spät gekommen.
Man musste ihn ins Krankenhaus bringen, andernfalls wäre er verblutet.

在 *sonst* 或者 *andernfalls* 之后常用第二虚拟式，且构成主句:

Er musste ein Taxi nehmen, *er* wäre *sonst* zu spät gekommen.

Es wäre mir angenehmer, er käme schon am Freitag.
Es wäre besser gewesen, wir hätten vorher mit ihm gesprochen.

当无人称的主观表述为第二虚拟式，且大多含有比较级时，随后的句子也可以是主句。

III 第二虚拟式的改写形式 würde + 动词不定式

(Wenn ich Karin *fragte, berichtete* sie mir von ihrer Tätigkeit.)

像这样在主从句中都有弱变化动词的句子有双重含义: 它表示: 1. *Jedesmal, wenn ich sie fragte …* (= 直陈式过去时) 或者 2. *Im Fall, dass ich sie fragen sollte …* (= 第二虚拟式的现在时形式)。
在这种情况下要选择使用 *würde* + 动词不定式，最好不要在主从句里都用。

Wenn ich Karin *fragen würde, berichtete* sie mir von ihrer Tätigkeit.
Wenn ich Karin *fragte, würde* sie mir von ihrer Tätigkeit *berichten*.

(Wenn sie mich zur Teilnahme *zwängen, träte* ich aus dem Verein *aus*.)
Wenn sie mich zur Teilnahme zu zwingen *versuchten, würde* ich aus dem Verein *austreten*.

强变化动词的第二虚拟式很多形式已经过时 (例如: *träte*，*bäte*，*grübe*); 这种形式由 *würde* + 不定式来代替。

6 Sagen Sie, was besser wäre.

> Er kümmert sich nicht um sein Examen.
> *Es wäre besser, wenn er sich um sein Examen kümmerte.*
> Oder: *..., wenn er sich um sein Examen kümmern würde.*

1. Der Angestellte kommt nicht pünktlich zum Dienst.
2. Der Angeklagte sagt nicht die volle Wahrheit.
3. Die Stadt baut keine Radfahrwege.
4. Der Hausbesitzer lässt das Dach nicht reparieren.
5. Du kaufst keine neuen Reifen für dein Auto.
6. Sie geht nicht zum Arzt und lässt sich nicht untersuchen.
7. Er kauft sich keine neue Brille.
8. Der Motorradfahrer trägt keinen Schutzhelm.

7 请将上面练习6中的各句改成过去时。

> *Es wäre besser gewesen, wenn er sich um sein Examen gekümmert hätte.*

8 请将练习6和练习7中的各句按下列模式改写:

> *(1) Es wäre besser, er kümmerte sich um sein Examen.*
> Oder: *..., er würde sich um sein Examen kümmern.*
> *(2) Es wäre besser gewesen, er hätte sich um sein Examen gekümmert.*

9 请将下列各段中的两个句子改成非现实条件句，可用 "wenn" 也可不用，注意时态!

> Er findet meine Brille nicht. Er schickt sie mir nicht.
> *Wenn er meine Brille fände, schickte er sie mir.*
> Oder: *..., würde er sie mir schicken.*

> Ich habe von seinem Plan nichts gewusst. Ich habe ihn nicht gewarnt.
> *Hätte ich von seinem Plan gewusst, hätte ich ihn gewarnt.*

1. Der Fahrgast hat keinen Fahrschein gehabt. Er hat vierzig Mark Strafe zahlen müssen.
2. Der Ausländer hat den Beamten falsch verstanden. Er ist in den falschen Zug gestiegen.
3. Die beiden Drähte berühren sich nicht. Es gibt keinen Kurzschluss.
4. Es gibt nicht genügend Laborplätze. Nicht alle Bewerber können Chemie studieren.
5. Ich bin nicht für die Ziele der Demonstranten. Ich gehe nicht zu der Demonstration.
6. Du hast das verdorbene Fleisch gegessen. Dir ist schlecht geworden.
7. Der Apotheker hatte keine Alarmanlage installiert. Die Diebe konnten unbemerkt eindringen und bestimmte Medikamente mitnehmen.
8. Die Feuerwehr hat den Brand nicht sofort gelöscht. Viele Häuser sind von den Flammen zerstört worden. (nicht so viele)

10 请用第二虚拟式补充下列各句。

1. Wäre sie nicht so schnell gefahren, so …
2. Hätte er nicht so viel durcheinander getrunken, so …
3. Hätte er dem Finanzamt nicht einen Teil seines Einkommens verschwiegen, …
4. Hätten wir nicht im Lotto gespielt, …
5. Wäre er nicht auf die Party seines Freundes gegangen, …
6. Hätten die Politiker rechtzeitig verhandelt, …
7. Wäre der Bus pünktlich gekommen, so …
8. Gäbe es keine Schreibmaschine, dann …
9. Würde er aus dem Gefängnis fliehen, …
10. Ginge ich in der Nacht durch den Stadtpark, …

11 请自由造句来回答下列非现实条件句。

Was würden (vgl. § 54, III) Sie machen, wenn . . .

1. Sie ihre Tasche (Brieftasche) mit allen Papieren verloren hätten?
2. Ihr Zimmer (Ihre Wohnung) plötzlich gekündigt würde?
3. Sie eine Million Mark im Toto gewonnen hätten?
4. in Ihrer Nähe plötzlich jemand um Hilfe riefe?
5. Sie von einer giftigen Schlange gebissen worden wären?
6. Sie im Kaufhaus ein kleines Kind nach seiner Mutter schreien hörten?
7. Sie bei einem Versandhaus einen Anzug bestellt und ein Fahrrad erhalten hätten?
8. Sie zufällig auf der Straße ein Flugticket nach New York und zurück fänden?

12 请用"sonst"或"andernfalls"造句，并使用第二虚拟式的过去时。

Er musste ein Taxi nehmen. (er / zu spät zum Bahnhof / kommen)
Er musste ein Taxi nehmen, sonst wäre er zu spät zum Bahnhof gekommen.

1. Er musste das Dach neu decken lassen. (ihm / das Regenwasser / in die Wohnung / laufen)
2. Gut, dass du endlich zurückkommst! (ich / dich / durch die Polizei / suchen lassen)
3. Die Forscher mussten den Versuch abbrechen. (es / eine Explosion / geben / und / die teure Apparatur / zerstört werden)
4. Sie nahm ihren Studentenausweis mit. (sie / den normalen Fahrpreis / bezahlen müssen)
5. Mein Nachbar hat mich in ein langes Gespräch verwickelt. (ich / nicht so spät / zu dir kommen)
6. In diesem Winter musste man die Tiere des Waldes füttern. (sie / alle / verhungern)
7. Es war schon spät. (wir / bei dir / vorbeikommen)
8. Er musste aufhören zu rauchen. (ihn / der Arzt / nicht mehr behandeln)
9. Man musste den Patienten an eine Herz-Lungen-Maschine anschließen. (er / nicht mehr / zu retten sein)
10. Der Arzt entschloss sich zu einem Luftröhrenschnitt. (das Kind / ersticken)

13 请构成非现实条件句，注意将括号中的句子改写为 "würde" 引导的句子。

(Du erreichst einen günstigeren Preis.) Du handelst mit ihm.
Du würdest einen günstigeren Preis erreichen, wenn du mit ihm handeltest.

(Die alte Regelung gilt noch.) Dann ist alles viel leichter.
Wenn die alte Regelung noch gelten würde, wäre alles viel leichter.

1. (Du fragst mir die Vokabeln ab.) Du tust mir einen großen Gefallen.
2. (Du holst mich von der Bahn ab.) Ich brauche kein Taxi zu nehmen.
3. (Er spart viel Geld.) Er heizt etwas sparsamer.
4. Wir besuchen ihn. (Wir kennen seine Adresse.)
5. (Sie richten ihn hin.) Das Volk empört sich gegen die Regierung.
6. (Du liest das Buch.) Du weißt Bescheid.
7. Man pflanzt in der Stadt Bäume. (Man verbessert die Luft und verschönert die Stadt.)
8. (Ich kenne sein Geburtstagsdatum.) Ich gratuliere ihm jedes Jahr.

IV 非现实比较句

1. Sie schaut mich an, *als ob* sie mich nicht *verstünde*.
   Sie schaut mich an, *als ob* sie mich nicht *verstanden hätte*.

   由 *als ob* 或者 *als* (极少情况下使用 *als wenn* 或 *wie wenn*) 引导的比较句一般表示非现实的比较：

   Er hat solchen Hunger, *als hätte* er seit Tagen nichts *gegessen*.

   当比较句由 *als* 引导时，动词紧随其后。

2. 在第一部分表示的是一个现实状况，这时动词用直陈式。

14 请用 "als ob" 或 "als wenn" 构成非现实比较句。

Der Junge tat so, (er / nicht laufen können)
Der Junge tat so, als ob (als wenn) er nicht laufen könnte.

1. Der Angler tat so, (er / einen großen Fisch an der Leine haben)
2. Der Lehrer sprach so laut, (seine Schüler / alle schwerhörig sein)
3. Unser Nachbar tut so, (Haus und Garten / ihm gehören)
4. Der Junge hat die Fensterscheibe eingeschlagen, aber er tut so, (er / ganz unschuldig sein)
5. Gisela sprang von ihrem Stuhl auf, (sie / von einer Tarantel gestochen worden sein) (die Tarantel = giftige Spinne)
6. Der Rennfahrer saß so ruhig hinter dem Steuer seines Rennwagens, (er / eine Spazierfahrt machen)
7. Der Hund kam auf mich zugerannt, (er / mich in Stücke reißen wollen)
8. Das Mädchen fuhr auf ihren Skiern so geschickt den Berg hinunter, (sie / das schon tausendmal geübt haben)

15 请将练习 14 中的各句改为用 "als" 引导的非现实比较句。

Der Junge tat so, als könnte er nicht laufen.

16 请用第二虚拟式将下列各句补充完整。

1. Der Politiker sprach so laut, als ob …
2. Der Busfahrer fuhr so schnell, als wenn …
3. Der Hotelgast gab so hohe Trink- gelder, als …
4. Der Arzt machte ein Gesicht, als …
5. Der Schriftsteller wurde gefeiert, als …
6. Die Musik kam so laut und klar im Radio, als …
7. Der Koch briet so viel Fleisch, als …
8. Der Zug fuhr so langsam, als …
9. Das Kind schrie so entsetzlich, als …
10. Die Kiste war so schwer, als …

17 请构成非现实比较句。

Ich fühle mich bei meinen Wirtsleuten so wohl wie zu Hause.
Ich fühle mich bei meinen Wirtsleuten so wohl, als ob ich zu Hause wäre.

1. Er hatte sich in den Finger gesto- chen und schrie wie ein kleines Kind.
2. Die Wirtin behandelte ihren Un- termieter wie einen nahen Ver- wandten.
3. Er sieht aus wie ein Bettler.
4. Er gibt das Geld aus wie ein Mil- lionär.
5. Er bestaunte das Auto wie einer, der noch nie ein Automobil gesehen hat. (… Auto, als ob er …)
6. Er schaute mich verständnislos an. (nicht verstanden haben)
7. Der Automechaniker stellte sich an wie einer, der noch nie einen Mo- tor auseinander genommen hat. (… sich an, als ob er …)
8. Der Chef sprach mit dem Ange- stellten wie mit einem dummen Jungen.

V 非现实结果从句

Es ist *zu* spät, *als dass* wir noch bei ihm anrufen könnten.
Ich hab' das Tier *viel zu* gern, *als dass* ich es weggeben könnte.

结果从句是对副词 (*viel*) *zu* 或者 *allzu* (= 加强) 的说明。*zu* 表示过于，超出极限，以至于 *als* 从句中表示的结果不会出现。这时该句由 *als dass* 引导，用第二虚拟式。

Er hat *so* viel Zeit, *dass* er das ganze Jahr verreisen könnte.

so …, *dass* 句中表示的结果不会出现，它们是非现实的，这时从句用第二虚拟式。

Er ging weg, *ohne dass* er sich verabschiedet hätte.

ohne dass 句中表示的结果不会出现，这时从句大多用第二虚拟式。

18 请用 "zu …, als dass" 构成非现实结果从句。

Die Versuche sind zu teuer. Man kann sie nicht unbegrenzt fortsetzen.
Die Versuche sind zu teuer, als dass man sie unbegrenzt fortsetzen könnte.

1. Der Schwimmer ist mit 32 Jahren schon zu alt. Er kann keine Spitzenleistungen mehr erbringen. (noch)
2. Diese Bergwanderung ist zu gefährlich. Ihr könnt sie nur mit einem Seil machen. (ohne Seil)
3. Die Tour ist zu weit. Sie können die Strecke nicht an einem Tag schaffen.
4. Die Wanderer sind viel zu müde. Sie wollen nicht mehr tanzen. (noch)
5. Das Hotel ist zu teuer. Wir können dort nicht wohnen.
6. Der Wind ist zu kalt. Das Laufen macht keinen Spaß mehr. (noch … würde)
7. Die Mathematikaufgabe ist zu schwierig. Die Schüler können sie nicht lösen.
8. Das Bild ist zu groß. Ich will es mir nicht ins Zimmer hängen.
9. Die Reise ist zu anstrengend. Ich werde sie nicht mehr machen. (noch einmal … würde)
10. Das Fernsehprogramm ist viel zu langweilig. Ich sehe es mir nicht an.

19 请将练习18中的前5句改为过去时后再构成结果从句。

Die Versuche waren zu teuer. Man konnte sie nicht unbegrenzt fortsetzen.
Die Versuche waren zu teuer, als dass man sie unbegrenzt hätte fortsetzen können.

20 请用 "so …, dass" 构成非现实结果从句，注意时态！

Die Straßenbahn fuhr (fährt) so langsam, (man / ebensogut laufen können)
Die Straßenbahn fuhr (fährt) so langsam, dass man ebensogut hätte laufen können (laufen könnte).

1. Die Sonne schien so warm, (man / im Badeanzug auf der Terrasse liegen können)
2. Sein Geschäft geht so gut, (er / es ganz groß ausbauen können)
3. Die Terroristen hatten so viele Waffen, (man / eine ganze Kompanie Soldaten damit ausrüsten können)
4. Der Sportwagen ist so teuer, (man / zwei Mittelklassewagen / sich dafür kaufen können)
5. Die Höhle hat so viele Gänge, (man / sich darin verlaufen können)
6. Das Haus, in dem er wohnt, ist so groß, (drei Familien / darin Platz finden)
7. Das Gift wirkt so stark, (man / mit einem Fläschchen / eine ganze Stadt vergiften können)
8. Der Mond schien so hell, (man / Zeitung lesen können)

21 请用 "ohne dass" 造句，注意时态!

> Sie waren oft hier in Wien. Sie haben uns nicht ein einziges Mal besucht.
> *Sie waren oft hier in Wien, ohne dass sie uns ein einziges Mal besucht hätten.*

1. Der Arzt überwies den Patienten ins Krankenhaus. Er hat ihn nicht untersucht.
2. Ein Onkel sorgte für die verwaisten Kinder. Er hat kein Wort darüber verloren.
3. Ein ausländischer Konzern kaufte die Fabrik. Es wurde nicht lange über den Preis verhandelt. (*es* fällt weg!)
4. Die Tochter verließ das Elternhaus. Sie schaute nicht noch einmal zurück.
5. Er wanderte nach Amerika aus. Er hat nie wieder ein Lebenszeichen von sich gegeben. (ohne dass er jemals wieder)
6. Luft und Wasser werden von gewissen Industriebetrieben verschmutzt. Diese werden dafür nicht zur Verantwortung gezogen.
7. Sie hat uns geholfen. Wir haben sie nicht darum gebeten.
8. Er verschenkte seine wertvolle Münzsammlung. Es hat ihm keinen Augenblick Leid getan.

VI　第二虚拟式的其他用法

Beinah(e) wäre das ganze Haus abgebrannt!
Fast hätte ich den Bus nicht mehr erreicht.

beinah(e) 或 *fast* 引导的句子表示人们期待出现的事情没有出现，这时该句用第二虚拟式的过去时形式。

Ich hätte dich besucht, aber ich hatte deine Adresse nicht.
Der Bus ist noch nicht da; dabei hätte er schon vor zehn Minuten kommen müssen.

区分现实和非现实。

Sollte es wirklich schon so spät sein?
Würdest du mir tatsächlich Geld leihen?

当某人不相信某事时，用疑问句来表述。

Wären Sie so freundlich mir zu helfen?
Könnten Sie mir vielleicht sagen, wie ich zum Bahnhof komme?

疑问句也表示客气的请求或要求。

Würden Sie mir bitte einen Gefallen tun?
Würden Sie vielleicht gegen zehn Uhr noch mal anrufen?

人们经常用 *würde* + 不定式来表示客气的请求。

Zum Einkaufen dürfte es jetzt zu spät sein.
(Wie alt schätzt du Gisela?) Sie dürfte etwa zwanzig sein.

如果想非常小心地表示推测，则用 *dürfen* 的第二虚拟式形式。

So, das wär's für heute! (Morgen geht's weiter.)
Das hätten wir geschafft!

表示一段事情结束。

Ich glaube, dass ich ihm in dieser Lage auch nicht helfen könnte.
Ich meine, dass er sich endlich ändern müsste.

当人们对某事不能确定时也可以用第二虚拟式，主句中的动词一般有 *annehmen*、*glauben*、*denken*、*meinen*。

Ich kenne keinen anderen Arzt, der dir besser helfen könnte.
Ich wüsste kein Material, das härter wäre als ein Diamant.

第二虚拟式有时也用于含比较级的定语从句中，该定语从句修饰的主句一般是否定句。

22 请用 "beinah(e)" 或 "fast" 引导第二虚拟式过去时。

Hast du das Haus gekauft?
Nein, aber beinah (fast) hätte ich es gekauft.
Oder: *Nein, aber ich hätte es beinah (fast) gekauft.*

1. Hast du dein Geld verloren?
2. Bist du betrogen worden?
3. Bist du verhaftet worden?
4. Ist das Flugzeug abgestürzt?
5. Hast du dein Geschäft verkaufen müssen?
6. Ist das Schiff untergegangen?
7. Seid ihr zu spät gekommen?

23 请用疑问句表示怀疑。

Ist sie wirklich erst 17? – Ja, das stimmt.
Sollte sie wirklich erst 17 sein? – Ja, das dürfte stimmen.

1. Ist dieses Haus wirklich für 100 000 Mark zu haben? – Ja, das stimmt.
2. Hat er wirklich die Wahrheit gesagt? – Nein, das war nicht die Wahrheit.
3. Ist er wirklich in schlechten finanziellen Verhältnissen? – Ja, das trifft leider zu.
4. Habe ich für diesen Pelzmantel wirklich 100 Mark zu viel bezahlt? – Ja, das stimmt annähernd.
5. Hatte der Sultan wirklich 90 Kinder? – Nein, es waren nur etwa 50.
6. Hat er mich mit Absicht falsch informiert? – Nein, er hat nur wieder mal nicht aufgepasst.
7. Ist der Zug wirklich schon abgefahren? – Ja, der ist schon weg.
8. Hat der Zeuge sich wirklich nicht geirrt? – Nein, seine Aussage entspricht so ziemlich den Tatsachen.
9. Hat er seine Steuererklärung wirklich ungenau ausgefüllt? – Ja, die Angaben waren unzutreffend.

24 请构成客气的问句。

Nehmen Sie das Paket mit?
Würden Sie bitte das Paket mitnehmen?
Könnten Sie bitte das Paket mitnehmen?
Würden Sie so freundlich sein und das Paket mitnehmen?
(... das Paket mitzunehmen?)
Dürfte ich Sie bitten das Paket mitzunehmen?
Würden Sie mir den Gefallen tun und das Paket mitnehmen?
(... das Paket mitzunehmen?)

1. Schicken Sie mir die Waren ins Haus?
2. Wo ist die Stadtverwaltung?
3. Wie komme ich zum Krankenhaus?
4. Reichen Sie mir das Salz?
5. Geben Sie mir noch eine Scheibe Brot?
6. Bringen Sie mir noch ein Glas Bier?
7. Helfen Sie mir den Wagen anzuschieben?
8. Wird der Eilbrief heute noch zugestellt? (... mir sagen, ob ...)
9. Kommen Sie gegen 5 Uhr noch mal vorbei?
10. Nimmst du dieses Päckchen mit zur Post?

25 请仿例练习。

Zu Fuß kannst du den Zug nicht mehr erreichen; (mit dem Taxi / noch rechtzeitig zur Bahn kommen)
Zu Fuß kannst du den Zug nicht mehr erreichen; mit dem Taxi könntest du noch rechtzeitig zur Bahn kommen.

1. Ohne Antenne kannst du das Programm von Bayern III nicht empfangen; (mit Antenne / du / es gut hereinbekommen)
2. Hier müssen alle Kraftfahrzeuge langsam fahren; (ohne diese Vorschrift / es / viele Unfälle geben)
3. Leider ist unser Auto kaputt; (sonst / wir / heute ins Grüne fahren)
4. Ohne Licht darfst du abends nicht Rad fahren; (sonst / dir / ein Unglück passieren)
5. Du brauchst unbedingt eine Waschmaschine; (damit / du / viel Zeit sparen)
6. Du machst dir keine genaue Zeiteinteilung; (sonst / du / viel mehr schaffen)
7. Diesen Ofen benutzen wir nur in der Übergangszeit; (im Winter / wir / das Haus damit nicht warm bekommen)
8. Die Arbeiter müssen zur Zeit Überstunden machen; (die Firma / andernfalls / die Liefertermine nicht einhalten)
9. Hier darfst du nicht fotografieren; (du / wegen Spionage verhaftet werden)

§55 第一虚拟式

构成形式

	Indikativ	Konjunktiv I
a)	er fährt	er *fahre*
b)	er wird fahren	er *werde fahren*
c)	er fuhr er ist / war gefahren	} er *sei gefahren*
	er sah er hat / hatte gesehen	} er *habe gesehen*

第一虚拟式有三种时态: a) 现在时, b) 将来时 (也表示推测) 和 c) 过去时。

I 现在时的构成形式

1. 动词词根加上和第二虚拟式词尾变化一样的词尾(见§53, I)。

2. 有以下形式:

Starkes Verb	Schwaches Verb	Verb mit Hilfs-e	Modalverb	Hilfsverb	
kommen	**planen**	**schneiden**	**dürfen**	**haben**	**werden**
(ich	(ich	(ich	ich	(ich	(ich
komme)	plane)	schneide)	dürfe	habe)	werde)
du	du	(du	du	du	du
kommest	planest	schneidest)	dürfest	habest	werdest
er	er	er	er	er	er
komme	plane	schneide	dürfe	habe	werde
(wir	(wir	(wir	(wir	(wir	(wir
kommen)	planen)	schneiden)	dürfen)	haben)	werden)
ihr	ihr	(ihr	ihr	ihr	(ihr
kommet	planet	schneidet)	dürfet	habet	werdet)
(sie	(sie	(sie	(sie	(sie	(sie
kommen)	planen)	schneiden)	dürfen)	haben)	werden)

括号内的形式和直陈式一样,除此之外,还可使用相应的第二虚拟式现在时形式,以示同直陈式的区别。如果第二虚拟式形式和过去时形式一样,则大多用 *würde* + 不定式来代替:

Starkes Verb	Schwaches Verb	Verb mit Hilfs-e	Modalverb	Hilfsverb	
ich	ich	ich	ich	ich	ich
käme	plante	schnitte	dürfe	hätte	würde
du	du	du	du	du	du
kommest	planest	schnittest	dürfest	habest	werdest
er	er	er	er	er	er
komme	plane	schneide	dürfe	habe	werde
wir	wir	wir	wir	wir	wir
kämen	planten	schnitten	dürften	hätten	würden
ihr	ihr	ihr	ihr	ihr	ihr
kommet	planet	schnittet	dürfet	habet	würdet
sie	sie	sie	sie	sie	sie
kämen	planten	schnitten	dürften	hätten	würden

有时候人们也不完全遵循这一规则。尤其第二人称单数和复数还是常常使用第二虚拟式: *du kämest*，*ihr kämet*。

说明

强变化动词在构成现在时第二人称单数和第三人称单数时常有特殊形式，可是在构成第一虚拟式时则没有: 直陈式: *du gibst*，*er gibt* – 第一虚拟式: *du gebest*，*er gebe*。

3. *sein* 的第一分词构成形式比较特殊:

ich sei	wir seien
du sei(e)st	ihr seiet
er sei	sie seien

II 将来时的构成形式 (也表示推测)

1. 第一将来时的构成形式为: *werden* 的变化形式（参见上表）加上动词不定式:

ich würde kommen	wir würden kommen
du werdest kommen	ihr würdet kommen
er werde kommen	sie würden kommen

2. 第二将来时的构成形式为: *werden* 的变化形式（也参见上表）加上现在完成时:

ich würde gekommen sein	ich würde geplant haben
du werdest gekommen sein	du werdest geplant haben

III 过去时的构成形式

过去时的构成形式为: *haben* 或 *sein* 的变化形式（见上表）加上过去分词:

ich sei gekommen	ich hätte geplant
du sei(e)st gekommen	du habest geplant

IV 第一虚拟式的被动态

构成被动态要用 *werden* 在表格中的变化形式:

Gegenwart	ich würde informiert, du werdest informiert …
Zukunft	ich würde informiert werden, du werdest informiert werden …
Vergangenheit	ich sei informiert worden, du sei(e)st informiert worden …

1 请将下列各词改成第一虚拟式现在时和过去时。

1. reisen	4. fliegen	7. abschneiden	10. fahren
2. ordnen	5. fallen	8. sich ärgern	11. frieren
3. schicken	6. geben	9. beabsichtigen	12. benachrichtigt werden

2 请将下列动词改成相应的第一虚拟式形式。

1. ich stelle
   er stellt
   er stellte
2. du bittest
   er bittet
   wir baten
3. wir telefonieren
   ihr telefoniert
   sie telefonierten
4. sie grüßt
   sie grüßen
   sie grüßten
5. ich werde eingeladen
   du wirst eingeladen
   du wurdest eingeladen
6. du wirst dich erkälten
   sie wird sich erkälten
   sie werden sich erkälten

7. ich gehe
   du gehst
   er ist gegangen
8. sie betet
   sie beten
   er betete
9. sie schneidet
   wir schneiden
   wir haben geschnitten
10. ich antworte
    er antwortet
    ihr antwortet
11. er wird gewogen
    wir werden gewogen
    ihr wart gewogen worden
12. sie wird sich erholt haben
    ihr werdet euch erholt haben
    sie werden sich erholt haben

13. du fährst
    ihr fahrt
    sie fuhren
14. ich rufe an
    du rufst an
    sie riefen an
15. du streitest
    sie streitet
    ihr habt gestritten
16. er stirbt
    sie sterben
    sie starben
17. du wirst bestraft
    er wird bestraft
    sie wurde bestraft

§56　第一虚拟式的用法

I　间接引语

Direkte Rede	Indirekte Rede
In der Wahlnacht spricht der Parteivorsitzende. Er sagt unter anderem:	Ein Journalist berichtet. Der Parteivorsitzende sagte,
a) „Wir können stolz sein auf unseren Erfolg."	*dass sie* stolz auf *ihren* Erfolg sein könnten. *sie* könnten stolz sein auf *ihren* Erfolg.
b) *„Ihnen, liebe Parteifreunde,* danke ich herzlich."	er danke *seinen Parteifreunden* herzlich.
„Jetzt heißt es für uns alle: *Vorwärts, an die Arbeit!"*	jetzt heiße es für sie, *sofort mit der Arbeit zu beginnen.*
c) *„Für morgen* ist ein Gespräch mit dem Bundespräsidenten geplant."	*für heute, Montag,* sei ein Gespräch mit dem Bundespräsidenten geplant.
„Hier wird es einige Veränderungen geben."	*dort, im Bundestag,* werde es einige Veränderungen geben.
d) „Ich, als Demokrat, akzeptiere das Wahlergebnis, *auch wenn es anders ausgefallen wäre."*	er, als Demokrat, akzeptiere das Wahlergebnis, *auch wenn es anders ausgefallen wäre.*

间接引语通常表示客观地、概括地转述他人的话。转述讲话、书信、公告等时一般只转述重要的内容。此时使用第一虚拟式表示转述人不对转述的部分负责。

zu a) 1. 间接引语可以由 *dass* 来引导，如果要转述的部分比较长，一般来说只需要在开始时使用 *dass*。

　　　2. 在间接引语中代词常随意义的变化而变化，要特别注意: a) 说话人是谁，b) 说给谁听或者在说谁，c) 有时还要看转述人是谁。

zu b) 1. 在间接引语中一般会省略称呼、惊呼声和一些口头惯用语等。

　　　2. 为了便于理解，有时可以重复名字，补充副词或者使用意义大致相同的句子或使用一些动词。如: *bejahen*，*verneinen*，*ablehnen*。

zu c) 有时要适当地改变地点状语或时间状语。

zu d) (如果原文或原话中有第二虚拟式) 间接引语中保留第二虚拟式。

II　间接疑问句

Direkte Frage	Indirekte Frage
Er fragt: a) „*Gehst* du morgen zur Wahl?" b) „*Wann* gehst du zum Wahllokal?" 　 „*Welche Partei* willst du wählen?"	Er fragt, *ob* ich morgen zur Wahl ginge. *wann* ich zum Wahllokal ginge. *welche Partei* ich wählen wolle.

疑问句在间接引语中被改成从句。

zu a) 对一般疑问句用连词 *ob* 来引导。

zu b) 对特殊疑问句用原来的特殊疑问词或扩展的疑问词来引导。

III　间接引语中的祈使句

Direkter Imperativ	Indirekter Imperativ
a) „Reg dich doch bitte nicht so auf!"	Er bat mich (freundlich), ich *möge* mich nicht so aufregen.
b) „Hört jetzt endlich auf über das Wahlergebnis zu diskutieren!"	Er befahl uns (scharf), wir *sollten* aufhören über das Wahlergebnis zu diskutieren.

祈使句改成间接引语时须加上情态动词来转述。

zu a) 表示客气的请求时用 *mögen*。

zu b) 表示要求或命令时用 *sollen*。

说明

第三人称单数或第一人称复数作为主语的祈使句可以用第一虚拟式来表述：
Es *lebe* die Freiheit!
Damit *sei* die Sache vergessen!
Seien wir froh, dass alles vorbei ist!
Man *nehme* 15–20 Tropfen bei Bedarf und *behalte* die Flüssigkeit einige Zeit im Mund.
Man *nehme* ein Pfund Mehl, drei Eier und etwas Milch und *verrühre* das Ganze zu einem Teig.
Die Strecke b *sei* 7 cm. Man *schlage* von D aus einen Halbkreis über b.

对间接引语中的标点符号的说明

1. 直接引语中的冒号（：）和双引号（„..."）被省略，在间接引语前只有逗号（，）。

2. 转述要求、请求、命令或问题时省去感叹号（！）和问号（？）。

1 请将下面的文章改为间接引语，请这样开始： Fachleute weisen darauf hin, dass...

„Große Teile der Wälder in der Bundesrepublik sind durch schwefelsäurehalti-
gen Regen von einem allmählichen Absterben bedroht. Nicht nur die
5 Nadelhölzer, sondern auch die Laubbäu-
me werden geschädigt. Sie reagieren
zum Teil sogar noch empfindlicher als
Nadelbäume. Als gefährlichste Verursacher des Waldsterbens sieht man die
10 großen Kohlekraftwerke an, die die
Schadstoffe durch hohe Schornsteine
ableiten. Das entlastet zwar die nächste
Umgebung, doch wird die Schädigung
weiträumig in Gebiete getragen, die bisher noch ökologisch gesund waren; 15
denn hohe Schornsteine bringen die
Schadstoffe in höhere Schichten der Atmosphäre und so können sie vom Wind
ziemlich weit getragen werden.
Gefordert werden neue Gesetze, die das 20
Übel an der Wurzel packen. Es müssen
Anlagen vorgeschrieben werden, die die
Schadstoffe herausfiltern, so dass sie
nicht mehr in die Luft gelangen können." 25

2 请将下面的报刊文章改为间接引语，请这样开始： Die Zeitung berichtet, dass Teile
Australiens...

Teile Australiens erleben eine katastro-
phale Trockenheit. Infolge des Regenmangels droht in fünf von sechs austra-
lischen Bundesländern eine Dürre-
5 katastrophe. Neben den Farmern, die
bereits ihre Ernten und Tierherden verloren haben, spüren jetzt auch die Bewohner der Städte den Wassermangel
besonders stark. Für sie gilt eine strenge
10 Beschränkung des Wasserverbrauchs. Sie
dürfen ihre Gärten nicht mehr so intensiv bewässern. Das Gießen ist ihnen
tagsüber nur noch mit Kannen und Ei-
mern erlaubt. Schläuche dürfen nur zwi-
15 schen 19 und 21 Uhr benutzt werden.
Die Geldstrafe, die auf Nichteinhaltung
der Beschränkungen steht, ist von 100
auf 1000 Dollar erhöht worden. Zwanzig Funkwagen machen Jagd auf
Wasserverschwender. 20
In einigen Gemeinden des Staates Victo-
ria ist die Not schon so groß, dass das
Wasser auf 60 Liter pro Kopf und Tag rationiert wurde.
Perioden großer Trockenheit hat es in 25
Australien schon oft gegeben. Eine solche Katastrophe ist aber in der Geschichte des weißen Mannes noch nie
da gewesen.

3 同上，请这样开始： Der Verteidiger sagte, man...

Der Verteidiger sagte: „Man muss, wenn
man ein gerechtes Urteil fällen will, die
Kindheit und Jugendzeit des Angeklagten kennen. Als dieser drei Jahre alt war,
5 starb seine Mutter. Sein Vater war ein
stadtbekannter Trinker. Der Angeklagte
hat noch drei Jahre mit seinem Vater zusammengelebt. Eine Tante, die den
Haushalt führte, mochte ihn nicht und
10 hat ihn oft geschlagen. Als der Angeklagte sechs Jahre alt war, nahm man
den ganz verwahrlosten Jungen aus dem
Haushalt seines Vaters und steckte ihn
in ein Waisenhaus, wo er bis zu seinem
14. Lebensjahr blieb. Nach seiner Entlas- 15
sung kehrte der Junge zu seinem Vater
zurück. Dieser veranlasste den Jungen
immer wieder zu Diebstählen in Waren-
häusern und Lebensmittelgeschäften.
Mit sechzehn Jahren wurde der Jugend- 20
liche zum ersten Mal wegen Diebstahls
vor Gericht gestellt und von diesem in
eine Jugendstrafanstalt eingewiesen. So
hat der Angeklagte nie ein normales, ge-

25 regeltes Leben kennen gelernt; er hat nie
den Schutz und die Nestwärme erfahren, die eine Familie einem Heranwach-
senden im Allgemeinen bietet. Das muss
bei einer Verurteilung des Angeklagten
berücksichtigt werden."   30

4 请将下文中的直接引语改为间接引语，间接引语改为直接引语。

Der Arzt fragte den Patienten: „Wie lange haben Sie die Kopfschmerzen schon?
Sind die Schmerzen ständig da oder treten sie nur manchmal auf? Liegen die
5 Schmerzen hinter den Augen? Haben
Sie auch nachts Kopfschmerzen? Nehmen Sie Tabletten? Was für Tabletten
haben Sie bis jetzt genommen? Ist der
Schmerz so stark, dass Sie es ohne Ta-
10 bletten nicht aushalten? Was für eine
Arbeit verrichten Sie im Büro? Wie lange müssen Sie täglich vor dem Bildschirm sitzen? Haben Sie die Möglichkeit Ihre Tätigkeit zu wechseln?"
Der Patient fragte den Arzt, wie oft er   15
die Tabletten nehmen solle, ob er im
Bett liegen bleiben müsse, oder ob er
wenigstens zeitweise aufstehen dürfe,
wie lange die Krankheit denn wohl
dauere und ob er überhaupt wieder ganz   20
gesund werde.

5 同上。

Der Turnlehrer sagte zu den Schülern:
„Stellt euch gerade hin und streckt die
Arme nach vorn! Bringt jetzt die Arme
in weitem Bogen nach hinten, lasst den
5 Kopf zurückfallen und biegt den ganzen
Körper nach hinten durch! Jetzt kommt
langsam zurück, bis ihr wieder gerade
steht! Lasst nun den Oberkörper nach
vorn herunterfallen, bis der Kopf die
10 Knie berührt."
Der Lehrer sagt zu der Schülerin, dass sie
den Mund schließen und durch die Nase atmen solle. Sie solle die Übungen ruhig mitmachen, aber darauf achten,
dass nichts weh tue. Wenn es ihr zu an-   15
strengend werde, solle sie aufhören.
Uta sagte zum Lehrer, er möge sie entschuldigen, sie fühle sich nicht wohl
und wolle nach Hause gehen.

6 请将下文中的间接引语改为直接引语，你认为哪种表达更生动？

Der berühmte Pianist Anton Rubinstein
unterhielt sich auf einer Konzerttour in
England mit einem Briten über seine
Auslandserfahrungen. Dabei sprachen
5 sie auch über die Konzertreise des
Künstlers in Spanien. Ob er denn Spanisch könne, fragte der Engländer. Rubinstein verneinte. Ob er dann wohl
Französisch gesprochen habe. Das habe
er auch nicht, entgegnete der Künstler   10
schon etwas verärgert. Womit er sich
denn in Spanien durchgeholfen habe,
wollte der neugierige Herr wissen. „Mit
Klavier!" erwiderte Rubinstein und ließ
den lästigen Frager stehen.   15

7 请将直接引语改为间接引语。

Der Hahn und der Fuchs

Auf einem Baum saß ein alter Hahn. Ein Fuchs, der gerade vorbeikam, sah den Hahn und da er gerade Hunger hatte,
5 sagte er: „Komm doch herunter! Allgemeiner Friede ist unter den Tieren geschlossen worden. Komm herab und küsse mich, denn von heute ab sind wir Brüder!" „Lieber Freund", entgegnete
10 der Hahn, „das ist eine wunderbare Nachricht! Dort sehe ich auch zwei Hunde herbeieilen. Sie wollen uns si- cher auch die Friedensnachricht bringen. Dann können wir uns alle vier küssen." „Entschuldige!" rief der Fuchs ei-
15 lig, „ich habe noch einen weiten Weg. Das Friedensfest werden wir später feiern!" Traurig, dass er seinen Hunger nicht stillen konnte, lief er davon. Der Hahn aber saß auf seinem Ast und
20 lachte: „Es macht doch Spaß einen Betrüger zu betrügen!"

(Nach La Fontaine)

8 请将直接引语改为间接引语，间接引语改为直接引语。

Totgefragt

Auf einem Dampfer, der von Hamburg nach Helgoland fuhr, wendete sich eine Dame an den Kapitän und fragte: „Sind Sie der Kapitän?" Der Kapitän bejahte.
5 „Ist es eigentlich gefährlich auf See?" Der Kapitän verneinte, zur Zeit nicht, es sei ja beinah windstill. Da werde wohl keiner seekrank.
„Ach, das meine ich auch nicht", ent-
10 gegnete die Dame, „ich meine nur wegen der Seeminen." (= Explosivkörper zur Vernichtung von Schiffen im Krieg) Da sei nichts zu befürchten, die seien alle längst weggeräumt.
15 „Aber wenn sich nun mal eine versteckt hat?"
Das könne sie nicht. Die Minen blieben immer an der Wasseroberfläche und auch die allerletzten seien längst ent- deckt und vernichtet worden. Da könne
20 sie ganz beruhigt sein.
„Sie sind ja ein Fachmann. Sicher fahren Sie schon lange auf dieser Strecke?" Er fahre schon vier Jahre.
„So lange fahren Sie schon? Wie hieß
25 doch der Kapitän, der früher auf diesem Schiff fuhr? Es war so ein Großer, Blonder."
„Sein Name war Albers."
„Ja, an den kann ich mich noch gut er- innern. Lebt er noch?"
30 „Nein", bedauerte der Kapitän, Albers sei schon lange tot.
„Ach, das ist schade! Woran ist er denn gestorben?"
Die Reisenden hätten ihn totgefragt,
35 entgegnete der Kapitän und ließ die er- staunte Dame stehen.

9 请将下面的报告改为间接引语。

Eine junge Ärztin erzählt ein Erlebnis von einer Expedition. Sie berichtet, dass vor einiger Zeit …

„Vor einiger Zeit kam eine Mutter mit einem schwerkranken Säugling zu mir. Das Kind war schon blau im Gesicht und atmete schwer. Nach einer kurzen
5 Untersuchung konnte ich feststellen, dass eine leichte Form von Diphtherie vorlag. Nachdem ich, weil mir andere Instrumente fehlten, das altmodische, aber scharfe Rasiermesser unseres Kochs desinfiziert hatte, wagte ich einen
10 Schnitt in den Kehlkopf des Kindes. Das herausspritzende Blut versetzte die Mut-

ter in helle Aufregung. Sie schrie verzweifelt: „Sie tötet mein Kind! Sie
15 schlachtet es wie ein Schaf!" Viele Einwohner des Dorfes liefen mit drohenden Gebärden herbei, so dass ich das
Schlimmste für mein Leben und das des
Kindes fürchten musste. Zum Glück war
20 der Weg vom Dorf bis zu unserer Station

steil und steinig und als die erregten
Leute an meinem Zelt ankamen, atmete
das Kind schon wieder ruhig und hatte   15
seine natürliche Gesichtsfarbe zurückgewonnen. Seitdem behandeln die Dorfbewohner mich wie eine Heilige und es
ist schwierig, sie davon zu überzeugen,
dass ich keine Toten erwecken kann."   20

10 同上。

Ein Pilot berichtet über seine Erlebnisse bei einer versuchten Flugzeugentführung.

„Genau um 23.37 Uhr, als sich unsere
Maschine in etwa 500 Meter Höhe über
den letzten Ausläufern des Taunus befand, teilte mir unsere Stewardess, Frau
5 Schröder, aufgeregt mit: ‚Einem Passagier ist schlecht geworden; er ist ganz
bleich und sein Kopf liegt auf der Sei-
tenlehne seines Sessels.' Ich schickte
meinen Kollegen, Flugkapitän Berger, in
10 den Passagierraum. Nach kurzer Zeit
kam Berger zurück und berichtete: ‚Der
Mann ist erschossen worden. Wahrscheinlich ist eine Pistole mit
Schalldämpfer benutzt worden, denn
15 niemand hat etwas gehört.'
Diese Nachricht habe ich sofort an die
Bodenstationen in München, Wien und
Mailand weitergegeben. Die Antworten
lauteten allerdings nur etwa so: ‚Fliegen
20 Sie ruhig weiter und lassen Sie alles genau beobachten. Im Augenblick können
wir Ihnen nichts Genaues sagen. Die Polizei ist informiert worden.'
In den nächsten eineinhalb Stunden er-
25 eignete sich nichts, aber kurz vor der

Landung in Wien erschienen zwei mas-
kierte Männer in der Tür zur Pilotenkan-
zel, richteten ihre Pistolen auf mich und
Kapitän Berger und befahlen: ‚Bewegen
Sie sich nicht! Sie können wählen: Ent-   30
weder halten Sie sich an unsere Befehle
oder Sie werden erschossen! Das Ziel der
Reise ist Tripolis. Die Maschine wird augenblicklich gesprengt, wenn Sie nicht
alle unsere Befehle befolgen!'   35
Ich war ganz ruhig, weil ich mir vorher
schon alles überlegt hatte. Ironisch fragte ich: ‚Was machen Sie denn mit der
Leiche, wenn wir landen?' Diese Frage
machte die Leute stutzig. Der eine be-   40
fahl dem anderen, in den Passagierraum
zu gehen und nachzusehen. Es gelang
mir, den hinter mir stehenden Luftpiraten zu Fall zu bringen, indem ich die
Maschine auf die Seite legte. Kapitän   45
Berger konnte den Augenblick nützen,
den Mann zu entwaffnen. Der zweite
leistete keinen Widerstand mehr, nachdem er gesehen hatte, dass sein Komplize bereits gefesselt war."   50

11 同上。

Ein ärztliches Gutachten

Professor B. über den Angeklagten F.:
„Es handelt sich bei dem Angeklagten
um einen überaus einfältigen Menschen. Seine Antworten auf Fragen nach
5 seiner Kindheit lassen auf schwere
Störungen im häuslichen Bereich
schließen. So antwortete er auf die Frage: ‚Haben Ihre Eltern Sie oft geschla-

gen?' mit der Gegenfrage: ‚Welche Eltern meinen Sie? Den mit den grauen   10
Haaren hasse ich, aber die beiden Frau-
en mit den Ohrringen besuchen mich
manchmal im Gefängnis und bringen
mir Kaugummi mit.' Offensichtlich
wuchs der Angeklagte in derart unge-   15
ordneten Familienverhältnissen auf,

dass nur äußere Anhaltspunkte wie graues Haar oder Ohrringe in ihm einige Erinnerungen wachrufen. In einem so gestörten Hirn wie dem des Angeklagten gleiten Erinnerungen und Vorstellungen ineinander, Fakten verlieren an Realität und unwichtige Eindrücke nehmen plötzlich einen bedeutenden Platz ein."

An die Geschworenen gewandt erklärte Professor B.: „Beachten Sie, dass ein Mensch, der nicht angeben kann, wer seine Eltern sind, für ein Verbrechen, das er unter Alkoholeinfluss begangen hat, nach dem Grundsatz ‚im Zweifel für den Angeklagten' nicht oder nur unter der Bedingung strafmildernder Umstände verantwortlich gemacht werden darf."

第五部分

§ 57　介词

前言

1. 有的介词要求固定的格:

    a) 要求第四格: bis, durch, entlang, für, gegen, ohne, um, wider

    b) 要求第三格: ab, aus, außer, bei, dank, entgegen, entsprechend, gegenüber, gemäß, mit, nach, nebst, samt, seit, von, zu, zufolge.

2. 既可以要求第四格又可以要求第三格的介词: an, auf, hinter, in, neben, unter, über, vor, zwischen。

    这类介词在表示地点时有如下区别:

    a) 表示运动方向时,要求第四格,对其提问用 *wohin*?

    b) 表示静止的状态、固定的地点时,要求第三格,对其提问用 *wo*?回答用 *woher* 提问的问句时介词接第三格。

3. 要求第二格的介词见 § 61。

4. 当可分动词有相应的介词说明语时,则省略可分前缀:
    Jetzt müssen wir *aussteigen*. – Jetzt müssen wir *aus dem Zug steigen*.
    Als der Redner *vortrat*, lächelte er. – Als der Redner *vor das Publikum trat*, lächelte er.

说明

还需要注意的是以下介词

1. 和动词固定搭配的介词 (见 § 15, III) 以及相对应的名词短语,例如:
    sich fürchten vor　　　　　　Furcht vor
    kämpfen für / gegen / um　　　Kampf für / gegen / um

2. 和系表结构固定搭配的介词 (见 § 44) 以及相对应的名词短语,例如:
    neidisch sein auf　　　　　　Neid auf
    reich sein an　　　　　　　　Reichtum an

3. 在德语中介词的用法非常广泛,我们在这里只介绍最常用的一些用法。

§58 要求第四格的介词

I bis

1. 不带冠词

   a) 表示地点或时间说明语:
   Bis Hamburg sind es noch etwa 250 Kilometer.
   Bis nächsten Montag muss die Arbeit fertig sein.
   Er will noch *bis September* warten.

   b) 用于数字说明语前（常和 *zu* 连用）:
   Von 13 *bis 15 Uhr* geschlossen!
   Ich zahle *bis zu 100 Mark,* nicht mehr.

   c) 用于副词前:
   Bis dahin ist noch ein weiter Weg.
   Auf Wiedersehen, *bis bald* (*bis nachher, bis später*).

2. 同时使用两个介词时，名词说明语的格取决于第二个介词。

   a) *bis* + 要求第四格的介词:
   Wir gingen *bis an den Rand* des Abgrunds.
   Der Zirkus war *bis auf den letzten Platz* ausverkauft.
   Er schlief *bis in den Tag* hinein.
   Bis auf den Kapitän wurden alle gerettet (= alle außer dem Kapitän).

   b) *bis* + 要求第三格的介词:
   Kannst du nicht *bis nach dem Essen* warten?
   Bis vor einem Jahr war noch alles in Ordnung.
   Bis zum Bahnhof will ich dich gern begleiten.

II durch

1. 表示地点说明语:
   Wir gingen *durch den Wald*.
   Er schaute *durchs Fenster*.

2. 表示原因、方法或传播者（常用被动句）:
   Er hatte *durch einen Unfall* seinen rechten Arm verloren.
   Der kranke Hund wurde *durch eine Spritze* eingeschläfert.
   Diese Nachricht habe ich *durch den Rundfunk* erfahren.

3. 表示行为是如何发生的（用*indem*引导的从句见 §31，IV）:
   Durch die Benutzung eines Notausgangs konnten sich die Bewohner retten.
   Durch jahrelanges Training stärkte der Behinderte seine Beinmuskeln.

4. 表示时间说明语（常用 hindurch 并后置）：
   Den September hindurch hat es nur geregnet.
   Das ganze Jahr hindurch hat sie nichts von sich hören lassen.

III entlang

1. 表示沿路、沿途（后置）：
   Er fuhr *die Straße entlang.*
   Das Schiff fuhr *den Fluss entlang.*
   Sie gingen *den Bahnsteig entlang.*

2. 表示一定范围内的方向（*an*+第三格...*entlang*）：
   Am Zaun entlang wachsen Kletterpflanzen.
   An der Mauer entlang werden Leitungen gelegt.

3. entlang 有时候也和第二格一起使用并且前置（见§ 61，*längs* 部分）：
   Entlang des Weges standen Tausende von Menschen.

说明

entlang 和表示运动的动词一起作为可分动词使用：
Sie *gingen* den Bahnsteig *entlang.* (entlanggehen)
Er *rannte* an der Mauer *entlang.* (entlangrennen)

IV für

1. 表示兴趣、帮助或给予：
   Ich tue alles *für dich.*
   Der Blumenstrauß ist *für die Gastgeberin.*
   Er gab eine Spende *für das Rote Kreuz.*

2. 代替另一个人：
   Bitte geh *für mich* aufs Finanzamt.
   Er hat schon *für alle* bezahlt.

3. 表示在一定的时间范围内：
   Ich komme nur *für zwei Tage.*
   Hier bleiben wir *für immer.*

4. 表示比较：
   Für sein Alter ist er noch sehr rüstig.
   Für einen Architekten ist das eine leichte Aufgabe.
   Für seine schwere Arbeit erhielt er zu wenig Geld.

5. 表示价格或价值：
   Wie viel hast du *für das Haus* bezahlt?
   Ich habe es *für 200 000 Mark* bekommen.

6. 用于无冠词的两个名词之间，表示强调：
Dasselbe geschieht *Tag für Tag, Jahr für Jahr*.
Er schrieb das Protokoll *Wort für Wort, Satz für Satz* ab.

V gegen

1. 表示朝向运动的方向并接触到目标：
Er schlug mit der Faust *gegen die Tür*.
Sie fuhr mit hoher Geschwindigkeit *gegen einen Baum*.

2. 表示时间或数量的约数：
Wir kommen *gegen 23 Uhr* oder erst *gegen Mitternacht*.
Man erwartet *gegen 400 Besucher*.

3. 表示反对或敌方的行为：
Ärzte sind *gegen das Rauchen*.
Wir müssen etwas *gegen die Fliegen* tun.

4. 表示比较或交换：
Gegen ihn bin ich ein Anfänger.
Ich habe die zehn Mark *gegen zwei Fünfmarkstücke* eingetauscht.

VI ohne

如果没有进一步的限定，则大多不带冠词：
Ohne Auto können Sie diesen Ort nicht erreichen.
Ohne Sprachkenntnisse wirst du niemals Chefsekretärin.
Ohne ihren Mann war sie völlig hilflos.
Ohne die Hilfe meiner Schwester hätte ich den Umzug nicht geschafft.

VII um

1. 表示地点说明语
   a) 表示静止的、以某物为中心的周围区域：
   Um den Turm (herum) standen viele alte Bäume.
   Wir saßen *um den alten Tisch (herum)* und diskutierten.

   b) 表示在一个圆周上运动：
   Gehen Sie dort *um die Ecke*, da ist der Briefkasten.
   Die Insekten fliegen dauernd *um die Lampe herum*.

2. 表示时间或数字说明语
   a) 钟点：
   Um 20 Uhr beginnt die Tagesschau.

b) 表示时间或数量的约数:

Die Cheopspyramide wurde *um 3000 v. Chr.* erbaut.
Um Weihnachten sind die Schaufenster hübsch dekoriert.
Die Uhr hat *um die 300 Mark* gekostet.

c) 表示数量说明语的变化:

Die Temperatur ist *um 5 Grad* gestiegen.
Die Preise wurden *um 10%* reduziert.
Wir müssen die Abfahrt *um einen Tag* verschieben.

3. 表示损失:

Er hat ihn *um seinen Erfolg* betrogen.
Vier Menschen sind bei dem Unfall *ums Leben* gekommen.
Er hat ihn *um sein ganzes Vermögen* gebracht.

VIII wider

(= *gegen*, 见 V) 几个固定用法:
Er hat *wider Willen* zugestimmt.
Wider Erwarten hat er die Stellung bekommen.
Wider besseres Wissen verurteilte er den Angeklagten.

1 请用适当的介词填空:

a) bis b) durch c) entlang d) für e) gegen f) ohne g) um h) wider

… Vermittlung eines Freundes konnte ich meinen alten Wagen … 2000
Mark verkaufen. … das neue Auto brauche ich einen Bankkredit. … Erwarten besorgte mir mein Onkel einen Kredit von einem Geldinstitut. … zur völ-
ligen Zurückzahlung bleibt der Wagen natürlich Eigentum der Bank.

5 Tag … Tag erfinden die Kinder neue Spiele. Sie rennen … die Wette … den
Sandkasten herum. Sie hüpfen auf einem Bein … zum Zaun und wieder
zurück. Dann rennen sie in entgegengesetzten Richtungen am Zaun … . Wer
zuerst wieder zurück ist, hat gewonnen.
Wenn wir Karten spielen, spielen wir … Zehntelpfennige. … hundert verlo-
10 rene Punkte zahlt man also zehn Pfennige. Ganz … Geld macht uns das Kar-
tenspielen keinen Spaß. In die Karten des anderen zu schauen, ist … die
Spielregel. Wir spielen meist … … Mitternacht. Spätestens … ein Uhr ist
Schluss.

§59　要求第三格的介词

I　ab

1. 地点或时间说明语, 表示从某一确定的点起 (常不带冠词; 也可用 von … an 代替):
   Ich habe die Reise *ab Frankfurt* gebucht.
   Ab kommender Woche gilt der neue Stundenplan.
   Jugendlichen *ab 16 Jahren* ist der Zutritt gestattet.
   Ab morgen werde ich ein neues Leben beginnen.

2. 后面跟第四格时表示日期:
   Ab ersten Januar werden die Renten erhöht.
   Ab Fünfzehnten gehe ich in Urlaub.
   Aber auch: *ab dem ersten Januar; ab dem Fünfzehnten*

II　aus

1. 表示运动(= *aus … heraus*):
   Er trat *aus dem Haus.*
   Er nahm den Brief *aus der Schublade.*
   Sie kommen um 12 *aus der Schule.*

2. 表示起源地或起始时间:
   Die Familie stammt *aus Dänemark.*
   Diese Kakaotassen sind *aus dem 18. Jahrhundert.*
   Er übersetzt den Roman *aus dem Spanischen* ins Deutsche.

3. 表示质地、材料(不带冠词):
   Die Eheringe sind meistens *aus Gold.*

4. 表示行为的原因、动机(多为情绪方面)(不带冠词):
   Er hat seinen Bruder *aus Eifersucht* erschlagen.
   Aus Furcht verhaftet zu werden, verließ er die Stadt.
   Aus Erfahrung mied der Bergführer den gefährlichen Abstieg.

III　außer

1. 除…之外:
   Außer einem Hund war nichts Lebendiges zu sehen.
   Außer Milch und Honig nahm der Kranke nichts zu sich.

2. 固定用法 (不带冠词):
   mit *sein*: außer Atem, außer Betrieb, außer Dienst, außer Gefahr, außer Kurs etc.
   etwas steht außer Frage, außer Zweifel

etwas außer Acht lassen; etwas außer Betracht lassen
jemand ist außer sich (= sehr aufgeregt sein), außer Haus
Mit Genitiv: außer Landes sein

IV bei

1. 地点说明语，在…旁边(= *in der Nähe von*):
Hanau liegt *bei Frankfurt*. – Sie müssen *beim Schwimmbad* rechts abbiegen.

2. 表示停留地:
Ich war *beim Arzt*.
Jetzt arbeitet er *bei einer Baufirma*, vorher war er *beim Militär*.
Sie wohnt jetzt *bei ihrer Tante*, nicht mehr *bei mir*.

3. 表示同时发生的行为或事件，名词说明语一般是名词化的动词 (wenn，als 引导的从句见§ 26，I):
Er hatte sich *beim Rasieren* geschnitten.
Beim Kochen hat sie sich verbrannt.
Bei der Arbeit solltest du keine Musik hören.

4. 表示行为:
Bei deiner Gewissenhaftigkeit und Sorgfalt ist der Fehler kaum erklärlich.
Bei aller Vorsicht gerieten sie doch in eine Falle.
Bei seinem Temperament ist das sehr verständlich.

5. 固定用法(大多不带冠词):
bei Nacht und Nebel, bei schönstem Wetter, bei Tagesanbruch etc.
jemanden *beim Wort* nehmen
bei offenem Fenster schlafen
jemanden *bei guter Laune* halten
etwas *bei Strafe* verbieten etc.

V dank

表示感谢或多亏了…:
Dank dem Zureden seiner Mutter schaffte er doch noch das Abitur.
Dank seinem Lebenswillen überlebte der Gefangene.

VI entgegen

表示意料之外的完全相反的情况(前置或后置):
Entgegen den allgemeinen Erwartungen siegte die Oppositionspartei.
Den Vorstellungen seiner Eltern entgegen hat er nicht studiert.

说明

entgegen 和表示运动的动词一起作为可分动词使用：
Das Kind *lief* seinem Vater *entgegen*. (entgegenlaufen)
Er *kam* meinen Wünschen *entgegen*. (entgegenkommen)

VII   entsprechend

表示相符、一致(前置或后置)：
Er hat *seiner Ansicht entsprechend* gehandelt.
Entsprechend ihrer Vorstellung von südlichen Ländern haben die Reisenden nur
    leichte Kleidung mitgenommen.

VIII   gegenüber

1. 地点说明语(前置或后置)：
Gegenüber der Post finden Sie verschiedene Reisebüros.
Der Bushaltestelle gegenüber wird ein Hochhaus gebaut.

2. 和人、人的言行或事物连用(后置)：
Dir gegenüber habe ich immer die Wahrheit gesagt.
Den Bitten seines Sohnes gegenüber blieb er hart.
Kranken gegenüber fühlen sich viele Menschen unsicher.
Den indischen Tempeln gegenüber verhielt er sich gleichgültig.

3. 动词 *sitzen*，*stehen*，*liegen*，*stellen* 等和 *gegenüber* 连用时作为可分动词使用：
Sie *saß* mir den ganzen Abend *gegenüber*. (gegenübersitzen)

IX   gemäß

多用于法律方面 (= *entsprechend*，前置或后置)：
Gemäß der Straßenverkehrsordnung ist der Angeklagte schuldig.
Das Gesetz wurde *den Vorschlägen der Kommission gemäß* geändert.

X   mit

1. 表示联系、关联：
Jeden Sonntag bin ich *mit meinen Eltern* in die Kirche gegangen.
Mit ihr habe ich mich immer gut verstanden.
Wir möchten ein Zimmer *mit Bad*.

2. 表示工具等：
Wir heizen *mit Gas*.
Ich fahre immer *mit der Bahn*.
Er öffnete die Tür *mit einem Nachschlüssel*.

3. a) 表示感情、行为等（常不带冠词）：
   Ich habe *mit Freude* festgestellt, dass ...
   Er hat das sicher nicht *mit Absicht* getan.
   Mit Arbeit, Mühe und Sachkenntnis hat er seine Firma aufgebaut.

   b) 表示某事发生的方式、方法（常不带冠词）：
   Er hat das Examen *mit Erfolg* abgeschlossen.
   Die Maschinen laufen *mit hoher Geschwindigkeit*.
   aber: Sie schrieb ihre Briefe immer *mit der Hand*.

4. 表示时间的推移：
   Mit 40 (Jahren) beendete er seine sportliche Laufbahn.
   Mit der Zeit wurde sie ungeduldig.

XI nach

1. 不带冠词的地点说明语

   a) 表示城市、国家、大洲和方向等（特殊情况见 §3，III 中的关于国家和方向）：
   Unsere Überfahrt *nach England* war sehr stürmisch.
   aber: Wir fahren in die Türkei.
   Die Kompassnadel zeigt immer *nach Norden*.
   aber: Im Sommer reisen viele Deutsche in den Süden.

   b) 修饰副词：
   Bitte kommen Sie *nach vorne*.
   Fahren Sie *nach links* und dann geradeaus.

2. 时间说明语

   a) 修饰宗教节日、工作日、月份等，不带冠词（也可以用 *Anfang, Ende* ...）。
   Nach Ostern will er uns besuchen.
   Ich bin erst *nach Anfang (Ende) September* wieder in Frankfurt.
   Nach Dienstag nächster Woche sind alle Termine besetzt.
   Es ist 5 Minuten *nach 12*.

   b) 带冠词：
   Nach dem 1. April wird nicht mehr geheizt.
   Nach der Feier wurde ein Imbiss gereicht.
   Der Dichter wurde erst *nach seinem Tode* anerkannt.

3. 表示根据、依据（前置或后置）（*so ... wie* 引导的从句见 §31，1）。
   Dem Protokoll nach hat er Folgendes gesagt ...
   Nach dem Gesetz darf uns der Hauswirt nicht kündigen.
   Meiner Meinung nach ist der Satz richtig.
   Er spielt *nach Noten;* er zeichnet *nach der Natur*.

4. 表示顺序:
Nach dir komme ich dran.
Nach Medizin ist Jura das beliebteste Studienfach.

XII nebst

(= samt, zusammen mit; 大多不带冠词):
Er verkaufte ihm das Haus *nebst Garage*.

XIII samt

(= zusammen mit, 也表示附加的):
Er kam überraschend – samt seinen acht Kindern.
Feste Wendung: Sein Besitz wurde samt und sonders versteigert. (= vollständig)

XIV seit

时间说明语

a) 修饰宗教节日、工作日、月份等, 不带冠词 (也可以用 *Anfang*, *Mitte*, *Ende* …)。
Seit Pfingsten habe ich euch nicht mehr gesehen.
Er ist *seit Dienstag* krankgeschrieben.
Seit Anfang August hat er wieder eine Stellung.

b) 带冠词:
Seit der Geburt seiner Tochter interessiert er sich für Kinder.
Seit einem Monat warte ich auf Nachricht von euch.
Seit dem 28. Mai gilt der Sommerfahrplan.

XV von

1. 地点说明语:
Ich bin gerade *von Schottland* zurückgekommen.
Der Wind weht *von Südwesten*.
Vom Bahnhof geht er immer zu Fuß nach Hause.
Das Regenwasser tropft *vom Dach*.

2. 日期说明语:
Vom 14.7. bis 2.8. haben wir Betriebsferien.
Ich danke Ihnen für Ihren Brief *vom 20.3.*

3. a) *von...ab* 表示方向性的地点说明语:
Von der Brücke ab sind es noch zwei Kilometer bis zum nächsten Dorf;
von dort ab können Sie den Weg zur Stadt selbst finden.

b) *von...aus* 表示起始地的地点说明语:
  Vom Fernsehturm *aus* kann man die Berge sehen.
  Von Amerika *aus* sieht man das ganz anders.

c) *von...an* 表示起始时间的时间说明语(也用*von … ab*):
  Von 15 Uhr an ist das Büro geschlossen.
  Er wusste *von Anfang an* Bescheid.

4. 表示被动句中的行为方:
  Er ist *von Unbekannten* überfallen worden.
  Der Schaden wird *von der Versicherung* bezahlt.
  Der Polizist wurde *von einer Kugel* getroffen.

5. **a)** 在没有冠词的情况下代替第二格:
  Viele Briefe *von Kafka* sind noch nicht veröffentlicht.
  Man hört den Lärm *von Motoren*.
  Zur Herstellung *von Papier* braucht man viel Wasser.

   b) 代替形容词定语:
  eine wichtige Frage – eine Frage *von Wichtigkeit*
  ein zehnjähriges Kind – ein Kind *von zehn Jahren*
  der Hamburger Senat – der Senat *von Hamburg*

6. 和其他的介词短语连用(固定短语):
  von heute auf morgen; in der Nacht von Dienstag auf Mittwoch (vom Dienstag
  zum Mittwoch); von Tag zu Tag; von Ort zu Ort

XVI zu

1. 用在目的地、带冠词的地点说明语和人之前:
  Er schwimmt *zu der Insel* hinüber.
  Gehen Sie doch endlich *zu einem Arzt*.
  Er bringt seine Steuererklärung *zum Finanzamt*.
  Am Freitag komme ich *zu dir*.

2. 时间说明语

   a) 不带冠词的宗教节日:
  Zu Weihnachten bleiben wir zu Hause.

   b) 带冠词的时间说明语:
  Zu dieser Zeit, d.h. im 18. Jahrhundert, reiste man mit Kutschen.
  Zu deinem Geburtstag kann ich leider nicht kommen.

3. 表示意图(*damit* …和 *um* … *zu* 引导的从句见 § 32 und § 33):
  Zum Beweis möchte ich folgende Zahlen bekannt geben …
  Man brachte ihn *zur Feststellung seiner Personalien* ins Polizeipräsidium.
  Zum besseren Verständnis muss man Folgendes wissen …

4. 表示感觉:
  Zu meinem Bedauern muss ich Ihnen mitteilen …
  Ich tue das nicht *zu meinem Vergnügen*.

5. 表示变化:
Unter Druck wurden die organischen Stoffe *zu Kohle*.
Endlich kommen wir *zu einer Einigung*.

6. 表示比值、比分:
Umfragen ergeben ein Verhältnis von *1 : 3 (eins zu drei)*
gegen das geplante neue Rathaus.
Wir haben jetzt schon *zum vierten Mal* mit ihm gesprochen.
Liefern Sie mir 100 Kugelschreiber *zu je 2 Mark*.

7. 固定短语

  a) 不带冠词:

zu Hause sein	*zu Boden* fallen
zu Besuch kommen	*zu Hilfe* kommen
zu Gast sein	*zu Gott* beten
zu Fuß gehen	*zu Ansehen / zu Ruhm* kommen
zu Mittag / zu Abend essen	*zu Ende* sein
zu Bett gehen	*zu Tisch* kommen / sitzen

  b) 带冠词:
    zur Rechten / zur Linken eines anderen stehen / sitzen
    die Nacht *zum Tag* machen
    etwas *zum Frühstück* essen
    Zucker *zum Tee* nehmen

XVII zufolge

1. 表示根据某一说法(后置):
Der Diagnose des Arztes zufolge kann der Beinbruch in zwei
Monaten geheilt werden.

2. *zufolge* 前置时要求第二格:
Zufolge des Berichts wurden einige Keller überflutet.

1 请用适当的介词填空:
a) ab b) aus c) außer d) bei e) mit f) nach g) seit.

    … zwei Wochen ist die Gewerkschaft schon in Verhandlungen … der Betriebs-
leitung. … den Angaben einiger Gewerkschaftsführer hat man sich bis jetzt
nicht geeinigt. … Donnerstag wird deshalb gestreikt. … den Büroangestellten
machen alle Betriebsangehörigen mit. Die Büroangestellten streiken … dem
Grunde nicht, weil sie in einer anderen Gewerkschaft sind. Die Forderung …
Lohnerhöhung liegt … 8 Prozent.

2 同上: a) dank b) entgegen c) gegenüber d) samt.

    Ein Feuer vernichtete den Hof des Bauern Obermüller … Stall und Scheune. …
der Hilfe der Nachbarn konnte der Bauer wenigstens seine Möbel und die
Haustiere retten. Einem Nachbarn … äußerte der Bauer den Verdacht der

Brandstiftung. Aber … diesem Verdacht stellte man später fest, dass ein Kurzschluss die Ursache des Brandes war.

3 同上: a) ab b) außer c) dank d) gemäß e) entgegen.

… den Satzungen des Vereins gehört der Tierschutz und die Tierpflege zu
den wichtigsten Aufgaben der Mitglieder. … zahlreicher Spenden konnte der
Verein ein neues Tierheim erbauen. … Katzen und Hunden werden auch alle
anderen Haustiere aufgenommen. … einer anders lautenden Mitteilung in der
Zeitung ist das Tierheim täglich … sonntags … 9 Uhr geöffnet.

§60　要求第四格或第三格的介词

I an

1. 地点说明语

   a）回答 *wohin* 提问时用第四格:
   Er stellt die Leiter *an den Apfelbaum.*
   Sie schreibt das Wort *an die Tafel.*
   Wir gehen jetzt *an den See.*

   b) 回答 *wo* 提问时用第三格:
   Frankfurt liegt *am Main.*
   Die Sonne steht schon hoch *am Himmel.*
   An dieser Stelle wuchsen früher seltene Kräuter.

2. 表示白天某一段时间、日期和工作日时要求第三格:
   Am Abend kannst du mich immer zu Hause erreichen.
   Sie ist *am 7. Juli 1981* geboren.
   Am Freitagnachmittag ist um 4 Uhr Dienstschluss.
   Am Anfang schuf Gott Himmel und Erde.
   Am Monatsende werden Gehälter gezahlt.

3. 表示数量时要求第四格(=ungefähr, etwas weniger als):
   Es waren *an (die) fünfzig Gäste* anwesend.
   Die Villa hat *an (die) 20 Zimmer.*

4. *an...vorbei* 要求第三格(常作为可分动词):
   Er *ging an mir vorbei* ohne mich zu erkennen.
   Perfekt: Er *ist an mir vorbeigegangen* ohne mich zu erkennen.

5. 固定短语(非现实):
   Ich *an deiner Stelle* hätte anders gehandelt.
   An meiner Stelle hättest du genauso gehandelt.

II auf

1. 地点说明语

   a) 回答 *wohin* 提问时用第四格：
   Er stellte die Kiste *auf den Gepäckwagen.*
   Plötzlich lief das Kind *auf die Straße.*
   Er legte seine Hand *auf meine.*

   b) 回答 *wo* 提问时用第三格：
   Dort *auf dem Hügel* steht ein alter Bauernhof.
   Auf der Erde leben etwa 4 Milliarden Menschen.
   Auf der Autobahn dürfen nur Kraftfahrzeuge fahren.

2. 时间说明语：
   Von Freitag *auf Sonnabend* haben wir Gäste.
   Dieses Gesetz gilt *auf Zeit,* nicht *auf Dauer.*
   Der erste Weihnachtstag fällt *auf einen Dienstag.*
   Kommen Sie doch *auf ein paar Minuten* herein.

3. a) *auf...zu* 要求第四格，表示运动的方向：
   Der Enkel lief *auf die Großmutter zu.*
   Der Enkel ist *auf die Großmutter zugelaufen.* (Perfekt)

   b) *auf...hin* 要求第四格，表示根据之前所述：
   Auf diesen Bericht hin müssen wir unsere Meinung korrigieren.

   c) *auf...hinaus* 要求第四格，表示一段时间：
   Er hatte sich *auf Jahre hinaus* verschuldet.

4. 固定短语：

   a) 要求第四格：
   Er warf einen Blick auf den Zeugen und erkannte ihn sofort.
   Das Schiff nimmt Kurs auf Neuseeland.
   Auf die Dauer kann das nicht gut gehen.
   Wir müssen uns endlich auf den Weg machen.
   Das Haus muss auf jeden Fall verkauft werden.
   Auf einen Facharbeiter kommen zehn Hilfsarbeiter.
   Sie fahren nur für zwei Wochen auf Urlaub.

   b) 要求第三格：
   Ich habe ihn auf der Reise / auf der Fahrt / auf dem Weg hierher kennen gelernt.
   Auf der einen Seite (einerseits) habe ich viel Geld dabei verloren, auf der anderen Seite (andererseits) habe ich eine wichtige Erfahrung gemacht.
   Wie sagt man das auf Deutsch? (oder: in der deutschen Sprache)

III hinter

1. 地点说明语

   a) 回答 *wohin* 提问时用第四格：
      Stell das Fahrrad *hinter das Haus!*
      Das Buch ist *hinter das Bücherregal* gefallen.

   b) 回答 *wo* 提问时用第三格：
      Das Motorrad steht *hinter der Garage.*
      Er versteckte den Brief *hinter seinem Rücken.*

2. 表示支持：
   mit Akkusativ: Die Gewerkschaft stellt sich *hinter ihre Mitglieder.*
   mit Dativ: Die Angestellten stehen *hinter ihrem entlassenen Kollegen.*

3. *hinter...zurück* 要求第三格：
   Sie blieb hinter der Gruppe der Wanderer zurück.
   Sie ist hinter der Gruppe der Wanderer zurückgeblieben. (Perfekt)

4. 固定短语：
   jemanden *hinters Licht führen* (= jemanden betrügen)
   hinterm Mond sein (= uninformiert sein)

IV in

1. 地点说明语

   a) 回答 *wohin* 提问时用第四格：
      Ich habe die Papiere *in die Schreibtischschublade* gelegt.
      Am Sonnabendvormittag fahren wir immer *in die Stadt.*
      Er hat sich *in den Finger* geschnitten.

   b) 回答 *wo* 提问时用第三格：
      Die Villa steht *in einem alten Park.*
      Der Schlüssel steckt immer noch *im Schloss.*
      Bei diesem Spiel bilden wir einen Kreis und einer steht *in der Mitte.*

2. 时间说明语表示第三格

   a) 表示一定的时间之内：
      表示秒、分钟、小时；表示星期、月份、年份；表示年、世纪等。请注意：*am Tag*,
   am Abend，可是：*in der Nacht*。
      In fünf Minuten (= innerhalb von) läuft er einen halben Kilometer.
      Im April beginnen die Vögel zu brüten.
      Im Jahr 1914 brach der Erste Weltkrieg aus.
      Im 18. Jahrhundert wurden die schönsten Schlösser gebaut.

说明

年份可以单独存在 (1914，1914 – 1918) 或者在前面加上 im Jahr (im Jahr 1914，in den Jahren 1914 bis 1918)；在年份前面单独加上 "in" 在德语里是错误的。

b) 表示将来，即现在之后：
In fünf Minuten ist Pause.
In zwei Tagen komme ich zurück.
In einem halben Jahr sehen wir uns wieder.

3. 用第三格表示书面的或口头的表述：
In dem Drama „Hamlet" von Shakespeare steht folgendes Zitat: ...
Im Grundgesetz ist festgelegt, dass ...
In seiner Rede sagte der Kanzler: „ ... "
In dieser Hinsicht hat er Recht, aber ...

4. 用第三格表示内部或外部状态(常用物主代词)：
In seiner Verzweiflung machte er eine Dummheit.
In ihrer Angst sprangen einige Seeleute ins Wasser.
In seinen Familienverhältnissen ist nichts geregelt.
In diesem Zustand kann man den Kranken nicht transportieren.

5. 固定短语：
etwas ist *in Ordnung*
jemand fällt *in Ohnmacht*
etwas geschieht *im Geheimen / im Verborgenen*
jemand ist *in Gefahr*
ein Gesetz tritt *in Kraft*

V   neben

1. 地点说明语

a) 回答 *wohin* 提问时用第四格：
Der Kellner legt das Besteck *neben den Teller*.
Er setzte sich *neben mich*.

b) 回答 *wo* 提问时用第三格：
Der Stall liegt rechts *neben dem Bauernhaus*.

2. 要求第三格 (= zusätzlich, zu etwas anderem)：
Neben seinen physikalischen Forschungen schrieb er Gedichte.
Sie betreut *neben ihrem Haushalt* auch noch eine Kindergruppe.

VI   über

1. 地点说明语

a) 回答 *wohin* 提问时用第四格：
Der Entenschwarm fliegt *über den Fluss*.

Der Sportler sprang *über die 2-Meter-Latte.*
Er zog die Mütze *über die Ohren.*

b) 回答 *wo* 提问时用第三格:
Der Wasserkessel hing *über dem Feuer.*
Das Kleid hing unordentlich *über dem Stuhl.*

2. 要求第四格 (= überqueren):
Die Kinder liefen *über die Straße* und dann *über die Brücke.*
Der Sportler schwamm *über den Kanal* nach England.

3. 不带冠词，表示途经:
Wir fahren von Frankfurt *über München* nach Wien, dann *über Budapest*
nach Rumänien.

4. 时间说明语，要求第四格(大多后置):
Den ganzen Tag über hat er wenig geschafft.
Den Winter über verreisen wir nicht. (aber: *übers Wochenende*)

5. 要求第四格，表示超出、超过 (*länger als*, *mehr als*):
Die Bauarbeiten haben *über einen Monat* gedauert.
Sie ist *über 90 Jahre* alt.
Das geht *über meine Kräfte.*
Sein Referat war *über alle Erwartungen* gut.

6. 用第四格表示主题:
Sein Vortrag *über die Eiszeiten* war hochinteressant.
Über die Französische Revolution gibt es verschiedene Meinungen.

7. 固定短语:
Plötzlich, gleichsam *über Nacht,* hat sie sich völlig verändert.
Er sitzt *über seinen Büchern.*
Er ist *über seiner Lektüre* eingeschlafen.
Der Geldfälscher ist längst *über alle Berge.*

VII unter

1. 地点说明语

a) 回答 *wohin* 提问时用第四格:
Die Schlange kroch *unter den Busch.*
Sie legte ihm ein Kissen *unter den Kopf.*

b) 回答 *wo* 提问时用第三格:
Die Katze sitzt *unter dem Schrank.*
Die Gasleitungen liegen einen halben Meter *unter dem Straßenpflaster.*

2. 要求第三格，表示时间或数量:
Kinder *unter zehn Jahren* sollten täglich nicht mehr als eine Stunde fernsehen.
Sein Lohn liegt *unter dem Mindestsatz* von 700 Mark.

3. 要求第三格，表示某些人或物在……之中：
   Zum Glück war *unter den Reisenden* ein Arzt.
   Unter den Goldstücken waren zwei aus dem 3. Jahrhundert.
   Unter anderem sagte der Redner …

4. 要求第三格，表示某事发生的条件：
   Natürlich konntet ihr *unter diesen Umständen* nicht bremsen.
   Die Bergwanderer konnten nur *unter großen Schwierigkeiten* vorankommen.
   Der Angeklagte stand während der Tat *unter Alkoholeinfluss*.
   Es ist unmöglich, *unter solchen Verhältnissen* zu arbeiten.

5. 固定短语：
   ein Vergehen / ein Verbrechen fällt *unter den Paragraphen* …
   etwas *unter den Teppich* kehren (= nicht weiter verfolgen)
   etwas *unter Kontrolle* bringen / halten
   unter Wasser schwimmen / sinken
   etwas unter der Hand (= heimlich) kaufen / verkaufen

VIII vor

1. 地点说明语

   a) 回答 *wohin* 提问时用第四格：
      Stell den Mülleimer *vor das Gartentor*!
      Beim Gähnen soll man die Hand *vor den Mund* halten.

   b) 回答 *wo* 提问时用第三格：
      Das Taxi hält *vor unserem Haus*.
      Auf der Autobahn *vor Nürnberg* war eine Baustelle.
      In der Schlange standen noch viele Leute *vor mir*.

2. 时间说明语，要求第三格：
   Vor drei Minuten hat er angerufen.
   Der Zug ist 10 Minuten *vor 8* abgefahren.
   Leider hat er kurz *vor der Prüfung* sein Studium abgebrochen.

3. 表示某一行为的原因、起因，要求第三格：
   Vor Angst und Schrecken fiel er in Ohnmacht.
   Er konnte sich *vor Freude* kaum fassen.

4. 固定短语：
   Gnade vor Recht ergehen lassen
   ein Schiff liegt im Hafen vor Anker
   vor Gericht stehen
   vor Zeugen aussagen
   vor allen Dingen

IX zwischen

1. 地点说明语

    a) 回答 *wohin* 提问时用第四格：
    Er hängte die Hängematte *zwischen zwei Bäume*.
    Sie nahm das Vögelchen *zwischen ihre Hände*.

    b) 回答 *wo* 提问时用第三格：
    Er öffnete die Tür *zwischen den beiden Zimmern*.
    Der Zug verkehrt stündlich *zwischen München und Augsburg*.

2. 要求第三格，表示时间或数量：
    Zwischen dem 2. und 4. Mai will ich die Fahrprüfung machen.
    Zwischen Weihnachten und Neujahr wird in vielen Betrieben nicht gearbeitet.
    Auf der Insel gibt es *zwischen 60 und 80 Vogelarten*.

3. 要求第三格，表示关系：
    Der Botschafter vermittelt *zwischen den Regierungen*.
    Das Kind stand hilflos *zwischen den streitenden Eltern*.

4. 固定短语：
    zwischen Tür und Angel stehen
    sich zwischen zwei Stühle setzen
    zwischen den Zeilen lesen

1 请在必要的地方填上 "an (am)" 或 "in (im)"。

Meine Eltern sind … 1980 nach Berlin gezogen. … Frühjahr 1983 habe ich hier mein Studium begonnen. … 1988 bin ich hoffentlich fertig. … 20. Mai beginnen die Semesterferien. … Juni fahre ich nach Frankreich. Meine Freunde in Paris erwarten mich … 2. Juni. – … kommenden Wochenende
5 besuchen wir unsere Verwandten in Kassel. Mit dem Auto sind wir … fünf Stunden dort. … Sonntag machen wir mit ihnen einen Ausflug in die Umgebung. … der Nacht zum Montag kommen wir zurück. … Montag braucht mein Vater nicht zu arbeiten.

2 同上。

Noch nie hat sich die Welt so schnell verändert wie … den letzten zweihundert Jahren. … Jahr 1784 entwickelte James Watt die erste brauchbare Dampfmaschine. … Juli 1783 ließen die Brüder Montgolfier den ersten Warmluftballon in die Luft steigen. Keine zweihundert Jahre später, … 21.7.1969,
5 landeten die ersten Menschen auf dem Mond. … 1807 fuhr zum ersten Mal ein Dampfschiff 240 Kilometer den Hudson-Fluss (USA) hinauf. … unserem Jahrzehnt sind Dampfschiffe längst unmodern geworden. … gleichen Jahr erstrahlten die Straßen in London im Licht der Gaslaternen. … 20. Jahrhundert hat jedes Dorf seine elektrische Straßenbeleuchtung.
10 Die erste deutsche Dampfeisenbahn fuhr … 7.12.1835 von Nürnberg nach Fürth. Hundert Jahre später gab es in Deutschland über 43 000 Kilometer Eisenbahnlinien.
(Fortsetzung Übung § 61 Nr. 17)

3 请快速填写 "an (am)" 或 "in (im)" !

    … einem Monat, … drei Tagen, … meinem Geburtstag, … Morgen, … 20 Sekunden, … der Nacht, … letzten Tag des Monats, … Jahresanfang, … der Neuzeit, … Jahr 1945, … Herbst, … Samstag, … Juli, … zwei Jahren, … Nachmittag, … dritten Tag, … wenigen Jahrzehnten, … der Zeit vom 1. bis 10., … der Mittagszeit, … diesem Augenblick, … Moment

4 请仿例练习动词 "stehen – stellen / sitzen – setzen / liegen – legen / hängen (stark) – hängen (schwach)" 的现在时。

    Zeitung / auf / Tisch / liegen
    Wo liegt denn die Zeitung?
    Auf dem Tisch! Du weißt doch, ich lege die Zeitung immer auf den Tisch.

1. Fotos (Pl.) / in / Schublade (f) / liegen
2. Jacke (f) / an / Garderobe (f) / hängen
3. Besen (m) / in / Ecke (f) / stehen
4. Puppe (f) / auf / Stuhl (m) / sitzen
5. Schlüssel (Pl.) / neben / Tür (f) / hängen
6. Wecker (m) / auf / Nachttisch (m) / stehen
7. Handtuch (n) / neben / Waschbecken (n) / hängen
8. Schallplatten (Pl.) / in / Schrank (m) / liegen
9. Vogel (m) / in / Käfig (m) / sitzen

5 请将练习 4 改成现在完成时。

    Ich habe die Zeitung doch auf den Tisch gelegt!
    Ja, sie hat vorhin noch auf dem Tisch gelegen!

6 请仿例练习:

    auf / Küchentisch / legen
    Wo hast du den Hundertmarkschein gelassen? Hast du ihn vielleicht auf den Küchentisch gelegt?
    Nein, auf dem Küchentisch liegt er nicht.

1. in / Hosentasche (f) / stecken
2. in / Küchenschrank (m) / legen
3. in / Portmonee (n) / stecken
4. auf / Schreibtisch (m) / legen
5. in / Schreibtischschublade (f) / legen
6. hinter / Bücher (Pl.) / legen
7. zwischen / Seiten (Pl.) eines Buches / legen
8. unter / Radio (n) / legen
9. unter / Handtücher (Pl.) / im Wäscheschrank / legen
10. in / Aktentasche (f) / stecken

7 "Wohin?" – Familie Günzler zieht um und die Leute von der Spedition helfen. —— 请用冠词填空。

Zuerst hängen sie die Lampen in den Zimmern an … Decken (Pl.). Dann legen sie den großen Teppich in … Wohnzimmer, den runden Teppich in … Esszimmer und den Läufer (= langer, schmaler Teppich) in … Flur (m). Dann kommen die Schränke: Sie stellen den Bücherschrank in … Wohnzimmer an
5 … Wand (f) neben … Fenster (n); den Kleider- und den Wäscheschrank stellen sie in … Schlafzimmer zwischen … Fenster und den Geschirrschrank in … Esszimmer neben … Tür (f). Die Garderobe stellen sie in … Flur. Sie tragen den Tisch in … Esszimmer und stellen die Stühle um … Tisch. Die Betten kommen natürlich in … Schlafzimmer und die Nachttischchen neben …
10 Betten. Auf … Nachttischchen (Pl.) stellen sie die Nachttischlampen. Dann packen sie die Bücher aus und stellen sie in … Bücherschrank. Tassen, Teller und Gläser kommen in … Geschirrschrank und die Kleider hängen sie in … Kleiderschrank. Die Spüle stellen sie in … Küche (f) zwischen … Herd (m) und … Küchenschrank. Nun hängen die Günzlers noch die Vorhänge an …
15 Fenster (Pl.). In der Zwischenzeit tragen die Leute von der Spedition noch die Sitzmöbel in … Wohnzimmer. Dann setzen sich alle erst mal in … Sessel (Pl.) und auf … Couch (f) und ruhen sich aus. Gott sei Dank! Das meiste ist geschafft!

8 "Wo?"　Alles hängt, steht oder liegt an seinem Platz.

Die Lampen *hängen* an *den* Decken. Der große Teppich *liegt* im Wohnzimmer, der runde Teppich …

请独立完成段落!

9 "Wo?" 还是 "Wohin?" 请用介词和冠词填空。

Für Familie Günzler bleibt noch viel zu tun: Herr G. hängt z.B. die Blumenkästen … … Balkongitter (n), dann kauft er Blumen und setzt sie … … Kästen (Pl.). In der Küche dauert es lange, bis die drei Hängeschränke … … Wand hängen, und Frau G. braucht einen halben Tag, bis die Töpfe … …
5 Schränken stehen und die vielen Küchensachen alle … … richtigen Platz liegen. … … Arbeitszimmer stehen zwei Bücherregale … … Wand, ein Schreibtisch steht … … Fenster, ein Schreibmaschinentisch steht … … Fenster und … Tür. Frau G. nimmt die Aktenordner aus den Kartons und stellt sie … … Regale. Die Schreibmaschine stellt sie … … Schreibmaschi-
10 nentisch und das Schreibpapier legt sie … … Schubladen (Pl.). „Wo sind denn die Schreibsachen?" fragt sie ihren Mann. „Die liegen schon … … Schreibtisch", sagt Herr G., „ich habe sie … … mittlere Schublade gelegt."

§61　要求第二格的介词

1. 时间（以 *wenn*, *als*, *solange*, *während* 引导的从句见 §26 I, II）：

anlässlich	*Anlässlich des 100. Todestages des Dichters* wurden seine Werke neu herausgegeben.
außerhalb	Kommen Sie bitte *außerhalb der Sprechstunde*.
binnen	Wir erwarten Ihre Antwort *binnen einer Woche*. (auch: innerhalb)
während	*Während des Konzerts* waren die Fenster zum Park weit geöffnet.
zeit	Er hat *zeit seines Lebens* hart gearbeitet.

2. 地点：

abseits	*Abseits der großen Eisenbahnstrecke* liegt das Dorf M.
außerhalb	Spaziergänge *außerhalb der Anstaltsgärten* sind nicht gestattet. (auch: temporal)
beiderseits	*Beiderseits der Grenze* stauten sich die Autos.
diesseits	*Diesseits der Landesgrenzen* gelten noch die alten Ausweise.
inmitten	*Inmitten dieser Unordnung* kann man es nicht aushalten.
innerhalb	*Innerhalb seiner vier Wände* kann man sich am besten erholen. (auch: temporal)
jenseits	*Jenseits der Alpen* ist das Klima viel milder.
längs, längsseits	*Längs der Autobahn* wurde ein Lärmschutzwall gebaut.
oberhalb	Die alte Burg liegt *oberhalb der Stadt*.
seitens, von seiten	*Seitens seiner Familie* bekommt er keine finanzielle Unterstützung.
unterhalb	*Unterhalb des Bergdorfs* soll eine Straße gebaut werden.
unweit	*Unweit der Autobahnausfahrt* finden Sie ein Gasthaus.

3. 原因（以 *weil* 引导的从句见 §27）：

angesichts	*Angesichts des Elends der Obdachlosen* wurden größere Summen gespendet.
aufgrund	*Aufgrund der Zeugenaussagen* wurde er freigesprochen.
halber (nachgestellt)	*Der Bequemlichkeit halber* fuhren wir mit dem Taxi.
infolge	*Infolge eines Rechenfehlers* wurden ihm 300 Mark mehr ausgezahlt.
kraft	Er handelte *kraft seines Amtes*.
laut (ohne Artikel und Genitiv-Endung)	*Laut Paragraph I der Straßenverkehrsordnung* war er an dem Unfall mitschuldig.
mangels	Er wurde *mangels ausreichender Beweise* freigesprochen.
zufolge	(siehe §59, XVII)
zugunsten	Er zog sich *zugunsten seines Schwiegersohnes* aus dem Geschäft zurück.
wegen (auch nachgestellt)	*Wegen eines Herzfehlers* durfte er nicht Tennis spielen.

wegen 后面跟第三格只用在口语中，书面语中要求第二格。*wegen* 修饰人称代词时一般用第三格：*Machen Sie sich wegen mir keine Sorgen.* 最好用：*meinetwegen*，*deinetwegen*，*Ihretwegen* ...

4. 让步（以 *obwohl* 引导的从句见 §30，I）：

trotz　　　　*Trotz seines hohen Alters* kam der Abgeordnete zu
　　　　　　　jeder Sitzung.
Aber als Nomen mit Personalpronomen: *mir zum Trotz, dir zum Trotz* etc.
ungeachtet　*Ungeachtet der Zwischenrufe* sprach der Redner weiter.

5. 代替（以 *anstatt dass* 引导的从句或不定式结构见 §33）：

statt (oder: anstatt)　*Statt eines Vermögens* hinterließ er seiner Familie
　　　　　　　　　　　nur Schulden.
anstelle　　　　　　　*Anstelle des wahren Täters* wurde ein Mann gleichen Namens
　　　　　　　　　　　verurteilt.

6. 方法（以 *indem* 引导的从句见 §31，IV）：

anhand　　　　　　　　*Anhand eines Wörterbuchs* wies ich ihm seinen Fehler nach.
mit Hilfe　　　　　　　So ein altes Bauernhaus kann nur *mit Hilfe eines Fachmanns*
　(auch: von　　　　　umgebaut werden.
　+ Dativ)
mittels, vermittels　　*Mittels eines gefälschten Dokuments* verschaffte er sich Zu-
　　　　　　　　　　　gang zu den Akten.
vermöge　　　　　　　*Vermöge seines ausgezeichneten Gedächtnisses* konnte er
　　　　　　　　　　　alle Fragen beantworten.

7. 结果（以 *damit* 引导的从句或 *um ... zu* 引导的不定式结构见 §32）：

um ... willen　　　　*Um des lieben Friedens willen* gab er schließlich nach.
zwecks (meist　　　　*Zwecks besserer Koordination* wurden die Ministerien
　ohne Artikel)　　　 zusammengelegt.

1 请用下列介词填空：a) abseits b) anlässlich c) außerhalb d) beiderseits e) binnen f) inmitten g) unweit (2x) h) zeit。

　　... seines Lebens hatte Herr Sauer von einem eigenen Haus geträumt. Es sollte ruhig und ... der großen Verkehrslinien liegen, also irgendwo draußen, ... der Großstadt. Andererseits sollte es natürlich ... einer Bus- oder Bahnlinie liegen, damit die Stadt leichter erreichbar ist.
　　... der Festwoche einer Hilfsorganisation wurden Lose verkauft. Erster Preis: ein Einfamilienhaus. – Herr Sauer gewann es! Aber da es ... eines Industriegebiets lag, war es sehr laut dort. ... des Grundstücks (auf beiden Seiten) führten Straßen mit viel Verkehr entlang und ... des Industriegebiets, nur 2,5 km entfernt, lag auch noch der Flugplatz. ... eines Monats hatte Herr Sauer es verkauft.

2 请用下列介词填空并在横线上填上正确的词尾：a) wegen b) dank c) unweit d) halber e) binnen f) ungeachtet。

　　1. Ich muss leider ... ein__ Monats　　　2. Geben Sie mir d__ Ordnung ...
　　　　ausziehen.　　　　　　　　　　　　　　 Ihre Kündigung bitte schriftlich.

3. ... d__ Hilfe meines Freundes habe ich ein möbliertes Zimmer gefunden.
4. Es liegt ... d__ Universität.

5. ... d__ Nähe der Universität habe ich keine Ausgaben für Verkehrsmittel.
6. Deshalb nehme ich das Zimmer ... d__ hoh__ Miete.

3 请在横线上填上正确的词尾并将句子补充完整。

1. Der Sportler konnte ein__ schwer__ Verletzung *wegen* ...
2. In den Alpen gibt es *oberhalb* ein__ gewiss__ Höhe ...
3. *Ungeachtet* d__ groß__ Gefahr ...
4. *Aufgrund* sein__ schwer__ Erkrankung ...
5. *Anstelle* mein__ alt__ Freundes ...
6. *Um* d__ lieb__ Friedens *willen* ...
7. *Unweit* mein__ alt__ Wohnung ...
8. *Abseits* d__ groß__ Städte ...
9. Wenn die Arbeitgeber bei der Lohnerhöhung *unterhalb* d__ 4-Prozent-Grenze bleiben, ...
10. Wenn ich nicht *innerhalb* d__ nächst__ vier Wochen eine Stelle finde, ...

4 请仿例练习。

sein__ intensiv__ Bemühungen / dank
seine intensiven Bemühungen – dank seiner intensiven Bemühungen
Dank seiner intensiven Bemühungen fand er endlich eine Anstellung.

1. sein__ technisch__ Kenntnisse / dank
2. unser__ schnell__ Hilfe / infolge
3. mein__ jüngst__ Schwester / anstelle
4. ihr__ jetzig__ Wohnung / unterhalb
5. ihr__ gut__ Fachkenntnisse / trotz
6. sein__ langweilig__ Vortrag__ / während
7. d__ erwartet__ gut__ Note / anstatt
8. d__ laut__ Bundesstraße / abseits
9. ihr__ siebzigst__ Geburtstag__ / anlässlich
10. sein__ wiederholt__ Wutanfälle / aufgrund
11. d__ umzäunt__ Gebiet__ / außerhalb
12. ein__ Meute bellend__ Hunde / inmitten
13. dies__ hoh__ Gebirgskette / jenseits
14. ein__ selbstgebastelt__ Radiosender__ / mittels
15. d__ zuständig__ Behörde / seitens
16. d__ geplant__ Reise / statt
17. d__ holländ__ Grenze / unweit
18. sein__ schwer wiegend__ Bedenken (Pl.) / ungeachtet
19. vorsätzlich__ Mord / wegen
20. ein__ schwer__ Unfall__ / infolge

5 下列各句中的介词用得不正确，请将它们根据句子意义调换并填上正确的词尾。

1. *Abseits* sein__ hundertjährig__ Bestehens veranstaltete der Wanderverein einen Volkslauf.

2. Die Wanderstrecke verlief *anlässlich* d__ groß__ Straßen.

3. *Wegen* d__ groß__ Kälte beteiligten sich viele Menschen an dem 35 Kilometer langen Lauf.
4. *Ungeachtet* d__ stark__ Regens suchten die Wanderer Schutz in einer Waldhütte.

5. *Dank* d__ ungeheur__ Anstrengung gab niemand vorzeitig auf.
6. *Trotz* d__ vorzüglich__ Organisation gab es keinerlei Beschwerden.

6 同上。

1. *Mittels* ein__ grob__ Konstruktionsfehlers brach die fast neue Brücke plötzlich zusammen.
2. *Infolge* ein__ fröhlich__ Tanzparty brach plötzlich Feuer in der Wohnung aus.
3. *Während* ein__ raffiniert__ Tricks verschaffte der Spion sich Geheiminformationen aus dem Computer.

4. *Anstelle* sein__ siebzigsten Geburtstags erhielt der ehemalige Bürgermeister zahlreiche Gratulationsbriefe.
5. *Trotz* d__ erkrankt__ Bundespräsidenten wurde der ausländische Staatsmann vom Bundestagspräsidenten begrüßt.
6. *Anlässlich* d__ Bemühungen aller Beteiligten konnte keine Kompromisslösung gefunden werden.

介词总练习

7 Tagesablauf eines Junggesellen – 请填上正确的冠词和词尾，如: am，ins，einem。

Herr Müller steigt morgens um sieben Uhr aus … Bett. Als Erstes stellt er sich unter … Dusche (f); dann stellt er sich vor … Spiegel (m) und rasiert sich. Er
5   geht zurück in__ Schlafzimmer, nimmt sich Unterwäsche aus … Wäscheschrank, nimmt seinen Anzug vo__ Kleiderständer (m) und zieht sich an. Er geht in … Küche, schüttet Wasser in
10 … Kaffeemaschine, füllt drei Löffel Kaffee in … Filter (m) und stellt die Maschine an. Dann geht er an … Haustür und nimmt die Zeitung aus … Briefkasten (m). Nun stellt er das Geschirr auf
15 … Tisch in … Wohnküche, setzt sich auf ein__ Stuhl, trinkt Kaffee und liest in … Zeitung zuerst den Lokalteil. Dann steckt er die Zeitung in … Aktentasche, nimmt die Tasche unter … Arm und
20 geht zu sein__ Bank. Dort steht er den ganzen Vormittag hinter … Schalter (m) und bedient die Kundschaft. Zu Mittag isst er in … Kantine (f) der Bank. Am Nachmittag arbeitet er in …
25 Kreditabteilung (f) seiner Bank. Meist geht er dann durch … Park (m) nach Hause. Bei schönem Wetter geht er gern noch etwas i__ Park spazieren und wenn es warm ist, setzt er sich auf ein__ Bank,
30 zieht seine Zeitung aus … Tasche und liest. Am Abend trifft er sich oft mit sein__ Freunden in ein__ Restaurant (n). Manchmal geht er auch in__ Theater (n), in … Oper (f) oder zu ein__ ande-
35 ren Veranstaltung (f). Wenn es einen Krimi i__ Fernsehen (n) gibt, setzt er sich auch mal vor … Fernseher. Manchmal schläft er vor … Apparat ein. Gegen 12 Uhr spätestens geht er
40 in__ Bett.

8 请用适当的介词和冠词填空，包括 ins, zum 等。

Gestern Abend fuhr ein Betrunkener … … alten Volkswagen … … Main (m). Das Auto stürzte … … Kaimauer (f) … Wasser und ging sofort unter. Einige Leute, die … … Brücke (f) standen, liefen sofort … nächsten Telefon und … fünf Minuten war die Feuerwehr schon da. Zwei Feuerwehrmänner … Taucheranzügen und … Schutzbrillen … … Gesicht (n) tauchten … kalte Wasser. Sie befestigten … Wasser Stricke … … beiden Stoßstangen des Wagens. Ein Kran zog das Auto so weit … … Wasser, dass man die Türen öffnen konnte. Der Fahrer saß ganz still … … Platz … Steuer; sein Kopf lag … … Lenkrad. Er schien tot zu sein. Vorsichtig wurde das Auto … … trockene Land gehoben, dann holte man den Verunglückten … … Wagen. Als man ihn … … Boden (m) legte, …

(行号: 5, 10, 15, 20)

请完成下面的陈述。

9 Wohin sind Sie gereist? – Ich bin … gereist.

I in die Türkei, die Schweiz, der Sudan, die Vereinigten Staaten, die Niederlande, der Bayerische Wald, das Hessenland, die Antarktis, die GUS, die Hauptstadt der Schweiz, der Nordteil von Kanada, die Alpen, das Engadin, das Burgenland, meine Heimatstadt.

II nach Kanada, Australien, Österreich, Ägypten, Israel, Kroatien, Russland, Bolivien, Nigeria, Hessen, Bayern, Bern, Klagenfurt, Sylt, Helgoland, Sri Lanka

III auf die Insel Sylt, die Seychellen und die Malediven (Pl.) (= Inselgruppe im Indischen Ozean), die Insel Helgoland, der Feldberg, die Zugspitze, das Matterhorn, der Mont Blanc

IV an der Rhein, die Elbe, die Ostseeküste, der Bodensee, die Donau, der Mississippi, der Amazonas, die Landesgrenze

Wie lange sind Sie dort geblieben?

I *Im / In* der / den … bin ich … Tage / Wochen geblieben.

II *In* Kanada / … bin ich … geblieben.

III *Auf* dem / der / den … bin ich … geblieben.

IV *Am* Rhein / *An* der … bin ich … geblieben.

10 请练习 – 如果可能的话，分组练习。

	Wohin sind Sie gereist?	Wie lange sind Sie dort geblieben?
die Buchmesse	A: Zur Buchmesse.	Auf der Buchmesse bin ich einen Tag geblieben.
der Feldberg	B: Auf den Feldberg.	Auf dem Feldberg bin ich einen Vormittag geblieben.
Kanada	C: Nach Kanada.	In Kanada bin ich …
mein Onkel	D: Zu meinem Onkel.	Bei meinem Onkel …
der Neusiedler See	E: An den Neusiedler See.	Am Neusiedler See …

1. Spanien
2. die Schweiz
3. die Vereinigten Staaten
4. Polen
5. der Bodensee
6. die Insel Helgoland

7. Australien
8. Hamburg
9. meine Heimat-
   stadt
10. New York

11. die Zugspitze
    (= Deutschlands
    höchster Berg)
12. der Vierwaldstät-
    ter See
13. die Atlantikküste

14. Großbritannien
15. der Urwald
16. der Äquator
17. mein Schul-
    freund

18. die Chirurgen-
    Tagung
19. Wien
20. die Automobil-
    ausstellung

11 同上。

	Wohin gehst du?	Was machst du da?
das Postamt	A: Zum Postamt.	Auf dem Postamt hole ich Brief-marken.
mein Freund	B: Zu meinem Freund.	Bei meinem Freund spielen wir Karten. Oder: Mit meinem Freund arbeite ich.
die Gastwirtschaft	C: Zur Gastwirtschaft.	In der Gastwirtschaft esse ich zu Mittag.
die Donau	D: Zur Donau. Oder: An die Donau.	An der Donau beobachte ich die Wasservögel.

1. der Bahnhof
2. der Zug
3. der Fahrkarten-
   schalter
4. der Keller
5. der Dachboden
6. der Balkon
7. der Goetheplatz
8. die Straße
9. das Restaurant
10. das Reisebüro

11. meine Schwester
12. der Aussichtsturm
13. der Friedhof
14. die Kirche
15. der Supermarkt
16. der Zeitungskiosk
17. Tante Emma
18. das Theater
19. Hamburg
20. das Ausland

21. das Land (auf; = in
    eine ländliche
    Umgebung)
22. der Wald
23. die Wiese
24. die Quelle
25. der See
26. das Feld
27. der Rhein
28. das Fenster

12 Wohin gehst (fährst / steigst / fliegst) du?
(有时有多个选择。)

I Ich gehe	an (ans) auf (aufs) in (ins) nach zu (zum/zur)	1. mein Zimmer 2. meine Freundin 3. die Straße 4. der Balkon 5. das Kino 6. die Garage 7. der Keller 8. die Schlucht 9. der Arzt	10. Herr Doktor Kra-mer 11. Frau Atzert 12. Angelika 13. das Reisebüro 14. die Schule 15. der Unterricht 16. das Klassenzimmer 17. der Metzger 18. die Bäckerei	19. das Café 20. die Fabrik 21. die Polizei 22. das Finanzamt 23. das Militär 24. die Kirche 25. der Friedhof 26. die Post 27. die Haltestelle 28. der Briefkasten
II Ich steige		1. die Zugspitze (Berg) 2. der Zug 3. die U-Bahn	4. das Dach 5. der Aussichtsturm 6. die Straßenbahn	

III
Ich fahre

1. Brasilien	7. der Urwald
2. die Mongolei	8. der Tunnel
3. Los Angeles	9. die Oper
4. ein fernes Land	10. das Land (d.h. in ein Dorf)
5. die Schwarzmeerküste	11. meine Freunde ... Berlin
6. die Wüste	

IV
Ich fliege

1. meine Heimatstadt	6. der Nordpol
2. der Schwarzwald	7. die Türkei
3. das Gebirge	8. Südamerika
4. Dänemark	9. Spanien
5. Tschechien	

13 Wo bist du? – 用练习12中的地点说明语。

Ich bin in meinem Zimmer / bei meiner Freundin usw.

14 Jeder hat im Urlaub etwas anderes vor. – 请用适当的词尾和介词填空（也包括：ins，zur，zum等）。

A. fährt ... München.
B. fliegt ... d__ Insel Helgoland.
C. fliegt ... Kanada.
D. geht ... Land (z.B. ... ein Dorf).
E. fährt ... Finnland.
F. fährt ... d__ Schweiz.
G. fährt ... ihr__ Onkel ... Wien.
H. reist ... ein__ Freundin ... Österreich.
I. bleibt (!) ... d__ Bundesrepublik und zwar ... ihr__ Eltern.
J. lernt Französisch ... Nancy.
K. geht angeln ... Irland.
L. fliegt ... Brasilien und geht ... d__ Urwald.
M. fliegt ... Ostasien.

N. fährt jeden Tag ... Schwimmbad.
O. spielt täglich zwei Stunden Fußball ... Stadion (n) oder ... d__ Fußballplatz.
P. fährt ... Wandern ... d__ Berge.
Q. macht eine Klettertour ... d__ Alpen.
R. geht ... Krankenhaus und lässt sich operieren.
S. geht ... ein Hotel ... d__ Feldberg ... Schwarzwald.
T. verbringt den Urlaub ... ein__ Bauernhof ... Odenwald.
U. geht ... ein__ Pension ... Interlaken ... d__ Schweiz.

15 请在必要的地方用下列介词填空：bei, gegen, nach, um, zu (zum / zur), vor, seit。

Er ist ... wenigen Minuten aus dem Haus gegangen, aber er ist ... Punkt 12 Uhr wieder da. Gewöhnlich verläßt er das Büro ... 17 Uhr.

5 ... Anfang der Schiffsreise war ich dauernd seekrank, ... Schluss hat mir sogar ein Sturm nichts mehr ausgemacht. Wir sind heute ... Hochzeit eingeladen. ... dieser Gelegenheit treffen wir

10 einige alte Freunde. Wir sollen ... neun Uhr zum Standesamt kommen. ... 13 Uhr (ungefähr) gibt es ein Festessen im Hotel Krone. Am Abend ... der Hochzeit haben wir viel getanzt. Wir sind erst ... drei Uhr in der Nacht (später als 3) 15 nach Hause gekommen.

... zwei Tagen ist Markttag. ... Zeit sind die Erdbeeren preiswert. Wenn man ... die Mittagszeit (ungefähr), also ... Schluss der Verkaufszeit auf den 20

Markt kommt, kann man oft am günstigsten einkaufen.
… Ostern fahren wir meist zum Skifahren in die Alpen. … Weihnachten bleiben wir zu Hause, aber … Silvester sind wir gern bei Freunden und feiern.
Drei Wochen … seinem Tod hatte er sein Testament geschrieben. … seiner Beerdigung waren viele Freunde und Verwandte gekommen. … seinem Tod erbte sein Sohn ein großes Vermögen, aber … wenigen Jahren war davon nichts mehr übrig.

16 填空: an (am), bei, gegen, in (im), nach, um, von, zu (zum)。

Morgens stehe ich … halb sieben Uhr auf. … sieben Uhr (ungefähr) trinke ich Kaffee. … 7.35 Uhr geht mein Bus. Kurz … acht bin ich im Büro. Ich arbeite … acht bis zwölf und … halb eins bis halb fünf. Dann gehe ich zum Bus; er fährt … 16.45 Uhr. … 25 Minuten bin ich zu Hause.
… Samstag, dem 3. März, abends … acht Uhr findet in der Stadthalle ein Konzert statt. … Beginn spielt das Orchester die dritte Sinfonie von Beethoven, dann folgt … 150. Geburtstag des Komponisten die c-moll-Sinfonie von Brahms. Das Konzert endet … 22.30 Uhr (ungefähr).

… jedem ersten Sonntag … Monat unternimmt der Wanderverein „Schwalbe" … gutem Wetter eine Wanderung. Die nächste Fußtour ist … Sonntag, dem 6. Juni. Die Mitglieder treffen sich … 8.10 Uhr am Bahnhof. … halb neun geht der Zug. … etwa einer Stunde ist man in Laxdorf, dem Ausgangspunkt der Wanderung. … 13 Uhr (ungefähr) werden die Wanderer den Berggasthof „Lindenhof" erreichen. … dem Essen wird die Wanderung fortgesetzt. … 17.26 Uhr geht der Zug von Laxdorf zurück. Die Mitglieder können also … 19 Uhr (ungefähr) wieder zu Hause sein.

17 同上。§ 60 Nr. 2练习的继续。

… etwa 150 Jahren erfand Samuel Morse den Schreibtelegraphen. … 1876 entwickelte N. Otto einen Benzinmotor und … Jahr 1879 baute Werner von Siemens seine erste elektrische Lokomotive. … einem Herbsttag des Jahres 1886 fuhr … ersten Mal ein Automobil durch Stuttgarts Straßen. Gottlieb Daimler, geboren … 17.3.1834, hatte es gebaut. … seiner ersten Fahrt in dem neuen Auto schrien die Leute: „Der Teufel kommt!" G. Daimler ist … 6.3.1900, also … … Jahren, gestorben. Aus den Werkstätten von Daimler und C.F. Benz entstand … 1926 die Daimler-Benz-Aktiengesellschaft. … 1893 bis 97, also nur 17 Jahre … Ottos Benzinmotor, entwickelte Diesel einen neuen Motor; er wurde … späteren Jahren nach seinem Erfinder Dieselmotor genannt. … Jahr 1982, also 82 Jahre … Daimlers Tod, gab es allein in der Bundesrepublik Deutschland mehr als 27 Millionen Automobile.

18 请用下列介词快速填空: am, bei, gegen, in (im), um, zu (zur)。

… wenigen Sekunden, … Mittwoch, … acht Tagen, … der Nacht, … Nachmittag, … 12 Uhr (ungefähr), … Mitternacht, … diesem Moment, … Weihnachten, … meinem Geburtstag, … Hochzeit meiner Schwester, … Morgen (ungefähr), heute … 14 Tagen, … Frühjahr, … Anfang der Ferien, … Sonnenaufgang, … nächster Gelegenheit, … wenigen Augenblicken, … August, … zwei Jahren, … 17 Uhr

§62   固定搭配中的动词

I 固定搭配中要求第四格宾语的动词

德语中经常出现很多固定搭配。固定搭配中的动词一般都失去了自身的含义；它们只
是对第四格宾语的补充并和第四格宾语一起构成一个整体。

Bei Waldbränden *ergreifen* die meisten Tiere rechtzeitig *die Flucht*. (= sie fliehen)
Der Politiker *gab* im Fernsehen *eine Erklärung ab*. (= er erklärte öffentlich)
Wir *haben* endlich *eine Entscheidung getroffen*. (= wir haben uns entschieden)

以下列举一部分固定搭配：

简单动词

1. ***fällen***
   a) eine Entscheidung b) ein Urteil
2. ***finden***
   a) ein Ende b) Anerkennung c) Ausdruck d) Beachtung/Interesse e) Beifall
   f) Ruhe g) Verwendung
3. ***führen***
   a) den Beweis b) ein Gespräch/eine Unterhaltung c) Krieg
4. ***geben***
   a) jdm. (eine) Antwort b) jdm. (eine) Auskunft c) jdm. (den) Befehl d) jdm. Bescheid e) jdm. seine Einwilligung f) jdm. die Erlaubnis g) jdm. die Freiheit
   h) jdm. die Garantie i) jdm. (die) Gelegenheit j) jdm. eine Ohrfeige k) jdm.
   einen Rat/einen Tip/einen Wink l) jdm. die Schuld m) jdm. einen Tritt/einen
   Stoß n) (jdm.) Unterricht o) jdm. das Versprechen/sein Wort p) jdm. seine
   Zustimmung q) jdm./einer Sache den Vorzug
5. ***gewinnen***
   a) den Eindruck b) die Überzeugung c) einen Vorsprung
6. ***halten***
   a) eine Rede/einen Vortrag/eine Vorlesung b) ein (sein) Versprechen/sein Wort
7. ***holen***
   a) Atem b) sich eine Erkältung/eine Infektion/eine Krankheit c) sich den Tod
8. ***leisten***
   a) eine Arbeit b) einen Beitrag c) Hilfe d) Zivildienst e) Ersatz f) Widerstand
9. ***machen***
   a) den Anfang b) jdm. ein Angebot c) jdm. Angst d) mit jdm. eine Ausnahme
   e) ein Ende f) jdm. (eine) Freude g) sich die Mühe h) eine Pause i) Spaß j) einen Spaziergang k) einen Unterschied l) einen Versuch m) jdm. einen Vor-
   wurf/Vorwürfe
10. ***nehmen***
    a) Abschied b) Anteil (an jdm./etwas) c) Bezug (auf etwas) d) Einfluss (auf jdn./
    etwas) e) ein Ende f) Platz g) Rache h) Stellung

11. schaffen
a) Abhilfe b) Klarheit c) Ordnung d) Ruhe e)Arbeitsplätze

12. stiften
a) Frieden/Unfrieden b) Unruhe

13. treffen
a) mit jdm. ein Abkommen/eine/die Vereinbarung b) eine Entscheidung
c) Maßnahmen d) Vorsorge e) Vorbereitungen

14. treiben
a) (zu viel) Aufwand b) Handel c) Missbrauch d) Sport e) Unfug

15. wecken
a) Erinnerungen b) Gefühle c) Interesse d) die Neugier

可分动词和不分词动词

16. abgeben
a) eine Erklärung b) seine Stimme c) ein Urteil

17. ablegen
a) einen Eid/einen Schwur b) ein Geständnis c) eine Prüfung

18. abschließen
a) die Arbeit b) die Diskussion c) einen Vertrag

19. annehmen
a) den Vorschlag b) die Bedingung c) die Einladung d) (die) Hilfe
e) Vernunft f) die Wette

20. anrichten
a) ein Blutbad b) Schaden c) Unheil d) Verwüstungen

21. anstellen
a) Berechnungen b) Nachforschungen c) Überlegungen d) Versuche
e) Unfug/Dummheiten

22. antreten
a) den Dienst b) die Fahrt c) die Regierung

23. aufgeben
a) die Arbeit b) seinen Beruf c) den Plan d) die Hoffnung e) das Spiel
f) den Widerstand

24. ausführen
a) eine Arbeit b) einen Auftrag c) einen Befehl d) einen Plan e) eine Reparatur/Reparaturen

25. begehen
a) eine Dummheit b) (einen) Fehler c) einen Mord d) Selbstmord e) Verrat

26. durchsetzen
a) seine Absicht b) seine Forderungen c) seine Idee(n) d) seine Meinung
e) seinen Willen

27. einlegen
a) Beschwerde/Protest b) Berufung c) ein gutes Wort (für jdn.)

28. einreichen
a) einen Antrag/ein Gesuch b) Beschwerde c) die Examensarbeit
d) einen Vorschlag

29. einstellen
a) die Arbeit b) die Herstellung c) den Betrieb d) das Rauchen e) die Untersuchung f) den Versuch/das Experiment

30. *ergreifen*
   a) Besitz (von etwas) b) die Flucht c) die Gelegenheit d) Maßnahmen
   e) das Wort
31. *erstatten*
   a) Anzeige b) (einen) Bericht
32. *verüben*
   a) einen Mord b) eine (böse) Tat c) ein Verbrechen
33. *zufügen*
   a) jdm. Böses b) jdm. Kummer c) jdm. eine Niederlage d) jdm. Schaden
   e) jdm. Schmerzen
34. *zuziehen*
   a) sich eine Erkältung/eine Grippe b) sich Unannehmlichkeiten c) sich eine
   Verletzung/schwere Verletzungen

1a 请用现在完成时回答下列各句，并用前面列表中的第1至15号动宾搭配来完成。

Wer macht einen Spaziergang? (die Eltern / mit ihren Kindern)
Die Eltern haben mit ihren Kindern einen Spaziergang gemacht.

1. Wer findet Anerkennung? (der Politiker / bei den Wählern)
2. Wer gibt der Firmenleitung die Schuld? (der Gewerkschaftsvertreter / an den Verlusten)
3. Wer gewinnt einen Vorsprung von zwei Metern? (der polnische Läufer)
4. Wer hält eine Vorlesung? (ein Professor aus Rom / am 4.5. / über Goethe)
5. Wer leistet Hilfe? (das Rote Kreuz / bei der Rettung der Flüchtlinge)
6. Wer macht mir ein Angebot? (der Makler / für ein Ferienhaus)
7. Wer macht dem Neffen Vorwürfe? (die Tante / wegen seiner Unhöflichkeit)
8. Wer trifft eine Entscheidung? (der Chef / am Ende der Verhandlungen)
9. Wer schafft 150 neue Arbeitsplätze? (eine Textilfabrik / in der kleinen Stadt)
10. Was weckt das Interesse des Wissenschaftlers? (die Arbeit eines Kollegen)

b 同上，但是用列表中的第16至34号动宾搭配来完成。

1. Wer nimmt die Wette an? (Peter)
2. Wer richtet großen Schaden an? (die Fußballfans / beim Spiel ihrer Mannschaft)
3. Wer tritt seinen Dienst an? (der neue Pförtner / am 2. Mai)
4. Wer gibt seinen Beruf auf? (der Schauspieler / nach drei Jahren)
5. Wer setzt seine Forderungen durch? (der Arbeitslose / beim Sozialamt)
6. Wer legt Berufung ein? (der Rechtsanwalt / gegen das Urteil)
7. Wer reicht die Examensarbeit endlich ein? (die Studentin / bei ihrem Professor)
8. Wer ergreift das Wort? (der Bürgermeister / nach einer langen Diskussion im Stadtparlament)
9. Wer erstattet Anzeige? (der Mieter / gegen den Hausbesitzer)
10. Wer zieht sich schwere Verletzungen zu? (der Lastwagenfahrer / bei einem Unfall)

11. Wer stellt das Rauchen ein? (die Fluggäste / während des einstündigen Fluges)

12. Wer hat der Firma großen Schaden zugefügt? / (ein Mitarbeiter / durch Unterschlagungen)

c 请回答下列各句中的问题。括号中的序号指的是前面列表中的序号。如果有不同的答案，请给出您的观点。

Ein junger Familienvater geht zum Wohnungsamt. Was will er? (Nr. 28)
Er reicht einen Antrag ein.

1. Der Junge ist ohne Jacke und Mütze aufs Eis gegangen. – Was war die Folge? (7)

2. Die Kinder machten das Fenster auf, damit der Vogel wegfliegen konnte. – Was haben sie getan? (4)

3. Ich hatte vergessen die Blumen meiner Nachbarin zu gießen. – Wie reagierte sie, als sie zurückkam? (9)

4. Die Not in vielen Teilen der Welt ist groß. – Was müssen die reicheren Länder tun? (8)

5. Wir wollen diese schöne Wohnung mieten. – Was müssen wir tun? (18) (… mit dem Hausbesitzer einen Miet-…)

6. Der Hund meiner Tante ist weggelaufen. – Was tut sie? (21)

7. Der Künstler hatte keinen Erfolg. – Wie reagierte er? (23)

8. Der Wasserhahn tropft, deshalb habe ich einen Handwerker gerufen. – Was hat er gemacht? (24)

9. Die Elektronik-Firma hat ein nicht konkurrenzfähiges Produkt auf den Markt gebracht. – Was hat sie daraufhin getan? (29)

10. Die Kollegen streiten dauernd miteinander. – Was muss der Chef tun? (12)

2a 请用括号中给出的序列号所指的第1至15号固定搭配重新组合句子，注意时态！

1. Das Gericht *hat* noch nicht *entschieden,* ob der Angeklagte freigesprochen werden kann. (1a)

2. Der Vortrag des Atomwissenschaftlers *interessierte* die anwesenden Forscher sehr. (2d – bei den … Forschern großes Interesse)

3. Leere Flaschen müssen abgegeben werden, damit sie *wieder verwendet* werden können. (2g)

4. Viele Länder, die *sich* früher *bekriegten,* sind heute miteinander befreundet. (3c – Krieg gegeneinander …)

5. Wenn die Eltern *nicht einverstanden sind,* kann der Fünfzehnjährige das teure Lexikon nicht bestellen. (4e – ihre Einwilligung)

6. Wie viele Stunden *unterrichten* Sie pro Woche? (4n)

7. Glauben Sie, dass er hält, was er *verspricht?* (6b)

8. Von Zeit zu Zeit müssen die Meeressäugetiere an die Wasseroberfläche schwimmen *um zu atmen.* (7a)

9. Wer einen Gegenstand stark beschädigt, muss *ihn ersetzen.* (8e – muss dafür …)

10. Man muss *unterscheiden* zwischen denen, die in der Diktatur die Anführer waren, und denen, die nur Mitläufer waren. (9k)

11. Noch im Hotel *verabschiedeten sich* die Teilnehmer der Veranstaltung. (10a) (voneinander)

12. Die Gäste wurden gebeten *sich zu setzen*. (10f)

13. Die Geschwister *vereinbarten*, jedes Jahr in ihrer Heimatstadt zusammenzukommen. (13b)

14. Schon vor Tausenden von Jahren *handelten* Kaufleute mit Salz. (14b)

---

b 同上，但是用第16至34号固定搭配。

1. Im letzten Herbst *sind* nur 75 Prozent der Wähler *zur Wahl gegangen*. (16b)

2. Nach langen Verhören *gestand* der Angeklagte schließlich. (17b)

3. Alle Soldaten mussten auf die Fahne *schwören*. (17a)

4. Nach zwei Jahren war er endlich *mit seiner Doktorarbeit fertig*. (18a)

5. Die Eltern ermahnten ihren sechzehnjährigen drogensüchtigen Sohn, doch *vernünftig zu sein*. (19e)

6. Ein Wirbelsturm *verwüstete große Teile des Landes*. (20d – schwere Verwüstungen in + D)

7. Die Versicherungsgesellschaft *forscht* zur Zeit *nach* dem Schiff, das im Pazifischen Ozean verschwunden ist. (21b)

8. Punkt neun Uhr *ist* die Reisegruppe *losgefahren*. (22b)

9. Sie *hat keine Hoffnung mehr*, dass ihr Mann zu ihr zurückkommt. (23d)

10. Acht Tage hatten die Bürger ihre Stadt tapfer verteidigt; am neunten Tag *ergaben sie sich*, da sie kein Wasser mehr hatten. (23f)

11. Er ist ein Typ, der *alles* selbst *repariert*. (24e)

12. Er *hat falsch gehandelt*, als er das Zimmer im Studentenheim nicht angenommen hat. (25b)

13. Der Gefangene *hatte sich* in seiner Zelle *umgebracht*. (25d)

14. Er sollte 60 DM Mahngebühr an das Finanzamt zahlen; darüber *hat er sich beschwert*. (27a – dagegen)

15. Der Betriebsrat *hat* Verschiedenes zur Arbeitszeitverkürzung *vorgeschlagen* und bei der Geschäftsleitung *abgegeben*. (28d – verschiedene Vorschläge)

16. Die Fluggäste werden beim Verlassen des Warteraumes gebeten *nicht mehr zu rauchen*. (29d)

17. Das hoch verschuldete Unternehmen *konnte nicht weiterarbeiten*. (29c) (musste...)

18. Viele Menschen *sind* aus Angst vor einem möglichen Bombenangriff *geflohen*. (30 b)

19. Infolge des nasskalten Wetters *haben sich* viele Menschen *erkältet*. (34a)

20. Der Skirennfahrer *hat sich* beim Abfahrtslauf schwer *verletzt*. (34c)

II 带介宾结构的四格—动词固定搭配

Ich *nehme Bezug auf* Ihr Schreiben vom 15. Januar.
Sie *machen sich Hoffnung auf* eine billige Wohnung in München.
Wir *wissen* seit langem *Bescheid über* seine Schulden.

动词和它的第四格宾语一起构成一个整体（见§14，VIII）。这一整体又和介宾结构连在一起。其中是否用冠词也是有明确规定的。用不定冠词的地方可以用不带冠词的复数：

Sie führten ein Gespräch mit ihm. / Sie führten Gespräche mit ihm.

其他规则见 §15, II:

Sie machen sich Hoffnung darauf, eine billige Wohnung in München
   zu bekommen.

Wir wissen seit langem Bescheid darüber, dass er hohe Schulden hat.

以下列举了部分固定搭配:

1. Abschied nehmen	von + D	den Eltern	
2. einen Antrag stellen	auf + A	Kindergeld	
3. die Aufmerksamkeit lenken	auf + A	das Unrecht	darauf, dass
4. Ansprüche stellen	an + A	das Leben; den Partner	
5. Bescheid wissen	über + A	die Steuergesetze	darüber, dass / wie / wann / wo
6. Beziehungen haben	zu + D	Regierungskreisen	
7. Bezug nehmen	auf + A	die Mitteilung	
8. Druck ausüben	auf + A	die Politiker	
9. Einfluss nehmen	auf + A	eine Entscheidung	darauf, dass / wie
10. eine / die Frage stellen	nach + D	der Bezahlung	danach, ob / wann / wie
11. sich Gedanken machen	über + A	ein Thema	darüber, dass / ob / wie / wo
12. Gefallen finden	an + D	dem Spiel	daran + Inf.-K./ wie
13. ein Gespräch / Gespräche führen	mit + D über + A	einem Mitarbeiter einen Plan	darüber, dass / ob
14. sich Hoffnung / Hoffnungen machen	auf + A	einen Gewinn	darauf, dass / Inf.-K.
15. die Konsequenz / Konsequenzen ziehen	aus + D	dem Verhalten eines anderen	daraus, dass / wie
16. Kritik üben	an + D	dem Verhalten eines Menschen; einer Aussage	daran, dass / wie
17. Notiz nehmen	von + D	einer Person; einem Ereignis	davon, dass / wie
18. Protest einlegen	gegen +A	eine Entscheidung	dagegen, dass / wie
19. Rache nehmen	an + D	einer Person	
20. ein Recht haben	auf + A	eine Erbschaft	darauf, dass / Inf.-K.
21. Rücksicht nehmen	auf + A	einen Nachbarn	darauf, dass
22. Schritt halten	mit + D	einem Menschen; einer Entwicklung	
23. Stellung nehmen	zu + D	einem Problem	dazu, ob / wie
24. einen Unterschied machen	zwischen+ D	einer Idee und der Wirklichkeit	

25.	eine Verabredung treffen	mit + D	der Freundin
26.	(eine) Verantwortung übernehmen / auf sich nehmen / tragen	für + A	einen Mitmenschen; eine Fehl-entwicklung　　dafür, dass / Inf.-K.
27.	ein Verbrechen / einen Mord begehen / verüben	an + D	einem Geldboten
28.	Vorbereitungen treffen	für + A	eine Expedition
29.	Wert legen	auf + A	Genauigkeit　　darauf, dass / wie / Inf.-K.
30.	Widerstand leisten	gegen + A	einen Feind; eine Entscheidung　dagegen, dass

3 请用介词填空。

1. Meine Cousine weiß … unsere verwandtschaftlichen Beziehungen besser Bescheid.
2. Ich nehme Bezug … Ihren Brief vom 2. März dieses Jahres.
3. Du musst die Konsequenzen … deinem Verhalten ziehen; man wird dir kündigen.
4. Die Bürger legten Protest … die Erhöhung der Wasser- und Abwassergebühren ein.
5. Der Bürgermeister legte Wert … eine genaue Darstellung der Vorgänge.
6. Die Studenten leisteten Widerstand … die neuen Prüfungsvorschriften.
7. Nimm mit deinem Fahrrad ein bisschen Rücksicht … die Fußgänger.
8. Viele Länder können … dem Tempo der technischen Entwicklung nicht Schritt halten.
9. Warum musst du nur … allem Kritik üben?
10. Der Politiker nahm … der Abwesenheit der Journalisten keine Notiz.

4 请用适当的固定搭配替代句中的动词。

1. Am Ende des Urlaubs auf dem Bauernhof verabschiedeten sich die Gäste von ihren Gastgebern. (1)
2. Wenn die Studenten den Zuschuss zum Studiengeld nicht beantragen, bekommen sie natürlich auch nichts. (2)
3. Ich beziehe mich auf die Rede des Parteivorsitzenden vom 1.3. (7)
4. Natürlich fragten die Arbeiter nach der Höhe des Lohnes und den sonstigen Arbeitsbedingungen. (Pl.) (10)
5. Die Werksleitung überlegte, ob sie das Werk stilllegen sollte. (darüber, ob) (11)
6. Den Kindern gefiel der kleine Hund auf dem Bauernhof so gut, dass die Eltern ihn schließlich dem Bauern abkauften. (so großen Gefallen) (12)
7. Der Professor sprach mit der Studentin über ihre Dissertation. (13)
8. Die Skifahrer im Sportzentrum hofften auf baldigen Schnee. (14)
9. Die Bevölkerung der Stadt kritisierte das städtische Bauamt und seine Pläne zur Verkehrsberuhigung. (16)
10. Viele Menschen interessiert die drohende Klimakatastrophe anscheinend gar nicht. (17)
11. Die Beamten protestierten gegen die angekündigte Gehaltskürzung. (18)

12. Er rächte sich an seinen lieblosen Verwandten und schenkte sein Vermögen der Kirche. (19)

13. Jedes der drei Kinder kann einen Teil des Erbes für sich beanspruchen. (20)

14. Die Entwicklung der Technik in den industrialisierten Ländern ist zum Teil so schnell, dass andere Länder kaum mithalten können. (damit) (22)

15. Die Bürger wurden gefragt, ob sie sich zu den Plänen der Stadtverwaltung äußern wollten. (23)

16. Juristen unterscheiden die Begriffe „Eigentum" und „Besitz". (24)

17. In diesem Wald haben vor 200 Jahren die Dorfbewohner einen Kaufmann ermordet. (27)

18. Wir müssen uns auf unseren Umzug nach Berlin vorbereiten. (28)

19. Für meinen Hausarzt ist es wichtig, dass die Patienten frei über ihre Krankheit sprechen. (29)

20. Die Betriebe sollen rationalisiert werden; dagegen wollen viele etwas unternehmen. (30)

5 请用简单动词替换固定搭配或对句子作出简明的解释。

1. Es ist nicht gut, wenn Kinder zu viele Ansprüche stellen.

2. Jetzt muss ich aber endlich eine Frage stellen.

3. Manche Menschen wollen immerzu auf andere Einfluss nehmen.

4. Er hat schon zu lange Kritik an mir geübt.

5. Nachdem er den Film zweimal gesehen hatte, fand er doch Gefallen daran.

6. Jeder Kranke muss sich Hoffnungen machen, sonst wird er nie gesund.

7. Du musst dir nicht ständig über die Probleme anderer Leute Gedanken machen.

8. Für ihn bin ich eine Null. Er hat noch nie Notiz von mir genommen.

9. Gegen diesen Unsinn müssen wir jetzt Protest einlegen.

10. Der Sizilianer wollte an seinem Feind Rache nehmen.

11. Ich habe mit meiner Freundin eine Verabredung getroffen.

12. Für die Reise wollen wir rechtzeitig Vorbereitungen treffen.

III 功能动词结构

前言

1. 在科学方面的语言以及管理方面的语言里经常有些句子是由一些很常用的动词如 *kommen*、*bringen*、*nehmen*、*stellen* 等构成，这些动词已经失去了它们自身的含义：它们只是"结构"(由介词、第四格宾语或第三格宾语和动词组成)的一部分并且只具有语法功能。

2. 由此形成了功能动词结构，这一结构是固定的。介词和是否使用冠词都是固定的。

Für das nächste Jahr *stellte* der Finanzminister neue Steuergesetze *in Aussicht.*

Selbstverständlich *werden* die Steuererhöhungen bei der Bevölkerung *auf Ablehnung stoßen.*

Die neue Steuerreform soll so schnell wie möglich *zum Abschluss gebracht werden.*

以下是部分功能动词结构:

1. auf Ablehnung stoßen
2. etwas zum Abschluss bringen; zum Abschluss kommen
3. etwas in Angriff nehmen
4. jdn. / etwas in Anspruch nehmen
5. etwas zum Ausdruck bringen; zum Ausdruck kommen
6. etwas in Aussicht stellen; in Aussicht stehen
7. etwas in Betracht ziehen
8. etwas in Betrieb setzen / nehmen
9. etwas unter Beweis stellen
10. etwas in Beziehung setzen; in Beziehung stehen
11. etwas in Brand setzen; in Brand geraten
12. etwas zur Diskussion stellen; zur Diskussion stehen
13. jdn. / etwas unter Druck setzen; unter Druck stehen
14. jdn. zur Einsicht bringen; zur Einsicht kommen
15. etwas in Empfang nehmen
16. etwas zu Ende bringen; zu Ende kommen
17. zu einem Entschluss kommen; zu einem Ergebnis kommen
18. etwas in Erfahrung bringen
19. jdn. in Erstaunen setzen / versetzen
20. etwas in Erwägung ziehen
21. etwas in Frage stellen; in Frage stehen; in Frage kommen
22. in Gang kommen
23. im eigenen Interesse (oder dem eines anderen) liegen
24. etwas in Kauf nehmen
25. in Konflikt geraten / kommen mit jdm. oder etwas
26. etwas in Kraft setzen; in Kraft treten
27. auf Kritik stoßen
28. jdn. zum Lachen / Weinen bringen
29. von Nutzen sein
30. etwas zur Sprache bringen; zur Sprache kommen

说明

注意意义上的区别:

Man *bringt* die Konferenz gegen Mitternacht *zum Abschluss.*

Die Konferenz *wird* gegen Mitternacht *zum Abschluss gebracht.*

Gegen Mitternacht *kommt* die Konferenz *zum Abschluss.*

Man *setzte* das Gesetz *in Kraft.*

Das Gesetz *wurde in Kraft gesetzt.*

Das Gesetz *trat in Kraft.*

6 请用适当的动词填空，这些动词应属于固定用法中的一部分。

1. a) Man will jetzt das Kraftwerk in Betrieb …
   b) Man glaubt, seine Wirtschaftlichkeit unter Beweis … zu können.
2. a) Ich … jetzt zum Abschluss meiner Rede.
   b) Im Anschluss daran wollen wir das Thema zur Diskussion …
3. a) Der Bauernhof ist aus unbekannten Gründen in Brand …
   b) Brandstiftung … sehr wahrscheinlich nicht in Frage.
4. a) Heute soll wieder das Thema Reinerhaltung der Luft zur Diskussion …
   b) Bei dieser Gelegenheit werden wir das Thema Energie durch Windräder zur Diskussion …
5. a) Die Idee der erneuerbaren Energie … bei Gegnern immer wieder auf Kritik.
   b) Diese Kritik … vermutlich im Interesse der großen Stromverbände.
6. a) Die Naturschützer wollen zum Beispiel die Nutzung der Solarenergie im großen Stil in Angriff …
   b) Dabei … sie auf Ablehnung bei gewissen Politikern und Unternehmen.
7. a) Der Redner … noch einmal die Notwendigkeit der Nutzung erneuerbarer Energie zum Ausdruck.
   b) Man versprach, den verstärkten Einsatz erneuerbarer Energie in Erwägung zu …
8. a) Die Regierung … finanzielle Hilfe für die Errichtung von Solaranlagen in Aussicht.
   b) Eine entsprechende Verordnung soll am 1. Mai in Kraft …
9. a) Man fürchtet, dass man mit den Vertretern der Atomenergie in Konflikt …
   b) Die Sparerfolge der Ökologen werden die anderen in Erstaunen …
10. a) Die Notwendigkeit der Erzeugung von Atomstrom wird von vielen Fachleuten nicht in Frage …
    b) Ob man in der Streitfrage „Mit oder ohne Atomstrom?" jemals zu einem klaren Ergebnis … wird?

7 请用括号中给出的序列号所指的结构回答。

Hat die neue Verordnung schon Gültigkeit? (26a)
Ja, sie wurde schon in Kraft gesetzt.

1. Wurde der neue Gesetzentwurf von der Opposition abgelehnt? (1) (bei der Opposition)
2. Wollen die Wissenschaftler ihre Studie jetzt abschließen? (2a)
3. Glauben Sie, dass die Arbeit vor Jahresende abgeschlossen wird? (2b)
4. Will man dann eine neue Forschungsarbeit beginnen? (3)
5. Wird man Wissenschaftler einer anderen Fakultät zu Hilfe holen? (4) (die Hilfe von … soll …)
6. Wollte der Künstler in seinem Bild den Wahnsinn des Krieges ausdrücken? (5a)
7. Ist es ihm gelungen, in seinem Bild den Wahnsinn des Krieges deutlich auszudrücken? (5b) (Ja, in dem Bild …)
8. Kündigt die Forschungsgruppe neue Erkenntnisse auf dem Gebiet der Genforschung an? (6a)
9. Sind ganz neue Erkenntnisse zu erwarten? (6b) (Ja, es stehen …)
10. Wurden bei der Untersuchung der Kranken auch ihre Lebensumstände berücksichtigt? (7)
11. Haben Sie die Gebrauchsanweisung gelesen, bevor Sie die Maschine angestellt haben? (8)

12. Konnte der Angeklagte seine Unschuld beweisen? (9)
13. Wurde der politische Gefangene bearbeitet (13a), so dass er nicht wagte die Wahrheit zu sagen?
14. Sahen die Demonstranten ein (14b), dass sie bei der Bevölkerung keine Unterstützung fanden? (zu der Einsicht)
15. Empfing der Sieger im Tennis den Pokal gleich nach dem Spiel? (15)

8 同上。

1. Haben die Schüler ihre Gemeinschaftsarbeit noch vor den Ferien beendet? (16a)
2. Hast du auch gehofft, dass der Redner bald Schluss machen würde? (16b) (zum Ende)
3. Konnte die junge Frau sich nicht entschließen (17a) die Arbeit anzunehmen? (zu dem Entschluss)
4. Versuchten die Journalisten denn nicht etwas über die Konferenz der Außenminister zu erfahren? (18) (Doch, sie …)
5. Überraschte der Zauberkünstler die Kinder mit seinen Tricks? (19)
6. Sicher musste viel bedacht werden, bevor man die neue Industrieanlage baute? (20) (Ja, vielerlei musste …)
7. Bezweifelte jemand den Sinn dieses Beschlusses? (21a) (Ja, ein Teilnehmer …)
8. Ist die Rücknahme des Beschlusses ausgeschlossen? (21c) (Ja, eine Rücknahme …)
9. Stimmt es, dass Dieselmotoren bei großer Kälte nicht laufen wollen? (22)
10. Sind Sie bereit, bei der langen Fußtour Unbequemlichkeiten auf sich zu nehmen? (24)
11. Hat es bei deiner Schwarzmarkttätigkeit Schwierigkeiten mit der Polizei gegeben? (25) (Ja, ein paarmal …)
12. Stimmt es, dass das neue Gesetz ab nächsten Monat gelten soll? (26b)
13. Wurde das neue Gesetz nicht allgemein kritisiert? (27) (Doch, …)
14. Sind denn deine Karate-Kenntnisse zu irgendetwas nütze? (29) (Ja, bei einem Überfall können …)
15. Sind unsere Probleme in der Versammlung besprochen worden? (30b)

9 请用简单动词替代下列斜体印刷的部分，有时需要重组句子。

Der Richter wollte die Beweisaufnahme *zum Abschluss bringen*.
Der Richter wollte die Beweisaufnahme abschließen.

1. a) Die Vorschläge des Bürgermeisters *stießen* im Gemeinderat *auf Ablehnung*. b) Weil man aber *zum Ende kommen* wollte, vertagte man die Angelegenheit. c) Bei der nächsten Sitzung *stellte* der Bürgermeister die Vorschläge erneut *zur Diskussion*. (jdn. bitten etwas zu diskutieren)
2. a) Der Angeklagte behauptete, die Polizei habe ihn *unter Druck gesetzt*. (jdn. bedrängen) b) Er gab aber zu, dass er mit dem Gesetz *in Konflikt geraten* sei. (das Gesetz übertreten) c) Mit dem plötzlichen Geständnis *setzte* der Angeklagte alle Anwesenden *in Erstaunen*. (staunen über)

3. a) Die Verkaufsverhandlungen wollten nicht recht *in Gang kommen*. b) Natürlich *brachten* die Käufer den Umsatz des Geschäfts in den letzten Jahren *zur Sprache*. (sprechen über) c) Die unklaren Statistiken *stießen* bei ihnen *auf Kritik*. d) Sie meinten, es *liege* doch *im Interesse* des Verkäufers, wenn er den Käufern reinen Wein einschenke.

4. a) Der Zirkusclown war bekannt dafür, dass er Groß und Klein *zum Lachen brachte*. b) Zum Schein *kam* er stets mit seinem Kompagnon *in Konflikt*. (streiten) c) Mit einer wilden aber furchtbar komischen Prügelei *brachte* er die Vorstellung *zum Abschluss*.

IV 习惯用语及其意义

10 请用冠词填空。

1. kein Blatt vor … (m) Mund nehmen: seine Meinung offen sagen
2. aus … (f) Haut fahren: ungeduldig, wütend werden
3. jemandem auf … (Pl.) Finger sehen: jemanden genau kontrollieren
4. etwas aus … (f) Luft greifen: etwas frei erfinden
5. ein Haar in … (f) Suppe finden: einen Nachteil in einer Sache finden
6. jemandem um … (m) Hals fallen: jemanden umarmen
7. etwas in … (f) Hand nehmen: eine Sache anfangen und durchführen
8. von … (f) Hand in … (m) Mund leben: sehr arm leben
9. sich etwas aus … (m) Kopf schlagen: einen Plan aufgeben
10. Er ist seinem Vater wie aus … (n) Gesicht geschnitten: Er sieht seinem Vater sehr ähnlich.
11. etwas auf … (f) Seite legen: etwas sparen, zurücklegen
12. ein Spiel mit … (n) Feuer: eine gefährliche Sache
13. das springt in … (Pl.) Augen: das fällt stark auf
14. sich aus … (m) Staub machen: heimlich weggehen, fliehen
15. sich jemandem in … (m) Weg stellen: jemandem Schwierigkeiten machen
16. sein Geld aus … (n) Fenster werfen: sein Geld nutzlos ausgeben
17. jemandem den Stuhl vor … (f) Tür setzen: jemanden aus dem Haus schicken, „hinauswerfen"
18. in … (m) Tag hinein leben: planlos leben
19. jemandem auf … (f) Tasche liegen: vom Geld eines anderen leben
20. in … (f) Tinte sitzen: in einer unangenehmen Lage sein
21. unter … (m) Tisch fallen: eine Sache bleibt unbeachtet / unberücksichtigt
22. Die Ferien stehen vor … Tür: Es ist kurz vor den Ferien.
23. jemanden an … (f) Wand stellen: jemanden erschießen
24. einer Sache aus … (m) Weg gehen: eine Sache nicht tun, vermeiden
25. einen Rat in … (m) Wind schlagen: einen Rat nicht beachten
26. den Mantel nach … (m) Wind hängen: seine Meinung so ändern, wie es nützlich ist
27. jemandem auf … (m) Zahn fühlen: jemanden gründlich prüfen
28. mir liegt das Wort auf … (f) Zunge: ich weiß das Wort, aber ich kann mich im Augenblick nicht daran erinnern
29. auf … (f) Nase liegen: krank sein

30. jemandem in … (Pl.) Ohren liegen: jemanden mit Bitten quälen
31. jemanden auf … (f) Palme bringen: jemanden in Wut bringen
32. wie aus … (f) Pistole geschossen: ganz schnell
33. unter … (Pl.) Räuber fallen: in schlechte Gesellschaft geraten

34. die Rechnung ohne … (m) Wirt machen: sich irren
35. aus … (f) Reihe tanzen: etwas anderes tun als all die anderen
36. bei … (f) Sache sein: sich auf etwas konzentrieren
37. etwas auf … (f) Seite schaffen: etwas stehlen

11 请用冠词和介词填空。(可在练习9中寻找您需要的介词。)

Er hat kein festes Einkommen und lebt … … Hand … … Mund. Daher hat er auch keine Möglichkeit jeden Monat etwas … … Seite zu legen. Seit zehn Jahren liegt er nun seinem Vater … … Tasche! Sie hat ihm jetzt klar ihre Meinung gesagt und hat kein Blatt … … Mund genommen. Das hat ihn natürlich sofort … … Palme gebracht. Sie hat ihm geraten sich endlich um eine Stelle zu bewerben, aber er schlägt ja jeden Rat … … Wind. Er *will* ja nicht arbeiten und geht jedem Angebot … … Weg. Und wenn sie ihm auch immer wieder damit … … Ohren liegt, er kümmert sich nicht darum und lebt weiter … … Tag hinein. Kein Wunder, dass sie manchmal … … Haut fährt! Es wird nicht mehr lange dauern, dann setzt sie ihm den Stuhl … … Tür; dann sitzt er aber … … Tinte! Sie verdient sauer das Geld und er wirft es … … Fenster! Wenn er glaubt, dass das so weitergehen kann, dann hat er die Rechnung … … Wirt gemacht. Soll er sich doch endlich … … Staub machen! Aber wenn er ganz allein ist, fällt er bestimmt bald … … Räuber. Und das will sie doch auch nicht; sie liebt ihn doch so sehr! Ach, soll er doch endlich mal sein Leben … … Hand nehmen! Aber wenn er schon mal eine Arbeit angefangen hat, findet er bestimmt bald ein Haar … … Suppe. Sie müsste ihm genauer … … Finger sehen. Stattdessen fällt sie dem Faulenzer … … Hals, sobald er nach Hause kommt!

§ 40 Nr. 6 的答案:

1. der Blauwal 2. die Spitzmaus 3. die Giraffe 4. die Antilope 5. die Kobra 6. der Pazifische oder Stille Ozean 7. 10 900 m 8. Australien 9. in der Antarktis 10. auf Hawaii 11. an den Küsten der Antarktis 12. am 21. Dezember 13. am 21. Juni 14. Wasserstoff (chem. Zeichen: H) 15. am 3. Juli (!) 16. am 2. Januar (!)

§63　时态的用法：现在时，现在完成时，过去时，过去完成时

I 现在时和现在完成时

现在时：　口语时态＝口语中表示当前、现在
„Dort *fliegt* ein Storch. *Siehst* du ihn?" – „Nein, *warte* einen Augenblick! Ohne meine Brille *kann* ich ihn nicht *sehen*."

现在完成时：　　口语时态＝口语中表示过去
„Gestern *ist* der erste Storch in diesem Frühjahr *vorübergeflogen*. Das *hat* mir meine Freundin *gesagt*. Aber ich *habe* ihn leider nicht *gesehen*, weil ich meine Brille nicht rechtzeitg *gefunden habe*."

现在时和现在完成时这两种时态在口语中互为关联。

现在时

口语中表示现在或将来(见§21)的行为、事情和状态。
„Heute Vormittag *macht* mein Sohn sein Examen. Er *ist* der Beste. Er *schafft* bestimmt eine ausgezeichnete Note."

书面语中用现在时的包括：

* 直接引语中
  Es war ein bitterkalter Winter und das arme Mädchen rief: „Es *ist* Weihnachtsabend. *Kauft* mir doch ein paar Streichhölzchen *ab*."

* 表示规则和法律
  Wer einem anderen etwas *stiehlt* und dabei *gefasst wird*, *wird bestraft*.

* 表示自然科学方面的认识等
  Die Erde *dreht* sich um die Sonne. Die Gravitation *ist* ein physikalisches Gesetz.

书面语中还有一些地方用现在时：

* 描述小说、歌剧、戏剧、戏曲、电影等的内容时
  Die Oper "Aida" von Verdi *spielt* im alten Ägypten. Der Prinz *verliebt* sich in Aida und *kämpft* um sie …

* 电台、电视和报纸上的影评、剧评等中
  Der Autor *schreibt* flüssig und elegant, aber es *fehlt* ihm an historischen Kenntnissen.

* 描述历史事件时有时用现在时
  Am Weihnachtsabend des Jahres 800 *wird* Karl der Große in Rom zum Kaiser *gekrönt*. Der Papst *setzt* ihm die Krone auf das Haupt.

现在完成时

口语中表示过去的行为、事情和状态(也见 § 21)。
In der Schule *habe* ich mich immer *gelangweilt*. Wenn wir auf dem Schulhof Fußball *gespielt haben*, *hat* der Hausmeister *geschimpft* …

书面语中使用现在完成时的包括：

- 在直接引语中
  Das arme Mädchen mit den Streichhölzern dachte: „Heute abend *ist* meine Großmutter *gestorben*. Sie *hat* mich lieb *gehabt* und mir alles *gegeben*.“

- 用于现在时前面的一些一般性的陈述
  Seit Emil von Behring einen Impfstoff gegen die Diphtherie *entdeckt hat*, sterben weniger Kinder an dieser schrecklichen Krankheit.

II 过去时和过去完成时

过去时：书面语中文学性和报告性的文章
　　Es *war* einmal ein Fischer, der *fing* einen großen Fisch. Der Fisch *öffnete* sein Maul und *sprach* mit menschlicher Stimme.
　　Am 3. September *begann* die Konferenz in Tokio. Die Präsidenten aller asiatischen Länder *versammelten* sich in dem prächtigen Saal und *begrüßten* sich feierlich.

过去完成时：书面语中表示一切发生于过去时之前的行为、事情和状态
　　Es war einmal ein Fischer, der schon viele Fische gefangen hatte, aber so ein großer Fisch *war* ihm noch niemals vorher ins Netz *gegangen*.
　　Am 3. September begann die Konferenz in Tokio. Obwohl die Präsidenten der asiatischen Länder vorher gegeneinander *gestritten hatten*, begrüßten sie sich freundlich.

过去时和过去完成时这两种时态在书面语中互为关联。

过去时

书面语时态

- 用于小说、历史等文学作品中。文学语言中的时态更多地是一种文体；文学语言中可以有各种时态。

- 报纸上报道新闻时用过去时，电视里播报新闻时也用过去时。

口语中用过去时的包括：

- 讲述童话和历史时：
  Die Großmutter erzählt: Es *war* einmal eine schöne Prinzessin. Sie *lebte* in einem Schloss ...

- 讲述自身经历的事情时：
  Heute früh bin ich aufgestanden, aber plötzlich *donnerte* es an meiner Tür. Ich *rannte* hin und da *stand* ...

- 在书信中德国人常常自由地在现在完成时和过去时之间来回变动。写信高手一般用现在完成时来讲述自己的想法，而在要描述某事件时转换到过去时。

过去完成时

书面语时态
这一时态一般被用在德国的文学、历史等中。（在文学中这一用法没有明确的规定，使用什么样的时态一般取决于作者本身的写作风格）。
Er stand vor der Haustür, suchte in seinen Taschen, aber er fand seinen Schlüssel nicht, denn er *hatte* ihn am Morgen zu Hause *vergessen*.

口语中，如果某一行为发生在现在完成时的行为之前，那么也可以使用过去完成时。
Alles, was er mir *erzählt hatte*, habe ich mir gemerkt.

说明

1. 口语中，如果句中有情态动词或助动词，则最好用过去时代替现在完成时。
   Ich *war* unruhig (nicht: bin ... gewesen), weil ich meine Brille nicht sofort *hatte* (nicht: gehabt habe) und deshalb den Storch nicht *sehen konnte* (nicht: habe sehen können).

2. 在大段地使用过去完成时后可以转换到过去时。

3. 报纸和电视的新闻常以现在完成时开头，随后即转换到过去时。
   „Geisterstimmen" in einer Nürnberger Wohnung *haben* in der Nacht zum Freitag zu einem Polizeieinsatz *geführt*. Die Mieterin *wählte* gegen Mitternacht den Notruf, weil nach ihren Worten „geisterhafte Stimmen" aus der Wand *drangen*. Die angerückten Beamten *waren* „hellhörig": Sie *fanden* den Geist in einem Schrank in Gestalt eines dudelnden Radios.

   FAZ, 9.3.1996

1 请用括号中的动词的适当时态填空。

Ein Professor, der nachts um 12 Uhr mit dem Flugzeug nach New York (reisen wollen), (sitzen) müde in seinem Sessel, nachdem er alle seine Sachen (ein-
5 packen), als plötzlich das Telefon (klingeln). Es (sein) der Freund des Professors, der schon früh am Abend (schlafen gehen) und einen Traum (haben), den er jetzt dem Professor (mitteilen): „Ich
10 (abstürzen sehen) im Traum ein Flugzeug mit derselben Nummer, die auf deiner Flugkarte (stehen), über dem Atlantischen Ozean. Bitte (fliegen) nicht nach New York.“ Der Professor (verspre-
15 chen) dem Freund nicht zu fliegen. Als der Professor am nächsten Morgen (aufwachen), (rufen hören) er die Zeitungsjungen auf der Straße: „Flugzeug Nr. 265 abgestürzt!“ Er (springen) aus
20 dem Bett, (greifen) nach seiner Flugkarte und (erkennen) dieselbe Nummer. – Sobald er sich (anziehen), (rennen) er auf die Straße, um seinem Freund, der ihn (warnen), zu danken. Als er um die Ecke (biegen), (zusammenstoßen) er so
25 unglücklich mit einem kleinen Jungen auf einem Kinderfahrrad, dass er (stürzen) und auf das Pflaster (schlagen). „Das (sein) das Ende!“, (denken) der Professor, „mein Freund (Recht haben)
30 doch.“
Aber es (kommen) anders: Am späten Nachmittag (erwachen) er in einem Krankenzimmer und als sich eine freundliche Pflegerin über ihn (beugen), (sein)
35 seine erste Frage: „Was (geschehen) mit den Insassen des Flugzeugs Nr. 265?“ – „Bitte (aufregen) Sie sich nicht!“, (antworten) die Krankenschwester. „Nur eine Falschmeldung! Die Maschine (lan-
40 den) sicher.“ Bevor der Professor wieder in Ohnmacht (sinken), (flüstern) er: „Dann (irren) sich mein Freund also.“

2 下面一段报章文摘中的动词的不定式形式是什么？在文章中它们分别是什么时态？请
说说文章中使用过去完成时的原因。

Zweimal ließen Fahrer am Wochenende ihre Wagen stehen, nachdem sie zuvor erheblichen Schaden angerichtet hatten.

5 Der US-Autohersteller Ford hat im 1. Quartal 1996 einen dramatischen Gewinneinbruch auf 982 Millionen Mark verzeichnet. In der entsprechenden Vor-
10 jahreszeit hatte der Konzern noch weit über zwei Milliarden Mark verdient.

Zu einem Vortragsabend mit dem Thema „Mineralien in den Gesteinen der
15 Rhön“ hatte die Geschäftsleitung der Firma Franz Carl Nüdling eingeladen. Referent Rudolf Geipel stellte unter anderem fest, dass die Rhön noch ein weißer Fleck auf der mineralogischen
20 Landkarte sei.
Die Beamten hatten angehalten, weil das Fahrzeug des 27-Jährigen mit Warnblinklicht auf dem Seitenstreifen der Autobahn abgestellt war. Der Fahrer ver-
25 wies auf eine Panne und die Öllache unter seinem Wagen.
Als er von der Streife überprüft werden sollte, gab er an, keine Papiere dabeizuhaben. Die Beamten hatten aber eine
30 Jacke auf dem Rücksitz des Autos entdeckt, worin sich auch Ausweispapiere befanden. Das sei die Jacke seines Bruders, erklärte der Erfurter. Die nun misstrauisch gewordenen Ordnungshüter
35 nahmen den 27-jährigen mit auf das Revier.
Hier stellte sich heraus, dass der Beschuldigte gelogen hatte. Den Führerschein bereits wegen Trunkenheit am
40 Steuer verloren, hatte er versucht seine Identität zu verheimlichen.

3 请用括号中动词的正确时态填空。

Nachdem es, wie es in Ländern nördlich der Alpen oft (vorkommen), vier Wochen lang (regnen), (erscheinen) an einem Maimorgen endlich die Sonne am 5 heiteren Himmel. Sogleich (herausstrecken) ein Regenwurm, der schon lange durch die andauernde Kälte beunruhigt (sein), seinen Kopf aus dem feuchten Boden.

10 Bevor er sich noch richtig (wärmen können), (entdecken) er dicht neben sich einen zweiten Regenwurm, den er, wie er wohl (wissen), noch nie vorher (sehen). Trotzdem (sich verbeugen) er tief und 15 (beginnen) folgende höfliche Rede: „Lieber Herr Nachbar, als wir uns vor 14 Tagen im Dunkel der Erde (treffen), (sagen können) ich Ihnen nicht meinen Gruß und meine Verehrung, denn leider (sich beschäftigen müssen) man dort unten 20 immer mit Fressen und mit vollem Mund (sprechen dürfen) niemand, der von seinen Eltern gut (erziehen / Passiv). Jetzt aber (begrüßen dürfen) ich Sie mit großem Vergnügen und (bitten) Sie 25 um Ihre Freundschaft." In ähnlicher Weise (reden) er noch einige Zeit fort, (sich beklagen) über die Schweigsamkeit des anderen und (fragen) ihn nach Namen und Herkunft, bis der zweite Re- 30 genwurm endlich sein Geschwätz (unterbrechen) und mürrisch (antworten): „Quatsch doch nicht so blöd, ich bin doch dein Hinterteil!"

4 同上。

Ein Blinder (geschenkt bekommen) 500 Mark von der Frau eines Freundes, der vor einiger Zeit (sterben). Der Blinde (denken) niemals vorher an so ein unverhofftes Geschenk und deshalb (ver- 5 stecken wollen) er das Geld, wie es so viele arme Leute (tun), in seinem Garten. Nachdem er ein tiefes Loch (graben) und seinen Schatz (verpacken und hineinlegen), (verlassen) er sehr zufrie- 10 den den Ort seiner Handlung. Während dieser Arbeit (beobachten können) ihn ein Nachbar durch den Gartenzaun. Der diebische Mensch (steigen) in der folgenden Nacht in den Garten des Blin- 15 den und (nehmen) das Geld an sich. Als der Blinde am Morgen (entdecken), dass sein Schatz (stehlen / Passiv), (sterben wollen) er vor Kummer. Aber Not (ma- 20 chen) erfinderisch. Er (gehen) zu seinem Nachbarn, den er (verdächtigen) und (sagen): „Herr Nachbar, Sie (nachdenken helfen müssen) mir in einer schwierigen Angelegenheit. Vor einiger Zeit (geben / Passiv) mir von einem Freund 25 1000 Mark, die ich für ihn (verstecken sollen). Aus Angst vor Dieben (eingraben) ich die Hälfte an einem sicheren Ort. Ich (fragen wollen) Sie, ob es gut (sein / Konjunktiv), wenn ich auch den 30 Rest an die gleiche Stelle (legen)?" Selbstverständlich (raten) der Nachbar dem Blinden zu dem gleichen Versteck, aber sobald der Blinde in sein Haus (zurückkehren), (zurückbringen) der 35 Nachbar, der die ganze Summe (haben wollen), das gestohlene Geld in den Garten des Blinden. Kurze Zeit darauf (ausgraben) der Blinde seinen Schatz glücklich wieder. 40

答案

§ 1

Übung 1: Ich höre / Wir hören den Hund / das Kind / die Verkäuferin / die Nachricht / das Flugzeug / den Lastwagen / das Motorrad / den Autobus / die Lehrerin. – Ich sehe / Wir sehen den Hund / das Kind / das Buch / die Verkäuferin / das Flugzeug / den Lastwagen / das Motorrad / den Autobus / die Lehrerin. – Ich rufe / Wir rufen den Hund / das Kind / die Verkäuferin / die Lehrerin. – Ich lese / Wir lesen das Buch / die Nachricht. – Ich frage / Wir fragen das Kind / die Verkäuferin / die Lehrerin.

Übung 2: 1. Der Wirt (N) serviert dem Gast (D) die Suppe (A). 2. Der Ingenieur (N) zeigt dem Arbeiter (D) den Plan (A). 3. Der Briefträger (N) bringt der Frau (D) das Päckchen (A). 4. Der Chef (N) diktiert der Sekretärin (D) einen Brief (A). 5. Der Lehrer (N) erklärt dem Schüler (D) die Regel (A).

Übung 3: Er zeigt 1. der Mutter die Schule. 2. dem Politiker den Stadtpark. 3. dem Redakteur den Zeitungsartikel. 4. dem Mädchen die Hausaufgabe. 5. dem Freund das Zimmer. 6. dem Minister das Rathaus. 7. der Hausfrau den Staubsauger. 8. dem Käufer den Computer.

Übung 4: Das ist 1. das Fahrrad der Schülerin. 2. der Motor der Maschine. 3. das Ergebnis der Prüfung. 4. die Tür des Hauses. 5. das Foto der Schulklasse. 6. das Auto des Lehrers. 7. die Wohnung der Dame. 8. das Schulbuch des Kindes. 9. das Haus der Arbeiterfamilie. 10. das Instrument des Musikers.

Übung 5: Wir hören die Hunde / die Kinder / die Verkäuferinnen / die Nachrichten / die Flugzeuge / die Lastwagen / die Motorräder / die Autobusse / die Lehrerinnen. – Wir sehen die Hunde / die Kinder / die Bücher / die Verkäuferinnen / die Flugzeuge / die Lastwagen / die Motorräder / die Autobusse / die Lehrerinnen. – Wir rufen die Hunde / die Kinder / die Verkäuferinnen / die Lehrerinnen. – Wir lesen die Bücher / die Nachrichten. – Wir fragen die Kinder / die Verkäuferinnen / die Lehrerinnen.

Übung 6: 1. Der Mieter widerspricht dem Hausbesitzer. – Die Mieter widersprechen den Hausbesitzern. 2. die Schülerin … dem Lehrer – die Schülerinnen … den Lehrern 3. der Geselle … dem Meister – die Gesellen … den Meistern 4. die Lehrerin … dem Schulleiter – die Lehrerinnen … den Schulleitern 5. der Fußballspieler … dem Schiedsrichter – die Fußballspieler … den Schiedsrichtern 6. der Sohn … der Mutter – die Söhne … den Müttern 7. der Enkel … dem Großvater – die Enkel … den Großvätern 8. die Krankenschwester … dem Arzt – die Krankenschwestern … den Ärzten

Übung 7: 1. Der Hausbesitzer widerspricht dem Mieter. – Die Hausbesitzer widersprechen den Mietern. 2. der Lehrer … der Schülerin – die Lehrer … den Schülerinnen 3. der Meister … dem Gesellen – die Meister … den Gesellen 4. der Schulleiter … der Lehrerin – die Schulleiter … den Lehrerinnen 5. der Schiedsrichter … dem Fußballspieler – die Schiedsrichter … den Fußballspielern 6. die Mutter … dem Sohn – die Mütter … den Söhnen 7. der Großvater … dem Enkel – die Großväter … den Enkeln 8. der Arzt … der Krankenschwester – die Ärzte … den Krankenschwestern

Übung 8: Das sind 1. die Fahrräder der Schülerinnen. 2. die Motoren der Maschinen. 3. die Ergebnisse der Prüfungen. 4. die Türen der Häuser. 5. die Fotos der Schulklassen. 6. die Autos der Lehrer. 7. die Wohnungen der Damen. 8. die Schulbücher der Kinder. 9. die Häuser der Arbeiterfamilien. 10. die Instrumente der Musiker.

Übung 9: 1. den Politikern 2. den Helfern 3. den Apfeldieben 4. den Mietern 5. den Freunden 6. den Pflanzen 7. den Bäumen 8. den Reitern 9. den Lehrern 10. den Mädchen 11. den Einbrechern

Übung 10: Ich höre einen Hund / ein Kind / eine Verkäuferin / eine Nachricht / ein Flugzeug / einen Lastwagen / ein Motorrad / einen Autobus / eine Lehrerin. – Ich sehe einen Hund / ein Kind / ein Buch / eine Verkäuferin / ein Flugzeug / einen Lastwagen / ein Motorrad / einen Autobus / eine Lehrerin. – Ich rufe einen Hund / ein Kind / eine Verkäuferin / eine Lehrerin. – Ich lese ein Buch / eine Nachricht. – Ich frage ein Kind / eine Verkäuferin / eine Lehrerin.

Übung 11: 1. Der Handball gehört einem Sportverein. 2. der Koffer ... einem Kaufmann 3. der Kinderwagen ... einer Mutter 4. das Herrenfahrrad ... einem Studenten 5. die Landkarte ... einer Busfahrerin 6. die Puppe ... einem Mädchen 7. die Trompete ... einem Musiker 8. der Schlüssel ... einer Mieterin 9. das Kochbuch ... einer Hausfrau 10. die Badehose ... einem Schwimmer

Übung 12: Hier demonstrieren 1. die Krankenpfleger einer Klinik. 2. die Arbeiter einer Fabrik. 3. die Studenten einer Universität. 4. die Schülerinnen eines Gymnasiums. 5. die Kassierer einer Sparkasse / eines Supermarktes. 6. die Mitglieder einer Partei. 7. die Musiker eines Orchesters. 8. die Mitarbeiter eines Supermarktes / einer Sparkasse.

§ 2

Übung 1: 1. den Bären 2. dem Neffen 3. den Demonstranten 4. dem Laien 5. den Satelliten 6. den Präsidenten 7. dem Zeugen 8. den Doktoranden 9. den Stoffhasen 10. den Lotsen 11. den Experten 12. den Fotografen 13. den Kunden 14. den Riesen Goliath

Übung 2: 1. Der Ingenieur konstruiert einen Automaten. 2. Der Demonstrant beschimpft den Bundespräsidenten. 3. Der Fürst befiehlt dem Bauern. 4. Der Drucker druckt die Zeitung. 5. Der Richter befragt den Zeugen. 6. Der Löwe frisst den Hasen. 7. Der Polizist verhaftet den Studenten. 8. Der Aufseher befreit den Gefängnisinsassen. 9. Der Reporter befragt den Diplomaten. 10. In dem Wort fehlt ein Buchstabe. 11. Der Nachbar füttert den Hund. 12. Der Student liest das Buch. 13. Die Mücke sticht den Jungen. 14. Dem Patienten tut der Kopf weh. 15. Ein Bauer schreibt sein Testament für den Erben. 16. Der Bäcker bäckt den Kuchen. 17. Der Herr verkauft den Sklaven. 18. Ein Philosoph streitet sich niemals mit einem Narren. 19. Der Verkäufer fragt den Kunden nach seinen Wünschen. 20. Der Briefträger bringt den Einwohnern die Post.

Übung 3: 1. Hasen 2. Herzen 3. Menschen 4. Löwen 5. Nächsten 6. Riesen 7. Gedanken

Übung 6: 1. vom Griechen, dass er gern handelt 2. vom Deutschen, dass er gern Bier trinkt 3. vom Holländer, dass er sparsam ist 4. vom Japaner, dass er besonders höflich ist 5. vom Türken, dass er besonders tapfer ist 6. vom Italiener, dass er die Musik liebt 7. vom Chinesen, dass er besonders fleißig ist 8. vom Araber, dass er ein guter Reiter ist 9. vom Polen, dass er gern und gut tanzt 10. vom Spanier, dass er stolz ist 11. vom Engländer, dass er morgens gern gut und kräftig isst. 12. vom Ungarn, dass er sehr musikalisch ist 13. vom Franzosen, dass er gern und gut kocht 14. vom Österreicher, dass er Mehlspeisen liebt 15. vom Schweizer, dass er gern wandert

Übung 7: Pistolenmann (N), Hausfrau (N), Stadtteils Bornheim (G), Montag (D), Bekanntschaft (A), Räuber (D), Frau (N), Elektrogeräte (A), Haushalt (D), Mutter (G), Annonce (A), Zeitung (A), Tag (D), Herr Schäfer (N), Besuch (A), Herr (N), Sachen (A), Küchengeräte (A), Firma Moulinex (G), Radio (A), Staubsauger (A), Marke Siemens (G), Pistole (A), Tasche (D), Mantels (G), Bargeld (A), Frau (N), Stimme (D), Geld (A), Wohnung (A), Herr Schäfer (N), Polizeibericht (N), Benehmen (A)

§ 3

Übung 1: 1. einen Gebrauchtwagen, der Gebrauchtwagen, 2. eine Lederjacke, die Lederjacke 3. einen Elektroherd, der Elektroherd 4. ein Motorrad, das Motorrad 5. eine Kaffeemaschine, die Kaffeemaschine 6. eine Waschmaschine, die Waschmaschine

Übung 2: Ich brauche 1. ... Briefumschläge. Die Briefumschläge sind im Schreibtisch! 2. ... Briefmarken. Die Briefmarken sind in der Schublade! 3. ... einen Hammer. Der Hammer ist im Werkzeugkasten! 4. ... einen Kugelschreiber. Der Kugelschreiber ist auf dem Schreibtisch! 5. ... ein Feuerzeug. Das Feuerzeug ist im Wohnzimmer! 6. ... Kopfschmerztabletten. Die Kopfschmerztabletten sind in der Hausapotheke! 7. ... ein Wörterbuch. Das Wörterbuch ist im Bücherschrank! 8. ... einen Flaschenöffner. Der Flaschenöffner ist in der Küche!

Übung 3: 1. Briefe – die Briefe 2. Brötchen – die Brötchen sind 3. Zeitungen – die Zeitungen 4. Kopfschmerztabletten – die Tabletten 5. Pferde – die Pferde 6. Sessel – die Sessel sollen 7. Wohnungen – die Wohnungen 8. Brillanten – die Brillanten

Übung 4: 1. dem Schüler 2. ein Kind 3. einen Liebesroman 4. das Buch 5. eine Katze 6. das Tier 7. ein Fahrrad 8. ein Haus 9. eine Wohnung 10. einen Mieter 11. die Wohnung ist 12. ein Zimmer 13. Ist das Zimmer 14. Ein Hund bellt, eine Katze miaut.

Übung 5: 1. Das Fällen von Bäumen 2. Das Fotografieren von Militäranlagen 3. Das Reparieren von Fernsehern 4. Das Betreten von Kraftwerkanlagen 5. Das Mitbringen von Hunden 6. Das Schreiben von Rechnungen 7. Das Essen von Schnecken 8. Das Malen von Landschaften 9. Das Anfertigen von Fotokopien 10. Das Sammeln von Pilzen

Übung 6: einer – ein – ein – Der – das – das – eine – Die – der – dem

Übung 7: 1. eines Kindes – von Kindern 2. einer Person – von Personen 3. eines Pferdes – von Pferden 4. eines Vogels – von Vögeln 5. eines Autobusses – von Autobussen 6. eines Hundes – von Hunden 7. einer Katze – von Katzen 8. eines Motors – von Motoren 9. einer Uhr – von Uhren 10. eines Zuschauers – von Zuschauern

Übung 8: 1. keine Briefumschläge 2. keine Briefmarken 3. keinen Hammer 4. keinen Kugelschreiber 5. kein Feuerzeug 6. keine Kopfschmerztabletten 7. kein Wörterbuch 8. keinen Flaschenöffner

Übung 9: 1. keinen Gebrauchtwagen 2. keine Lederjacke 3. keinen Elektroherd 4. kein Motorrad 5. keine Kaffeemaschine 6. keine Waschmaschine

Übung 10: 1. - / - 2. der 3. - / - 4. den 5. - 6. der 7. Die 8. - 9. - 10. - / - 11. - / der / - 12. - / den / die 13. - 14. - / - 15. -

Übung 11: 1. - / - 2. - / die 3. - / die / - 4. Das / - 5. - / der / - 6. der 7. - / der / das 8. Die / - 9. Die / die / - / - 10. - / - / - /- 11. den 12. - / das 13. Die / der 14. - / Die

Übung 12: Eine / einen / einem / den / - / das / den / die / - (die) / - / der / - / - / - / ein / der / die / - / den / - / die / der / - / den / die / - / die / die / eine / - / - / - / - / Das / - / das / eine / der / am (an dem) / den / - / dem / -

Übung 13: 1. - / - / - / - / - 2. - / - / der / - 3. - / - / - 4. - / der 5. - 6. Die / der / - 7. - / der / das 8. - / - 9. - / - / - / - / den 10. - / - / - / - 11. dem - 12. - 13. - / - / - 14. das / die / die 15. - / - / - / - 16. - / - / - 17. - / - 18. die 19. - / - 20. - / - / der 21. den / - / - 22. Die 23. - / - / - / die 24. - / - / - / - / das

Übung 14: (siehe Lehrbuch § 3, I – III); Brände (II b); ein Haus, eine Scheune, ein Stall (II a); Waldbrände (II b); von März bis Oktober (siehe Anmerkung zu III); Die Feuerwehr (I a); 1. Benzin, Heizöl oder Spiritus (III, 2 b); 2. Gardinen (II b); Vorsicht (III, 2 c); mit Kerzen oder Zigaretten (III, 2 a) 3. im Bett (I c); Brände (II b) 4. Für Bauern (III, 2 a; siehe auch Anmerkung zu III); die Regel (I a); Heu (III, 2 b); in der Scheune (I a); Heu (III, 2 b); das Wetter (I a); ein Brand (II a) 5. in Wäldern (II b); von März bis Oktober (siehe Anmerkung zu III); ein Waldbrand (II a)

§ 4

Übung 1: Er – es – er – es – er – ihm – es – ihn – ihm – sie – ihnen – Sie

Übung 2: er – ihn – Ich – sie – er – sie – mich – Du – mich – er – ihnen – er – er – sie – ihn – mir – er – er – ihm – sie – dich – dir – Ich – dir – Ihr – ihr – wir – du – mich

Übung 3: dir – mir – dir – uns – ich – dich – es – ich – dir – mir – es – es – Es – sie – ihr – es –

dir – sie – Ich – dich – ihnen – mich – mir – euch

Übung 4: 1. dir – Es – es – mir – es 2. du – ihm – Es – ihn 3. sie – mir – sie 4. ihr – Sie 5. sie – Ihnen – Sie 6. Ich – Ich – dich – dir 7. es – sie – sie 8. ihnen – Sie – sie – sie 9. Ihnen – Sie – Sie – Sie 10. du – ihnen – ich – ihnen

§ 5

Übung 1 a: Meine Tasche ist ... – Mein Kugelschreiber ist ... – Mein Deutschbuch ist ... – Meine Arbeiten sind ... – Meine Aufgaben sind ... – Meine Hefte sind ...

Übung 1 b: Dein Hut ist ... – Deine Tasche ist ... – Deine Handschuhe sind ... – Dein Portmonee ist ... – Deine Brieftasche ist ... – Deine Zigaretten sind ...

Übung 2: meine/Ihre Tasche ist ... – mein/Ihr Kugelschreiber ist ... – mein/Ihr Deutschbuch ist ... – meine/Ihre Arbeiten sind ... meine/Ihre Aufgaben sind ... – meine/Ihre Hefte sind ... – mein/Ihr Hut ist ... – meine/Ihre Tasche ist ... – meine/Ihre Handschuhe sind ... – mein/Ihr Portmonee ist ... – meine/Ihre Brieftasche ist ... – meine/Ihre Zigaretten sind ...

Übung 3: Herr Müller mit seiner Frau, seinem Sohn, seinen Töchtern, seinem Kind, seiner Nichte – Frau Schulze mit ihren Freundinnen, ihrer Schwester, ihrer Tochter, ihren Söhnen, ihrem Mann, ihren Enkelkindern – Thomas und Irene mit ihren Spielsachen, ihren Eltern, ihrem Lehrer, ihrem Fußball, ihren Freunden, ihrer Mutter

Übung 4: 1. Der Wagen ... meinem Schwiegersohn. 2. Der Garten ... meinen Eltern. 3. Die Möbel gehören meinen Großeltern. Der Fernseher ... meiner Untermieterin. 5. Die Bücher gehören meiner Tochter. 6. Der Teppich ... meiner Schwägerin. 7. Der Schmuck ... meiner Frau. 8. Die Schallplatten gehören meinem Sohn.

Übung 5: 1. meine Brille; Deine Brille? Die hast du (doch) ... 2. meine Jacke; Deine Jacke? Die hast du ... 3. meine Handschuhe; Deine Handschuhe? Die hast du ... 4. meinen Schirm; Deinen Schirm? Den hast du ... 5. meinen Bleistift; Deinen Bleistift? Den hast du ... 6. meine Briefmarken; Deine Briefmarken? Die hast du ... 7. meinen Brief; Deinen Brief? Den hast du ...

Übung 6: 1. Ihre Brille? Die haben Sie ... 2. Ihre Jacke? Die haben Sie ... 3. Ihre Handschuhe? Die haben Sie ... 4. Ihren Schirm? Den ... 5. Ihren Bleistift? Den ... 6. Ihre Briefmarken? Die ... 7. Ihren Brief? Den ...

Übung 7: 1. Unser 2. Meine – ihr – meinem 3. Ihr 4. Mein – sein – mein 5. eure 6. Eure – eure 7. Eure – eure – eure 8. mein – meinen 9. deinem – deinen 10. eurer 11. ihr – Mein – meine 12. deine – dein 13. eure – Unsere

Übung 8: (1. Absatz) deine Antwort; meinen Brief; unsere Ferien; meines Onkels (2. Absatz) Seine Einladung; deinen Bruder; seinen Bauernhof; Meine Freude; unser Plan (3. Absatz) Meine Verwandten; ihrem Bauernhof; ihre eigene Methode; Mein Onkel; seinen Boden; seiner Schafe und Kühe; seine Frau; ihren Gemüsegarten; Ihr Gemüse; ihr Obst; ihre Obstbäume; ihre Äpfel und Birnen; unsere gekauften Früchte; Ihre Hühner und Gänse; mein Onkel; ihre Ställe; ihre Küken; deinen kleinen Bruder (4. Absatz) meiner Verwandten; Ihren Haushalt; ihrer Kühe; ihres Dorfes (5. Absatz) Meine Verwandten; mein Onkel; meine Tante; ihr Leben; ihre Arbeit; deine Meinung dein Klaus

§ 6

Übung 1: 1. ich schicke; du heilst; er fragt; wir legen; ihr führt; sie stellen 2. ich glaube; du kaufst; er macht; wir weinen; ihr lacht; sie bellen 3. ich zähle; du spielst; er kocht; wir drehen; ihr steckt; sie leben

Übung 2: 1. Ja, ich höre / er hört / wir/sie hören … die Vögel. 2. Ja, ich hole / er holt, wir/sie holen … 3. Ja, ich mache / er macht, wir/sie machen … 4. Ja, ich brauche / er braucht/ wir/sie brauchen … 5. Ja, ich lerne / er lernt / wir/sie lernen … 6. Ja, ich übe / er übt / wir/sie üben … 7. Ja, ich klettere / er klettert / wir/sie klettern … 8. Ja, ich sage / er sagt / wir/sie sagen es …

Übung 3: 1. Ja, ich habe / er hat / wir/sie haben die Vögel … gehört. 2. Ja, ich habe / er hat / wir/sie haben … geholt. 3. …gemacht 4. … gebraucht 5. … gelernt 6. … geübt 7. Ja, ich bin / er ist / wir/sie sind … geklettert. 8. Ja, ich habe / er hat / wir/sie haben … gesagt.

Übung 4: 1. brätst 2. empfiehlst 3. fängst 4. gibst 5. Hältst 6. hilfst 7. Verlässt 8. läufst 9. liest 10. nimmst 11. rätst 12. schläfst 13. sprichst 14. Siehst 15. Trägst 16. Triffst 17. Vergisst 18. Wäschst 19. wirst 20. Wirfst

Übung 5: 1. Die Köchin eines Restaurants hat viel Arbeit. 2. Schon früh kommt der Bote und bringt … 3. Die Köchin wäscht …, schält … und schneidet … 4. Sie kocht …, bereitet die Suppen und bäckt … 5. Später kommt der Kellner. 6. Er stellt die Teller … 7. Dann legt er Messer … daneben. 8. Auch die Servietten vergisst er nicht. 9. Er füllt … und holt … 10. Der Kellner gibt … 11. Der Gast studiert die Karte und bestellt. 12. Nun hat die Köchin … 13. Sie brät …, kocht … und bereitet den Salat. 14. Sie bringt die Speisen … und der Kellner serviert sie. 15. … bezahlt der Gast und verlässt das Restaurant.

Übung 6: (Ü 4) 1. Ich habe … gebraten. 2. Ich habe … empfohlen. 3. Ich habe … angefangen. 4. Ich habe … gegeben. 5. Ich habe … gehalten. 6. Ich habe … geholfen. 7. Ich habe mich auf … verlassen. 8. Ich bin … gelaufen. 9. Ich habe … gelesen. 10. Ich habe … genommen. 11. Ich habe … geraten zu fliegen. 12. Ich habe … geschlafen. 13. Ich habe … gesprochen. 14. Ich habe … gesehen. 15. Ich habe … getragen. 16. Ich habe … getroffen. 17. Ich habe … vergessen. 18. Ich habe … gewaschen. 19. Ich bin … geworden. 20. Ich habe … geworfen.
(Ü 5) 1. Die Köchinnen hatten … 2. … kamen die Boten und brachten … 3. Die Köchinnen wuschen …, schälten … und schnitten … 4. Sie kochten …, bereiteten … und buken/backten … 5. … kamen die Kellner. 6. Sie stellten … 7. Dann legten sie … 8. … vergaßen sie nicht. 9. Sie füllten … und holten … 10. Die Kellner gaben … 11. Die Gäste studierten die Karte und bestellten. 12. Nun hatten die Köchinnen … 13. Sie brieten …, kochten … und bereiteten … 14. Sie brachten … und die Kellner servierten … 15. … bezahlten die Gäste und verließen das Restaurant.

Übung 7: 1. a) Die Münze fällt in den Spielautomaten. b) Meistens gewinnt der Spieler nichts. 2. a) Der Fischer gerät … b) Er fährt … 3. a) Der Gärtner gräbt … b) Dann setzt er … und gibt … 4. a) Der Schüler misst … b) Dann schreibt er … 5. Der Dieb stiehlt … b) Dann verbirgt er es … 6. a) Der Gast betritt … b) Der Gastgeber empfängt … 7. a) Die Pflanze wächst … b) Sie muss … stehen. 8. a) Die Firma wirbt für … b) Sie gibt … aus.

Übung 8: 1. a) Die Münzen fielen in den Spielautomaten. Die Münzen sind … gefallen. b) Meistens gewannen die Spieler nichts. Meistens haben die Spieler nichts gewonnen 2. a) gerieten; sind … geraten b) fuhren; sind … gefahren 3. a) gruben; haben … gegraben b) setzten; haben … gesetzt 4. a) maßen; haben … gemessen b) schrieben; haben … geschrieben 5. a) stahlen; haben … gestohlen b) verbargen; haben … verborgen 6. a) betraten; haben … betreten b) empfingen; haben … empfangen 7. a) wuchsen; sind … gewachsen b) mussten; haben … müssen 8. a) warben; haben … geworben b) gaben; haben … gegeben

Übung 9: 1. Wer bietet …? 2. Wer schadet 3. badet 4. öffnet 5. rechnet 6. redet 7. verabschiedet 8. gründet 9. fürchtet 10. rettet 11. testet 12. wartet 13. zeichnet 14. streitet

Übung 10: Die Bauern ritten ins Dorf. Die Bauern sind ins Dorf geritten. 1. boten; haben … geboten 2. schadeten; haben … geschadet 3. badeten; haben … gebadet 4. öffneten; haben … geöffnet 5. rechneten; haben … gerechnet 6. redeten; haben … geredet 7. verabschiedeten sich; haben sich … verabschiedet

8. gründeten; haben ... gegründet 9. fürchte-
ten; haben ... gefürchtet 10. retteten; haben ...
gerettet 11. testeten; haben ... getestet 12. war-
teten; haben ... gewartet 13. zeichneten; haben
... gezeichnet 14. stritten; haben ... gestritten

Übung 11: 1. brachten die Bücher zur Bibliothek; ... haben die Bücher zur Bibliothek gebracht. 2. dachten; haben ... gedacht 3. wussten; haben ... gewusst 4. kanntet; habt ...
gekannt 5. sandten; haben ... gesandt 6. wusstet; habt ... gewusst 7. dachten; haben ... gedacht 8. brannten; haben gebrannt

Übung 12: 1. Der Abiturient bringt; brachte;
hat ... gebracht 2. Meine Schwester denkt;
dachte, hat ... gedacht 3. Das Kind weiß; wusste; hat ... gewusst 4. Du kennst; kanntest; hast
... gekannt 5. Der Mieter sendet; sandte; hat ...
gesandt 6. Du weißt; wusstest; hast ... gewusst
7. Der Teilnehmer denkt; dachte; hat ... gedacht 8. Die Lampe brennt; brannte; hat ... gebrannt

Übung 13: 1. Bringt ihr ihm die Post nicht?
Habt ihr ... nicht gebracht? 2. Wissen Sie
nichts von dem Vorfall? Haben Sie ... gewusst?
3. Denkst du an die Verabredung? Hast du ...
gedacht? 4. Nennt er die Namen der Mitarbeiter nicht? Hat er ... genannt? 5. Sendet ihr den
Brief mit Luftpost? Habt ihr ... gesandt?
6. Brennt die Heizung im Keller nicht? Hat die
Heizung ... nicht gebrannt?

Übung 14: 1. Du denkst ja nie an mich. Du
dachtest ja nie an mich. Du hast ja nie an mich
gedacht. 2. Das Haus brennt jetzt schon zum
zweiten Mal. Das Haus brannte ... / hat ... gebrannt. 3. Wieder bringt mir der Briefträger keine Nachricht. Wieder brachte mir ... / hat ...
gebracht. 4. Kennst du deine Nachbarn nicht?
Kanntest du ... nicht? / Hast du ... nicht gekannt? 5. Immer rennt der Hund wie verrückt
durch den Garten. Immer rannte der Hund ... /
ist ... gerannt. 6. Ich sende ihr herzliche Grüße.
Ich sandte ... / habe ... gesandt. 7. Bei Problemen wende ich mich immer an meinen Vater.
Bei Problemen wandte ich mich ... / habe ...
gewandt. 8. Warum weißt du seine Telefonnummer nicht? Warum wusstest du ... nicht? /
hast ... nicht gewusst?

Übung 15: du gießt, misst, schließt, sitzt,
stößt, vergisst, weißt, lässt, beißt, fließt,
schmilzt, heizt

Übung 16: ich angle, wir angeln; ich wechsle,
wir wechseln; ich bügle, wir bügeln; ich ekle
mich, wir ekeln uns; ich handle, wir handeln;
ich klingle, wir klingeln; ich schaukle, wir
schaukeln; ich stemple, wir stempeln; ich
zweifle, wir zweifeln; ich ändere, wir ändern;
ich liefere, wir liefern; ich wandere, wir wandern; ich bedauere, wir bedauern; ich hindere,
wir hindern; ich erwidere, wir erwidern; ich
flüstere, wir flüstern; ich verhungere, wir verhungern; ich zerkleinere, wir zerkleinern

Übung 17: 1. Doch, natürlich bügle ich sie alle! 2. ... ekle ich mich vor ihnen! 3. ... handle
ich mit ihnen! 4. ... zweifle ich daran! 5. ...
regle ich sie selbst! 6. ... klingle ich immer
zweimal, wenn ... 7. ... plaud(e)re ich gern mit
ihnen! 8. ... änd(e)re ich sie! 9. ... lief(e)re ich
sie ab! 10. ... wand(e)re ich gern! 11. ...
bedau(e)re ich sie! 12. ... förd(e)re ich sie!

Übung 18: 1. Nein, wir bügeln sie nicht alle.
2. ... wir ekeln uns nicht vor ihnen. 3. ... wir
handeln nicht mit ihnen. 4. ... wir zweifeln
nicht daran. 5. ... wir regeln sie nicht selbst.
6. ... wir klingeln nicht immer zweimal, wenn
... 7. ... wir plaudern nicht gern mit ihnen.
8. ... wir ändern sie nicht. 9. ... wir liefern sie
nicht ab. 10. ... wir wandern nicht gern. 11. ...
wir bedauern sie nicht. 12. ... wir fördern sie
nicht.

Übung 19: 1. Werner Stubinreith erhielt seine
Entlassung. 2. Das erschien ihm ... 3. Er arbeitete ... und kannte ... 4. Er kannte ... und
nannte ... 5. Er dachte ..., wusste aber ... 6. Im
Traum sah er ... 7. Es war dunkel. 8. Er nahm
..., tränkte sie ... und legte ... 9. Dann rannte
er ... 10. Dabei verlor er ... 11. Ab und zu
wandte er sich um. 12. ... Der Betrieb brannte.
13. Alles stand in Flammen. 14. Die Feuerwehr
schickte ... 15. Der Betriebsleiter nannte ...
16. Werner Stubinreith war ... dabei. 17. An der
Brandstelle fand man ... 18. Der Schlüssel pass-
te ... 19. Werner gestand ... 20. Er kam ... ins
Gefängnis. 21. Werner wachte auf und fand ...

§ 7

Übung 1 a: 1. Sie meldet Besucher an. 2. Sie führt Aufträge durch. 3. Sie lädt Gäste ein. 4. Sie spricht Termine ab. 5. Sie holt die Post ab. 6. Sie bereitet Besprechungen vor. 7. Sie hält wichtige Papiere bereit. 8. Sie schreibt Geschäftsfreunde an.

Übung 1 b: 1. hat ... angemeldet 2. hat ... durchgeführt 3. hat ... eingeladen 4. hat ... abgesprochen 5. hat ... abgeholt 6. hat ... vorbereitet 7. hat ... bereitgehalten 8. hat ... angeschrieben

Übung 1 c: 1. Sie bereitet das Essen vor. 2. Sie wäscht das Geschirr ab und trocknet es ab. 3. Sie stellt alles in den Schrank zurück. 4. Sie staubt Möbel ab. 5. Sie nimmt die Wäsche aus der Waschmaschine heraus und hängt sie auf. 6. Sie nimmt die Wäsche ab, legt sie zusammen und räumt sie weg. 7. Sie zieht die Kinder an und aus. 8. Sie bringt die Kinder ... und holt sie von dort wieder ab. 9. Sie hebt Geld von der Bank ab.

Übung 1 d: 1. Ich habe das Essen vorbereitet. 2. habe ... abgewaschen und es abgetrocknet 3. habe ... zurückgestellt 4. habe ... abgestaubt 5. habe ... herausgenommen und sie aufgehängt 6. habe ... abgenommen, sie zusammengelegt und (sie) weggeräumt 7. habe ... an- und ausgezogen 8. habe ... gebracht und wieder abgeholt 9. habe ... abgehoben

Übung 1 e: 1. Sie bereitete das Essen vor. 2. wusch ... ab und trocknete es ab 3. stellte ... zurück 4. staubte ... ab 5. nahm ... heraus und hängte sie auf 6. nahm ... ab, legte sie zusammen und räumte sie weg 7. zog die Kinder an und aus 8. brachte die Kinder ... hin und holte sie wieder ab 9. hob ... ab.

Übung 2 a: 2. Er schnallt sich an. 3. Er steigt vorn aus. 4. Er zeigt die Flugtickets vor. 5. Er macht den Koffer auf. 6. Er nimmt das Gepäck mit. 7. Er füllt die Zollerklärung aus. 8. Er gibt den Pass ab.

Übung 2 b: 2. Ich habe mich angeschnallt. 3. Ich bin vorn ausgestiegen. 4. Ich habe die Flugtickets vorgezeigt. 5. Ich habe den Koffer aufgemacht. 6. Ich habe das Gepäck mitgenommen. 7. Ich habe die Zollerklärung ausgefüllt. 8. Ich habe den Pass abgegeben.

Übung 2 c: 2. Er schnallte sich an. 3. Er stieg vorn aus. 4. Er zeigte die Flugtickets vor. 5. Er machte den Koffer auf. 6. Er nahm das Gepäck mit. 7. Er füllte die Zollerklärung aus. 8. Er gab den Pass ab.

Übung 3: 1. Nein, er stellt sie gerade auf. 2. ... sie zeichnet sie gerade aus. 3. ... er bringt ihn gerade raus. 4. ... er rechnet gerade ab. 5. ... sie liefert es gerade an. 6. ... sie hängt sie gerade auf. 7. ... sie räumt ihn gerade auf. 8. ... sie holt sie gerade ab. 9. ... sie packt sie gerade aus. 10. ... er schreibt sie gerade aus. 11. ... sie räumt sie gerade auf.

Übung 4 a: 1. Er schließt sie wieder zu. 2. Er dreht ihn wieder zu. 3. Er schaltet es wieder ab. 4. Er packt sie wieder aus. 5. Er macht sie wieder zu. 6. Er hängt sie wieder ab.

Übung 4 b: 1. Sie hat ... aufgeschlossen; er hat ... zugeschlossen 2. hat ... aufgedreht; hat ... zugedreht 3. hat ... angeschaltet; hat ... abgeschaltet. 4. hat ... eingepackt; hat ... ausgepackt 5. hat ... aufgemacht; hat ... zugemacht 6. hat ... aufgehängt; hat ... abgehängt

Übung 5: 1. Mein Hund ist weggelaufen. Ich bin hinterhergelaufen. 2. Er hat ... vorgerechnet. Sie hat ... ausgeliehen. 3. Der Lehrling hat ... gesagt und der Chef hat zugestimmt. Der Chef hat ... gesagt und der Lehrling hat nicht zugehört. 4. Der Arzt hat ... beigestanden, aber der Kranke hat ... weggeworfen. 5. Ich habe ... zugegeben, aber sie hat ... nicht eingesehen. 6. Sie hat ... eingeschaltet, aber er hat es ... ausgeschaltet. 7. Sie hat ... angemacht und er hat es ... ausgeschaltet. 8. Meine Schwiegermutter ist ... angekommen; sie ist ... weitergefahren. 9. Der Junge hat ... weggestoßen. Der Nachbar ist ... hinuntergestürzt. 10. Unsere Freunde haben ... vorgeführt. Ich bin ... eingeschlafen. 11. Ich habe ... angerufen, aber er hat ... nicht abgenommen. 12. Die Kühe haben sich losgerissen. Der Bauer hat sie ... angebunden.

Übung 6: 1. Der Chef schließt die Schreibtischschublade zu (schloss ... zu). Die Sekretärin schließt sie ... wieder auf (schloss sie ... wieder auf). 2. Die Kinder laufen voran (liefen voran) und die Großeltern gehen ... hinterher (gingen ... hinterher). 3. Er bringt ... mit (brachte ... mit). Ich packe ... aus (packte ... aus).
4. Sie leiht ... aus (lieh ... aus), aber sie bekommt ... nicht zurück (bekam ... nicht zurück). 5. Er reißt sich alle grauen Haare aus (riss sich ... aus). Es bleiben leider nicht ... auf seinem Kopf zurück (blieben nicht ... zurück). 6. Der Dieb stellt ... hin und rennt fort (stellte ... hin und rannte fort). Ich laufe hinterher (lief hinterher). 7. Den Dieb halte ich ... fest (hielt ich ... fest). Die Tasche nimmt ... ein anderer ... mit (nahm ... mit). 8. Der Beamte stellt ... aus (stellte ... aus). Ich fahre los (fuhr ... los). 9. Das Töchterchen trinkt ... aus und isst ... auf (trank ... aus und aß ... auf). Der Hund leckt ... aus (leckte ... aus). 10. Die jungen Leute ziehen ... zusammen (zogen ... zusammen). Der Hausbesitzer stellt ... ab (stellte ... ab).

§ 8

Übung 1: 1. verbietet; hat ... verboten
2. empfinden, haben ... empfunden 3. beendet; hat ... beendet 4. erreicht; hat ... erreicht 5. gefällt; hat ... gefallen 6. bezahlt; hat ... bezahlt 7. empfängt; hat ... empfangen 8. erobert; hat ... erobert 9. erreichen; haben ... erreicht 10. verspricht; hat ... versprochen 11. beachtet ... nicht und verursacht; hat ... nicht beachtet und hat ... verursacht 12. beschließen; haben ... beschlossen 13. verspricht; hat ... versprochen 14. zerstörst; hast ... zerstört 15. vergisst; hat ... vergessen 16. entwirft; hat ... entworfen

Übung 2: 1. Die Eltern verstecken/versteckten das Geschenk. 2. Er erklärt/erklärte 3. Der Hausherr zerreißt/zerriss 4. Die Kinder vergessen/vergaßen 5. Die Fußballmannschaft verliert/verlor 6. Der Medizinstudent besteht/bestand 7. Ich vertraue/vertraute 8. Der Ingenieur erfindet/erfand 9. In der Vorstadt entsteht/ent-

stand 10. Das Kind zerbricht/zerbrach 11. Der alte Professor begreift/begriff 12. Er vergleicht/verglich 13. Wir erreichen/erreichten 14. Er empfängt/empfing 15. Auf dem langen Transport verdirbt/verdarb

Übung 3: 3. verbreitert 4. angelegt 5. eingerichtet 6. vergrößert 7. ausgebaut 8. erweitert 9. abgerissen 10. errichtet 11. abgebrochen 12. eingeschränkt 13. angeschafft 14. entlastet 15. eingerichtet 16. errichtet 17. festgestellt 18. angekurbelt 19. enteignet 20. veranstaltet 21. herausgeben 22. verhindert 23. angestrichen 24. angelegt 25. eingeplant

Übung 4: 1. Kirstin hat das Museum besucht. 2. Sie hat sich ... besorgt und hat ... bezahlt. 3. hat ... betreten 4. hat ... betrachtet 5. ist ... geblieben 6. hat ... verlassen und ist ... gelangt 7. hat ... verbracht 8. hat ... studiert 9. hat ... erkannt 10. ist ... vergangen

Übung 5: 1. enteignet 2. entlassen 3. verklagt 4. verboten 5. bedroht 6. begriffen 7. verhungert 8. verlangt 9. misslungen 10. verdorben 11. zersprungen 12. bekämpft 13. vergessen 14. vermisst

§ 9

Übung 1: 1. Ernst wiederholt die starken Verben. Ernst hat die starken Verben wiederholt. 2. Die Fischer schneiden die Leine durch (haben ... durchgeschnitten). 3. Der Direktor unterschreibt den Brief (hat ... unterschrieben). 4. Ich unterhalte mich mit den Ausländern (habe mich ... unterhalten). 5. Wir umfahren die Großstadt auf der Autobahn (haben ... umfahren). 6. Der Betrunkene fährt die Laterne um (hat ... umgefahren). 7. Er tritt zum katholischen Glauben über (ist ... übergetreten). 8. Ich durchschaue die Pläne meines Geschäftspartners (habe ... durchschaut). 9. Die Milch läuft über (ist übergelaufen). 10. Der Einbrecher bringt den Hausbesitzer um (hat ... umgebracht). 11. Warum stellst du schon wieder alle Möbel um (hast ... umgestellt)? 12. Warum unterbrechen Sie den Sprecher dauernd (haben Sie ... unterbrochen)? 13. Der Assistent überrascht den Professor mit seinen guten Kenntnissen (hat … überrascht). 14. Das Schiff geht im Sturm unter (ist … untergegangen). 15. Der Politiker überlegt sich seinen Austritt aus der Partei sehr genau (hat sich … überlegt). 16. Die Soldaten laufen in Scharen zum Feind über (sind … übergelaufen). 17. Der Redner unterbricht den Vortrag (hat … unterbrochen).

Übung 2: 1. übernimmst; überrascht; angenommen; führt das Geschäft weiter; überschritten 2. nimmt an; unterschlagen; unterlassen; überprüfen; fiel der Buchhalter durch den Kauf einer sehr großen Villa auf; untersuchte; griff die Firma schnell durch; schaltete sofort die Polizei ein; dahintergekommen; untergetaucht; untergekommen; durchkreuzte; brachte sich um

Übung 3: 1. Er ist bei dem letzten Examen durchgefallen. 2. Ich habe die Ausrede sofort durchschaut. 3. Der Lehrer hat den ganzen Satz durchgestrichen. 4. Der Verkäufer hat das Brot durchgeschnitten. 5. Zum Glück hat das kranke Kind bis zum Morgen durchgeschlafen. 6. Die Bauern durchquerten mit ihren Wagen die ganze Stadt. 7. Er überwies den Betrag an die Versicherung. 8. In seiner Tasche fand er seinen Pass wieder. 9. Am nächsten Tag hat der Politiker seine Äußerung widerrufen. 10. Der Lehrling widersetzte sich der Anordnung des Chefs. 11. Warum habt ihr den Besuch bei eurem Onkel unterlassen?

§ 10

Übung 1: ich ziehe mich an / zog mich an / habe mich angezogen; sie ziehen sich an / zogen sich an / haben sich angezogen – du ziehst dich um / zogst dich um / hast dich umgezogen; ihr zieht euch um / zogt euch um / habt euch umgezogen – er entfernt sich / entfernte sich / hat sich entfernt; wir entfernen uns / entfernten uns / haben uns entfernt – wir beschweren uns / beschwerten uns / haben uns beschwert; er beschwert sich / beschwerte sich / hat sich beschwert – ihr erinnert euch / erinnertet euch / habt euch erinnert; du erinnerst dich / erinnertest dich / hast dich erinnert – sie freuen sich / freuten sich / haben sich gefreut; ich freue mich / freute mich / habe mich ge-

freut – ich stelle mir die Aufregung vor /stellte mir die A. vor / habe mir die A. vorgestellt; sie stellen sich die A. vor / stellten sich die A. vor / haben sich die A. vorgestellt – du denkst dir eine Entschuldigung aus / dachtest dir eine E. aus / hast dir eine E. ausgedacht; ihr denkt euch eine E. aus / dachtet euch eine E. aus / habt euch eine E. ausgedacht – er sieht sich die Ausstellung an / sah sich die A. an / hat sich die A. angesehen; wir sehen uns die A. an / sahen uns die A. an / haben uns die A. angesehen – wir kaufen uns ein Moped / kauften uns ein M. / haben uns ein M. gekauft; er kauft sich ein M. / er kaufte sich ein M. / hat sich ein M. gekauft – ihr bestellt euch ein Bier / bestelltet euch ein B. / habt euch ein B. bestellt; du bestellst dir ein B. / bestelltest dir ein B. / hast dir ein B. bestellt – sie merken sich die Adresse / merkten sich die A. / haben sich die A. gemerkt; ich merke mir die A. / merkte mir die A. / habe mir die A. gemerkt

Übung 2: 1. Wir ruhen uns nach der Wanderung erst einmal aus (ruhten uns … aus / haben uns … ausgeruht). 2. Der Student bemüht sich um … (bemühte sich um … / hat sich um … bemüht) 3. Der Geschäftsmann befindet sich … (befand sich … / hat sich … befunden) 4. Die Kinder beschäftigen sich mit … (beschäftigten sich mit … / haben sich mit … beschäftigt) 5. Der Junge fürchtet sich vor … (fürchtete sich vor … / hat sich vor … gefürchtet). 6. Die Autonummer merken wir uns … (merkten wir uns / haben wir uns … gemerkt). 7. Trefft ihr euch … (traft ihr euch … / habt ihr euch … getroffen)? 8. Wann trennst du dich von … (trenntest du dich von … / hast du dich von … getrennt)? 9. Ich rasiere mich immer mit … (rasierte mich immer mit … / habe mich immer mit … rasiert). 10. Wir unterhalten uns gern mit … (unterhielten uns gern mit … / haben uns gern mit … unterhalten). 11. Wir verstehen uns … (verstanden uns … / haben uns … verstanden). 12. Sie waschen sich … (wuschen sich … / haben sich … gewaschen). 13. Die Eltern wundern sich über … (wunderten sich über … / haben sich über … gewundert).

Übung 3: Doch, 1. wir fürchten uns vor der Dunkelheit 2. wir ruhen uns nach dem Fußmarsch aus 3. ich erhole mich bei dieser Tätigkeit 4. wir duschen uns nach dem Sport 5. wir ziehen uns zum Skifahren wärmer an 6. ich lege mich nach dem Essen etwas hin 7. ich setze mich bei dieser Arbeit 8. er erkundigt sich regelmäßig nach dem Zustand des Kranken 9. er überzeugt sich vorher von der Sicherheit des Autos 10. wir erinnern uns an das Fußballspiel 11. ich wundere mich über deine Geduld 12. wir unterhalten uns oft mit unseren Freunden über unsere Pläne 13. ich rasiere mich mit dem Elektrorasierer 14. ich bewerbe mich um diese Stelle 15. ich besinne mich auf den Namen deiner Freundin 16. ich freue mich auf die Urlaubsreise 17. ich schäme mich 18. ich entschuldige mich bei den Nachbarn 19. ich ziehe mich fürs Theater um 20. ich ärgere mich über seine Antwort

Übung 4: 1. Habt ihr euch nicht vor der Dunkelheit gefürchtet? Doch, wir haben uns vor der Dunkelheit gefürchtet. 2. Habt ihr euch … nicht ausgeruht? Doch, wir haben uns … ausgeruht. 3. Hast du dich … nicht erholt? Doch, ich habe mich … erholt. 4. Habt ihr euch nicht … geduscht? Doch, wir haben uns … geduscht. 5. Habt ihr euch … nicht wärmer gezogen? Doch, wir haben uns … wärmer angezogen. 6. Haben Sie sich … nicht etwas hingelegt? Doch, ich habe mich … etwas hingelegt. 7. Haben Sie sich … nicht gesetzt? Doch, ich habe mich … gesetzt. 8. Hat sich der Arzt nicht … erkundigt ? Doch, er hat sich … erkundigt. 9. Hat sich Vater nicht … überzeugt? Doch, er hat sich … überzeugt. 10. Habt ihr euch nicht … erinnert? Doch, wir haben uns … erinnert. 11. Hast du dich nicht … gewundert? Doch, ich habe mich … gewundert. 12. Habt ihr euch nicht … unterhalten? Doch, wir haben uns … unterhalten. 13. Hast du dich nicht … rasiert? Doch, ich habe mich … rasiert. 14. Haben Sie sich nicht … beworben? Doch, ich habe mich … beworben. 15. Hast du dich nicht … besonnen? Doch, ich habe mich … besonnen. 16. Haben Sie sich nicht … gefreut? Doch, ich habe mich … gefreut. 17. Hast du dich nicht geschämt? Doch, ich habe mich geschämt. 18. Hast du dich nicht … entschuldigt? Doch, ich habe mich … entschuldigt. 19. Hast du dich nicht … umgezogen? Doch, ich habe mich … umgezogen. 20. Hast du dich nicht … geärgert? Doch, ich habe mich … geärgert.

Übung 5: 1. … sich ins Nest. 2. … sich im Sanatorium! 3. … sich nicht für ihr Benehmen. 4. … sich für Hans. 5. … dich nach dem Zug? 6. … sich mit Spanisch. 7. … mich nicht an Sie. 8. … uns um einen Studienplatz. 9. … euch um diese Stelle?

Übung 6: 1. … uns eine Weltreise. 2. … sich einen Kugelschreiber. 3. … sich ein Haus. 4. … euch einen Scherz? 5. … sich die Haare? 6. … mir diesen Lärm! 7. … dir die Hände.

Übung 7: sich – sich – sich – uns – uns – sich – sich – mich – uns – mich – mich – uns – dir – dir – mir – mir – dir – sich – dich – dich – dich – dir – mir – dich – sich – dich – uns – dich

§ 11

Übung 1: 1. Wecken Sie mich bitte um sieben Uhr. 2. Schicken Sie mir bitte das Frühstück aufs Zimmer. 3. Besorgen Sie mir bitte eine Tageszeitung. 4. Bringen Sie bitte den Anzug zur Reinigung. 5. Verbinden Sie mich bitte mit der Telefonauskunft. 6. Lassen Sie mich bitte mittags schlafen und stören Sie mich nicht durch Telefonanrufe. 7. Besorgen Sie mir bitte ein paar Kopfschmerztabletten. 8. Lassen Sie bitte die Koffer zum Auto bringen. 9. Schreiben Sie bitte die Rechnung.

Übung 2 a: 1. Schreib nicht so undeutlich! 2. Iss nicht so langsam! 3. Rauch nicht so viel! 4. Fehl nicht so oft! 5. Mach nicht so viele Fehler! 6. Sprich nicht so leise! 7. Komm nicht immer so spät! 8. Sei nicht so unkonzentriert! 9. Sei nicht so nervös! 10. Mach nicht so viel Unsinn!

Übung 2 b: 1. Gib bitte deine Arbeit ab! 2. Bezahl bitte dein Busgeld! 3. Füll bitte deinen Antrag aus! 4. Mach bitte deine Hausaufgaben! 5. Sammle bitte das Theatergeld ein! 6. Lern bitte deine Vokabeln! 7. Bring bitte die Unterschrift des Vaters mit! 8. Geh bitte zum Direktor!

Übung 3: 3. Verbreitert Straßen! 4. Legt einen Busbahnhof an! 5. Richtet neue Buslinien ein! 6. Vergrößert den Sportplatz! 7. Baut das Clubhaus aus! 8. Erweitert das Gasleitungsnetz! 9. Reißt die alte Schule ab! 10. Errichtet eine neue Schule! 11. Brecht das hässliche Amtsgebäude ab! 12. Schränkt den Verkehrslärm ein! 13. Schafft neue Busse an! 14. Entlastet die Straßen der Innenstadt! 15. Richtet Fußgängerzonen ein! 16. Errichtet ein Denkmal! 17. Stellt Luftverschmutzer fest! 18. Kurbelt den Fremdenverkehr an! 19. Enteignet leerstehende Häuser! 20. Veranstaltet historische Feste! 21. Gebt einen Stadtplan heraus! 22. Verhindert die Durchfahrt des Fernverkehrs durch die Stadt! 23. Streicht die Rathausfenster an! 24. Legt Radfahrwege an! 25. Plant Grünflächen ein!

Übung 4: (Ü1a) 1. Melden Sie die Besucher bitte an! 2. Führen Sie die Aufträge bitte durch! 3. Laden Sie die Gäste bitte ein! 4. Sprechen Sie die Termine bitte ab! 5. Holen Sie die Post bitte ab! 6. Bereiten Sie die Besprechungen bitte vor! 7. Halten Sie wichtige Papiere bitte bereit! 8. Schreiben Sie Geschäftsfreunde bitte an! (Ü1c) 1. Bereiten Sie das Essen bitte vor! 2. Waschen Sie das Geschirr bitte ab und trocknen Sie es ab! 3. Stellen Sie alles bitte in den Schrank zurück! 4. Stauben Sie die Möbel bitte ab! 5. Nehmen Sie die Wäsche bitte aus der Waschmaschine und hängen Sie sie auf! 6. Nehmen Sie die Wäsche bitte ab, legen Sie sie zusammen und räumen Sie sie weg! 7. Ziehen Sie die Kinder bitte an und aus! 8. Bringen Sie die Kinder bitte zum Kindergarten und holen Sie sie von dort wieder ab! 9. Heben Sie das Geld bitte von der Bank ab!

Übung 5: 3. Steigen Sie bitte vorn aus! 4. Zeigen Sie bitte die Flugtickets vor! 5. Machen Sie bitte den Koffer auf! 6. Nehmen Sie bitte das Gepäck mit! 7. Füllen Sie bitte die Zollerklärung aus! 8. Geben Sie bitte den Pass ab!

Übung 6: 1. Schließ die Tür bitte wieder zu! 2. Dreh den Wasserhahn bitte wieder auf! 3. Schalte das Radio bitte wieder ab! 4. Pack die Geschenke bitte wieder aus! 5. Mach das Fenster bitte wieder zu! 6. Häng die Bilder bitte wieder ab!

§ 12

Übung 1: 1. Wir haben schon zu Mittag gegessen. 2. Ich habe ihn schon angerufen. 3. Ich habe sie schon gekauft. 4. Sie ist schon angekommen. 5. Er ist schon abgefahren. 6. Ich habe ihn schon geschrieben. 7. Sie sind schon ausgezogen. 8. Sie sind schon eingezogen. 9. Wir haben uns schon einen (Fernseher) angeschafft.

Übung 2: 1. Hast; bin; bin/habe; habe 2. haben; sind 3. sind; sind; sind 4. haben; sind 5. ist; hat; ist 6. haben; ist; hat; hat; ist; hat 7. ist; ist; ist; hat; haben

Übung 3: 1. Ulla hat ihre Hausaufgaben gemacht. 2. Jens hat sich mit Hans-Günther unterhalten. 3. Gilla hat die Zeitung gelesen. 4. Ulrich hat mit Carlo Karten gespielt. 5. Karin hat Männchen gemalt. 6. Ulrike hat Rüdiger lateinische Vokabeln abgehört. 7. Christiane hat sich mit Markus gestritten. 8. Katja hat ein Gedicht auswendig gelernt. 9 Heide hat mit Stefan eine Mathematikaufgabe ausgerechnet. 10. Iris hat etwas an die Tafel geschrieben. 11. Claudia und Joachim haben sich Witze erzählt. 12. Wolfgang und Markus haben ihre Radtour besprochen. 13. Ich habe in der Ecke gesessen und alles beobachtet.

Übung 4: Zuerst sind wir ... gefahren. Dort sind wir ... gegangen. An diesem Tag hat der „Tannhäuser" ... gestanden. Auch am Sonntag sind wir ... geblieben und haben uns ... angeschaut. Am Sonntagabend haben wir uns mit ... getroffen und sind ... gefahren. Da sind wir ... geblieben. Wir sind ... gewandert. Abends haben wir dann noch zusammengesessen und haben uns unterhalten, haben ferngesehen oder sind tanzen gegangen. Kaum hat man ... gelegen, ist man auch schon eingeschlafen. Am Sonntag darauf sind wir ... gefahren.

Übung 5: 1. Was hat Frau Traut im Garten gemacht? Sie hat Unkraut vernichtet und Blumen gepflückt. 2. Was hat Inge ... gemacht? Sie hat ein Kleid gekauft und Schuhe anprobiert. 3. Was hat Herr ... gemacht? Er ist in die Stadt gefahren und hat Geld von der Bank abgehoben. 4. Was hat Frau … gemacht? Sie ist zur Post gefahren und hat ein Paket aufgegeben. 5. Was hat Herr … gemacht? Er hat den Fotoapparat zur Reparatur gebracht und die Wäsche aus der Wäscherei abgeholt. 6. Was hat Herr … gemacht? Er hat Unterricht gehalten und Hefte korrigiert. 7. Was hat Frau … gemacht? Sie hat Rechnungen bezahlt und Telexe geschrieben. 8. Was hat Professor … gemacht? Er hat Vorlesungen gehalten und Versuche durchgeführt. 9. Was hat Fritzchen … gemacht? Er ist in den Kindergarten gegangen und hat Blumen und Schmetterlinge gemalt. 10. Was hat Frau … gemacht? Sie hat Patienten untersucht und Rezepte ausgeschrieben.

Übung 6: 1. Herr Maier hat sich Kartons besorgt und darin die Bücher verpackt. 2. Er hat sich einen Lieferwagen geliehen und ist damit zu seiner alten Wohnung gefahren. 3. Die Freunde haben die Möbel hinuntergetragen und sie im Auto verstaut. 4. Dann sind die Männer zu der neuen Wohnung gefahren und haben dort die Möbel ausgeladen. 5. Sie haben sie mit dem Aufzug in die neue Wohnung gebracht und sie dort aufgestellt. 6. Frau Maier hat das Porzellan sorgfältig in Kartons verpackt und (hat) es mit dem Auto zu der neuen Wohnung gefahren. 7. Dort hat sie es wieder ausgepackt und in den Schrank gestellt. 8. Maiers sind mit dem Lieferwagen fünfmal hin- und hergefahren, dann haben sie ihn der Firma zurückgebracht.

Übung 7: 1. Ein Mann hat eine alte Frau im Park überfallen und ihr die Handtasche geraubt. 2. Ein Motorradfahrer ist mit hoher Geschwindigkeit durch eine Kurve gefahren und von der Straße abgekommen. Dabei ist er gegen einen Baum gerast und hat das Bewusstsein verloren. 3. Ein betrunkener Soldat ist mit einem Militärfahrzeug durch die Straßen gefahren und hat dabei fünfzehn Personenwagen beschädigt. 4. Auf einem Bauernhof haben Kinder mit Feuer gespielt und dabei die Stallungen in Brand gesteckt. Die Feuerwehrleute haben die Tiere losgebunden und sie aus den Ställen gejagt. 5. Zwei Räuber haben eine Bank überfallen und eine halbe Million Mark mitgenommen.

Übung 8: Ich bin zu spät aufgewacht, bin sofort aus dem Bett gesprungen, habe dabei die Bettdecke zerrissen und das Wasserglas vom Nachttisch geworfen. Das hat mich schon sehr ärgerlich gemacht. Ich habe mich nicht gewaschen, habe mich in aller Eile angezogen, habe die Strümpfe verwechselt und mir eine falsche Krawatte umgebunden. Ich habe nur schnell einen Apfel eingesteckt, habe die Wohnung verlassen und bin die Treppe hinuntergerannt. Die Straßenbahn ist mir gerade vor der Nase weggefahren. Ich bin ungeduldig zehn Minuten lang an der Haltestelle hin- und hergelaufen. Ich bin eilig in die nächste Bahn gestiegen, habe aber dabei die Fahrkarte aus der Hand verloren. Ich habe mich umgedreht, habe die Fahrkarte vom Boden aufgehoben, aber der Fahrer hat im selben Augenblick die automatischen Türen zugemacht. Ich habe ein Taxi angehalten, aber der Taxifahrer hat die Adresse falsch verstanden und (hat) den Wagen zunächst in die falsche Richtung gelenkt. So ist wieder viel Zeit vergangen. Ich bin 45 Minuten zu spät in der Firma angekommen, habe mich beim Chef entschuldigt und habe die Sekretärin beruhigt. Ich habe dann noch eine halbe Stunde am Schreibtisch geschlafen.

§ 13

Übung 1: 1. gelegen 2. gehängt 3. gehangen 4. gelegen 5. gelegt 6. gestellt 7. gestanden 8. gesetzt 9. gesessen 10. gestanden 11. gestellt 12. gelegt 13. gelegt 14. gesetzt 15. gesessen 16. gesetzt 17. gehängt 18. gehangen

Übung 2: 1. in den Schrank 2. im Wohnzimmerschrank 3. in den Küchenschrank 4. in das Schränkchen im Esszimmer 5. In dem Schränkchen 6. im Badezimmer 7. auf der Wäscheleine hinter dem Haus 8. in den Wäscheschrank 9. in die Waschmaschine 10. auf die Wäscheleine

Übung 3: 1. Er hat das Geschirr in den Schrank zurückgestellt. 2. Die Gläser haben immer im Wohnzimmerschrank gestanden. 3. Die Tassen und Teller hat er in den Küchenschrank gestellt. 4. Die Tischtücher hat er in das Schränkchen im Esszimmer gelegt. 5. In dem

Schränkchen haben auch die Servietten gelegen. 6. Ein Geschirrtuch hat im Badezimmer gehangen. 7. Die Wäsche hat noch auf der Wäscheleine hinter dem Haus gehangen. 8. Er hat sie abgenommen und in den Wäscheschrank gelegt. 9. Die schmutzige Wäsche hat er in die Waschmaschine gesteckt. 10. Später hat er sie auf die Wäscheleine gehängt.

Übung 4: 1. a) löschte b) ist erloschen c) löschen d) löschten e) erlischt f) ist erloschen 2. a) senkte b) sinkt c) ist gesunken d) sinkt e) sinken f) ist gesunken g) sank h) versanken i) ist versunken j) versenkte 3. a) hat gesprengt b) sprengt c) ist gesprungen d) sprengen e) ist gesprungen f) springt g) ist gesprungen 4. a) Verschwinde b) verschwindet c) verschwand d) verschwende e) verschwindet f) verschwendete g) ist verschwunden 5. a) Hat … erschreckt b) bin … erschrocken c) sind … erschrocken d) Erschrick e) erschreckte f) erschrickt g) erschreckst h) erschrecke

§ 14

Übung 1: 1. eine Burg; ein Schloss; einen Dom; ein Kloster; ein Denkmal 2. einen Wald; eine Wiese; einen Acker; ein Dorf; eine Stadt; einen Stausee 3. den Professor; den Kommilitonen; die Professorin; die Kommilitonin 4. einen Fachmann; einen Schreiner; einen Schlosser; einen LKW-Fahrer oder eine LKW-Fahrerin 5. einen Drachen; ein Flugzeug; einen Lampenschirm; ein Möbelstück

Übung 2: 1. j) den Kühen 2. f) der Patientin 3. g) den Eltern 4. i) der Gemeinde 5. d) dem Geburtstagskind 6. e) dem Gastgeber 7. c) dem Hund 8. a) dem Jäger 9. b) den Blumen 10. h) dem Ladendieb

Übung 3: 1. Er ähnelt seinem Vater immer mehr. 2. Der Angeklagte antwortete dem Richter nicht. 3. Ich bin gestern meinem Freund begegnet. 4. Sein Vater wird ihm finanziell beistehen. 5. Meine Telefonnummer ist meinem Nachbarn nicht eingefallen. 6. Das Geld für das Schwimmbad fehlt der Gemeinde leider. 7. Mein Hund folgt mir aufs Wort. 8. Das Wetter gefiel den Wanderern gar nicht. 9. Die Villa gehört einem Bankdirektor. 10. Die Lösung der Aufgabe ist den Schülern nicht gelungen.

Übung 4: Ja, ich hab' 1. … ihm die Frage beantwortet. 2. … ihnen meinen Entschluss mitgeteilt. 3. … ihnen das Fußballspielen verboten. 4. … ihr die Kündigung geschickt. 5. … ihm das Rauchen gestattet. 6. … ihr den Fernseher überlassen. 7. … ihm die Wahrheit gesagt. 8. … ihm meine Schulden verschwiegen. 9. … ihnen den Ball weggenommen. 10. … ihnen die Urlaubsbilder schon gezeigt. 11. … ihr einen Ausflug versprochen. 12. … ihnen einen Gruß geschickt.

Übung 5: 1. Die Hausfrau vertraute dem Nachbarn die Pflege der Blumen an. / Die Hausfrau hat dem Nachbarn die Pflege der Blumen anvertraut. 2. Die Tochter beantwortete dem Vater die Frage. / … hat … beantwortet. 3. Der Angeklagte bewies dem Richter seine Unschuld. / … hat … bewiesen. 4. Udo borgte meinem Freund das Moped. / … hat … geborgt. 5. Der Briefträger brachte den Einwohnern die Post jeden Morgen gegen 9 Uhr. / … hat … gebracht. 6. Er erzählte den Kindern Märchen. / … hat … erzählt. 7. Der Bürgermeister gab dem Brautpaar die Urkunden. / … hat … gegeben. 8. Gisela lieh dem Nachbarn das Fahrrad gern. / … hat … geliehen. 9. Das Versandhaus lieferte den Kunden die Ware ins Haus. / … hat … geliefert. 10. Sie schickte der Tante das Geburtstagsgeschenk. / … hat … geschickt. 11. Hans schickte dem Chef die Kündigung aus Frankreich. / … hat … geschickt. 12. Das Warenhaus sandte dem Kunden den Kühlschrank ins Haus. / … hat … gesandt. 13. Der Angestellte verschwieg dem Chef seine Kündigungsabsicht. / … hat … verschwiegen. 14. Die Zollbehörde verweigerte dem Ausländer die Einreise. / … hat … verweigert. 15. Eine Diebesbande entwendete den Fahrgästen im Schlafwagen das Geld. / … hat … entwendet. 16. Die Polizei entzog dem Busfahrer den Führerschein. / … hat … entzogen. 17. Der Motorradfahrer raubte der Dame die Tasche im Vorbeifahren. / … hat … geraubt. 18. Meine Freundin schenkte den Eltern dieses Teeservice zu Weihnachten. / … hat … geschenkt. 19. Ein Dieb stahl dem Junggesellen die ganze Wohnungseinrichtung. / … hat … gestohlen. 20. Der Vater versprach dem

Sohn zum Abitur das Geld für eine Italienreise. /
... hat ... versprochen.

Übung 6: 1. Der Pfleger reichte der Kranken
das Medikament. 2. Er schrieb ihren Angehörigen einen Brief. 3. Die Verwandten besuchten
die Kranke. 4. Die Angehörigen mussten die Patientin bald wieder verlassen. 5. Der Arzt erlaubte der Dame nicht aufzustehen. 6. Der
Chefarzt wollte die Kranke noch nicht entlassen. 7. Die Frau wollte dem Arzt nicht widersprechen. 8. Die Pfleger mussten der Frau beistehen. 9. Mein Bruder traf die Touristen in der
Stadt. 10. Die Touristen verließen den Bus.
11. Ich begegnete den Touristen. 12. Das Informationsbüro empfahl den Touristen das Hotel
„Ritter". 13. Die Touristen stimmten dem Vorschlag zu. 14. Die Leute suchten das Hotel.
15. Ein Fußgänger zeigte den Reisenden den
Weg. 16. Der Bus näherte sich dem Hotel.
17. Das Musikstück missfiel den Besuchern.
18. Der Vater versprach dem Jungen eine Belohnung. 19. Die Lügen halfen den Politikern
nicht. 20. Das Parlament beschloss ein Gesetz.

Übung 7: 1. Nein, das stimmt nicht, sie hat
ihm die Pflege der Blumen nicht anvertraut!
2. ... sie hat ihm die Frage nicht beantwortet!
3. ... er hat ihm seine Unschuld nicht bewiesen! 4. ..., er hat ihm das Moped nicht geborgt!
5. ..., er hat ihnen die Post nicht jeden Morgen
gegen 9 Uhr gebracht! 6. ..., er hat ihnen keine
Märchen erzählt! 7. ..., er hat ihm die Urkunden nicht gegeben! 8. ..., sie hat ihm das Fahrrad nicht gern geliehen! 9. ..., es hat ihnen die
Ware nicht ins Haus geliefert! 10. ..., sie hat ihr
das Geburtstagsgeschenk nicht geschickt!
11. ..., er hat ihm die Kündigung nicht aus
Frankreich geschickt! 12. ..., es hat ihm den
Kühlschrank nicht ins Haus gesandt! 13. ..., er
hat ihm die Kündigungsabsicht nicht verschwiegen! 14. ..., sie hat ihm die Einreise
nicht verweigert!

§ 15

Übung 1: 1. Worüber herrschte der Diktator
grausam? 2. Auf wen hast du gewartet? 3. Worauf bereitet ...? 4. Worüber sprachen ...?
5. Über wen schimpfte ...? 6. Worüber beklag-

ten ...? 7. Worum geht es? 8. Mit wem unterhielt ...? 9. Wovor schützten ...? Womit schützten...? 10. Wofür sammeln ...?

Übung 2: S: mit Ihnen; um seine Gehaltserhöhung – C: um diese Sorgen – S: an dem Kongress – C: für die Einladung; hängt davon ab –
S: um die Stelle – C: um die Stelle; auf alle
Zeugnisse – S: über ihre Arbeitsbedingungen;
daran gewöhnen – C: darauf verlassen – S: hält
nichts davon – S: daran erinnern – C: auf Sie
verlassen – S: entschuldigt sich bei Ihnen; an
der Besprechung; leidet an ... Kopfschmerzen –
C: auf baldige Besserung – S: um Informationen; warnt Sie davor – C: darüber wundern;
über die Firmen – S: beschweren sich darüber;
bitten Sie darum – C: das hängt ... davon ab –
S: danach erkundigt; um 26 Kinder – C: Darüber muss ich ... nachdenken – S: darum bitten;
auf mein Mittagessen

Übung 3: 1. darauf; an diesem Kurs; für dieses
Thema 2. vor dem Direktor; für einen sehr
freundlichen Menschen 3. daran; über meine
Fehler; in Wut 4. beim Professor; mit dir über
deine Doktorarbeit 5. Damit; um die Kinder;
darauf 6. an unsere Gewohnheiten; zu den
Menschen; daran 7. mit diesem Problem; darüber; dazu; mit dieser Diskussion 8. bei dem Personalchef darüber

Übung 4: über – zu – darauf – darüber – darauf – mit – um – daran – auf – darauf – für –
um – vor – in – über – um – bei – an – vor

§ 16

Übung 1: 1. ..., dass die Kälber nicht von
ihren Muttertieren getrennt werden. 2. ..., dass
die meisten Eier ... von Hühnern in Käfigen
stammen. 3. ..., dass die Hühner ... frei herum-
laufen. 4. ..., die Eier von ... zu kaufen. 5. ...,
Fleisch von Tieren aus ... zu essen. 6. ..., dass
sie ... immer mehr ... verkaufen können (...,
immer mehr verkaufen zu können). 7. ..., dass
die Tierschutzgesetze strenger angewendet werden sollen. 8. ..., dass Rindern Injektionen gegeben werden, ...

Übung 2: 1. Ich fürchte, dass unsere Wanderung dann ausfällt. Ich fürchte, unsere Wanderung fällt dann aus. 2. a) Wir glauben, dass die Theateraufführung ein großer Erfolg wird. Wir glauben, die Theateraufführung wird ein großer Erfolg. b) Wir nehmen an, dass nicht alle Besucher eine Karte bekommen. / ..., nicht alle Besucher bekommen eine Karte. 3. a) Ich befürchte, dass der Bäcker an der Ecke seinen Laden bald aufgibt. / ..., der Bäcker ... gibt seinen Laden bald auf. b) Ich glaube, dass wir unser Brot dann ... im Supermarkt kaufen müssen. / ..., wir müssen ... kaufen. 4. a) Wir fürchten, dass wir nächste Woche viel Arbeit haben. / ..., wir haben ... viel Arbeit. b) Wir nehmen an, dass wir zu nichts anderem Zeit haben. / ..., wir haben ... Zeit. 5. a) Ich nehme an, dass das hier ein sehr fruchtbarer Boden ist. / ..., das hier ist ... Boden. b) Ich glaube, dass hier verschiedene Arten Gemüse gut wachsen. / ..., hier wachsen ... gut. 6. a) Du glaubst, dass der FC Bayern das Fußballspiel gewinnt? (..., der FC Bayern gewinnt ...? b) Ich nehme an, dass die Chancen eins zu eins stehen. / ..., die Chancen stehen ... 7. a) Ihr meint auch, dass wir den 30-Kilometer-Fußmarsch ... schaffen? / ..., wir schaffen den 30-Kilometer-Fußmarsch ...? b) Wir fürchten, dass einige dazu nicht in der Lage sind. / ..., einige sind dazu nicht in der Lage.

Übung 3: 1. Die Chefdolmetscherin bemüht sich (darum,) die Rede ... möglichst genau wiederzugeben. 2. Die anwesenden Politiker müssen sich darauf verlassen können, dass die Übersetzung zuverlässig und vollständig ist. 3. Die Dolmetscherin denkt daran, dass ein Übersetzungsfehler schlimme Folgen haben kann. 4. Sie gewöhnt sich daran, während einer Rede gleichzeitig zu hören und zu übersetzen. 5. Der Politiker kann darauf verzichten, während seiner Rede Übersetzungspausen zu machen. 6. Viele Zuhörer wundern sich (darüber), dass die Dolmetscherin gleichzeitig hören und übersetzen kann. 7. Niemand wundert sich (darüber), dass eine Dolmetscherin ... abgelöst werden muss. 8. Auch eine gute Dolmetscherin kann sich nie ganz daran gewöhnen, ständig hoch konzentriert sein zu müssen. 9. Sie fürchtet sich davor, als Chefdolmetscherin abgelöst zu werden. 10. Wer wundert sich darüber, dass eine Chefdolmetscherin ein gutes Gehalt bekommt?

Übung 4: 1. ... zum Bekleidungsgeschäft Müller und Co. zu gehen. 2. sich die Anzüge in Ruhe anzuschauen. 3. anzuprobieren, was ihm gefällt. 4. ..., eines der Billigangebote ... zu nehmen. 5. den Anzug mit dem Streifenmuster zu kaufen. 6. sich auch bald ein Paar neue Schuhe zu kaufen.

Übung 5: Wussten Sie schon, 1. dass über 90 Millionen Menschen ... Deutsch ... sprechen? 2. dass die deutsche Sprache ... steht? 3. dass Saudi-Arabien und ... fördern? 4. dass die größten Erdöllieferanten ... sind? 5. dass der längste Eisenbahntunnel Europas ... ist? 6. dass Österreich ... ist? 7. dass nach Österreich ... sind? 8. dass die meisten Besucher ... aus den Niederlanden kommen? 9. dass 65 Prozent der Schweizer ... sprechen? 10. dass nur 18,4 Prozent der Schweizer ... sprechen?

Übung 6: 1. Mein Geschäftsfreund hat mich gebeten nach London zu fahren. 2. Mein Freund hat es mir erlaubt, mit seinem Wagen zu fahren. 3. Er hat mich dazu aufgefordert, ihn zu besuchen. 4. Das Reisebüro hat mir dazu geraten, im Urlaub an die Nordsee zu fahren. 5. Das Finanzamt hat mich dazu gezwungen, so viel Steuern zu zahlen. 6. Mein Nachbar hat mich dazu aufgefordert, das Radio leiser zu stellen. 7. Ein Bekannter hat mich davor gewarnt, abends durch den Park zu gehen. 8. Meine Bekannten haben mir davon abgeraten, in die Berge zu fahren.

Übung 7: 1. ..., dass ich jeden Morgen um fünf Uhr aufstehen muss. 2. dass die Mieter das Treppenhaus reinigen? 3. dass ihn immer wieder Hunde der Hausbewohner anfallen? 4. dass Sie mir den Teppich heute noch bringen? 5. dass ich dich endlich wiedersehe! 6. dass wir immer noch auf einen Telefonanschluss warten. 7. dass ihr euch eine Quittung über die Getränke geben lasst! 8. dass ich euch eure Ferienreise finanzieren kann.

Übung 9: 1. heute Abend zu der Versammlung zu kommen. 2. über den neuen Müllskandal zu sprechen. 3. weitere Firmen in das neue

Industriegebiet kommen. 4. sich die Stadt im vergangenen Jahr nicht weiter verschuldet hat. 5. mich für den Bau eines Flughafens in Stadtnähe einzusetzen. 6. heute Abend auch über mein Gespräch mit der Landesregierung zu berichten. 7. die Stadtverordneten regelmäßig freie Eintrittskarten fürs Theater bekommen. 8. man die Eintrittspreise für das Hallenbad erhöhen muss.

Übung 10: 1. den Schlüssel mitzunehmen. 2. ..., dass man Singvögel fängt und isst. 3. uns sofort eine Antwort zu geben. 4. die Formulare vollständig auszufüllen. 5. ..., dass ihn sein Partner vielleicht betrügt. / von seinem Partner vielleicht betrogen zu werden. 6. davor, zu schnell zu fahren. 7. seine Doktorarbeit zu korrigieren. 8. Flaschen und Papier nicht in den Mülleimer zu werfen. 9. ..., dass er wirklich im vorigen Jahr wieder geheiratet hat? 10. sich einen kleinen Hund zu kaufen.

Übung 11: 1. von dir vorige Woche einen Brief erhalten zu haben. 2. dir nicht früher geschrieben zu haben. 3. noch nie zu spät gekommen zu sein. 4. dich nicht früher informiert zu haben. 5. nicht früher zu einem Architekten gegangen zu sein. 6. mit diesem Brief endlich eine Anstellung gefunden zu haben. 7. sie mit meinem Vortrag gestern Abend nicht gelangweilt zu haben. 8. sie vorher nicht gewarnt zu haben. 9. aus dem Gefängnis entflohen zu sein. 10. gestern verschlafen zu haben und zu spät gekommen zu sein.

§ 17

Übung 1: 1. Habt ihr den Garten gekauft? 2. Habt ihr die Obstbäume gepflanzt? 3. Habt ihr die Beete selbst angelegt? 4. Waren die Beerensträucher schon im Garten? 5. Ist das Gartenhaus neu? 6. Habt ihr das (Gartenhaus) selbst gebaut? 7. Habt ihr keinen Bauplan gehabt? 8. Ist so ein Gartenhäuschen schwer zu bauen? 9. Ist das Material dazu billig? 10. Macht so ein Garten viel Arbeit?

Übung 2: 1. Haben Sie sich denn nicht beschwert? 2. Haben Sie Ihre Beschwerde denn nicht schriftlich eingereicht? 3. Haben Sie Ihren Brief denn nicht sofort abgeschickt? 4. Sind Sie denn nicht sofort zum Finanzamt gegangen? 5. Haben Sie denn kein Steuergeld zurückbekommen? 6. Sind Sie denn nicht zufrieden? 7. Sind Sie denn nicht etwas traurig über den Verlust? 8. Bauen Sie denn nicht weiter?

Übung 3: 1. Nein, er verkauft kein Hammelfleisch. – Doch, er verkauft auch Hammelfleisch. 2. Nein, er macht keine Spezialschuhe. – Doch, er macht auch Spezialschuhe. 3. Nein, er ist kein Damenfrisör. – Doch, er ist auch Damenfrisör. 4. Nein, sie arbeitet nicht als Sekretärin. – Doch, sie arbeitet als Sekretärin. 5. Nein, man holt sich in der Kantine das Essen nicht selbst. – Doch, man holt sich ... 6. Nein, der Ober bedient nicht draußen im Garten. – Doch, der Ober bedient auch draußen ... 7. Nein, er bringt am Samstag keine Post. – Doch, er bringt auch am Samstag Post. 8. Nein, sie ist am Freitag nicht bis 17 Uhr geöffnet. – Doch, sie ist auch am Freitag ... geöffnet. 9. Nein, er hat ihr keine Fahrkarte gegeben. – Doch, er hat ihr ... gegeben. 10. Nein, sie hat keinen Sonntagsdienst eingerichtet. – Doch, sie hat auch einen ... eingerichtet. 11. Nein, er ist am Nachmittag nicht geschlossen. – Doch, er ist ... geschlossen. 12. Nein, es gibt am Samstag in der Schule keinen Unterricht. – Doch, es gibt auch am Samstag ... Unterricht.

Übung 4: 1. Nein, Gustav geht nicht mehr in den Kindergarten. 2. Nein, Dagmar hat noch keine Stelle. 3. Nein, Waltraut hat ihr Examen noch nicht gemacht. 4. Nein, Hilde arbeitet nicht mehr in dem Anwaltsbüro. 5. Nein, Ulli bleibt nicht mehr lange bei der Firma. 6. Nein, er hat noch nicht gekündigt. 7. Nein, Andreas hat noch keine Anstellung gefunden. 8. Nein, er kommt nur noch im Urlaub ... zurück. 9. Nein, er hat dort noch keine ... Stelle gefunden. 10. Doch, er bekommt eine Aufenthaltsgenehmigung, aber erst in vier Wochen. 11. Nein, der Bescheid ... kommt erst im nächsten Monat. 12. Doch, Gisela hat sich schon seit langem ... beworben. 13. Ja, aber erst in zwei Wochen. 14. Nein, wir sind erst in drei Stunden in Hamburg. 15. Ja, Herr Müller ist schon vor zehn Minuten gegangen.

Übung 5: 1. Nein, wir haben erst die Fenster im Wohnzimmer geputzt. 2. Nein, wir haben erst den Hausflur renoviert. 3. Nein, wir haben schon fast alle Türen gestrichen. 4. Nein, wir haben erst die Spüle in der Küche installiert. 5. Nein, wir haben schon alle Fußböden erneuert. 6. Nein, wir haben erst die Lampe im Treppenhaus aufgehängt.

Übung 6: 1. Nein, ich habe noch keine. 2. Nein, er hat es noch nicht bezahlt. 3. Nein, ich habe ihm noch nicht geschrieben. 4. Nein, ich habe noch keine (Nachricht von ihm). 5. Nein, er hat mir noch nicht gedankt. 6. Nein, ich bin noch nicht müde. 7. Nein, wir haben noch keinen Hunger. 8. Nein, ich habe ihm noch nichts von dem Unfall / davon erzählt.

Übung 7: 1. Nein, ich habe keins / kein Geld mehr. 2. Nein, ich habe keinen (Bruder) mehr. 3. Nein, ich habe nichts mehr übrig. 4. Nein, wir haben keine (Fotos) mehr von ihnen. 5. Nein, ich habe heute keinen (Unterricht) mehr. 6. Nein, ich habe keine (besonderen Wünsche) mehr. 7. Nein, ich bleibe nicht mehr lange hier. 8. Nein, ich möchte keinen (Wein) mehr.

Übung 8: 1. Wo wohnen Sie? 2. Wann sind sie geboren? 3. Um wie viel Uhr sind Sie durch den Park gegangen? 4. Wer hat Sie angefallen? 5. Was hat er Ihnen abgenommen? 6. Woher kam er? 7. Wohin ist er gelaufen? 8. Weshalb haben Sie nicht um Hilfe gerufen? 9. Wie groß war der Mann? 10. Wie sah er aus? 11. Was hatte er an? 12. Was für Schuhe trug er? 13. Wie viel Geld hatten Sie in der Brieftasche? 14. Was hatten Sie außerdem in der Brieftasche? 15. Wie viele Personen haben den Überfall gesehen? 16. Was für Verletzungen haben Sie erlitten?

Übung 9: 1. An wen haben Sie geschrieben? 2. Von wem haben Sie den Ring? 3. Hinter welchem Baum hat sich der Junge versteckt? 4. Was für ein Fahrrad hat sich dein Freund gekauft? 5. Wo liegt der Radiergummi? 6. Zum wievielten Mal fährst du nach Österreich in Urlaub? 7. Wessen Motorrad ist das? 8. In welchem Teil des Friedhofs liegen deine Großeltern begraben? 9. Von welcher Seite haben die Bergsteiger den Mont Blanc bestiegen? 10. Am wievielten April hat Mutter ihren sechzigsten Geburtstag? 11. Um wie viel Uhr kommt der Schnellzug hier an? 12. Wie viele Geschwister seid ihr? 13. Welches Bein tut dir weh? 14. Von wem hast du den Teppich? 15. Wie oft fährst du nach Marburg in die Klinik?

Übung 10: 1. In welchem Stockwerk wohnt sie? 2. Was für eine Wohnung hat sie? 3. Was / Wie viel kostet die Wohnung? 4. Wem gehört die Wohnung darunter? 5. Wie groß ist sie? 6. Seit wann / Wie lange wohnst du schon dort? 7. Mit wie viel(en) Personen wohnt ihr in der Wohnung? 8. Wie viele Einwohner hat euer Vorort? 9. Wie weit ist er von der Großstadt entfernt? 10. Wie lange brauchst du bis zu deinem Dienstort? 11. Mit welcher Linie fährst du? 12. Wann bist du wieder zu Hause?

Übung 11: 1. Wer fährt jeden Sommer in dieselbe Pension? – Die Familie Bug. Wem gehört die Pension? – Der Familie Moosbichl. Wann fährt die Familie Bug in diese Pension? – Jeden Sommer. Seit wann fährt die Familie Bug zur Familie Moosbichl? – Seit sieben Jahren. Warum fährt die Familie Bug schon so lange in dieselbe Pension? – Weil sie so herzlich wie Familienmitglieder begrüßt wird. (oder: Wie wird die Familie Bug in der Pension begrüßt? – So herzlich wie Familienmitglieder.) Warum wird die Familie Bug von der Familie Moosbichl so herzlich begrüßt? – Wahrscheinlich, weil sich beide Familien schon so lange und gut kennen. 2. Was unternimmt die Familie Bug manchmal in ihren Ferien? – Manchmal macht sie gemeinsam eine Wanderung. Wandert sie weite Strecken? – Ja, manchmal ist eine Wanderung zwanzig bis dreißig Kilometer lang. Wandert die Familie Bug immer gemeinsam? – Nein, manchmal geht Vater Bug mit den Kindern zum Bergsteigen in den Fels. Was macht Frau Bug in dieser Zeit? – Sie tätigt Einkäufe oder ruht sich in der Sonne aus. Wo tätigt Frau Bug ihre Einkäufe? – In der nahen Stadt. 3. Wann (Worüber) freut sich Mutter Bug? – Wenn alle Familienmitglieder wieder heil nach Hause gekommen sind. Warum freut sie sich darüber? – Weil Bergsteigen bekanntlich nicht ungefährlich ist.

§ 18

Übung 1: 1. muss 2. müssen 3. können
4. darf/kann 5. dürfen 6. darf/kann 7. müssen
8. dürfen 9. können; dürfen 10. darf 11. darf

Übung 2: 1. kann, muss 2. möchtest/willst
3. darf 4. muss/soll 5. willst/musst; Kannst/
Willst 6. möchten; soll/muss; kann; Möch-
ten/Wollen; Sollen; möchten/wollen

Übung 3: wollte – musste – konnte – hatte –
musste – konnte – beauftragte – sollte – wollte –
sagte – konnte – musste – musste – konnte

Übung 4: Er hat lange sparen müssen. Auf
den Kauf eines Grundstücks hat er verzichten
können, denn das hat er schon gehabt. Er hat
laut Vorschrift einstöckig bauen müssen. Den
Bauplan hat er nicht selbst machen können.
Deshalb hat er einen Architekten beauftragt;
dieser hat ihm einen Plan für den Bungalow
machen sollen. Der Architekt hat nur 1500
Mark dafür haben wollen; ein „Freundschaftspreis", hat er gesagt. Einen Teil der Baukosten
hat der Vater finanzieren können. Trotzdem
hat sich Herr Müller noch einen Kredit besorgen müssen. Er hat zu den Banken … laufen
müssen. Endlich hat er anfangen können.

Übung 5 a: 1. Nein, ich kann die Rechnung
nicht sofort bezahlen. 2. Nein, ich kann morgen Abend nicht zu eurer Party kommen.
3. Nein, ich kann mein Motorrad nicht selbst
reparieren. 4. Nein, ich kann im Urlaub nicht
ins Ausland fahren. 5. Nein, ich kann mir diesen Ledermantel nicht kaufen. 6. Nein, ich
kann nicht Türkisch sprechen.

Übung 5 b: 1. Nein, morgen muss ich Wäsche
waschen. 2. Nein, nächste Woche muss ich
nach München fahren. 3. Nein, nächstes Jahr
muss ich mein Examen machen. 4. Nein, heute
Abend muss ich meine Mutter besuchen.
5. Nein, jetzt muss ich nach Hause gehen.
6. Nein, am Sonntag muss ich zu Hause bleiben
und lernen.

Übung 5 c: 1. Ich soll einen Aufsatz … schreiben? Aber ich kann ihn nicht schreiben. 2. Ich

soll eine Reise … machen? Aber ich kann sie
nicht machen. 3. Ich soll meinen Nachbarn …
verklagen? Aber ich kann ihn nicht verklagen.
4. Ich soll meine Reisepläne aufgeben? Aber ich
kann sie nicht aufgeben. 5. Ich soll meinen
Hund … bei meinem Nachbarn lassen? Aber
ich kann ihn nicht … lassen. 6. Ich soll mir einen … kaufen? Aber ich kann ihn mir nicht
kaufen.

Übung 6: Doch, aber ich konnte 1. es noch
nicht ausreißen. 2. ihn noch nicht pflanzen.
3. sie noch nicht gießen. 4. es noch nicht umgraben. 5. es noch nicht anlegen. 6. sie noch
nicht beschneiden. 7. sie noch nicht setzen.
8. ihn noch nicht streuen.

Übung 7: Ja, schon, aber ich habe 1. es noch
nicht ausreißen können. 2. ihn noch nicht
pflanzen können. 3. sie noch nicht gießen können. 4. es noch nicht umgraben können. 5. es
noch nicht anlegen können. 6. sie noch nicht
beschneiden können. 7. sie noch nicht setzen
können. 8. ihn noch nicht streuen können.

Übung 8: Nein, ich brauche 1. nicht aus der
Wohnung auszuziehen. 2. die Wohnung nicht
gleich zu räumen. 3. die Möbel nicht zu verkaufen. 4. keine neue Wohnung zu suchen.
5. die Wohnungseinrichtung nicht bar zu bezahlen. 6. den Elektriker nicht zu bestellen.
7. kein neues Schloss … einbauen zu lassen.
8. keinen Wohnungsmakler einzuschalten.
9. keine Garage zu mieten. 10. den Hausbesitzer nicht zu informieren.

Übung 9: 1. Können die Autofahrer die Kinder … nicht spielen sehen? Doch, sie können
sie spielen sehen. 2. Wollen Müllers heute
nicht auswärts essen gehen? Doch, sie wollen
heute auswärts essen gehen. 3. Will der kleine
Junge … nicht lesen lernen? Doch, er will jetzt
lesen lernen. 4. Will sich Herr Gruber … machen lassen? Doch, er will sich einen … machen lassen. 5. Kann man die Kinder … nicht
rufen und schreien hören? Doch, man kann sie
rufen und schreien hören. 6. Dürfen die Studenten … nicht länger wohnen bleiben? Doch,
sie dürfen … länger wohnen bleiben. 7. Will sie
sich nach … nicht plötzlich scheiden lassen?
Nein, sie will sich … nicht plötzlich scheiden

lassen. 8. Wollen die Krankenschwestern die Patienten nicht gern warten lassen? Nein, sie wollen sie nicht gern warten lassen. 9. Darf der Autofahrer nicht am Straßenrand stehen bleiben? Doch, er darf … stehen bleiben. 10. Will er ihm nicht suchen helfen? Doch, er will ihm suchen helfen.

Übung 10: 1. Haben die Autofahrer die Kinder … nicht spielen sehen können? Nein, sie haben sie nicht spielen sehen können 2. Haben Müllers heute nicht auswärts essen gehen wollen? Nein, sie haben heute nicht auswärts essen gehen wollen. 3. Hat der kleine Junge … lesen lernen wollen? Nein, er hat jetzt nicht lesen lernen wollen. 4. Hat sich Herr Gruber einen neuen Anzug machen lassen wollen? Nein, er hat sich keinen … machen lassen wollen. 5. Hat man die Kinder … nicht rufen und schreien hören können? Nein, man hat sie … nicht rufen und schreien hören können. 6. Haben die Studenten … nicht länger wohnen bleiben dürfen? Nein, sie haben … nicht länger wohnen bleiben dürfen. 7. Hat sie sich nach … nicht plötzlich scheiden lassen wollen? Nein, sie hat sich nach … nicht plötzlich scheiden lassen wollen. 8. Haben die Krankenschwestern die Patienten nicht gern warten lassen wollen? Nein, sie haben sie nicht gern warten lassen wollen. 9. Hat der Autofahrer nicht am Straßenrand stehen bleiben dürfen? Nein, er hat nicht am … stehen bleiben dürfen. 10. Hat er ihm nicht suchen helfen wollen? Nein, er hat ihm nicht suchen helfen wollen.

Übung 11: Es ist (mir) klar, dass / Es ist (mir) bekannt, dass / Ich weiß, dass 1. sie sie nicht haben spielen sehen können. 2. sie heute nicht haben auswärts essen wollen. 3. er jetzt nicht hat lesen lernen wollen. 4. er sich hat keinen neuen Anzug machen lassen wollen. 5. man sie nicht … hat rufen und schreien hören können. 6. sie nicht länger … haben wohnen bleiben dürfen. 7. sie sich nach … nicht plötzlich hat scheiden lassen wollen. 8. sie sie nicht haben warten lassen wollen. 9. er nicht am … hat stehen bleiben dürfen. 10. er ihm nicht hat suchen helfen wollen.

Übung 12: 1. Siehst du das Haus brennen? 2. Siehst du Rauch aus dem Dach quellen?

3. Siehst du die Feuerwehr herbeieilen? 4. Hörst du die Leute um Hilfe rufen? 5. Hörst du das Vieh in den Ställen brüllen? 6. Siehst du einen Mann auf die Leiter steigen? 7. Siehst du die Kinder aus dem Fenster springen?

Übung 13: 1. Wir helfen euch die Betten machen. 2. Wir helfen euch den Tisch decken. 3. Wir helfen euch den Kaffee kochen. 4. Ich helfe dir das Essen austeilen. 5. Ich helfe dir das Geschirr spülen. 6. Wir helfen euch das Zimmer aufräumen.

Übung 14: 1. Verlegst du die Elektroleitungen selbst? Nein, ich lasse sie verlegen. 2. Installierst du die Heizung selbst? Nein, ich lasse sie installieren. 3. Streichst du die Fenster selbst? Nein, ich lasse sie streichen. 4. Baust du die Schränke selbst ein? Nein, ich lasse sie einbauen. 5. Legst du die Wohnung selbst mit Teppichen aus? Nein, ich lasse sie mit Teppichen auslegen. 6. Stellst du die Möbel selbst auf? Nein, ich lasse sie aufstellen.

Übung 15: 1. Ich habe das Haus brennen sehen. 2. Ich habe Rauch aus dem Dach quellen sehen. 3. Ich habe die Feuerwehr herbeieilen sehen. 4. Ich habe die Leute um Hilfe rufen hören. 5. Ich habe das Vieh in den Ställen brüllen hören. 6. Ich habe einen Mann auf die Leiter steigen sehen. 7. Ich habe die Kinder aus dem Fenster springen sehen.

Übung 16: 1. Wir haben euch die Betten machen helfen. 2. Wir haben euch den Tisch decken helfen. 3. Wir haben euch den Kaffee kochen helfen. 4. Ich habe dir das Essen austeilen helfen. 5. Ich habe dir das Geschirr spülen helfen. 6. Wir haben euch das Zimmer aufräumen helfen.

Übung 17: 1. Ich habe die Elektroleitungen verlegen lassen. 2. Ich habe die Heizung installieren lassen. 3. Ich habe die Fenster streichen lassen. 4. Ich habe die Schränke einbauen lassen. 5. Ich habe die Wohnung mit Teppichen auslegen lassen. 6. Ich habe die Möbel aufstellen lassen.

Übung 18: 1. Lernst du Maschine schreiben? Nein, aber die anderen haben Maschine schreiben gelernt. 2. Bleibst du hier wohnen? Nein, ... sind hier wohnen geblieben. 3. Gehst du Tennis spielen? Nein, ... sind Tennis spielen gegangen. 4. Lernst du Gitarre spielen? Nein, ... haben Gitarre spielen gelernt. 5. Gehst du tanzen? Nein, aber ... sind tanzen gegangen. 6. Bleibst du hier sitzen? Nein, aber ... sind hier sitzen geblieben.

§ 19

Übung 1 a: 1. Kartoffeln werden gerieben. 2. Salz wird hinzugefügt. 3. Fleisch wird gebraten. 4. Reis wird gekocht. 5. Salat wird gewaschen. 6. Gemüse wird geschnitten. 7. Würstchen werden gegrillt. 8. Milch, Mehl und Eier werden gemischt. 9. Teig wird gerührt. 10. Kuchen wird gebacken. 11. Sahne wird geschlagen. 12. Brötchen werden gestrichen und belegt.

Übung 1 b: 1. Kartoffeln wurden gerieben. 2. Salz wurde hinzugefügt. 3. Fleisch wurde gebraten. 4. Reis wurde gekocht. 5. Salat wurde gewaschen. 6. Gemüse wurde geschnitten. 7. Würstchen wurden gegrillt. 8. Milch, Mehl und Eier wurden gemischt. 9. Teig wurde gerührt. 10. Kuchen wurde gebacken. 11. Sahne wurde geschlagen. 12. Brötchen wurden gestrichen und belegt.

Übung 2 a: 1. Besucher werden angemeldet. 2. Aufträge werden durchgeführt. 3. Gäste werden eingeladen. 4. Termine werden abgesprochen. 5. Die Post wird abgeholt. 6. Besprechungen werden vorbereitet. 7. Wichtige Papiere werden bereitgehalten. 8. Geschäftsfreunde werden angeschrieben.

Übung 2 b: 1. Besucher wurden angemeldet. 2. Aufträge wurden durchgeführt. 3. Gäste wurden eingeladen. 4. Termine wurden abgesprochen. 5. Die Post wurde abgeholt. 6. Besprechungen wurden vorbereitet. 7. Wichtige Papiere wurden bereitgehalten. 8. Gschäftsfreunde wurden angeschrieben.

Übung 3: 1. In der Kirche wird gebetet. 2. In der Schule wird gelernt. 3. An der Kasse wird gezahlt. 4. Auf dem Sportplatz wird Fußball gespielt. 5. Im Gesangverein wird gesungen. 6. In der Küche wird gekocht. 7. In der Bäckerei wird Brot gebacken. 8. Auf der Jagd wird geschossen. 9. Beim Frisör werden Haare geschnitten. 10. Im Schwimmbad wird geschwommen. 11. Auf dem Feld wird gesät und geerntet. 12. Beim Schuster werden Schuhe repariert. 13. Auf dem Eis wird Schlittschuh gelaufen. 14. In der Wäscherei wird Wäsche gewaschen.

Übung 4: 1. Der Fernseher wird abgeholt und repariert. 2. Die Geräte werden ins Haus gebracht. 3. Antennen werden installiert. 4. Die neuesten Apparate werden vorgeführt. 5. Die Kunden werden höflich bedient. 6. Günstige Angebote werden gemacht.

Übung 5: 1. Parteigegner werden bedroht. 2. Leute werden enteignet. 3. Unschuldige werden verurteilt. 4. Die anders Denkenden werden verteufelt. 5. Alles wird vorgeschrieben. 6. Die Zeitungen werden zensiert. 7. Rundfunk und Fernsehen werden beherrscht. 8. Unschuldige werden ins Gefängnis gesteckt. 9. Die Gefangenen werden misshandelt. 10. Die freie Meinung wird unterdrückt.

Übung 6 a: 1. Gemälde von Picasso wurden ausgestellt. 2. Zwei Mozartopern wurden aufgeführt. 3. Die Landesgartenschau wurde eröffnet. 4. Ein Komponist und zwei Dichter wurden geehrt. 5. Der Altbürgermeister wurde zum Ehrenbürger der Stadt ernannt. 6. Ein Denkmal zur Erinnerung an einen Erfinder wurde errichtet. 7. Das neue Hallenbad wurde eingeweiht. 8. Ein Sängerwettstreit wurde veranstaltet. 9. Kulturfilme wurden vorgeführt. 10. Ein Rennen über 50 Jahre alter Automobile wurde gestartet.

Übung 6 b: 1. Gemälde von Picasson sind ausgestellt worden. 2. ... sind aufgeführt worden. 3. ... ist eröffnet worden. 4. ... sind geehrt worden. 5. ... ist ... ernannt worden. 6. ... ist errichtet worden. 7. ... ist eingeweiht worden. 8. ... ist veranstaltet worden. 9. ... sind vorgeführt worden. 10. ... ist gestartet worden.

Übung 7: 1. Es wurde berichtet, ... 2. Es wurde bekannt gegeben, ... 3. Es wurde behauptet, ... 4. Es wurde befürchtet, ... 5. Die Theorie wurde aufgestellt, … 6. Es wurde angenommen, … 7. Die Absicht wurde geäußert, … 8. Die Behauptung wurde aufgestellt, …

Übung 8: 1. Warum sind Parteigegner bedroht worden? 2. Warum sind Leute enteignet worden? 3. Warum sind Unschuldige verurteilt worden? 4. Warum sind die anders Denkenden verteufelt worden? 5. Warum ist alles vorgeschrieben worden? 6. Warum sind die Zeitungen zensiert worden? 7. Warum sind Rundfunk und Fernsehen beherrscht worden? 8. Warum sind Unschuldige ins Gefängnis gesteckt worden? 9. Warum sind die Gefangenen misshandelt worden? 10. Warum ist die freie Meinung unterdrückt worden?

Übung 9: 1. Ich bin nicht gebeten worden. 2. Ich bin nicht aufgefordert worden. 3. Ich bin nicht bedroht worden. 4. Ich bin nicht eingeladen worden. 5. Ich bin nicht geschädigt worden. 6. Ich bin nicht informiert worden. 7. Ich bin nicht abgeholt worden. 8. Ich bin nicht kontrolliert worden. 9. Ich bin nicht gewarnt worden. 10. Ich bin nicht befördert worden.

Übung 10: In der Mitte des Mehls wird eine Vertiefung gemacht. Zucker und Eier werden … verarbeitet. Auf diesen Brei wird … gegeben und etwas Mehl darüber gestreut. Alles wird mit der Hand zusammengedrückt und … verarbeitet. Der Teig wird vorläufig kaltgestellt. Dann wird etwas … gegeben, der Teig (wird) ausgerollt und in die Form gelegt. Auf dem Teigboden wird viel … ausgestreut und das Obst darauf gelegt. Im … wird der Kuchen etwa 30 bis 35 Minuten gebacken.

Übung 11 a: 1. Die Seen dürfen nicht länger verunreinigt werden! 2. Die Luft darf nicht länger verpestet werden! 3. Die Erde darf nicht länger verseucht werden! 4. Pflanzen und Tiere dürfen nicht länger vergiftet werden! 5. Bestimmte Vogelarten dürfen nicht länger vernichtet werden! 6. Atommüll darf nicht länger ins Meer geworfen werden! 7. Radioaktiver Müll darf nicht länger in der Erde vergraben werden! 8. Die Gesundheit der Mitmenschen darf nicht länger durch Lärm ruiniert werden!

Übung 11 b: 1. Die Felder müssen gepflügt werden. 2. Die Saat muss ausgesät werden. 3. Die Äcker müssen gedüngt werden. 4. Die Ställe müssen gesäubert werden. 5. Die Melkmaschine muss gereinigt werden. 6. Bäume müssen gefällt werden. 7. Holz muss gesägt werden. 8. Ein Schwein muss geschlachtet werden. 9. Gras muss geschnitten werden. 10. Heu muss gewendet werden. 11. Äpfel und Birnen müssen gepflückt werden.

Übung 11 c: 1. Die Patienten müssen gewogen werden. 2. Die Größe der Patienten muss festgestellt werden. 3. Der Puls der Kranken muss gezählt und das Fieber gemessen werden. 4. Beides muss auf einer Karte eingezeichnet werden. 5. Spritzen müssen gegeben und Medikamente ausgeteilt werden. 6. Blut muss abgenommen und ins Labor geschickt werden. 7. Karteikarten müssen ausgefüllt werden. 8. Die Kranken müssen getröstet und beruhigt werden.

Übung 12: 2. Sträucher sollen angepflanzt werden. 3. Straßen sollen verbreitert werden 4. Ein Busbahnhof soll angelegt werden. 5. Neue Buslinien sollen eingerichtet werden. 6. Der Sportplatz soll vergrößert werden. 7. Das Clubhaus soll ausgebaut werden. 8. Das Gasleitungsnetz soll erweitert werden. 9. Die alte Schule soll abgerissen werden. 10. Eine neue Schule soll errichtet werden. 11. Das hässliche Amtsgebäude soll abgebrochen werden. 12. Der Verkehrslärm soll eingeschränkt werden. 13. Neue Busse sollen angeschafft werden. 14. Die Straßen der Innenstadt sollen entlastet werden. 15. Fußgängerzonen sollen eingerichtet werden. 16. Ein Denkmal soll errichtet werden. 17. Luftverschmutzer sollen festgestellt werden. 18. Der Fremdenverkehr soll angekurbelt werden. 19. Leerstehende Häuser sollen enteignet werden. 20. Historische Feste sollen veranstaltet werden. 21. Ein Stadtplan soll herausgegeben werden. 22. Die Durchfahrt des Fernverkehrs durch die Stadt soll verhindert werden. 23. Die Rathausfenster sollen angestrichen werden. 24. Radfahrwege sollen angelegt werden. 25. Grünflächen sollen eingeplant werden.

Übung 13: Gestern Abend wurde der Feuerwehr ein leichter Brandgeruch in der Nähe der Großmarkthalle gemeldet. Sofort wurden drei Feuerwehrwagen an den Ort geschickt, aber der Brandherd konnte zunächst nicht festgestellt werden, weil der Eingang zur Großmarkthalle mit ... versperrt worden war. Als die Sachen endlich weggeräumt worden waren, musste noch das eiserne Gitter vor dem Hallentor aufgesägt werden, denn in der Eile war vergessen worden, ... Immer wieder mussten die neugierigen Zuschauer zurückgedrängt werden. Nachdem endlich die Türen aufgebrochen worden waren, wurden die Löschschläuche in das Innere der Halle gerichtet. Erst nach etwa zwei Stunden konnte das Feuer unter Kontrolle gebracht werden. Es wurde bekannt gegeben, dass die Hälfte aller Waren in der Markthalle vernichtet worden ist / worden war. Erst spät in der Nacht wurden die letzten Brandwachen vom Unglücksort abgerufen.

Übung 14: Gestern Morgen wurde der Seenotrettungsdienst in Cuxhaven alarmiert, weil ein steuerlos treibendes Boot in ... gesehen worden war. Wegen des heftigen Sturms konnten die Rettungsboote nur ... gebracht werden. Über Funk wurde den Männern vom Rettungsdienst der genaue Kurs bekannt gegeben. Mit Hilfe ... konnten die drei Jugendlichen aus dem treibenden Boot an Bord gezogen werden, wo sie sofort in warme Decken gewickelt und mit heißem Grog gestärkt wurden. Vorgestern Nachmittag waren die drei Jungen von dem starken Ostwind in ihrem Segelboot auf die Elbe hinausgetrieben worden, wo ... Erst bei Anbruch der Dunkelheit konnten sie gesichtet werden. Ihre Hilferufe waren von niemandem gehört worden. Wegen des Verdachts einer Lungenentzündung musste der Jüngste der drei in ein Krankenhaus eingeliefert werden; die anderen wurden auf einem Polizeischnellboot nach Hamburg zurückgebracht, wo sie von ihren Eltern schon erwartet wurden.

§ 20

Übung 1: 1. ..., aber er soll unschuldig gewesen sein. 2. Sie mag Recht haben. 3. Er soll sein ganzes Vermögen an eine Hilfsorganisation ver-

schenkt haben. 4. Der Zeuge will den Unfall genau gesehen haben. 5. ... und muss stockdunkel gewesen sein. 6. Wer will die ... Strecke ... gelaufen sein. 7. Der Angeklagte will von ... angegriffen worden sein. 8. Der Angeklagte muss sich in ... befunden haben. 9. Wie mag dem Angeklagten zumute gewesen sein? 10. Der Angeklagte kann die Tat nur ... begangen haben.

Übung 2: *sollen*: So wurde der Polizei berichtet. (genauere Informationen fehlen) *sollen*: So berichtete man es der Polizei. (genauere Informationen fehlen) *wollen*: Das behauptet der Überfallene. (unbewiesene Behauptung) *sollen*: So wurde berichtet. (genauere Informationen fehlen) *können*: Die Möglichkeit besteht. (Vermutung mit 50%iger Sicherheit/Unsicherheit) *sollen*: So heißt es. (Vermutung, aber genauere Informationen fehlen) *müssen*: Das vermutet der Brückenbauer. (Vermutung mit etwa 90%iger Wahrscheinlichkeit)

Übung 3: 1. muss (logische Schlussfolgerung) 2. magst (Vermutung; vielleicht ist es so) 3. soll (angezweifelte Behauptung; so wird berichtet) 4. will (unbewiesene Behauptung) 5. soll (Behauptung ohne genauere Informationen); dürfte (das ist unwahrscheinlich); kann (die Möglichkeit besteht) oder: mag (Vermutung; vielleicht ist es so) 6. soll (so wird berichtet, aber genauere Informationen fehlen) 7. müsste (Vermutung mit hoher Wahrscheinlichkeit) 8. muss (logische Schlussfolgerung; Vermutung mit etwa 90%iger Wahrscheinlichkeit) 9. kannst (vermutete Möglichkeit mit 50%iger Sicherheit/Unsicherheit); muss (logische Schlussfolgerung; Vermutung mit etwa 90%iger Wahrscheinlichkeit) 10. will (unbewiesene Behauptung) 11. kann nicht (das ist eigentlich nicht möglich; Sicherheit/Unsicherheit von 50%) 12. muss (logische Schlussfolgerung; Vermutung mit 90%iger Wahrscheinlichkeit)

Übung 4: 1. Der Vater war vielleicht 72 Jahre alt, als er starb. 2. Wie man sich erzählt, hat der Sohn das Millionenerbe ... verkauft. 3. Sein Onkel selbst sagt, dass er davon nichts gewusst hat. 4. Möglicherweise hat der Sohn alles verkauft, aber ...? 5. Ich habe gehört, dass er Spieler gewesen ist. 6. Mit großer Wahrscheinlichkeit hat er das ganze Geld ... verjubelt. 7. Ein

Bekannter glaubt, dass er ihn ... gesehen hat / ihn gesehen zu haben. 8. Angeblich hat er ... ausgesehen.

Übung 5: 1. Im Krankenhaus der Stadt B. sollen im letzten Jahr viele Millionen Mark veruntreut worden sein. 2. Ein junger Arzt will gehört haben, ... 3. ... dürften davon gar nichts gewusst haben. 4. Der Chefarzt soll vor kurzem ... geheiratet haben. 5. Die Beamten des Gesundheitsministeriums müssen schon seit langem über die Unterschlagungen im Krankenhaus informiert gewesen sein. 6. Einige Beamte sollen sogar bestochen worden sein. 7. Außerdem sollen alle Akten aus den Geschäftsräumen ... verschwunden sein. 8. Unter den verschwundenen Medikamenten können auch Drogen gewesen sein. 9. Ein verhafteter Drogenhändler will seinen „Stoff" immer ... abgeholt haben. 10. Auch Verbandszeug und Kopfschmerztabletten können verschoben worden sein. 11. Nach einem Zeitungsartikel soll der Chefarzt ... abgehoben haben. 12. Die Patienten müssen unter ... sehr gelitten haben. 13. Der Prozess gegen den Chefarzt ... könnte noch in diesem Jahr eröffnet werden.

Übung 6: 1 a) Es wird berichtet, dass Äsop, ..., ein Sklave gewesen ist. b) Wahrscheinlich hat er ... in Kleinasien gelebt. 2 a) Es wird erzählt, dass der Graf ... 1762 erfunden hat. b) Man sagt, dass er auf die Idee gekommen ist, weil ... 3. Es ist möglich, dass der Hund schon ... dem Menschen gedient hat. 4. Wissenschaftler sagen, dass die fruchtbare Lösserde ... vermutlich vom Wind ... nach Europa herübergetragen worden ist. 5 a) Es wird behauptet, dass der Vogel Strauß ... seinen Kopf in den Sand steckt. b) Das ist sehr wahrscheinlich ein Märchen. 6. Man sagt, dass man ein Straußenei ... kochen muss, um es essen zu können. 7 a) Man erzählt, dass der Wanderfalke ... fliegen kann. b) Vielleicht stimmt das, aber ... 8. Man behauptet, dass die Seeschwalbe, ..., jahrelang pausenlos übers Meer fliegt. 9. ... Es ist möglich, dass es ihn tatsächlich gegeben hat; bewiesen ...

§ 21

Übung 1: 1. Ja, er wird seine Stellung als Ingenieur wahrscheinlich aufgeben. 2. Ja, er wird wahrscheinlich ins Ausland gehen. 3. Ja, er wird wahrscheinlich in Brasilien bleiben. 4. Ja, er wird wahrscheinlich noch in diesem Jahr rüberfliegen. 5. Ja, er wird seine Familie wahrscheinlich gleich mitnehmen. 6. Ja, seine Firma wird ihm dort wahrscheinlich eine Wohnung besorgen.

Übung 2: Sie wird 1. schon die Schallplatten wieder eingeordnet haben. 2. schon die Wohnung aufgeräumt haben. 3. schon die Möbel an den alten Platz gestellt haben. 4. schon das Geschirr gespült und in den Schrank geräumt haben. 5. schon den Teppich abgesaugt haben. 6. sich schon ins Bett gelegt haben. 7. schon eingeschlafen sein.

Übung 3: 1. Werden die Zimmerpflanzen eingegangen sein? 2. Werden die Möbel sehr verstaubt sein? 3. Werden die Teppiche nicht gestohlen worden sein? 4. Werden die Blumen im Garten verblüht sein? 5. Werden die Pflanzen auf dem Balkon vertrocknet sein? 6. Wird die Nachbarin die Post aufgehoben haben?

Übung 4: 1. Sie werden wahrscheinlich schon nach Hause gegangen sein. 2. Er wird sich sicher inzwischen erholt haben. 3. Sie wird sie ganz sicher mitgenommen haben. 4. Sie werden ihn wahrscheinlich noch bekommen haben. 5. Er wird sich bestimmt ein Taxi zum Bahnhof genommen haben.

Übung 5: 1. Der Lastwagen wird inzwischen aus dem Graben gezogen worden sein. 2. Die Polizei wird sofort benachrichtigt worden sein. 3. Niemand wird ernstlich verletzt worden sein. 4. Dem betrunkenen Fahrer wird der Führerschein entzogen worden sein. 5. Die Ladung wird inzwischen von einem anderen Lastwagen übernommen worden sein.

§ 22

Übung 1: 1. Ja, ich habe es ihr verraten. 2. Ja, sie hat sie mir beantwortet. 3. Ja, er hat es mir empfohlen. 4. Ja, sie hat sie ihnen zugeschickt. 5. Ja, er hat ihnen schon eine zugesandt. 6. Ja, sie hat ihr einen geschenkt. 7. Ja, er hat es ihm zurückgesandt. 8. Ja, sie hat sie mir verschwiegen. 9. Ja, er hat sie mir versprochen. 10. Ja, sie liefert sie ihnen kostenlos ins Haus. 11. Ja, ich leihe es ihm. 12. Ja, er hat ihn ihm zurückgegeben. 13. Ja, sie haben es ihnen erzählt. 14. Ja, ich borge es ihr. 15. Ja, er hat sie ihnen bewiesen. 16. Ja, ich teile sie ihnen mit. 17. Ja, er hat ihn ihnen weggenommen. 18. Ja, er verbietet sie ihnen.

Übung 2: 1. Hat die Hausfrau dem Nachbarn die Pflege der Blumen anvertraut? Ja, sie hat sie ihm anvertraut. 2. Hat die Tochter dem Vater die Frage beantwortet? Ja, sie hat sie ihm beantwortet. 3. Hat der Angeklagte dem Richter seine Unschuld bewiesen? Ja, er hat sie ihm bewiesen. 4. Hat Udo meinem Freund das Moped geborgt? Ja, er hat es ihm geborgt. 5. Hat der Briefträger den Einwohnern die Post jeden Morgen gegen 9 Uhr gebracht? Ja, er hat sie ihnen jeden Morgen gegen 9 Uhr gebracht. 6. Hat er den Kindern Märchen erzählt? Ja, er hat ihnen Märchen erzählt. 7. Hat der Bürgermeister dem Brautpaar die Urkunden gegeben? Ja, er hat sie ihnen gegeben. 8. Hat Gisela dem Nachbarn das Fahrrad gern geliehen? Ja, sie hat es ihm gern geliehen. 9. Hat das Versandhaus den Kunden die Ware ins Haus geliefert? Ja, es hat sie ihnen ins Haus geliefert. 10. Hat sie der Tante das Geburtstagsgeschenk geschickt? Ja, sie hat es ihr geschickt. 11. Hat Hans dem Chef die Kündigung aus Frankreich geschickt? Ja, er hat sie ihm aus Frankreich geschickt. 12. Hat das Warenhaus dem Kunden den Kühlschrank ins Haus gesandt? Ja, es hat ihn ihm ins Haus gesandt. 13. Hat der Angestellte dem Chef seine Kündigungsabsicht verschwiegen? Ja, er hat sie ihm verschwiegen. 14. Hat die Zollbehörde dem Ausländer die Einreise verweigert? Ja, sie hat sie ihm verweigert. 15. Hat die Diebesbande den Fahrgästen im Schlafwagen das Geld entwendet? Ja, sie hat es ihnen entwendet. 16. Hat die Polizei dem Busfahrer den Führerschein entzogen? Ja, sie hat ihn ihm entzogen. 17. Hat der Motorradfahrer der Dame die Tasche im Vorbeifahren geraubt? Ja, er hat sie ihr im Vorbeifahren geraubt. 18. Hat meine Freundin ihren Eltern dieses Teeservice zu Weihnachten geschenkt? Ja, sie hat es ihnen zu Weihnachten geschenkt. 19. Hat ein Dieb dem Junggesellen die ganze Wohnungseinrichtung gestohlen? Ja, ein Dieb hat sie ihm gestohlen. 20. Hat der Vater dem Sohn zum Abitur das Geld für eine Italienreise versprochen? Ja, er hat es ihm versprochen.

Übung 3: 1. Ja, ich hab' sie ihm beantwortet. 2. Ja, ich hab' ihn ihnen mitgeteilt. 3. Ja, ich hab' es ihnen verboten. 4. Ja, ich hab' sie ihr geschickt. 5. Ja, ich hab' es ihm gestattet. 6. Ja, ich hab' ihn ihr überlassen. 7. Ja, ich hab' sie ihm gesagt. 8. Ja, ich hab' sie ihm verschwiegen. 9. Ja, ich hab' ihn ihnen weggenommen. 10. Ja, ich hab' sie ihnen schon gezeigt. 11. Ja, ich hab' ihr einen (Ausflug) versprochen. 12. Ja, ich hab' ihnen einen (Gruß) geschickt.

Übung 4: 1. Heute hat er mich wieder furchtbar geärgert. 2. Gestern hat es dir dein Vater doch ganz anders dargestellt. 3. Zufällig haben wir ihn auf dem Weg nach Hause getroffen. 4. Die Frage hat er mir leider immer noch nicht beantwortet. 5. Seit zehn Jahren steht der Koffer bei uns im Keller. 6. Mich habt ihr überhaupt nicht beachtet. 7. Trotz der Sonnenbrille hat ihn der Zeuge sofort erkannt. 8. Wütend hat sie ihm die Tür vor der Nase zugeschlagen. 9. In der Nacht hat es stark geregnet. 10. Bis heute hat sie es mir verschwiegen. 11. Den Jugendlichen hat er mit seinem Zeitungsartikel nur geschadet. 12. Seit drei Monaten bringt mir der Bäcker die Brötchen ins Haus. 13. Natürlich ist sie immer vorsichtig gefahren. 14. Vor Ärger schlug der Bauer mit der Faust auf den Tisch. 15. Übermorgen gibt er mir die Papiere zurück. 16. Vorsichtshalber erklärte sie uns die ganze Sache noch einmal. 17. Schon seit langem hat ihnen der Nachbar misstraut. 18. Mir geht es eigentlich gut. 19. Aus Sicherheitsgründen liegt das Gold im Keller der Bank. 20. Bestimmt hat es euch der Beamte gesagt.

Übung 5: 1. er ihnen 2. Er – sie ihm 3. es ihm 4. Er – es ihr 5. sie ihm 6. sie ihr 7. er – ihn ih-

nen 8. es ihnen 9. sie ihn ihm 10. sie – es ihm
11. sie ihnen 12. sie – ihn ihr

Übung 6: 1. mein neues Auto leider meinem
Freund 2. es gestern gegen einen Baum 3. mir
gestern mit einem Fax seine Ankunft in New
York 4. mir wahrscheinlich erst am kommenden Montag den neuen Kühlschrank 5. heute
mit den Schülern über die neuen Bestimmungen 6. mir zum 31.12. die Wohnung 7. ihrer
Tochter einen Studienaufenthalt in England
8. ihrem Angestellten zum 70. Geburtstag eine
Kiste Sekt 9. mir für seine Schwester ein Paket
10. dem Chef eine Ansichtskarte aus Rom

Übung 7: 1. Leider habe ich meinem Freund
mein neues Auto geliehen. 2. Gestern hat der
Unglückliche es gegen einen Baum gefahren.
3. Mit einem Fax teilte er mir gestern seine Ankunft in New York mit. 4. Den neuen Kühlschrank wird mir die Firma wahrscheinlich erst
am kommenden Montag liefern. 5. Heute sprachen die Lehrer mit den Schülern über die neu-
en Bestimmungen. 6. Die Wohnung hat mir
der Hausherr zum 31.12. gekündigt. 7. Ihrer
Tochter bezahlten die Eltern einen Studienaufenthalt in England. 8. Zum 70. Geburtstag hat
die Firma ihrem Angestellten eine Kiste Sekt geschenkt. 9. Für seine Schwester hat er mir ein
Paket mitgegeben. 10. Aus Rom haben meine
Kollegen dem Chef eine Ansichtskarte geschickt.

Übung 8: 1. Er kam gegen 9 Uhr aufgeregt ins
Büro. 2. Sie hat uns wegen ihrer Krankheit bis
jetzt noch nicht geantwortet. 3. Er teilt mir erst
morgen das Ergebnis der Besprechung mit.
4. Sie steigt wegen ihrer Verletzung jetzt immer
langsam und vorsichtig in die Straßenbahn ein.
5. Der Bus fährt ab heute wegen der Umleitung
an unserem Haus vorbei. 6. Er hat ihr voller
Wut den Brief auf den Schreibtisch gelegt.
7. Sie hat gestern dummerweise ihre Tasche im
Zug vergessen. 8. Er hat es sich immer genau so
vorgestellt. 9. Er gab dem Professor nach dem
Examen mit Absicht das falsche Buch zurück.
10. Sie hat heute Morgen wegen der bösen Be-
merkungen ihres Mannes wütend die Wohnung verlassen. 11. Er brachte mir erst gegen
Mitternacht mit einer Entschuldigung den geliehenen Mantel ins Hotel.

Übung 9: 1. Ein Bauer hat bei einer Jagdgesellschaft seinem Fürsten aus Versehen auf den
Fuß getreten. 2. Der Gast überreichte der Dame
des Hauses zu ihrem 75. Geburtstag mit freundlichen Worten einen Blumenstrauß an der
Wohnungstür. / … an der Wohnungstür mit
freundlichen Worten einen Blumenstrauß.
3. Die junge Frau gab ihrem Mann zum Abschied einen Kuss an der Autotür. / … an der
Autotür einen Kuss. 4. Der Arzt legte dem Fieberkranken vor der Untersuchung prüfend die
Hand auf die Stirn. 5. Die Versammelten verurteilten Anfang Februar einstimmig den Einmarsch fremder Truppen in ein unabhängiges
Land. 6. Der Verfolgte sprang kurz vor seiner
Verhaftung mit letzter Kraft über den Gebirgsbach. 7. Der Motorradfahrer riss einer alten
Dame gestern gegen 17 Uhr die Einkaufstasche
aus der Hand. / … gestern gegen 17 Uhr einer
alten Dame die Einkaufstasche aus der Hand.
8. Der Vater zog dem schlafenden Sohn um 11
Uhr wütend die Bettdecke weg. / … um 11 Uhr
dem schlafenden Sohn wütend die Bettdecke
weg. 9. Du hast mir diese Geschichte schon gestern in der Mensa erzählt. 10. Er bot es ihm
zum zweiten Mal mit freundlichen Worten an.
/ … mit freundlichen Worten zum zweiten Mal
an. 11. Ich habe mich ihm selbstverständlich
auf der Party vorgestellt.

Übung 10: 1. Aufgeregt kam er gestern gegen
9 Uhr ins Büro. 2. Wegen ihrer Krankheit hat
sie uns bis jetzt noch nicht geantwortet. 3. Das
Ergebnis der Besprechung teilt er mir erst morgen mit. 4. Wegen ihrer Verletzung steigt sie
jetzt immer langsam und vorsichtig in die
Straßenbahn ein. 5. Wegen der Umleitung
fährt der Bus ab heute an unserem Haus vorbei.
6. Voller Wut hat er ihr den Brief auf den
Schreibtisch gelegt. 7. Dummerweise hat sie gestern ihre Tasche im Zug vergessen. 8. Genau so
hat er es sich immer vorgestellt. 9. Nach dem
Examen gab er dem Professor mit Absicht das
falsche Buch zurück. 10. Wegen der bösen Be-
merkungen ihres Mannes hat sie heute Morgen
wütend die Wohnung verlassen. 11. Erst gegen
Mitternacht brachte er mir mit einer Entschuldigung den geliehenen Mantel ins Hotel.

§ 23

Übung 1 a: 1. ... übte Pistolenschießen und zerstörte ... 2. ... hatte Dosen ... gestellt und versuchte ... 3. ... traf er die Gasuhr und Gas strömte ... 4. ... Gas entzündete sich an einer Zigarette und es entstand ... 5. ... Wohnungen ... zerstört und der Nachtwächter musste ...

Übung 1 b: 1. ... wollte ... reinigen und zerstörte ... 2. ... war ... sparsam und wollte ... 3. ... schüttete ... in die Waschmaschine und stellte ... 4. ... schaltete ... an und dann ging ... 5. ... gab es ... Explosion und ein Teil des Hauses ... 6. ... wurde gerufen und die Löscharbeiten ... 7. ... war ... gegangen und dort wurde sie ... 8. ... erlitt ... Schock und deshalb musste sie ...

Übung 1 c: 1. ... hatten ... beendet und nun saßen sie ... 2. ... war ... kalt und die Jäger waren ... 3. ... freuten sich über die Wärme und legten immer wieder ... 4. ... erzählten sie ... Jagdgeschichten und niemand achtete ... 5. ... hatten ... gestellt und die Hunde waren ... 6. ... kamen in Streit und ein Gewehr ... 7. ... löste sich ein Schuss und traf ... 8. ... standen um ... Hund und waren ... 9. ... packten ... zusammen und fuhren ...

Übung 1 d: 1. ... gingen durch ... Park und beobachteten ... 2. ... hatte ... am Boden, schnüffelte, suchte ... etwas und begann ... 3. ... hatte ... zwischen den Zähnen, spielte damit und biss ... 4. ... kam ... angelaufen, jagte den Hund, packte und schüttelte ihn und riss ihm ... 5. ... lief ... auf die Wiese und die Spaziergänger ... 6. ... ließ ... los und lief ... 7. ... nahm ... auf den Arm, tröstete und beruhigte ihn und brachte ... 8. ... benahm sich ... wie ein Betrunkener, lief von ... zur anderen und schlief plötzlich ... 9. ... war beunruhigt, telefonierte nach einem Taxi und fuhr ... 10. ... untersuchte das Tier, stellte ... fest und gab der Dame ... 11. ... rief ... an, erzählte ihr Erlebnis und erhielt die Auskunft, ... 12. ... beschrieb den Mann, gab den Ort ... an und vier Polizisten machten ...

Übung 2: 1. Aber er hat doch zu viel Geld ausgegeben. Er hat aber doch ... 2. Aber er hat doch zu undeutlich geschrieben. Er hat aber doch ... 3. Aber er ist doch zu spät gekommen. Er ist aber doch ... 4. Aber er ist doch zu schnell gelaufen. Er ist aber doch ... 5. Aber er hat sich doch zu viel gefallen lassen. Er hat sich aber doch zu viel ... 6. Aber er hat doch zu hastig gegessen. Er hat aber doch zu ... 7. Aber er hat sich doch zu leicht angezogen. Er hat sich aber doch zu ... 8. Aber er hat doch zu viel fotografiert. Er hat aber doch zu viel ...

Übung 3: 1. Der Eisenofen ist ein Ofen aus Eisen, der Holzofen aber ist ein Ofen für Holz. 2. Der Porzellanteller ist ein Teller aus Porzellan, der Suppenteller aber ist ein Teller für Suppe. 3. Der Holzkasten ist ein Kasten aus Holz, der Kohlenkasten aber ist ein Kasten für Kohlen. 4. Die Ledertasche ist eine Tasche aus Leder, die Schultasche aber ist eine Tasche für die Schule. 5. Das Papiertaschentuch ist ein Taschentuch aus Papier, das Herrentaschentuch aber ist ein Taschentuch für Herren. 6. Das Baumwollhemd ist ein Hemd aus Baumwolle, das Sporthemd aber ist ein Hemd für den Sport. 7. Die Lederschuhe sind Schuhe aus Leder, die Wanderschuhe aber sind Schuhe zum Wandern. 8. Der Plastikbeutel ist ein Beutel aus Plastik, der Einkaufsbeutel aber ist ein Beutel zum Einkaufen.

Übung 4: 1. Sie kaufen die Erdbeeren nicht fertig im Korb, sondern (sie) pflücken sie selbst! 2. Sie haben ... Beeren, denn was Ihnen nicht gefällt, ... 3. Wir können ... bedienen, denn wir zahlen ... 4. Besuchen Sie uns bald, denn wir sind ... 5. Viele kommen nicht allein, sondern sie bringen ... mit. 6. Bringen Sie ... mit, denn sie sind ... gut aufgehoben. 7. Sie sparen nicht nur Geld, sondern Sie machen ... 8. Sie sind nicht einsam, denn die Sammler haben sich ... 9. Erdbeermarmelade kann man ... essen, aber auch Erdbeersaft ist ... 10. Essen Sie ... Erdbeeren, denn das ist gesund!

Übung 5: 1. Ilse möchte ... in den Süden fahren, denn sie liebt ... 2. Willi und Helga möchten ... fahren, aber sie müssen ... zu Hause bleiben, denn ihr Junge ist krank. 3. Ich verbringe ... nicht auf einem Bauernhof, sondern ich bleibe zu Hause, denn ich muss sparen. 4. Fritz macht keinen Urlaub auf dem Bauernhof, denn er arbeitet lieber … 5. Ruth bleibt … zu Hause, denn sie will … fliegen und dafür muss sie fleißig sparen. 6. Wolfgang und Heidi fliegen nicht nach Spanien, sondern sie fahren … an die Nordsee, denn für die Kinder ist … 7. Eberhard will ins Hochgebirge, denn er klettert gern, aber seine Mutter ist … nicht begeistert. 8. Rosemarie fährt … nach Wien oder besucht ihre Verwandten in Leipzig.

§ 24

Übung 1: 1. allerdings 2. dennoch 3. deshalb/deswegen 4. darum 5. trotzdem/dennoch 6. darum/daher/deshalb/deswegen 7. trotzdem/dennoch 8. trotzdem 9. darum/deshalb 10. deshalb; trotzdem/dennoch 11. deshalb/deswegen 12. trotzdem/dennoch 13. trotzdem 14. darum/deshalb/daher

Übung 2: 1. … a) trotzdem essen wir sie jetzt. b) deshalb müssen sie … 2. a) trotzdem läuft der Junge … b) darum ist das Betreten … 3. a) deshalb lässt sie sie stehen. b) trotzdem nimmt sie sie … 4. a) deshalb geht er … b) trotzdem bleibt er … 5. a) trotzdem wollen sie … b) deshalb machen sie … 6. a) trotzdem rauchen einige Leute … b) darum machen die meisten Leute … 7. a) trotzdem wollen die meisten Autobesitzer … b) darum fahren immer mehr Personen … 8. a) darum bleibt sie … b) trotzdem geht sie … 9. a) trotzdem geht er … b) deshalb hat er … 10. a) deshalb kann er sich … b) trotzdem ist er … 11. a) trotzdem essen viele Menschen … b) deshalb sind viele Leute … 12. a) trotzdem wiegt sie … b) deshalb ist sie …

Übung 3: (zum Beispiel) 1. war es nur wenig besucht. 2. waren sie nach kurzer Zeit schon furchtbar satt. 3. mussten wir eine Umleitung fahren. 4. wurde heftig diskutiert. 5. war die Atmosphäre sehr gespannt. 6. waren sie beruhigt. 7. war Baden unmöglich. 8. müssen strengere Sicherheitsmaßnahmen getroffen werden. 9. mussten wir neu planen. 10. ist a gleich b.

Übung 4: 1. Das Wasser ist zwar kalt, aber wir gehen (doch) schwimmen. 2. Das Bild ist zwar teuer, aber das Museum kauft es (doch). 3. Ich wollte jetzt zwar schlafen, aber ich helfe dir (doch) erst. 4. Genf ist zwar 600 Kilometer von Frankfurt entfernt, aber wir schaffen die Strecke (doch) in fünf bis sechs Stunden. 5. Der Patient ist zwar sehr schwach, aber er muss (doch) sofort operiert werden. 6. Ich habe dir meinen Plan zwar neulich erklärt, aber ich erkläre dir jetzt (doch) alles noch einmal. 7. Du bist zwar ein kluger Kopf, aber alles verstehst du (doch) auch nicht. 8. Meine Eltern tun zwar alles für mich, aber meinen Studienaufenthalt können sie (doch) nicht bezahlen. 9. Deutschland gefällt mir zwar ganz gut, aber die Schweiz gefällt mir (doch) besser. 10. Die Schweiz ist zwar schön, aber in Österreich lebt man (doch) billiger.

Übung 5: 1. dann; daraufhin 2. dann 3. da 4. da 5. da 6. dann 7. da 8. dann 9. da; dann; Daraufhin/Da; Dann/Daraufhin; dann

Übung 6: da – dann – darum/also – also – dann – trotzdem – daraufhin

Übung 7: 1. Entweder studiert Helga Medizin oder sie besucht die Musikhochschule. 2. Entweder erhält er jetzt die Stelle als Ingenieur in Stuttgart oder er nimmt eine Stelle in der Schweiz an. 3. Entweder macht mein Bruder den Facharzt oder er wird praktischer Arzt. 4. Entweder nimmt der Arbeitslose die angebotene Stelle an oder er verliert die Arbeitslosenunterstützung. 5. Entweder besteht Fritz jetzt das Abitur oder er muss die Schule verlassen. 6. Entweder erhält meine Mutter jetzt eine Stelle als Sekretärin oder sie gibt eine neue Stellenanzeige in der Zeitung auf. 7. Entweder bekomme ich ab Januar eine Gehaltserhöhung oder ich kündige meine Stellung. 8. Entweder erhält der Schüler einen Notendurchschnitt von 1,7 oder er bekommt keine Zulassung zur Universität.

Übung 8: 1. Klaus ist einerseits ein sehr langsamer Schüler, andererseits bringt er immer gute Noten nach Hause. 2. Das Institut hat einerseits genug Lehrer für 200 Schüler, andererseits sind nicht genügend Räume für den Unterricht vorhanden. 3. Der Mann verdient einerseits ein Vermögen, andererseits hat er keine Zeit, das Leben zu genießen. 4. Das Land hat einerseits sehr gute Möglichkeiten zur Förderung des Tourismus, andererseits fehlt dazu das Geld. 5. Man benötigt einerseits immer mehr elektrischen Strom, andererseits wollen die Leute keine Kraftwerke in ihrer Nähe haben. 6. Einerseits will jeder mehr Geld haben, andererseits wollen alle weniger arbeiten. 7. Einerseits möchte er ein Haus bauen, andererseits hat er Angst vor den hohen Kosten. 8. Einerseits möchten sie heiraten und Kinder haben, andererseits wollen sie ihre Freiheit nicht verlieren.

Übung 9: 1. Diese Musik ist nicht nur viel zu laut, sondern sie klingt auch ganz verzerrt. 2. Mit diesem Radiogerät können Sie nicht nur Mittelwelle und UKW empfangen, sondern Sie können auch die Kurzwellensender im 41- und 49-Meter-Band hören. 3. Dieser Apparat bietet Ihnen nicht nur Stereoempfang, sondern er enthält auch einen eingebauten Cassettenrecorder. 4. Wir verkaufen Ihnen nicht nur ein Fernsehgerät zu einem günstigen Preis, sondern wir bringen es auch ins Haus und stellen es ein. 5. Dieser Videorecorder zeichnet nicht nur jedes Fernsehprogramm auf, sondern er stellt sich in Ihrer Abwesenheit auch automatisch an und ab. 6. Der Cassettenrecorder ist nicht nur viel zu teuer, sondern er hat auch einen schlechten Klang. 7. Der Apparat arbeitet nicht nur mit 220 Volt, sondern er funktioniert auch mit einer eingebauten Batterie oder mit den 12 Volt aus dem Auto. 8. Ich kaufe mir nicht nur einen Fernseher, sondern ich brauche auch eine neue Dachantenne.

Übung 10: 1. Ich muss entweder ständig Tabletten nehmen oder ich muss mich operieren lassen. (oder: Ich muss nicht nur ständig Tabletten nehmen, sondern ich muss mich auch operieren lassen.) 2. Einerseits fühle ich mich müde, andererseits kann ich nicht schlafen. 3. Sie brauchen nicht nur viel Schlaf, sondern Sie müssen auch viel an die frische Luft. 4. Entweder Sie nehmen (oder: Entweder nehmen Sie …) Ihre Medizin jetzt regelmäßig oder ich kann Ihnen auch nicht mehr helfen. 5. Sie haben einerseits Übergewicht, andererseits sind Sie

zuckerkrank. (auch: nicht nur …, sondern auch) 6. Einerseits wollen Sie gesund werden, andererseits leben Sie sehr ungesund. 7. Sie sind nicht nur stark erkältet, sondern Sie haben auch hohes Fieber. 8. Dieses Medikament gibt es nicht nur in Tropfenform, sondern Sie können es auch als Tabletten bekommen. 9. Es wird Ihnen nicht nur Ihre Schmerzen nehmen, sondern Sie werden auch wieder Appetit bekommen. 10. Ihnen fehlt nicht nur der Schlaf, sondern Sie brauchen auch unbedingt Erholung. 11. Entweder Sie hören sofort auf zu rauchen oder ich behandle Sie nicht mehr. 12. Ihr Kind leidet nicht nur an Blutarmut, sondern es ist auch sehr nervös. (auch: einerseits … andererseits) 13. Sie müssen sich einerseits natürlich viel bewegen, andererseits dürfen Sie den Sport nicht übertreiben. 14. Entweder Sie trinken keinen Alkohol mehr oder Sie werden nie gesund.

§ 26

Übung 1: 1. als 2. wenn 3. Als 4. Wenn 5. als 6. Als 7. wenn 8. wenn 9. wenn 10. als 11. wenn 12. wenn

Übung 2: 1. Als ich … war, besuchte ich … 2. Als der Junge … war, starben seine … 3. Wenn die Menschen … waren, reisten sie … 4. Als man den … senkte, verließ ich … 5. Wenn ich … hatte, ging ich … 6. Wenn er … hatte, wurde er … 7. Wenn sie an … dachte, wurde es ihr … 8. Als ich … traf, freute ich … 9. Als der Redner … schlug, wachten … 10. Wenn er … kam, brachte … mit.

Übung 3: Man verschloss früher die Stadttore, wenn es abends dunkel wurde. 2. Früher brachen oft furchtbare Seuchen aus, wenn Krieg herrschte und Dörfer und Städte zerstört waren. 3. Sogar Kinder mussten 10 bis 15 Stunden täglich arbeiten, als in Deutschland die Industrialisierung begann. 4. Robert Koch fand den Tuberkulosebazillus, als er 39 Jahre alt war. 5. Früher wurden oft Soldaten in fremde Länder verkauft, wenn die Fürsten Geld brauchten. 6. Die Kaufleute mussten jedesmal unzählige Zollgrenzen passieren, wenn sie vor 200 Jahren z.B. von Hamburg nach München fuhren. 7. Früher wanderten oft viele Menschen nach

Amerika aus, wenn sie in Europa aus religiösen oder politischen Gründen verfolgt wurden. 8. Es kam zum Zweiten Weltkrieg, als die deutschen Truppen unter Hitler im August 1939 in Polen einmarschierten.

Übung 4: 1. Bevor ich mein Essen bestelle, studiere ich … 2. Während ich … warte, lese ich … 3. Bevor ich esse, wasche ich mir … 4. Während ich … warte, betrachte ich … 5. Während ich esse, unterhalte ich mich … 6. Bevor ich bezahle, bestelle ich … 7. Während ich … trinke, werfe ich … 8. Bevor ich gehe, zahle ich.

Übung 5: 1. Während sie studiert, arbeitet sie … 2. Bevor sie studierte, hatte sie … 3. Bevor sie ihr Examen macht, will sie … 4. Während sie sich in den USA aufhält, kann sie … 5. … schon, bevor sie studierte. 6. Bevor sie heiratete, wohnte sie … 7. Bevor sie die Universität verlässt, will sie … 8. Während sie fürs Examen arbeitet, findet sie … 9. Während sie ihre Hausarbeit macht, denkt sie …. 10. Bevor die Sonne aufgeht, steht sie … 11. Während sie ihr Examen macht, muss ihr Mann … 12. Bevor sie in die Firma ihres Mannes eintritt, will sie …

Übung 6: 1. Die öffentlichen Verkehrsmittel … sind oft nur zu zwei Dritteln besetzt, dagegen staut sich der private Verkehr auf Straßen und Autobahnen. 3. Obwohl er sich sehr anstrengte, schaffte er es kaum, 20 km pro Tag zu wandern, dagegen laufen trainierte Sportler mühelos 60 bis 80 km täglich. 4. Die Mieter der Häuser in der Altstadt hoffen immer noch auf eine gründliche Renovierung, aber der Abriss … ist schon längst beschlossen. 5. Ich ärgere mich darüber, dass du mich immerzu persönlich beleidigst, aber ich muss anerkennen, dass deine Argumente richtig sind. 7. In dem Scheidungsurteil bestimmte der Richter, dass die Frau das Haus … behalten sollte, dagegen ging der Ehemann leer aus. 8. Früher wurde die Post zweimal … ausgetragen, aber jetzt kommt der Briefträger nur noch einmal und samstags bald überhaupt nicht mehr. (oder: Früher wurde … ausgetragen, dagegen kommt der Briefträger jetzt nur noch einmal …) (2., 6. und 9. = temporal)

Übung 7: 1. begrüßt hat 2. gegessen hatten 3. beginnt 4. beendet hatte 5. hielt 6. saßen; unterhielten sich 7. zugehört, gelernt und diskutiert hatte

Übung 8: 1. Nachdem sie eine halbe Stunde im Wasserbad gelegen haben, kann man … 2. Nachdem der Sammler die Briefmarken von dem Brief abgelöst hat, legt er sie … 3. Nachdem er die Briefmarken getrocknet hat, prüft er … 4. Nachdem er die schon vorhandenen Briefmarken aussortiert hat, steckt er … 5. Nachdem er jede einzelne Briefmarke einsortiert hat, stellt er … 6. Nachdem er diese Arbeit beendet hat, sortiert er …

Übung 9: 1. Nachdem die Demonstration beendet war, wurde … 2. Nachdem der Patient gründlich untersucht worden war, schickte … 3. Nachdem sie sich drei Stunden in Zürich aufgehalten hatten, reisten … 4. Nachdem alle Probleme gelöst (worden) waren, konnten … 5. Nachdem er das Staatsexamen bestanden hat, tritt er … 6. Nachdem sich die verschiedenen Materialien aufgelöst hatten, wurde … 7. Nachdem der Unterricht beendet ist, geht … 8. Nachdem die Vorstellung begonnen hat, wird … 9. Nachdem er Amerika entdeckt hatte, kehrte er … 10. Nachdem es geregnet hat, steigt …

Übung 10: Seit – bis – Seit – bis – Seit – bis – Seit – Bis

Übung 11: 1. Seit die 5-Tage-Woche eingeführt worden ist, ist … 2. Seit der Buchdruck erfunden worden ist, sind … 3. Seit der Panamakanal gebaut worden ist, brauchen … 4. Seit das erste Telefonkabel von Europa nach Nordamerika im Jahre 1956 verlegt worden ist, ist … 5. Bis der Tunnel gebaut wurde, ging … 6. Bis das erste Betäubungsmittel entdeckt wurde, mussten … 7. Bis sogenannte Frauenhäuser eingerichtet wurden, wussten … 8. Bis die 25-Stunden-Woche eingeführt wird, werden …

Übung 12: 1. Bevor der Krankenwagen an der Unfallstelle ankam, wurde … 2. Während der Verletzte in ein Krankenhaus transportiert wurde, wurde … 3. Sobald (Nachdem) der Verletzte im Krankenhaus angekommen war, haben …

4. Als der Verletzte untersucht wurde, stellte ...
5. Bevor der Patient operiert wurde, gab ...
6. Bevor die Operation begann, legte ...
7. Nachdem man den Patienten operiert hatte, brachte ... 8. Nachdem einige Tage vergangen waren, brachte ... 9. Bevor er entlassen wurde, hat ... 10. Nachdem er in seine Wohnung zurückgekehrt war, musste ... 11. Seitdem er einen Unfall gehabt hat, kann ...

Übung 13: 1. Bevor das Fußballspiel begann, loste ... 2. Während das Spiel lief, feuerten ... 3. Wenn ein Tor fiel, gab ... 4. Sofort nachdem (Sobald) ein Foul geschehen war, zeigte ... 5. Seit ein verletzter Spieler ausgetauscht worden war, wurde ... 6. Nachdem das Spiel beendet (worden) war, tauschten ...

§ 27

Übung 1: B. ..., weil er eine nette Freundin gefunden hat. C. ..., weil er hier mal richtig tanzen kann. D. ..., weil er sich mal mit seinen Freunden aussprechen kann. E. ..., weil er sich hier mal in seiner Muttersprache unterhalten kann. F. ..., weil er mal keine Rücksicht zu nehmen braucht. G. ..., weil er mal Gelegenheit hat seine Sorgen zu vergessen. H. ..., weil er so verliebt ist.

Übung 2: B. ..., weil der Autobus eine Panne hatte. C. ..., weil der Wecker nicht geklingelt hat. D. ..., weil die Straßenbahn stehen geblieben war. E. ..., weil der Zug Verspätung hatte. F. ..., weil die Mutter verschlafen hat. G. ..., weil das Motorrad nicht angesprungen ist. H. ..., weil die Straße wegen eines Verkehrsunfalls gesperrt war. I. ..., weil er seinen Bruder ins Krankenhaus fahren musste. J. ..., weil sie in den falschen Bus gestiegen ist.

Übung 3: A.: ..., weil ich keine Zeit hatte. B.: ..., weil ich mir den Fuß verletzt habe. C.: ..., weil ich zum Arzt habe gehen müssen. D.: ..., weil ich mir einen Zahn habe ziehen lassen müssen. E.: ..., weil ich das Auto in die Werkstatt habe bringen müssen. F.: ..., weil ich entlassen worden bin und mir einen neuen Job habe suchen müssen. G.: ..., weil ich mich bei meiner neuen Firma habe vorstellen müssen.

H.: ..., weil ich zu einer Geburtstagsparty habe gehen müssen. I.: ..., weil ich auf die Kinder meiner Wirtin habe aufpassen müssen.

Übung 4: 1. ..., weil er ... hat zusammensparen können. 2. ..., weil sie ... haben warten wollen. 3. ..., weil er ... hat herunterkommen wollen. 4. ..., weil das Bauamt ... nicht hat erlauben wollen. 5. ..., weil er einstöckig hat bauen müssen. 6. ..., weil sie ... haben benutzen können.

Übung 5: 1. neue Möbel abgeholt werden müssen. 2. bei einem Kunden ein Schrank aufgebaut werden muss. 3. bei einer Kundin die Esszimmermöbel ausgetauscht werden müssen. 4. in einem Vorort ein komplettes Schlafzimmer ausgeliefert werden muss. 5. in der Innenstadt eine Küche eingerichtet werden muss. 6. einer Firma sechs Ledersessel geliefert werden müssen. 7. in einem Hotel ein Elektroherd installiert werden muss. 8. in einer Neubauwohnung Teppiche verlegt werden müssen.

Übung 6: 1. weil Gemälde von Picasso ausgestellt werden / ausgestellt werden sollen. 2. Weil zwei Mozartopern aufgeführt werden / aufgeführt werden sollen. 3. weil die Landesgartenschau eröffnet wird / eröffnet werden soll. 4. weil ein Komponist und zwei Dichter geehrt werden / geehrt werden sollen. 5. weil der ... ernannt wird / ernannt werden soll. 6. weil ein Denkmal ... errichtet wird / errichtet werden soll. 7. weil das neue Hallenbad eingeweiht wird / eingeweiht werden soll. 8. weil ein Sängerwettstreit veranstaltet wird / veranstaltet werden soll. 9. weil Kulturfilme vorgeführt werden / vorgeführt werden sollen. 10. weil ein Rennen ... gestartet wird / gestartet werden soll.

Übung 7: 1. Gehst du nicht mit, weil du nicht gebeten worden bist? 2. Singst du nicht mit, weil du nicht aufgefordert worden bist? 3. Wehrst du dich nicht, weil du nicht bedroht worden bist? 4. Kommst du nicht zur Party, weil du nicht eingeladen worden bist? 5. Verklagst du ihn nicht vor Gericht, weil du nicht geschädigt worden bist? 6. Gehst du nicht zu dem Vortrag, weil du nicht informiert worden bist? 7. Sitzt du immer noch hier, weil du nicht abgeholt worden bist? 8. Kommst du hier herein, weil du nicht kontrolliert worden bist? 9. Hast du das kaputte Auto gekauft, weil du nicht gewarnt worden bist? 10. Bist du so enttäuscht, weil du nicht befördert worden bist?

§ 28

Übung 1: 1. Wenn der Empfänger den Brief nicht annimmt, geht er an den Absender zurück. / Der Brief geht an den Absender zurück, wenn der Empfänger den Brief nicht annimmt. 2. Wenn der Brief … erreichen soll, kann man … schicken. / Man kann … schicken, wenn … 3. Wenn es sich um … handelt, schicken Sie … per Einschreiben. / Schicken Sie … per Einschreiben, wenn … 4. Wenn ein Brief … ist, kostet die Sendung … / Die Sendung kostet, wenn … 5. Wenn eine Warensendung … ist, kann man … nicht verschicken. / Man kann … nicht verschicken, wenn … 6. Wenn Sie … nützen, sparen Sie … / Sie sparen, wenn Sie … nützen. 7. Wenn Sie … telefonieren, zahlen Sie … weniger … / Sie zahlen … weniger, wenn Sie … 8. Wenn Sie die Uhrzeit … erfahren wollen, können Sie … benützen. / Sie können … benützen, wenn Sie … 9. Wenn Sie … versenden wollen, halten die Postämter … bereit. / Die Postämter halten … bereit, wenn Sie … 10. Wenn Sie … haben, können Sie … abheben. / Sie können … abheben, wenn Sie …

Übung 2: 1. Nimmt der Empfänger … nicht an, (so) geht er … 2. Soll der Brief … erreichen, (so) kann man … 3. Handelt es sich um …, (so) schicken Sie … 4. Ist ein Brief …, (so) kostet … 5. Ist eine Warensendung …, (so) kann man … 6. Nutzen Sie …, (so) sparen Sie … 7. Telefonieren Sie …, (so) zahlen Sie … 8. Wollen Sie …, (so) können Sie … 9. Wollen Sie … versenden, (so) halten die Postämter … bereit. 10. Haben Sie …, (so) können Sie …

Übung 3: 1. Wenn man Motorrad fährt, muss man … 2. Wenn man das Medikament einnimmt, muss man … 3. Wenn man den Park besuchen will, muss man … 4. Wenn es sehr heiß ist, fällt der Unterricht … 5. Wenn man einige Französischkenntnisse hat, kann man …

6. Wenn ein Erwachsener acht Stunden schläft, ist er … 7. Wenn du dich entsprechend beeilst, kannst du … 8. Wenn die Ware einem nicht gefällt, kann sie … 9. Wenn man mit dem Pulver unvorsichtig umgeht, kann es … 10. Wenn Sie die Pflanzen sorgfältig pflegen, werden sie Ihnen … 11. Wenn das Gelände unerlaubt betreten wird, erfolgt Strafanzeige. 12. Wenn die Feuerglocke ertönt, müssen alle Personen …

Übung 4: 1. Angenommen, ich werde krank, … 2. Angenommen, der Hausbesitzer kündigt mir die Wohnung, … 3. …, es sei denn, er ruft mich. 4. Vorausgesetzt, ihr alle unterschreibt auch den Protestbrief, so … 5. Gesetzt den Fall, das Telefon klingelt, so … 6. Gesetzt den Fall, er hat den Unfall verursacht, so … 7. Unter der Voraussetzung, Sie bestellen den Leihwagen eine Woche vorher, so … 8. Gesetzt den Fall, Sie fahren den Leihwagen zu Bruch, so … 9. …, es sei denn, es regnet in Strömen. 10. Angenommen, ich soll gleich im Krankenhaus bleiben, so …

Übung 5: 1. Angenommen, dass ich krank werde, so … 2. Angenommen, dass der Hausbesitzer mir die Wohnung kündigt, so … 3. …, es sei denn, dass er mich ruft. 4. Vorausgesetzt, dass ihr alle auch … unterschreibt, so … 5. Gesetzt den Fall, dass das Telefon klingelt, so … 6. Gesetzt den Fall, dass er den Unfall verursacht hat, so … 7. Unter der Voraussetzung, dass Sie … bestellen, so … 8. Gesetzt den Fall, dass Sie … fahren, so … 9. …, es sei denn, dass es … regnet. 10. Angenommen, dass ich gleich im Krankenhaus bleiben soll, so …

Übung 6: (zum Beispiel) 1. …, so muss ich ihn verklagen. 2. so höre ich auf zu arbeiten. 3. sind wir alle verloren. 4. gehe ich zu der Veranstaltung. 5. werde ich diese Anschaffung machen. 6. Ich mache die Wanderung mit, …

§ 29

Übung 1: 1. … so stark, dass die Menschen … erschraken … rannten. 2. …, so dass die Menschen nicht … wollten. 3. …, so dass die Familien … suchen mussten. 4. … so groß, dass das Land … bat. 5. …, so dass die Menschen … untergebracht werden konnten. 6. ..., so dass die Menschen ... versorgt werden konnten. 7. ... so erschüttert, dass sie ... halfen. 8. ..., so dass ... gebaut werden konnten.

Übung 2: 1. ... so komische Bewegungen, dass wir ... lachen mussten. 2. ... einen so gefährlichen Sprung, dass die Zuschauer ... anhielten. 3. ... so schwierige Kunststücke, dass die Zuschauer ... klatschten. 4. ... so laut und böse, dass ... anfingen zu weinen. 5. ... so viele Blumen ..., dass die Manege ... aussah. 6. ... so laut, dass einige Leute ... zuhielten. 7. ... so viele Scheinwerfer installiert, dass die Manege ... war. 8. ... so geschickt Fußball, dass die Zuschauer ... erstaunt waren.

Übung 3: 1. ... so breit, dass man ... kaum erkennen konnte. 2. ... so groß, dass man ... anstellen musste, wenn man ... 3. ... so fett, dass man ... brauchte, wenn man ... 4. ... so hässlich, dass das Feuer ... ausging, wenn sie ... 5. ... so heiß und trocken, dass die Bäume ... nachliefen. 6. ... so riesig, dass der Koch ... fahren musste. 7. ... so eng, dass die Hunde nur ... wedeln können.

§ 30

Übung 1: 1. ..., obwohl/obgleich/obschon a) ich ihn eingeladen hatte. b) er fest zugesagt hatte. c) er kommen wollte. d) ich seine Hilfe benötigte. e) er uns ... besuchen wollte. f) er wusste, ... 2. ..., obwohl/obgleich/obschon a) sie ein Taxi genommen hatte. b) sie sich drei ... gestellt hatte. c) sie sich übers ... hatte wecken lassen. d) die Straße frei war. e) sie pünktlich hatte kommen wollen. f) sie einen wichtigen Termin hatte. g) sie mir versprochen hatte ... 3. ..., obwohl/obgleich/obschon a) ich ... genommen hatte. b) ich nicht aufgeregt war. c) niemand mich geärgert hatte, d) ich ... gearbeitet hatte. e) ich sehr müde war. f) das Hotelzimmer ... hatte. g) kein Verkehrslärm zu hören war. h) ich eigentlich gar keine Sorgen hatte. 4. ..., obwohl /obgleich/obschon a) es ... geplant war. b) die Finanzierung gesichert war. c) der Bauplatz vorhanden war. d) der Bauauftrag ... vergeben worden war. e) die Bürger ... gefordert hatten. f) auch die Schulen es dringend benötigen. g) auch die Randgemeinden ... interessiert waren. h) man es schon längst hatte bauen wollen.

Übung 2: 1. a) Ich hatte ihn eingeladen, dennoch ist er nicht gekommen. b) Er hatte zwar ... zugesagt, aber er ist doch nicht gekommen. c) Er wollte zwar kommen, aber er ist doch nicht gekommen. d) Ich benötige seine Hilfe, dennoch ist er nicht gekommen. e) Er wollte uns zwar ... besuchen, aber er ist doch nicht gekommen. f) Er wusste, dass ..., trotzdem ist er nicht gekommen. 2. a) Sie hatte ein Taxi genommen, dennoch kam sie zu spät. b) Sie hatte sich zwar ... gestellt, aber sie kam trotzdem zu spät. c) Sie hatte sich ... wecken lassen, dennoch kam sie zu spät. d) Die Straße war zwar frei, aber sie kam trotzdem zu spät. e) Sie hatte pünktlich kommen wollen, dennoch kam sie zu spät. f) Sie hatte zwar ... Termin, allerdings kam sie zu spät. g) Sie hatte mir zwar versprochen, ..., aber sie kam doch zu spät. 3. a) Ich hatte ... genommen, trotzdem konnte ich nicht schlafen. b) Ich war zwar nicht aufgeregt, aber ich konnte doch nicht schlafen. c) Niemand hatte mich geärgert, trotzdem konnte ich nicht schlafen. d) Ich hatte ... gearbeitet, trotzdem konnte ich nicht schlafen. e) Ich war zwar sehr müde, aber ich konnte doch nicht schlafen. f) Das Hotelzimmer hatte ..., dennoch konnte ich nicht schlafen. g) Es war kein ... zu hören, trotzdem konnte ich nicht schlafen. h) Ich hatte ... keine Sorgen, aber ich konnte doch nicht schlafen. 4. a) Es war zwar ... geplant, aber das Hallenbad wurde doch nicht gebaut. b) Die Finanzierung war zwar gesichert, aber das Hallenbad wurde nicht gebaut. c) Der Bauplatz war vorhanden, trotzdem wurde das Hallenbad nicht gebaut. d) Der Bauauftrag war ... vergeben worden, dennoch wurde das Hallenbad nicht gebaut. e) Die Bürger ... hatten es zwar ... gefordert, aber das Hallenbad wurde nicht gebaut. f) Auch ... benötigten es dringend, trotzdem wurde das Hallenbad nicht gebaut. g) Auch ... waren daran interessiert, dennoch wurde das Hallenbad nicht gebaut. h) Man hatte es zwar schon längst bauen wollen, aber das Hallenbad wurde doch nicht gebaut.

Übung 3: 1. a) Obwohl die Kartoffeln noch nicht gar sind, essen wir sie jetzt. b) Weil die Kartoffeln noch nicht gar sind, müssen sie noch … kochen. 2. a) Obwohl das Eis … nicht fest ist, läuft der Junge … b) Weil das Eis … nicht fest ist, ist das Betreten gefährlich. 3. a) Weil die Familie …, lässt sie sie stehen. b) Obwohl die Familie … nicht kennt, nimmt sie sie mit…. 4. a) Weil der kleine Kerl sehr friert, geht er jetzt … b) Obwohl der kleine Kerl sehr friert, bleibt er stundenlang … 5. a) Obwohl die Wanderer … müde sind, wollen sie die restliche Strecke … b) Weil die Wanderer …, machen sie … Pause. 6. a) Obwohl Rauchen … verboten ist, rauchen einige Leute … b) Weil Rauchen verboten ist, machen die meisten Leute …7. a) Obwohl Benzin immer teurer wird, wollen die meisten Autobesitzer … b) Weil Benzin immer teurer wird, fahren immer mehr Personen … 8. a) Obwohl sie … Fieber hat, geht sie in den Dienst. b) Weil sie Fieber hat, bleibt sie im Bett … 9. a) Obwohl er nicht schwimmen kann, geht er gern segeln. b) Weil er nicht schwimmen kann, hat er immer Angst … 10. a) Weil er viel verdient, kann er sich die Villa kaufen. b) Obwohl er viel verdient, ist er … unzufrieden. 11. a) Obwohl kein Mensch dick sein will, essen viele Menschen … zuviel. b) Weil kein Mensch dick sein will, sind viele Leute vorsichtig … 12. a) Obwohl sie sehr wenig isst, wiegt sie noch zuviel. b) Weil sie sehr wenig isst, ist sie immer müde.

Übung 4: 1. Er war unschuldig, dennoch wurde er … / Obwohl er unschuldig war, wurde er … 2. Die Familie wohnte zwar …, wir besuchten uns aber doch … / Obgleich die Familie …, besuchten wir uns … 3. Wir mussten …, dennoch/trotzdem unterhielten wir uns … / Obwohl wir beide … mussten, unterhielten wir uns … 4. Wir verstanden uns sehr gut; allerdings stritten wir uns … / Obschon wir uns … stritten, verstanden wir uns … 5. … zwar sehr freundlich, die Gäste brachen dennoch … / Obwohl die Gastgeber … waren, brachen die Gäste … 6. Obwohl die Arbeiter … steikten, konnten sie … / Die Arbeiter …; trotzdem konnten sie … 7. …; indessen brachte er es … / Obgleich er … hatte, brachte er es … 8. …; dennoch badeten sie … / Obwohl die Jungen …, badeten sie …

Übung 5: 1. Wenn der Junge seine Eltern auch noch so darum bat, er bekam das Fahrrad doch nicht. / Der Junge bat seine Eltern noch so darum, er bekam … 2. Wenn der Student … auch noch so gewarnt wurde, er reiste doch … / Der Student wurde … noch so gewarnt, er reiste doch … 3. Wenn die Eltern auch noch so … sparten, das Geld reichte … nicht. / Sparten die Eltern auch noch so …, das Geld … 4. Wenn der Reisende das Haschisch auch noch so gut versteckt hatte, die Spürhunde fanden … / Hatte der Reisende das Haschisch auch noch so gut versteckt, die Spürhunde … 5. Wenn du dich auch noch so beeilst, du wirst den Zug nicht … erreichen. / Beeilst du dich auch noch so, du wirst …

§ 31

Übung 1: 1. als wieder von vorn anzufangen. 2. als er je zuvor geerntet hatte. 3. wie er sie noch nie zuvor geerntet hatte. 4. als die Ärzte angenommen hatten. 5. wie der Kaufmann befürchtet hatte. 6. als er sie in den Wintern zuvor gehabt hatte. 7. wie im Allgemeinen angenommen wird. 8. als der Busfahrer geplant hatte.

Übung 2: 1. … waren teurer, als ich angenommen hatte. / … nicht so teuer, wie … 2. … war größer, als ich vermutet hatte / … nicht so groß, wie … 3. … waren schneller verkauft, als ich gedacht hatte. / … nicht so schnell, wie … 4. … spielten besser, als ich gedacht hatte. / … nicht so gut, wie … 5. … dauerte länger, als ich erwartet hatte. / … nicht so lang, wie … 6. … war größer, als ich gedacht hatte. / … nicht so groß, wie … 7. Ich habe mehr Bekannte getroffen, als ich gehofft hatte. / … nicht so viele Bekannte getroffen, wie … 8. Ich bin später nach Hause …, als ich befürchtet hatte. / … nicht so spät nach Hause …, wie …

Übung 3: 1. … lohnender, als ich erwartet hatte. / … nicht so lohnend, wie … 2. … besser eingerichtet, als ich gehofft hatte. / … nicht so gut eingerichtet, wie … 3. … ruhiger, als ich angenommen hatte. / … nicht so ruhig, wie … 4. … reichhaltiger, als ich gedacht hatte. / … nicht so reichhaltig, wie … 5. … interessanter, als ich geglaubt hatte. / ... nicht so interessant, wie ... 6. ... lebhafter diskutiert, als ich vermutet hatte. / ... nicht so lebhaft diskutiert, wie ... 7. ... mehr gestritten, als ich befürchtet hatte. / ... nicht so viel gestritten, wie ... 8. ... mehr Kollegen getroffen, als ich geglaubt hatte. / ... nicht so viele Kollegen getroffen, wie ...

Übung 4: 1. Je mehr er trank, desto lauter wurde er. 2. Je weniger er isst, desto schlechter gelaunt ist er. 3. Je gründlicher du arbeitest, desto größer wird dein Erfolg sein. 4. Je teurer das Hotel ist, desto zufriedenstellender ist der Komfort. 5. Je schneller der Ausländer sprach, desto weniger konnten wir verstehen. 6. Je mehr Fremdsprachen die Sekretärin spricht, desto leichter findet sie eine gute Stellung. 7. Je schwächer das Herz ist, desto schwieriger ist eine Operation. 8. Je deutlicher du sprichst, desto besser kann ich dich verstehen. 9. Je dunkler es ist, desto größer ist die Angst der Kleinen. 10. Je besser das Essen gewürzt ist, desto besser schmeckt es.

Übung 5: Je später es wurde, desto fröhlicher wurden die Gäste. 2. Je sorgfältiger du arbeitest, desto mehr Aufträge bekommst du. 3. Je trauriger die Musik ist, desto melancholischer werde ich. 4. Je weniger Geld ich bekomme, desto sparsamer muss ich sein. 5. Je weiter der Vertreter beruflich fahren muss, desto mehr kann er von der Steuer absetzen. 6. Je klüger und fleißiger ihre Schüler waren, desto mehr Spaß machte ihr die Arbeit. 7. Je wütender Hans wurde, desto lauter musste Gisela lachen. 8. Je berühmter die Künstler, die ..., waren, desto mehr Zuschauer kamen, aber desto teurer wurden die Plätze. 9. Je länger er sich in Italien aufhält, desto besser spricht er Italienisch. 10. Je schneller du fährst, desto größer ist die Unfallgefahr.

Übung 6: (zum Beispiel) 1. desto schlechter verstehe ich dich. 2. desto bitterer ist er. 3. desto höher steigen die Preise. 4. desto unpersönlicher ist es. 5. desto wütender wurde er. 6. desto sympathischer erschien sie mir. 7. desto vertrauter wurden wir miteinander. 8. desto zurückhaltender werde ich. 9. desto weniger hört man dir zu. 10. desto weniger wird geschmuggelt.

Übung 7: 1. Je höflicher du schreibst, eine desto höflichere Antwort erhältst du. 2. Je öfter du ihn triffst, ein desto besseres Verhältnis wirst du mit ihm haben. 3. Je schneller du fahren willst, einen desto teureren Wagen musst du kaufen. 4. Je knapper das Geld ist, einen desto höheren Zinssatz musst du zahlen. 5. Je näher wir dem Ziel kamen, ein desto stärkeres Hungergefühl quälte mich.

Übung 8: 1. Wie Sie wissen, werde ich ... 2. Wie ich Ihnen schon sagte, werden wir ... 3. Wie ich schon erwähnte, werde ich ... 4. Wie Sie wissen, werde ich von ... 5. Wie ich geplant habe, werde ich ... 6. Wie ich hoffe, wird mir die Ruhe ...

Übung 9: 1. Man kann die Heizkosten auch noch senken, indem man die Temperaturen ... lässt und die Zimmertemperatur ... senkt. 2. Man kann ferner die Wohnung ..., indem man Isoliermaterial ... anbringt. 3. Wir können Rohstoffe sparen, indem man bereits gebrauchte Materialien im sogenannten Recycling wiederverwendet. 4. Man kann Benzin sparen, indem man ...Autos fährt und öfter mal zu Fuß geht. 5. Die Regierung kann ... schützen, indem sie ... vorschreibt. 6. Man kann die Stadtbewohner ... schützen, indem man ... einrichtet und ... baut.

Übung 10: 1. ... können verhindert werden, indem man einen Deich baut. 2. ..., indem sie ihn nach dem Attentat sofort operierten. 3. ..., indem er einen gebogenen Draht verwendete. 4. ..., indem sie falsche oder ungenaue Forschungsergebnisse veröffentlichen. 5. ..., indem alle Zollstellen rechtzeitig informiert wurden. 6. Indem der Spion Informationen an das feindliche Ausland weitergegeben hat, hat er ... 7. ..., indem er auf den Alarmknopf drückte. 8. Kopernikus hat erkannt, ..., indem er die Sterne beobachtete. 9. ..., indem man die Werbung ... verbietet. 10. ..., indem sie auf Bier und fette Speisen verzichten. 11. ... Umwelt, indem sie modische, aber unbrauchbare Dinge kaufen, die ...

§ 32

Übung 1: 1. ... um eine schöne Wohnung zu finden. 2. ... um eine Adresse zu erfragen. 3. ..., damit mir niemand zuvorkommt. 4. ..., damit ihnen die Leute nicht das Haus einrennen. 5. ..., damit die Möbel später auch hineinpassen. 6. ... um Umzugskosten zu sparen. 7. ..., damit die Versicherung dann auch bezahlt, wenn ... 8. ... um die neue Wohnung in aller Ruhe einrichten zu können. 9. ... um uns ein bisschen zu erholen.

Übung 2: 1. ... um dort eine Stelle ... anzunehmen. 2. ... um sich seine neue Heimat ... anzuschauen. 3. ... um den Einstieg im Schornstein zu erreichen. 4. ..., damit die Schornsteinfeger daran hochklettern können. 5. ... um nicht in die Tiefe zu stürzen. 6. ..., damit seine Kameraden ihn hören. 7. ... um nicht zu verhungern. 8. ... um die Steine herauszulösen. 9. ... um ihn zu suchen. 10. ... um hindurchzukriechen. 11. ..., damit er sich ... erholt. 12. ..., um ihn dort vom Ruß zu befreien.

Übung 3: 1. Er düngt ..., damit die Pflanzen besser wachsen können. 2. Er hält Kühe um Milch gewinnen zu können. 3. Er braucht eine Leiter um die Äpfel und Birnen ernten zu können. 4. Er nimmt ... auf um eine Hühnerfarm einrichten zu können. 5. Er annonciert in der Zeitung um die Fremdenzimmer ... vermieten zu können. 6. Er kauft ..., damit sich die Gäste daran freuen können. 7. Er richtet ... ein um die Gäste dort unterbringen zu können. 8. Er baut ..., damit sich die Gäste erfrischen und sich wohl fühlen können.

§ 33

Übung 1: 1. ... um schnell reich zu werden. 2. Ohne das Geld zu zählen packten sie ... 3. ... um schnell unerkannt zu verschwinden. 4. Anstatt die beiden Taschen mitzunehmen ließen sie ... 5. Ohne noch einmal zurückzukommen rasten die ... 6. ... um nach Amerika zu entkommen. 7. Anstatt mit dem Scheck zu zahlen kauften sie ... 8. Um in der Großstadt unterzutauchen verließen sie ... 9. ... ohne Widerstand zu leisten. 10. ... um vor Gericht gestellt zu werden. 11. ... ohne irgendeine Gemütsbewegung zu zeigen.

Übung 2: 1. ..., um es seiner Frau zu schenken. 2. ... ohne den Absender daraufzuschreiben. 3. ..., ohne dass das Armband kam. 4. Anstatt anzurufen schimpfte er ... 5. ..., ohne dass ihr Mann ihr das Armband schenken konnte. 6. ..., damit sie ... zuschicken. 7. ..., ohne dass das Versandhaus eine Erklärung ... abgab. 8. Ohne etwas von dem Geschenk ihres Mannes zu wissen kam Frau Huber am Tag der Zustellung des Päckchens aus der Stadt zurück ...

Übung 3: 1. a) sich eine Pause zu gönnen. b) dass ein Verlag ihm die Abnahme garantiert hatte. 2. a) dass der Beamte einen Blick hineinwarf. b) darum gebeten worden zu sein. 3. a) damit sein Freund ihn sehen konnte. b) um von seinem Freund gesehen zu werden. 4. a) dass seine Kinder ihm dabei halfen. b) den Aufzug zu benutzen. 5. a) damit die Bahnfahrt nicht so langweilig würde. b) um sich damit die Langeweile zu vertreiben. 6. a) um bei sinkender ... keinen Einkommensverlust zu haben. b) damit ihr Einkommen ... behielt. 7. a) sich mit der Gewerkschaftsleitung abzusprechen. b) dass die Gewerkschaftsleitung davon informiert worden war. 8. a) an das Wohl der Firma zu denken. b) dass wichtige Investitionen gemacht worden wären. 9. a) dass der Betriebsrat informiert wurde. b) den Betriebsrat davon zu informieren. 10. a) damit die Maschinen nicht heimlich verkauft werden konnten. b) um vom ... den Arbeitslohn, den sie noch zu bekommen hatten, zu finanzieren.

§ 34

Übung 1: Wissen Sie vielleicht, ob ... / Können Sie mir sagen, ob ... / Ist Ihnen vielleicht bekannt, ob ... 1. der Metzger ... verkauft? 2. dieser Schuster ... macht? 3. Herr Hase auch ... ist? 4. Frau Klein ... arbeitet? 5. man sich ... holt? 6. der Ober ... bedient? 7. der Briefträger ... bringt? 8. die Bank ... geöffnet ist? 9. der Busfahrer ... gegeben hat? 10. die Hauptpost ... eingerichtet hat? 11. der Kindergarten ... geschlossen ist? 12. es in der Schule ... gibt?

Übung 2: Sag mir bitte, 2. von wem du den Ring hast. 3. hinter welchem Baum sich der Junge versteckt hat. 4. was für ein Fahrrad sich dein Freund gekauft hat. 5. wo der Radiergummi liegt. 6. zum wievielten Mal du dieses Jahr nach Österreich in Urlaub fährst. 7. wessen Motorrad das ist. 8. in welchem Teil des Friedhofs deine Großeltern begraben liegen. 9. von welcher Seite die Bergsteiger den Mont Blanc bestiegen haben. 10. am wievielten April Mutter ihren sechzigsten Geburtstag hat. 11. um wie viel Uhr der Schnellzug hier ankommt. 12. wie viele Geschwister ihr seid. 13. welches Bein dir weh tut. 14. von wem du den Teppich hast. 15. wie oft du in der Woche nach Marburg in die Klinik fährst.

Übung 3: Ich weiß leider auch nicht / Ich kann auch nicht sagen / Mir ist leider auch nicht bekannt, 1. wo Sie hier ... bekommen können. 2. warum die Flugzeuge ... nicht starten können. 3. wann das Flugzeug ... ankommen soll. 4. um wie viel Uhr Sie wieder hier sein müssen. 5. wo Sie Ihr Gepäck abgeben können. 6. wie viel türkische Pfund Sie ... mitnehmen dürfen.

Übung 4: 1. Das Rätsel, ob der Fahrer unaufmerksam gewesen (ist) und deshalb ... gefahren ist, ist ... 2. Die Frage, ob er zu schnell gefahren ist, wollte ... 3. Von der Feststellung, ob der Verletzte etwas gebrochen hat, hängt ... ab. 4. Die Frage, ob der Fahrer Alkohol im Blut gehabt hat, wird ... beantworten. 5. Die Entscheidung, ob der Autofahrer seinen Führerschein verliert, muss ... treffen. 6. Die Ungewissheit, ob der Fahrer eine Gefängnisstrafe bekommt, macht ihn ... 7. Von der Feststellung des Richters, ob sich der Angeklagte verfolgt gefühlt hat, hängt ... ab. 8. Die Entscheidung, ob der Mann seine Stelle ... behalten wird, hängt von ... ab.

Übung 5: 1. Wir werden sehen, wer sonst noch mitfährt. 2. Ich weiß selbst nicht, wann wir zurückkommen. 3. Kannst du mir sagen, ob wir einen Pass mitnehmen müssen? 4. Ich möchte gern wissen, was die Fahrt kostet. 5. Sag mir bitte, ob ich vorne beim Fahrer sitzen kann. 6. Hans möchte gern wissen, ob die Frauen auch mitfahren. 7. Es muss uns doch gesagt werden, ob wir ... in ein Restaurant gehen oder ob wir das Essen mitnehmen müssen. 8. Ich weiß nicht, ob ich mein Fernglas mitnehmen soll. 9. Hans will wissen, warum er seine Kamera nicht mitnehmen soll. 10. Kannst du mal nachfragen, ob der Bus eine Klimaanlage hat?

§ 35

Übung 1: 1. den 2. die 3. die 4. das 5. den 6. die 7. die 8. der 9. das 10. die 11. das 12. die 13. den 14. die

Übung 2: 1. Ein Flussschiff ist ein Schiff, das auf Flüssen verkehrt. 2. Ein Holzhaus ist ein Haus, das aus Holz gebaut ist. 3. Eine Wochenzeitung ist eine Zeitung, die jede Woche einmal erscheint. 4. Eine Monatszeitschrift ist eine Zeitschrift, die jeden Monat einmal erscheint. 5. Ein Elektromotor ist ein Motor, der von elektrischem Strom getrieben wird. 6. Ein Motorboot ist ein Boot, das von einem Motor angetrieben wird. 7. Eine Mehlspeise ist eine Speise, die aus Mehl zubereitet wird. 8. Ein Kartoffelsalat ist ein Salat, der aus Kartoffeln zubereitet wird. 9. (Eine) Orgelmusik ist (eine) Musik, die mit der Orgel ausgeführt wird. 10. (Eine) Blasmusik ist (eine) Musik, die mit Blasinstrumenten ausgeführt wird. 11. Ein Holzwurm ist ein Wurm, der im Holz lebt. 12. Ein Süßwasserfisch ist ein Fisch, der im Süßwasser lebt.

Übung 3: 1. Was machst du mit den 1000 Mark, die du im Lotto gewonnen hast? 2. Was machst du mit dem Hund, der von morgens bis abends bellt? 3. Was machst du mit dem Bügeleisen, das deine Freundin kaputtgemacht hat? 4. Was machst du mit der Kiste Wein, die dir deine Eltern zum Examen geschickt haben? 5. Was machst du mit der Palme, die dir deine Freunde gekauft haben? 6. Was machst du mit dem Papagei, der immer „Faulpelz" ruft? 7. Was machst du mit dem Klavier, das dir deine Verwandten geschenkt haben? 8. Was machst du mit der Katze, die dir das Fleisch aus der Küche stiehlt?

Übung 4: 1. Was hat er denn mit der Farbe gemacht, die er sich gekauft hat? 2. Was hat sie denn mit den Topfpflanzen gemacht, die sie sich besorgt hat? 3. Was hat der Schriftsteller denn mit dem Roman gemacht, den er geschrieben hat? 4. Was haben die Kinder denn mit der Kreide gemacht, die sie aus der Schule mitgenommen haben? 5. Was hat die Katze denn mit der Maus gemacht, die sie gefangen hat? 6. Was hat der junge Mann denn mit dem Auto gemacht, das er kaputtgefahren hat? 7. Was hat die Nachbarin denn mit den Kleiderstoffen gemacht, die sie sich gekauft hat? 8. Was hat Fritz denn mit der Brieftasche gemacht, die er gefunden hat?

Übung 6:　1. a) die b) die c) die 2. a) denen b) die c) die 3. a) die b) der c) die 4. a) der b) dem c) den 5. a) denen b) die c) die

Übung 7:　1. a) dessen b) deren c) deren 2. a) dessen b) deren c) dessen 3. a) dessen b) deren c) deren 4. a) dessen b) deren c) dessen 5. a) dessen b) deren (dessen) c) dessen 6. a) dessen b) deren c) deren 7. a) deren b) deren c) dessen 8. a) dessen b) deren c) dessen

Übung 8:　1. Der Geiger, dessen Instrument gestohlen worden war, musste ... 2. Der Dichter, dessen Romane immer große Erfolge waren, lebt ... 3. Man hat das Rathaus, dessen Räume dunkel und schlecht zu heizen sind, ... 4. Die Bürger, deren Proteste ... geführt hatten, jubelten. 5. Der Chirurg, dessen Herzoperationen ... verlaufen waren, wurde ... 6. Der Pilot, dessen Flugzeug zu brennen begonnen hatte, hatte ... 7. Der Autofahrer, dessen Straßenkarten ... waren, hatte ... 8. ... mit dem Bus, dessen Fahrer betrunken war, nicht weiterfahren. 9. Wir konnten das Auto, dessen Motor defekt war, ... 10. ... die arme Frau, deren Sohn ... verunglückt war, zu beruhigen. 11. ... kam ich zur Post, deren Schalter ... geschlossen waren. 12. ... von den Zeugen, deren Aussagen widersprüchlich waren, nicht täuschen. 13. Die Angeklagte, deren Schuld erwiesen war, wurde ... 14. ... vor den Türen der Bank, deren Öffnungszeiten sich geändert hatten. 15. Für den Deutschen, dessen Fremdsprachenkenntnisse sehr gering waren, war ...

Übung 9:　1. Das Ruhrgebiet ist die Gegend, in der (wo) es die meisten Industrieanlagen gibt. 2. Der Rhein ist der Fluss, an dem die Lorelei-Felsen steht. 3. Der Teutoburger Wald ..., in dem (wo) das Hermanns-Denkmal steht. 4. Die Alpen sind das Gebirge, in dem (wo) es die höchsten Berge gibt. 5. Die Wasserkuppe ist der Berg, auf dem der Segelflug zum ersten Mal erprobt wurde. 6. Bonn ist die Stadt, in der (wo) Beethoven geboren ist, und Wien ist die Stadt, in der (wo) er gestorben ist. 7. Die Schweiz ist der Staat, in dem (wo) es ... gibt. 8. Der Bodensee ist der See, an dem ... haben. 9. Die Ostfriesen sind die Leute, über die ... erzählt werden. 10. Dresden ist die Stadt, in der (wo) ... standen. 11. Es sind die Mündungen der Elbe und der Weser, vor denen die Insel Helgoland liegt. 12. Worms und Speyer sind die zwei Städte, in denen (wo) ... begraben liegen. 13. Innsbruck ist die Stadt, in deren Nähe die ... ausgetragen wurden. 14. Der St. Gotthard ist der Berg, durch den die Straße ... führt. 15. Der Großglockner ist der Berg, nach dem die ... benannt ist.

Übung 10:　1. Ein Holzfass ist ein Behälter, in dem man z.B. Wein lagern kann. 2. Ein Fahrrad ist ein Verkehrsmittel, mit dem man sich mit eigener Kraft fortbewegen kann. 3. Eine Dachrinne ist ein Rohr, durch das man das Regenwasser vom Dach leitet. 4. Ein Staubsauger ist eine Maschine, mit der man Teppiche säubert. 5. Ein Videorecorder ist ein Gerät, mit dem man Fernsehsendungen aufnehmen und wiedergeben kann. 6. Eine Lupe ist ein Glas, mit dem man kleine Dinge groß sehen kann. 7. Ein Tresor ist ein Schrank aus Stahl, in dem man das Geld vor Dieben oder Feuer schützen kann. 8. Ein Herd ist eine Kücheneinrichtung, auf dem man warme Speisen zubereiten kann.

Übung 11:　1. Wem die Lösung nicht gefällt, der soll es bitte sagen. 2. Wem noch Geld zusteht, der soll schnell einen Antrag stellen. 3. Wessen Antrag noch nicht abgegeben ist, der soll ihn jetzt gleich im Sekretariat abgeben. 4. Wen das nicht interessiert, der soll ruhig schon weggehen. 5. Wer an der Bildung einer Fußballmannschaft interessiert ist, (der) soll bitte um 17 Uhr hierher kommen. 6. Wer noch Fragen hat, (der) soll sie jetzt vorbringen. 7. Wer die Aufgabe nicht versteht, (der) soll bitte zu mir kommen. 8. Wem noch etwas Wichtiges eingefallen ist, der soll es auf einen Zettel schreiben und ihn mir geben. 9. Wessen Arbeit noch nicht fertig ist, der soll sie nächste Woche abgeben. 10. Wer noch Hilfe braucht, (der) soll sich bitte an den Assistenten wenden.

Übung 12: 1. was; was 2. worunter; worüber 3. wozu; wovor; was 4. woraus; wodurch 5. wogegen; wobei 6. wofür; wovon 7. womit 8. was; was 9. was 10. wo

Übung 13: 1. ..., wo sich riesige Ölfelder bilden. 2. ..., worauf Umweltschützer immer wieder warnend aufmerksam machen. 3. ..., worüber sich Fachleute große Sorgen machen. 4. ..., worüber die Fachleute aller Länder beraten müssen. 5. ..., was indirekt eine Gefahr ... bedeutet. 6. ..., wodurch möglicherweise ... abnehmen wird. 7. ... wogegen die ... protestieren, was aber leider nicht ... hat. 8. ..., wobei sie ... setzen.

Übung 14: 1. Was mit Hoffnung macht, ist, dass er aufsteht und schon wieder normal läuft. 2. Was nach dem Schlaganfall leider zurückgeblieben ist, ist ein leichtes Zittern seiner linken Hand. 3. Was ihm sein Arzt geraten hat, ist, dass er das Rauchen aufgeben soll. 4. Was mich beunruhigt, sind seine kleinen Gedächtnislücken. 5. Was er während seiner Krankheit vergessen haben muss, ist, dass er einige Jahre in Berlin gelebt hat. 6. Was mir auffiel, ist, dass er auf alten Fotos seine ehemaligen Nachbarn nicht wiedererkennen konnte. 7. Was mich tröstet, ist, dass er diesen Gedächtnisverlust gar nicht bemerkt. 8. Was er trotz seiner 89 Jahre behalten hat, ist seine positive Lebenseinstellung.

Übung 15 a: Ist das der Herr, 1. mit dem du gestern gesprochen hast? 2. den du eben gegrüßt hast? 3. dessen Tochter eine Freundin von dir ist? 4. der Journalist bei ... ist? 5. dessen Bücher ich ... habe liegen sehen? 6. von dem du mir neulich schon mal erzählt hast?

Übung 15 b: Hier ist die Uhr, 1. die ich so lange gesucht habe. 2. die du mir geschenkt hast. 3. mit der ich versehentlich ins Wasser gegangen bin. 4. deren Glas ich verloren habe. 5. von der du so sehr geschwärmt hast. 6. mit der ich beim Uhrmacher gewesen bin.

Übung 15 c: Das Buch, ..., gehört mir! 1. das einen blauen Einband hat 2. in dem du liest 3. von dem du gesprochen hast 4. das du in die Mappe gesteckt hast 5. das ich dir vor einem Jahr geliehen habe 6. aus dem du die betreffenden Seiten fotokopieren kannst

Übung 15 d: Das Stipendium, 1. das man ... beantragen muss 2. für das man ... mitbringen muss 3. um das ich mich beworben habe 4. um dessen Erwerb sich viele Studenten bemühen 5. das von ... vergeben wird 6. von dem du gehört hast

Übung 15 e: Der Test, 1. bei dem auch ... richtig sein können 2. den einige ... zusammengestellt haben 3. der ein ... prüft 4. den ich gestern habe machen müssen 5. von dessen Schwierigkeitsgrad ich überrascht war 6. von dessen Ergebnis ... abhängt

Übung 16: *Die verschiedenen Möglichkeiten der Satzverknüpfung sind mit a), b) usw. angegeben. Die stilistisch weniger guten Lösungen sind in Klammern gestellt. Es sind auch noch andere Möglichkeiten denkbar.*
1. a) Ein alter Mann, dessen Haus in der Nähe einer Eisenbahnstrecke lag, konnte nicht einschlafen, weil das Geräusch des vorbeifahrenden Zuges anders als gewöhnlich klang. b) ... nicht einschlafen, denn das Geräusch des vorbeifahrenden Zuges klang ... c) (Das Geräusch des vorbeifahrenden Zuges klang anders als gewöhnlich, deshalb/darum/deswegen konnte ein alter Mann, dessen Haus ... lag, nicht einschlafen.) 2. a) Er wollte nachsehen, was dieses seltsame Geräusch hervorgerufen hatte, darum/deswegen/deshalb stand er auf und zog seinen Wintermantel über seinen Schlafanzug. b) Er stand auf und zog seinen Wintermantel über seinen Schlaganzug, weil er nachsehen wollte, was dieses seltsame Geräusch hervorgerufen hatte. c) ... Schlafanzug, denn er wollte nachsehen, was ... hervorgerufen hatte. 3. Er nahm einen Stock, denn sein rechtes Bein war im Krieg verletzt worden und es war Winter b) (Er nahm einen Stock, weil sein rechtes Bein ... verletzt worden war und es Winter war.) c) Sein rechtes Bein war im Krieg verletzt worden und es war Winter, deshalb/deswegen/darum nahm er einen Stock. 4. a) Der Schnee lag

hoch und sein Bein begann schon nach wenigen Schritten zu schmerzen, trotzdem/dennoch kehrte er nicht um, sondern kletterte … auf den Eisenbahndamm. b) … zu schmerzen, er kehrte trotzdem/dennoch nicht um, sondern kletterte … c) … zu schmerzen, aber er kehrte doch nicht um, sondern … d) … zu schmerzen, er kehrte aber doch nicht um, sondern … e) Obwohl/Obgleich der Schnee hoch lag und sein Bein schon nach wenigen Schritten zu schmerzen begann, kehrte er nicht um, sondern kletterte … 5. a) Seine kleine Taschenlampe, die er vorsichtshalber mitgenommen hatte, war gut zu gebrauchen, denn das Licht der Laternen reichte nicht weit. b) … zu gebrauchen, weil das Licht … nicht weit reichte. c) Das Licht der Laternen reichte nicht weit, darum war seine kleine Taschenlampe, die er … mitgenommen hatte, gut zu gebrauchen. d) (Seine Taschenlampe war gut zu gebrauchen, denn das Licht … reichte nicht weit, darum hatte er sie vorsichtshalber mitgenommen.) e) (… war gut zu gebrauchen, weil das Licht … nicht weit reichte, darum hatte er …) 6. Nach längerem Suchen fand er endlich die Stelle, wo / an der die Schiene gerissen war. 7. a) Es war spät in der Nacht und der Wind pfiff, trotzdem/dennoch gab er nicht auf und lief den langen Weg bis zur nächsten Bahnstation, denn er wollte unbedingt die Menschen retten, die ahnungslos in dem nächsten Schnellzug saßen, der aus München kam. b) Es war (zwar) spät in der Nacht und der Wind pfiff, aber er gab (doch) nicht auf, weil er die Menschen retten wollte, die … c) (… er gab nicht auf, weil er die Menschen, die im … Schnellzug, der aus München kam, saßen, retten wollte.) d) Obwohl/Obgleich es spät in der Nacht war und der Wind pfiff, gab er nicht auf und lief … e) Er wollte unbedingt die Menschen retten, die in dem nächsten Schnellzug, der aus München kam, saßen, darum gab er nicht auf und lief den langen Weg bis zur nächsten Bahnstation, obwohl es spät in der Nacht war und der Wind pfiff. 8. Der Bahnhofsvorsteher hielt den alten Mann, der ihm die Nachricht von einer zerrissenen Schiene brachte, zunächst (zwar) für verrückt, aber der Beamte kam (doch) endlich mit um den Schaden selbst anzusehen. b) … zunächst für verrückt, trotzdem/dennoch kam er endlich mit um … c) Obwohl/Obgleich der Bahnhofsvorsteher den alten Mann, der ihm die Nachricht … brachte, zunächst für verrückt hielt, kam er endlich mit um … d) (Der Bahnhofsvorsteher hielt den alten Mann zunächst für verrückt, weil der alte Mann ihm die Nachricht von einer zerrissenen Schiene brachte, trotzdem kam er endlich mit um … 9. a) Obwohl/Obgleich sich der Schnellzug mit großer Geschwindigkeit der gefährlichen Stelle näherte, gelang es dem Beamten, der eine weithin sichtbare rote Lampe schwenkte, im letzten Augenblick dem Zugführer ein Zeichen zu geben. b) Der Schnellzug näherte sich … der gefährlichen Stelle, aber es gelang dem Beamten, der eine … Lampe schwenkte, im letzten Augenblick …

Übung 17: 1. a) Ein junger Mann, der einige Zeit in einer Druckerei gearbeitet hatte, wo er sich seine Kenntnisse angeeignet hatte, stand vor Gericht, weil er falsche Fünfzigmarkscheine hergestellt hatte. b) … vor Gericht, denn er hatte … hergestellt. c) (Ein junger Mann, der einige Zeit in einer Druckerei gearbeitet hatte, in der / wo er sich seine Kenntnisse angeeignet hatte, hatte falsche Fünfzigmarkscheine hergestellt, darum/deswegen/deshalb stand er vor Gericht.) 2. a) Obwohl er sehr vorsichtig gewesen war und nur nachts gearbeitet hatte, hatte man ihn erwischt. b) Er war sehr vorsichtig gewesen und hatte nur nachts gearbeitet, trotzdem hatte man ihn erwischt. c) Er war (zwar) sehr vorsichtig gewesen und hatte nur nachts gearbeitet, aber man hatte ihn (doch) erwischt. 3. a) Der Hausmeister war aufmerksam geworden und hatte ihn bei der Polizei angezeigt, denn er hatte ihn einige Male nachts in den Keller schleichen sehen. b) Der Hausmeister hatte … ihn angezeigt, weil er ihn einige Male in den Keller hatte schleichen sehen. c) Der Hausmeister hatte ihn einige Male in den Keller schleichen sehen, deshalb war er aufmerksam geworden und hatte ihn bei der Polizei angezeigt. 4. a) Der Richter war dem Angeklagten, der arbeitslos war und sofort alles gestanden hatte, freundlich gesinnt, aber eine Gefängnisstrafe von zwei bis drei Jahren war ihm sicher, weil Geldfälschen hart bestraft werden muss. b) … freundlich gesinnt, trotzdem war ihm eine Gefängnisstrafe … sicher, denn Geldfälschen muss hart bestraft werden. c) Obwohl

der Richter dem Angeklagten, der ... war und ... gestanden hatte, freundlich gesinnt war, war ihm eine Gefängnisstrafe ... sicher, weil ...
d) (Geldfälschen muss hart bestraft werden, darum war ihm eine Gefängnisstrafe ... sicher, obwohl der Richter dem Angeklagten, der arbeitslos war und sofort alles gestanden hatte, freundlich gesinnt war.) 5. Zu Beginn der Verhandlung las der Richter die Anklageschrift vor, in der alle Beweisstücke aufgezählt waren: ...
6. a) Der Gerichtsdiener, der ein ordentlicher Mensch war, war gebeten worden diese Sachen, die man den Geschworenen einzeln zeigen musste, auf den Richtertisch zu legen, aber zum großen Erstaunen des Richters fehlte das Falschgeld. b) Der Gerichtsdiener, der ... war, war gebeten worden, die Sachen auf den Richtertisch zu legen, weil man sie den Geschworenen einzeln zeigen musste, aber ... c) Obwohl der Gerichtsdiener, der gebeten worden war, diese Sachen, die man den Geschworenen einzeln zeigen musste, auf den Richtertisch zu legen, ein ordentlicher Mensch war, fehlte zum großen Erstaunen des Richters das Falschgeld.
7. a) Man konnte das fehlende Beweisstück nicht finden, deshalb wurde bei der Polizei angerufen, die den Fall bearbeitet und das Beweismaterial gesammelt hatte. b) Weil man das ... Beweisstück nicht finden konnte, wurde bei der Polizei angerufen, die ... bearbeitet und ... gesammelt hatte. c) Es wurde bei der Polizei, die ... bearbeitet und ... gesammelt hatte, angerufen, denn man konnte das ... Beweisstück nicht finden.

§ 36

Übung 1: 1. diejenige Schülerin; diejenigen Schüler/Schülerinnen 2. mit dieser Schweizerin; mit diesen Schweizern/Schweizerinnen 3. von jener Österreicherin; von jenen Österreichern/Österreicherinnen 4. wegen jener Zollbeamtin; wegen jener Zollbeamten/Zollbeamtinnen 5. durch diejenige Polin; durch diejenigen Polen/Polinnen 6. eine solche Studentin; solche Studenten/Studentinnen 7. trotz dieser Richterin; trotz dieser Richter/Richterinnen 8. solch eine Schauspielerin; solche Schauspieler/Schauspielerinnen

Übung 2 a: 1. ... von dieser Waschmaschine ...? Also diese Waschmaschine ..., die ist mir zu teuer. 2. ... von diesen Küchenmöbeln? Also diese Küchenmöbel ..., die sind mir zu bunt. 3. ... von dieser Nähmaschine? Also diese Nähmaschine ..., die ist mir zu unpraktisch. 4. ... von diesem Elektroherd? Also diesen Elektroherd ..., der ist mir zu unmodern. 5. ... von diesem Dampfbügeleisen? Also dieses Dampfbügeleisen ..., das ist mir zu kompliziert. 6. ... von diesem Spülbecken? Also dieses Spülbecken ..., das ist mir zu empfindlich.

Übung 2 b: 1. ... die Einrichtung dieser Küche? Die ...; dieselbe hat meine Schwester. 2. ... der Sessel an diesem Kamin? Der ...; denselben haben meine Eltern. 3. ... das Bücherregal in diesem Flur? Das ...; dasselbe hat meine Freundin. 4. ... die Stehlampe neben dieser Sitzecke? Die ...; dieselbe hat mein Freund. 5. ... der Stuhl vor diesem Schreibtisch? Der ...; denselben hat mein Nachbar. 6. ... das Rauchtischchen in dieser Ecke? Das ...; dasselbe hat mein Untermieter.

Übung 2 c: 1. Welches Kofferradio ...? ... dieses Kofferradio, das ist angenehm leicht. 2. Welchen Cassettenrecorder ...? ... diesen C., der ist sehr gut. 3. Welche Lautsprecher ...? ... diese L., die sind sehr preiswert. 4. Welchen Videorecorder ...? ... diesen V., der ist wirklich sehr zuverlässig. 5. Welchen Taschenrechner ...? ... diesen T., der ist unglaublich preiswert. 6. Welche Schreibmaschine ...? ... diese S., die ist zur Zeit im Sonderangebot.

Übung 3: 1. solch einen; die gleichen 2. diesem; demselben 3. Das; dieses; jenes; dieser; jener 4. diesem; jenem; das 5. Das; deren; die 6. derjenigen (derer) 7. derjenigen 8. diesem; die 9. denjenigen; Diese 10. Derjenige; diese 11. demselben; dieselbe 12. Solch einen; ein solches; die 13. solch einem; einen solchen 14. Dieser; demselben 15. diese; die; einem solchen

Übung 4: 1. Das 2. das 3. es 4. Es 5. Das 6. Es 7. Das 8. Das 9. Es 10. Das 11. es

§ 37

Übung 1: 1. niemand(em) 2. jemand(en) 3. niemand(es) 4. niemand(en) 5. jemand(em) 6. niemand 7. niemand(en)

Übung 2: 1. Ja, ich möchte eins. Nein, … keins. 2. Ja, ich möchte einen. Nein, … keinen. 3. Ja, ich habe eins. Nein, … keins. 4. Ja, ich habe eins. Nein, … keins. 5. Ja, ich backe wieder einen. Nein, … keinen. 6. Ja, ich brauche einen. Nein, … keinen. 7. Ja, ich habe einen. Nein, … keinen.

Übung 3: Alle – jeder – Jeder – alle – jeder – Alle – all – jeden – jeder – alle – Allen – alles

Übung 4: 1. a) einigen anderen b) vielen 2. a) vielen b) Einige; mehr 3. a) viele b) einigen; einigen anderen 4. a) einzelnen b) anderen 5. a) vieler b) einiger weniger

§ 38

Übung 2: 1. Die Schweiz ist rund ein Neuntel so groß wie Deutschland. 2. Österreich ist rund ein Viertel so groß wie Deutschland. 3. Österreich ist mehr als doppelt so groß wie die Schweiz. 4. Die Schweiz ist weniger als halb so groß wie Österreich. 5. Deutschland ist etwa viermal so groß wie Österreich.

Übung 3: 1. Verglichen mit Österreich hat Deutschland mehr als die zehnfache Einwohnerzahl. 2. Verglichen mit Österreich hat die Schweiz fast die gleiche Einwohnerzahl.

Übung 4: 1. Die Bevölkerungsdichte in der Schweiz ist etwa eins Komma acht mal so groß wie (die) in Österreich. 2. Die Bevölkerungsdichte in Deutschland ist über eins Komma drei mal so groß wie (die) in der Schweiz.

Übung 5: 1. In Österreich ist etwa jeder Elfte ein Ausländer. 2. In der Schweiz ist etwa jeder Fünfzehnte ein Ausländer.

Übung 6: a) In Deutschland gibt es fünf Millionen sechshunderttausend Ausländer mehr als in Österreich / fast neunmal so viel Ausländer wie in Österreich. b) In Deutschland gibt es sechs Millionen zweihunderttausend Ausländer mehr als in der Schweiz / fast fünfmal so viel Ausländer wie in der Schweiz.

Übung 7: Berlin hat drei Millionen vierhundertfünfundsiebzigtausend Einwohner, Hamburg eine Million siebenhundert(und)zweitausend, München eine Million zweihundertfünfundfünfzigtausend, Köln neunhundertzweiundsechzigtausend, Frankfurt am Main sechshundertsechzigtausend, Essen sechshundertzweiundzwanzigtausend, Dortmund sechshundert(und)zweitausend, Stuttgart fünfhundertvierundneunzigtausend, Düsseldorf fünfhundertfünfundsiebzigtausend, Bremen fünfhundertzweiundfünfzigtausend, Duisburg fünfhundertsiebenunddreißigtausend, Hannover fünfhundertfünfundzwanzigtausend, Nürnberg vierhundertneunundneunzigtausend, Leipzig vierhunderteinundneunzigtausend, Dresden vierhundertneunundsiebzigtausend, Zürich dreihundertdreiundvierzigtausend, Basel (ein)hundertfünfundsiebzigtausend, Genf (ein)hundertdreiundsiebzigtausend, Bern (ein)hundertachtundzwanzigtausend, Wien eine Million fünfhundertneununddreißigtausend, Graz zweihundertachtunddreißigtausend, Linz zweihundert(und)dreitausend, Salzburg (ein)hundertundvierundvierzigtausend, Innsbruck (ein)hundertachtzehntausend

Übung 8: Die größte Stadt Österreichs ist Wien, die zweitgrößte ist Graz und die drittgrößte ist Linz. Die größte Stadt der Schweiz ist Zürich, die zweitgrößte ist Basel und die drittgrößte ist Genf. Die größte Stadt der Bundesrepublik Deutschland ist Berlin, die zweitgrößte ist Hamburg und die drittgrößte ist München.

Übung 9: 1. Dortmund und Düsseldorf stehen an der sieb(en)ten und neunten Stelle … 2. Bern steht an der vierten Stelle der Städte in der Schweiz. 3. Salzburg und Innsbruck stehen an der vierten und fünften Stelle der Städte in Österreich. 4. Wien und Graz stehen an der ersten und zweiten Stelle der Städte in Österreich. 5. Leipzig und Dresden stehen an der vierzehnten und fünfzehnten Stelle der Städte in der Bundesrepublik.

Übung 10: Bern ist die viertgrößte Stadt der Schweiz. Stuttgart ist die achtgrößte Stadt der Bundesrepublik Deutschland. Leipzig ist die vierzehntgrößte Stadt Deutschlands. Salzburg ist die viertgrößte Stadt Österreichs. Innsbruck ist die fünftgrößte Stadt Österreichs. Dresden ist die fünfzehntgrößte Stadt Deutschlands. Essen ist die sechstgrößte Stadt Deutschlands. Graz ist die zweitgrößte Stadt Österreichs.

Übung 11: 1. Zürich ist ungefähr doppelt so groß wie Basel. 2. Köln ist ungefähr doppelt so groß wie Nürnberg. 3. Frankfurt ist ungefähr doppelt so groß wie Zürich. 4. Berlin ist ungefähr sechsmal so groß wie Dortmund. 5. Köln ist ungefähr viermal so groß wie Graz. 6. Wien ist ungefähr dreizehnmal so groß wie Innsbruck.

Übung 12: zweier; Erstere hat 660 000, Letztere 622 000 Einwohner. dreier; Erstere; Letztere

Übung 13: Vierziger-Birne 2. Hunderter-Birne 3. ein 82er (= zweiundachtziger) Wein 4. ein rüstiger Achtziger 5. eine freundliche Siebzigerin 6. eine Sechser-Buskarte 7. ein Fünfer 8. ein Zwanziger 9. die Siebzigerjahre / siebziger Jahre 10. ein Vierer 11. ein Zweier

Übung 14: 1. vielerlei; dreifacher; Dreierlei; tausenderlei; eineinhalbmal (oder: anderthalbmal); keinerlei 2. Dreifache; Zehnerlei 3. zweimal; dritten Mal (oder: drittenmal) 4. dreifachen; allerlei 5. vielfachen 6. zigmal 7. dreifache 8. zweifacher (oder: zweierlei)

Übung 15: 1. den 2. den 3. am 4. den 5. vom 6. der 7. den 8. vom

Übung 16: 1. Karl der Fünfte; Maximilians des Ersten 2. Ludwig der Vierzehnte; Ludwig dem Vierzehnten 3. Friedrich der Zweite; Friedrich Wilhelms des Ersten; Friedrichs des Ersten 4. Ludwig den Sechzehnten

Übung 17: halb sechs, siebzehn Uhr dreißig; zwanzig nach zwölf, zwölf Uhr zwanzig; Viertel zehn / Viertel nach neun, neun Uhr fünfzehn; zehn vor zwölf, elf Uhr fünfzig; drei (Minuten) vor Mitternacht, dreiundzwanzig Uhr siebenundfünfzig; dreiviertel acht / Viertel vor acht, neunzehn Uhr fünfundvierzig; zwanzig (Minuten) vor drei, vierzehn Uhr vierzig; drei (Minuten) nach Mitternacht, null Uhr drei; dreiviertel eins / viertel vor eins, null Uhr fünfundvierzig

Übung 18: siebzehn Mark zwanzig; neun Mark fünfundsiebzig; dreihundertsechsundsiebzig Mark achtundachtzig; (ein)tausendzweiundzwanzig Mark und sieben Pfennig; fünfhundertsechsunddreißigtausenddreihundertsieben Mark; eine Million vierundfünfzigtausendneunhundertvierzig Mark

Übung 19: Vier und/plus sieben ist/gleich elf; neun weniger/minus fünf ist/gleich vier; siebzehn weniger/minus acht ist/gleich neun; sechsundachtzig und/plus vierzehn ist/gleich (ein)hundert; neun mal / multipliziert mit siebzehn ist/gleich (ein)hundertdreiundfünfzig; vierundachtzig durch / geteilt durch / dividiert durch zwölf ist/gleich sieben; siebenundsechzig mal / multipliziert mit vierundvierzig ist/gleich zweitausendneunhundertachtundvierzig; neunundneunzig durch / geteilt durch / dividiert durch elf ist/gleich neun

Übung 20: ... entzogen, weil er erstens zu schnell gefahren war, zweitens 0,4 (null Komma vier) Promille Alkohol im Blut hatte, drittens die Kreuzung ... überfahren hatte und viertens ... Fahrzeuge beschädigt hatte. (Er war erstens ..., er hatte zweitens ..., er hatte drittens ... und viertens hatte er ...)

§ 39

Übung 1: 1. freundliche; alte; kleine 2. freundlichen; alten; kleinen 3. freundlichen; alten; kleinen 4. freundlichen; alte; kleine 5. alte; kleine; große; wegen dieses alten Esels / jener kleinen Hexe / manches großen Kamels; von diesem alten Esel / jener kleinen Hexe / manchem großen Kamel; für diesen alten Esel / jene kleine Hexe / manches große Kamel 6. dunkle; nasse; tiefe; oberhalb dieses dunklen Waldes / jener nassen Wiese / des tiefen Tals; gegenüber diesem dunklen Wald / jener nassen Wiese / dem tiefen Tal; durch diesen dunklen Wald / jene nasse Wiese / das tiefe Tal 7. teure;

goldene; wertvolle; statt des teuren Mantels / der goldenen Halskette / des wertvollen Schmuckstücks; mit dem teuren Mantel / der goldenen Halskette / dem wertvollen Schmuckstück; ohne den teuren Mantel / die goldene Halskette / das wertvolle Schmuckstück 8. freche; mutige; vergessliche; wegen desselben frechen Jungen / derselben mutigen Frau / desselben vergesslichen Mädchens; bei demselben frechen Jungen / derselben mutigen Frau / demselben vergesslichen Mädchen; für denselben frechen Jungen / dieselbe mutige Frau / dasselbe vergessliche Mädchen

Übung 2:　1. linken; linken Politiker; linken Politikern; linken Politiker 2. rechten; rechten Parteien; rechten Parteien; rechten Parteien 3. schweren; schweren Lastwagen; schweren Lastwagen; schweren Lastwagen 4. engen; zu engen Schuhe; zu engen Schuhen; zu engen Schuhe 5. jungen; sämtlicher jungen Männer; sämtlichen jungen Männern; sämtliche jungen Männer 6. alten; beiden alten Freunden; beiden alten Freunden; beide alten Freunde

Übung 3:　(Ü1) 1. die freundlichen Herren / alten Damen / kleinen Mädchen 2. wegen der freundlichen Herren / alten Damen / kleinen Mädchen 3. mit den freundlichen Herren / alten Damen / kleinen Mädchen 4. ohne die freundlichen Herren / alten Damen / kleinen Mädchen 5. diese alten Esel; jene kleinen Hexen; manche großen Kamele; wegen dieser großen Esel / jener kleinen Hexen / mancher großen Kamele; von diesen alten Eseln / jenen kleinen Hexen / manchen großen Kamelen; für diese alten Esel / jene kleinen Hexen / manche große Kamele 6. diese dunklen Wälder; jene nassen Wiesen; die tiefen Täler; oberhalb dieser dunklen Wälder / jener nassen Wiesen / der tiefen Täler; gegenüber diesen dunklen Wäldern / jenen nassen Wiesen / der tiefen Täler ; durch diese dunklen Wälder / jene nassen Wiesen / die tiefen Täler 7. die teuren Mäntel; die goldenen Halsketten; die wertvollen Schmuckstücke; statt der teuren Mäntel / goldenen Halsketten / wertvollen Schmuckstücke; mit den teuren Mänteln / goldenen Halsketten / wertvollen Schmuckstücken; ohne die teuren Mäntel / goldenen Halsketten / wertvollen Schmuckstücke 8. dieselben frechen Jungen / mutigen Frauen / vergesslichen Mädchen; wegen denselben frechen Jungen / mutigen Frauen / vergesslichen Mädchen; bei denselben frechen Jungen / mutigen Frauen / vergesslichen Mädchen; für dieselben frechen Jungen / mutigen Frauen / vergesslichen Mädchen

(Ü2) 1. der linke Politiker; trotz des linken Politikers; von dem linken Politiker; über den linken Politiker 2. die rechte Partei; wegen der rechten Partei; mit der rechten Partei; ohne die rechte Partei 3. der schwere Lastwagen; infolge des schweren Lastwagens; zwischen dem schweren Lastwagen; durch den schweren Lastwagen 4. der zu enge Schuh; trotz des zu engen Schuhs; mit dem zu engen Schuh; ohne den zu engen Schuh 5. der junge Mann; trotz des jungen Mannes; von dem jungen Mann; gegen den jungen Mann 6. der alte Freund; von dem alten Freund; für den alten Freund

Übung 4:　1. ein treuer Hund; wegen eines treuen Hundes; außer einem treuen Hund; durch einen treuen Hund 2. ein tiefes Tal; wegen eines tiefen Tals; außer einem tiefen Tal; durch ein tiefes Tal 3. ein falscher Pass; wegen eines falschen Passes; außer einem falschen Pass; durch einen falschen Pass 4. eine gefährliche Kurve; wegen einer gefährlichen Kurve; außer einer gefährlichen Kurve; durch eine gefährliche Kurve 5. ein zerbrochenes Glas; wegen eines zerbrochenen Glases; außer einem zerbrochenen Glas; durch ein zerbrochenes Glas 6. eine gute Freundin; wegen einer guten Freundin; außer einer guten Freundin; durch eine gute Freundin 7. ein wichtiger Brief; wegen eines wichtigen Briefes; außer einem wichtigen Brief; durch einen wichtigen Brief

Übung 5:　1. zerrissenes; Was soll ich mit einem zerrissenen Tischtuch? Ein zerrissenes Tischtuch kann ich … 2. kaputtes; … mit einem kaputten Auto? Ein kaputtes Auto … 3. defekter; … mit einem defekten Fernseher? Einen defekten Fernseher … 4. wackliger; … mit einem wackligen Stuhl? Einen wackligen Stuhl … 5. abgetretener; … mit einem abgetretenen Teppich? Einen abgetretenen Teppich … 6. durchgebrannte; … mit einer durchgebrannten Birne? Eine durchgebrannte Birne … 7. gehende; … mit einer ungenau gehenden Uhr? Eine ungenau gehende Uhr … 8. verbogenes;

... mit einem verbogenen Fahrrad? Ein verbogenes Fahrrad ... 9. uralter; ... mit einem uralten Kinderwagen? Einen uralten Kinderwagen ... 10. stumpfes; ... mit einem stumpfen Messer? Ein stumpfes Messer ... 11. alter; ... mit einem alten Wecker? Einen alten Wecker ... 12. veraltetes; ... mit einem veralteten Lexikon? Ein veraltetes Lexikon ...

Übung 6: 1. einem interessanten 2. schönes 3. einen freundlichen 4. einem kleinen 5. einer gefährlichen 6. einer tüchtigen 7. einen stärkeren 8. einen älteren 9. einem zuverlässigen 10. einem alten 11. eines freundlichen 12. höflicher 13. eines schweren 14. einer leichten 15. einem hilfsbereiten 16. einen schweren 17. einer kleinen 18. einen starken 19. einen guten 20. eines starken 21. intelligenter 22. kluges

Übung 7: (Ü5) 1. zerrissene Tischtücher; ... mit zerrissenen Tischtüchern? Zerrissene Tischtücher ... 2. kaputte Autos; ... mit kaputten Autos? Kaputte Autos ... 3. defekte Fernseher; ... mit defekten Fernsehern? Defekte Fernseher ... 4. wacklige Stühle; ... mit wackligen Stühlen? Wacklige Stühle ... 5. abgetretene Teppiche; ... mit abgetretenen Teppichen? Abgetretene Teppiche ... 6. durchgebrannte Birnen; ... mit durchgebrannten Birnen? Durchgebrannte Birnen ... 7. ungenau gehende Uhren; ... mit ungenau gehenden Uhren? Ungenau gehende Uhren ... 8. verbogene Fahrräder; ... mit verbogenen Fahrrädern? Verbogene Fahrräder ... 9. uralte Kinderwagen; ... mit uralten Kinderwagen? Uralte Kinderwagen ... 10. stumpfe Messer; ... mit stumpfen Messern? Stumpfe Messer ... 11. alte Wecker; ... mit alten Weckern? Alte Wecker ... 12. veraltete Lexika; ... mit veralteten Lexika? Veralte Lexika ... (Ü6) 1. mit interessanten Berichten 2. für schöne Erlebnisse 3. ohne freundliche Grüße 4. außer kleinen Kindern 5. während gefährlicher Fahrten 6. mit tüchtigen Angestellten 7. gegen stärkere Gegner 8. durch ältere Arbeiter 9. mit zuverlässigen Freunden 10. außer alten Regenschirmen 11. statt freundlicher Worte 12. höfliche Menschen 13. wegen schwerer Unfälle 14. infolge leichter Verletzungen 15. mit hilfsbereiten Schülern 16. ohne schwere Fehler 17. mit kleinen Pausen 18. durch starke Schläge

19. für gute Zwecke 20. infolge starker Stürme 21. intelligente Jungen 22. kluge Mädchen

Übung 8: 1. Ich möchte einen tragbaren Fernseher. Tragbare Fernseher gibt es ... 2. ... eine vollautomatische Waschmaschine. Vollautomatische Waschmaschinen ... 3. ... eine unzerbrechliche Milchflasche. Unzerbrechliche Milchflaschen ... 4. ... ein waschbares Schaffell. Waschbare Schaffelle ... 5. ... ein einbändiges Wörterbuch. Einbändige Wörterbücher ... 6. ... ein rundes Tischtuch. Runde Tischtücher ... 7. ... eine wasserdichte Taschenlampe. Wasserdichte Taschenlampen ... 8. ... einen lila Möbelstoff. Lila Möbelstoffe ... 9. ... ein rosa Handtuch. Rosa Handtücher ... 10. ... ein buntes Kopftuch. Bunte Kopftücher ... 11. ... eine echte Perlenkette. Echte Perlenketten ... 12. ... einen dreiflammigen Gasherd. Dreiflammige Gasherde ...

Übung 9: 1. Wo ist denn mein altes Fahrrad? Dein altes Fahrrad habe ich ... / Dein altes Fahrrad ist ... 2. Wo ist denn (eigentlich) dein gestreiftes Kleid? Mein gestreiftes Kleid habe ich / ist ... 3. Wo ist denn euer wertvoller Teppich? Unseren wertvollen Teppich haben wir ... / Unser wertvoller Teppich ist ... 4. Wo ist denn (eigentlich) eure chinesische Vase? Unsere chinesische Vase haben wir / ist ... 5. Wo ist denn Ihr kranker Hund? Meinen kranken Hund habe ich ... / Mein kranker Hund ist ... 6. Wo ist denn eure gestrige Zeitung? Unsere gestrige Zeitung haben wir / ist ... 7. Wo sind denn Ihre herrlichen Bilder? Meine herrlichen Bilder habe ich / sind ... 8. Wo ist denn (eigentlich) dein zweites Auto? Mein zweites Auto habe ich / ist ... 9. Wo ist denn Ihre antike Tischlampe? Meine antike Tischlampe habe ich / ist ...

Übung 10: Was hast du mit deinem eleganten Wagen / mit deinem schnellen Motorrad / mit deiner alten Wohnung / mit deinem vielen Geld / mit deinem früheren Vertrag / mit deiner schwarzen Katze / mit deinen alten Möbeln / mit deinen seltenen Briefmarken / mit deinem hübschen Garten / mit deiner zweiten Garage gemacht? Was hast du ohne deinen eleganten Wagen / ohne dein schnelles Motorrad / ohne deine alte Wohnung / ohne dein vieles Geld / ohne deinen früheren Vertrag / ohne deine schwarze Katze / ohne deine alten Möbel / ohne deine seltenen Briefmarken / ohne deinen hübschen Garten / ohne deine zweite Garage gemacht? (alle anderen Possessivpronomen haben die gleichen Endungen)

Übung 11: 1. wegen ihrer frechen Bemerkung/Bemerkungen 2. trotz unserer wiederholten Anfrage/Anfragen 3. wegen seines interessanten Berichts / seiner interessanten Berichte 4. trotz seines unfreundlichen Briefes / seiner unfreundlichen Briefe 5. wegen ihres kranken Kindes / ihrer kranken Kinder 6. während unserer langen Reise/Reisen 7. wegen seiner ungenauen Aussage/Aussagen 8. trotz ihrer hohen Rechnung/Rechnungen

Übung 12: Hier steht 1. kühler Saft. 2. roter Wein. 3. kalter Sekt. 4. eisgekühltes Wasser. 5. echter Obstsaft. 6. warme Milch. 7. erfrischende Limonade 8. schwarzer Tee. 9. starker Kaffee. 10. frisches Brot. 11. leckerer Kuchen. 12. gesalzene Butter. 13. geräucherter Speck. 14. kalter Braten. 15. heiße Suppe.

Übung 13: (zum Beispiel) Ich bewirte meine Gäste mit kühlem Bier, nicht mit warmer Milch. ... mit frischem Brot und gesalzener Butter, nicht mit leckerem Kuchen und heißer Suppe.

Übung 14: Nehmen Sie doch bitte noch 1. ein Glas kühlen Saft! 2. ein Glas roten Wein! 3. ein Glas kalten Sekt! 4. ein Glas eisgekühltes Wasser! 5. ein Glas echten Obstsaft! 6. eine Tasse warme Milch! 7. ein Glas erfrischende Limonade! 8. eine Tasse schwarzen Tee! 9. eine Tasse starken Kaffee! 10. eine Scheibe frisches Brot! 11. ein Stück leckeren Kuchen! 12. ein Stückchen gesalzene Butter! 13. eine Scheibe geräucherten Speck! 14. eine Scheibe kalten Braten! 15. einen Teller heiße Suppe!

Übung 15: 1. Wessen hübsche Tasche ist das? Das ist Ilses hübsche Tasche. 2. Wessen alter Hut ist das? Das ist Alberts alter Hut. 3. Wessen warmer Mantel ist das? Das ist Utas warmer Mantel. 4. Wessen gelbe Mütze ist das? Das ist Ruths gelbe Mütze. 5. Wessen hölzernes Armband ist das? Das ist Giselas hölzernes Armband. 6. Wessen wollener Schal ist das? Das ist Richards wollener Schal. 7. Wessen weiße Handschuhe sind das? Das sind Ingeborgs weiße Handschuhe. 8. Wessen blaue Jacke ist das? Das ist Hans' blaue Jacke. 9. Wessen brauner Kamm ist das? Das ist Inges brauner Kamm. 10. Wessen kleiner Kalender ist das? Das ist Michaels kleiner Kalender.

Übung 16 a: 1. Gib mir Ilses hübsche Tasche! Ich bing' sie ihr. 2. Gib mir Alberts alten Hut! Ich bring' ihn ihm. 3. Gib mir Utas warmen Mantel! Ich bring' ihn ihr. 4. Gib mir Ruths gelbe Mütze! Ich bring' sie ihr. 5. Gib mir Giselas hölzernes Armband! Ich bring' es ihr. 6. Gib mir Richards wollenen Schal! Ich bring' ihn ihm. 7. Gib mir Ingeborgs weiße Handschuhe! Ich bring' sie ihr. 8. Gib mir Hans' blaue Jacke! Ich bring' sie ihm. 9. Gib mir Inges braunen Kamm! Ich bring' ihn ihr. 10. Gib mir Michaels kleinen Kalender! Ich bring' ihn ihm.

Übung 16 b: 1. Was machst du mit Ilses hübscher Tasche? Ich will sie ihr bringen. 2. Was machst du mit Alberts altem Hut? Ich will ihn ihm bringen. 3. ... Utas warmem Mantel? ... ihn ihr ... 4. ... Ruths gelber Mütze? ... sie ihr ... 5. ... Giselas hölzernem Armband? ... es ihr ... 6. ... Richards wollenem Schal? ... ihn ihm ... 7. ... Ingeborgs weißen Handschuhen? ... sie ihr ... 8. ... Hans' blauer Jacke? ... sie ihm ... 9. ... Inges braunem Kamm? ... ihn ihr ... 10. ... Michaels kleinem Kalender? ... ihn ihm ...

Übung 17: 1. salomonisches g) kluge 2. sauren k) unangenehmen 3. offenen b) freundlichen 4. blauen i) leichten; Schlimmes 5. goldene e) große; gegebene 6. heiterem j) unerwartetes 7. goldene f) großzügige 8. rechten n) unerklärliches; ungesetzliche 9. dunkle d) unrechtmäßigen; betrügerischen 10. rohes o) großer 11. erste c) wichtigste 12. gleicher m) Gleiches mit Gleichem; gleichen 13. große a) bestimmtes 14. grauen h) unnötigen 15. grünen l) rechten

Übung 18: 1. rotes (Ich werde wütend.) 2. seiner eigenen (die eigenen Fehler erkennen) 3. reinsten (ein Schuft durch und durch) 4. hohlen (viel zu wenig) 5. verdientes (mit harter Arbeit verdient) 6. rosigem (etwas zu positiv sehen) 7. gleichen (das gleiche Ziel verfolgen) 8. leeres (unnützes Zeug reden) 9. tauben (mit seiner Meinung bei anderen nicht ankommen) 10. reinen (eine Lage klären / etwas in Ordnung bringen) 11. schwedischen (sich im Gefängnis befinden) 12. offenen (sehend, erkennend ins Unglück laufen) 13. richtigen (die Wahrheit über etwas sagen) 14. letzten (am Ende sein) 15. linken (schlecht gelaunt sein) 16. glühenden (auf etwas sehr Dringendes warten) 17. klaren (jdm. die Wahrheit sagen) 18. schwerer (ein Krimineller) 19. siebenten (sehr glücklich sein) 20. freie (das Recht auf selbstständige Entscheidung haben) 21. halbem (nicht richtig zuhören) 22. halber (etwas fehlt einem zum Wohlbefinden)

Übung 19 a: kalifornische – spannenden – großen – nördlichen – winterliche – nachgemachten – krummen – weißem – glitzerndem – echten – wirkliche – natürliches – Notwendige – mehreren – schweren – einsames – kanadischen – Besseres – herrliche – ruhigen – richtiger – warmen – nahen – freie – langen – nutzlose – harter – große – teurem – gutes – kanadischen – ganze – wunderschöne – nächsten – frühen – schwarzen – dicker – anderes – hässlicher – brauner

Übung 19 b: lange – lange – gutes – einem – schönen – der warmen – erfrischendes – sauberem – der ersehnte – viel beschäftigter – das ganze – diesen viel geplagten – plötzliche – dem guten – solche – Urlaub suchenden – ganzes – starkem – süße – diejenigen – geruhsames – den dreiwöchigen – größerer – interessantem – abwechslungsreichem – Erholung suchende – einem vormittäglichen – tätiger – archäologischen – sportlichem – anstrengenden – konzentriertem – Körperliche – geistige – ungewohnte – plötzliche – Maßvoller

Übung 19 c: südamerikanischen – afrikanischen – letzten – ökologische – brasilianischen – warnendes – zunehmender – viele – unterernährter – neue – riesige – unbewohnten – mehreren – uralten – neuen – arme – unteren – schweren – ersten – reiche – zweite – geringere – darauf folgenden – schreckliche – großer – jungen – neugesäte – unfruchtbaren – Unerwartetes – schöne – brasilianischen – schwerer – geologischen – lockerer – trockener – riesigen –

sandigen – neuesten – feuchten – heißen – herabfallende – ausreichend(en) – weit ausgebreitete – jahrhundertalten – weiten – vielen – einziger – tägliche – schwere – schutzlosen – dritten – unfruchtbares – tote – anderes – einige – genauere – große – kleineren – schützenden – vielen – sinnvolles

§ 40

Übung 1 a: Ich werde jetzt 1. schneller schreiben als bisher. 2. deutlicher sprechen 3. genauer rechnen 4. besser zuhören 5. leiser sein 6. langsamer laufen 7. freundlicher bedienen 8. sorgfältiger arbeiten 9. vorsichtiger fahren 10. ordentlicher sein 11. mehr üben

Übung 1 b: Das stimmt, 1. er könnte vorsichtiger fahren. 2. er könnte rücksichtsvoller sein. 3. sie könnten schneller über die Straße gehen. 4. er könnte höflicher sein. 5. sie könnten heller sein. 6. sie könnte besser sein. 7. er könnte billiger sein. 8. sie könnte näher sein.

Übung 1 c: 1. Dieser Kellner ist aber nicht höflich! Stimmt, er könnte höflicher sein. 2. Dieser Kaffee ist aber nicht stark! … er könnte stärker sein. 3. Diese Brötchen sind aber nicht frisch! … sie könnten frischer sein. 4. Diese Suppe ist aber nicht warm! … sie könnte wärmer sein. 5. Diese Kartoffeln sind aber nicht weich! … sie könnten weicher sein. 6. Dieses Bier ist aber nicht kalt! … es könnte kälter sein. 7. Dieser Pudding ist aber nicht süß! … er könnte süßer sein. 8. Diese Äpfel sind aber nicht saftig! … sie könnten saftiger sein.

Übung 1 d: 1. Sie könnte wärmer sein. 2. Sie könnte fester sein. 3. Er könnte leichter sein. 4. Es könnte moderner sein. 5. Er könnte billiger sein. 6. Sie könnten länger sein. 7. Sie könnte gröber sein. 8. Es könnte dicker sein. 9. Es könnte besser sein. 10. Er könnte breiter sein.

Übung 2: 1. besser; am besten 2. zuverlässiger; am zuverlässigsten 3. lieber; am liebsten 4. näher; am nächsten 5. teurer; am teuersten 6. gefährlicher; am gefährlichsten 7. wilder; am wildesten 8. lieber; am liebsten 9. freundlicher;

am freundlichsten 10. schneller; am schnells-ten 11. heißer; am heißesten 12. kälter; am käl-testen 13. länger; am längsten 14. verbreiteter; am verbreitetsten 15. höher; am höchsten

Übung 3: 1. keinen besseren; der beste 2. kei-ne größere; die größte 3. keinen kleineren; der kleinste 4. kein festeres; das festeste 5. keine schwereren; die schwersten 6. keine leichteren; die leichtesten 7. keinen wärmeren; der wärms-te 8. keinen billigeren; der billigste 9. keinen bequemeren; der bequemste 10. keinen preis-werteren; der preiswerteste

Übung 4: Er möchte 1. hellere Lampen. 2. ele-gantere Möbel. 3. wertvolleres Porzellan. 4. ei-nen breiteren Schrank. 5. einen älteren Orient-teppich. 6. ein größeres Fernsehbild.

Übung 5: 1. die elegantesten Vasen. 2. die merkwürdigsten Bilder. 3. die ältesten Spielsa-chen. 4. die wertvollsten Gläser. 5. die verrück-testen Bierkrüge. 6. die teuersten Möbel. 7. die hübschesten Bilderrahmen. 8. die altmodischs-ten Stehlampen.

Übung 6: 1. größte 2. kleinste 3. höchsten 4. schnellsten 5. giftigsten 6. größte 7. tiefste 8. kleinste 9. kältesten 10. meisten 11. stür-mischsten 12. kürzeste 13. längste 14. leichtes-te 15. weitesten 16. nächsten

Übung 7: 1. andere empfindliche Organe – eines der empfindlichsten Organe 2. andere große Dichter – einer der größten Dichter 3. andere kostbare Gefäße – eines der kostbars-ten Gefäße 4. andere nützliche Erfindungen – eine der nützlichsten Erfindungen 5. andere ge-fährliche Viren – eines der gefährlichsten Viren 6. andere schnelle Züge – einer der schnellsten Züge 7. andere bekannte Professoren – einer der bekanntesten Professoren 8. andere gute Filme – einer der besten Filme 9. andere tolle Partys – eine der tollsten Partys 10. andere häss-liche Museen – eines der hässlichsten Museen 11. andere schöne Häuser – eines der schönsten Häuser 12. andere einflussreiche Männer – ei-ner der einflussreichsten Männer

§ 41

Übung 1: 1. Ein Betrunkener ..., der zu viel Alkohol getrunken hat. 2. Ein Geschiedener ..., der seine Ehe gesetzlich hat auflösen lassen. 3. Ein Staatenloser ..., der keine Staatsan-gehörigkeit besitzt. 4. Ein Taubstummer ..., der nicht hören und nicht sprechen kann. 5. Ein Weiser ..., der klug, vernünftig und lebenser-fahren ist. 6. Ein Überlebender ..., der bei einer Katastrophe mit dem Leben davongekommen ist. 7. Ein Vorsitzender ..., der eine Partei, einen Verein o.ä. leitet. 8. Ein Lahmer ..., der sich nicht bewegen kann. 9. Ein Auszubildender ..., der eine Lehre macht. 10. Ein Vorgesetzter ..., der anderen in seiner beruflichen Stellung übergeordnet ist.

Übung 2: 1. Ein Weißer ..., der eine helle Hautfarbe hat. 2. Ein Farbiger ..., der eine dun-kle Hautfarbe hat. 3. Ein Verstorbener ..., der gestorben ist. 4. Ein Gefangener ..., der sich nicht frei bewegen darf. 5. Ein Reisender ..., der auf Reisen ist. 6. Ein Abwesender ..., der abwe-send ist. 7. Ein Anwesender ..., der da ist. 8. Ein Arbeitsloser ..., der keinen Arbeitsplatz hat. 9. Ein Einäugiger ..., der nur ein Auge hat. 10. Ein Schuldiger ..., der sich schuldig ge-macht hat.

Übung 3: 1. Weiße sind Menschen mit einer hellen Hautfarbe. 2. Farbige ..., die ... besitzen. 3. Verstorbene ..., die ... sind. 4. Gefangene ..., die ... dürfen. 5. Reisende ..., die ... sind. 6. Ab-wesende ..., die ... sind. 7. Anwesende ..., die da sind. 8. Arbeitslose ..., die ... haben. 9. Einäugige ..., die ... haben. 10. Schuldige ..., die ... haben.

Übung 4: Betrunkener – Betrunkene – Leidtra-genden – Reisenden – Jugendliche – Toter – Verletzte – Schwerverletzter – Angestellter – To-te – Verwandter – Schuldigen – Betrunkenen

§ 42

Übung 1: 1. die gestrige Nachricht 2. das mor-gige Wetter 3. die hiesige Stadtverwaltung 4. die dortigen Beamten 5. die heutige Jugend

6. die obigen Zeilen 7. das jetzige Wissen 8. die bisherigen Versuche

Übung 2: oftmals – vorsichtshalber – folgendermaßen – Normalerweise – verständlicherweise – dummerweise – bestenfalls

Übung 3: Es handelt sich um 1. erstaunlich große Hochhäuser. 2. eine unglaublich hohe Miete. 3. einen allgemein bekannten Schauspieler. 4. ein rot lackiertes Auto. 5. ein gut erzogenes Kind. 6. ein unvollständig und nicht sachgerecht renoviertes Haus. 7. eine mühsam entstandene Einigung. 8. eine fehlerhaft konstruierte Maschine. 9. allzu oberflächlich behandelte Vorschriften. 10. im Allgemeinen regelmäßig zahlende Mieter. 11. schnell wachsende Bäume. 12. ein haushoch verlorenes Spiel unserer Fußballmannschaft. 13. eine haushoch verlierende Fußballmannschaft. 14. eine ungeschickt argumentierende Zigarettenindustrie. 15. einen von dem Richter ungerecht verurteilten Angeklagten. 16. ein schwer verletzt ins Krankenhaus gebrachtes Unfallopfer. 17. eine besonders leicht zu kochende Suppe. 18. überhaupt nicht oder nur schwer zu lösende Probleme.

§ 43

Übung 1: 1. mir 2. Ihrer 3. ihm 4. ihr 5. mir 6. deinem 7. ihm; ihnen; ihm 8. den; ihnen 9. mir; ihnen 10. mir; ihr; Den 11. mir; mir

§ 44

Übung 1: 1. mit; darüber 2. nach; an; über; auf 3. bei; für; zu; gegenüber 4. über; über; von 5. in; darüber; auf; gegenüber; mit; davon 6. an; vor; für; von; bei 7. von; von; in (bei); von; zu 8. vor; auf; von

§ 45

Übung 1: 1. Ich wollte die Teller spülen, aber sie waren schon gespült. 2. ... es war schon weggeräumt. 3. ... sie waren schon geputzt. 4. ... sie waren schon gemacht. 5. ... sie waren

schon gebügelt. 6. ... sie waren schon zur Reinigung gebracht. 7. ... er war schon gesaugt. 8. ... sie waren schon gegossen 9. ... sie war schon gewischt. 10. ... es war schon zubereitet.

Übung 2: 1. ... zu kaufen! Sie sind schon gekauft. 2. ... abzubestellen! Sie ist schon abbestellt. 3. ... einzupacken! Sie sind schon eingepackt. 4. ... abzustellen! Sie ist schon abgestellt. 5. ... abzuschalten! Sie sind schon abgeschaltet. 6. ... zu informieren. Er ist schon informiert. 7. ... zu verschließen. Sie ist schon verschlossen. 8. ... abzugeben. Sie sind schon abgegeben. 9. ... zu rufen. Es ist schon gerufen.

Übung 3: 1. ... geröntgt? Ja, er ist schon geröntgt. 2. ... geschrieben? Ja, er ist schon geschrieben. 3. ... gemessen? Ja, er ist schon gemessen. 4. ... gewogen? Ja, sie ist schon gewogen. 5. ... abgenommen? Ja, es ist schon abgenommen. 6. ... gereinigt? Ja, sie ist schon gereinigt. 7. ... benachrichtigt? Ja, er ist schon benachrichtigt. 8. ... ausgeschrieben? Ja, es ist schon ausgeschrieben.

§ 46

Übung 1: 1. die eine Bank ausräumenden Gangster 2. die die Banditen jagenden Polizisten 3. die durch ein Kellerfenster aus der Haftanstalt ausbrechenden Häftlinge 4. die überall nach den Entflohenen suchenden Wärter 5. die über die Dächer der Häuser fliehenden Gefangenen 6. die das Gangsterauto verfolgenden Hubschrauber 7. die rücksichtslos über die Kreuzungen fahrenden Verfolgten 8. die unter einer Brücke übernachtenden Entflohenen 9. die die Spuren der Gangster verfolgenden Spürhunde 10. die mit einem Flugzeug nach Südamerika entfliehenden Gangster

Übung 2: 1. eine aus einem einzigen Stein herausgearbeitete drei Meter hohe Figur 2. ein in einem Moor gefundenes 5000 Jahre altes Skelett 3. eine bei einem Brand aus dem Kirchturm der Stadt gestürzte zehn Zentner schwere Glocke 4. ein Bild der 1944 durch einen Bombenangriff zu 80 % zerstörten Stadt 5. eine von dem Begründer der Stadt vor 1200 Jahren mitgebrachte Bibel 6. eine der Stadt von einem reichen Kunstfreund geschenkte wertvolle Porzellansammlung 7. im vorigen Jahrhundert zur Herstellung von Textilien verwendete Geräte und Maschinen 8. ein von einem Bürger der Stadt 1909 erfundener Telegraphenapparat 9. eine aus 100000 Streichhölzern zusammengebaute Nachbildung des alten Rathauses 10. ein großes, von einem Künstler der Stadt aus farbigen Glasstückchen zusammengesetztes Mosaik

Übung 3: 1. Die in langjährigen Wetterbeobachtungsreihen festgestellten Ergebnisse reichen … 2. Im Gegensatz zu dem südlich der Alpen vorherrschenden sonnigen und trockenen Klima ist es … 3. In den vom Wetterdienst in Offenbach ausgegebenen Vorhersagen hieß es … 4. Ein von den Küsten Südenglands nach Südos-ten ziehendes Tiefdruckgebiet wird … 5. Die am 8. August in Berlin registrierte Niederschlagsmenge betrug … 6. Das ist ein seit 100 Jahren nicht mehr erreichter, einsamer Rekord. 7. Dagegen gab es in Spanien eine über fünf Wochen mit Höchsttemperaturen von 30 bis 40 Grad anhaltende Schönwetterperiode. 8. Die allgemeine Wetterlage dieses Sommers zeigte von Süden nach Norden um 25 Grad voneinander abweichende Temperaturen.

Übung 4: 1. Über die Kosten des Schadens, der durch die Beschädigung einer Gasleitung entstanden ist, können … 2. Der Baggerführer Anton F., der bei seiner Firma wegen seiner Sorgfalt und Vorsicht bekannt ist, streifte bei Ausgrabungsarbeiten eine Gasleitung, die in offiziellen Plänen nicht eingezeichnet (worden) war. 3. Das Gas, das sofort ausströmte, entzündete sich an einem Zigarettenstummel, der von einem Fußgänger weggeworfen worden war und noch brannte. 4. Bei der Explosion wurden drei Kinder, die in der Nähe spielten, von herumfliegenden … 5. Der Krankenwagen, der telefonisch herbeigerufen wurde, musste aber nicht die Kinder, sondern die alte Dame, die zufällig vorüberging / vorübergegangen war, ins Krankenhaus bringen, wo sie …

Übung 5: 1. … ein mit beiden Augen in jeweils verschiedene Richtungen schielender Löwe. 2. Er bot einen derart zum Lachen reizenden Anblick, dass … entdeckt und zu einem beim Fernsehpublikum von ganz Amerika beliebten Star gemacht wurde. 3. Der von Dompteuren und Tierpflegern für seine Auftritte vorbereitete Löwe stellte sich … an, dass man … nur leichtere, sein Fassungsvermögen nicht überschreitende Aufgaben zumuten konnte, 4. was aber dem wie närrisch in den unmäßig blöden Ausdruck des Löwen verliebten Publikum nichts auszumachen schien. 5. … engagierte man kleinere, um ihre Existenz kämpfende Zirkusunternehmen. 6. Sie nahmen natürlich die sich ihnen bietende Gelegenheit mit Freuden an, 7. aber alle ihre sorgfältig eingeübten Darbietungen wurden von dem allein auf den schielenden Löwen konzentrierten Publikum glatt übersehen. 8. Auch die regelmäßig am Morgen nach der Sendung erscheinenden Kritiken erwähnten nur beiläufig die bis heute unbekannt gebliebenen Akrobaten und Clowns.

§ 47

Übung 1: 1. Von Fotografen umringt bahnte sich der Politiker den Weg zum Rednerpult. 2. Von den Blitzlichtern der Kameraleute unbeeindruckt begann der Redner zu sprechen. 3. Auf die Statistik der zunehmenden Luftverschmutzung hinweisend begründete der Redner die Notwendigkeit härterer Gesetze. 4. Immer wieder von Beifall unterbrochen sprach der Politiker zwei Stunden lang. 5. Lebhaft diskutierend verließen die Besucher den Saal. 6. Von zahlreichen Zuhörern umlagert gab der Redner noch weitere Auskünfte.

Übung 2: 1. Der Politiker bahnte sich, von Fotografen umringt, den Weg zum Rednerpult. 2. Der Redner begann, von den Blitzlichtern der Kameraleute unbeeindruckt, zu sprechen. 3. Der Redner begründete, auf die Statistik der zunehmenden Luftverschmutzung hinweisend, die Notwendigkeit härterer Gesetze. 4. Der Politiker sprach, immer wieder von Beifall unterbrochen, zwei Stunden lang. 5. Die Besucher verließen lebhaft diskutierend den Saal. 6. Der Redner gab, von zahlreichen Zuhörern umlagert, noch weitere Auskünfte.

Übung 3: 1. Meist durch Erwärmung hervorgerufen, entstehen Lawinen vorwiegend um die Mittagszeit. Lawinen entstehen, meist durch Erwärmung hervorgerufen, vorwiegend um die Mittagszeit. 2. Von den Bergen herunterstürzend begraben Lawinen Jahr für Jahr zahlreiche Menschen unter dem Schnee. Lawinen begraben, von den Bergen herunterstürzend, ... 3. Für diese Aufgabe speziell ausgebildet haben Suchhunde schon manchen unter dem Schnee Verschütteten gefunden. Suchhunde haben, speziell für diese Aufgabe ausgebildet, ... 4. Eiskalt von den Bergen des Balkans zur Adria he-rabwehend fegt die Bora Dächer von den Häusern, Autos von den Straßen ... Die Bora, eiskalt von den Bergen des Balkans herabwehend, fegt ... 5. Von Süden kommend fällt der Föhn als warmer, trockener Wind in die nördlichen Alpentäler. Der Föhn, von Süden kommend, fällt ... 6. Durch negative Erfahrungen gewarnt vermeiden Ärzte bei Föhnwetter schwierige Operationen. Ärzte vermeiden, durch negative Erfahrungen gewarnt, bei Föhnwetter ...

Übung 4: 1. Indem der Chef seinem Prokuristen das Papier über den Tisch reichte, meinte er: „Wir rationalisieren oder wir müssen zumachen." 2. Während er im Gras lag und mit den Augen den Wolken folgte, dachte er über den Sinn des Lebens nach. 3. Indem der Gewerkschaftsführer mit seinen Fäusten laut auf das Rednerpult trommelte, erklärte er erregt, so könne es keinesfalls weitergehen. 4. Während sie sich in den eleganten, teuren Mantel vor dem Spiegel drehte, dachte sie besorgt an ihr Konto. 5. Als man die bekannte Journalistin nach ihrer Meinung befragte, erklärte sie, auch das gegenwärtige Wirtschaftssystem werde einmal seinem Ende entgegensehen.

§ 48

Übung 1: 1. Der Sportler hat auf sein Gewicht zu achten. Er hat viel zu trainieren. Er hat gesund zu leben und auf manchen Genuss zu verzichten. 2. Der Nachtwächter hat in der Nacht seinen Bezirk abzugehen. Er hat die Türen zu kontrollieren. Unverschlossene Türen sind abzuschließen. Besondere Vorkommnisse sind sofort zu melden. 3. Der Zollbeamte hat unter bestimmten Umständen das Gepäck der Reisenden zu untersuchen. Das Gepäck verdächtiger Personen ist ggf. (= gegebenenfalls) auf Rauschgift zu untersuchen. Dabei sind u.U. (= unter Umständen) Spürhunde zu Hilfe zu nehmen. 4. Der Autofahrer hat die Verkehrsregeln zu kennen und zu beachten. Er hat in den Ortschaften die vorgeschriebene Geschwindigkeit einzuhalten. Er hat Rücksicht auf die anderen Verkehrsteilnehmer zu nehmen. Der Polizei, der Feuerwehr und dem Krankenwagen ist auf jeden Fall Vorfahrt zu gewähren. Er hat seinen Führerschein immer mitzuführen. Das Motoröl ist nach einer bestimmten Anzahl von Kilometern zu erneuern.

Übung 2: 1. Kann man die Helligkeit der Birnen verstellen? ... die Helligkeit der Birnen ist (nicht) zu verstellen. 2. Kann man die Handtasche verschließen? ... diese Handtasche ist (nicht) zu verschließen. 3. Kann man dieses Puppentheater zerlegen? ... dieses Puppentheater ist (nicht) zu zerlegen. 4. Kann man diese Uhr noch reparieren? Nein, diese Uhr ist nicht mehr zu reparieren. 5. Kann man die Teile des Motors austauschen? ... die Teile des Motors sind (nicht) auszutauschen. 6. Kann man diese Batterien wieder aufladen? ... diese Batterien sind (nicht) wieder aufzuladen. 7. Kann man diesen Videorecorder programmieren? ... dieser Videorecorder ist (nicht) zu programmieren. 8. Kann man diesen Ball aufblasen? ... dieser Ball ist (nicht) aufzublasen.

Übung 3: 1. ..., Energie ist aus Wind zu erzeugen. – ..., dass sich Energie aus Wind erzeugen lässt, ... 2. Textilreste sind zu ... Papier zu verarbeiten. – dass sich Textilreste zu ... verarbeiten lassen, ... 3. Motoren sind mit Pflanzenöl zu betreiben – dass sich Motoren mit ... betreiben lassen 4. Häuser sind mit Sonnenwärme ... zu beheizen – dass sich Häuser mit ... beheizen lassen 5. große Mengen von Kupfer ... sind aus ... zu gewinnen – dass sich große Mengen ... gewinnen lassen 6. Autoabgase sind durch ... zu entgiften – dass sich Autoabgase durch ... entgiften lassen 7. Heizgas ist aus Müll zu gewinnen – dass sich Heizgas aus ... gewinnen lässt 8. der Strombedarf ist nicht ... mit Hilfe des Wassers zu decken – dass sich der Strombedarf nicht … decken lässt 9. Zuschüsse für eine Solaranlage sind … zu bekommen – dass sich Zuschüsse … bekommen lassen 10. der Spritverbrauch der Autos ist … herabzusetzen – dass sich der Spritverbrauch … herabsetzen lässt

Übung 4: 1. Lebensmittel können nach dem Ablauf des Verfallsdatums nicht mehr verkauft werden. – … sind nach dem Ablauf des Verfallsdatums nicht mehr zu verkaufen. 2. Mein altes Fahrrad kann noch gut verwendet werden. – … ist noch gut zu verwenden. 3. Die genaue Zahl der Weltbevölkerung kann nicht festgestellt werden. – … ist nicht festzustellen. 4. Der Fehler … konnte nicht gefunden werden. – … war nicht zu finden. 5. Lebensmittel können in Kühlhäusern auch über längere Zeit frisch gehalten werden. – Lebensmittel sind … frisch zu halten. 6. Salz kann problemlos in Wasser gelöst werden. – Salz ist … zu lösen. 7. …, können die finanziellen Probleme mit Sicherheit gelöst werden. – …, sind die finanziellen Probleme mit Sicherheit zu lösen. 8. … Motoren können mit dem Öl von Pflanzen betrieben werden. – … sind ohne weiteres … zu betreiben. 9. …, kann von dem einfachen Bürger nicht nachgeprüft werden. – …, ist von dem einfachen Bürger nicht nachzuprüfen. 10. Die Anlage einer Mülldeponie in einem wasserreichen Gebiet kann nicht verantwortet werden. – … ist nicht zu verantworten.

Übung 5: 1. Lebensmittel lassen sich … nicht mehr verkaufen. – Lebensmittel sind … nicht mehr verkäuflich. 2. Mein altes Fahrrad lässt sich noch gut verwenden. – … ist noch gut verwendbar. 3. Die genaue Zahl der Weltbevölkerung lässt sich nicht feststellen. – … ist nicht feststellbar. 4. Der Fehler lässt sich nicht finden. – … ist nicht auffindbar. 5. Lebensmittel lassen sich … auch über längere Zeit frisch halten. – … sind … haltbar. 6. Salz lässt sich … problemlos lösen. – … ist … löslich. 7. …, lassen sich finanzielle Probleme mit Sicherheit lösen. – …, sind … lösbar. 8. … lassen sich mit … betreiben. – … sind … betreibbar. 9. …, lässt sich von dem einfachen Bürger nicht nachprüfen. – … ist … nachprüfbar. 10. Die Anlage einer Mülldeponie … lässt sich nicht verantworten. – … ist unverantwortlich.

§ 49

Übung 1: 1. ein nicht mehr zu reparierendes Gerät. 2. eine nicht zu heilende Krankheit. 3. ein sofort zu erledigender Auftrag. 4. anzuerkennende Bemühungen 5. eine zu befürchtende negative Entwicklung. 6. eine zu erwartende Besserung der wirtschaftlichen Lage. 7. eine nicht aufzuhaltende Invasion von Insekten. 8. ein nicht zu beseitigender Schaden 9. eine nicht zu verantwortende Entscheidung. 10. ein sofort zu bildendes Komitee.

Übung 3: 1. …, die in den nächsten Jahrzehnten erwartet werden muss – die in den nächsten Jahrzehnten zu erwarten ist – Infolge der in den nächsten Jahrzehnten zu erwartenden Erhöhung des Meeresspiegels … 2. …, die nach den neuesten Erkenntnissen leicht vermieden werden können – die nach den neuesten Erkenntnissen leicht zu vermeiden sind – die nach den neuesten Erkenntnissen leicht zu vermeidenden ökologischen Fehler … 3. …, die mit den vorhandenen Mitteln nicht identifiziert werden können – die mit den vorhandenen Mitteln nicht zu identifizieren sind – die sich ständig mit neuen, mit den vorhandenen Mitteln nicht zu identifizierenden Grippeviren beschäftigen. 4. …, die allzu schnell erraten werden können – die allzu schnell zu erraten sind – oft allzu schnell zu erratende Aufgaben … 5. …, der an einer bestimmten Stelle angekreuzt werden muss – der an einer bestimmten Stelle anzukreuzen ist – um den an einer bestimmten Stelle anzukreuzenden Firmennamen. 6. …, die leicht bearbeitet werden können – die leicht zu bearbeiten sind – unkomplizierte, leicht zu bearbeitende Steuererklärungen … 7. …, die vernichtet werden mussten – die zu vernichten waren – die zu vernichtenden Akten … 8. …, das beim besten Willen nicht bewältigt werden konnte – das beim besten Willen nicht zu bewältigen war – ein beim besten Willen nicht zu bewältigendes Problem. 9. …, die nur im Labor erreicht werden können – die nur im Labor zu erreichen sind – von nur im Labor zu erreichenden Erkenntnissen … 10. …, die weder verkauft noch exportiert werden können – die weder zu verkaufen noch zu exportieren sind – viele Tonnen von weder zu

verkaufenden noch zu exportierenden Tomaten und Gurken … 11. …, das in kürzester Zeit
vernichtet werden muss – das in kürzester Zeit
zu vernichten ist – das in kürzester Zeit zu ver-
nichtende Gemüse … 12. …, die nicht geleugnet werden kann – die nicht zu leugnen ist –
Diese nicht zu leugnende Verschwendung von
Lebensmitteln …

Übung 4: 1. … können ökologische Schäden,
die kaum jemals wieder gutgemacht werden
können (die kaum jemals wieder gutzumachen
sind), entstehen. 2. … sind … nur Verdickungen des Zellgewebes, die ohne Schwierigkeiten
operativ entfernt werden können (die ohne
Schwierigkeiten operativ zu entfernen sind).
3. … hat man an einigen Stellen auf dem Fabrikgelände, die besonders gekennzeichnet
werden müssen (die besonders zu kennzeich-
nen sind), … aufgestellt. 4. Chemische oder
medizinische Experimente, die von unparteiischen Kollegen nicht wiederholt werden können (die von unparteiischen Kollegen nicht zu
wiederholen sind), haben … 5. … schlug eine
Firma vor, ein 25 Meter hohes Gerüst, das an
der Rückwand des Gebäudes aufgestellt werden
kann (das an der Rückwand … aufzustellen ist),
zu liefern. 6. Wegen eines Fehlers eines Chirurgen, der nicht restlos aufgeklärt werden kann
(der nicht restlos aufzuklären ist), litt … 7. Die
Ergebnisse des Chemikers, die leicht bewiesen
werden können (die leicht zu beweisen sind),
überzeugten … 8. Aufgrund von Tatsachen, die
nicht widerlegt werden können (die nicht zu
widerlegen sind), bewies …

§ 50

Übung 1: Mit Eckermann, seinem bewährten
Mitarbeiter, führte … 2. Goethe schieb „Die
Leiden des jungen Werthers", einen Roman in
Briefen, nach … 3. Die ersten Alphabete, vielleicht die größten Erfindungen der Menschheit, kamen … 4. Deutsch, eine der germanischen Sprachgruppe zugehörige Sprache, wird
… 5. Innerhalb der germanischen Sprachen, einer Sprachgruppe in der Familie der indogermanischen Sprachen, finden … 6. „Alles Leben
ist Leiden" ist ein Wort Arthur Schopenhauers,
eines bekannten deutschen Philosophen des

vorigen Jahrhunderts. 7. Von Ortegay Gasset,
einem spanischen Philosophen, stammt … 8.
Robert Koch, dem Begründer der bakteriologischen Forschung, wurde … 9. Der Dieselmotor,
eine nach seinem Erfinder Rudolf Diesel benannte Verbrennungskraftmaschine, setzte sich
… 10. Am 28. Februar 1925 begrub man den
erst 54-jährigen Friedrich Ebert, den ersten Präsidenten der Weimarer Republik. 11. Die Tier-
und Pflanzenbilder Albrecht Dürers, des
berühmten Nürnberger Malers und Graphikers,
zeichnen sich … 12. Am Samstag, dem 1. Januar 1983 jährte sich …

§ 51

Übung 1: 1. schon 2. Sogar 3. besonders 4. sogar 5. ganz 6. aber 7. ja; besonders (überhaupt;
ganz) 8. Selbst 9. schon 10. ganz

§ 53

Übung 1: 1. ich rechnete usw.; ich hätte gerechnet usw. (weitere Personalformen siehe Ta-
belle) 2. ich arbeitete, hätte gearbeitet 3. ich
reiste ab, wäre abgereist 4. ich sollte, hätte ge-
sollt 5. ich schaltete aus, hätte ausgeschaltet
6. ich telefonierte, hätte telefoniert 7. ich lernte, hätte gelernt 8. ich kletterte, wäre geklettert

Übung 2: 1. ich nähme, hätte genommen
2. ich äße, hätte gegessen 3. ich schlüge, hätte
geschlagen 4. ich schlösse, hätte geschlossen
5. ich flöge, wäre geflogen 6. ich führe ab, wäre
abgefahren 7. ich fröre, hätte gefroren 8. ich er-
führe, hätte erfahren 9. ich riefe, hätte gerufen
10. ich ginge weg, wäre weggegangen

Übung 3: 1. ich dürfte, hätte gedurft 2. ich
dächte, hätte gedacht 3. ich wüsste, hätte gewusst, 4. ich brächte um, hätte umgebracht
5. ich sendete ab, hätte abgesendet/abgesandt

Übung 4: 1. du stündest, hättest gestanden
2. es verdürbe, wäre verdorben 3. sie widerstün-
den, hätten widerstanden 4. wir hätten gegrüßt, hätten gegrüßt 5. sie würde verhaftet,
wäre verhaftet worden 6. du erwidertest, hättest erwidert 7. sie hätten geredet, hätten gere-

det 8. er hätte sich gefreut, hätte sich gefreut
9. sie wollten reden, hätten reden wollen
10. ich wollte, ich hätte gewollt 11. er schnitte,
hätte geschnitten 12. sie klingelten, hätten geklingelt 13. er handelte, hätte gehandelt 14. ihr
wandertet, wärt gewandert 15. ich fasste zusammen, hätte zusammengefasst 16. du reistest
ab, wärst abgereist 17. ich hätte abreisen müssen, hätte abreisen müssen 18. sie wären geschlagen worden, wären geschlagen worden

§ 54

Übung 1: 1. Wenn er doch käme! 2. Wenn es
hier doch nicht so dunkel wäre! 3. Wenn
ich bloß nicht solche Angst hätte! 4. Wenn ich
doch nur nicht so lange warten müsste!
5. Wenn ich nur etwas mehr Zeit hätte!
6. Wenn er doch schon abführe (abfahren
würde)!

Übung 2: 1. Wenn du mir doch gesagt hättest, dass … 2. Wenn ich doch gewusst hätte,
dass … 3. Wenn ich doch Zeit gehabt hätte,
Spanisch … 4. Wenn du mir doch geschrieben
hättest, was … 5. Wenn ich doch genug / doch
mehr Geld gespart hätte um …

Übung 3: (Ü1) 1. Käme er doch! 2. Wäre es
doch hier nicht so dunkel! 3. Hätte ich bloß
nicht solche Angst! 4. Müsste ich doch nur
nicht so lange warten! 5. Hätte ich nur etwas
mehr Zeit! 6. Führe er doch schon ab! (Würde
er doch schon abfahren!)
(Ü2) 1. Hättest du mir doch nur gesagt, dass …
2. Hätte ich doch nur gewusst, dass … 3. Hätte
ich doch nur Zeit gehabt … 4. Hättest du mir
doch geschrieben, was … 5. Hätte ich doch genug Geld gespart …

Übung 4: 1. Wenn ich doch zu der Ausstellung fahren könnte! (Könnte ich doch … fahren!) 2. Wenn du mich doch besucht hättest,
als du … (Hättest du mich doch besucht, als du
…) 3. Wenn er doch bei diesem schlechten
Wetter nicht auf eine Bergtour gegangen wäre!
(Wäre er doch bei … gegangen!) 4. Wenn er
doch hiergeblieben wäre! (Wäre er doch hiergeblieben!) 5. Wenn ich doch informiert worden wäre! (Wäre ich doch informiert worden!)

6. Wenn ich doch schneller fahren dürfte!
(Dürfte ich doch schneller fahren!) 7. Wenn ich
doch nicht von der Polizei angehalten würde!
(Würde ich doch von der Polizei nicht angehalten!) 8. Wenn wir doch nicht mehr so weit fahren müssten! (Müssten wir doch … fahren!)
9. Wenn wir doch bald da wären! (Wären wir
doch bald da!) 10. Wenn er doch der Stadt
nicht sein ganzes Vermögen geschenkt hätte!
(Hätte er doch der … geschenkt!) 11. Wenn
mein Bruder doch auf der Party gewesen wäre!
(Wäre mein Bruder … gewesen!) 12. Wenn er
doch Zeit gehabt hätte zu kommen! (Hätte er
doch Zeit gehabt zu kommen!)

Übung 5: 1. Wenn sie doch deutlicher / nicht
so undeutlich spräche! 2. Wenn die Fernsehsendung doch früher / nicht so spät käme!
3. Wenn der Busfahrer doch langsamer / nicht
so schnell führe! 4. Wenn ich doch mehr /
nicht so wenig Geld verdiente! 5. Wenn er das
Radio doch leiser / nicht so laut stellte!
6. Wenn das Zimmer doch billiger / nicht so
teuer wäre!

Übung 6: Es wäre besser, 1. wenn der Angestellte pünktlich zum Dienst käme / kommen
würde. 2. wenn der Angeklagte die volle Wahrheit sagte / sagen würde. 3. wenn die Stadt
Radfahrwege baute / bauen würde. 4. wenn der
Hausbesitzer das Dach reparieren ließe / reparieren lassen würde. 5. wenn du neue Reifen für
dein Auto kauftest / kaufen würdest. 6. wenn
sie zum Arzt ginge / gehen würde und sich untersuchen ließe / lassen würde. 7. wenn er sich
eine neue Brille kaufte / kaufen würde. 8. wenn
der Motorradfahrer einen Schutzhelm trüge /
tragen würde.

Übung 7: Es wäre besser gewesen, wenn 1. der
Angestellte … gekommen wäre. 2. der Angeklagte … gesagt hätte. 3. die Stadt … gebaut
hätte. 4. der Hausbesitzer hätte … reparieren
lassen. 5. du … gekauft hättest. 6. sie … gegangen wäre und sich hätte untersuchen lassen.
7. er sich … gekauft hätte. 8. der Motorradfahrer … getragen hätte.

Übung 8: (Ü6) Es wäre besser, 1. der Angestellte käme pünktlich zum Dienst / würde
pünktlich zum Dienst kommen. 2. der Ange-

klagte sagte die volle Wahrheit / würde die volle Wahrheit sagen. 3. die Stadt baute Radfahrwege / würde ... bauen. 4. der Hausbesitzer ließe das Dach reparieren. 5. du kauftest neue Reifen / würdest ... kaufen. 6. sie ginge zum Arzt und ließe sich untersuchen / und würde sich untersuchen lassen. 7. er kaufte sich eine neue Brille / würde ... kaufen. 8. der Motorradfahrer trüge einen Schutzhelm / würde ... tragen.

(Ü7) Es wäre besser gewesen, 1. der Angestellte wäre pünktlich zum Dienst gekommen. 2. der Angeklagte hätte die volle Wahrheit gesagt. 3. die Stadt hätte Radfahrwege gebaut. 4. der Hausbesitzer hätte das Dach reparieren lassen. 5. du hättest dir neue Reifen für dein Auto gekauft. 6. sie wäre zum Arzt gegangen und hätte sich untersuchen lassen. 7. er hätte sich eine neue Brille gekauft. 8. der Motorradfahrer hätte einen Schutzhelm getragen.

Übung 9:　1. Wenn der Fahrgast einen Fahrschein gehabt hätte / Hätte der Fahrgast einen Fahrschein gehabt, hätte er nicht vierzig Mark Strafe zahlen müssen. 2. Wenn der Ausländer den Beamten nicht falsch verstanden hätte / Hätte der Ausländer ... nicht falsch verstanden, wäre er nicht in den falschen Zug gestiegen. 3. Wenn sich die beiden Drähte berührten (berühren würden) / Berührten sich die beiden Drähte (Würden sich ... berühren), gäbe es einen Kurzschluss. 4. Wenn es genügend Laborplätze gäbe / Gäbe es genügend Laborplätze, könnten alle Bewerber Chemie studieren. 5. Wenn ich für die Ziele der Demonstranten wäre / Wäre ich für die Ziele der Demonstranten, ginge ich zur Demonstration. 6. Wenn du nicht das verdorbene Fleisch gegessen hättest / Hättest du nicht ... gegessen, wäre dir nicht schlecht geworden. 7. Wenn der Apotheker eine Alarmanlage installiert hätte / Hätte ... installiert, hätten Diebe nicht unbemerkt eindringen und bestimmte Medikamente mitnehmen können. 8. Wenn die Feuerwehr den Brand sofort gelöscht hätte / Hätte ... gelöscht, wären nicht so viele Häuser von den Flammen zerstört worden.

Übung 12:　1. sonst/andernfalls wäre ihm das Regenwasser in die Wohnung gelaufen. 2. sonst/andernfalls hätte ich dich durch die Polizei su-

chen lassen. 3. sonst/andernfalls hätte es eine Explosion gegeben und die teure Apparatur wäre zerstört worden. 4. sonst/andernfalls hätte sie den normalen Fahrpreis zahlen müssen 5. sonst/andernfalls wäre ich nicht so spät zu dir gekommen. 6. sonst/andernfalls wären sie alle verhungert 7. sonst/andernfalls wären wir bei dir vorbeigekommen. 8. sonst/andernfalls hätte ihn der Arzt nicht mehr behandelt. 9. sonst/andernfalls wäre er nicht mehr zu retten gewesen. 10. sonst/andernfalls wäre das Kind erstickt.

Übung 13:　1. Wenn du mir die Vokabeln abfragen würdest, tätest du mir einen großen Gefallen. 2. Wenn du mich von der Bahn abholen würdest, brauchte ich kein Taxi zu nehmen. 3. Er würde viel Geld sparen, wenn er etwas sparsamer heizte. 4. Wir besuchten ihn, wenn wir seine Adresse kennen würden. 5. Wenn sie ihn hinrichten würden, empörte sich das Volk gegen die Regierung. 6. Wenn du das Buch lesen würdest, wüsstest du den Bescheid. 7. Wenn man in der Stadt Bäume pflanzte, würde man die Luft verbessern und die Stadt verschönern. 8. Wenn ich sein Geburtsdatum kennen würde, gratulierte ich ihm jedes Jahr.

Übung 14:　1. als ob/wenn er einen großen Fisch an der Leine hätte. 2. als ob/wenn seine Schüler alle schwerhörig wären. 3. als ob/wenn Haus und Garten ihm gehörten / gehören würden. 4. als ob/wenn er ganz unschuldig wäre. 5. als ob/wenn sie von einer Tarantel gestochen worden wäre. 6. als ob/wenn er eine Spazierfahrt machte / machen würde. 7. als ob/wenn er mich in Stücke reißen wollte. 8. ..., als ob/wenn sie das schon tausendmal geübt hätte.

Übung 15:　1. als hätte er einen großen Fisch an der Leine. 2. als wären seine Schüler alle schwerhörig. 3. als gehörten Haus und Garten ihm / würden ... gehören. 4. als wäre er ganz unschuldig. 5. als wäre sie von einer Tarantel gestochen worden. 6. als machte er eine Spazierfahrt / würde ... machen. 7. als wollte er mich in Stücke reißen. 8. ..., als hätte sie das schon tausendmal geübt.

Übung 17:　1. ... schrie, als ob er ein kleines Kind wäre. 2. ... Untermieter, als ob er ein naher Verwandter wäre. 3. ... aus, als ob er ein Bettler wäre. 4. ... aus, als ob er ein Millionär wäre. 5. ... Auto, als ob er noch nie ein Automobil gesehen hätte. 6. Er schaute mich an, als ob er mich nicht verstanden hätte. 7. ... an, als ob er noch nie einen Motor auseinandergenommen hätte. 8. ... Angestellten, als ob er ein dummer Junge wäre.

Übung 18: 1. als dass er noch Spitzenleistungen erbringen könnte. 2. als dass ihr sie ohne Seil machen könntet. 3. als dass sie die Strecke an einem Tag schaffen könnten. 4. als dass sie noch tanzen wollten. 5. als dass wir dort wohnen könnten. 6. als dass das Laufen noch Spaß machen würde. 7. als dass die Schüler sie lösen könnten. 8. als dass ich es mir ins Zimmer hängen wollte. 9. als dass ich sie noch einmal machen würde. 10. als dass ich es mir ansähe / ansehen würde.

Übung 19: 1. Der Schwimmer war ... zu alt. Er konnte keine ... erbringen. – Der Schwimmer war ... zu alt, als dass er noch Spitzenleistungen hätte erbringen können. 2. Diese Bergwanderung war zu gefährlich. Ihr konntet ... machen. – Diese Bergwanderung war zu gefährlich, als dass ihr sie ohne Seil hättet machen können. 3. Die Tour war zu weit. Sie konnten ... nicht ... schaffen. Die Tour war zu weit, als dass sie die Strecke an einem Tag hätten schaffen können. 4. Die Wanderer waren zu müde. Sie wollten nicht ... tanzen. Die Wanderer waren zu müde, als dass sie noch hätten tanzen wollen. 5. Das Hotel war zu teuer. Wir konnten ... nicht wohnen. Das Hotel war zu teuer, als dass wir dort hätten wohnen können.

Übung 20: 1. dass man im Badeanzug auf der Terrasse hätte liegen können. 2. dass er ganz groß ausbauen könnte. 3. dass man eine ganze Kompanie Soldaten damit hätte ausrüsten können. 4. dass man sich zwei Mittelklassewagen dafür kaufen könnte. 5. dass man sich darin verlaufen könnte. 6. dass drei Familien darin Platz finden könnten. 7. dass man mit einem Fläschchen eine ganze Stadt vergiften könnte. 8. dass man Zeitung hätte lesen können.

Übung 21: 1. ohne dass er ihn untersucht hätte. 2. ohne dass er ein Wort darüber verlo-

ren hätte. 3. ohne dass lange über den Preis verhandelt worden wäre. 4. ohne dass sie noch einmal zurückgeschaut hätte. 5. ohne dass er jemals wieder ein Lebenszeichen von sich gegeben hätte. 6. ohne dass diese dafür zur Verantwortung gezogen würden. 7. ohne dass wir sie darum gebeten hätten. 8. ohne dass es ihm einen Augenblick Leid getan hätte.

Übung 22: 1. Nein, aber ich hätte es beinah(e)/fast verloren. 2. Nein, aber ich wäre beinah(e)/fast betrogen worden. 3. Nein, aber ich wäre beinah(e)/fast verhaftet worden. 4. Nein, aber es wäre beinah(e)/fast abgestürzt. 5. Nein, aber ich hätte es beinah(e)/fast verkaufen müssen. 6. Nein, aber es wäre beinah(e)/fast untergegangen. 7. Nein, aber wir wären beinah(e)/fast zu spät gekommen.

Übung 23: 1. Sollte dieses Haus wirklich für 100000 Mark zu haben sein? – Ja, das dürfte stimmen. 2. Sollte er wirklich die Wahrheit gesagt haben? – Nein, das dürfte nicht die Wahrheit gewesen sein. 3. Sollte er wirklich in schlechten finanziellen Verhältnissen sein? – Ja, das dürfte leider zutreffen. 4. Sollte ich für diesen Pelzmantel wirklich 100 Mark zu viel bezahlt haben? – Ja, das dürfte annähernd stimmen. 5. Sollte der Sultan wirklich 90 Kinder gehabt haben? – Nein, es dürften nur etwa 50 gewesen sein. 6. Sollte er mich mit Absicht falsch informiert haben? – Nein, er dürfte nur wieder mal nicht aufgepasst haben. 7. Sollte der Zug wirklich schon abgefahren sein? – Ja, der dürfte schon weg sein. 8. Sollte sich der Zeuge wirklich nicht geirrt haben? – Nein, seine Aussage dürfte so ziemlich den Tatsachen entsprechen. 9. Sollte er seine Steuererklärung wirklich ungenau ausgefüllt haben? – Ja, die Angaben dürften unzutreffend gewesen sein.

Übung 24: 1. Wären Sie so freundlich mir die Waren ins Haus zu schicken? 2. Könnten Sie mir sagen, wo die Stadtverwaltung ist? 3. Könnten Sie mir bitte sagen, wie ich zum Krankenhaus komme? 4. Würden Sie mir bitte das Salz reichen? 5. Würden Sie mir bitte noch eine Scheibe Brot geben? 6. Könnten Sie mir bitte noch ein Glas Bier bringen? 7. Würden Sie mir bitte helfen den Wagen anzuschieben? 8. Könnten Sie mir sagen, ob der Eilbrief heute noch zugestellt wird? 9. Dürfte ich Sie bitten gegen 5 Uhr nochmal vorbeizukommen? 10. Würdest du bitte dieses Päckchen mit zur Post nehmen?

Übung 25: 1. mit Antenne könntest du es gut hereinbekommen. 2. ohne diese Vorschrift könnte es viele Unfälle geben. 3. sonst könnten wir heute ins Grüne fahren. 4. sonst könnte dir ein Unglück passieren. 5. damit könntest du viel Zeit sparen. 6. sonst könntest du viel mehr schaffen. 7. im Winter könnten wir das Haus damit nicht warm bekommen. 8. die Firma könnte andernfalls die Liefertermine nicht einhalten. 9. du könntest wegen Spionage verhaftet werden.

§ 55

Übung 1: vgl. Tabellen I, III und IV

Übung 2: 1. ich (stellte) würde stellen; er stelle; er habe gestellt 2. du bätest; er bitte; wir hätten gebeten 3. wir (telefonierten) würden telefonieren; ihr (telefoniertet) würdet telefonieren; sie hätten telefoniert 4. sie grüße; sie (grüßten) würden grüßen; sie hätten gegrüßt 5. ich würde eingeladen; du werdest eingeladen; du sei(e)st eingeladen worden 6. du werdest dich erkälten; sie werde sich erkälten; sie würden sich erkälten 7. ich ginge; du gehest; er sei gegangen 8. sie bete; sie (beteten) würden beten; er habe gebetet 9. sie schneide; wir (schnitten) würden schneiden; wir hätten geschnitten 10. ich (antwortete) würde antworten; er antworte; ihr (antwortetet) würdet antworten 11. er werde gewogen; wir würden gewogen; ihr seiet gewogen worden 12. sie werde sich erholt haben; ihr würdet euch erholt haben; sie würden sich erholt haben 13. du fahrest; ihr fahret; sie seien gefahren 14. ich riefe an; du rufest an; sie hätten angerufen 15. du strittest; sie streite; ihr habet gestritten 16. er sterbe; sie stürben; sie seien gestorben 17. du werdest bestraft; er werde bestraft; sie sei bestraft worden

§ 56

Übung 1: Fachleute weisen darauf hin, dass große Teile der Wälder ... von einem ... Absterben bedroht seien. Nicht nur Nadelhölzer ... würden geschädigt. Sie reagierten (würden ... reagieren) ... empfindlicher als Nadelbäume. Als ... Verursacher ... sehe man die ... Kohlekraftwerke an, die die Schadstoffe ... ableiteten (ableiten würden). Das entlaste zwar ..., doch werde die Schädigung ... in Gebiete getragen, die ... gesund gewesen seien, denn hohe Schornsteine brächten (würden ... bringen) die Schadstoffe in ... und so könnten sie ... weit getragen werden. Gefordert würden neue Gesetze, die das Übel an der Wurzel packten (packen würden). Es müssten Anlagen vorgeschrieben werden, die die Schadstoffe herausfilterten, so dass sie nicht ... gelangen könnten.

Übung 2: Die Zeitung berichtet, dass Teile Australiens eine ... Trockenheit erlebten (erleben würden). Infolge des Regenmangels drohe ... eine Dürrekatastrophe. Neben den Farmern, die bereits ihre Ernten ... verloren hätten, spürten (würden ... spüren) ... auch die Bewohner ... den Wassermangel besonders stark. Für sie gelte eine strenge Beschränkung ... Sie dürften ihre Gärten nicht ... bewässern. Das Gießen sei ihnen ... nur noch ... erlaubt. Schläuche dürften nur ... benutzt werden. Die Geldstrafe, die auf Nichteinhaltung ... stehe, sei von ... auf 1000 Dollar erhöht worden. Zwanzig Funkwagen machten (würden ... machen) Jagd auf ... In einigen Gemeinden ... sei die Not ... so groß, dass das Wasser ... rationiert worden sei. Perioden großer Trockenheit habe es ... oft gegeben. Eine solche Katastrophe sei aber ... noch nie dagewesen.

Übung 3: Der Verteidiger sagte, man müsse, wenn man ein ... Urteil fällen wolle, die Kindheit ... des Angeklagten kennen. Als dieser drei Jahre alt gewesen sei, sei seine Mutter gestorben. Sein Vater sei ... Trinker gewesen. Der Angeklagte habe ... mit seinem Vater zusammengelebt. Eine Tante, die den Haushalt geführt habe, habe ihn nicht gemocht und (habe) ihn oft geschlagen. Als der Angeklagte sechs Jahre alt gewesen sei, habe man den ... Jungen aus dem Haushalt … genommen und ihn in ein Waisenhaus gesteckt, wo er bis … geblieben sei. Nach seiner Entlassung sei der Junge zu seinem Vater zurückgekehrt. Dieser habe den Jungen immer wieder zu Diebstählen … veranlasst. Mit sechzehn Jahren sei der Jugendliche … vor Gericht gestellt (worden) und von diesem in eine Jugendstrafanstalt eingewiesen worden. So habe der Angeklagte nie ein normales, … Leben kennen gelernt; er habe nie den Schutz und … erfahren, die eine Familie … biete. Das müsse bei der Verurteilung … berücksichtigt werden.

Übung 4: Der Arzt fragte den Patienten, wie lange er schon die Kopfschmerzen habe, ob die Schmerzen ständig da seien oder ob sie nur manchmal aufträten (auftreten würden), ob die Schmerzen hinter den Augen lägen (liegen würden), ob er auch nachts Kopfschmerzen habe, ob er Tabletten nehme, was für Tabletten er … genommen habe, ob der Schmerz so stark sei, dass er es ohne Tabletten nicht aushalte, was für eine Arbeit er im Büro verrichte, wie lange er … vor dem Bildschirm sitzen müsse, ob er die Möglichkeit habe, seine Tätigkeit zu wechseln. – Der Patient fragte den Arzt: „Wie oft soll ich die Tabletten nehmen? Muss ich im Bett liegen bleiben, oder darf ich … zeitweise aufstehen? Wie lange dauert die Krankheit (denn wohl) und werde ich überhaupt wieder ganz gesund?"

Übung 5: Der Turnlehrer sagte zu den Schülern, sie sollten sich … hinstellen und die Arme … strecken. Dann sollten sie die Arme … nach hinten bringen, den Kopf zurückfallen lassen und den … Körper … durchbiegen. Dann sollten sie … zurückkommen, bis sie wieder gerade stünden. Nun sollten sie den Oberkörper … herunterfallen lassen, bis der Kopf die Knie berühre. – Der Lehrer sagt zu der Schülerin: „Schließ den Mund und atme durch die Nase! Mach die Übungen ruhig mit, aber achte darauf, dass nichts weh tut! Wenn es dir zu anstrengend wird, hör' auf!" – Uta sagte zum Lehrer: „Entschuldigen Sie mich bitte, ich fühle mich nicht wohl und will (möchte) nach Hause gehen."

Übung 6: Dabei sprachen sie … über die Konzertreise des Künstlers in Spanien. „Können Sie

denn Spanisch?", fragte der Engländer. „Nein", antwortete Rubinstein. „Dann haben Sie wohl Französisch gesprochen?", fragte der Engländer. „Das habe ich auch nicht", entgegnete der Künstler … „Womit haben Sie sich denn in Spanien durchgeholfen?", wollte der neugierige Herr wissen. „Mit Klavier!" erwiderte Rubinstein …

Übung 7: Ein Fuchs …, und da er gerade Hunger hatte, sagte er, er solle doch herunterkommen. Allgemeiner Friede sei unter den Tieren geschlossen worden. Er solle herabkommen und ihn küssen, denn von heute ab seien sie Brüder. Der Hahn nannte den Fuchs einen lieben Freund und entgegnete, dass das eine wunderbare Nachricht sei. Dort sehe er auch zwei Hunde herbeieilen. Sie wollten ihnen sicher auch die Friedensnachricht bringen. Dann könnten sie sich alle vier küssen. Der Fuchs rief eilig, er (der Hahn) möge entschuldigen, er habe noch einen weiten Weg. Das Friedensfest würden sie später feiern. – Der Hahn aber … lachte, es mache doch Spaß einen Betrüger zu betrügen!

Übung 8: Auf einem Dampfer … wendete sich eine Dame an den Kapitän und fragte, ob er der Kapitän sei. Der Kapitän sagte: „Ja." Die Dame fragte, ob es eigentlich gefährlich auf See sei. Der Kapitän antwortete: „Nein, zur Zeit nicht, es ist ja beinah windstill. Da wird wohl keiner seekrank." Das meine sie auch nicht, entgegnete die Dame, sie meine nur wegen der Seeminen. Der Kapitän sagte: „Da ist nichts zu befürchten, die sind alle längst weggeräumt." Aber wenn sich nun mal eine versteckt habe , fragte die Dame. Der Kapitän entgegnete: „Das kann sie nicht. Die Minen bleiben immer an der Wasseroberfläche und auch die allerletzten sind längst entdeckt und vernichtet worden. Da können Sie ganz beruhigt sein." Sie sagte, er sei ja ein Fachmann. Sicher fahre er schon lange auf dieser Strecke. Er sagte: „Ich fahre schon vier Jahre." Sie war überrascht, dass er schon so lange fährt, und fragte, wie der Kapitän geheißen habe, der früher auf diesem Schiff gefahren sei. Es sei so ein großer Blonder gewesen. Der Kapitän antwortete, dass sein Name Albers gewesen sei. Sie erwiderte, daran könne sie sich noch gut erinnern, und fragte, ob er noch lebe. Der Kapitän verneinte bedauernd: „Nein, Albers ist schon lange tot." Die Dame meinte, das sei schade, und fragte, woran er denn gestorben sei. „Die Reisenden haben ihn totgefragt", entgegnete der Kapitän und ließ die … Dame stehen.

Übung 9: Eine junge Ärztin berichtet, dass vor einiger Zeit eine Mutter mit einem … Säugling zu ihr gekommen sei. Das Kind sei … blau im Gesicht gewesen und habe schwer geatmet. Nach einer … Untersuchung habe sie feststellen können, dass … Diphtherie vorgelegen habe. Nachdem sie, weil ihr andere Instrumente gefehlt hätten, das … Rasiermesser ihres Kochs desinfiziert habe, habe sie einen Schnitt gewagt. Das … Blut habe die Mutter in … Aufregung versetzt. Sie habe … geschrien, die Ärztin töte ihr Kind, sie schlachte es wie ein Schaf. Viele Einwohner … seien … herbeigelaufen, so dass sie das Schlimmste für ihr Leben und das des Kindes habe fürchten müssen. Zum Glück sei der Weg … steil und steinig gewesen und als die … Leute an ihrem Zelt angekommen seien, habe das Kind … wieder ruhig geatmet und (habe) seine … Gesichtsfarbe zurückgewonnen. Seitdem behandelten (würden … behandeln) die Dorfbewohner sie wie eine Heilige und es sei schwierig, sie … zu überzeugen, dass sie keine Toten erwecken könne.

Übung 10: Ein Pilot berichtet, dass genau um 23.37 Uhr, als sich ihre Maschine … über … des Taunus befunden habe, die Stewardess … ihm aufgeregt mitgeteilt habe, einem Passagier sei schlecht geworden, er sei ganz bleich und sein Kopf liege auf … seines Sessels. Er habe seinen Kollegen, Flugkapitän Berger, in den Passagierraum geschickt. Nach kurzer Zeit sei Berger zurückgekommen und habe berichtet, dass der Mann erschossen worden sei. Wahrscheinlich sei eine Pistole mit Schalldämpfer benutzt worden, denn niemand habe etwas gehört. Diese Nachricht habe er sofort an die Bodenstationen … weitergegeben. Die Antworten hätten … gelautet, er solle ruhig weiterfliegen und (solle) alles genau beobachten lassen. Im Augenblick könnten sie ihm nichts Genaues sagen. Die Polizei sei informiert worden. In den nächsten … Stunden habe sich nichts ereignet, aber kurz vor der Landung … seien zwei … Männer in

der Tür … erschienen, hätten ihre Pistolen auf ihn und Kapitän Berger gerichtet und befohlen, sie sollten sich nicht bewegen. Sie könnten wählen, entweder hielten sie sich an ihre Befehle oder sie würden erschossen. Das Ziel der Reise sei Tripolis. Die Maschine werde … gesprengt, wenn sie nicht ihre Befehle befolgten / befolgen würden. Er sei ganz ruhig gewesen, weil er sich vorher … alles überlegt habe. Ironisch habe er gefragt, was sie denn mit der Leiche machten / machen würden, wenn sie landeten / landen würden. Diese Frage habe die Leute stutzig gemacht. Der eine habe dem anderen befohlen, … zu gehen und nachzusehen. Es sei ihm gelungen, den hinter ihm stehenden Luftpiraten zu Fall zu bringen, indem er die Maschine auf die Seite gelegt habe. Kapitän Berger habe den Augenblick nutzen können, den Mann zu entwaffnen. Der zweite habe keinen Widerstand mehr geleistet, nachdem er gesehen habe, dass sein Komplize bereits gefesselt gewesen sei.

Übung 11: Professor B. führte aus, es handle sich bei dem Angeklagten um einen … einfältigen Menschen. Seine Antworten … ließen auf schwere Störungen im häuslichen Bereich schließen. So habe er auf die Frage, ob seine Eltern ihn oft geschlagen hätten, mit der Gegenfrage geantwortet, welche Eltern er meine. Den mit den grauen Haaren hasse er, aber die beiden Frauen … besuchten (würden … besuchen) ihn manchmal im Gefängnis und brächten (würden … mitbringen) ihm Kaugummi mit. Offensichtlich sei der Angeklagte in derart ungeordneten Familienverhältnissen aufgewachsen, dass nur äußere Anhaltspunkte … in ihm … Erinnerungen wachriefen. In einem so gestörten Hirn … glitten (würden … ineinandergleiten) Erinnerungen und … ineinander, Fakten verlören an Realität und unwichtige Eindrücke nähmen … einen bedeutenden Platz ein. An die Geschworenen gewandt, erklärte der Professor, sie sollten beachten, dass ein Mensch, der nicht angeben könne, wer seine Eltern seien, für ein Verbrechen, das er unter Alkoholeinfluss begangen habe, … nicht oder nur unter der Bedingung strafmildernder Umstände verantwortlich gemacht werden dürfe.

§ 58

Übung: Durch – für – Für – Wider – Bis – für – um – um – bis – entlang – um – Für – ohne – gegen – bis – gegen – um

§ 59

Übung 1: Seit – mit – Nach – Ab – Außer – aus – nach – bei

Übung 2: samt – Dank – gegenüber – entgegen

Übung 3: Gemäß – Dank – Außer – Entgegen – außer – ab

§ 60

Übung 1: (keine Präp.) – Im – (keine Präp.) – Am – Im – am – Am – in – Am – In – Am –

Übung 2: in – Im – Im – am – (keine Präp.) – In – Im – Im – am

Übung 3: in – in – an – am – in – in – am – am – in – im – im – am – im – in – am – am – in – in – in – in – im

Übung 4: 1. Wo liegen denn die Fotos? In der Schublade! Du weißt doch, ich lege sie immer in die Schublade. 2. Wo hängt denn die Jacke? An der Garderobe! …, ich hänge sie immer an die Garderobe. 3. Wo steht denn der Besen? In der Ecke! …, ich stelle den Besen immer in die Ecke. 4. Wo sitzt denn die Puppe? Auf dem Stuhl! …, ich setze die Puppe immer auf den Stuhl. 5. Wo hängt denn der Schlüssel? Neben der Tür! …, ich hänge den Schlüssel immer neben die Tür. 6. Wo steht denn der Wecker? Auf dem Nachttisch! …, ich stelle den Wecker immer auf den Nachttisch. 7. Wo hängt denn das Handtuch? Neben dem Waschbecken! …, ich hänge das Handtuch immer neben das Waschbecken. 8. Wo liegen denn die Schallplatten? Im Schrank! …, ich lege die Schallplatten immer in den Schrank. 9. Wo sitzt denn der Vogel? Im Käfig! …, ich setze den Vogel immer in den Käfig.

Übung 5: 1. Ich habe die Fotos doch in die Schublade gelegt! Ja, sie haben vorhin noch in der Schublade gelegen! 2. Ich habe die Jacke doch an die Garderobe gehängt! Ja, sie hat vorhin noch an der Garderobe gehangen! 3. Ich habe den Besen doch in die Ecke gestellt! Ja, er hat vorhin noch in der Ecke gestanden! 4. Ich habe die Puppe doch auf den Stuhl gesetzt! Ja, sie hat vorhin noch auf dem Stuhl gesessen! 5. Ich habe den Schlüssel doch neben die Tür gehängt! Ja, er hat vorhin noch neben der Tür gehangen! 6. Ich habe den Wecker doch auf den Nachttisch gestellt! Ja, er hat vorhin noch auf dem Nachttisch gestanden! 7. Ich habe das Handtuch doch neben das Waschbecken gehängt! Ja, es hat vorhin noch neben dem Waschbecken gehangen! 8. Ich habe die Schallplatten doch in den Schrank gelegt! Ja, sie haben vorhin noch im Schrank gelegen! 9. Ich habe den Vogel doch in den Käfig gesetzt! Ja, er hat vorhin noch im Käfig gesessen!

Übung 6: 1. … in die Hosentasche gesteckt? Nein, in der Hosentasche steckt er nicht. 2. … in den Küchenschrank gelegt? Nein, im Küchenschrank liegt er nicht. 3. … ins Portmonee gesteckt? Nein, im Portmonee steckt er nicht. 4. Auf den Schreibtisch gelegt? Nein, auf dem Schreibtisch liegt er nicht. 5. … in die Schreibtischschublade gelegt? Nein, in der Schreibtischschublade liegt er nicht. 6. … hinter die Bücher gelegt? Nein, hinter den Büchern liegt er nicht. 7. … zwischen die Seiten eines Buches gelegt? Nein, zwischen den Seiten eines Buches liegt er nicht. 8. … unter das Radio gelegt? Nein, unter dem Radio liegt er nicht. 9. … unter die Handtücher im Wäscheschrank gelegt? Nein, unter den Handtüchern im Wäscheschrank liegt er nicht. 10. … in die Aktentasche gesteckt? Nein, in der Aktentasche steckt er nicht.

Übung 7: die – das (ins) – das (ins) – den – das (ins) – die – das – das (ins) – die – das (ins) – die – den – das (ins) – den – das (ins) – die – die – den – den – den – die – den – den – die – das (ins) – die – die

Übung 8: … der runde Teppich liegt im Esszimmer und der Läufer im Flur. Der Bücherschrank steht im Wohnzimmer an der Wand neben dem Fenster; der Kleider- und der Wäscheschrank stehen im Schlafzimmer zwischen den Fenstern und der Geschirrschrank steht im Esszimmer neben der Tür. Die Garderobe steht im Flur. Der Tisch steht im Esszimmer und die Stühle stehen um den Tisch herum. Die Betten stehen im Schlafzimmer und die Nachttischchen stehen neben den Betten. Auf den Nachttischchen stehen die Nachttischlampen. Die Bücher stehen im Bücherschrank. Tassen, Teller und Gläser stehen im Geschirrschrank und die Kleider hängen im Kleiderschrank. Die Spüle steht in der Küche zwischen dem Herd und dem Küchenschrank. Die Vorhänge hängen an den Fenstern. Die Sitzmöbel stehen im Wohnzimmer. Jetzt sitzen alle in den Sesseln und auf der Couch und ruhen sich aus.

Übung 9: an das (ans) – in die – an der – in den – an dem (am) – In dem (Im) – an der – vor dem – zwischen dem – der – auf/in die – auf den – in die – in dem (im) – in die

§ 61

Übung 1: Zeit – abseits – außerhalb – unweit – Anlässlich – inmitten – Beiderseits – unweit – Binnen

Übung 2: 1. binnen eines Monats 2. der Ordnung halber 3. Dank der Hilfe 4. unweit der Universität 5. Wegen der Nähe der Universität 6. ungeachtet der hohen Miete

Übung 3: 1. einer schweren Verletzung wegen 2. oberhalb einer gewissen Höhe 3. Ungeachtet der großen Gefahr 4. Aufgrund seiner schweren Erkrankung 5. Anstelle meines alten Freundes 6. Um des lieben Friedens willen 7. Unweit meiner alten Wohnung 8. Abseits der großen Städte 9. unterhalb der 4-Prozent-Grenze 10. innerhalb der nächsten 4 Wochen

Übung 4: 1. seine technischen Kenntnisse – dank seiner technischen Kenntnisse 2. unsere schnelle Hilfe – infolge unserer schnellen Hilfe 3. meine jüngste Schwester – anstelle meiner jüngsten Schwester 4. ihre jetzige Wohnung – unterhalb ihrer jetzigen Wohnung 5. ihre guten Fachkenntnisse – trotz ihrer guten Fach-

kenntnisse 6. sein langweiliger Vortrag – während seines langweiligen Vortrags 7. die erwartete gute Note – anstatt der erwarteten guten Note 8. die laute Bundesstraße – abseits der lauten Bundesstraße 9. ihr siebzigster Geburtstag – anlässlich ihres siebzigsten Geburtstags 10. seine wiederholten Wutanfälle – aufgrund seiner wiederholten Wutanfälle 11. das umzäunte Gebiet – außerhalb des umzäunten Gebiets 12. eine Meute bellender Hunde – inmitten einer Meute bellender Hunde 13. diese hohe Gebirgskette – jenseits dieser hohen Gebirgskette 14. ein selbstgebastelter Radiosender – mittels eines selbstgebastelten Radiosenders 15. die zuständige Behörde – seitens der zuständigen Behörde 16. die geplante Reise – statt der geplanten Reise 17. die holländische Grenze – unweit der holländischen Grenze 18. seine schwer wiegenden Bedenken – ungeachtet seiner schwer wiegenden Bedenken 19. vorsätzlicher Mord – wegen vorsätzlichen Mordes 20. ein schwerer Unfall – infolge eines schweren Unfalls

Übung 5: 1. Anlässlich seines hundertjährigen Bestehens ... 2. ... verlief abseits der großen Straßen. 3. Trotz der großen Kälte ... 4. Wegen des starken Regens ... 5. Trotz der ungeheuren Anstrengung ... 6. Dank der vorzüglichen Organisation ...

Übung 6: 1. Infolge eines groben Konstruktionsfehlers ... 2. Während einer fröhlichen Tanzparty ... 3. Mittels eines raffinierten Tricks ... 4. Anlässlich seines siebzigsten Geburtstags ... 5. Anstelle des erkrankten Bundespräsidenten ... 6. Trotz der Bemühungen ...

Übung 7: dem – die – den – ins – dem – vom – die – die – den – die – dem – den – der – einen – der – die – den – seiner – dem – der – der – den – im – eine – der – seinen – einem – ins – die – einer – im – den – dem – ins

Übung 8: mit einem – in den – über die – ins – auf der – zum – in – mit/in – mit – vor dem – ins – im – an den – aus dem – auf dem – am – auf dem – auf das – aus dem – auf den

Übung 9: I in die Türkei, in die Schweiz, in den Sudan, in die Vereinigten Staaten, in die

Niederlande, in den Bayerischen Wald, in das Hessenland, in die Antarktis, in die GUS, in die Hauptstadt der Schweiz, in den Nordteil von Kanada, in die Alpen, in das Engadin, in das Burgenland, in meine Heimatstadt II nach Kanada, nach Australien … III auf die Insel Sylt, auf die Seychellen und die Malediven, auf die Insel Helgoland, auf den Feldberg, auf die Zugspitze, auf das Matterhorn, auf den Mont Blanc IV an den Rhein, an die Elbe, an die Ostseeküste, an den Bodensee, an die Donau, an den Mississippi, an den Amazonas, an die Landesgrenze

I In der Türkei, In der Schweiz, Im Sudan, In den Vereinigten Staaten, In den Niederlanden, Im Bayerischen Wald, Im Hessenland, In der Antarktis, In der GUS, In der Hauptstadt der Schweiz, Im Nordteil von Kanada, In den Alpen, Im Engadin, Im Burgenland, In meiner Heimatstadt II In Kanada, In Australien … III Auf der Insel Sylt, Auf den Seychellen und den Malediven, Auf der Insel Helgoland, Auf dem Feldberg, Auf der Zugspitze, Auf dem Matterhorn, Auf dem Mont Blanc IV Am Rhein, An der Elbe, An der Ostsee, Am Bodensee, An der Donau, Am Mississippi, Am Amazonas, An der Landesgrenze

Übung 10: 1. nach Spanien – in Spanien 2. in die Schweiz – in der Schweiz 3. in die Vereinigten Staaten – in den Vereinigten Staaten 4. nach Polen – in Polen 5. an den Bodensee – am Bodensee 6. auf die Insel Helgoland – auf der Insel Helgoland 7. nach Australien – in Australien 8. nach Hamburg – in Hamburg 9. in meine Heimatstadt – in meiner Heimatstadt 10. nach New York – in New York 11. auf die Zugspitze – auf der Zugspitze 12. an den Vierwaldstätter See – am Vierwaldstätter See 13. an die Atlantikküste – an der Atlantikküste 14. nach Großbritannien – in Großbritannien 15. in den Urwald – im Urwald 16. an den Äquator – am Äquator 17. zu meinem Schulfreund – bei meinem Schulfreund 18. zur Chirurgentagung – auf der Chirurgentagung 19. nach Wien – in Wien 20. zur Automobilausstellung – auf der Automobilausstellung

Übung 11: 1. zum – auf dem 2. zum – mit dem 3. zum – am 4. in den – im 5. auf den – auf dem 6. auf den – auf dem 7. zum – auf dem 8. auf die – auf der 9. ins – im 10. ins – im 11. zu meiner – bei meiner 12. auf den – auf dem 13. auf den – auf dem 14. in die / zur – in der 15. in den – im 16. zum – am 17. zu – bei 18. ins – im 19. nach – in 20. ins – im 21. auf das – auf dem 22. in den – im 23. auf die – auf der 24. an die – an der 25. an den – am 26. auf das – auf dem 27. an den – am 18. an das – am

Übung 12: I 1. in/auf mein Zimmer 2. zu meiner Freundin 3. auf die Straße 4. auf den Balkon 5. ins Kino 6. in die / zur Garage 7. in den Keller 8. in die / zur Schlucht 9. zum Arzt 10. zu Herrn Doktor Kramer 11. zu Frau Atzert 12. zu Angelika 13. ins Reisebüro 14. in die / zur Schule 15. in den / zum Unterricht 16. ins Klassenzimmer 17. zum Metzger 18. in die / zur Bäckerei 19. ins Café 20. in die Fabrik 21. zur Polizei 22. aufs Finanzamt 23. zum Militär 24. in die Kirche 25. auf den Friedhof 26. auf die / zur Post 27. an die / zur Haltestelle 28. zum Briefkasten
II 1. auf die Zugspitze 2. in den Zug 3. in die U-Bahn 4. aufs Dach 5. auf den Aussichtsturm 6. in die Straßenbahn
III 1. nach Brasilien 2. in die Mongolei 3. nach Los Angeles 4. in ein fernes Land 5. an die Schwarzmeerküste 6. in die Wüste 7. in den Urwald 8. in den Tunnel 9. in die Oper 10. aufs Land 11. zu meinen Freunden nach Berlin
IV 1. in meine Heimatstadt 2. in den Schwarzwald 3. ins Gebirge 4. nach Dänemark 5. nach Tschechien 6. an den Nordpol 7. in die Türkei 8. nach Südamerika 9. nach Spanien

Übung 13: I 1. in meinem Zimmer 2. bei meiner Freundin 3. auf der Straße 4. auf dem Balkon 5. im Kino 6. in der / an der Garage 7. im Keller 8. in der / an der Schlucht 9. beim Arzt 10. bei Herrn Doktor Kramer 11. bei Frau Atzert 12. bei Angelika 13. im Reisebüro 14. in der / auf der Schule 15. im Unterricht 16. im Klassenzimmer 17. beim Metzger 18. in der Bäckerei 19. im Café 20. in der Fabrik 21. bei/auf der Polizei 22. auf dem Finanzamt 23. beim Militär 24. in der Kirche 25. auf dem Friedhof 26. auf der Post 27. an der Haltestelle 28. am Briefkasten
II 1. auf der Zugspitze 2. im Zug 3. in der U-Bahn 4. auf dem Dach 5. auf dem Aussichtsturm 6. in der Straßenbahn

III 1. in Brasilien 2. in der Mongolei 3. in Los Angeles 4. in einem fernen Land 5. an der Schwarzmeerküste 6. in der Wüste 7. im Urwald 8. im Tunnel 9. in der Oper 10. auf dem Land 11. bei meinen Freunden in Berlin

IV 1. in meiner Heimatstadt 2. im Schwarzwald 3. im Gebirge 4. in Dänemark 5. in Tschechien 6. am Nordpol 7. in der Türkei 8. in Südamerika 9. in Spanien

Übung 14: A: nach B: auf die C: nach D: aufs; in E: nach F: in die G: zu ihrem; nach H: zu einer; nach I: in der ; bei ihren J: in K: in L: nach; in den M: nach N: ins O: im; auf dem P: zum; in die Q: in den R: ins S: in; auf dem; im T: auf einem; im U: in eine; in; in der

Übung 15: vor – (keine Präp.) – um (gegen) – Zu – zum – zur – Bei – um – Gegen – vor – nach – Seit – Zur – um – gegen – Zu (oder keine Präp.) – Zu (oder keine Präp.) – (keine Präp.) (zu) – vor – Bei – Nach – nach

Übung 16: um – Gegen – Um – vor – von – von – um –Nach (In) – Am – um – Zu – zum – gegen – An – im – bei – am – um – Um – In – Gegen – Nach – Um – gegen

Übung 17: Vor – (keine Präp.) – im – An – zum – am – Bei – am – vor – (keine Präp.) – Von – nach – in – Im – nach

Übung 18: in – am – in – in – am – gegen – um – in – zu – zu – zur – gegen – in – im – am – bei – bei – in – im – in – um

§ 62

Übung 1 a: 1. Der Politiker hat bei den Wählern Anerkennung gefunden. 2. Der Gewerkschaftsvertreter hat der Firmenleitung die Schuld an den Verlusten gegeben. 3. Der polnische Läufer hat einen Vorsprung von zwei Metern gewonnen. 4. Ein Professor aus Rom hat am 4.5. eine Vorlesung über Goethe gehalten. 5. Das Rote Kreuz hat bei der Rettung der Flüchtlinge Hilfe geleistet. 6. Der Makler hat mir ein Angebot für ein Ferienhaus gemacht. 7. Die Tante hat dem Neffen wegen seiner Unhöflichkeit Vorwürfe gemacht. 8. Der Chef hat am Ende der Verhandlungen eine Entscheidung getroffen. 9. Eine Textilfabrik in einer kleinen Stadt hat 150 neue Arbeitsplätze geschaffen. 10. Die Arbeit eines Kollegen hat das Interesse des Wissenschaftlers erweckt.

Übung 1 b: 1. Peter hat die Wette angenommen. 2. Die Fußballfans haben beim Spiel ihrer Mannschaft großen Schaden angerichtet. 3. Am 2. Mai hat der neue Pförtner seinen Dienst angetreten. 4. Nach drei Jahren hat der Schauspieler seinen Beruf aufgegeben. 5. Der Arbeitslose hat beim Sozialamt seine Forderungen durchgesetzt. 6. Der Rechtsanwalt hat gegen das Urteil Berufung eingelegt. 7. Die Studentin hat endlich die Examensarbeit bei ihrem Professor eingereicht. 8. Nach einer langen Diskussion im Stadtparlament hat der Bürgermeister das Wort ergriffen. 9. Der Mieter hat gegen den Hausbesitzer Anzeige erstattet. 10. Der Lastwagenfahrer hat sich bei einem Unfall schwere Verletzungen zugezogen. 11. Die Fluggäste haben während des einstündigen Fluges das Rauchen eingestellt. 12. Ein Mitarbeiter hat der Firma durch Unterschlagungen großen Schaden zugefügt.

Übung 1 c: 1. Er hat sich eine Erkältung geholt. 2. Sie haben dem Vogel die Freiheit gegeben. 3. Sie hat mir Vorwürfe gemacht. 4. Sie müssen Hilfe leisten. 5. Sie müssen mit dem Hausbesitzer einen Mietvertrag abschließen. 6. Sie stellt Nachforschungen an. 7. Er hat seinen Beruf aufgegeben. 8. Er hat eine Reparatur ausgeführt. 9. Sie hat die Herstellung eingestellt. 10. Er muss Frieden stiften.

Übung 2 a: 1. Das Gericht hat noch keine Entscheidung gefällt, ob … 2. Der Vortrag des Atomwissenschaftlers fand bei den Forschern großes Interesse. 3. Leere Flaschen müssen …, damit sie wieder Verwendung finden können. 4. Viele Länder, die früher gegeneinander Krieg führten, sind heute … 5. Wenn die Eltern ihre Einwilligung nicht geben, kann … 6. Wie viele Stunden Unterricht geben Sie …? 7. Glauben Sie, dass er sein Versprechen / sein Wort hält? 8. … an die Wasseroberfläche schwimmen, um Atem zu holen. 9. Wer … stark beschädigt, muss Ersatz leisten. 10. Man muss einen Unterschied machen zwischen denen, die …

11. Noch im Hotel nahmen die Teilnehmer ... voneinander Abschied. 12. ... wurden gebeten Platz zu nehmen. 13. Die Geschwister trafen die Vereinbarung/Entscheidung jedes Jahr ... 14. Schon ... trieben Kaufleute Handel mit Salz.

Übung 2 b: 1. Im letzten Herbst haben nur 75 Prozent der Wähler ihre Stimme abgegeben. 2. Nach langen Verhören legte der Angeklagte ein Geständnis ab. 3. Alle Soldaten legten einen Eid auf die Fahne ab. 4. Nach zwei Jahren schloss er endlich seine Doktorarbeit ab. 5. Die Eltern ermahnten ihren ... Sohn, Vernunft anzunehmen. 6. Ein Wirbelsturm richtete in großen Teilen des Landes schwere Verwüstungen an. 7. Die Versicherungsgesellschaft stellt Nachforschungen nach dem Schiff an, das ... 8. Punkt neun Uhr hat die Reisegruppe die Fahrt angetreten. 9. Sie gibt die Hoffnung auf, dass ... 10. ...; am neunten Tag gaben sie den Widerstand auf, da ... 11. Er ist ein Typ, der alle Reparaturen selbst ausführt. 12. Er hat einen Fehler begangen, als er ... 13. Der Gefangene hatte in seiner Zelle Selbstmord begangen. 14. ...; dagegen hat er Beschwerde eingelegt. 15. Der Betriebsrat hat verschiedene Vorschläge ... bei der Geschäftsleitung eingereicht. 16. Die Fluggäste werden ... gebeten das Rauchen einzustellen. 17. Das hochverschuldete Unternehmen musste den Betrieb einstellen. 18. Viele Menschen haben aus Angst ... die Flucht ergriffen. 19. Infolge des nasskalten Wetters haben sich viele Menschen eine Erkältung zugezogen. 20. Der Skirennfahrer hat sich ... schwere Verletzungen zugezogen.

Übung 3: 1. über 2. auf 3. aus 4. gegen 5. auf 6. gegen 7. auf 8. mit 9. an 10. von

Übung 4: 1. Am Ende des Urlaubs nahmen die Gäste Abschied von ihren Gastgebern. 2. Wenn die Studenten keinen Antrag auf Zuschuss zum Studiengeld stellen, bekommen ... 3. Ich nehme Bezug auf die Rede des Parteivorsitzenden ... 4. Natürlich stellten die Arbeiter Fragen nach der Höhe des Lohnes ... 5. Die Werksleitung machte sich Gedanken darüber, ob sie ... 6. Die Kinder fanden so großen Gefallen an dem kleinen Hund ..., dass die Eltern ... 7. Der Professor führte mit der Studentin ein Gespräch über ihre Dissertation. 8. Die Skifah-rer ... machten sich Hoffnungen auf baldigen Schnee. 9. Die Bevölkerung ... übte Kritik am städtischen Bauamt und seinen Plänen ... 10. Viele Menschen nehmen anscheinend keine Notiz von der drohenden Klimakatastrophe. 11. Die Beamten legten Protest gegen die ... Gehaltskürzung ein. 12. Er nahm Rache an seinen ... Verwandten und schenkte ... 13. Jedes der drei Kinder hat ein Recht auf einen Teil des Erbes. 14. Die Entwicklung ... ist ... so schnell, dass andere Länder damit kaum Schritt halten können. 15. Die Bürger wurden gefragt, ob sie zu den Plänen ... Stellung nehmen wollten. 16. Juristen machen einen Unterschied zwischen den Begriffen ... 17. In diesem Wald haben die Dorfbewohner ... einen Mord an einem Kaufmann begangen/verübt. 18. Wir müssen Vorbereitungen für unseren Umzug ... treffen. 19. Mein Hausarzt legt Wert darauf, dass die Patienten ... 20. ... sollen rationalisiert werden; dagegen wollen viele Widerstand leisten.

Übung 5: 1. Es ist nicht gut, wenn Kinder zuviel beanspruchen. 2. Jetzt muss ich (dich/Sie) aber endlich einmal etwas fragen. 3. Manche Menschen wollen immerzu andere beeinflussen. 4. Er hat mich schon zu lange kritisiert. 5. Nachdem er den Film zweimal gesehen hatte, gefiel er ihm doch. 6. Jeder Kranke muss (auf Gesundung/Heilung) hoffen, sonst ... 7. Du musst nicht ständig über die Probleme anderer Leute nachdenken. 8. Für ihn bin ich völlig bedeutungslos; er hat mich noch nie beachtet. 9. Gegen diesen Unsinn müssen wir jetzt protestieren. 10. Der Sizilianer wollte sich an seinem Feind rächen. 11. Ich habe mich mit meiner Freundin verabredet. 12. Auf die Reise wollen wir uns rechtzeitig vorbereiten.

Übung 6: 1. a) nehmen b) stellen 2. a) komme b) stellen 3. a) geraten b) kommt 4. a) stehen b) stellen 5. a) stößt b) liegt 6. a) nehmen b) stoßen 7. a) brachte b) ziehen 8. a) stellte b) treten 9. a) gerät b) setzen/versetzen 10. a) gestellt b) kommen

Übung 7: 1. Ja, er stieß bei der Opposition auf Ablehnung. 2. Ja, sie wollen ihre Studie jetzt zum Abschluss bringen. 3. Ja, ich glaube, dass die Arbeit vor Jahresende zum Abschluss kommt. 4. Ja, man will eine neue Forschungsarbeit in Angriff nehmen. 5. Ja, die Hilfe von Wissenschaftlern einer anderen Fakultät soll in Anspruch genommen werden. 6. Ja, er wollte in seinem Bild den Wahnsinn des Krieges zum Ausdruck bringen 7. Ja, in dem Bild ist der Wahnsinn des Krieges deutlich zum Ausdruck gekommen. 8. Ja, sie stellt neue Erkenntnisse auf dem Gebiet der Genforschung in Aussicht. 9. Ja, es stehen ganz neue Erkenntnisse in Aussicht. 10. Ja, bei der Untersuchung der Kranken wurden auch ihre Lebensumstände in Betracht gezogen. 11. Ja, ich habe ... bevor ich die Maschine in Betrieb genommen habe. 12. Ja, er konnte seine Unschuld unter Beweis stellen. 13. Ja, er wurde unter Druck gesetzt, so dass ... 14. Ja, sie kamen zu der Einsicht, dass ... 15. Ja, er nahm den Pokal gleich nach dem Spiel in Empfang.

Übung 8: 1. Ja, sie haben ihre Gemeinschaftsarbeit noch vor den Ferien zu Ende gebracht. 2. Ja, ich habe auch gehofft, dass er bald zum Ende kommen würde. 3. Ja, sie konnten nicht zu dem Entschluss kommen ... 4. Doch, sie versuchten etwas über die Konferenz der Außenminister in Erfahrung zu bringen. 5. Ja, er setzte sie mit seinen Tricks in Erstaunen. 6. Ja, vielerlei musste in Erwägung gezogen werden, bevor ... 7. Ja, ein Teilnehmer stellte ihn in Frage. 8. Ja, eine Rücknahme des Beschlusses kommt nicht in Frage. 9. Ja, es stimmt, dass sie bei großer Kälte nicht in Gang kommen. 10. Ja, wir sind bereit ... Unbequemlichkeiten in Kauf zu nehmen. 11. Ja, ein paarmal bin ich in Konflikt mit der Polizei geraten. 12. Ja, es stimmt, dass es ab nächsten Montag in Kraft treten soll. 13. Doch, es ist allgemein auf Kritik gestoßen. 14. Ja, bei einem Überfall können sie von Nutzen sein. 15. Ja, sie sind in der Versammlung zur Sprache gekommen.

Übung 9: 1. a) Die Vorschläge ... wurden im Gemeinderat abgelehnt. b) Weil man die Sitzung beenden wollte, vertagte man ... c) Bei der nächsten Sitzung bat der Bürgermeister die Anwesenden, die Vorschläge erneut zu diskutieren. 2. a) Der Angeklagte behauptete, die Polizei habe ihn bedrängt. b) Er gab aber zu das Gesetz übertreten zu haben. c) Alle Anwesenden staunten über das plötzliche Geständnis des Angeklagten. 3. a) Die Verkaufsverhandlungen wollten nicht recht anlaufen/vorangehen. b) Natürlich sprachen die Käufer über den Umsatz ... c) Die unklaren Statistiken wurden von ihnen kritisiert. d) Sie meinten, der Verkäufer müsse doch daran interessiert sein, den Käufern reinen Wein einzuschenken. 4. a) Der Zirkusclown war bekannt dafür, dass Groß und Klein über ihn / über seine Späße lachen konnte. b) Zum Schein stritt er sich stets mit ... c) Mit einer ... Prügelei schloss er die Vorstellung ab / beendete er die Vorstellung.

Übung 10: 1. den 2. der 3. die 4. der 5. der 6. den 7. die 8. der; den 9. dem 10. dem 11. die 12. dem 13. die 14. dem 15. den 16. dem 17. die 18. den 19. der 20. der 21. den 22. der 23. die 24. dem 25. den 26. dem 27. den 28. der 29. die 30. den 31. die 32. der 33. die 34. den 35. der 36. der 37. die

Übung 11: von der Hand in den Mund – auf die Seite – auf der Tasche – vor den Mund – auf die Palme – in den Wind – aus dem Weg – in den Ohren – in den Tag – aus der Haut – vor die Tür – in die Tinte – aus dem Fenster – ohne den Wirt – aus dem Staub – unter die Räuber – in die Hand – in die Suppe – auf die Finger – um den Hals

§ 63

Übung 1: Ein Professor, der ... mit dem Flugzeug nach ... reisen wollte, saß ... in seinem Sessel, nachdem er ... seine Sachen eingepackt hatte, als plötzlich das Telefon klingelte. Es war der Freund ..., der schon schlafen gegangen war und einen Traum gehabt hatte, den er ... dem Professor mitteilte: „Ich habe im Traum ein Flugzeug mit derselben Nummer, die auf deiner Flugkarte steht, über ... abstürzen gesehen. Bitte flieg nicht ...." Der Professor versprach dem Freund nicht zu fliegen. Als der Professor am nächsten Morgen aufwachte, hörte er die Zeitungsjungen ... rufen: „Flugzeug Nr. 265 abgestürzt!" Er sprang aus dem Bett, griff nach seiner Flugkarte und erkannte dieselbe Nummer. Sobald er sich angezogen hatte, rannte er auf die Straße, um seinem Freund, der ihn gewarnt hatte, zu danken. Als er um die Ecke bog, stieß er so unglücklich mit ... zusammen, dass er stürzte und auf das Pflaster schlug. „Das ist das Ende!" dachte der Professor. „Mein Freund hatte doch Recht." Aber es kam anders: Am späten Nachmittag erwachte er … und als sich eine … Pflegerin über ihn beugte, war seine erste Frage: „Was ist mit den Insassen des Flugzeugs Nr. 265 geschehen?" – „Bitte regen Sie sich nicht auf!" antwortete die Krankenschwester. „Nur eine Falschmeldung! Die Maschine ist sicher gelandet." Bevor der Professor wieder in Ohnmacht sank, flüsterte er: „Dann hat sich mein Freund also geirrt."

Übung 2: stehen lassen; ließen … stehen (Prät.) – (Schaden) anrichten; angerichtet hatten (Plusqu.) – verzeichnen; hat … verzeichnet (Perf.) – verdienen; hatte … verdient (Plusqu.) – einladen; hatte … eingeladen (Plusqu.) – feststellen; stellte … fest (Prät.) – anhalten; hatten angehalten (Plusqu.) – abstellen; war … abgestellt (Zustandspassiv Vergangenheit) – verweisen auf; verwies auf (Prät.) – überprüft werden; sollte überprüft werden (Prät.) – angeben; gab … an (Prät.) – entdecken; hatten … entdeckt (Plusqu.) – sich befinden; befanden sich (Prät.) – erklären; erklärte (Prät.) – mitnehmen; nahmen … mit (Prät.) – sich herausstellen; stellte sich heraus (Prät.) – lügen; hatte gelogen (Plusqu.) – versuchen; hatte versucht (Plusqu.)
Das Plusquamperfekt bezeichnet vor dem Präteritum liegende, bereits abgeschlossene Handlungen, Vorgänge und Zustände.

Übung 3: Nachdem es , wie es in … oft vorkommt, vier Wochen lang … geregnet hatte, erschien … endlich die Sonne … Sogleich streckte ein Regenwurm, der … beunruhigt (gewesen) war, seinen Kopf aus dem feuchten Boden heraus. Bevor er sich noch richtig wärmen konnte, entdeckte er … einen zweiten Regenwurm, den er, wie er wohl wusste, noch nie vorher gesehen hatte. Trotzdem verbeugte er sich tief und begann folgende … Rede: „Lieber Herr Nachbar, als wir uns vor 14 Tagen … getroffen haben, konnte ich Ihnen meinen Gruß und …

nicht sagen, denn leider muss man sich dort unten immer mit Fressen beschäftigen und mit vollem Mund darf niemand sprechen, der … gut erzogen worden ist. Jetzt aber darf ich Sie … begrüßen und um Ihre Freundschaft bitten (oder: … begrüßen und bitte Sie um Ihre Freundschaft)." In ähnlicher Weise redete er … fort, beklagte sich über die Schweigsamkeit … und fragte ihn nach Namen und …, bis der zweite Regenwurm … sein Geschwätz unterbrach und mürrisch antwortete: „Quatsch doch nicht …!"

Übung 4: Ein Blinder bekam von der Frau eines Freundes, der vor … gestorben war, 500 Mark geschenkt. Der Blinde hatte niemals … an ein so unverhofftes Geschenk gedacht und deshalb wollte er das Geld, wie es so viele arme Leute tun, in seinem Garten verstecken. Nachdem er ein … Loch gegraben (hatte) und seinen Schatz verpackt (hatte) und hineingelegt hatte, verließ er sehr zufrieden den Ort … Während dieser Arbeit hatte ihn ein Nachbar … beobachten können. Der diebische Mensch stieg in der … Nacht in den Garten … und nahm das Geld an sich. Als der Blinde am Morgen entdeckte, dass sein Schatz gestohlen worden war, wollte er … sterben. Aber Not macht erfinderisch. Er ging zu seinem Nachbarn, den er verdächtigte, und sagte: „Herr Nachbar, Sie müssen mir in einer … Angelegenheit nachdenken helfen. Vor einiger Zeit sind mir von einem Freund 1000 Mark gegeben worden, die ich für ihn verstecken sollte. Aus Angst … habe ich die Hälfte an einem sicheren Ort eingegraben. Ich wollte Sie fragen, ob es gut wäre, wenn ich auch den Rest an die gleiche Stelle lege?" Selbstverständlich riet der Nachbar … zu dem gleichen Versteck, aber sobald der Blinde in sein Haus zurückgekehrt war, brachte der Nachbar, der die ganze Summe haben wollte, das … Geld in den Garten des Blinden zurück. Kurze Zeit darauf grub der Blinde seinen Schatz glücklich wieder aus.

附录

使用逗号的主要规则

I 下列情况应使用逗号

1. 两个主句之间，除非它们之间有 *und*, *oder*, *beziehungsweise*, *sowie*, *wie*, *entweder…* *oder*, *nicht … noch*, *sowohl … als*, *weder* 等连词：
   Alle lachten, aber er machte ein unglückliches Gesicht.
   Es regnete, trotzdem fuhr er mit dem Fahrrad ins Büro.

2. 主从句之间：
   Ich freue mich, wenn du kommst.
   Obwohl er uns verstand, antwortete er nicht.

3. 从句和从句之间：
   Ich weiß, dass ich ihm das Geld bringen muss, weil er darauf wartet.

4. 在同位语之间，在*und*, *oder*, 等前面(见1)没有逗号：
   In der gestohlenen Tasche waren Schlüssel, Geld, Ausweise und persönliche Sachen.
   Du musst endlich den Professor, seinen Assistenten oder den Tutor danach fragen.
   Im Urlaub wollen wir lange schlafen, gut essen, viel baden und uns einmal richtig erholen.

II 用在两个逗号之间

插入主句之中的

1. 关系从句和从句：
   Der Apfelbaum, den er selbst gepflanzt hatte, trug herrliche Früchte.

2. 同位语：
   Die Donau, der längste Fluss Europas, mündet ins Schwarze Meer.

3. 分词短语：
   Er schlief, von der anstrengenden Reise erschöpft, zwölf Stunden lang.

4. 扩展开的不定式结构和用 *um … zu*, *ohne … zu*, *anstatt … zu* 构成的不定式结构：
   Sie begann, um bald zu einem Ergebnis zu kommen, sofort mit der Arbeit.

III 可以用逗号的有

可以使得句子结构更加清晰并且避免歧义的

1 . 在扩展的不定式结构前:

   Er hofft(,) jeden Tag ein bisschen mehr Sport treiben zu können.

   Er hofft jeden Tag(,) ein bisschen mehr Sport treiben zu können.

2 . 在 *um … zu, ohne … zu, anstatt … zu* 构成的不定式结构前:

   Er ging zur Polizei(,) um seinen Pass abzuholen.

3 . 在同位语之间，在 *und* 和 *oder* 等前面（见 § I , 1）:

   Er geht immer zu Fuß zur Arbeit(,) und in die Stadt fährt er mit dem Bus.

强变化和不规则变化动词表

前言

1 . 下列动词使用广泛，它们的意义随着使用的前缀、介词等的变化而变化。例如 *brechen*:

   Der Verlobte hat *sein Wort* (A) gebrochen.

   Der Junge hat den Ast *ab*gebrochen.

   Vier Häftlinge sind aus dem Gefängnis *aus*gebrochen.

   Der Gast hat das Glas *zer*brochen.

   Er hat *sich* den Arm gebrochen.

   Der junge Mann hat *mit* seinen Eltern gebrochen.

   Der Kranke hat *dreimal am Tag* gebrochen.

2 . 说明语（N=第一格，A=第四格，Inf.-K.=不定式结构）表明动词的用法。如果某动词在一种情况下有限地使用，那么说明语要用括号。如果动词只是要求地点说明语或时间说明语或介宾结构，那么就不加说明语。

Infinitiv	3. Pers. Sg. Präsens	3. Pers. Sg. Präteritum	3. Pers. Sg. Perfekt	Gebrauch
backen	er bäckt (backt)	er backte (buk)	er hat gebacken	A
befehlen	er befiehlt	er befahl	er hat befohlen	D + Inf.-K.
beginnen	er beginnt	er begann	er hat begonnen	A
beißen	er beißt	er biss	er hat gebissen	A
bergen	er birgt	er barg	er hat geborgen	A
bersten	er birst	er barst	er ist geborsten	–
betrügen	er betrügt	er betrog	er hat betrogen	A
bewegen[1]	er bewegt	er bewog	er hat bewogen	A + Inf.-K.

[1] *bewegen* (stark): Was hat ihn bewogen, so schnell abzufahren?

   bewegen (schwach): Der Polizist bewegte den Arm.

English	Infinitiv	3. Pers. Sg. Präsens	3. Pers. Sg. Präteritum	3. Pers. Sg. Perfekt	Gebrauch
bend	biegen	er biegt	er bog	er hat gebogen	A
offer	bieten	er bietet	er bot	er hat geboten	D A
捆·绑 tie	binden	er bindet	er band	er hat gebunden	A
ask for	bitten	er bittet	er bat	er hat gebeten	A + Inf.-K.
blow	blasen	er bläst	er blies	er hat geblasen	(A)
stay	bleiben	er bleibt	er blieb	er ist geblieben	–
roast	braten	er brät (bratet)	er briet	er hat gebraten	A
打断 break	brechen	er bricht	er brach	er ist / hat gebrochen	(A)
burn	brennen	er brennt	er brannte	er hat gebrannt	–
bring	bringen	er bringt	er brachte	er hat gebracht	D A
think	denken	er denkt	er dachte	er hat gedacht	–
hire	dingen[2]	er dingt	er dang	er hat gedungen	A
打谷 thrash	dreschen	er drischt	er drosch	er hat gedroschen	A
penetrate	dringen[3]	er dringt	er drang	er ist / hat gedrungen	–
be allowed	dürfen	er darf	er durfte	er hat gedurft	–
recommend	empfehlen	er empfiehlt	er empfahl	er hat empfohlen	D + Inf.-K. D A
put off?	erlöschen[4]	er erlischt	er erlosch	er ist erloschen	–
startle	erschrecken[5]	er erschrickt	er erschrak	er ist erschrocken	–
consider	erwägen	er erwägt	er erwog	er hat erwogen	A
	essen	er isst	er aß	er hat gegessen	A
	fahren[6]	er fährt	er fuhr	er ist / hat gefahren	(A)
fall	fallen	er fällt	er fiel	er ist gefallen	–
catch	fangen	er fängt	er fing	er hat gefangen	A
fight	fechten	er ficht	er focht	er hat gefochten	–
	finden	er findet	er fand	er hat gefunden	A
编 plait	flechten	er flicht	er flocht	er hat geflochten	A
fly	fliegen[7]	er fliegt	er flog	er ist / hat geflogen	(A)
flee	fliehen	er flieht	er floh	er ist geflohen	–
flow	fließen	er fließt	er floss	er ist geflossen	–
feed	fressen	er frisst	er fraß	er hat gefressen	A
freeze	frieren	er friert	er fror	er hat gefroren	–
ferment	gären[8]	er gärt	er gor	er ist gegoren	–

[2] *dingen:* heute nur noch „einen Mörder dingen = der gedungene Mörder"

[3] *ist / hat gedrungen:* Das Wasser ist in den Keller gedrungen. – Er hat auf die Einhaltung des Vertrages gedrungen.

[4] *erlöschen* (stark): Das Feuer erlosch im Kamin.
löschen (schwach): Die Feuerwehr löschte das Feuer.

[5] *erschrecken* (stark): Das Kind erschrak vor dem Hund.
erschrecken (schwach): Der Hund erschreckte das Kind.

[6] *ist / hat gefahren:* Er ist nach England gefahren. – Er hat den Wagen in die Garage gefahren.

[7] *ist / hat geflogen:* Wir sind nach New York geflogen. – Der Pilot hat die Maschine nach Rom geflogen.

[8] *gären* (stark): Der Most gor im Fass.
gären (schwach): Schon Jahre vor der Revolution gärte es im Volk.

Infinitiv	3. Pers. Sg. Präsens	3. Pers. Sg. Präteritum	3. Pers. Sg. Perfekt	Gebrauch
gebären	sie gebiert (gebärt)	sie gebar	sie hat geboren	A
geben	er gibt	er gab	er hat gegeben	D A
gedeihen	er gedeiht	er gedieh	er ist gediehen	–
gehen	er geht	er ging	er ist gegangen	–
gelingen	es gelingt	es gelang	es ist gelungen	D + Inf.-K.
gelten	er gilt	er galt	er hat gegolten	–
genesen	er genest	er genas	er ist genesen	–
genießen	er genießt	er genoss	er hat genossen	A
geschehen	es geschieht	es geschah	es ist geschehen	–
gewinnen	er gewinnt	er gewann	er hat gewonnen	(A)
gießen	er gießt	er goss	er hat gegossen	A
gleichen	er gleicht	er glich	er hat geglichen	D
gleiten	er gleitet	er glitt	er ist geglitten	–
glimmen	er glimmt	er glomm	er hat geglommen	–
graben	er gräbt	er grub	er hat gegraben	(D) A
greifen	er greift	er griff	er hat gegriffen	(A)
haben	er hat	er hatte	er hat gehabt	A
halten	er hält	er hielt	er hat gehalten	(A)
hängen[9]	er hängt	er hing	er hat gehangen	–
hauen	er haut	er hieb (haute)	er hat gehauen	A
heben	er hebt	er hob	er hat gehoben	A
heißen	er heißt	er hieß	er hat geheißen	(N) AA
helfen	er hilft	er half	er hat geholfen	D
kennen	er kennt	er kannte	er hat gekannt	A
klimmen	er klimmt	er klomm	er ist geklommen	–
klingen	er klingt	er klang	er ist geklungen	–
kneifen	er kneift	er kniff	er hat gekniffen	A
kommen	er kommt	er kam	er ist gekommen	–
können	er kann	er konnte	er hat gekonnt	A
kriechen	er kriecht	er kroch	er ist gekrochen	–
laden	er lädt	er lud	er hat geladen	A
lassen[10]	er lässt	er ließ	er hat gelassen	(D) A
laufen	er läuft	er lief	er ist gelaufen	–
leiden	er leidet	er litt	er hat gelitten	–
leihen	er leiht	er lieh	er hat geliehen	D A
lesen	er liest	er las	er hat gelesen	A
liegen	er liegt	er lag	er hat gelegen	–
lügen	er lügt	er log	er hat gelogen	–
mahlen	er mahlt	er mahlte	er hat gemahlen	A

[9] hängen (stark): Die Kleider hingen im Schrank.
hängen (schwach): Sie hängte die Kleider in den Schrank.

[10] lassen (stark): Sie ließ die Kinder zu Hause.
veranlassen (schwach): Die Behörden veranlassten die Schließung des Lokals.

Infinitiv	3. Pers. Sg. Präsens	3. Pers. Sg. Präteritum	3. Pers. Sg. Perfekt	Gebrauch
avoid meiden	er meidet	er mied	er hat gemieden	A
压榨. *milk* melken	er melkt	er molk (melkte)	er hat gemolken	A
measure messen	er misst	er maß	er hat gemessen	A
mögen	er mag	er mochte	er hat gemocht	A
müssen	er muss	er musste	er hat gemusst	–
nehmen	er nimmt	er nahm	er hat genommen	D A
name nennen	er nennt	er nannte	er hat genannt	AA
whistle pfeifen	er pfeift	er pfiff	er hat gepfiffen	A
praise preisen	er preist	er pries	er hat gepriesen	A
痛出 *gush* quellen	er quillt	er quoll	er ist gequollen	–
advise raten	er rät	er riet	er hat geraten	D + Inf.-K.
rub reiben	er reibt	er rieb	er hat gerieben	A
tear reißen[11]	er reißt	er riss	er hat / ist gerissen	–
ride reiten[12]	er reitet	er ritt	er ist / hat geritten	(A)
race rennen	er rennt	er rannte	er ist gerannt	–
smell riechen	er riecht	er roch	er hat gerochen	(A)
柱打 *wrestle* ringen	er ringt	er rang	er hat gerungen	–
流淌 *leak* rinnen	er rinnt	er rann	er ist geronnen	–
call rufen	er ruft	er rief	er hat gerufen	A
salt salzen	er salzt	er salzte	er hat gesalzen	A
畅饮 *drink* saufen	er säuft	er soff	er hat gesoffen	A
such saugen	er saugt	er sog (saugte)	er hat gesogen (gesaugt)	(A)
achive schaffen[13]	er schafft	er schuf	er hat geschaffen	A
divorce scheiden[14]	er scheidet	er schied	er hat / ist geschieden	(A)
shine/seem scheinen	er scheint	er schien	er hat geschienen	–
scheißen	er scheißt	er schiss	er hat geschissen	–
责骂 *scold* schelten	er schilt	er schalt	er hat gescholten	A (AA)
shear scheren	er schert	er schor	er hat geschoren	(D) A
push schieben	er schiebt	er schob	er hat geschoben	A
shoot schießen	er schießt	er schoss	er hat geschossen	(A)
~~strike~~ schlafen	er schläft	er schlief	er hat geschlafen	–
strike schlagen	er schlägt	er schlug	er hat geschlagen	A
creep schleichen	er schleicht	er schlich	er ist geschlichen	–
sharpen schleifen[15]	er schleift	er schliff	er hat geschliffen	A
shut schließen	er schließt	er schloss	er hat geschlossen	A
enclose schlingen	er schlingt	er schlang	er hat geschlungen	(A)

[11] *hat / ist gerissen:* Das Pferd hat an dem Strick gerissen. – Der Strick ist gerissen.

[12] *ist / hat geritten:* Er ist durch den Wald geritten. – Er hat dieses Pferd schon lange geritten.

[13] *schaffen* (stark): Am Anfang schuf Gott Himmel und Erde.
schaffen (schwach): Ich habe die Arbeit nicht mehr geschafft.

[14] *hat / ist geschieden:* Der Richter hat die Ehe geschieden. – Er ist ungern von hier geschieden.

[15] *schleifen* (stark): Er hat das Messer geschliffen.
schleifen (schwach): Er schleifte den Sack über den Boden.

Infinitiv	3. Pers. Sg. Präsens	3. Pers. Sg. Präteritum	3. Pers. Sg. Perfekt	Gebrauch
throw schmeißen	er schmeißt	er schmiss	er hat geschmissen	A
dissolve schmelzen[16]	er schmilzt	er schmolz	er hat / ist geschmolzen	A
cut schneiden	er schneidet	er schnitt	er hat geschnitten	(A)
~~shout~~ schreiben	er schreibt	er schrieb	er hat geschrieben	(D) A
shout schreien	er schreit	er schrie	er hat geschrie(e)n	–
march schreiten	er schreitet	er schritt	er ist geschritten	–
silence schweigen	er schweigt	er schwieg	er hat geschwiegen	–
swell schwellen[17] 肿	er schwillt	er schwoll	er ist geschwollen	–
schwimmen[18]	er schwimmt	er schwamm	er ist / hat geschwommen	–
swing schwingen	er schwingt	er schwang	er hat geschwungen	(A)
swear schwören	er schwört	er schwor	er hat geschworen	(D) A
sehen	er sieht	er sah	er hat gesehen	A
sein	er ist	er war	er ist gewesen	N
senden[19]	er sendet	er sandte	er hat gesandt	
		(sendete)	(gesendet)	(D) A
singen	er singt	er sang	er hat gesungen	A
sink sinken	er sinkt	er sank	er ist gesunken	–
think sinnen	er sinnt	er sann	er hat gesonnen	–
sitzen	er sitzt	er saß	er hat gesessen	–
should sollen	er soll	er sollte	er hat gesollt	–
split spalten 劈开	er spaltet	er spaltete	er hat gespalten	A
spew speien 吐	er speit	er spie	er hat gespie(e)n	–
spin spinnen 纺织	er spinnt	er spann	er hat gesponnen	A
sprechen	er spricht	er sprach	er hat gesprochen	A
sprout sprießen	er sprießt	er spross	er ist gesprossen	–
jump springen	er springt	er sprang	er ist gesprungen	–
sting stechen	er sticht	er stach	er hat gestochen	(A)
stand stehen	er steht	er stand	er hat gestanden	–
steal stehlen	er stiehlt	er stahl	er hat gestohlen	D A
climb steigen	er steigt	er stieg	er ist gestiegen	–
die sterben	er stirbt	er starb	er ist gestorben	–
fly stieben	er stiebt	er stob	er ist gestoben	–
stink stinken 发臭味	er stinkt	er stank	er hat gestunken	–
kick stoßen[20]	er stößt	er stieß	er hat / ist gestoßen	–
stroke streichen 涂	er streicht	er strich	er hat gestrichen	A
quarrel streiten	er streitet	er stritt	er hat gestritten	–

[16] *hat / ist geschmolzen:* Das Wachs ist geschmolzen. – Sie haben das Eisenerz geschmolzen.

[17] *schwellen* (stark): Seine linke Gesichtshälfte ist geschwollen.
schwellen (schwach): Der Wind schwellte die Segel.

[18] *ist / hat geschwommen:* Der Flüchtling ist durch die Elbe geschwommen. – Er hat drei Stunden im Schwimmbad geschwommen.

[19] *senden* (stark): Sie hat mir ein Weihnachtspäckchen gesandt.
senden (schwach): Um 20 Uhr werden die Nachrichten gesendet.

[20] *hat / ist gestoßen:* Ich habe mich an der Küchentür gestoßen. – Er ist mit dem Fuß gegen einen Stein gestoßen.

Infinitiv	3. Pers. Sg. Präsens	3. Pers. Sg. Präteritum	3. Pers. Sg. Perfekt	Gebrauch
tragen	er trägt	er trug	er hat getragen	(D) A
treffen	er trifft	er traf	er hat getroffen	A
treiben[21]	er treibt	er trieb	er hat / ist getrieben	(A)
treten[22]	er tritt	er trat	er ist / hat getreten	–
trinken	er trinkt	er trank	er hat getrunken	A
tun	er tut	er tat	er hat getan	A
verbleichen	es verbleicht	es verblich	er / es ist verblichen	–
verderben[23]	er verdirbt	er verdarb	er hat / ist verdorben	(DA)
verdrießen	es verdrießt	es verdross	es hat verdrossen	A
vergessen	er vergisst	er vergaß	er hat vergessen	A
verlieren	er verliert	er verlor	er hat verloren	A
verschwinden	er verschwindet	er verschwand	er ist verschwunden	–
verzeihen	er verzeiht	er verzieh	er hat verziehen	D A
wachsen	er wächst	er wuchs	er ist gewachsen	–
waschen	er wäscht	er wusch	er hat gewaschen	(D) A
weichen[24]	er weicht	er wich	er ist gewichen	–
weisen	er weist	er wies	er hat gewiesen	D A
wenden	er wendet	er wandte (wendete)	er hat gewandt (gewendet)	(A)
werben	er wirbt	er warb	er hat geworben	(A)
werden	er wird	er wurde	er ist geworden	N
werfen	er wirft	er warf	er hat geworfen	A
wiegen[25]	er wiegt	er wog	er hat gewogen	A
winden	er windet	er wand	er hat gewunden	A
wissen	er weiß	er wusste	er hat gewusst	A
wollen	er will	er wollte	er hat gewollt	A
wringen	er wringt	er wrang	er hat gewrungen	A
ziehen[26]	er zieht	er zog	er hat / ist gezogen	A
zwingen	er zwingt	er zwang	er hat gezwungen	A + Inf.-K.

[21] *ist / hat getrieben:* Sie hat die Kühe auf die Weide getrieben. – Das Boot ist an Land getrieben.

[22] *hat / ist getreten:* Er ist ins Zimmer getreten. – Er hat mir auf den Fuß getreten.

[23] *hat / ist verdorben:* Er hat mir alle Pläne verdorben. – Das Fleisch ist in der Hitze verdorben.

[24] *weichen* (stark): Der Bettler wich nicht von meiner Seite.
weichen (schwach): Die Brötchen sind in der Milch aufgeweicht.

[25] *wiegen* (stark): Der Kaufmann wog die Kartoffeln.
wiegen (schwach): Die Mutter wiegte ihr Kind.

[26] *hat / ist gezogen:* Das Pferd hat den Wagen gezogen. – Er ist in eine neue Wohnung gezogen.

本书中使用的语法概念一览

das Adjektiv（形容词）
(das Eigenschaftswort)

grün, breit, alt, mutig

das Adverb（副词）
(das Umstandswort)

Er kommt *heute.* (Frage: *wann?*)
Er steht *dort.* (Frage: *wo?*)
Er spricht *schnell.* (Frage: *wie?*)

die adverbiale Angabe
（状语说明语）

Er kommt *jeden Freitag um acht Uhr.* (Frage: *wann?*)
Er wohnt *in der Gartenstraße neben dem Postamt.*
(Frage: *wo?*)
Er läuft *auf die Straße.* (Frage: *wohin?*)
Er spricht *mit leiser Stimme.* (Frage: *wie?*)

adversativ（转折的）

= zur Angabe eines Gegensatzes:
Ich kenne alle Wörter, *aber* ich verstehe den Satz nicht.

der Akkusativ（第四格）
(der 4. Fall, Wenfall)

= im Satz:
1. das Akkusativobjekt (Frage: *wen?* oder *was?*):
   Ich sehe *den Berg.*
2. der Akkusativ der Zeit (Frage: *wann?*):
   Er kommt *jeden Freitag.*
3. der Akkusativ der Maßangaben (Frage: *wie lang?* usw.):
   Der Tisch ist *einen Meter* lang.
   Der Säugling ist *einen Monat* alt.

der Aktivsatz（主动句）

= die Handlung geht von Personen oder Sachen aus.
Siehe auch: Passivsatz.
Herr Müller gräbt seinen Garten um.
Das Schiff versinkt im Ozean.

alternativ（二者选一的）

= zur Angabe einer anderen Möglichkeit:
Entweder gelingt das Experiment *oder* wir müssen wieder
von vorne anfangen.

die Apposition（同位语）
(der Beisatz)

Herr Meyer, *unser neuer Kollege,* ist sehr sympathisch.

der Artikel（冠词）
(das Geschlechtswort)

1. der bestimmte Artikel:
   Singular: *der, die, das;* Plural: *die*
2. der unbestimmte Artikel:
   Singular: *ein, eine, ein;* Plural: artikellos

das Attribut（定语）

1. das Adjektivattribut:
   der *grüne* Baum, *frische* Luft
2. das Genitivattribut:
   der Bruder *meines Mannes*
3. attributive Angaben:
   der Kongress *in der alten Oper*
   die Nachrichten *um 20 Uhr*
   im *Hamburger* Hafen

der Dativ（第三格）
(der 3. Fall, Wemfall)

= im Satz: Das Dativobjekt (Frage: *wem?*)
Ich vertraue *meinem Nachbarn.*

die Deklination (变格)
(die Beugung von
Substantiv, Artikel,
Pronomen und Adjektiv)

Nominativ: *der Mann*
Akkusativ: *den Mann*
Dativ: *dem Mann*
Genitiv: *des Mannes* usw.

das Demonstrativpronomen
(指示代词)
(das hinweisende Fürwort)

= zum Hinweis auf bestimmte Personen oder Sachen:
Dieser Turm ist der älteste der Stadt.
Wie man das macht, *das* weiß ich nicht.

Diphthong (双元音)
(der Doppellaut)

= zusammengesetzt aus zwei Vokalen: *au, ei, eu*

die direkte Rede (直接引语)

Er sagte: „*Ich gehe jetzt.*"
Er fragte: „*Gehst du jetzt?*"
Er befahl: „*Geh jetzt!*"

die Endung (词根)

siehe „der Stamm"

der Fall (格)

siehe „der Kasus"

feminin (阴性)

= weiblich: *die Frau, die Beamtin, die Polin, die Bank,
die Hoffnung*

final (结果)

= zur Angabe einer Absicht, eines Zwecks:
1. finaler Nebensatz:
Damit der Fall geklärt wird, muss ich Folgendes sagen …
2. finale Infinitivkonstruktion:
Um den Fall zu klären muss ich Folgendes sagen …
3. finale Angabe mit Präposition:
Zur Klärung des Falles muss ich Folgendes sagen …

die Frage (疑问句)

1. die direkte Frage:
„*Kommst du bald?*"
„*Wann kommst du?*"
2. die indirekte Frage:
Sie fragte, *ob er bald komme.*
Sie fragte, *wann er komme.*
3. der Fragesatz als Nebensatz:
Ich weiß nicht, *ob er kommt.*
Ich weiß nicht, *wann er kommt.*

das Funktionsverb (功能动词)

= Verb, das mit einem Akkusativobjekt eine feste Verbindung bildet:
Sie *trifft* eine Entscheidung.
Er *legt* Beschwerde *ein.*

das Funktionsverbgefüge
(功能动词结构)

= feste Verbindung aus Verb, Präposition und Akkusativobjekt:
Er *bringt* das Problem *zur Sprache.*
Man *kam* schnell *zu einem Ergebnis.*

das Futur (将来时)

1. um auszudrücken, dass etwas ganz sicher passieren wird:
Wir müssen uns beeilen, es *wird* gleich *regnen.* (Futur I)
Bis morgen *werden* wir das Problem *gelöst haben.* (Futur II)
2. zum Ausdruck einer Vermutung:
Im Lauf der nächsten Jahre *werden* wir uns wohl *wiedersehen.* (Futur I)
Es ist sechs Uhr; sie *wird* schon nach Hause *gegangen sein.*
(Futur II)

Die Zukunft wird im Deutschen normalerweise durch die Zeitform des Präsens und eine temporale Angabe ausgedrückt:
Herr Koop *heiratet* nächsten Montag.

der Genitiv (第二格)
(der 2. Fall, Wesfall)

= im Satz:
1. das Genitivobjekt (Frage: *wessen?*)
   Man klagte ihn *des Diebstahls* an.
2. das Genitivattribut:
   Der Vortrag *des Professors* war interessant.

das Genus (性)
(= das Geschlecht)

maskulin, feminin, neutral

der Hauptsatz (主句)

= ein vollständiger, unabhängiger Satz. Das konjugierte Verb steht in der Position II:
Er gab mir das Buch zurück.

das Hilfsverb (助动词)

haben, sein, werden

der Imperativ (命令式)

= die Befehlsform:
Gib mir die Hand!
Denkt an die Zukunft!
Bitte warten Sie!

Imperfekt (过去时)

siehe „Präteritum"

das Indefinitpronomen (不定代词)
(das unbestimmte Fürwort)

= zur Bezeichnung von unbestimmten Personen / Sachen:
Jemand hat mich angerufen.
Manches Küchengerät ist unnütz.

der Indikativ (直陈式)

= die Konjugation in der Wirklichkeitsform.
Siehe auch „Konjunktiv".
ich sage, ich habe gesagt; du läufst, du bist gelaufen

die indirekte Rede (间接引语)

= Wiedergabe des Inhalts einer Rede durch eine andere Person:
Er sagte, *er gehe in die Kirche.*
Er sagte, *er sei in die Kirche gegangen.*

der Infinitiv (不定式)

= unkonjugierbare Grundform des Verbs:
1. Infinitiv Präsens Aktiv: *üben, kommen*
2. Infinitiv Perfekt Aktiv: *geübt haben; gekommen sein*
3. Infinitiv Präsens Passiv: *geübt werden*
4. Infinitiv Perfekt Passiv: *geübt worden sein*

die Infinitivkonstruktion
(不定式结构)

1. die von bestimmten Verben abhängige Infinitivkonstruktion:
   Er *versuchte* den Bewusstlosen aus dem Wasser *zu ziehen.*
2. die Infinitivkonstruktion mit „um, ohne, anstatt":
   Er besucht den Kurs *um Englisch zu lernen.*
   Er ging vorbei *ohne mich anzusehen.*
   Sie reden nur *anstatt zu handeln.*

instrumental (工具的)

= zur Angabe eines Mittels oder Instruments:
1. instrumentaler Nebensatz:
   Sie fanden den Weg aus dem Urwald, *indem sie einem Fluss folgten.*
2. instrumentale Angabe mit Präposition:
   Mittels (Mit Hilfe) eines Kompasses bestimmen die Seeleute ihren Kurs.

intransitive Verben
(不及物动词)

= Verben, die kein Akkusativobjekt bei sich haben können:
Er *geht* nach Hause.
Der Schrank *steht* in der Ecke.
Das Mädchen *gefällt* mir nicht.

irrealer Konjunktiv
(非现实条件句)

= Konjunktiv der Nicht-Wirklichkeit:
1. der irreale Wunschsatz:
   Wenn sie doch käme! Käme sie doch!
2. der irreale Bedingungssatz:
   Wenn ich Geld hätte, führe ich nach Italien!
3. der irreale Vergleichssatz:
   Er tat so, *als ob er krank wäre.*

die Kardinalzahl (基数词)
(die Grundzahl)

eins, zwei, drei … hundert, tausend … (1, 2, 3 …)

der Kasus (格) (der Fall)

Nominativ, Akkusativ, Dativ, Genitiv

kausal (原因)

= zur Angabe eines Grundes (Frage: *warum?*)
1. kausaler Hauptsatz:
   Sie kommt heute nicht, *denn wir haben uns gestritten.*
   Wir haben uns gestritten; *darum kommt sie heute nicht.*
2. kausaler Nebensatz:
   Sie kommt heute nicht, *weil wir uns gestritten haben.*
3. kausale Angabe mit Präposition:
   Wegen unseres Streits kommt sie heute nicht.

der Komparativ (比较级)

= vergleichende Steigerungsform:
1. als Adjektivattribut:
   Der Sekretär ist *längere* Zeit im Geschäft als sein Chef.
2. als Adverb:
   Der Sekretär ist *älter* als sein Chef.

konditional (条件)

= zur Angabe einer Bedingung:
1. realer Bedingungssatz:
   Wenn er nicht kommt, fahren wir ohne ihn.
2. irrealer Bedingungssatz:
   Wenn er jetzt noch käme, könnten wir ihn mitnehmen.

die Konjugation (变位)
(die Beugung des Verbs)

ich gehe
du gehst
er geht
wir gehen usw.

konjugiertes Verb (变位动词)

= im Satz: Das Verb mit der personalen Endung:
Er *geht* zu Fuß zur Schule.
Du *hast* dich erkältet.
Wir *kamen* zu spät *an*.
…, als er gefragt *wurde*.
…, weil ihr nicht gekommen *seid*.

Konjunktion (条件句)

= ein satzverbindendes Wort:
1. Hauptsatzkonjunktionen:
   Er geht voran *und* ich folge ihm. (auf Position 0)
   Du hast dich nicht verändert; *darum* habe ich dich sofort erkannt. (auf Position I)
2. Nebensatzkonjunktionen (auch: Subjunktionen):
   Sein Sohn erbte alles, *als* er starb.
   Er bekam die Erbschaft, *weil* er fleißig und tüchtig war.

der Konjunktiv（虚拟式）　　= die Konjugation in der Möglichkeitsform:
1. Konjunktiv I siehe „indirekte Rede"
2. Konjunktiv II siehe „irrealer Konjunktiv"

konsekutiv（结果）　　= zur Angabe der Folge:
konsekutiver Nebensatz:
Er war *so* aufgeregt, *dass er stotterte.*
Er hatte keine Kinder, *so dass sein Neffe alles erbte.*

der Konsonant（辅音）(der Mitlaut) *b, c, d, f, g, h* usw.

konzessiv（让步）　　= zur Angabe der Einschränkung
1. konzessiver Hauptsatz:
Ich kann ihn nicht leiden, *aber ich lade ihn doch ein.*
Ich kann ihn nicht leiden, *trotzdem lade ich ihn ein.*
2. konzessiver Nebensatz:
Ich lade ihn ein, *obwohl ich ihn nicht leiden kann.*
3. konzessive Angabe mit Präposition:
Trotz meiner Abneigung lade ich ihn ein.

lokal（地点）　　= zur Ortsangabe (Frage: *wo?* oder *wohin?*)
1. lokale Adverbien oder lokale adverbiale Angaben:
Dort liegt der Brief. (Frage: *wo?*)
Im Zug sprach mich ein Herr an. (Frage: *wo?*)
Wir wollen *auf den Berg* steigen. (Frage: *wohin?*)
2. lokaler Nebensatz:
Ich weiß nicht, *wo meine Brille ist.*
Ich weiß nicht, *wohin ich meine Brille gelegt habe.*

maskulin（阳性）　　= männlich: *der Mann, der Bäcker, der Pole, der Schrank, der Staat.*

modal（方式）　　= zur Angabe der Art und Weise (Frage: *wie?*)
1. modale Adverbien oder modale adverbiale Angaben:
Seine Höflichkeit war mir *angenehm.*
Mit freundlichen Worten erklärte er mir meine Fehler.
2. modaler Nebensatz:
Er verhielt sich *so, wie ich es erwartet hatte.*
3. modaler Vergleichssatz:
a) realer Vergleichssatz:
Er verhielt sich *genauso wie früher.*
b) irrealer Vergleichssatz:
Er tat *so, als ob er alles wüsste.*

das Modalverb（情态动词）　　*können, lassen, müssen, sollen, wollen*

der Modus（式）
(die Aussageweise)
= Indikativ, Konjunktiv

der Nebensatz　　= ein abhängiger, unvollständiger Satz. Das konjugierte Verb steht am Ende des Nebensatzes (Ausnahmen siehe § 18 ff., § 28 und § 54, II):
Er versteht mich, *weil er mich kennt.*

neutral（中性）　　= sächlich: *das Kind, das Pferd, das Land, das Fenster, das Parlament*

das Nomen（名词）　　= siehe „Substantiv"

der Nominativ（主语）
(der 1. Fall, Werfall)
= im Satz: Das Subjekt (Frage: *wer?* oder *was?*):
Der Polizist zeigte uns den Weg.

das Objekt（宾语）	= im Satz: 1. das Akkusativobjekt (Frage: *wen?* oder *was?*): 　Wir lieben *den Wein* und *die Musik*. 2. das Dativobjekt (Frage: *wem?*): 　Der Lehrling widerspricht *dem Meister*. 3. das Genitivobjekt (Frage: *wessen?*): 　Der Händler wurde *des Betrugs* verdächtigt.
die Ordinalzahl（序数词） (die Ordnungszahl)	der *erste*, der *zweite* … der *hundertste* … (1., 2. … 100.) Am ersten Tag … / Er war der Erste.
das Partizip Perfekt (II) （第二分词） (das Mittelwort der Vergangenheit)	Er ist *gekommen*. Er hat mich *erkannt*. Er ist *eingeschlafen*. Das Dokument ist *gefälscht* worden.
Partizip Präsens (I)（第一分词） (das Mittelwort der Gegenwart)	= Infinitiv + d: *lachend, weinend* 1. als Adverb (Frage: *wie?*) 　Das Kind lief *weinend* in die Küche. 2. als Adjektivattribut: 　Das *weinende* Kind lief in die Küche.
die Partizipialkonstruktion （分词结构）	= Erweiterung eines adjektivisch gebrauchten Partizips: 1. Partizip Präsens (I): 　Das *am Ende der Straße liegende* Hotel … 　= Das Hotel, das am Ende der Straße liegt, … 2. Partizip Perfekt (II): 　Die *durch ein Erdbeben zerstörte* Stadt … 　= Die Stadt, die durch ein Erdbeben zerstört worden 　ist, …
der Partizipialsatz（分词短语）	= Erweiterung eines adverbial gebrauchten Partizips: Die Zuschauer zeigten *Beifall klatschend und laut jubelnd* ihre Zustimmung.
der Passivsatz（被动词）	= nur die Handlung selbst ist wichtig, die handelnden Personen sind unbekannt oder uninteressant. Siehe auch: Aktivsatz *Hier wird eine Straße gebaut.*
das Perfekt（现在分词）	= die Vergangenheitsform im mündlichen Bericht: 1. im Aktiv: 　Ich *bin* gestern zu spät *gekommen*. 　Wir *haben* das Paket zur Post *gebracht*. 2. im Passiv: 　Gestern *ist* mein Freund *operiert worden*.
das Personalpronomen（人称代词） (das persönliche Fürwort)	1. zur Bezeichnung von Personen: 　*Ich* gehe nach Hause. 　Leider hast *du* mir nicht geantwortet. 　*Ihr* habt alles verdorben. 2. als Ersatz für vorher schon genannte Personen 　oder Sachen: 　Ich kenne meine Freundin. *Sie* ist sehr zuverlässig. 　Der Schüler fragte. Der Lehrer antwortete *ihm*.
der Plural（复数）	= die Mehrzahl *Wir spielen mit den Kindern.*

das Plusquamperfekt （过去完成时）	= die vorzeitige Vergangenheitsform, meist im schriftlichen Bericht: 1. im Aktiv: 　Weil er seinen Schlüssel *vergessen hatte*, musste er bei uns übernachten. 2. im Passiv: 　Weil die Fahrpreise *erhöht worden waren*, fuhren noch mehr Leute mit dem eigenen Auto.
das Possessivpronomen （物主代词） (das besitzanzeigende Fürwort)	= zur Bezeichnung des Besitzes oder der Zugehörigkeit: *Mein* Bruder studiert in München. Er ärgert sich über *seinen* Kollegen. Ich habe *Ihren* Brief leider noch nicht beantwortet.
der Prädikatsnominativ（表语）	= zur Ergänzung der Verben *sein* und *werden* usw.: Die Biene ist *ein Insekt*.
das Präfix（前缀）	siehe „Vorsilbe" und „Verbzusatz"
die Präposition（介词）	mit Akkusativ: *für, gegen* usw. mit Dativ: *aus, bei* usw. mit Akkusativ oder Dativ: *auf, unter* usw. mit Genitiv: *während, wegen, trotz* usw.
das Präpositionalobjekt （介宾结构）	= abhängig von Verben mit Präpositionen: Ich verlasse mich *auf seine Ehrlichkeit*. Er fürchtet sich *vor seinem Examen*.
das Präsens（现在时）	= die Gegenwartsform, auch für allgemein gültige Aussagen: 1. im Aktiv: 　Was *tust* du? – Ich *höre* Musik. 　Die Erde *kreist* um die Sonne. 2. im Passiv: 　Ich *werde verfolgt*. 　Seit Jahrtausenden *werden* die gleichen mathematischen Regeln *angewandt*.
das Präteritum（过去时）	= die Vergangenheitsform im schriftlichen Bericht: 1. Aktiv: Er *studierte* Chemie. 2. Passiv: Er *wurde* verhaftet.
das Pronomen（代词） (das Fürwort)	1. siehe „Demonstrativpronomen" 2. siehe „Indefinitpronomen" 3. siehe „Personalpronomen" 4. siehe „Possessivpronomen" 5. siehe „Reflexivpronomen" 6. siehe „Relativpronomen"
das Pronominaladverb（代副词）	= anstelle eines schon genannten präpositionalen Objekts: (Er denkt an seine Heimat.) Er denkt *daran*, in seine Heimat zurückzukehren.
das Rangattribut （"级别定语"）	*Nicht* der Angeklagte, sondern das Gericht muss die Tat beweisen. *Auch* seine Stimme sollte gehört werden.

das Reflexivpronomen（反身代词）
(rückbezügliches Fürwort)
= mit einem Verb verbunden, bezieht es sich auf das Subjekt zurück:
Im Urlaub haben wir uns gut erholt.
Er beschäftigt *sich* nur mit seinen Tauben.
Der Junge und das Mädchen trafen *sich* im Café.

die Rektion der Verben
（动词要求的格）
= gibt an, welchen Kasus bestimmte Verben verlangen.

das Relativpronomen（关系代词）
(bezügliches Fürwort)
der Mann, *der* …
die Frau, *die* …
das Kind, *das* … usw.

der Relativsatz（关系从句）
im Nominativ:
Kinder, *die viel Süßigkeiten essen*, haben oft schlechte Zähne.
im Akkusativ:
Spät abends kam ein Gast, *den niemand kannte*.
im Dativ:
Man hat den Ingenieur, *dem ein Fehler nachgewiesen wurde*, entlassen.
im Genitiv:
Der Bauer, *dessen Scheune abgebrannt war*, erhielt Schadenersatz.

der Singular（单数）
= die Einzahl:
Ich lese die Zeitung.

Stamm und Endung（词干和词根）

	Stamm:	Endung:
Inf.	*geb*	*en*
du	*lach*	*st*
sie	*geb*	*en*
ihr	*könnt*	*et*
des	*Kind*	*es*
	schön	*er* usw.

Stammformen（动词的基本形式）
= Verbformen, aus denen man alle anderen Konjugationsformen ableiten kann:
lachen, er *lachte*, er hat *gelacht*
gehen, er *ging*, er ist *gegangen*

das Subjekt（主语）
= im Satz: Der Satzteil im Nominativ (Frage: *wer?* oder *was?*):
Die Sonne steht hoch am Himmel.
Endlich kam *er* zum Essen.

das Substantiv（名词）
= das Hauptwort als Einzelwort, großgeschrieben, meist mit Artikel:
die *Sonne*, der *Mond*, Plural: die *Sterne*

der Superlativ（最高级）
= höchste Steigerungsstufe:
1. als Adjektivattribut:
Der 21. Juni ist der *längste* Tag des Jahres.
2. als Adverb:
Um Weihnachten sind die Tage *am kürzesten*.

temporal（时间）
= zur Angabe der Zeit (Frage: *wann?*)
1. temporaler Hauptsatz:
Es blitzte und donnerte, *dann begann es zu regnen*.